FRITZ!Box

Der umfassende Ratgeber

von

Dennis Rühmer

Vierfarben

Liebe Leserin, lieber Leser,

dass Sie mit der FRITZ!Box Telefonate an verschiedene Telefone weiterleiten und ins Internet gehen können, wissen Sie vermutlich schon. Aber wussten Sie auch, dass Sie Gastzugänge für Ihr WLAN einrichten oder Ihre FRITZ!Box als NAS (Netzwerkspeicher) verwenden können? Dass Weckrufe und ein Zugriff über das Internet auf Ihr heimisches Netzwerk möglich sind? Nein? Dann ist dieses Buch genau das richtige für Sie.

Dennis Rühmer zeigt Ihnen in diesem umfassenden Ratgeber alles, was Sie für Ihre Arbeit mit der FRITZ!Box wissen müssen; egal, ob Sie bereits ein Gerät besitzen oder sich erst einmal im Dschungel der verschiedenen Modelle zurechtfinden möchten. In den zahlreichen bebilderten Schrittanleitungen lernen Sie, wie Sie Ihre FRITZ!Box richtig anschließen und konfigurieren. Auch Themen wie Smart Home und Sicherheitsaspekte werden ausführlich behandelt. So richten Sie Ihre FRITZ!Box auch ohne Vorkenntnisse individuell nach Ihren Bedürfnissen ein und wissen sich zu helfen, wenn es mal irgendwo hakt.

Ein Wort noch in eigener Sache: Dieses Buch wurde mit größter Sorgfalt geschrieben und hergestellt. Sollten Sie Fragen, Kritik oder inhaltliche Anregungen haben, freue ich mich, wenn Sie mit mir in Kontakt treten. Zunächst aber wünsche ich Ihnen viel Freude mit Ihrer FRITZ!Box.

Ihr Erik Lipperts
Lektorat Vierfarben
erik.lipperts@rheinwerk-verlag.de

Auf einen Blick

Wir hoffen, dass Sie Freude an diesem Buch haben und sich Ihre Erwartungen erfüllen. Ihre Anregungen und Kommentare sind uns jederzeit willkommen. Bitte bewerten Sie doch das Buch auf unserer Website unter **www.rheinwerk-verlag.de/feedback**.

An diesem Buch haben viele mitgewirkt, insbesondere:

Lektorat Erik Lipperts, Simone Bechtold
Korrektorat Isolde Kommer
Herstellung Melanie Zinsler
Typografie und Layout Vera Brauner
Einbandgestaltung Julia Schuster
Coverbilder Shutterstock: 254296852 © Rido, Fotos Fritz!Box: AVM Pressefotos
Satz III-Satz, Husby
Druck mediaprint solutions, Paderborn

Dieses Buch wurde gesetzt aus der TheSans (10 pt/14,5 pt) in FrameMaker.
Gedruckt wurde es auf chlorfrei gebleichtem Offsetpapier (90 g/m²).
Hergestellt in Deutschland.

Bibliografische Information der Deutschen Nationalbibliothek:
Die Deutsche Nationalbibliothek verzeichnet diese Publikation in der Deutschen Nationalbibliografie; detaillierte bibliografische Daten sind im Internet über *http://dnb.d-nb.de* abrufbar.

978-3-8421-0675-8

1. Auflage 2019

Vierfarben ist eine Marke des Rheinwerk Verlags. Der Name Vierfarben spielt an auf den Vierfarbdruck, eine Technik zur Erstellung farbiger Bücher. Der Name steht für die Kunst, die Dinge einfach zu machen, um aus dem Einfachen das Ganze lebendig zur Anschauung zu bringen.

Informationen zu unserem Verlag und Kontaktmöglichkeiten finden Sie auf unserer Verlagswebsite **www.rheinwerk-verlag.de**. Dort können Sie sich auch umfassend über unser aktuelles Programm informieren und unsere Bücher und E-Books bestellen.

Inhalt

Kapitel 1
Die FRITZ!Box stellt sich vor

Die FRITZ!Box des Berliner Herstellers *AVM* ist ein sehr bekanntes und weit verbreitetes Gerät, das fest mit dem Thema Internet verbunden ist. Wer bisher noch keine FRITZ!Box besessen hat oder sein Gerät besser verstehen will, der möchte vielleicht erst einmal wissen, was eine FRITZ!Box nun eigentlich ist.

Was ist eigentlich eine FRITZ!Box?

Zusammengefasst ist eine FRITZ!Box ein sogenanntes All-in-one-Gerät, das für den Privatnutzer mehrere Aufgaben rund um das Thema Internetzugang und Heimnetzwerk erledigt, für die ansonsten diverse eigenständige Geräte nötig wären.

Abbildung 1.1 *Versorgt eine ganze Familie mit Internet und Heimnetzwerk: die FRITZ!Box. (Bild: AVM GmbH)*

Die Hauptaufgabe der FRITZ!Box besteht sicherlich darin, das *Internet* für alle Mitglieder im Haushalt nutzbar zu machen. Der jeweilige Nutzer erhält über die FRITZ!Box und die Dienstleistung des Internetproviders mit dem eigenen

Computer Zugang zum Internet und kann dort Daten übertragen. Abhängig von der Technologie des Internetzugangs hat die FRITZ!Box ein eingebautes *Modem*, das über die Telefonleitung, das Breitbandkabel, per Funk oder sogar über eine Glasfaserleitung Kontakt zum Internetprovider aufnimmt und darüber den Internetzugang realisiert. Die FRITZ!Box kümmert sich dabei automatisch um den Verbindungsaufbau und darum, dass die Verbindung gehalten wird, also stets zur Verfügung steht.

Das Internet kann dabei aber nicht nur an einem einzelnen Computer genutzt werden, nein, es steht mehreren Computern beziehungsweise Nutzern gleichzeitig zur Verfügung. Die genutzten Computer können über verschiedene Wege an der FRITZ!Box und somit an das Internet angeschlossen werden: Der Nutzer kann seine Computer per (Netzwerk-)Kabel oder drahtlos mit der FRITZ!Box verbinden. Für den kabelgebundenen Zugang bieten die meisten FRITZ!Box-Modelle vier Anschlüsse. Drahtlos, also per WLAN, können noch viel mehr Geräte Anschluss finden. Wenn nun schon so viele Geräte eine Verbindung zur FRITZ!Box haben (können), dann bietet es sich an, den Gerätepark gleich in Form eines *(Heim-)Netzwerks* zu organisieren. In einem solchen Netzwerk sind die Geräte miteinander verbunden und können nicht nur mit dem Internet, sondern auch untereinander kommunizieren, also Daten austauschen. Dadurch können viele Funktionen realisiert werden: Durch die Kommunikation untereinander wird es möglich, im Heimnetzwerk auf mehreren Computern ein Computerspiel zu spielen, bei dem alle Spieler gemeinsam oder gegeneinander antreten. Man kann auch zum Beispiel ein zentrales Speichergerät betreiben, das im Netzwerk Speicherplatz für Daten anbietet. Dieser Speicherplatz kann von allen Geräten genutzt werden.

Damit die Kommunikation im Heimnetzwerk funktioniert, hat die FRITZ!Box entsprechende Komponenten verbaut. Die (vier) Netzwerkanschlüsse für kabelgebundene Geräte gehören zum Beispiel zu einem *Switch* – das ist im Prinzip eine Art intelligente Mehrfachsteckdose für Netzwerkgeräte. Sie sorgt dafür, dass mehrere Computer untereinander effizient kommunizieren können und dass für den Datenaustausch möglichst nur die unbedingt nötigen Datenleitungen (also Kabel) verwendet werden. Für die drahtlos angeschlossenen Computer hat die FRITZ!Box einen eingebauten *Access Point*, der das WLAN mit dem kabelgebundenen Netzwerkteil verbindet. Über den Access Point erhalten die WLAN-Geräte Zugang zum Heimnetzwerk, und eine beliebige Kommunikation über beide Zugangstechnologien ist möglich.

Abbildung 1.2 *Ein USB-Speichergerät lässt sich direkt an eine FRITZ!Box anschließen – der Speicherplatz kann im Netzwerk genutzt werden. (Bild: AVM GmbH)*

Bei all der Freude über die unbeschränkte Möglichkeit des Datenaustausches entsteht schnell der Wunsch, dass die Kommunikation innerhalb des Heimnetzwerks privat bleibt, also abgeschottet vom Internet abläuft und von außen (besser gesagt, von Unbefugten) nicht mitgehört werden kann. Auch dies ermöglicht die FRITZ!Box, denn sie bietet eine eingebaute *Firewall*. Mit dieser Schutzfunktion wird das Heimnetzwerk vom Internet getrennt. Verbindungen in das Internet sind natürlich jederzeit möglich, auch die entsprechenden Antworten werden problemlos akzeptiert, einfach so kommt aber niemand von außen herein. Aber auch wenn der Internetzugang durch die Firewall sicher genutzt werden kann, sollte damit maßvoll umgegangen werden – insbesondere vom Nachwuchs. Daher freut es vielleicht den einen oder anderen, dass die FRITZ!Box *Kindersicherungen* bietet, welche die Internetnutzung reglementieren und Inhalts- oder Zeitbeschränkungen vorsehen können.

Das Internet ermöglicht viele verschiedene Dienste, viel mehr als nur das bloße Surfen mit dem Browser. Insbesondere wenn man ein Heimnetzwerk betreibt, gibt es sehr interessante Möglichkeiten. Vielleicht möchte man selber einen Dienst anbieten, der sich über das Internet nutzen lässt. Vielleicht interessiert man sich für einen eigenen Webserver, man möchte eine eigene Cloud aufsetzen, einen eigenen E-Mail-Server betreiben, um nur ein paar Beispiele zu nennen. So einen Dienst kann man nur für sich selber, vielleicht zusätzlich für Freunde und Bekannte oder aber sogar für die ganze Welt anbieten. Die flexible Firewall der FRITZ!Box erlaubt nun die gezielte Freigabe des gewünschten

Dienstes, ohne dass dabei die grundlegende Sicherheit des Heimnetzwerks leidet. Dabei bietet die FRITZ!Box von sich aus bereits einige Dienste an, die über das Internet genutzt werden können. So gibt es etwa die Möglichkeit, dass berechtigte Nutzer (die sich zunächst korrekt anmelden müssen) auf sicherem Wege von unterwegs über das Internet mit dem Heimnetzwerk kommunizieren können. So lassen sich alle Geräte im Heimnetzwerk auf sichere Weise auch von unterwegs (und nur von befugten Personen) erreichen. Dafür baut die FRITZ!Box ein sogenanntes *VPN*, ein *virtuelles privates Netzwerk*, auf. Man kann etwa auf seinen Speicherplatz im Heimnetzwerk zugreifen und Daten abrufen oder ablegen.

Wer übrigens noch kein Gerät besitzt, das Speicherplatz für das Netzwerk anbietet, der muss nicht traurig sein. Entsprechende Funktionen bringt die FRITZ!Box gleich selbst mit: Über die sogenannte *NAS-Funktion* (englisch: *Network Attached Storage*; also auf Deutsch: *netzwerkangebundener Speicher*) kann der Speicherplatz eines USB-Sticks oder einer USB-Festplatte für alle Nutzer des Heimnetzwerks zur Verfügung gestellt werden. Der Zugriff lässt sich auf Wunsch reglementieren oder über geeignete Protokolle auch sicher über das Internet ermöglichen. Somit wird auch der Datenaustausch mit Bekannten problemlos möglich. Selbst ein Mediaserver ist mit an Bord: Nutzer können auf dem Speicherplatz eines USB-Gerätes ihre Mediensammlung ablegen, auf die mit allen Heimnetzgeräten problemlos und vor allem sehr komfortabel zugegriffen werden kann. Die meisten FRITZ!Box-Modelle bieten für diese Funktionen mehrere USB-Anschlüsse, sodass mit mehreren Festplatten auch ein größerer Speicherplatz genutzt werden kann.

Das Internet ist heutzutage (fast) überall, und Internetverbindungen sind mittlerweile stabil und zuverlässig. Deswegen bietet es sich an, auch gleich die normale *Telefonie* (also Telefongespräche) über das Internet abzuwickeln. Auch dies unterstützt die FRITZ!Box. Sie ermöglicht Telefonfunktionen durch eine eingebaute *Telefonanlage*. An die FRITZ!Box können diverse Arten von Telefonen angeschlossen werden: klassische analoge Telefone, ISDN-Geräte, schnurlose DECT-Telefone (ja, die FRITZ!Box hat eine eingebaute *DECT-Basis* für schnurlose Telefone) oder die modernen Netzwerk- beziehungsweise IP-Telefone – entweder als Hardwaregerät oder in Form eines Computerprogramms beziehungsweise einer App. Wer mag, kann auch ein Faxgerät anschließen, selbst eine ISDN-Telefonanlage ist möglich. Die FRITZ!Box bietet für all diese Geräte entsprechende Anschlüsse.

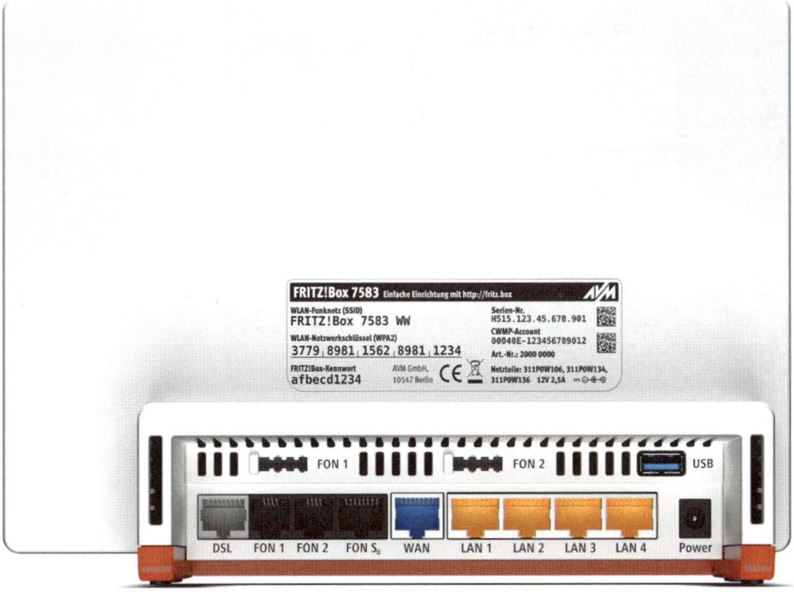

Abbildung 1.3 *Die FRITZ!Box bietet eine Vielzahl an Anschlüssen für diverse Geräte. (Bild: AVM GmbH)*

Über Datenverbindungen im Internet kann man nun mit den Telefonen ganz normal telefonieren. Und wer neben dem Internetanschluss noch einen klassischen Telefonanschluss haben sollte (wobei diese Anschlussform nach und nach stillgelegt wird), der kann auch diesen mit der FRITZ!Box nutzen (je nach Modell). Der Hersteller AVM hat viel Erfahrung im Telefonbereich. Daher verwundert es nicht, dass die FRITZ!Box auch auf diesem Gebiet viel zu bieten hat. So gibt es zum Beispiel mehrere eingebaute *Anrufbeantworter* und eine *Faxfunktion*, mit der ohne eigenständiges Faxgerät Faxnachrichten gesendet und empfangen werden können. Die FRITZ!Box bietet *Rufregeln*, es lassen sich also unerwünschte Rufnummern sowohl für ankommende als auch für abgehende Telefongespräche sperren – lästige Werbeanrufe können somit wirkungsvoll eingeschränkt werden. Telefongespräche sind übrigens auch intern möglich – man kann jedes Telefon im Heimnetzwerk kostenfrei anrufen –; gerade in größeren Haushalten kann dies recht praktisch sein. IP-Telefone (zum Beispiel in Form eines Computerprogramms) kann man sogar von außen über das Internet mit der heimischen FRITZ!Box verbinden, ist somit auch an einem anderen Standort über die normale Rufnummer erreichbar und kann unterwegs über den eigenen Anschluss zu Hause telefonieren.

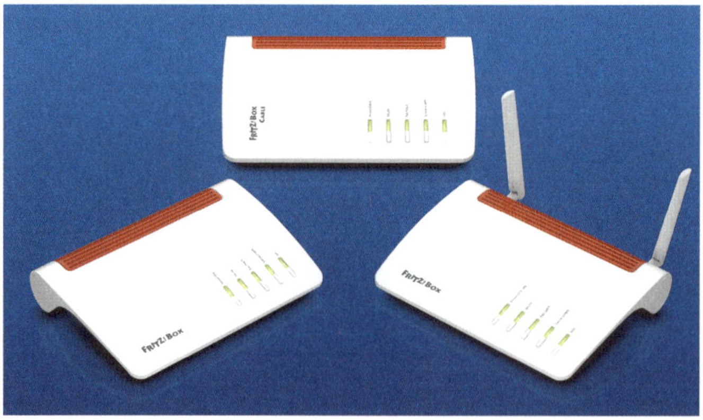

Abbildung 1.4 *Unterschiedliche FRITZ!Box-Modelle bieten eine unterschiedliche Ausstattung für jeden Anwendungswunsch. (Bild: AVM GmbH)*

Damit ist die Liste an Funktionen keinesfalls vollständig. Ein recht neues Thema hält gerade Einzug in die FRITZ!Box: der Bereich *Smart Home* – also der »intelligente Haushalt«. Darunter versteht man Geräte, die Funktionen im Haushalt übernehmen und sich über die FRITZ!Box beziehungsweise ein daran angeschlossenes Gerät (wenn gewünscht auch über das Internet) steuern lassen. Hierzu zählen etwa schaltbare Steckdosen oder Heizungsregler. Man kann also von einem beliebigen Ort aus Geräte an- und ausschalten oder die Raumtemperatur steuern – egal ob im Urlaub vom Hotel aus oder zu Hause auf der Couch neben dem Fernseher. Damit das Ganze »intelligent« wird, gibt es verschiedene automatische Schaltprogramme, die in Abhängigkeit von bestimmten externen Parametern aktiv werden.

Nicht jede FRITZ!Box bietet alle Funktionen

Von der FRITZ!Box gibt es verschiedene Modelle, die sich nicht nur in der Zugangstechnologie für den Internetanschluss, sondern vor allem auch im Funktionsumfang unterscheiden. Einige Modelle haben beispielsweise weniger Anschlüsse, andere bieten nicht ganz so schnelle WLAN-Geschwindigkeiten, sind dafür aber preislich günstiger. Somit gilt, dass nicht jede FRITZ!Box alle Funktionen bietet, die Sie in der Einführung lesen konnten. Im Detail zeigt Ihnen das nächste Kapitel, welche Funktionen die bekanntesten FRITZ!Box-Geräte bieten. Auf diese Weise wissen Sie genau, welche Funktionen sich mit Ihrer FRITZ!Box realisieren lassen beziehungsweise für welches Gerät Sie sich bei einer Neuanschaffung interessieren können.

Auch damit ist die Liste immer noch nicht vollständig. Aber Sie haben nun einen guten Überblick, was die FRITZ!Box eigentlich ist und was sie bietet. Das Gerät vereint so viele Funktionen, dass es schon fast als »eierlegende Wollmilchsau« gelten kann. Da die FRITZ!Box sehr zuverlässig arbeitet, der Hersteller AVM eine gute Produktunterstützung bietet und auch der Preis in Ordnung ist, verwundert die weite Verbreitung nicht.

Die FRITZ!Box und das AVM-Ökosystem

Von AVM gibt es nicht nur die FRITZ!Box, sondern auch diverse andere Geräte rund um das Thema Internet(nutzung) und Heimnetzwerk. Diese Geräte harmonieren gut mit der FRITZ!Box, lassen sich einfach bedienen und oftmals direkt über die FRITZ!Box steuern.

Abbildung 1.5 *Vom Hersteller AVM gibt es eine ganze Reihe an Geräten, die gut mit der FRITZ!Box harmonieren. (Bild: AVM GmbH)*

AVM bietet zum Beispiel schnurlose Telefone an, die direkt an die DECT-Basis der FRITZ!Box angemeldet werden können und einen großen Funktionsumfang bieten. Sie können zum Beispiel direkt das Telefonbuch der FRITZ!Box nutzen oder wichtige Funktionen schalten – so lässt sich etwa das Drahtlosnetzwerk WLAN ein- und ausschalten. Sie erlauben auch das Schalten von Smart-Home-Geräten, zum Beispiel schaltbaren Steckdosen.

Zum Lieferprogramm gehören auch WLAN-Repeater, die über die komfortable Mesh-Funktion die Reichweite des WLANs erhöhen, sodass es problemlos im ganzen Haus mit hoher Datenrate verfügbar wird. AVM hat auch Komponenten für den Aufbau beziehungsweise die Erweiterung des Netzwerks über die Stromleitung im Programm. Damit kann ein Netzwerkanschluss auch ohne Verlegen von Leitungen bequem in entlegene Räume eines Hauses gebracht werden.

Natürlich werden auch die bereits erwähnten Smart-Home-Geräte wie etwa Steckdosen, Heizungsregler oder Schalter angeboten.

Wer den Aufbau und die Erweiterung seines Heimnetzwerks möglichst einfach und mit einem einheitlichen Bedienkonzept durchführen möchte, fährt mit diesen Geräten recht gut und hat somit alles direkt aus einer Hand – was auch bei eventuellen Problemen hilfreich ist.

Allerdings ist dies nur eine Option, denn die FRITZ!Box verschließt sich keinesfalls etablierten Standards. Im Gegenteil: Es werden diverse internationale Standards unterstützt, sodass selbstverständlich auch Produkte von anderen Herstellern ohne Probleme genutzt werden können – das gilt sowohl für Telefone als auch für WLAN-Repeater oder Netzwerkkomponenten, welche die Stromleitung nutzen. Jeder kann sein Heimnetzwerk also so aufbauen, wie er es gerne tun möchte.

Zur FRITZ!Box gehört auch eine gute Softwareunterstützung

Nicht vergessen werden soll an dieser Stelle, dass es von AVM auch eine Vielzahl an Programmen und Apps für die Nutzung der FRITZ!Box gibt. Insbesondere im Bereich der Apps für die Nutzung auf Mobilgeräten hat sich in der letzten Zeit sehr viel getan. Es gibt zum Beispiel eine App, die Telefonfunktionen bietet und sich als Netzwerktelefon an der FRITZ!Box anmeldet. So ist das Telefonieren über den heimischen Telefonanschluss auch unterwegs über das Internet möglich. Andere Apps, die übrigens alle kostenlos angeboten werden und über die üblichen App-Bezugspunkte der großen mobilen Betriebssysteme erworben werden können, ermöglichen den Fernzugang ins heimische Netzwerk über das Internet, die Verwaltung des eigenen WLANs inklusive Signalstärkemessung oder die Steuerung des Mediaservers der FRITZ!Box.

An wen richtet sich die FRITZ!Box? Und für wen ist sie weniger gut geeignet?

Die FRITZ!Box richtet sich insbesondere an Privatanwender, die in einer Wohnung oder in einem Haus ein Heimnetzwerk mit Internetanschluss aufbauen möchten. Dabei werden sowohl Einsteiger als auch fortgeschrittene Nutzer angesprochen. Einsteiger freuen sich über die einfache Bedienung und die unkomplizierte Einrichtung, die mit zahlreichen Assistenten und einer guten Unterstützung durch den Hersteller punktet. Fortgeschrittene Nutzer können den großen Funktionsumfang optimal ausnutzen und auch neue Dinge ausprobieren. Die FRITZ!Box kann im begrenzten Rahmen auch beruflich genutzt werden, zum Beispiel in einem kleineren Büro.

Abbildung 1.6 *Für Einsteiger und Fortgeschrittene gibt es eine Vielzahl an Funktionen – auch für die Nutzung unterwegs über das Internet. (Bild: AVM GmbH)*

Die FRITZ!Box bietet zwar einen großen Funktionsumfang, kann dabei aber natürlich nicht in jeder Kategorie der König sein. Wer den Internetzugang oder das Heimnetzwerk besonders intensiv und mit vielen Sonderfunktionen nutzen möchte, wird früher oder später an die Grenzen des Gerätes stoßen. Sicherlich ist beispielsweise ein eigenständiges NAS-Gerät deutlich leistungsfähiger als die eingebaute Variante der FRITZ!Box. Das umfasst nicht nur den Leistungsumfang, sondern auch die Geschwindigkeit der Datenübertragung. Natürlich kann beispielsweise eine eigenständige Firewall einen größeren Funktionsumfang bieten und etwa eine feinfühligere Abstimmung des Regelwerks erlauben. Dasselbe gilt für den eingebauten Netzwerk-Switch. Größere Geräte mit einer Managementfunktion haben einen deutlich höheren Funktionsumfang und erlauben beispielsweise die VLAN-Segmentierung, die zur Trennung verschiedener Netzsegmente nützlich ist. Auch sind die VPN-Funktionen der FRITZ!Box im Vergleich mit höherwertigen Lösungen beschränkt. Die sogenannten »Powernutzer« werden daher mit eigenständigen Geräten besser fahren. Diese bieten eine deutlich höhere Leistung, die allerdings auch mit einem höheren Preis und einer komplexeren Einrichtung erkauft wird. Das Schöne an der FRITZ!Box ist allerdings, dass man, wenn die gebotene Leistung nicht mehr ausreicht, auch nach und nach leistungsfähigere Geräte ergänzen kann.

Was macht die FRITZ!Box besser als andere Router?

Der große Erfolg der FRITZ!Box hat mehrere Gründe. Neben dem bereits erwähnten großen Funktionsumfang ist vor allem die einfache Bedienung über ein durchdachtes, klar gegliedertes Webinterface zu nennen, mit dem auch Anfänger schnell zurechtkommen. Auch die Produktunterstützung des Herstellers wird oft gelobt. So erhalten auch ältere Modelle noch für einen langen Zeitraum Updates, die sogar neue Funktionen nachrüsten. Auch als es einmal ein Sicherheitsproblem gab, bei dem eine Sicherheitslücke Angreifern die Übernahme der Telefonfunktion erlaubte, reagierte der Hersteller sehr schnell und veröffentlichte innerhalb kurzer Zeit Sicherheitsupdates – und zwar auch für ältere Geräte. Man sollte auch nicht vergessen, dass die Software der FRITZ!Box ausgiebig getestet wird, sodass die Geräte sehr stabil und zuverlässig arbeiten. Heutzutage sollte man stets auch auf den Datenschutz achten, bei dem der deutsche Hersteller versucht, möglichst transparent zu agieren und großen Wert auf den Schutz seiner Nutzer legt. Für manch einen spricht auch das gefällige, schlichte Design der Geräte für sich – wobei dies aber eine höchst subjektive Meinung darstellt.

Wie ist dieses Buch aufgebaut?

Dieses Buch richtet sich an Einsteiger und fortgeschrittene Nutzer. Für den Einsteiger werden der Aufbau und die Einrichtung der FRITZ!Box detailliert beschrieben. Für den fortgeschrittenen Nutzer werden auch solche Funktionen erklärt, die der Einsteiger zunächst nicht benötigt. Wer allerdings bereits Profi auf dem Gebiet ist, der wird vermutlich nicht allzu viel Neues finden und sollte auf entsprechende Lektüre zurückgreifen.

Ich gehe davon aus, dass Sie bereits über grundlegende Kenntnisse über das (Heim-)Netzwerk und das Internet verfügen:

- In **Kapitel 2** geht es los mit einer Marktübersicht, die vor allem für Leser gedacht ist, die noch keine FRITZ!Box haben und das für sie passende Modell auswählen wollen. Hier gebe ich Ihnen Tipps, welches Modell zu welchen Anforderungen passt – wer etwa kein schnelles WLAN benötigt, kann zu einer FRITZ!Box greifen, die nicht die allerneuesten Standards unterstützt und dafür kostengünstiger ist. Wer schon eine FRITZ!Box hat, kann Kapitel 2 direkt überspringen.
- In **Kapitel 3** geht es um das Aufstellen und die Inbetriebnahme. Ich zeige Ihnen, wo die FRITZ!Box am besten aufgestellt wird, wie Sie den besten WLAN-Empfang erzielen und wie Sie Ihre Endgeräte anschließen. Danach schalten Sie Ihre FRITZ!Box zum ersten Mal ein und konfigurieren sie mit den nötigen Einstellungen für den ersten Test.
- Danach zeigt Ihnen **Kapitel 4** das Bedienkonzept. Sie lernen hier, wo sich welche Funktion versteckt und wofür welcher Menüpunkt im Bediensystem der FRITZ!Box gedacht ist. Damit wissen Sie alles Nötige und können direkt mit den Detailkapiteln weitermachen, die sich zunächst einmal eng an der Menüstruktur des Bediensystems orientieren. Innerhalb der Kapitel erkläre ich zunächst immer die am häufigsten genutzten Funktionen und widme mich dann den Spezialfunktionen für den fortgeschrittenen Nutzer.
- **Kapitel 5** erklärt Ihnen alles rund um das Heimnetzwerk. Hier lernen Sie, wie Sie die NAS-Funktion verwenden und wie Sie den Mediaserver aktivieren.
- Wer das WLAN intensiv nutzen möchte, schaut sich direkt **Kapitel 6** an. Dort finden Sie alles zu diesem Thema, unter anderem, wie Sie Ihr WLAN sicher aufbauen können, wie Sie einzelne Geräte einbinden und natürlich wie Sie mittels Mesh die Reichweite vergrößern können.
- **Kapitel 7** macht Sie mit den Internetfunktionen vertraut. Sie können sehen, welche Dienste die FRITZ!Box für die Nutzung mit dem Internet bietet und wie sie eingerichtet werden. Sie lernen die Firewall kennen, können ein VPN aktivieren oder die Kindersicherung nutzen.
- Alles zum Thema Telefon zeigt Ihnen **Kapitel 8**. Dort zeige ich Ihnen, was die FRITZ!Box so alles beim Telefonieren zu bieten hat. Dazu zählen der Anrufbeantworter, die Rufbehandlung, die Faxfunktion und alle weiteren Komfortmerkmale.

- Auch zur FRITZ!Box selbst gibt es ein eigenes Kapitel. **Kapitel 9** kümmert sich um die Systemfunktionen der FRITZ!Box. Hier lernen Sie zum Beispiel, wie Sie eine Sicherheitskopie der Einstellungen erstellen können.
- Sollte es einmal nicht so laufen wie gewünscht, bietet Ihnen **Kapitel 10** eine Hilfestellung. Darin zeige ich Ihnen alles zum Thema Diagnose und Wartung. Die FRITZ!Box bietet hierzu nämlich integrierte Protokolle und Auskunftsdienste, die sofort anzeigen, wenn und wo »der Schuh drückt«.

Alle Kapitel sind so aufgebaut, dass es zunächst jeweils eine Einleitung zu einer Funktion gibt, die Sinn und Zweck beschreibt. Wenn Sie also mit einer Funktion (noch) nichts anfangen können, dann lesen Sie am besten zuerst die Einleitung. Dort lernen Sie die Funktion kennen und können dann entscheiden, ob diese etwas für Sie ist und ob Sie sie einmal ausprobieren möchten. Es folgt dann eine Schritt-für-Schritt-Anleitung. Mit deren Hilfe können Sie direkt in einfachen Schritten die gewünschte Funktion aktivieren und konfigurieren. Sollte eine Funktion noch weitere Detaileinstellungen bieten, erkläre ich diese direkt im Anschluss. Damit können Sie die Funktion nach Ihren Wünschen einstellen. Wer mag, kann also zunächst im Buch die einleitenden Absätze lesen und sich so einen Überblick über alle Funktionen verschaffen. Jetzt aber genug mit der Einleitung, es ist an der Zeit, richtig in das Thema einzusteigen!

Gibt es bei Ihnen eine bestimmte Funktion nicht?

Die verschiedenen FRITZ!Box-Modelle unterscheiden sich natürlich in ihrem Funktionsumfang. Deswegen ist es logisch, dass einem Gerät ohne eingebaute Telefonanlage auch die entsprechenden Konfigurationsoptionen fehlen. Wenn Sie eine Funktion, die in diesem Buch beschrieben ist, bei sich nicht finden können, dann könnte es sein, dass Ihre FRITZ!Box diese Funktion nicht unterstützt. Die großen »Hauptfunktionen« werden natürlich von allen Geräten geboten, aber im Detail gibt es auch bei »Softwarefunktionen« Unterschiede, zum Beispiel bei der Steuerung der Helligkeit der LED-Anzeigen. Um die Übersichtlichkeit nicht zu stören, spare ich mir aber einen Hinweis, welche FRITZ!Box die angesprochene Funktion jeweils unterstützt. Wenn Sie bei sich nicht fündig werden (obwohl Sie die erweiterte Ansicht der Bedienoberfläche aktiviert haben, siehe Kapitel 4 im Abschnitt »Abmelden und erweiterte Ansicht: das Systemmenü«), dann ist davon auszugehen, dass Ihre FRITZ!Box die angesprochene Funktion nicht bietet.

Kapitel 2
Passt genau: das richtige Modell auswählen

In diesem Kapitel möchte ich Ihnen eine Marktübersicht über die derzeit wichtigsten FRITZ!Box-Modelle geben und deren jeweiligen Funktionsumfang beschreiben. Dieses Kapitel ist also für diejenigen Leser interessant, die vor der Anschaffung einer neuen FRITZ!Box stehen und noch nicht genau wissen, welches Modell das richtige für sie ist. Die verschiedenen FRITZ!Box-Modelle unterscheiden sich natürlich zunächst einmal darin, für welche Art von Internetzugang sie gedacht sind und welche Art von eingebautem Modem sie mitbringen. Folglich gibt es in diesem Kapitel Unterabschnitte für Geräte

- am DSL-Anschluss,
- am Kabelanschluss,
- mit Zugang zum LTE-Mobilfunknetz,
- am Glasfaseranschluss,
- ohne eingebautes Modem für die Nutzung mit einem externen Modem.

Innerhalb der Abschnitte stelle ich Ihnen FRITZ!Box-Modelle vor, die sich in der Ausstattung unterscheiden. Dabei müssen Sie vor allem eines beachten: Die Unterschiede zwischen den einzelnen Modellen ergeben sich meist aus der direkten Hardwareausstattung der Geräte. Damit meine ich zum Beispiel die Anzahl der Anschlüsse für Telefone, die Geschwindigkeit der USB-Anschlüsse oder auch die Geschwindigkeit der WLAN-Verbindungen. Allen FRITZ!Box-Modellen ist jedoch gemein, dass darauf dasselbe Betriebssystem (auch Firmware genannt) arbeitet: das sogenannte FRITZ!OS. In diesem Punkt unterscheiden sich die einzelnen Modelle nicht großartig, das heißt, die in der Software realisierten Funktionen sind mehr oder weniger bei allen Geräten verfügbar. Sie werden zum Beispiel keine FRITZ!Box finden, die für den (direkten!) Internetzugang keine Firewall bietet. Genauso bieten alle Geräte mit einer WLAN-Funktion die Möglichkeit, das Passwort zu verändern. Auch die beliebte NAS-Funktion wird verfügbar sein, wenn das Gerät einen USB-Anschluss mitbringt (Ausnahmen können natürlich im Laufe der Zeit durch Änderungen entstehen). Natürlich dürfen Sie bei einem Gerät ohne explizite Telefonfunktionen keinen Menüpunkt erwarten, der zu diesem Thema Einstellungen anbietet, das jeweilige Betriebssystem ist natürlich auf die Hardwareausstattung angepasst. Und natürlich gibt es auch kleinere Funktionen, die nicht bei allen Geräten verfügbar sind – zum Beispiel die Einstellung der Helligkeit der Leuchtdioden. Ich beschränke mich daher bei der Vorstellung der Modelle vor allem auf die Hardwareausstattung.

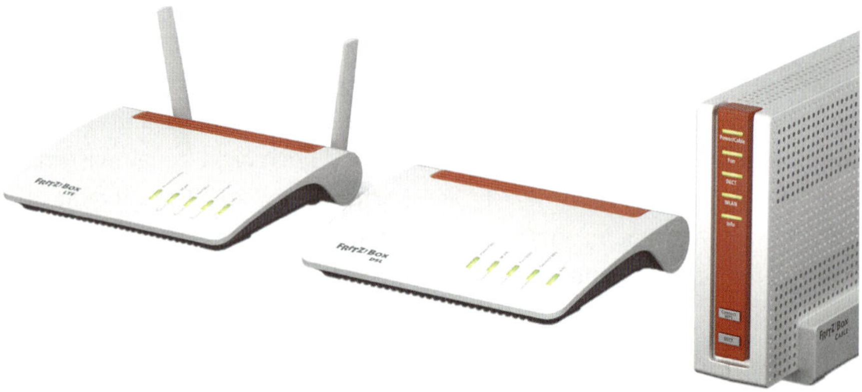

Abbildung 2.1 *Grundsätzlich kann man die verschiedenen FRITZ!Box-Modelle nach der Art des Internetzugangs unterscheiden. Hier sehen Sie links ein Gerät für das Mobilfunknetz, mittig eines für den DSL-Anschluss und rechts ein kabeltaugliches Modell. (Bild: AVM GmbH)*

Bei der Wahl des für Sie richtigen Gerätes sollten Sie sich zunächst fragen, welche Geschwindigkeit Sie am Internetzugang jetzt und in absehbarer Zukunft nutzen möchten. Berücksichtigen Sie auch, welche Geschwindigkeiten an Ihrem Anschluss technisch überhaupt realisierbar sind. Überlegen Sie dann, welche Hardwarefunktionen Ihr Gerät bieten soll, also ob Sie zum Beispiel schnelle USB-Anschlüsse benötigen, weil Sie umfangreiche Datensammlungen auf Speichergeräte ablegen möchten. Legen Sie auch fest, ob Sie von Ihrer FRITZ!Box eine umfangreiche Unterstützung für Telefone erwarten. Wählen Sie dann das Gerät, das Ihren Anforderungen am besten entspricht.

Die FRITZ!Box für den VDSL/DSL-Anschluss

Ein Großteil der Internetanschlüsse für Privatanwender im deutschsprachigen Raum wird nach wie vor über die Telefonleitung und eine DSL-Variante realisiert. Daher verwundert es nicht, dass es von der FRITZ!Box für diese Zugangsart zahlreiche Modellvarianten gibt.

Die FRITZ!Box 7590

Bei der FRITZ!Box 7590 handelt es sich um das derzeitige Spitzenmodell, das die beste Ausstattung bietet. Diese FRITZ!Box eignet sich für alle DSL-Anschlussarten (VDSL und ADSL, auch mit (Super-)Vectoring) und erreicht eine maximale Datentransferrate von 300 MBit/s. Die FRITZ!Box kann – wie alle Modelle in dieser Kategorie – direkt an die Telefonleitung angeschlossen werden. Sie unterstützt sowohl moderne All-IP-Anschlüsse (ohne klassisches Festnetz, stattdessen Telefonie über das Internet) als auch klassische Anschlüsse mit separatem Telefonnetz (erkennbar am notwendigen Splitter) – wobei diese Zugangsart nach und nach durch All-IP-Anschlüsse abgelöst wird.

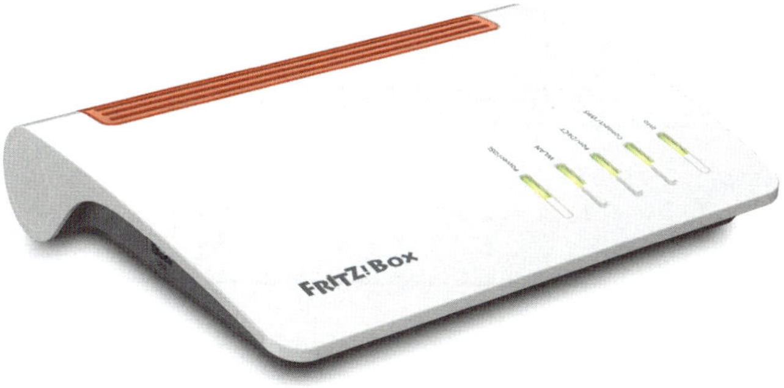

Abbildung 2.2 *Das Spitzenmodell FRITZ!Box 7590 ist sehr umfangreich ausgestattet. (Bild: AVM GmbH)*

Dieses Modell hat auch für das Heimnetzwerk einiges zu bieten: Das WLAN kann gleichzeitig im 5-GHz-Bereich (WLAN AC) und im 2,4-GHz-Bereich (WLAN N) arbeiten und erreicht dabei maximale Datentransferraten von 1.733 MBit/s beziehungsweise 800 MBit/s. Das WLAN ist meshfähig, lässt sich also einfach und komfortabel mit Zusatzgeräten in der Reichweite vergrößern. Es wird auch die sogenannte Multi-User-MIMO-Technologie geboten, bei der mit mehreren (internen) Antennen und Datenströmen auch bei der Nutzung durch mehrere Nutzer eine hohe Datenrate erreicht werden kann. Für kabelgebundene Geräte gibt es vier 1-GBit/s-fähige Netzwerkanschlüsse sowie einen WAN-Anschluss. Hieran kann, falls erforderlich, ein externes Modem angeschlossen werden. Alternativ lässt er sich als fünfter Netzwerkanschluss nutzen. Für zusätzliche

Geräte stehen zwei USB-3.0-Anschlüsse zur Verfügung. Hieran können Speichermedien oder Drucker, aber auch USB-LTE-Sticks für den alternativen Internetzugang über das Mobilfunknetz angeschlossen werden. Damit ist ein Rückfallbetrieb möglich, der automatisch auf das Mobilfunknetz umschaltet, wenn der Internetzugang über die DSL-Leitung einmal gestört sein sollte. (Diese Anschlussmöglichkeiten gelten für fast alle FRITZ!Box-Geräte mit einem USB-Anschluss.)

Auch im Bereich der Telefonfunktionen bietet diese FRITZ!Box eine gehobene Ausstattung. Telefongeräte können schnurlos per DECT (bis zu sechs Geräte), klassisch analog (zwei Anschlüsse) oder über ISDN angeschlossen werden (ein Anschluss, auch für eine Telefonanlage geeignet). Natürlich können über das Netzwerk auch IP- beziehungsweise Netzwerktelefone angemeldet werden (bis zu zehn Stück). Der eingebaute Prozessor ist sehr leistungsfähig und erlaubt auch die Nutzung der NAS-Funktion mit alltagstauglichen Datentransferraten.

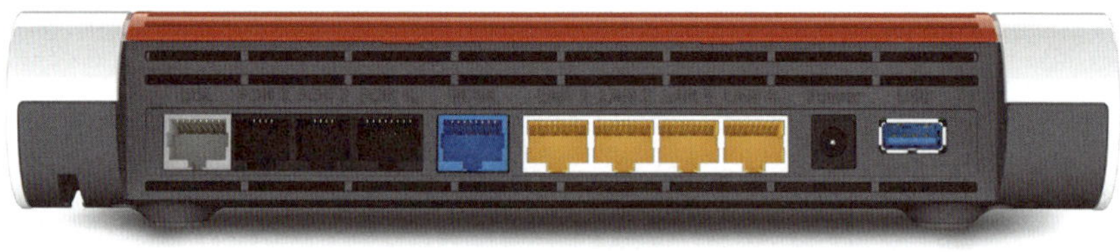

Abbildung 2.3 *Die rückseitige Anschlusssektion der FRITZ!Box 7590 lässt kaum Wünsche offen. Weitere Anschlüsse befinden sich an den Seiten des Gerätes. (Bild: AVM GmbH)*

Kurzum: Diese FRITZ!Box ist das ideale Modell für die intensive Nutzung, wie sie zum Beispiel in einer vierköpfigen Familie mit technikaffinen Mitgliedern auftritt. Das eingebaute Modem bietet eine angemessene Reserve für schnellere Anschlüsse. Dieses Modell kommt im neuen Design daher und ist überwiegend weiß gehalten. Natürlich ist das Spitzenmodell nicht gerade zum Einsteigerpreis erhältlich. Der Straßenpreis für die FRITZ!Box 7590 beträgt zur Zeit rund 200 €. Vom Hersteller wird ein interessantes Kombipaket angeboten: Das FRITZ! Mesh Set beinhaltet neben der FRITZ!Box 7590 auch gleich den meshfähigen Repeater FRITZ!WLAN Repeater 1750, der zur Vergrößerung der Reichweite des WLANs eingesetzt wird. In einem Einfamilienhaus wird früher oder später der Wunsch nach einer Vergrößerung der Reichweite aufkommen, weswegen es sich anbietet, das günstige Komplettset (Straßenpreis ca. 240 €) zu erwerben.

Die FRITZ!Box 7530

Wem der Anschaffungspreis der FRITZ!Box 7590 zu hoch ist oder wer die gehobene Ausstattung des Gerätes nicht benötigt, der findet vielleicht in der FRITZ!Box 7530 eine interessante Alternative. Dieses Gerät ist deutlich weniger umfassend ausgestattet, bietet aber alle wichtigen Merkmale. Auch die FRITZ!Box 7530 kann an modernen DSL-Anschlüssen betrieben werden. Sie unterstützt sowohl ADSL- als auch VDSL-Anschlüsse und kann auch mit (Super)Vectoring umgehen, somit also Datentransferraten bis zu 300 MBit/s erreichen. Beim Thema WLAN muss man leichte Abstriche machen: Zwar bietet auch diese FRITZ!Box ein Dual-WLAN und unterstützt (auch gleichzeitig) sowohl das 5-GHz-Band als auch das 2,4-GHz-Band, allerdings nur mit den maximalen Datentransferraten 866 MBit/s beziehungsweise 400 MBit/s. Sie bietet ebenfalls vier LAN-Anschlüsse, je bis zu 1 GBit/s schnell, aber keinen zusätzlichen WAN-Anschluss, der aber auch nur selten benötigt wird. Außerdem lässt sich die Anzahl an Netzwerkanschlüssen bei Bedarf über einen preisgünstigen Switch einfach erhöhen. Statt zwei USB-3.0-Anschlüssen hat dieses Modell nur einen USB-3.0-Anschluss, an den jedoch auch ein Hub (eine Mehrfachsteckdose für USB-Anschlüsse) angeschlossen werden kann. Es werden dieselben Gerätetypen wie beim Spitzenmodell unterstützt (was, wie bereits erwähnt, für praktisch alle üblichen FRITZ!Box-Modelle mit USB-Anschluss gilt).

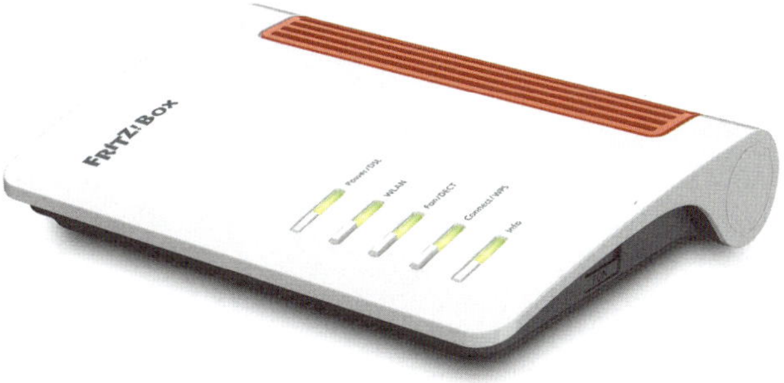

Abbildung 2.4 *Die FRITZ!Box 7530 bietet dasselbe moderne Design wie das Topmodell. (Bild: AVM GmbH)*

Bei der eingebauten Telefonanlage entfallen ein Anschluss für analoge Telefone (es gibt nur einen) und der ISDN-Anschluss. Außerdem kann das Gerät nicht mit dem klassischen Festnetz umgehen, sondern nur mit der modernen IP-Telefonie (oft auch kurz VOIP genannt). Mit an Bord ist aber die DECT-Basis für bis zu sechs schnurlose Endgeräte. Wer mit den Einschränkungen leben kann, der findet in der FRITZ!Box 7530 einen idealen Router mit einem günstigen Straßenpreis von 120 €. Mit der gebotenen Leistung eignet sich dieses Gerät gut für einen Zwei- bis Dreipersonenhaushalt und kann bedenkenlos mit in die engere Wahl genommen werden, da die fehlenden Komponenten des Spitzenmodells entweder nur selten benötigt werden oder sich bei Bedarf preisgünstig nachrüsten lassen.

Die FRITZ!Box 7490

Die FRITZ!Box 7490 ist das frühere Spitzenmodell und der Vorgänger der FRITZ!Box 7590. Die Ausstattung dieses Modells ist ebenfalls gehoben, aber nicht mehr ganz auf der Höhe der Zeit. Es ist daher für Nutzer interessant, die ein möglichst gut ausgestattetes Gerät suchen, aber nicht die allerneuesten Funktionen benötigen und dafür lieber etwas Geld sparen.

Das Gerät kann sowohl an VDSL- als auch an ADSL-Anschlüssen betrieben werden. Es unterstützt Vectoring, aber kein Supervectoring. Die maximale Datentransferrate beträgt daher 100 MBit/s. Das WLAN unterstützt den gleichzeitigen Betrieb im 5-GHz-Band (bis zu 1.300 MBit/s) und im 2,4-GHz-Band (bis 450 MBit/s). Die Reichweite lässt sich (bei allen modernen FRITZ!Box-Geräten mit WLAN) per Mesh erhöhen. Für kabelgebundene Geräte gibt es vier Anschlüsse der Klasse 1 GBit/s, ein WAN-Anschluss steht nicht zur Verfügung. Es stehen zwei USB-3.0-Anschlüsse zur Verfügung. Die Telefonanlage ist umfangreich ausgestattet: Es gibt zwei Anschlüsse für analoge Telefone, einen ISDN-Anschluss und eine DECT-Basis für bis zu sechs Geräte. Die FRITZ!Box 7490 kann sowohl mit All-IP-Anschlüssen als auch mit dem klassischen analogen beziehungsweise ISDN-Festnetz betrieben werden.

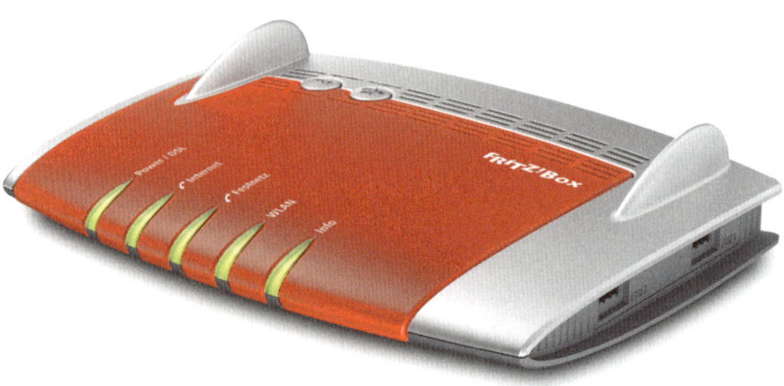

Abbildung 2.5 *Sowohl die FRITZ!Box 7490 als auch die FRITZ!Box 7430 kommen noch im klassischen Design daher. (Bild: AVM GmbH)*

Wer kein Supervectoring benötigt und bei der WLAN-Leistung geringe Abstriche machen kann (und auf den fünften LAN/WAN-Anschluss verzichten mag), der findet in der FRITZ!Box 7490 immer noch eine interessante Alternative, die für rund 170 € auch heute noch eine überzeugende Leistung bietet.

Die FRITZ!Box 7430

Wer an seinen Internetrouter keine großen Anforderungen stellt und vor allem ein günstiges Produkt erwerben möchte, für den ist die FRITZ!Box 7430 interessant. Sie bietet eine Ausstattung, die einfachen Anforderungen genügt, wobei man zwar nicht auf viele Funktionen verzichten muss, aber nicht die höchsten Datentransferraten erwarten darf. Dieses Modell eignet sich ebenfalls für VDSL- und ADSL-Anschlüsse. An einem Vectoring-Anschluss können bis zu 100 MBit/s erreicht werden. Supervectoring wird nicht unterstützt. Das WLAN arbeitet ausschließlich im 2,4-GHz-Band und erreicht dort eine maximale Transferrate von 450 MBit/s. Für kabelgebundene Geräte stehen vier Schnittstellen zur Verfügung, diese erreichen aber nur maximal 100 MBit/s. Es gibt keinen eigenständigen WAN-Anschluss. Stattdessen wird die Funktion über die LAN-1-Schnittstelle realisiert (alternative Nutzung). Die Telefonanlage kann per DECT mit bis zu sechs Endgeräten und über ein analoges Telefon benutzt werden. Sie unterstützt ausschließlich moderne All-IP-Anschlüsse. Für zusätzliche Geräte steht ein USB-2.0-Anschluss zur Verfügung. Selbstverständlich werden die übrigen Funktionen, die man von einer FRITZ!Box erwartet, softwaremäßig alle unterstützt. Die FRITZ!Box 7430 wird zu einem Straßenpreis von etwa 95 € verkauft und eignet sich zusammengefasst vor allem für Haushalte, die auf eine ordentliche Internetnutzung Wert legen, aber keine Höchstleistungen erwarten – auch nicht beim Heimnetzwerk.

Die neuen Sondermodelle: FRITZ!Box 7581, 7582 und 7583

Erst Mitte des Jahres 2019 wurden drei weitere Modelle vorgestellt, die jetzt langsam den Weg in die Läden finden. Die FRITZ!Box 7581, 7582 und 7583 kommen mit einer geänderten Gehäuseform daher und stehen aufrecht.

Das Modell FRITZ!Box 7583 ist für moderne Hochgeschwindigkeitsanschlüsse gedacht. Es unterstützt VDSL mit Supervectoring sowie das neue G.fast und sogar Bonding und kann damit Geschwindigkeiten bis zu 4.000 MBit/s erreichen – vorausgesetzt, an Ihrem Wohnort ist ein solcher Anschluss überhaupt verfügbar. Mit einem klassischen ADSL-Anschluss kann dieses Gerät aber nicht umgehen. Die sonstige Ausstattung ist äußerst gehoben und entspricht weitgehend der FRITZ!Box 7590. Der ISDN-Anschluss kann sogar mit Business-Telefonanlagen umgehen und bietet bis zu vier B-Kanäle, sodass Sie gleichzeitig vier Telefongespräche führen können. Dafür versteht sich dieses Modell ausschließlich mit modernen All-IP-Anschlüssen. Damit eignet es sich für die besonders intensive Nutzung – auch für den leichten beruflichen Einsatz im Kleingewerbe.

Abbildung 2.6 *Die hochkant stehende FRITZ!Box 7583 bietet eine Vielzahl an Funktionen und Anschlüssen – unter anderem eine sehr leistungsfähige interne ISDN-Schnittstelle. (Bild: AVM GmbH)*

Der FRITZ!Box 7582 fehlt der interne ISDN-Anschluss, sie bietet aber wie das größere Modell eine DECT-Basis und zwei analoge Telefonanschlüsse. Das WLAN ist etwas langsamer und ermöglicht maximale Datenraten von 1.300 MBit/s (WLAN AC) beziehungsweise 450 MBit/s (WLAN N). Mit G.fast (aber ohne Bonding-Unterstützung) erreicht dieses Modell eine maximale Internetdatenrate von bis zu 1.000 MBit/s. Diese FRITZ!Box bietet auch eine ADSL-Unterstützung. Ansonsten ist die Ausstattung mit der FRITZ!Box 7583 vergleichbar.

Die Bonding-Option ist wiederum bei der FRITZ!Box 7581 verfügbar. Dieses Modell bietet aber kein G.fast, sondern nur klassisches (Super-)Vectoring und kann (theoretisch) mehr als 300 MBit/s an Daten über die Internetleitung transportieren. Die sonstige Ausstattung orientiert sich an der FRITZ!Box 7582.

Bei diesen drei Modellen handelt es sich derzeit noch um »Nischenprodukte«, die vor allem für spezielle Anschlüsse gedacht sind. Wer einen üblichen VDSL-Anschluss mit »normalem« (Super-)Vectoring betreibt, ist derzeit mit der FRITZ!Box 7590 besser bedient, da dieses Modell gegenwärtig zu einem günstigeren Preis bezogen werden kann.

Die FRITZ!Box für den Kabelanschluss

Auch beim Internetzugang über den Kabelanschluss ist bei der Wahl der richtigen FRITZ!Box einiges zu beachten. Allerdings wird bei dieser Technologie die Wahl etwas einfacher, denn es stehen derzeit nur vier verschiedene Modelle zur Verfügung. Das liegt unter anderem daran, dass es für diese Zugangsart noch gar nicht allzu lange FRITZ!Box-Geräte gibt, die im freien Handel erhältlich sind.

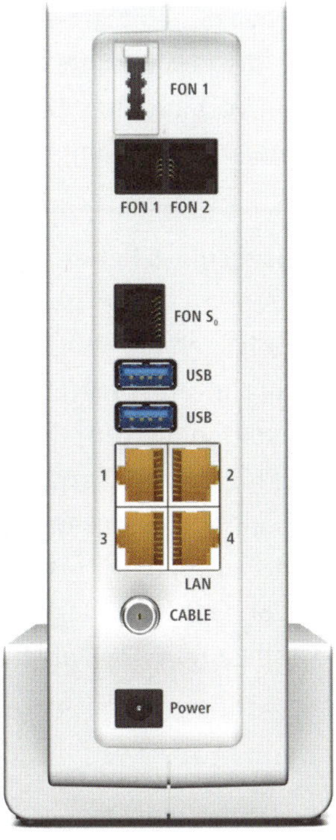

Abbildung 2.7 *Geräte für den Kabelanschluss bieten an der Rückseite natürlich eine Buchse zur Verbindung mit der Kabeldose. Ein entsprechendes Kabel befindet sich im Lieferumfang. (Bild: AVM GmbH)*

Beim Internetzugang über den Kabelanschluss dreht sich alles um den sogenannten *DOCSIS-Standard*. Die Abkürzung steht für *Data Over Cable Service In-*

terface Specification und regelt alle Notwendigkeiten für die Internetnutzung. Derzeit sind vor allem die Versionen DOCSIS 3.0 und DOCSIS 3.1 in Gebrauch – wobei es sich korrekt genommen hier bei uns jeweils um EuroDOCSIS handelt, dies aber für den Endnutzer nicht weiter wichtig ist. Was hingegen wichtig ist: Die beiden genannten DOCSIS-Versionen unterscheiden sich stark in der maximal erreichbaren Geschwindigkeit (und auch im tieferen technischen Aufbau). Bei den aktuell verfügbaren Internetzugängen kann man ganz pauschal festhalten: Internetzugänge mit Datenraten kleiner als 1 GBit/s arbeiten mit dem Standard DOCSIS 3.0, ab einer Datenrate von 1 GBit/s wird meist DOCSIS 3.1 genutzt. Wer also beispielsweise beim Anbieter Vodafone einen Zugang mit einer Geschwindigkeit von 500 MBit/s bucht, dem genügt eine FRITZ!Box, die nach dem Standard DOCSIS 3.0 arbeitet – sich über die Anforderungen des eigenen Anschlusses genau zu informieren, schadet aber gewiss nicht.

Eine FRITZ!Box, die DOCSIS 3.1 beherrscht, kann auch mit DOCSIS 3.0 umgehen und erlaubt damit auch die Nutzung von entsprechend langsameren Internetzugängen. Anders herum funktioniert das aber nicht: Ein Endgerät, das nur DOCSIS 3.0 beherrscht, kann am Gigabit-Anschluss nicht die gewünschte Geschwindigkeit erreichen. Grundsätzlich gilt auch, dass ein vorhandenes DOCSIS-3.0-Endgerät nicht auf ein DOCSIS-3.1-Gerät umgerüstet werden kann, weder per Softwareupdate noch per Hardwaremodifikation.

Von den vier aktuellen FRITZ!Box-Modellen für den Kabelanschluss beherrscht nur eines derzeit den Standard DOCSIS 3.1. Die anderen Modelle beherrschen nur die Version 3.0. Für Sie als Nutzer bedeutet das also Folgendes: Falls Sie sich jetzt oder in naher Zukunft für einen Internetzugang interessieren, der eine Datenrate von 1 GBit/s (oder schneller) bietet, dann sollten Sie zum DOCSIS-3.1-fähigen Modell greifen – das ist übrigens die FRITZ!Box 6591 Cable. Wenn Sie hingegen wissen, dass für Sie auch auf längere Zeit noch langsamere Geschwindigkeiten absolut genügen (wir sprechen immerhin von bis zu 500 MBit/s), dann können Sie sich auch für eines der DOCSIS-3.0-Modelle interessieren – namentlich die FRITZ!Box 6590 Cable, 6490 Cable und 6430 Cable.

Die FRITZ!Box 6591 Cable

Die FRITZ!Box 6591 Cable ist das derzeitige Spitzenmodell für den Kabelanschluss. Es ist erst im Frühjahr 2019 auf den Markt gekommen und derzeit mit einem Straßenpreis von rund 270 € noch recht teuer. Es ist das einzige Modell, das bereits den neuen Standard DOCSIS 3.1 unterstützt, und (im Regelfall) unbedingt erforderlich, wenn Sie einen Internetzugang mit einer Geschwindigkeit ab 1 GBit/s nutzen möchten. Das Spitzenmodell bringt natürlich die umfangreichste Ausstattung mit. Es eignet sich auch für Personen mit langsameren Internetzugängen, die Wert auf eine umfangreiche Ausstattung legen oder eventuell planen, zukünftig auf einen schnelleren Anschluss zu wechseln – wobei ein solcher an der Wohnadresse natürlich auch verfügbar sein muss.

Als einzige FRITZ!Box für den Kabelanschluss bietet das Modell 6591 Cable zwei USB-3.0-Anschlüsse und kann daher recht hohe Übertragungsraten im NAS-Betrieb erreichen, wobei wie immer ein eigenständiges NAS-Gerät deutlich leistungsfähiger ist. An die USB-Anschlüsse können grundsätzlich auch Drucker und Scanner sowie LTE-USB-Sticks angeschlossen werden, die einen alternativen Internetzugang per Mobilfunk als Rückfallebene ermöglichen. Die FRITZ!Box 6591 Cable bietet ein sehr schnelles WLAN und erreicht über WLAN AC bei 5 GHz bis zu 1.733 MBit/s und über WLAN N bei 2,4 GHz bis zu 800 MBit/s. Dabei unterstützt sie die Multi-User-MIMO-Technologie, sodass auch bei gleichzeitiger Nutzung durch mehrere Benutzer immer noch sehr hohe Datentransferraten möglich sind. Bei den Telefoniefunktionen ist dieses Modell ebenfalls sehr umfangreich ausgestattet. Neben einer DECT-Basis für bis zu sechs schnurlose Telefone gibt es auch einen ISDN-Anschluss sowie zwei Anschlüsse für analoge Telefone. Alle Modelle für den Kabelanschluss beherrschen nur die Internettelefonie und können nicht mit einem klassischen Festnetz-Telefonanschluss umgehen.

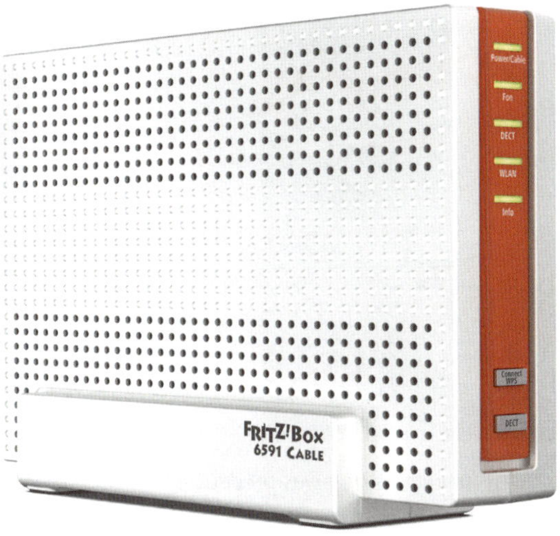

Abbildung 2.8 *Im Kabelbereich ist die FRITZ!Box 6591 Cable das Spitzenmodell. Das Gehäusedesign weicht deutlich von den DSL-Modellen ab. (Bild: AVM GmbH)*

Die FRITZ!Box 6590 Cable

Dieses Modell ist deutlich preisgünstiger als das Spitzenmodell. Der derzeitige Straßenpreis liegt bei rund 195 €. Die Ausstattung ist fast identisch zum Spitzenmodell 6591 Cable und unterscheidet sich hauptsächlich in zwei Punkten: Zum einen arbeitet die FRITZ!Box 6590 Cable nach dem Standard DOCSIS 3.0, sie eignet sich also nur für Internetanschlüsse mit einer maximalen Datenrate kleiner als 1 GBit/s. Zum anderen bietet sie nur zwei USB-2.0-Anschlüsse, sodass die maximal erreichbaren Datentransferraten im NAS-Betrieb niedriger sind als beim Spitzenmodell. Hier müssen Sie sich also entscheiden, ob Ihnen dies die Ersparnis wert ist und ob Sie die Preisdifferenz eventuell lieber in ein eigenständiges NAS-Gerät investieren möchten, das deutlich leistungsfähiger ist als jede aktuelle FRITZ!Box (aber natürlich auch einen entsprechenden Strombedarf mit sich bringt). Wer auf absehbare Zeit keinen besonders schnellen Internetzugang benötigt und mit gewissen Abstrichen beim NAS-Betrieb leben kann, fährt mit diesem Modell nach wie vor sehr gut.

Die FRITZ!Box 6490 Cable

Die FRITZ!Box 6490 Cable war lange Zeit das Spitzenmodell der FRITZ!Box-Geräte für den Kabelanschluss. Sie beherrscht ebenfalls nur DOCSIS 3.0 und eignet sich damit nur für Internetzugänge mit einer Datentransferrate kleiner als 1 GBit/s. Mit einem Straßenpreis von rund 155 € lassen sich gegenüber der FRITZ!Box 6590 Cable rund 40 € sparen.

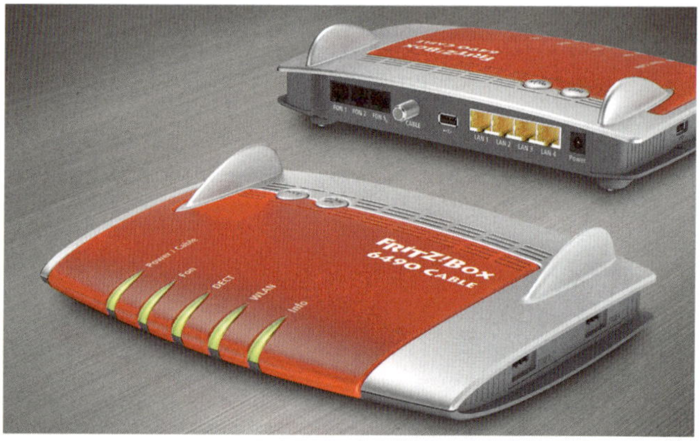

Abbildung 2.9 *Die FRITZ!Box 6490 Cable ist im klassischen Design deutlich kompakter als die neuen Modelle – sie verlangt aber nach guter Belüftung am Aufstellungsort und sollte zum Beispiel nicht zugestellt im Bücherregal aufgestellt werden. (Bild: AVM GmbH)*

Dafür muss man bei der Ausstattung auf nicht allzu viel verzichten. Einen großen Unterschied gibt es beim WLAN. Hier hat das Modell 6490 Cable nicht so viel zu bieten. Diese FRITZ!Box hat zwar wie das Modell 6590 Cable ebenfalls ein Dual WLAN, das die gleichzeitige Nutzung der 5- und 2,4-GHz-Bänder erlaubt, sie erreicht aber nur etwas langsamere Spitzengeschwindigkeiten: maximal 1.300 MBit/s im 5-GHz-Band und maximal 450 MBit/s im 2,4-GHz-Band. Die Multi-User-MIMO-Funktion wird ebenfalls nicht geboten. Wer also Wert auf ein besonders schnelles WLAN legt, sollte lieber zum Modell 6590 Cable greifen und die 40 € Differenz investieren. Weitere Unterschiede liegen darin, dass die FRITZ!Box 6490 Cable einen etwas langsameren Prozessor beinhaltet, der im NAS-Betrieb nicht die Leistung bringt, die das Modell 6590 Cable erreicht. Wer Wert auf diese Funktion legt, fährt mit dem teureren Modell besser. Außerdem erfordert die FRITZ!Box 6490 Cable aufgrund des älteren Gehäusedesigns (das Gehäuse ist kompakter) eine besonders gute Belüftung am Aufstellungsort, ansonsten kann es eventuell zu Überhitzungsproblemen kommen. Die modernen Modelle 6590 Cable und 6591 Cable haben ein ganz anderes Gehäusedesign, das mit zahlreichen Lüftungslöchern versehen ist und keine Temperaturprobleme kennt. Dafür lassen sich die modernen Varianten nicht mehr an der Wand befestigen. Im Bereich der Telefoniefunktionen gibt es keine Unterschiede zu den höherwertigen Modellen.

Die FRITZ!Box 6430 Cable

Bei der FRITZ!Box 6430 Cable handelt es sich um das günstigste Modell für den Kabelanschluss, bei dessen Ausstattung allerdings auch gewisse Abstriche gemacht werden müssen. Für einen Straßenpreis von etwa 130 €, der also nicht wesentlich unter dem der FRITZ!Box 6490 Cable liegt, erhalten Sie ein DOCSIS-3.0-fähiges Modell. Es bietet nur einen WLAN-Betrieb im 2,4-GHz-Band mit maximal 450 MBit/s. WLAN AC im 5-GHz-Band wird nicht unterstützt, es gibt auch keine Multi-User-MIMO-Technologie. Dieses Gerät eignet sich also nur für Nutzer, denen eine WLAN-Grundversorgung genügt und die an hohen Transferraten (auch zukünftig) nicht interessiert sind. Eine Telefonfunktion wird zwar geboten, diese umfasst auch eine DECT-Schnittstelle sowie zwei analoge Anschlüsse, aber keinen ISDN-Anschluss. Es gibt wie beim Modell 6490 Cable zwei USB-2.0-Anschlüsse. Die maximale Datentransferrate über den Kabelanschluss ist auf 880 MBit/s begrenzt, was aber bei den derzeit verfügbaren DOCSIS-3.0-Internetanschlüssen nicht weiter ins Gewicht fällt. Die übrige Ausstattung ist ähnlich wie bei der FRITZ!Box 6490 Cable und umfasst auch vier LAN-Anschlüsse mit bis zu 1 GBit/s. Aufgrund des geringen Preisunterschieds zum Modell 6490 Cable erscheint die FRITZ!Box 6430 Cable insgesamt weniger interessant. Selbst wenn man derzeit nur WLAN-Geräte besitzt, die ausschließlich den 2,4-GHz-Standard unterstützen, wird sich dies oftmals bereits in der nahen Zukunft ändern. Somit ist man mit einem der höherwertigen Modelle besser für die Zukunft gerüstet.

Wie wichtig ist die Anzahl unterstützter Kanäle und was ist mit der maximalen Datenrate?

Wenn Sie in den technischen Angaben der Hersteller blättern, dann begegnen Ihnen häufig Angaben zur Anzahl der unterstützten Kanäle sowie zur maximalen Datenrate. Die FRITZ!Box 6490 Cable unterstützt zum Beispiel bis zu 24 Kanäle, die FRITZ!Box 6590 Cable sogar 32. Demnach kann die FRITZ!Box 6590 Cable am Kabelanschluss theoretisch höhere Transferraten erzielen – in der Praxis muss dies aber auch der Provider unterstützen. Bei vielen Providern beträgt die maximale Anzahl unterstützter Kanäle im DOCSIS-3.0-Modus 24. Die zusätzlichen acht Kanäle der FRITZ!Box 6590 Cable werden also gar nicht unterstützt. Folglich kann deren theoretisch höhere Datentransferrate in der Praxis nicht umgesetzt werden. Deswegen sollten Sie nicht nur die Endgeräte vergleichen, sondern auch die Spezifikationen des Kabelanschlusses beachten.

Bei der Wahl der geeigneten FRITZ!Box gelten beim Kabelanschluss etwas andere Spielregeln als bei anderen Zugangstechnologien. Grundsätzlich sollte zwar jede der genannten FRITZ!Box-Modelle – vorausgesetzt, dass der DOCSIS-Standard passt – am eigenen Kabelanschluss funktionieren, es schadet aber gewiss nicht, sich auch mit den Anforderungen des Providers zu beschäftigen und gegebenenfalls nachzufragen, ob das Wunschmodell einwandfrei unterstützt wird. Zusammengefasst bietet sich das Spitzenmodell dann an, wenn der Preis keine große Rolle spielt und man für die Zukunft gerüstet sein möchte. Vor dem Kauf eines günstigeren Modells gilt es zu überlegen, ob die maximal mögliche Datentransferrate auch für die nahe Zukunft noch ausreichend ist. Derzeit gilt dies vermutlich für die meisten privaten Haushalte, die den Internetzugang »normal« benutzen, was selbst die gleichzeitige Übertragung mehrerer Videostreams mit einschließt.

Die FRITZ!Box für das LTE-Netz

Wenn es am gewünschten Ort keine Internetversorgung über die Telefonleitung per DSL oder über den Kabelanschluss gibt, dann ist vielleicht eine FRITZ!Box mit einer Unterstützung für das Mobilfunknetz interessant. Hierbei wird – wie beim Smartphone – über das Mobilfunknetz eine Verbindung ins Internet aufgebaut. Diese Internetverbindung kann dann ganz normal von den angeschlossenen Geräten genutzt werden. Wie auch beim Smartphone wird dazu in die FRITZ!Box eine (Mini-)SIM-Karte eingelegt. Im Regelfall wird man sich beim Provider für einen Datentarif entscheiden, der die Internetnutzung per Flatrate erlaubt. Eine klassische Telefonfunktion ist über das Mobilfunknetz nicht vorgesehen.

Es gibt derzeit zwei Modelle der FRITZ!Box, die ein eingebautes LTE-Modem haben. Bei der FRITZ!Box 6890 LTE handelt es sich um ein besonders gut ausgestattetes und mit einem Straßenpreis von 300 € auch recht teures Modell. Es bietet sowohl ein eingebautes DSL- als auch ein LTE-Modem. Neben dem reinen LTE-Betrieb oder dem reinen DSL-Betrieb ist auch ein Rückfallmodus (»Fallback«) möglich: Normalerweise stellt die FRITZ!Box den Internetzugang über einen DSL-Anbieter über die Telefonleitung parat. Sollte diese Verbindung gestört sein und nicht zur Verfügung stehen, wird automatisch auf die LTE-Verbindung umgeschaltet. In diesem Fall ist also ein kontinuierlicher Internetzugang möglich. Dies bietet sich für Umgebungen an, in denen man auf einen funktionierenden Internetzugang angewiesen ist.

Bei der FRITZ!Box 6820 LTE handelt es sich hingegen um ein deutlich günstigeres Modell mit kleinerer Ausstattung. Sie bietet nur ein eingebautes LTE-Modem und verzichtet auf ein DSL-Modem. Beide Modelle können mit allen in Europa üblichen Mobilfunknetzen umgehen.

Die FRITZ!Box 6890 LTE

Dieses Modell ist, wie gesagt, besonders gut ausgestattet. Als »normale« FRITZ!Box für den DSL-Betrieb kann die Ausstattung schon fast mit dem dortigen Spitzenmodell 7590 konkurrieren. Das DSL-Modem unterstützt Geschwindigkeiten bis zu 300 MBit/s. Diese FRITZ!Box bietet vier 1-GBit/s-fähige Netzwerkanschlüsse und einen WAN-Anschluss. Das eingebaute Dual WLAN unterstützt im 5-GHz-Bereich bis zu 1.733 MBit/s und im 2,4-GHz-Bereich bis zu 800 MBit/s. Der einzelne USB-Anschluss entspricht dem USB-3.0-Standard. Eine

Telefonanlage ist auch integriert. Neben einer DECT-Basis bietet sie die üblichen zwei Anschlüsse für analoge Endgeräte und einen Anschluss für ein ISDN-Gerät (das auch eine Telefonanlage sein kann). Für die Telefonfunktion kann sogar ein analoges oder ein ISDN-Festnetz genutzt werden – wobei diese Zugangsarten, wie bereits erwähnt, nach und nach abgeschaltet werden und kaum noch zur Verfügung stehen. Alternativ ist auch eine IP-basierte Telefonie möglich – sowohl über DSL als auch über LTE. Hier muss man aber aufpassen, weil viele Mobilfunkanbieter die (VOIP-)Telefonie über die Datenverbindung in den Geschäftsbedingungen verbieten – man muss also zuerst seinen Vertrag genau studieren. Das eingebaute LTE-Modem (4G) unterstützt übrigens Verbindungen mit bis zu 300 MBit/s. Es wird auch eine UMTS-Unterstützung geboten (3G), die bis zu 42 MBit/s übertragen kann. Die Antennen für das Mobilfunknetz können über Schraubanschlüsse angeschlossen werden. Bei einer schlechten Empfangssituation kann sogar eine Außenantenne verwendet werden.

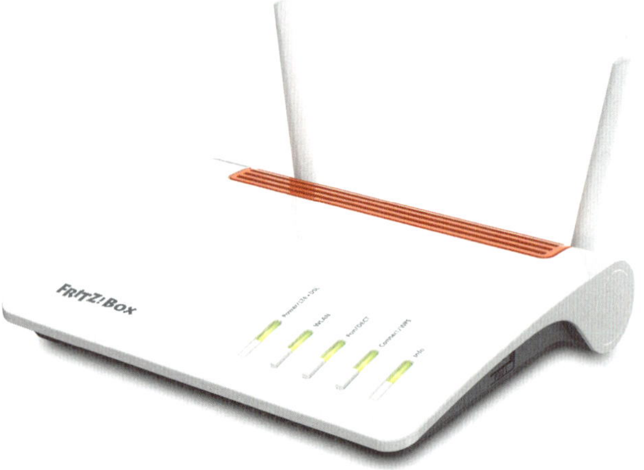

Abbildung 2.10 *Die FRITZ!Box 6890 LTE ist kein reines LTE-Gerät, sondern bietet auch ein DSL-Modem. Sie kann also sehr flexibel eingesetzt werden. Diese Flexibilität hat allerdings auch ihren (Anschaffungs-)Preis. (Bild: AVM GmbH)*

Die FRITZ!Box 6820 LTE

Dieses einfachere Gerät mit einem Straßenpreis von rund 125 € unterstützt ausschließlich den Internetzugang über das Mobilfunknetz. Es gibt kein eingebautes DSL-Modem. Das Gerät ist nur für den Internetzugang gedacht, eine Telefonfunktion wird nicht geboten. Es gibt auch keinen WAN-Anschluss für ein Modem und lediglich einen 1-GBit/s-fähigen Netzwerkanschluss. Das WLAN-

Netz beschränkt sich auf das 2,4-GHz-Band und erreicht hier bis zu 450 MBit/s. Externe Antennen lassen sich nicht anschließen.

Dieses Gerät eignet sich für Umgebungen, in denen nur selten ein Internetzugang erforderlich ist. Sinnvoll kann es an Orten ohne andere Internetverbindung eingesetzt werden. Unter Umständen ist, sofern wirklich nur eine geringe Internetnutzung vorgenommen wird, ein LTE-Vertrag sogar günstiger als ein DSL-Vertrag. Daher kann sich die FRITZ!Box 6820 LTE vielleicht auch für die Ferienwohnung anbieten, wo man gelegentlich seine E-Mails liest, ein paar Nachrichten verfolgt und ansonsten hauptsächlich Urlaub machen möchte.

Abbildung 2.11 *Die kleine FRITZ!Box 6820 LTE hat eine spartanische Ausstattung und eignet sich vor allem für die gelegentliche Internetnutzung. (Bild: AVM GmbH)*

Für den Fallback-Modus braucht es keine LTE-FRITZ!Box

Finden Sie die Möglichkeit des Fallback-Betriebs interessant, bei dem normalerweise ein DSL-Anschluss genutzt und nur im Störungsfall auf den LTE-Betrieb umgeschaltet wird? Dafür braucht es aber keine spezielle LTE-taugliche FRITZ!Box. Nein, Sie können auch an andere FRITZ!Box-Modelle einen LTE-USB-Stick anschließen, den Sie etwa auch am Notebook für den Internetzugang verwenden. In diesen LTE-USB-Stick legen Sie die SIM-Karte ein (moderne Versionen arbeiten gar schon mit elektronischer SIM-Karte). Die FRITZ!Box erkennt den USB-Stick (sofern es sich um ein Standardgerät handelt) und kann darüber die Internetverbindung aufbauen. Somit wird der Fallback-Betrieb auch am normalen DSL- oder Kabelanschluss möglich. Mehr dazu finden Sie in Kapitel 7 im Abschnitt »Den Internetzugang über einen LTE-Stick einrichten«.

Die FRITZ!Box für einen Glasfaseranschluss

Ganz modern sind Internetanschlüsse über eine Glasfaserleitung. Mit dieser zukunftsfähigen Technologie lassen sich sehr hohe Datenraten erzielen, die weit über denen von DSL- und auch Kabelanschlüssen liegen – das gilt auch für die Senderichtung.

Glasfaseranschlüsse gibt es in vielen Varianten, die sich darin unterscheiden, bis zu welchem Punkt eine Glasfaserleitung liegt und wo eventuell auf eine andere Zugangstechnologie gewechselt wird. Heutzutage wird ein Großteil der Internetkommunikation bereits über Glasfaserleitungen abgewickelt, aber die berühmte »letzte Meile« bis in die Wohnung des privaten Internetnutzers wird häufig noch über eine Telefonverbindung oder das Breitbandkabel realisiert.

In letzter Zeit gibt es auch mehr und mehr Internetanschlüsse, bei denen eine Glasfaserleitung direkt bis in die Wohnung oder das Haus des Internetnutzers gelegt wird.

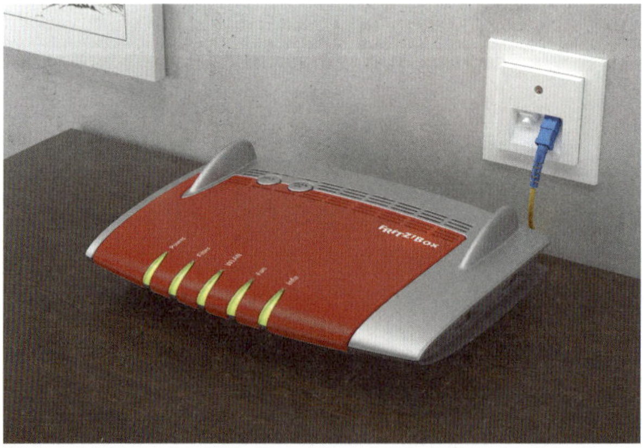

Abbildung 2.12 *Die beiden FRITZ!Box-Modelle für den Glasfaseranschluss bieten ein eingebautes Modem und können über eine entsprechende Leitung direkt mit der Glasfaseranschlussdose verbunden werden. (Bild: AVM GmbH)*

Wenn man einen solchen Glasfaseranschluss nutzt, bekommt man vom Internetprovider häufig ein Endgerät gestellt, das die Verbindung zum Glasfaseranschluss herstellt. Je nach Provider handelt es sich um einen vollwertigen All-in-one-Router, an den auch Telefone angeschlossen werden können und der einen WLAN-Zugang bietet. Hin und wieder werden aber auch nur einfache Modems installiert, an die man einen eigenen Router anschließen kann – zum Beispiel eine FRITZ!Box. Das kann ein umfangreich ausgestattetes Topmodell wie die FRITZ!Box 7590 sein (deren DSL-Modem dann einfach nicht genutzt wird) oder ein spezielles Modell wie die FRITZ!Box 4040, die über kein eigenes Modem verfügt.

Daneben existieren aber auch bereits zwei FRITZ!Box Modelle, die direkt einen Anschluss für eine Glasfaserleitung bieten und ein eingebautes Glasfasermodem haben. Sie werden also direkt mit einer solchen Leitung an die optische Anschlussbuchse angeschlossen, die vom Internetprovider (beziehungsweise Technologieanbieter) installiert wurde. Die beiden angebotenen Modelle haben einen identischen Funktionsumfang. Sie unterscheiden sich lediglich in der Anschlussart: Ein Modell ist für den passiven Glasfaseranschluss vorgesehen, das andere eignet sich nur für den aktiven Glasfaseranschluss. Sie müssen unbedingt mit dem Provider klären, welche Anschlussart bei Ihnen genutzt wird und ob Sie überhaupt eine FRITZ!Box verwenden können oder ob ein Gerät des Providers zwingend erforderlich ist.

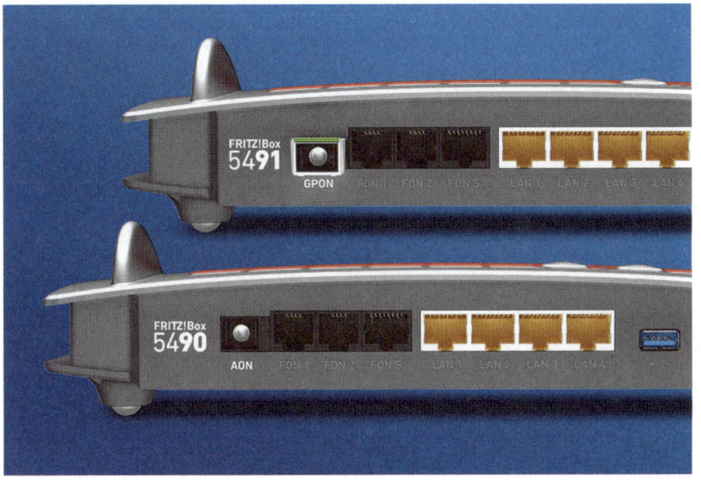

Abbildung 2.13 *Die beiden FRITZ!Box-Modelle für den Glasfaseranschluss unterscheiden sich nur in der Signalverarbeitung (aktiver oder passiver Anschluss). (Bild: AVM GmbH)*

Beide Geräte sind recht modern ausgestattet, ihre Leistungsfähigkeit ist aber nicht mit den Spitzenmodellen wie etwa der FRITZ!Box 7590 oder der FRITZ!Box 6591 Cable vergleichbar. Beide FRITZ!Box Modelle für den Glasfaseranschluss bieten WLAN für das 5-GHz-Band (bis zu 1.300 MBit/s) und das 2,4-GHz-Band (bis zu 450 MBit/s). WLAN-Mesh zur Erhöhung der Reichweite wird natürlich unterstützt. Die Telefonanlage bietet eine DECT-Basis und neben zwei analogen Anschlüssen auch einen internen ISDN-Anschluss. Die Geräte bieten auch zwei USB-3.0-Anschlüsse.

Auch der Anschluss an ein Modem ist möglich

Wenn Sie von Ihrem Internetanbieter ein Glasfasermodem erhalten haben, können Sie die genannten glasfasertauglichen FRITZ!Box-Modelle auch direkt an dieses Modem anschließen. In diesem Fall erfolgt die Datenübertragung zur FRITZ!Box über ein normales Kupfer-Netzwerkkabel. Verbinden Sie dazu die LAN-1-Buchse der FRITZ!Box mit dem Modem. Beachten Sie aber, dass Sie für diese Zugangsart nicht unbedingt eine glasfasertaugliche FRITZ!Box benötigen. Da Sie ja über ein Modem verfügen, das sich um die Kommunikation mit dem Glasfasernetz kümmert, können Sie auch eine beliebige andere FRITZ!Box anschließen. Sie können eine DSL-FRITZ!Box oder auch eine Kabel-FRITZ!Box verwenden. Das Modem verbinden Sie entweder mit der WAN-Buchse (falls vorhanden) oder der LAN-1-Buchse und konfigurieren die FRITZ!Box so, dass sie hierüber die Internetverbindung herstellt. Sie müssen nur zwei Verbindungsarten unterscheiden: Entweder baut das Modem die Internetverbindung selbstständig auf – dann hängt die FRITZ!Box als normales Netzwerkgerät daran. Oder aber die FRITZ!Box baut die Internetverbindung auf und steuert das Modem. In diesem Fall müssen in der FRITZ!Box die Zugangsdaten hinterlegt werden.

Die FRITZ!Box 5490 ist für den aktiven Glasfaseranschluss (AON-Technologie) vorgesehen, die FRITZ!Box 5491 ist für den passiven Glasfaseranschluss (GPON-Technologie) geeignet.

Die FRITZ!Box für ein vorhandenes Modem und zur Erweiterung

Wer von seinem Provider bereits ein Modem zur Verfügung gestellt bekommt (zum Beispiel an einem Glasfaser- oder Kabelanschluss) oder wer sein vorhandenes Netzwerk um eine weitere FRITZ!Box ergänzen möchte, der interessiert sich vielleicht für eines der beiden Modelle ohne eingebautes Modem.

Wenn bereits ein Modem vorhanden ist, dann muss natürlich die nachgeschaltete FRITZ!Box kein eigenes Modem beinhalten – dieses wäre ja überflüssig. Durch die eingesparten Bauteile ist eine FRITZ!Box ohne Modem deutlich günstiger als ein Modell mit Modem. Auch wer sein Netzwerk um eine weitere FRITZ!Box ergänzen möchte, benötigt dort kein eingebautes Modem.

Natürlich kann man im ersten Fall überlegen, ob man nicht besser zu einer FRITZ!Box mit eingebautem Modem greift und das (Leih-)Gerät des Providers ausmustert. Schließlich wären ansonsten zwei Geräte im ständigen Betrieb, was häufig zu höheren Stromkosten führt, als wenn die Aufgabe von einem integrierten Gerät erledigt werden würde. In der Vergangenheit, als man seinen Router noch nicht frei wählen durfte, bekam man oft Zwangsgeräte gestellt und konnte auf kein eigenes Gerät ausweichen – hier war die einzige Lösung (wenn das Zwangsgerät nicht überzeugen konnte), zusätzlich eine eigene FRITZ!Box hinter dem Providergerät zu schalten. Aber auch heutzutage kann trotz freier Routerwahl ein vorgeschaltetes Modem erforderlich sein, zum Beispiel bei den erwähnten Glasfaseranschlüssen.

Grundsätzlich kann man fast jede FRITZ!Box hinter ein Modem schalten. In der Bedienoberfläche gibt es eine Einstellung, dass der Internetzugang über ein externes Modem erhalten wird. Deswegen kann man häufig eine bereits vorhandene FRITZ!Box für so einen Zweck umfunktionieren. Bei einer Neuanschaffung freut man sich aber über den günstigen Preis einer FRITZ!Box ohne eingebautes Modem.

Gegenwärtig gibt es zwei FRITZ!Box-Modelle ohne eingebautes Modem: Die FRITZ!Box 4040 und die FRITZ!Box 4020.

Die FRITZ!Box 4040

Dies ist das besser ausgestattete Modell. Die FRITZ!Box 4040 bietet vier Netzwerkanschlüsse mit bis zu 1 GBit/s und natürlich einen WAN-Anschluss für das externe Modem. Sie verfügt über ein Dual WLAN, das gleichzeitig im AC-Modus bei 5 GHz bis zu 866 MBit/s und im N-Modus bei 2,4 GHz bis zu 400 MBit/s übertragen kann. Es gibt einen USB-3.0-Anschluss und einen USB-2.0-Anschluss.

Telefonfunktionen werden jedoch nicht geboten. Wenn das Gerät vom Provider keine Telefonanschlüsse bietet, man jedoch auf den Komfort der Festnetztelefonie nicht verzichten möchte, dann muss man sich für eine andere FRITZ!Box entscheiden, also ein Modell mit eingebautem Modem, das man jedoch deaktiviert. Die FRITZ!Box 4040 wird derzeit zu einem Straßenpreis von etwa 70 € gehandelt. Ihre Leistungsaufnahme beträgt maximal 7 Watt.

Abbildung 2.14 *Da der FRITZ!Box 4040 ein eingebautes Modem fehlt, ist ihr Verkaufspreis entsprechend niedrig. Sie kann universell eingesetzt werden, wenn schon ein Modem oder eine weitere FRITZ!Box vorhanden ist. (Bild: AVM GmbH)*

Die FRITZ!Box 4020

Dies ist die derzeit kleinste FRITZ!Box. Es handelt sich um ein sehr rudimentäres Gerät. Eine wichtige Einschränkung ist, dass die Anschlüsse für das kabelgebundene Netzwerk nicht 1 GBit/s-tauglich sind. Die vier Anschlüsse erlauben nur eine Datentransferrate von 100 MBit/s. Zusätzlich gibt es einen WAN-Anschluss für das Modem. Drahtlose Geräte finden über das WLAN Zugang, das ausschließlich im 2,4-GHz-Band arbeitet und bis zu 450 MBit/s erreicht. Es unterstützt aber die Reichweitensteigerung über WLAN-Mesh. Es gibt nur einen USB-2.0-Anschluss, an den jedoch auch ein externer HUB angeschlossen werden kann und der sowohl Speichergeräte als auch Drucker und natürlich LTE-Sticks unterstützt, sodass auch hierüber ein Internetzugang aufgebaut werden kann. Telefonfunktionen werden auch von dieser FRITZ!Box nicht angeboten. Dank der etwas reduzierten Ausstattung ist die Leistungsaufnahme dieser FRITZ!Box äußerst gering und beträgt 2 bis 7 Watt. Sie eignet sich daher ideal zur Ergänzung eines vorhandenen Netzwerks.

Abbildung 2.15 *Die FRITZ!Box 4020 ist das kleinste aller FRITZ!Box-Modelle. Nicht nur ihre Ausstattung ist spartanisch, auch das Gehäuse ist sehr kompakt. (Bild: AVM GmbH)*

Mit einer zusätzlichen FRITZ!Box und einer demilitarisierten Zone mehr Sicherheit gewinnen

Vielleicht fragen Sie sich an dieser Stelle, wofür man in einem Netzwerk eine zweite FRITZ!Box benötigt? Ein Anwendungsfall ist die Trennung des Heimnetzwerks in zwei verschiedene Netzwerke, zwischen denen nur eine eingeschränkte Kommunikation möglich ist. Erreicht wird dies durch zwei hintereinandergeschaltete FRITZ!Box-Geräte. Interessant ist dies zum Beispiel, um »hinter« dem Heimnetzwerk ein separates Netz aufzubauen, in dem Computer mit beruflichen Daten verwendet werden. Dieses Netzwerk ist über eine Firewall vor dem übrigen Heimnetzwerk geschützt. Der Nachwuchs im übrigen »normalen« Heimnetz (angeschlossen an die erste FRITZ!Box) kann dieses separate Netz (an der zweiten FRITZ!Box) nicht erreichen, die Daten dort bleiben sicher. Das gilt auch für eventuelle Schadprogramme auf Rechnern im normalen Netzwerk. Der Internetzugriff ist jedoch aus beiden Netzwerken heraus möglich. So etwas kann man auch aufbauen, wenn man einen Server betreiben möchte, der im Internet verfügbar ist. Hierbei sichert man das »normale« Heimnetzwerk über eine zweite FRITZ!Box gegenüber dem Netzwerk, in dem sich der Server befindet, ab. (Bei diesem Fall ist also das Heimnetzwerk das separate »hintere« Netzwerk.) Wenn nun der Server, der so zusagen im »vorderen« Netzwerk arbeitet, »gehackt« wird, besteht trotzdem kein Zugriff auf die Rechner im geschützten »hinteren« Heimnetzwerk. Man bezeichnet dies als *demilitarisierte Zone*.

Kapitel 3
3...2...1: der erste Start

Jetzt ist es an der Zeit, dass Sie Ihre FRITZ!Box zum ersten Mal in Betrieb nehmen und den Internetzugang sowie optional die Telefonie einrichten. Bevor es richtig losgeht, sollten Sie Ihr neues Gerät aber erst einmal richtig kennenlernen.

Die Tasten, Kontrollleuchten und Anschlüsse an der FRITZ!Box

Nachdem Sie Ihre FRITZ!Box ausgepackt und vom Verpackungsmaterial befreit haben, sollten Sie sich das Gerät zunächst einmal in Ruhe ansehen. Sie finden am Gerät diverse Tasten und Anschlüsse, die ich Ihnen zunächst vorstellen möchte.

Je nach Modell gibt es am Gehäuse der FRITZ!Box mehrere Tasten:

- **WLAN**: Über diese Taste können Sie jederzeit das WLAN der FRITZ!Box an- und abschalten. Drücken Sie dazu die Taste etwa eine Sekunde lang.
- **Connect/WPS**: Diese Taste dient zum Anmelden neuer drahtloser Geräte wie etwa schnurlosen Telefonen, WLAN-Geräten, WLAN-Repeatern, aber auch Smart-Home-Geräten. Durch einen Tastendruck (etwa eine Sekunde lang) wird die FRITZ!Box in den Anmeldezustand versetzt. Sie können jetzt das gewünschte Gerät anmelden (das ebenfalls über eine »Connect«-Taste oder eine entsprechende Funktion verfügt).
- **DECT** oder auch **Fon/DECT**: Mit dieser Taste können Sie Schnurlostelefone, die nicht am gewohnten Ort liegen, wiederfinden. Ein Tastendruck startet den sogenannten *Paging-Ruf*. Alle Schnurlostelefone klingeln daraufhin. So können Sie das Telefongerät schnell wiederfinden. Ein Tastendruck am Gerät beendet den Paging-Ruf.

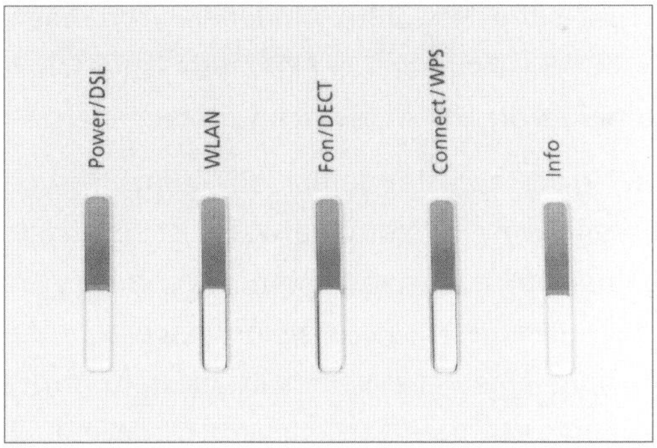

Abbildung 3.1 *Verschiedene Tasten und Kontrollleuchten stehen am Gehäuse der FRITZ!Box zur Verfügung, aber nicht jede FRITZ!Box bietet alle hier beschriebenen Tasten.*

Über den Zustand der FRITZ!Box informieren mehrere LED-Anzeigen am Gehäuse:

- **Power**: Diese LED signalisiert den Betriebszustand des Gerätes. Ihre Bezeichnung wird meist mit der Zugangsart ergänzt, zum Beispiel *DSL* oder *Cable*. Leuchtet sie nicht, dann wird die FRITZ!Box nicht mit Strom versorgt. Wenn die LED blinkt, dann besteht eine Stromversorgung, und die FRITZ!Box versucht eine Kontaktaufnahme zum Internetanbieter. Hierbei handelt es sich um die technische Synchronisation, nicht um die Einrichtung des Internetzugangs. Solange die LED blinkt, kann kein Internetzugang hergestellt werden – ein längerfristiges Blinken kennzeichnet also auch eine Störung. Leuchtet die LED dauerhaft, dann besteht die Synchronisation. Dies kennzeichnet den normalen Betriebszustand des Gerätes.
- **WLAN**: Diese Kontrollleuchte zeigt den Betriebszustand des Funknetzwerks an. Das WLAN ist ausgeschaltet, wenn die LED nicht leuchtet. Bei einem dauerhaften Leuchten ist das WLAN aktiv und kann genutzt werden. Ein Blinken der LED zeigt mehrere Zustände an: Beim Ein- und Ausschalten des WLANs (das dauert jeweils einige Sekunden) blinkt die LED genauso wie bei der Änderung von Einstellungen oder der Anmeldung eines neuen Gerätes.
- **FON** oder auch **FON/DECT**: Diese LED leuchtet konstant, wenn ein Telefongespräch geführt wird. Wenn sie nicht leuchtet, dann wird gegenwärtig nicht telefoniert. Diese LED kennzeichnet also nur ein aktuelles Telefongespräch, aber nicht die Bereitschaft der Telefonfunktion. Wenn die LED blinkt (meist zusammen mit anderen LEDs), dann kennzeichnet dies die Anmeldebereitschaft für ein neues Gerät.

- **DECT**: Diese Anzeige ist nicht bei allen FRITZ!Box-Modellen vorhanden. Wenn sie leuchtet, dann ist die DECT-Basisstation der FRITZ!Box eingeschaltet. Wenn sie blinkt, läuft ein Anmeldevorgang für ein schnurloses Telefon.
- **Info**: Die Info-LED informiert über diverse Zustände der FRITZ!Box. Ihr Verhalten kann vom Benutzer eingestellt werden. Normalerweise ist sie ausgeschaltet – dies kennzeichnet den normalen Betriebszustand. Wenn sie grün blinkt oder dauerhaft leuchtet, bedeutet dies, dass ein zuvor festgelegtes Ereignis signalisiert wird – zum Beispiel eine neue Nachricht auf dem Anrufbeantworter. Wenn die LED allerdings mit roter Farbe leuchtet oder blinkt, dann liegt eine Störung vor. In diesem Fall hilft Ihnen Kapitel 10, »Der Störungsdienst der FRITZ!Box: das Diagnose-Menü und weitere Hilfestellungen«, bei der Störungsbehebung.
- **Connect/WPS**: Diese Anzeige informiert über den Anmeldevorgang neuer drahtloser Geräte. Normalerweise ist sie ausgeschaltet, das bedeutet, dass die FRITZ!Box nicht bereit zur Einbindung neuer Geräte ist. Die LED blinkt langsam, wenn die FRITZ!Box auf die Anmeldung eines neuen Gerätes wartet. Dann können Sie am gewünschten Gerät die Anmeldeprozedur ausführen. Wenn das Gerät erfolgreich angemeldet wurde, leuchtet die LED eine Zeit lang dauerhaft. Wenn die Anmeldung fehlgeschlagen ist, kennzeichnet dies ein schnelles Blinken.

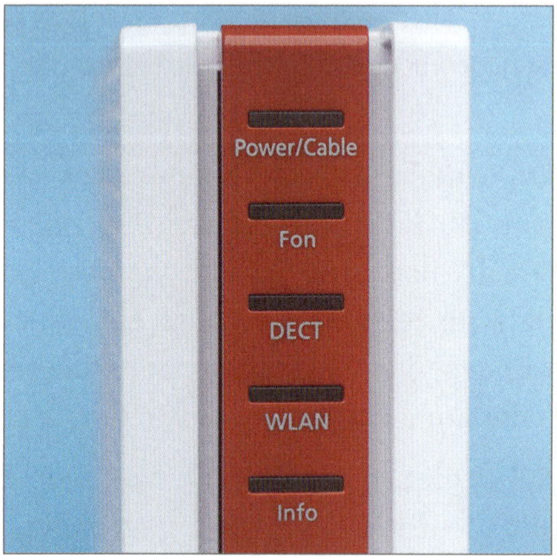

Abbildung 3.2 *Auch die Anzahl und Anordnung der LEDs ist von Modell zu Modell verschieden.*

An der Rückseite der FRITZ!Box sowie teilweise an den Seitenflächen gibt es diverse Anschlüsse. Nicht alle Modelle haben alle Anschlüsse:

- **Power**: An diesen runden Anschluss (für einen Hohlstecker) wird das Steckernetzteil angeschlossen. Der Anschluss dient der Stromversorgung der FRITZ!Box.

Abbildung 3.3 *An den Power-Anschluss wird das Steckernetzteil angeschlossen.*

- **DSL**: Dies ist bei DSL-Geräten der Anschluss für den Internetzugang. Er wird mit der Anschlussdose des Internetanbieters verbunden. Wenn die FRITZ!Box auch noch mit dem klassischen Festnetz für die Telefonie umgehen kann, dann ist dies ein Kombianschluss, der sowohl den Kontakt zum Internet als auch zum Telefonnetz vornimmt (sowohl für ein analoges als auch für ein ISDN-Festnetz). Im Lieferumfang der FRITZ!Box befinden sich geeignete Kabel, die für alle Anschlussarten geeignet sind.

Abbildung 3.4 *Die DSL-Buchse dient zur Verbindung mit der Telefondose für den Internetanschluss. Bei festnetztauglichen Geräten handelt es sich um eine Kombibuchse für Internet und Telefon.*

- **Cable**: Über diesen Anschluss wird eine FRITZ!Box mit dem Kabelanschluss verbunden. Ihn gibt es natürlich nur bei FRITZ!Box-Modellen für diese Zugangsart. Es handelt sich um einen F-Anschluss, wie man ihn vom Satellitenempfang kennt. Der Anschluss wird mit einer Überwurfmutter gesichert.

Abbildung 3.5 *Bei kabeltauglichen Modellen wird diese runde F-Buchse verwendet.*

- **Fiber**: Diese Buchse gibt es nur bei FRITZ!Box-Modellen für den direkten Glasfaseranschluss. Hier wird die Glasfaserleitung angeschlossen, die ihrerseits mit der Anschlussdose des Internetproviders verbunden wird.

- **LAN 1** bis **LAN 4**: Hierbei handelt es sich um Netzwerkanschlüsse für kabelgebundene Geräte. LAN steht für *Local Area Network*, also für das lokale Netzwerk. Sie können hier direkt Computer und Laptops, aber auch Netzwerk-Switches zur Vergrößerung des Netzwerks anschließen. Der Anschluss LAN 1 kann bei Geräten, die keinen eigenen WAN-Anschluss haben, zur Verbindung mit einem Modem genutzt werden.

Abbildung 3.6 *An die vier LAN-Anschlüsse können kabelgebundene Netzwerkgeräte angeschlossen werden.*

- **WAN**: Dieser Anschluss ist nicht bei allen Geräten vorhanden. WAN ist die Abkürzung für *Wide Area Network*, also für ein Weitbereichsnetzwerk, gemeint ist das Internet. Der Anschluss dient zur Verbindung mit einem Modem, das Kontakt zum Internet aufnimmt. Falls Sie ein externes Modem verwenden möchten oder müssen, dann wird es mit diesem Anschluss verbunden. Wenn Sie das interne Modem der FRITZ!Box verwenden, dann wird dieser Anschluss automatisch zu einem weiteren LAN-Anschluss (ohne dass etwas per Hand konfiguriert werden muss). Sie können in diesem Fall ein normales Netzwerkgerät anschließen.

Abbildung 3.7 *Der WAN-Anschluss dient der Verbindung mit einem externen Modem. Wird dieses nicht verwendet, kann hier ein normales Netzwerkgerät angeschlossen werden.*

- **FON 1** und **FON 2**: Dies sind die Anschlüsse für analoge Telefone. Sie gibt es nur bei FRITZ!Box-Modellen mit eingebauter Telefonanlage. Der Anschluss FON 1 ist meist doppelt vorhanden: einmal als RJ11-Buchse, einmal als TAE-Buchse. Beide Anschlüsse sind parallel geschaltet und elektrisch gleichwertig. Nutzen Sie den Anschluss, der zum Stecker Ihres Telefons passt. Sie dürfen aber nicht beide Anschlüsse gleichzeitig verwenden. Für den Anschluss FON 2 liegt im Lieferumfang ein Adapter bei, mit dem Sie auch ein Gerät mit TAE-Stecker anschließen können.
- **FON S_0**: Hieran können Sie entweder ein ISDN-Telefon oder eine ISDN-Telefonanlage anschließen. Der Anschluss speist ein einzelnes ISDN-Telefon

auch gleich mit dem nötigen Strom. Wer mehrere Geräte nutzen möchte, muss Geräte mit eigener Stromversorgung oder eine aktive Telefonanlage verwenden, die eine eigene Speisespannung aufbaut.

Abbildung 3.8 *An die FON-Anschlüsse werden Telefone angeschlossen. Bei vielen Modellen gibt es neben RJ11-Anschlüssen auch einen TAE-Anschluss. Die Anschlüsse sind elektrisch kompatibel. Adapter liegen der FRITZ!Box bei oder können im Handel erworben werden. Der rechte Anschluss ist ausschließlich ISDN-Geräten vorbehalten.*

- **USB**: An die USB Anschlüsse (je nach FRITZ!Box gibt es einen oder zwei) können USB-Speichergeräte wie USB-Sticks oder Festplatten sowie Drucker, Scanner und Multifunktionsgeräte sowie USB-LTE-Sticks angeschlossen werden. Mit USB-Speichergeräten lässt sich die NAS-Funktion einrichten, über die der Speicherplatz allen Netzwerkgeräten zur Verfügung gestellt wird. Angeschlossene Drucker und Scanner können ebenfalls über das Netzwerk allen Nutzern zur Verfügung stehen, sodass diese zentral auf einem Drucker beziehungsweise Scanner arbeiten können. Mittels eines USB-LTE-Sticks kann die FRITZ!Box einen alternativen Internetzugang über das Mobilfunknetz aufbauen. Dieser kann automatisch dann verwendet werden, wenn der eigentliche Zugang über DSL, Kabel oder Glasfaser gestört ist. Hierfür nutzt man meist einen reinen Datentarif bei einem Mobilfunkanbieter, nach Möglichkeit unbedingt eine Flatrate. USB-Buchsen mit einem schwarzen Plastiksteg arbeiten nach dem langsameren USB-2.0-Standard. USB-Buchsen mit einem blauen Plastiksteg beherrschen auch das wesentlich schnellere USB 3.0, das von einer FRITZ!Box jedoch nicht komplett ausgenutzt werden kann.

Abbildung 3.9 *An die USB-Anschlüsse lassen sich Drucker, Scanner, LTE-Sticks und vor allem Speichergeräte anschließen.*

- Spezielle FRITZ!Box-Geräte mit eingebautem LTE-Modem haben darüber hinaus noch einen Kartenslot zur Aufnahme der Mini-SIM-Karte.

Der optimale Aufstellungsort

Nachdem Sie Ihre FRITZ!Box von außen kennengelernt haben, geht es an das Aufstellen am gewünschten Ort. Zuvor sollten Sie aber den Packungsinhalt kontrollieren und das mitgelieferte Zubehör bereithalten. Für die Inbetriebnahme werden Sie je nach Anschluss ein geeignetes Kabel benötigen (dazu später mehr). Wichtig ist außerdem eine etwa handgroße Servicekarte mit dem Namen FRITZ!Notiz, auf der wichtige Zugangsdaten aufgedruckt sind.

Für die Wahl des Aufstellungsortes gilt es, einige Kriterien zu berücksichtigen:

- Der Aufstellungsort sollte sich in der Nähe der Anschlussdose für den Internetzugang befinden. Bei einer FRITZ!Box für den DSL- und Kabelanschluss befindet sich ein geeignetes Anschlusskabel im Lieferumfang. Wählen Sie den Aufstellungsort in Abhängigkeit von der Länge dieses Kabels. Im Fachhandel sind gegebenenfalls auch längere Versionen erhältlich. Die erste Inbetriebnahme sollte jedoch mit dem mitgelieferten Kabel erfolgen, damit hier unnötige Fehlerquellen ausgeschlossen werden.
- Am Aufstellungsort muss ein Stromanschluss vorhanden sein. Die FRITZ!Box wird mit einem mitgelieferten Steckernetzteil an eine normale Steckdose angeschlossen. Das Anschlusskabel des Netzteils ist etwa 1,5 m lang. Natürlich können Sie zum Anschluss auch eine Verlängerungsleitung oder eine Mehrfachsteckdose verwenden. Beachten Sie, dass das Netzteil im Betrieb etwa handwarm wird. Achten Sie auf eine gute Belüftung, und decken Sie das Netzteil nicht ab. Es empfiehlt sich, das Netzteil leicht zugänglich zu halten. Gelegentliche Kontrollen der Temperatur schaden gewiss nicht, so können Sie einen eventuell drohenden Defekt rechtzeitig erkennen.
- Die FRITZ!Box arbeitet zwar äußerst sparsam, aber ganz ohne Stromverbrauch geht es natürlich nicht. Ihre Leistungsaufnahme liegt (je nach Modell und Auslastung) grob gesagt in der Größenordnung von 10 bis 15 Watt. Folglich erzeugt das Gerät eine gewisse Abwärme, die für den störungsfreien Betrieb unbedingt abgeführt werden muss. Stellen Sie die FRITZ!Box daher an einem gut belüfteten Ort mit festem, glattem Untergrund auf. Gut geeignet ist ein Regal oder Fernsehertisch. Ganz schlecht ist die Aufstellung auf einem Teppichboden; das müssen Sie unbedingt vermeiden, denn hierbei kann die Abwärme nicht abgeführt werden. Achten Sie auf genügend Freiraum und Luftzirkulation. Die FRITZ!Box hinter einem Bücherstapel im geschlossenen Regal zu platzieren, ist ebenso keine gute Idee. Am besten steht das Gerät mit genügend Freiraum zu allen Seiten. Bei einigen Modellen ist auch eine

Wandbefestigung möglich. Achten Sie auch dabei auf genügend Freiraum, und decken Sie das Gerät nicht durch Gardinen und Vorhänge ab. Für die Wandbefestigung erhalten Sie in der Bedienungsanleitung eine Bohrschablone. Die Bedienungsanleitung können Sie im Service-Bereich der Website des Herstellers unter *https://avm.de/service/handbuecher/fritzbox/* herunterladen (alternativ auch im Webinterface Ihrer FRITZ!Box unten links mit dem Eintrag »Handbuch«). Achten Sie insbesondere darauf, dass die Lüftungsschlitze des Gerätes nicht abgedeckt werden.

- Stellen Sie auch sicher, dass die Abwärme des Gerätes (die FRITZ!Box kann an einigen Stellen des Gehäuses recht warm werden) am Aufstellungsort keine Probleme bereitet. Vermeiden Sie also wärmeempfindliche Oberflächen. Achten Sie auch darauf, dass das Gerät stets trocken bleibt, und vermeiden Sie einen Aufstellungsort mit starker Staubbelastung.

Abbildung 3.10 *Für eine gute WLAN-Abdeckung sollte die FRITZ!Box möglichst zentral aufgestellt werden. In weit entlegenen Räumen oder im Obergeschoss kann die Reichweite mit Repeatern vergrößert werden. (Bild: AVM GmbH)*

- Die FRITZ!Box ist nur für den Betrieb in Innenräumen gedacht. Gerade bei einem WLAN-Gerät kann schon einmal die Idee kommen, das Gerät einfach (vorübergehend) im Garten aufzustellen, um dort in Ruhe surfen zu können. Dies sollte man tunlichst vermeiden. Zwar wird man bei einem eventuellen Regenguss vermutlich ohnehin schnell flüchten, aber auch starker Sonnenschein auf das Gerät kann zu Überhitzung und Störungen führen. Betreiben Sie daher die FRITZ!Box stets in einem Innenraum, und nutzen Sie zur Reichweitenvergrößerung besser einen geeignet platzierten Repeater. Der Fachhandel bietet auch Geräte an, die für den Außeneinsatz geeignet sind.
- Wer sich für eine gute WLAN-Abdeckung interessiert, der muss bei der Aufstellung der FRITZ!Box noch einige zusätzliche Dinge beachten. Für einen guten WLAN-Empfang in der ganzen Wohnung sollte die FRITZ!Box möglichst zentral aufgestellt werden, am besten also in einem Raum, der sich in der Wohnungsmitte befindet. Die Ausbreitung der Funkwellen erfolgt nämlich gleichmäßig in alle Richtungen. Die Aufstellung in einer Ecke der Wohnung ist daher sehr ungünstig. Am besten ist es, wenn Sie die FRITZ!Box erhöht aufstellen. Eine Aufstellung in Bodennähe ist hingegen ungünstig. Ein guter Aufstellungsort ist zum Beispiel oben auf einem Schrank oder in einem höheren, offenen Regalfach. Außerdem ergibt sich hier meist ein großer Abstand zu störenden Materialien. Sie müssen nämlich darauf achten, dass sich in der Nähe der FRITZ!Box möglichst keine metallischen Objekte befinden. Metallische Gegenstände führen zu einem schlechteren WLAN-Empfang, da sie abschirmend wirken. Wählen Sie auch einen Ort, an dem es möglichst keine Wasserleitungen in der Nähe gibt. Auch Wasser wirkt sehr stark dämpfend. Die Aufstellung der FRITZ!Box direkt neben einem Aquarium ist daher ebenfalls ungünstig. Achten Sie auch darauf, dass es in der Nähe möglichst wenige Störquellen gibt. Ganz schlecht ist die Nähe zum Mikrowellengerät in der Küche, denn WLAN-Signale ähneln den Mikrowellen stark, sodass es hier mit Sicherheit zu Einbußen kommen wird. Generell ähnelt die Ausbreitung von Funkwellen zumindest ansatzweise der Ausbreitung von Licht, auch wenn WLAN-Signale deutlich »genügsamer« sind. Das bedeutet: Jedes Hindernis, das sich zwischen WLAN-Sender und Empfänger befindet, verringert die Signalstärke und damit die erreichbare Datenrate. Nicht nur jede Wand wirkt dämpfend, sondern auch Möbelstücke. Achten Sie daher unbedingt darauf, dass sich zwischen den beteiligten Geräten und der FRITZ!Box so wenig Gegenstände wie möglich befinden. Wenn Sie keinen geeigneten Aufstellungsort finden, der alle Kriterien erfüllt, so können

Sie immer noch zusätzliche WLAN-Repeater in Betrieb nehmen, die für eine bessere Abdeckung in der Wohnung sorgen.

Abbildung 3.11 *So soll es sein: Die FRITZ!Box steht (im Hintergrund auf dem Regal) offen, zentral, gut belüftet, trocken, staubgeschützt und leicht erhöht. (Bild: AVM GmbH)*

Die FRITZ!Box anschließen

Nachdem Sie die FRITZ!Box aufgestellt haben, können Sie mit dem Anschluss beginnen. Sie benötigen nun das Steckernetzteil des Gerätes und ein Anschlusskabel für den Internetzugang. Letzteres befindet sich entweder im Lieferumfang der FRITZ!Box oder wird vom Internetanbieter zur Verfügung gestellt. Ich empfehle Ihnen für die Ersteinrichtung den Anschluss eines Computers oder Notebooks per kabelgebundenem Netzwerk. Zwar ist die Inbetriebnahme der FRITZ!Box auch per WLAN möglich, störungsärmer ist jedoch die Ersteinrichtung per Kabelverbindung. Im Lieferumfang der FRITZ!Box befindet sich hierfür auch ein Netzwerkkabel, das Sie direkt verwenden können.

SCHRITT FÜR SCHRITT

So schließen Sie die FRITZ!Box für den Betrieb an

1. Stecken Sie zunächst den Anschlussstecker des Steckernetzteils an die zugehörige Buchse der FRITZ!Box. Hierzu wird ein runder Hohlstecker verwendet.

An der FRITZ!Box gibt es nur einen passenden Anschluss, eine Verwechslung ist nicht möglich. Bei DSL-Geräten können Sie das Netzteil auch gleich in eine Steckdose in der Nähe der FRITZ!Box stecken. Die FRITZ!Box wird nun starten, und es werden eine oder mehrere Leuchtdioden aufleuchten. Sie müssen diese Anzeigen derzeit noch nicht beachten. Bei Kabel- und LTE-Modellen sollten Sie zunächst Schritt 2 ausführen und das Netzteil erst dann in die Steckdose stecken.

2. Verbinden Sie die FRITZ!Box über ein passendes Kabel mit der Anschlussdose für den Internetzugang. Hier gibt es je nach Modell mehrere Möglichkeiten.

   Wenn Sie einen modernen **All-IP-DSL-Anschluss** verwenden (ohne separates Festnetz zum Telefonieren, erkennbar daran, dass Sie keinen Splitter erhalten haben), dann verwenden Sie das einfache graue Kabel aus dem Lieferumfang der FRITZ!Box, das auf der einen Seite einen (länglichen) TAE-Stecker und auf der anderen Seite einen (quadratischen) RJ45-Stecker hat. Den RJ45-Stecker stecken Sie hinten an der FRITZ!Box in die meist grau gefärbte DSL-Anschlussbuchse. Achten Sie darauf, dass der Stecker mit seiner Haltenase hörbar einrastet. Den TAE-Stecker stecken Sie direkt in die Anschlussdose für den Internetzugang. Achten Sie auf korrekten Sitz, also dass der Stecker vollständig eingesteckt wurde.

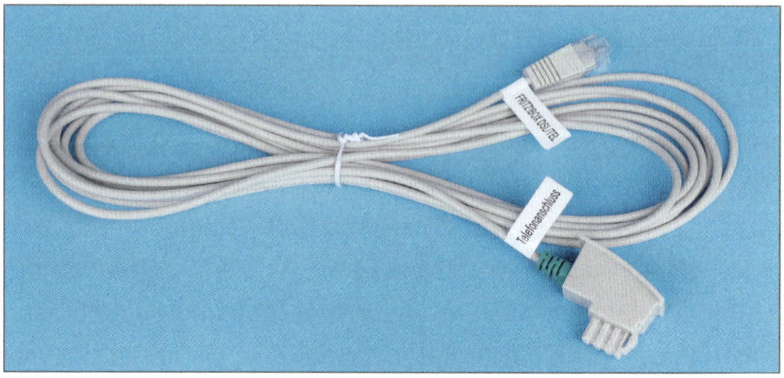

Sollten Sie einen klassischen **DSL-Anschluss** mit richtigem Festnetz (analog oder ISDN) verwenden, dann müssen Sie das Y-förmige Anschlusskabel der FRITZ!Box verwenden. Einen klassischen Anschluss erkennen Sie daran, dass Sie einen Splitter verwenden müssen. Hierbei handelt es sich um ein kleines Gerät in der Größe einer Telefondose. Verbinden Sie zunächst den Splitter mit der Anschlussdose für den Internetzugang. Ein Kabel befindet sich im

Lieferumfang des Splitters. Der Splitter hat zwei Ausgänge. Schließen Sie die beiden Stecker des Y-Kabels, das mit der FRITZ!Box geliefert wurde, mithilfe der beiden Buchsen an. Der eine Stecker ist ein RJ45-Stecker für das Internet, er muss hörbar einrasten. Der andere Stecker ist für das Telefonnetz zuständig. Falls Sie ein analoges Festnetz nutzen, müssen Sie einen TAE-Stecker verwenden. Stecken Sie dazu gegebenenfalls den Adapter aus dem Lieferumfang der FRITZ!Box auf das Kabel auf. Beim ISDN-Anschluss ist zunächst noch ein NTBA, ein sogenanntes Netzabschlussgerät, nötig. Dieses wird direkt mit dem RJ45-Stecker des Anschlusskabels der FRITZ!Box (und natürlich mit einem weiteren Kabel mit dem Splitter) verbunden. Ein Adapter ist hierfür nicht nötig. Stecken Sie den Stecker auf der anderen Seite des Anschlusskabels der FRITZ!Box (das ist ebenfalls ein RJ45-Stecker) an der FRITZ!Box in die grau gefärbte DSL-Anschlussbuchse (die für alle Anschlussarten universell nutzbar ist). Achten Sie darauf, dass er hörbar einrastet.

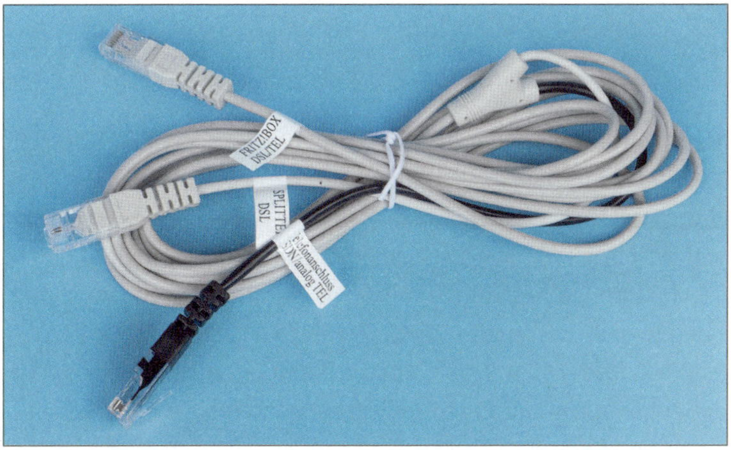

Wenn Sie die FRITZ!Box am **Kabelanschluss** nutzen, dann verbinden Sie die runde Cable-Buchse an der Rückseite der FRITZ!Box mit der Anschlussdose für den Internetzugang. Für den Anschluss werden F-Stecker verwendet, die Sie vielleicht vom Satellitenempfang her kennen. Diese Stecker haben ein Schraubgewinde. Stecken Sie den Stecker zunächst in die Buchse ein, und ziehen Sie anschließend die Überwurfmutter fest. Es genügt, diese handfest anzuziehen. Achten Sie darauf, dass Sie die Mutter nicht verkanten. Ein geeignetes Kabel befindet sich im Lieferumfang der FRITZ!Box. Sollte es zu kurz sein, können Sie auch ein hochwertiges Kabel für den Satellitenempfang mit F-Steckern verwenden. Einige Kabel haben Stecker ohne Schraubgewinde; es empfiehlt sich jedoch, Stecker mit Schraubgewinde zu verwenden, da diese nicht versehentlich abgezogen werden können.

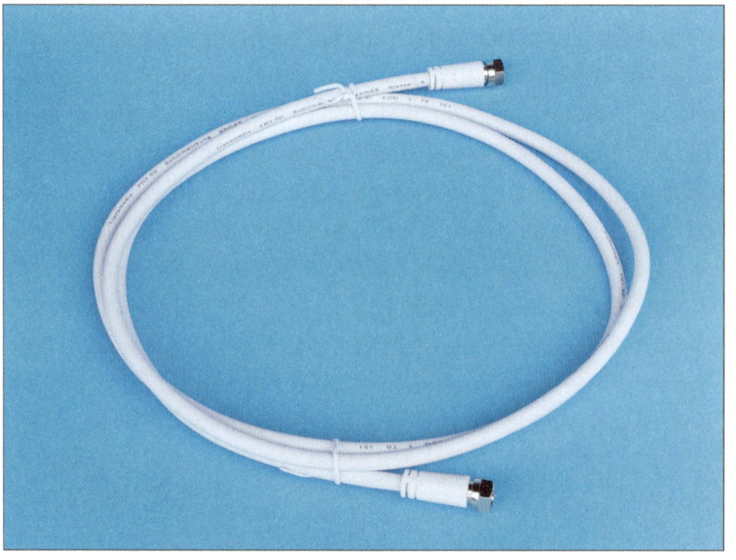

Wenn Sie einen **Glasfaseranschluss** verwenden, bei dem die FRITZ!Box direkt mit dem Glasfaseranschluss verbunden wird, dann erhalten Sie ein geeignetes Kabel vom Internetanbieter. Im Lieferumfang der FRITZ!Box ist ein solches Kabel nicht enthalten, da es verschiedene Steckervarianten gibt. Achten Sie beim Anschluss unbedingt auf die Anleitung des Internetanbieters, und stecken Sie den jeweils passenden Stecker in den Anschluss der FRITZ!Box und an die Zugangsdose in der Wand. Glasfaserleitungen sind empfindlich, Sie sollten daher vorsichtig mit ihnen umgehen. Blicken Sie zur Sicherheit nicht direkt in eine Anschlussdose und auch nicht in ein angeschlossenes Kabel.

Sollten Sie einen Internetanschluss verwenden, bei dem vom Internetanbieter ein **Modem** gestellt wird, dann ist der Anschluss etwas anders. Ein Modem kann es zum Beispiel ebenfalls bei einem Glasfaseranschluss oder auch bei einem Kabelanschluss geben. Verbinden Sie zunächst das Modem mit der Internetzugangsdose. Befolgen Sie hier die Anleitung des Internetanbieters. Nehmen Sie das Modem entsprechend seiner Anleitung in Betrieb. Die Verbindung zwischen Modem und FRITZ!Box erfolgt über ein Netzwerkkabel. Ein solches Kabel sollte dem Modem beiliegen, ansonsten können Sie ein Kabel aus dem Lieferumfang der FRITZ!Box nehmen. Alternativ werden Sie in jedem Computergeschäft fündig. Grundsätzlich genügt ein Kabel der Klasse CAT 5e, wer etwas Hochwertiges möchte, wählt eine geschirmte SFTP-Variante. Höherwertige Kabel versprechen zunächst keine Vorteile (sie haben aber auch keine Nachteile). An der FRITZ!Box nutzen Sie vorzugsweise den WAN-Anschluss. Dieser ist meist blau gefärbt. Sollte Ihre FRITZ!Box keinen WAN-Anschluss haben, nutzen Sie die Buchse LAN 1. Wichtig: Ein Modem kann nur an den WAN-Anschluss oder an die Buchse LAN 1 angeschlossen werden. An anderen Buchsen funktioniert der Betrieb nicht.

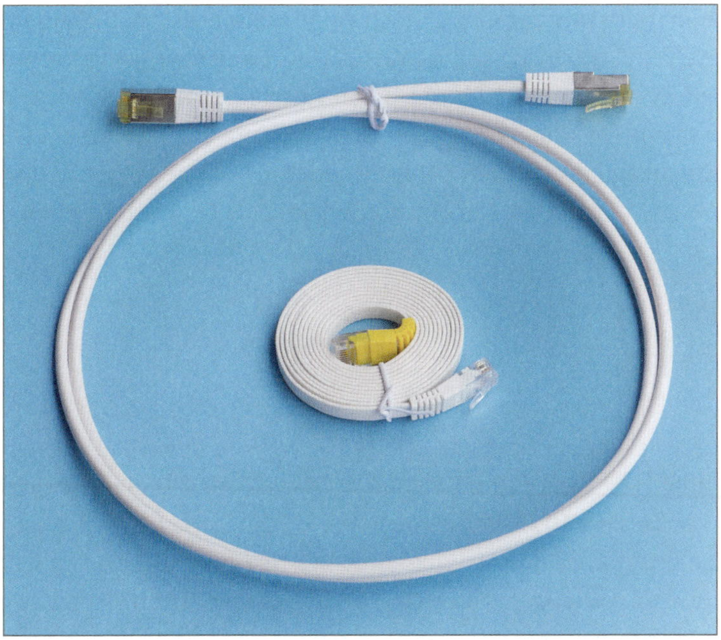

Sollten Sie eine FRITZ!Box für die Nutzung im **LTE-Mobilfunknetz** verwenden, dann müssen Sie die notwendige Mini-SIM-Karte in den Kartenschlitz der FRITZ!Box einlegen. Achten Sie auf die richtige Ausrichtung der Kontakte. Schieben Sie die Karte so weit in den Schlitz, bis diese hörbar einrastet, der Kartenschacht verwendet dazu einen rastenden Federmechanismus. Die Karte schaut anschließend einige Millimeter aus dem Gehäuse heraus. Um sie wieder zu entfernen, drücken Sie die Karte zunächst ganz in den Schlitz hinein, sie wird anschließend durch die Feder herausgedrückt. Beim Spitzenmodell der FRITZ!Box-LTE-Serie gilt es jetzt noch, die LTE-Antennen an die runden Schraubanschlüsse anzuschließen. Die Antennen befinden sich im Lieferumfang des Gerätes. Alternativ können Sie zur Verbesserung des Empfangs auch eine Außenantenne anschließen. Geeignete

Antennen finden Sie im Fachhandel. Kleinere FRITZ!Box-Modelle haben eingebaute Antennen, hier ist kein externer Anschluss vorgesehen.

3. Sie können jetzt auch direkt Telefone an die FRITZ!Box anschließen. Analoge Telefone verbinden Sie dazu mit den Anschlüssen FON 1 und (je nach Modell) FON 2 an der FRITZ!Box. Je nach FRITZ!Box sind diese Anschlüsse sowohl als RJ11-Buchse und als TAE-Buchse ausgeführt. Bei modernen Geräten gibt es meist nur einen TAE-Anschluss, der oft seitlich am Gehäuse angebracht ist. Im Lieferumfang gibt es auch einen Adapter, denn die beiden Anschlussarten sind elektrisch kompatibel. Ansonsten gibt es geeignete Adapter auch im Elektronikgeschäft. An einen Anschluss (zum Beispiel FON 1) darf jeweils nur ein Telefon angeschlossen werden. ISDN-Geräte (Telefone und Telefonanlagen) schließen Sie an die Buchse FON S_0 an. DECT-Telefone werden Sie später nach der Einrichtung der FRITZ!Box in Betrieb nehmen.

Der Anschluss FON S_0 ist nur für ein Endgerät mit Strombedarf gedacht

Beachten Sie, dass die FRITZ!Box an der Buchse FON S_0 nur Strom für ein Endgerät bereitstellt. Sollten Sie mehrere ISDN-Telefone betreiben wollen (und eine Busverkabelung im Haushalt nutzen), dann müssen Sie auf aktive Endgeräte ausweichen, die ihren Strom nicht direkt aus der ISDN-Leitung beziehen. Alternativ ist die Nutzung einer Telefonanlage möglich, die eine eigene Speisung vornimmt.

4. Sie können auch jetzt schon Netzwerkgeräte an die Netzwerkanschlüsse der FRITZ!Box anschließen. Für die Inbetriebnahme sollten Sie jetzt einen Computer mit einem gewöhnlichen Netzwerkkabel anschließen. Im Lieferumfang der FRITZ!Box ist bereits ein geeignetes Kabel enthalten. Schließen Sie es an einen Netzwerkanschluss der FRITZ!Box und an den gewünschten Computer an. Weitere Netzwerkkabel erhalten Sie im Computerhandel. Für ein Netzwerk mit bis zu 1 GBit/s genügen Kabel nach CAT 5e (oder höher).

5. USB-Geräte können jetzt zwar auch schon angeschlossen werden, allerdings können diese erst zu einem späteren Zeitpunkt sinnvoll genutzt werden. Ich empfehle daher, mit dem Anschluss dieser Geräte so lange zu warten, bis Sie mit deren Einrichtung beginnen möchten.

6. Nachdem Sie alle Anschlüsse getätigt haben, können Sie (gegebenenfalls nach einer mehrminütigen Wartezeit) einen Blick auf die Power-LED der FRITZ!Box werfen. Sofern Sie ein DSL- oder Kabelgerät verwenden, blinkt die LED, solange sich die FRITZ!Box noch nicht mit dem Internetanbieter synchronisiert hat. Wenn die Synchronisation erfolgt ist, leuchtet die LED dauerhaft. Ihre FRITZ!Box ist nun bereit zur Ersteinrichtung. Wenn auch nach einiger Wartezeit das Blinken nicht aufhört, sollten Sie noch einmal die Verkabelung überprüfen.

Inbetriebnahme und Ersteinrichtung

Die Ersteinrichtung erfolgt am besten an einem klassischen Computer (Desktop-PC oder Notebook). Hier können Sie die nötigen Zugangsdaten besser eingeben als auf einem Smartphone. Ich empfehle, den Computer zur Ersteinrichtung per Netzwerkkabel mit der FRITZ!Box zu verbinden. Die Einrichtung per WLAN ist zwar auch möglich (denn das WLAN der FRITZ!Box ist bereits im Auslieferungszustand aktiviert), allerdings ist die Einrichtung über eine Kabelverbindung weniger anfällig für Störungen.

Die gesamte Bedienung der FRITZ!Box inklusive der Ersteinrichtung erfolgt über ein *Webinterface*. Die FRITZ!Box hat einen eingebauten Webserver, der zur Konfiguration dieses Webinterface, also eine Sammlung von Webseiten, zum Abruf für netzwerkfähige Computer anbietet. Das Webinterface wird wie jede andere Internetseite mit einem Browser betrachtet und bedient. Sie können dort ganz normal Elemente mit der Maus anklicken und Texteingaben in Eingabefelder vornehmen. Der einzige Unterschied zum Internet besteht darin, dass diese »Internetseite« eben nicht über das Internet bezogen, sondern lokal bei Ihnen zu Hause von der FRITZ!Box erzeugt wird. Deswegen benötigen Sie zur Ersteinrichtung auch einen Computer mit einer Netzwerkverbindung, denn hierüber wird das Webinterface der FRITZ!Box bezogen.

Den Konfigurationscomputer vorbereiten

Bevor Sie mit der Inbetriebnahme der FRITZ!Box beginnen, müssen Sie zunächst sicherstellen, dass Ihr Computer korrekt vorbereitet ist. Welches Betriebssystem dieser verwendet, ist nicht entscheidend. Wichtig ist aber, dass auf dem Gerät ein halbwegs aktueller Internetbrowser installiert ist. Sofern Sie auf dem Computer ein einigermaßen aktuelles Betriebssystem (zum Beispiel Windows 7 oder neuer) nutzen, ist der mitgelieferte Browser bereits ausreichend. Später, für die richtige Internetnutzung, sollten Sie auf jeden Fall jeweils die neueste Browserversion verwenden, in der alle bekannten Sicherheitslücken beseitigt sind.

Als Zweites müssen Sie dafür sorgen, dass die Netzwerkeinstellungen des Gerätes korrekt konfiguriert sind. Wer an den Netzwerkeinstellungen bisher keine Änderungen vorgenommen hat, der braucht sich um nichts weiter zu kümmern. Im Auslieferungszustand sind die modernen Betriebssysteme alle passend konfiguriert. Es geht hier darum, dass der Computer seine IP-Adresse automatisch von der FRITZ!Box bezieht. Die FRITZ!Box ist nämlich ab Werk mit einem sogenannten *DHCP-Server* ausgestattet, der angeschlossenen Computern automatisch die notwendige Netzwerkkonfiguration übermittelt. Mit diesen Daten können sich die Computer so konfigurieren, dass sie korrekt mit der FRITZ!Box kommunizieren können. Dabei ist es wichtig, dass sie eine IP-Adresse aus dem Subnetz verwenden, in dem auch die FRITZ!Box arbeitet.

Sollten Sie die Netzwerkeinstellungen Ihres Rechners verändert haben, dann stellen Sie diese zunächst auf die automatische Konfiguration zurück. Nutzer von Windows 10 etwa öffnen dazu die Einstellungen (Windows-Einstellungen) und darin die Kategorie Netzwerk und Internet.

Klicken Sie dann unter **Netzwerkeinstellungen ändern** auf **Adapteroptionen ändern** (siehe Abbildung 3.12).

In einem neuen Fenster sehen Sie alle Netzwerkadapter. Doppelklicken Sie auf den Adapter, den Sie zur Verbindung mit der FRITZ!Box benutzen möchten – meist ist dies das Symbol **Ethernet**. Sie sehen nun das Fenster **Status von Ethernet**. Klicken Sie hier auf **Eigenschaften**.

Im neuen Fenster klicken Sie auf den Eintrag **Internetprotokoll, Version 4 (TCP/IPv4)** ❶ und klicken dann auf die Schaltfläche **Eigenschaften** ❷ (siehe Abbildung 3.13).

Abbildung 3.12 *Um die Netzwerkkarte in Windows 10 für die Konfiguration korrekt zu einzurichten, müssen Sie als Erstes die Windows-Einstellungen öffnen.*

Sie sehen nun das Fenster **Eigenschaften von Internetprotokoll, Version 4 (TCP/IPv4)** (siehe Abbildung 3.13).

Achten Sie darauf, dass Sie sowohl die Option **IP-Adresse automatisch beziehen** ❸ als auch die Option **DNS-Serveradresse automatisch beziehen** ❹ aktivieren. Damit sind Sie fertig. Sie können alle Fenster mit **OK** schließen. Nach einem Neustart des Rechners sollte dieser einwandfrei mit der FRITZ!Box kommunizieren können.

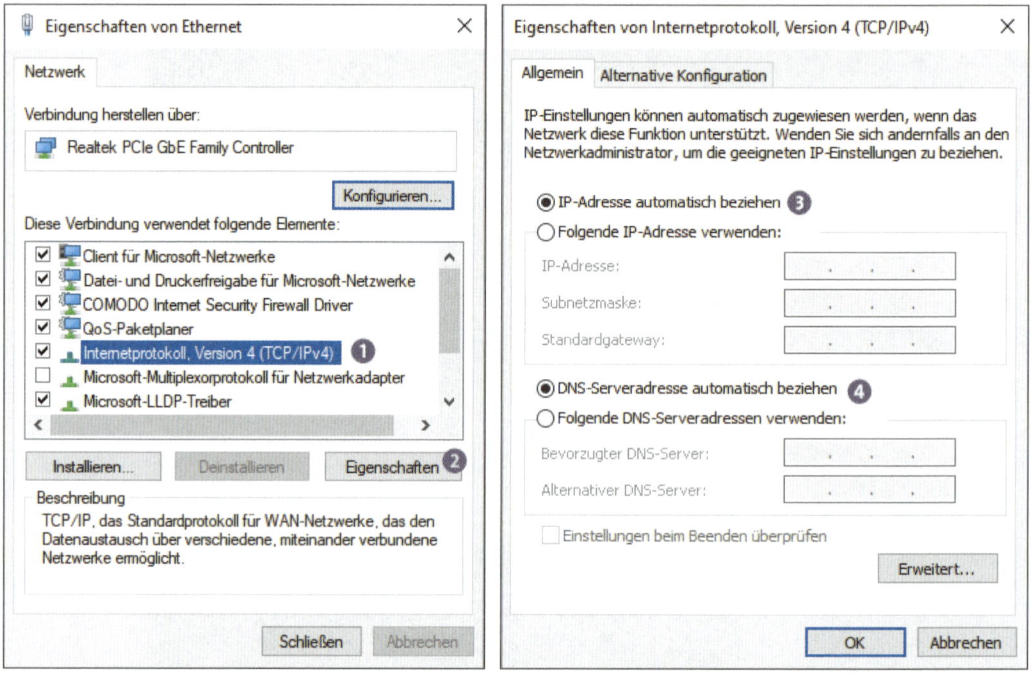

Abbildung 3.13 *In den Adaptereinstellungen müssen Sie die Eigenschaften für den Eintrag »Internetprotokoll, Version 4 (TCP/IPv4)« aufrufen. Aktivieren Sie »IP-Adresse automatisch beziehen« und »DNS-Serveradresse automatisch beziehen«.*

Die Ersteinrichtung der FRITZ!Box

Als Nächstes legen Sie die Zugangsdaten Ihres Internetanbieters für den Internetzugang parat. Die Daten werden Sie gleich im Webinterface der FRITZ!Box eintragen. Außerdem benötigen Sie jetzt die Servicekarte mit dem Namen FRITZ!Notiz, die sich im Lieferumfang der FRITZ!Box befindet. Sollten Sie die Karte verlegt haben, so schauen Sie jetzt bitte auf die Unterseite der FRITZ!Box. Dort finden Sie auf dem Typenschild das FRITZ!Box-Kennwort. Bitte notieren Sie sich dieses Kennwort, Sie brauchen es gleich für die Ersteinrichtung. Achten Sie auf die Groß- und Kleinschreibung, die hier unterschieden wird.

Wenn Sie alle Daten zusammen haben, dann können Sie mit der Ersteinrichtung beginnen. Sie sollten hierfür ausreichend Zeit einplanen (mindestens 20 Minuten).

SCHRITT FÜR SCHRITT

So führen Sie die Ersteinrichtung der FRITZ!Box durch

1. Öffnen Sie auf Ihrem Computer, den Sie zur Einrichtung verwenden möchten, einen aktuellen Internetbrowser.

2. Geben Sie in die Adresszeile die Adresse *http://fritz.box* ein und drücken Sie auf [↵]. Sie werden dann das Webinterface der FRITZ!Box sehen, das auf eine Passworteingabe wartet. Sollte dies nicht funktionieren, dann geben Sie die Adresse *http://192.168.178.1* ein, und drücken Sie [↵]. Achten Sie darauf, dass der Browser kein *www* voranstellt! Sollte auch das nicht funktionieren, überprüfen Sie, ob die FRITZ!Box eingeschaltet und korrekt mit dem Computer verbunden ist. Überprüfen Sie auch dessen Netzwerkeinstellungen.

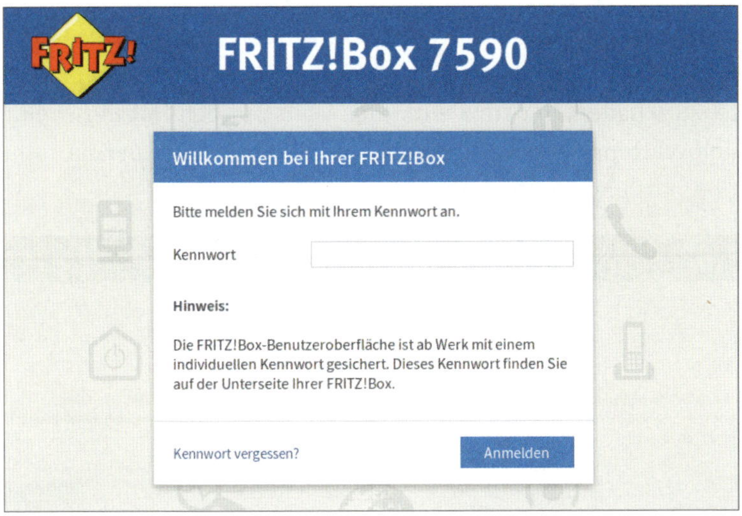

Im Webinterface der FRITZ!Box sehen Sie zunächst oben die Bezeichnung FRITZ!Box, hinter der bei den meisten Geräten die Modellnummer steht. Darunter werden Sie in einem Fenster willkommen geheißen. Die FRITZ!Box erwartet von Ihnen jetzt die Eingabe eines Kennwortes. Durch die Eingabe eines Kennwortes wird verhindert, dass unbefugte Personen Zugriff auf das Webinterface erhalten und Einstellungen verändern können. Das Kennwort für die FRITZ!Box wird für jedes Gerät individuell bei der Herstellung im Werk vergeben. Sie finden es auf der Servicekarte FRITZ!Notiz, alternativ auch auf dem Typenschild an der Unterseite des Gerätes.

Manchmal muss man zunächst die Sprache wählen

Bei einigen Modellen, zum Beispiel der FRITZ!Box 6590, müssen Sie als Erstes die Sprache auswählen, die im Webinterface verwendet werden soll. Deutsch ist üblicherweise bereits ausgewählt. Klicken Sie, wenn die Auswahl korrekt ist, einfach auf **OK**.

3. Geben Sie das Kennwort in das Eingabefeld ein. Achten Sie auf die Groß- und Kleinschreibung. Klicken Sie auf **Anmelden**, alternativ können Sie auch auf die [↵]-Taste drücken.

   Sie sehen nun die erste Seite des Webinterface. In den Werkseinstellungen beginnt die FRITZ!Box automatisch mit einem Einrichtungsassistenten. Bei den meisten Modellen erscheint zunächst ein Hinweis zum Datenschutz. Dieser informiert über Diagnose- und Wartungsdaten. Sie haben die Wahl, ob Sie zur Produktverbesserung anonymisierte Nutzungsdaten an AVM übermitteln wollen. Standardmäßig ist dies aktiviert. Sie können die Funktion auch abschalten, in dem Sie mit der Maus auf den Haken neben **Diagnose und Wartung** klicken. Der Haken wird dann entfernt und die automatische Übermittlung deaktiviert.

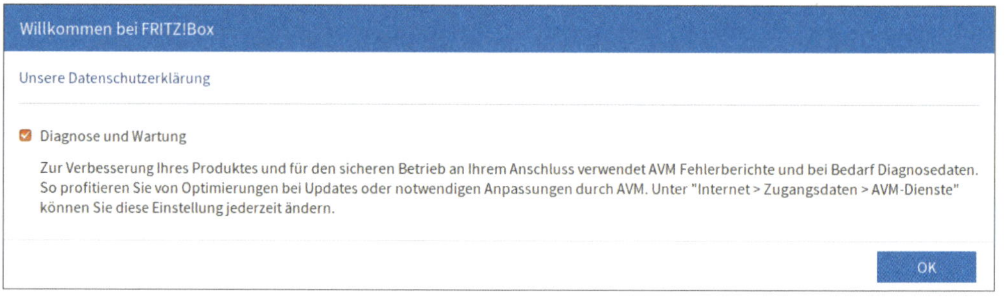

Bei einigen Modellen muss zunächst das Land ausgewählt werden

Bevor Sie richtig loslegen können, muss bei einigen Modellen, vor allem kabeltauglichen FRITZ!Box-Geräten, zunächst noch das Land ausgewählt werden, in welchem das Gerät benutzt wird. Die Angabe wird unter anderem zur Konfiguration des Kabeltuners verwendet. Wählen Sie Ihr Land aus, und klicken Sie auf **Weiter**.

4. Falls Ihnen ein Hinweis zum Datenschutz angezeigt wird: Lesen Sie den Hinweis, und entscheiden Sie, ob Sie die Funktion **Diagnose und Wartung** aktivieren oder deaktivieren möchten. Klicken Sie anschließend auf **OK**.

   Jetzt sehen Sie den normalen Assistenten zur Ersteinrichtung der FRITZ!Box, der sich bei Ihnen zunächst kurz vorstellt.

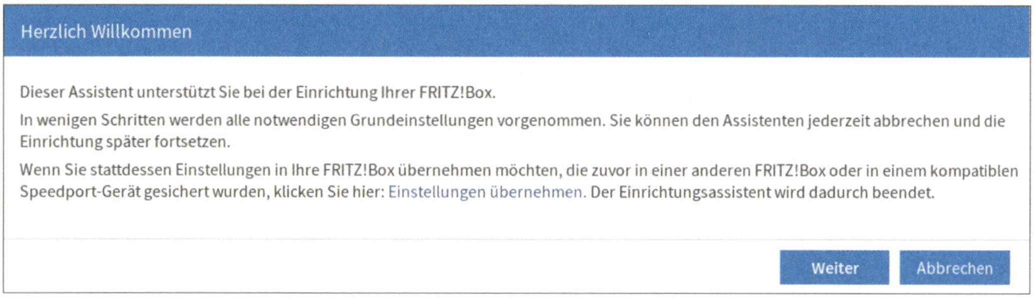

5. Klicken Sie auf **Weiter**.

   Als Erstes müssen Sie eintragen, auf welche Weise Sie mit Ihrem Gerät den Internetzugang einrichten möchten. Wer ein DSL- oder Kabelgerät verwendet, der wird vermutlich das eingebaute Modem der FRITZ!Box nutzen wollen. Wer von seinem Provider ein externes Modem gestellt bekommt (das am WAN- oder LAN-1-Anschluss angeschlossen ist), der muss stattdessen dieses Modem nehmen (und das interne Modem der FRITZ!Box deaktivieren). Das gilt auch, wenn man zum Beispiel eine DSL-FRITZ!Box an einem Glasfaseranschluss betreibt. In diesem Fall nutzt man das externe Glasfasermodem und deaktiviert das eingebaute Modem der FRITZ!Box.

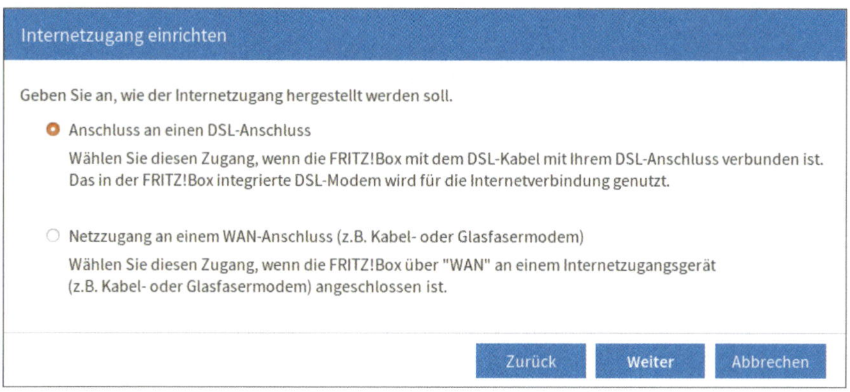

Andere Technologien haben andere Eingabemasken

Nicht bei jeder FRITZ!Box verläuft die Ersteinrichtung so, wie sie hier am Beispiel des DSL-Anschlusses gezeigt ist. Größere Abweichungen gibt es zum Beispiel bei kabeltauglichen Modellen, deren Technik ganz anders funktioniert. Unter Umständen werden Sie gleich zu Beginn, nachdem Sie Ihren Internetanbieter ausgewählt haben, auf ein Aktivierungsportal geleitet, wo Sie einen Aktivierungscode eingeben müssen. Diesen haben Sie vom Internetanbieter erhalten. In jedem Fall führt Sie aber der Assistent mit guten Anleitungen sicher durch diesen Prozess. Achten Sie darauf, dass Sie die Texte gründlich durchlesen, und befolgen Sie die jeweiligen Anweisungen genau.

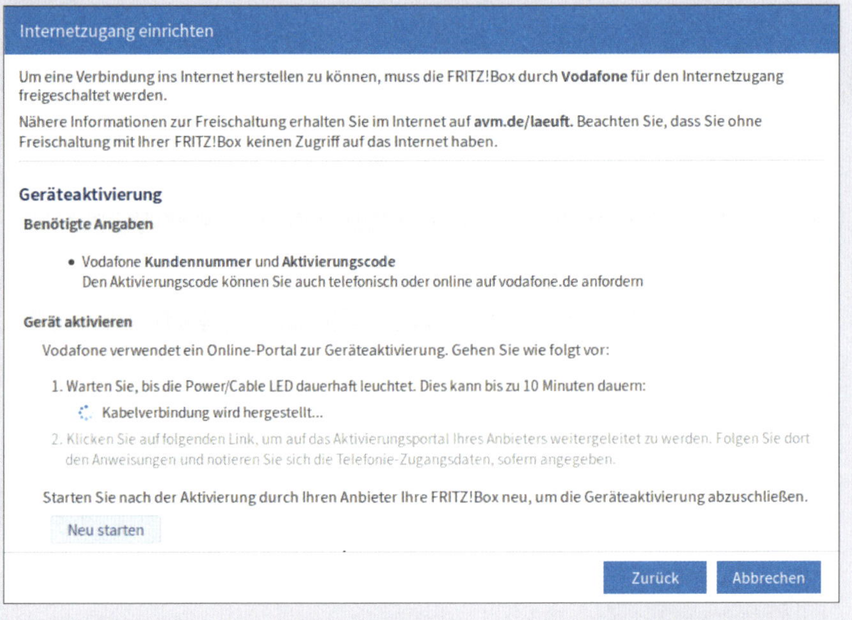

Abbildung 3.14 *Bei einem Kabelanschluss werden Sie auf ein Aktivierungsportal geleitet. Dort müssen Sie einen Code eingeben.*

6. Wählen Sie aus, ob Sie das eingebaute Modem der FRITZ!Box verwenden möchten (das ist immer der Fall, wenn Sie kein externes Modem besitzen) oder ob Sie den Netzzugang am WAN-/LAN-1-Anschluss nutzen möchten. Klicken Sie auf **Weiter**.

Jetzt geht es schon um die Einrichtung des Internetanbieters. Sie müssen der FRITZ!Box nun die Zugangsdaten für Ihren Internetanbieter mitteilen. Je nach Zugangsart (DSL, Kabel, Glasfaser ...) und auch je nach Provider sind unterschiedliche Zugangsdaten erforderlich. Die FRITZ!Box bietet für viele Internetprovider im deutschsprachigen Raum bereits angepasste Eingabefelder an. Sie müssen zunächst auswählen, welchen Provider Sie nutzen. Deswegen sehen Sie jetzt auf dem Bildschirm die Aufforderung Wählen Sie Ihren Internetanbieter aus.

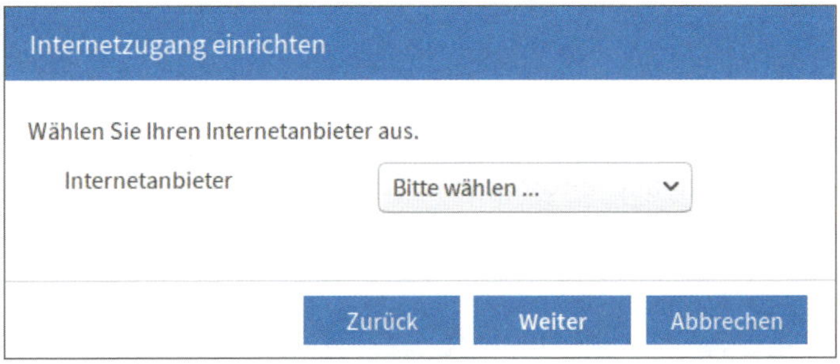

7. Öffnen Sie durch einen Mausklick das Ausklappfeld **Internetanbieter**. Sie sehen dort eine Liste mit den überregional tätigen Internetprovidern. Wenn Ihr Anbieter hier vorhanden ist, wählen Sie diesen direkt aus. Ansonsten klicken Sie auf **weitere Internetanbieter**. Jetzt sehen Sie auch kleinere Anbieter. Vermutlich ist Ihr Anbieter in dieser Liste enthalten. Wenn nicht, wählen Sie **anderer Internetanbieter** aus und tragen dessen Namen in das gleichnamige Feld ein. Wichtig: Je nach Internetanbieter werden eventuell jetzt bereits Optionen sichtbar (zum Beispiel bei der Telekom oder bei Vodafone DSL). Hier wird meist angeboten, ob Sie eine automatische Einrichtung beziehungsweise eine Einrichtung mit einem Code wünschen – für Einsteiger ist dies die beste Option. Klicken Sie dann auf **Weiter**.

   Im nächsten Schritt sehen Sie eine Eingabemaske für die Zugangsdaten des Providers. Ab jetzt ist die Einrichtung sehr individuell, denn die benötigten Daten sind nicht bei allen Providern gleich. Gegebenenfalls läuft die Einrichtung (je nach FRITZ!Box-Modell) auch automatisch ab – zum Beispiel optional beim Internetprovider Telekom. In diesem Fall können Sie die Schritte 8 und 9 überspringen.

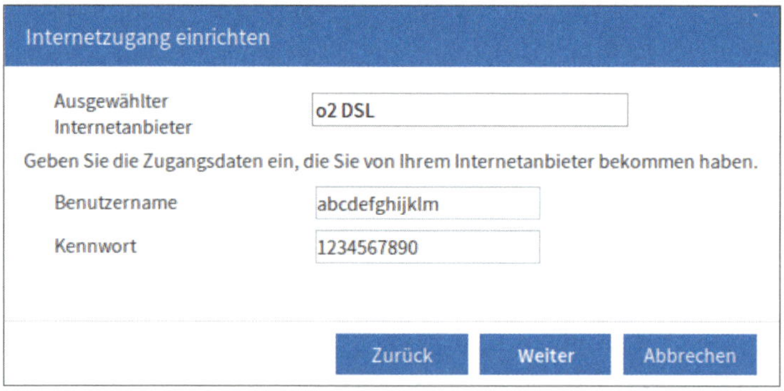

8. Für die meisten Provider sehen Sie nun eine Eingabemaske für die Zugangsdaten – zum Beispiel Benutzername und Passwort. Bei einigen Anbietern ist auch nur eine Codeeingabe erforderlich. Geben Sie die benötigten Daten ein, und klicken anschließend auf **Weiter**.

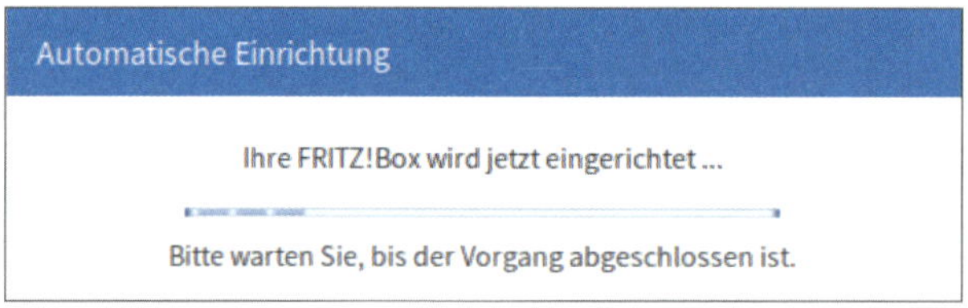

Sie sehen jetzt eine Zusammenfassung der Einstellungen für den Internetzugang mit einem Teil Ihrer Daten (zum Beispiel dem Benutzernamen). Ihnen wird die Möglichkeit geboten, die Internetverbindung nach dem Speichern der Einstellungen zu prüfen. Es macht durchaus Sinn, dies gleich zu nutzen. Lassen Sie daher das entsprechende Kontrollkästchen am Ende aktiviert.

Nutzen Sie keine Flatrate?

Ihre FRITZ!Box geht bei der Ersteinrichtung (und bei einem entsprechenden Tarif) davon aus, dass Sie beim Internetzugang eine *Flatrate* verwenden, also eine pauschale Gebühr für eine unbegrenzte Nutzung im Abrechnungszeitraum entrichten. Sollten Sie hingegen einen Zeit- oder Volumentarif verwenden, dann müssen Sie jetzt tätig werden, ansonsten stellt die FRITZ!Box gleich eine dauerhafte Internetverbindung her. In der **Zusammenfassung der Einstellungen für den Internetzugang** sehen Sie den Eintrag **Tarifmodell**. Klicken Sie, falls die Angaben nicht stimmen, auf **Tarifmodell ändern**. Nun können Sie die für Sie gültige Abrechnungsmethode einstellen.

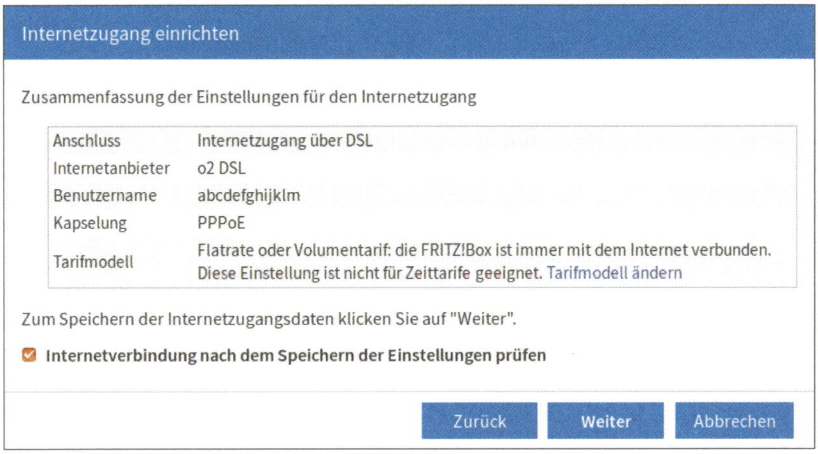

Ist etwas schiefgelaufen?

Ist Ihnen bei der Ersteinrichtung ein Missgeschick unterlaufen? Schnell kann es passieren, dass man falsche Daten eingibt oder eine Konfigurationsseite oder den ganzen Assistenten versehentlich überspringt. Keine Panik: Die einzelnen Elemente des Einrichtungsassistenten finden Sie auch im Hauptmenü der FRITZ!Box direkt nach dem Anmelden unter dem Menüpunkt **Assistenten**. Wenn Sie hier auch nicht zum Ziel kommen, dann setzen Sie die FRITZ!Box einfach wie in Kapitel 10 im Abschnitt »Die FRITZ!Box auf die Werkseinstellungen zurücksetzen«, beschrieben auf die Werkseinstellungen zurück – danach ist alles wieder so wie beim ersten Einschalten.

9. Kontrollieren Sie die angezeigten Daten, und klicken Sie auf **Weiter**.

   Die FRITZ!Box wird nun eine Prüfung der Internetverbindung vornehmen. Dazu versucht sie, sich mit Ihren eingegebenen Daten beim Provider anzumelden. Dieser Anmeldevorgang kann einen Augenblick dauern. Das Ergebnis wird Ihnen sofort mitgeteilt. Wenn die Verbindung erfolgreich war, können Sie mit dem nächsten Schritt weitermachen. Falls keine Verbindung aufgebaut werden konnte, klicken Sie auf **Zurück** und kontrollieren Ihre Daten. Kontrollieren Sie auch, ob die Power-Kontrollleuchte am Gerät durchgängig leuchtet. Wenn nicht, gibt es ein Problem bei der Kommunikation. Prüfen Sie dann die Verkabelung. Wenn alles in Ordnung ist (und ein Neustart der FRITZ!Box keine Hilfe bringt), müssen Sie sich an Ihren Internetprovider wenden.

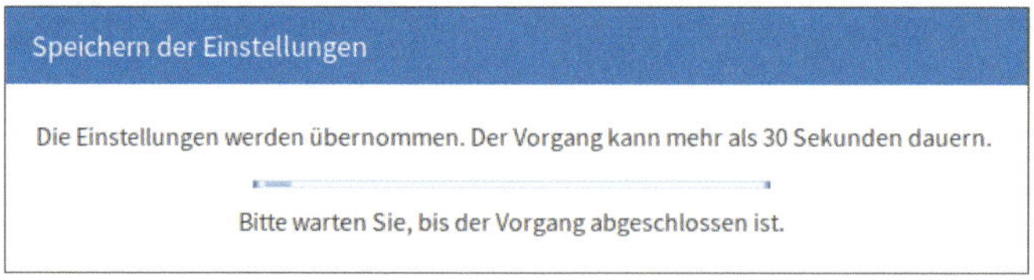

10. Warten Sie, bis der Verbindungstest erfolgreich abgeschlossen wurde, und klicken Sie dann auf **Weiter**.

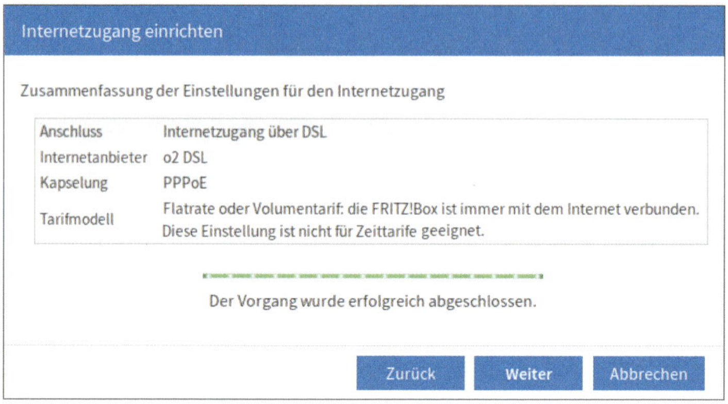

Viele Internetanbieter unterstützen bei der Prüfung der Internetverbindung auch die automatische Übermittlung weiterer Konfigurationsdaten zum Beispiel für die Telefonfunktion. Daher kann es sein, dass die FRITZ!Box (je nach Modell) in Schritt 10 vom Internetanbieter automatisch Zugangsdaten für die Telefonie erhält. In jedem Fall sehen Sie nun einen Assistenten zur Einrichtung der Telefonie. Kontrollieren Sie, ob in dem angezeigten Fenster bereits Ihre Rufnummern eingetragen sind – natürlich nur für den Fall, dass Sie einen Internettarif mit Internettelefonie gebucht haben und Ihre FRITZ!Box auch eine eingebaute Telefonanlage verwendet.

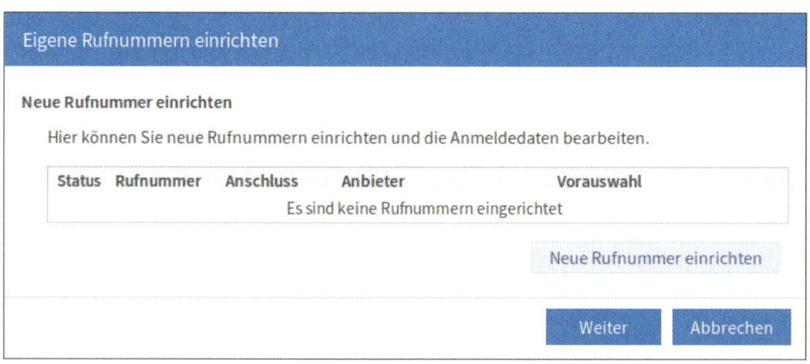

11. Prüfen Sie, ob Ihre Telefonnummern korrekt angezeigt werden. Wenn dem so ist, klicken Sie direkt auf **Weiter** und springen zu Schritt 13. Wenn nicht, klicken Sie auf **Neue Rufnummer einrichten**.

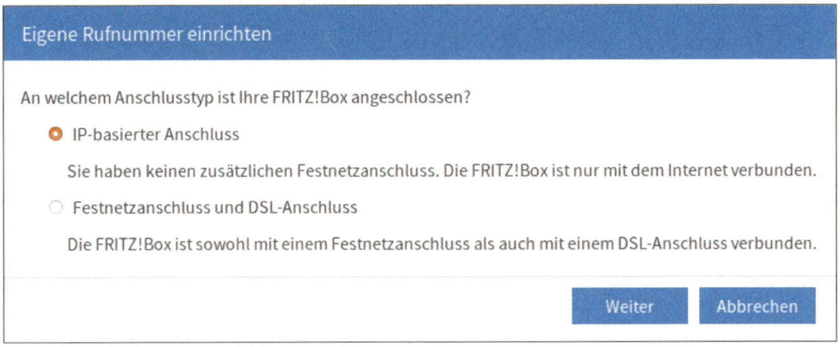

Beim Einrichten einer neuen Rufnummer haben Sie – wenn Sie einen DSL-Anschluss nutzen – die Wahl, ob Sie einen All-IP-Anschluss verwenden oder einen klassischen Festnetzanschluss nutzen. Im letzten Fall müssen Sie auf **Weiter** klicken und in den folgenden Seiten nur Ihre Telefonnummer eintragen – diese wird intern von der FRITZ!Box verwendet. Bei einem ISDN-Anschluss sind es natürlich mehrere Rufnummern. Bei einem IP-Anschluss ist die Sache etwas komplizierter, denn hier sind wieder Zugangsdaten erforderlich. Wenn Sie diese Option wählen (die bei allen anderen Zugangsarten als dem DSL-Anschluss einzig zur Verfügung steht) dann sehen Sie eine Eingabemaske mit dem Titel **Internetrufnummern eintragen**. Hier müssen Sie zunächst im ersten Feld den Telefonieanbieter eintragen – dadurch kann die FRITZ!Box die Eingabemaske mit den benötigten Feldern entsprechend einstellen. Wenn Sie nicht fündig werden, dann wählen Sie einfach **Anderer Anbieter**. Nehmen Sie nun die Zugangsdaten des Providers zur Hand, und tragen Sie alle benötigten Felder ein. Normalerweise sollte der Provider hierfür auch eine Anleitung beigelegt haben – bei Unsicherheiten können Sie auch einfach in Kapitel 8, »Ruf doch mal an: die Telefoniefunktionen«, nachschlagen; dort erkläre ich die Felder im Detail. Die Telefoniefunktion wird automatisch so eingerichtet, dass die analogen Telefone (beide Anschlüsse) und auch die DECT-Telefone automatisch die eingegebene Rufnummer für Telefongespräche verwenden.

12. Nur beim DSL-Anschluss: Wählen Sie die Art des Telefonanschlusses (Festnetz oder IP-Telefonie). Bei allen Anschlüssen: Geben Sie die benötigten Zugangsdaten ein. Klicken Sie anschließend auf **Weiter**.

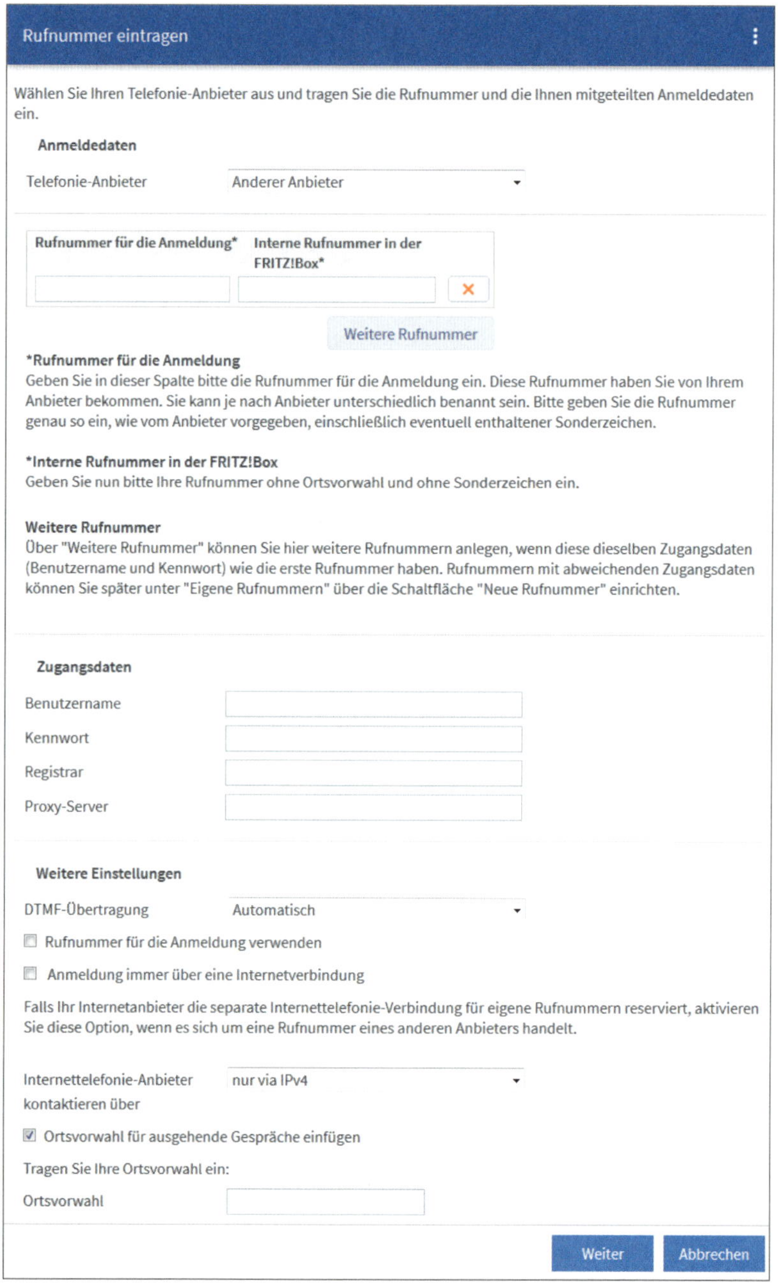

Nachdem Sie den Internetzugang und die Telefoniefunktion konfiguriert haben, sind Sie schon fast am Ziel. Jetzt geht es um die Einstellungen des WLANs. Das WLAN Ihrer FRITZ!Box ist bereits im Auslieferungszustand ab Werk aktiv. Es verwendet eine sichere Verschlüsselung. Nur wer das Kennwort für das WLAN weiß, erhält Zugang zu Ihrem Netzwerk und kann Ihren Internetanschluss nutzen. Jede FRITZ!Box erhält ab Werk ein individuelles WLAN-Passwort, sodass Ihr Zugang ausreichend geschützt ist. Sie finden das Passwort sowohl auf dem Typenschild auf der Unterseite der FRITZ!Box als auch auf der Servicekarte FRITZ!Notiz (zur einfacheren Eingabe sind die Ziffern gruppiert, das Passwort enthält üblicherweise keine Leerzeichen). Für den Anfang können Sie ohne Weiteres diese Sicherheitseinstellungen verwenden. Später, wenn Sie in der Benutzung der FRITZ!Box ausreichend Erfahrung gesammelt haben, können Sie jederzeit auf ein eigenes Passwort wechseln, das vielleicht noch länger ist als das werksseitig eingestellte Passwort und damit eine noch höhere Sicherheit verspricht.

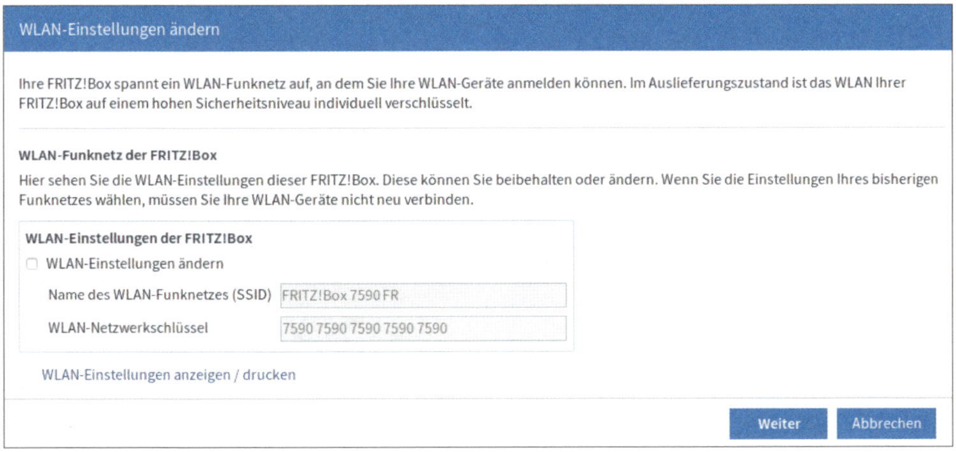

Auf dem Bildschirm sehen Sie aktuell eine Seite mit dem Titel WLAN-Einstellungen ändern. Hier sehen Sie den Namen Ihres WLANs, der aus der Typenbezeichnung Ihrer FRITZ!Box und einem zweistelligen, zufälligen Buchstabenkürzel besteht. Dieses Kürzel dient dazu, mehrere baugleiche Geräte in der Nachbarschaft voneinander unterscheiden zu können. Den Namen Ihres WLANs finden Sie auch auf der Servicekarte FRITZ!Notiz sowie auf dem Typenschild der FRITZ!Box. Wenn Sie möchten, können Sie das Kontrollkästchen WLAN-Einstellungen ändern aktivieren und sowohl den Namen des WLANs (SSID) als auch das Passwort verändern, aber das ist, wie gesagt, nicht nötig. Sie können übrigens auch auf den blauen Link WLAN-Einstellungen anzeigen/drucken klicken. Nun öffnet sich ein neues Fenster, in dem die Zugangsdaten Ihres WLANs angezeigt werden. Was praktisch ist: Sie sehen dort auch einen QR-Code. Den können Sie mit dem Smartphone scannen. Der Code enthält alle nötigen Einstellungen für Ihr WLAN – so können Sie das Gerät schnell anmelden, ohne per Hand Daten abtippen zu müssen. Das ist sehr praktisch! In dem Fenster sehen Sie oben Schaltflächen, mit denen Sie die Daten direkt ausdrucken können.

13. Nehmen Sie die WLAN-Zugangsdaten zur Kenntnis, und ändern Sie diese, falls gewünscht, ab. Nutzen Sie auf Wunsch die Funktion, die Daten samt QR-Code auszudrucken. Klicken Sie dann auf **Weiter**.

Als Vorletztes erhalten Sie nun die Möglichkeit, regelmäßig eine E-Mail-Nachricht mit aktuellen Daten zu Ihrer FRITZ!Box zu erhalten. Diese Möglichkeit kann, muss man aber nicht nutzen – alle angezeigten Daten lassen sich auch direkt im Webinterface der FRITZ!Box erhalten. Beachten Sie, dass die Daten hier nicht direkt von Ihrer FRITZ!Box versendet, sondern zuerst zum Hersteller übermittelt werden.

14. Entscheiden Sie sich im Assistenten **Informiert bleiben – ganz einfach registrieren**, ob Sie regelmäßig einen Newsletter mit Daten zu Ihrer FRITZ!Box erhalten möchten. Klicken Sie anschließend auf **Weiter**.

    Als Letztes sucht Ihre FRITZ!Box nun nach einem Firmwareupdate für das Betriebssystem der FRITZ!Box mit dem Namen FRITZ!OS. Falls es eine neue Version gibt, werden Sie darüber informiert. Sie können das Update automatisch installieren. Es empfiehlt sich, nach Möglichkeit stets die aktuelle Fassung des FRITZ!OS zu benutzen, da Sie so nicht nur die neuesten Funktionen erhalten, sondern auch eine Fassung benutzen, in der alle kritischen Sicherheitslücken geschlossen sind.

15. Beobachten Sie die Suche nach einem Firmwareupdate. Falls es eine neue Version gibt, nehmen Sie die Möglichkeit der direkten Installation ruhig wahr. Daraufhin wird die FRITZ!Box neu gestartet (das dauert etwa ein bis zwei Minuten). Sie können sich danach erneut anmelden, wie in Schritt 1 gezeigt. Falls es keine neue Version gibt, beenden Sie den Assistenten einfach.

Damit haben Sie alle Schritte der Ersteinrichtung absolviert. Sie landen im Hauptmenü der FRITZ!Box. Von hier aus haben Sie Zugriff auf alle Einstellungen, Funktionen und Optionen. Im nächsten Kapitel mache ich Sie zunächst mit der Benutzeroberfläche vertraut. Sie lernen, wofür die einzelnen Menüpunkte da sind und wo Sie welche Funktion finden. Derzeit ist Ihre FRITZ!Box so eingerichtet, dass Sie direkt den Internetzugang nutzen können. Sofortiges Surfen ist möglich. Auch das WLAN ist aktiviert, Sie können mit den Zugangsdaten aus Schritt 13 direkt WLAN-Geräte einrichten. Die Telefonie (sofern bei Ihnen verfügbar) ist ebenfalls aktiviert und kann genutzt werden. Viel Spaß!

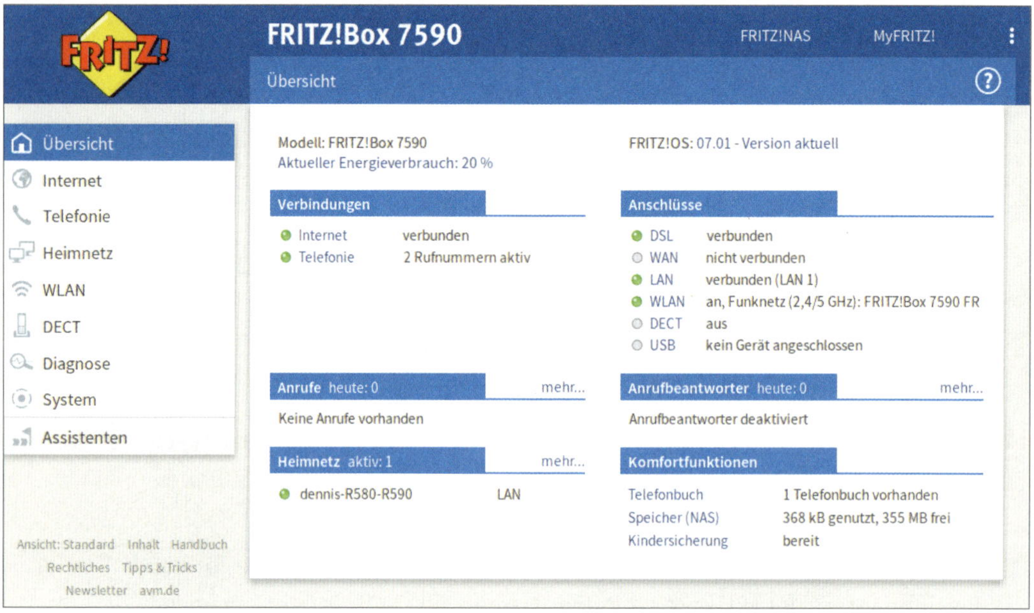

Abbildung 3.15 *Geschafft! Der Einrichtungsassistent ist abgeschlossen. Sie befinden sich im Hauptmenü.*

Geht die Ersteinrichtung nicht auch per WLAN?

Doch, das funktioniert schon. Wer nur ein WLAN-Gerät besitzt, der kann die Einrichtung auch damit ausführen. Im Auslieferungszustand ist das WLAN der FRITZ!Box aktiviert, und neue Geräte können sich anmelden. Sie finden die Zugangsdaten für Ihr WLAN entweder auf der Servicekarte FRITZ!Notiz oder auf dem Typenschild an der Unterseite der FRITZ!Box. Die SSID (also der Netzwerkname) besteht aus der Typenbezeichnung und einem zweistelligen Buchstabenkürzel. Zunächst müssen Sie sich mit Ihrem WLAN-Gerät an der FRITZ!Box anmelden. Achten Sie auf die korrekte Eingabe des Passwortes. Sie sollten sich mit dem WLAN-Gerät in Reichweite der FRITZ!Box aufhalten, sodass es nicht zum Verbindungsabbruch kommt. Ansonsten kann es passieren, dass der Assistent beim nächsten Anmelden nicht wieder erscheint. Sie müssen ihn (beziehungsweise die einzelnen Komponenten) dann manuell über das Hauptmenü im Webinterface unter dem Menüpunkt **Assistenten** aufrufen.

Kapitel 4
Schnell zurechtgefunden: So funktioniert die Benutzeroberfläche

Wie Sie bei der ersten Inbetriebnahme Ihrer FRITZ!Box in Kapitel 3 erfahren haben, erfolgt die Bedienung des Gerätes über ein sogenanntes Webinterface. Die FRITZ!Box erzeugt dazu eine Webseite, die in einem gewöhnlichen Webbrowser (wie etwa Firefox oder Chrome) angezeigt wird. Dort können Sie alle Bedienelemente mit der Maus anklicken und Texteingaben über die Tastatur tätigen. Über Links sind einzelne Konfigurationsseiten miteinander verknüpft. Kurzum: Die Bedienung erfolgt wie bei einer gewöhnlichen Internetseite.

Aufbau und Bedienung vom Webinterface

Im Auslieferungszustand kann das Webinterface der FRITZ!Box nur aus Ihrem Heimnetzwerk heraus aufgerufen werden. Über das Internet ist der Zugriff nicht möglich. Auf Wunsch kann dies geändert werden – mehr dazu in Kapitel 7 im Abschnitt »Das Webinterface der FRITZ!Box über das Internet ansprechen«. Innerhalb Ihres Heimnetzwerks können Sie aber mit allen Geräten auf das Webinterface zugreifen, egal ob es sich um einen Desktop-PC oder ein Mobilgerät wie das Smartphone handelt. Es spielt keine Rolle, ob Sie ein kabelgebundenes oder ein WLAN-Gerät verwenden. Ebenso ist das Betriebssystem des genutzten Gerätes unerheblich für den korrekten Zugriff. Solange das Gerät einen Webbrowser bietet, steht der Bedienung nichts im Wege. Sie sollten allerdings sicherstellen, dass Sie einen aktuellen Webbrowser verwenden, damit das Webinterface korrekt dargestellt wird. Übrigens: Das Design des Webinterface passt sich automatisch dem zur Verfügung stehenden Bildschirmplatz an. Man nennt dies *responsives (Web-)Design*. Auf dem Smartphone mit seinem begrenzten Bildschirm sehen Sie eine etwas andere Ansicht als am Desktop-PC. Sie können aber trotzdem auf alle Bedienelemente zugreifen. Bevor Sie an Ihrer FRITZ!Box Einstellungen vornehmen können, müssen Sie zuerst das Webinterface aufrufen. Das funktioniert genauso wie bei der Ersteinrichtung.

SCHRITT FÜR SCHRITT

So greifen Sie auf das Webinterface Ihrer FRITZ!Box zu

1. Öffnen Sie an einem mit dem Heimnetzwerk verbundenen Computer einen aktuellen Webbrowser.

2. Geben Sie in die Adresszeile *fritz.box* ein. In der Standardeinstellung können Sie alternativ die IP-Adresse *192.168.178.1* (eventuell jeweils mit dem Vorsatz *http://*) verwenden.

3. Drücken Sie [↵]. Nun öffnet sich das Webinterface. Sie sehen zunächst eine Webseite mit dem FRITZ!-Logo und dem Schriftzug **FRITZ!Box** am oberen Bildschirmrand. Je nach Modell ist auch die jeweilige Modellnummer genannt. Unter der Willkommensmeldung in der Mitte der Webseite sehen Sie ein Feld zur Kennworteingabe. Sie kennen diese Eingabemaske schon von der Ersteinrichtung. Das Kennwort müssen Sie bei jedem Anmeldevorgang eingeben. Der Kennwortschutz ist wichtig, damit keine unbefugte Person auf Ihre FRITZ!Box und deren Einstellungen zugreifen kann. Zur Erinnerung: Das Kennwort Ihrer FRITZ!Box finden Sie auf einem Aufkleber an der Geräteunterseite und auf der Servicekarte FRITZ!Notiz. Diese wichtige Karte sollten Sie gut aufbewahren, aber nicht offen herumliegen lassen.

   Um auf alle Funktionen zugreifen zu können, geben Sie jetzt das Kennwort in das entsprechende Feld ein und klicken auf **Anmelden**.

Jede FRITZ!Box hat ihr eigenes Kennwort

Bei der Herstellung bekommt jede FRITZ!Box im Werk ihr eigenes, persönliches Kennwort. Das gilt sowohl für das Webinterface als auch für den WLAN-Zugang. Somit haben auch baugleiche Modelle stets unterschiedliche Kennwörter. Sie müssen also keine Angst haben, dass eventuell der Nachbar, der dasselbe FRITZ!Box-Modell besitzt, nun automatisch auch Ihre Kennwörter kennt.

Abbildung 4.1 *Bevor Sie auf die Funktionen des Webinterface zugreifen können, müssen Sie sich zunächst mit einem Kennwort am System anmelden.*

Alle Standardwerte können verändert werden

Die in diesem Kapitel angegebenen Standardwerte gelten für FRITZ!Box-Geräte im Auslieferungszustand. Sie können alle verändert werden. Das gilt sowohl für die Adresse *fritz.box* als auch für die IP-Adresse *192.168.178.1*. Auch die Passwörter für das Webinterface und den WLAN-Zugang können verändert werden – was in sicherheitskritischen Umgebungen auch durchaus sinnvoll ist. Wie Sie die Werte verändern, lernen Sie im Verlauf dieses Buches. Zu Beginn sollten Sie es jedoch erst einmal bei den Standardwerten belassen.

Nun werden Sie automatisch zur Startseite im Webinterface weitergeleitet. Die Startseite ist eine Übersichtsseite. Sie zeigt Ihnen rechts im großen Bereich alle wichtigen Informationen zum gegenwärtigen Status Ihrer FRITZ!Box an. Schauen Sie sich diese Übersichtsseite einmal in Ruhe an. Sie finden dort ganz oben zunächst Informationen über den Namen Ihrer FRITZ!Box (der für die Nutzung im Heimnetzwerk nicht ganz unwichtig ist) sowie den aktuellen Energieverbrauch als Prozentanzeige. Anfangs ist dieser Wert noch recht niedrig, aber je mehr Dienste Sie aktivieren und je mehr Geräte Sie an die FRITZ!Box anschließen, desto höher wird der Wert sein.

Abbildung 4.2 *Direkt unter der Überschrift Übersicht sehen Sie Informationen zum Namen Ihrer FRITZ!Box, dem Energieverbrauch des Gerätes und zur Firmware-Version.*

Rechts daneben sehen Sie die momentane Version vom FRITZ!OS und ob es eventuell ein Update gibt. FRITZ!OS ist das Betriebssystem der FRITZ!Box, also quasi die Firmware. Bei der FRITZ!Box handelt es sich ja selbst um eine Art von Computer, auf dem ein speziell angepasstes Linux-Betriebssystem (eben FRITZ!OS) arbeitet, das alle Funktionen der FRITZ!Box steuert. FRITZ!OS wird regelmäßig durch den Hersteller der FRITZ!Box AVM überarbeitet und aktualisiert. Deswegen kann es durchaus passieren, dass Ihnen direkt nach dem Kauf der FRITZ!Box schon eine neue Version des Betriebssystems angeboten wird.

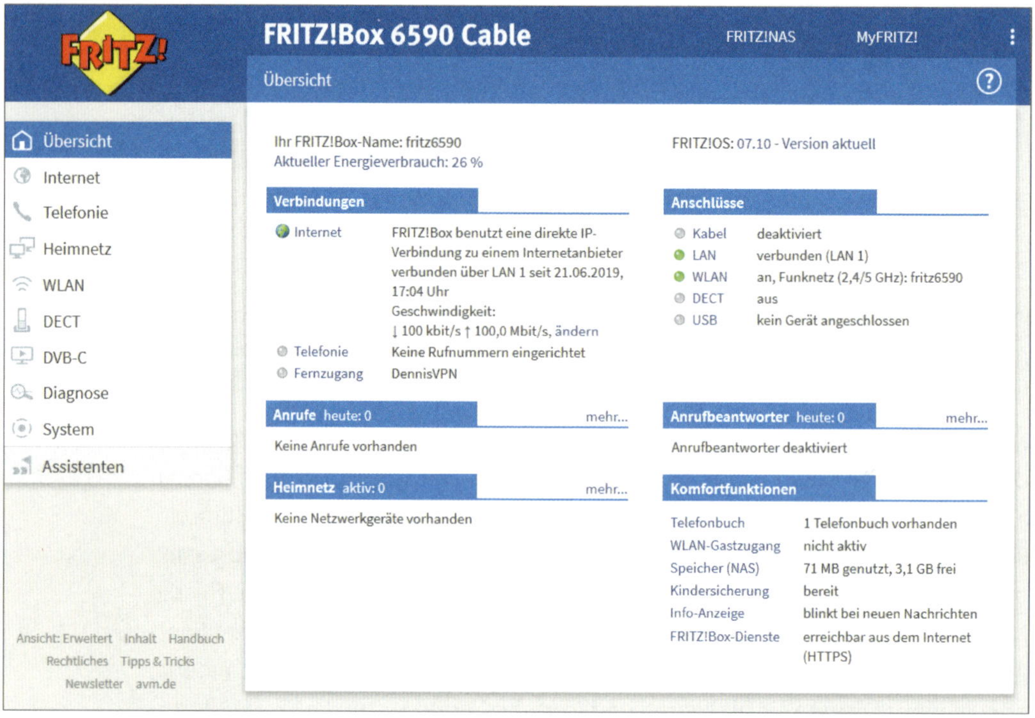

Abbildung 4.3 *Nach der Anmeldung im Webinterface sehen Sie die Übersichtsseite, die über den aktuellen Systemstatus informiert.*

Unter Umständen haben Sie das FRITZ!OS bereits bei der Ersteinrichtung Ihres Gerätes aktualisiert. Wie eine Aktualisierung (in Zukunft) abläuft, lernen Sie in Kapitel 9 im Abschnitt »Immer auf dem aktuellen Stand sein: die Update-Funktion«. Für den Fall, dass es gegenwärtig ein Update geben sollte, können Sie sich zunächst aber auch erst einmal mit der grundlegenden Bedienung der FRITZ!Box vertraut machen.

Die Übersichtsseite ist ansonsten in Kategorien eingeteilt:

- In der Kategorie **Verbindungen** sehen Sie, ob Ihre FRITZ!Box derzeit eine Internetverbindung aufgebaut hat. Wenn dem so ist, können Sie direkt die IP-Adressen ablesen, die der FRITZ!Box durch den Internetprovider zugeteilt wurden. Sie sehen auch, ob die Telefoniefunktion zur Verfügung steht. Außerdem wird Ihnen der Status des Fernzugangs angezeigt. Dabei handelt es sich um eine komfortable und sichere Möglichkeit, über das Internet auf Ihre FRITZ!Box und alle Geräte im Heimnetzwerk zuzugreifen – mehr dazu in Kapitel 7 im Abschnitt »Bequem und sicher über das Internet in das eigene Heimnetzwerk: der VPN-Zugang«. Ein grüner Kreis vor einer Verbindung zeigt an, dass sie funktionsfähig aufgebaut ist. Ist der Kreis grau, steht die Verbindung derzeit nicht zur Verfügung. Sie sehen so schon auf den ersten Blick, ob beispielsweise die Internetverbindung gestört ist.

- Die Kategorie **Anrufe** informiert Sie über alle Telefongespräche, die Sie mit der FRITZ!Box geführt haben. Sie sehen auch gleich, ob es während einer Abwesenheit Telefonanrufe gab, die Sie nicht annehmen konnten. Momentan ist die Liste vermutlich noch leer, aber später können Sie hier alle Gespräche mit den jeweiligen Rufnummern beziehungsweise (sofern Sie ein Telefonbuch nutzen) den Namen der Gesprächspartner ablesen. Alle Gespräche sind mit Symbolen gekennzeichnet: kennzeichnet ein eingegangenes Telefongespräch, Sie wurden also angerufen und haben das Gespräch angenommen. kennzeichnet ebenfalls ein eingegangenes Telefongespräch, das jedoch nicht angenommen wurde. Der Anrufer hat niemanden erreicht (außer eventuell den Anrufbeantworter). kennzeichnet ein ausgegangenes Gespräch. Sie (oder ein Familienmitglied) haben jemanden angerufen. Sie können direkt in der Titelzeile der Kategorie ablesen, wie viele Gespräche bereits am aktuellen Tag geführt wurden. Mehr zu den einzelnen Telefonfunktionen finden Sie in Kapitel 8, »Ruf doch mal an: die Telefoniefunktionen«.
- In der Kategorie **Heimnetz** sehen Sie, welche Geräte (also Computer, Smartphones, Tablets ...) derzeit über das Heimnetz mit der FRITZ!Box verbunden sind. Man könnte auch sagen: Hier sehen Sie, aus wie vielen (aktiven) Geräten Ihr Heimnetz derzeit besteht. Beachten Sie, dass hier aber nur die Geräte gelistet sind, die derzeit auch eingeschaltet sind. Sollte ein Gerät ebenfalls über ein Webinterface verfügen oder ganz allgemein als Webserver arbeiten und eine Webseite anbieten, dann ist der Gerätename blau gefärbt und arbeitet als anklickbarer Link, der direkt zur jeweiligen Webseite führt. Sie sehen hier übrigens auch eventuelle DECT- und USB-Geräte. Mehr zum Heimnetzwerk zeigt Ihnen Kapitel 5, »Die Netzwerkfunktionen: richtig viel Komfort für Ihr Heimnetz«.
- Über die derzeit genutzten Anschlüsse an der FRITZ!Box informiert Sie die Kategorie **Anschlüsse**. Hier sehen Sie zum Beispiel, an welchen LAN-Anschlüssen aktuell ein Gerät angeschlossen und in Betrieb ist. Sie sehen auch den Betriebszustand der DECT-Basis sowie des WLAN-Netzes. Sollte am

USB-Anschluss ein USB-Speicher angeschlossen sein (alles Wichtige hierzu zeigt Ihnen der Abschnitt »Die NAS-Funktion« in Kapitel 5), dann können Sie ihn über einen Link mit dem Text **entfernen** auch direkt von der FRITZ!Box abmelden, bevor Sie ihn vom Gerät abstecken.

- Gegenwärtig ist die Kategorie **Anrufbeantworter** vermutlich noch leer. Aber sobald Sie einen der maximal fünf möglichen Anrufbeantworter nutzen, die in die FRITZ!Box eingebaut sind, können Sie hier die abgelegten Nachrichten ablesen. Sie sehen die Rufnummer des Anrufers beziehungsweise dessen Namen und den Zeitpunkt des Anrufs. Wie Sie einen Anrufbeantworter einrichten, lernen Sie in Kapitel 8 im Abschnitt »Den Anrufbeantworter in der FRITZ!Box benutzen«.
- Zuletzt sehen Sie in der Rubrik **Komfortfunktionen**, welche zusätzlichen Dienste der FRITZ!Box Sie aktiviert haben. Diese Kategorie hat keine An/Aus-Struktur, sondern listet stets die aktivierten Dienste. Daher kann sie ihr Aussehen in Abhängigkeit der genutzten Funktionen ändern.

Sie sehen, dass diese Übersichtsseite wertvolle Informationen zum Funktionszustand der FRITZ!Box liefert. Es schadet gewiss nicht, hier öfter einmal »nach dem Rechten« zu sehen, denn Sie erkennen hier auch schnell, falls etwas nicht stimmt. Übrigens: Einige Kategorien bieten die Schaltfläche **mehr...**, über die Sie direkt zu detaillierteren Informationsseiten kommen. Von dort aus gelangen Sie über die Zurück-Funktion Ihres Browsers wieder zur Übersichtsseite.

Kernstück des Webinterface und für die Bedienung der FRITZ!Box unbedingt erforderlich ist das Funktionsmenü, das Sie am linken Seitenrand des Webinterface finden. Von dort aus erhalten Sie Zugriff zu den einzelnen Funktionsbereichen der FRITZ!Box. Wie Sie sehen, ist dieses Menü klar nach den jeweiligen Funktionen und Diensten gegliedert. Durch ein simples Anklicken mit der Maus öffnen Sie den jeweiligen Menüpunkt. Die Menüpunkte arbeiten als Ausklappmenüs. Wenn Sie einen Menüpunkt anklicken, klappt eine Liste mit weiteren Untermenüs auf: Das Bedienkonzept der FRITZ!Box basiert also auf einer hierarchischen Gliederung der einzelnen Funktionen, die wiederum zu Blöcken zusammengefasst sind. Wenn Sie zum Beispiel auf den Eintrag **Internet** klicken, dann sehen Sie die zugehörigen Menüpunkte. Erst wenn Sie einen dieser Unterpunkte anklicken, wird sich der Inhalt im rechten Teil des Fensters verändern, und die zugehörigen Elemente werden auf dem Bildschirm dargestellt.

Der oberste Menüpunkt führt Sie zur bekannten Übersichtsseite des Webinterface – da dies die derzeit aktive Seite ist, wird der Eintrag blau hervorgehoben.

Im folgenden Abschnitt werde ich Ihnen erklären, was sich genau unter den einzelnen Menüpunkten verbirgt und welche Funktionen Sie wo finden können. Anschließend zeige ich Ihnen den Aufbau der eigentlichen Konfigurationsseiten und die Aufgabe der weiteren Bedienelemente im Webinterface.

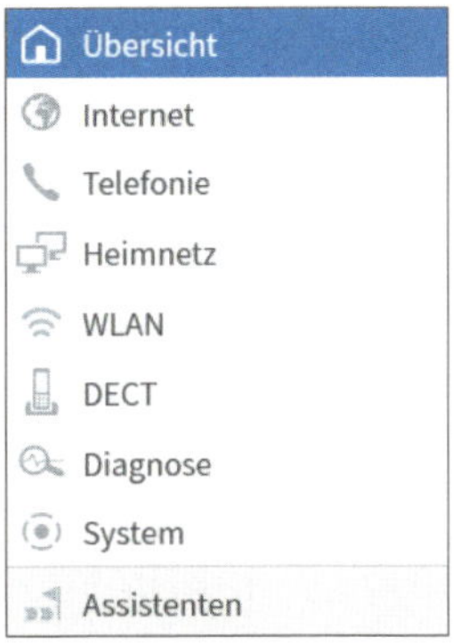

Abbildung 4.4 *Alle wichtigen Funktionen der FRITZ!Box steuern Sie über das nach Kategorien sortierte Funktionsmenü am linken Bildschirmrand.*

Die Menüpunkte im Funktionsmenü

Im Funktionsmenü am linken Bildschirmrand finden Sie unterhalb der Übersichtsseite das Menü **Internet**. Wenn Sie es anklicken, sehen Sie dessen Untereinträge. Das **Internet**-Menü behandelt alles rund um den Internetzugang. Seine Einträge können je nach FRITZ!Box-Modell, vor allem aber je nach Zugangsart und Betriebsmodus, unterschiedlich aussehen. Wundern Sie sich daher bitte nicht, wenn dieses (oder irgendein anderes Menü) bei Ihrer FRITZ!Box andere Einträge beinhaltet. Im **Internet**-Menü können Sie zunächst einmal Ihre Zugangsdaten hinterlegen, die Ihnen vom Internet-Provider zugeteilt wurden. Mit diesen Daten baut Ihre FRITZ!Box über das eingebaute Modem die Internetverbindung auf. Alle Geräte im Heimnetzwerk können die Internetverbindung der FRITZ!Box nutzen und müssen keine eigene Verbindung ins Internet aufbauen. Vermutlich haben Sie schon bei der Ersteinrichtung Ihre Zugangsdaten eingegeben. Sobald die Verbindung steht, können Sie den *Online-Monitor* nutzen, der Ihnen anzeigt, wie Sie die Internetverbindung auslasten und welches Datenvolumen Sie übertragen. Sie können über dieses Menü auch *Filter* konfigurieren, die bestimmte Bereiche des Internets (gegebenenfalls auch zu bestimmten Uhrzeiten) sperren – die Rede ist natürlich von einer *Kindersicherung*. Zu den Funktionen des **Internet**-Menüs zählen auch *Freigaben*. Damit ermöglichen Sie es, dass bestimmte Dienste entweder direkt von der FRITZ!Box oder von einem Gerät im Heimnetzwerk über das Internet genutzt (und erreicht) werden können. Normalerweise unterbindet die FRITZ!Box den Zugriff über das Internet aus Sicherheitsgründen und zur Wahrung Ihrer Privatsphäre – diese Funktion nennt sich *Firewall*. Zusammengefasst: Alles, was sich um den Internetzugang dreht, finden Sie in diesem Menüpunkt. Sie lernen das Menü im Detail in Kapitel 7, »Ab in die große weite Welt: die Internetfunktionen«, kennen.

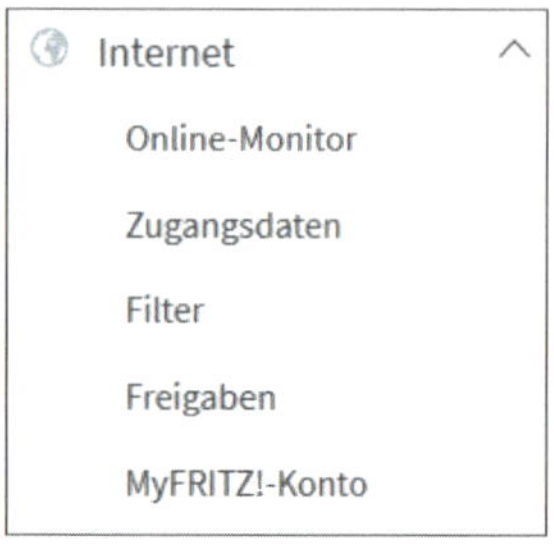

Abbildung 4.5 *Das Ausklappmenü »Internet« steuert den Internetzugang, inklusive der Freigaben, die den Zugriff auf die FRITZ!Box über das Internet steuern.*

Genauso sind (fast) alle Funktionen rund um das Telefonieren im Menü **Telefonie** enthalten (das es natürlich nur bei einer FRITZ!Box mit Telefonfunktion gibt). Da der Hersteller AVM schon in der Frühzeit des Internets auf dem ISDN-Gebiet aktiv war, sind auch die Telefoniefunktionen der FRITZ!Box entsprechend umfangreich. In diesem Menü steuern Sie beispielsweise den oder (da es mehrere geben kann) die Anrufbeantworter oder das eingebaute Fax. Sie können einen Wecker programmieren, der ein bestimmtes Telefon klingeln lässt. Telefone konfigurieren Sie natürlich auch in diesem Menü, das gilt insbesondere auch für Netzwerktelefone, die auch IP-Telefone genannt werden. Sollten Sie einen Anbieter für Telefonie über das Internet (oftmals kurz VoIP genannt) nutzen, dann tragen Sie hier auch die notwendigen Zugangsdaten für Ihre Rufnummern ein. Sie sehen in diesem Menü auch eine Zusammenfassung aller Telefonate und können Rufbehandlungen einrichten, über die sich zum Beispiel bestimmte Rufnummern sperren lassen. Das Einzige, was in diesem Menü nicht eingestellt wird, ist die DECT-Basis der FRITZ!Box für schnurlose Telefone. Diese hat ihren eigenen Menüpunkt. Mit allen Einträgen des **Telefonie**-Menüs befasst sich Kapitel 8, »Ruf doch mal an: die Telefoniefunktionen«, im Detail.

Abbildung 4.6 *Das Menü »Telefonie« steuert alle wichtigen Funktionen rund um die eingebaute Telefonanlage der FRITZ!Box. Hier geht es um die Geräte, die Zugangsdaten, aber auch die Rufbehandlung über ein Regelwerk.*

Die FRITZ!Box ist ein All-in-one-Gerät und ermöglicht nicht nur den Internetzugang oder das Telefonieren, sondern bietet auch zahlreiche Extrafunktionen an, die sich bequem im Heimnetzwerk verwenden lassen. Diese Funktionen steuert der Menüpunkt **Heimnetz**. Hier aktivieren Sie zum Beispiel die *NAS-Funktion*, die Netzwerkgeräten Speicherplatz anbietet. Sie können hier auch einen *Mediaserver* aktivieren, der Ihre Fotos, Musikstücke und Videos Abspielgeräten im Heimnetzwerk anbietet – so lassen sich diese Medien etwa bequem am Smartphone abspielen, ohne dass die Daten vorher extra kopiert werden müssten. Im **Heimnetz**-Menü steuern Sie auch Geräte aus dem *Smart-Home*-Bereich. Das sind zum Beispiel schaltbare Steckdosen, die zu bestimmten Zeitpunkten oder bei bestimmten Ereignissen geschaltet werden können. Sie bekommen in diesem Menü auch eine Übersicht über Ihr gesamtes Heimnetzwerk mit allen enthaltenen Geräten. Die Funktionen für das Heimnetzwerk lernen Sie in Kapitel 5, »Die Netzwerkfunktionen: richtig viel Komfort für Ihr Heimnetz«, kennen.

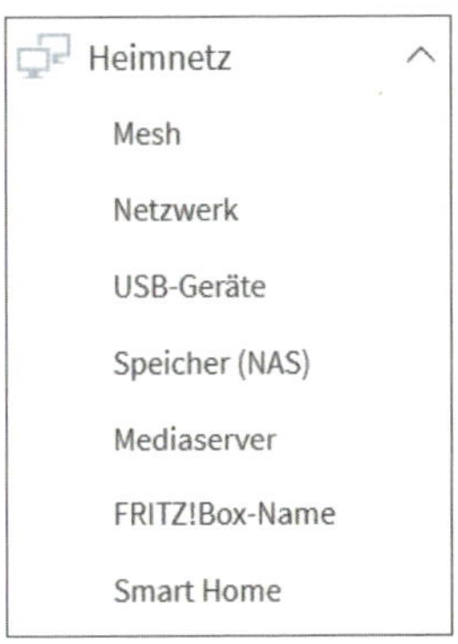

Abbildung 4.7 *Die FRITZ!Box bietet zahlreiche Funktionen und Dienste für das Heimnetzwerk – dazu zählen etwa Mediaserver und NAS. Das alles wird über den Menüpunkt »Heimnetz« konfiguriert.*

Nicht nur dank der vielen Smartphones und Tablets ist heutzutage die WLAN-Funktion eines Internet-Routers für den Heimgebrauch besonders wichtig. Alles rund um das WLAN steuert der gleichnamige Menüpunkt. Hier können Sie das WLAN der FRITZ!Box an- und ausschalten und dessen Daten verändern. In diesem Menüpunkt legen Sie auch das Passwort fest. Sie können für Ihre Gäste ein *Gastnetzwerk* anlegen, das Internetzugang bietet, aber von Ihrem normalen Heimnetzwerk strikt getrennt ist. Auf Wunsch können Sie auch eine *Zeitsteuerung* aktivieren, die das WLAN zu bestimmten Zeitpunkten an- und abschaltet. Alle Funktionen rund um das WLAN zeigt Ihnen Kapitel 6, »Kabellos glücklich: alles rund ums WLAN«.

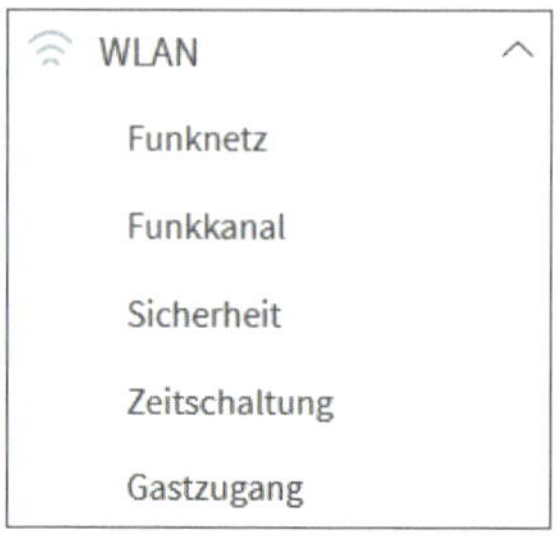

Abbildung 4.8 *Das komfortable drahtlose Netzwerk, kurz das WLAN, wird über den gleichnamigen Punkt wunschgemäß eingestellt. Hier stellen Sie zum Beispiel das Passwort oder eine Zeitschaltung ein.*

Wie bereits zuvor erwähnt, hat die eingebaute DECT-Basis der FRITZ!Box für schnurlose Telefone ihren eigenen Menüpunkt. Hier können Sie die DECT-Funktion an- und abschalten, eine PIN für die Anmeldung von Telefongeräten festlegen, die Funkleistung einstellen und einen Zugriffsschutz programmieren.

Abbildung 4.9 *Die in die FRITZ!Box integrierte DECT-Station für drahtlose Telefongeräte hat einen eigenen Menüpunkt, in dem grundlegende Einstellungen vorgenommen werden.*

Nicht nur bei Problemen, sondern auch um den Überblick zu behalten, finden Sie einige Dienste im Menü **Diagnose**. Hier können Sie sich einen Bericht zur allgemeinen Funktion der FRITZ!Box inklusive der wichtigsten Einstellungen erstellen lassen. Ihnen werden automatisch eventuelle Probleme mit Lösungsvorschlägen angezeigt. Einen solchen Bericht gibt es auch rund um das Thema Sicherheit, wo Sie unter anderem alle Dienste ablesen können, die über das Internet benutzt werden können. Mehr zu diesem Thema lernen Sie in Kapitel 10, »Der Störungsdienst der FRITZ!Box: das Diagnose-Menü und weitere Hilfestellungen«.

Abbildung 4.10 *Der Menüpunkt »Diagnose« hilft nicht nur bei Problemen, sondern ist auch für eine Routinekontrolle der Einstellungen eine gute Anlaufstelle.*

Alles, was direkt die FRITZ!Box betrifft, finden Sie unter dem Menüpunkt **System**. Hier informiert Sie die FRITZ!Box über alle Ereignisse (zum Beispiel Änderungen der Konfiguration, geführte Telefongespräche, gescheiterte Anmeldungen von WLAN-Geräten). Sie können den momentanen Energieverbrauch ablesen und (bei einigen Modellen) die Helligkeit der LED-Anzeigen am Gehäuse steuern. In diesem Menü aktivieren Sie einen Push-Service, der Sie bei bestimmten Ereignissen per E-Mail informiert. Hier können Sie auch verschiedene Benutzerkonten einrichten, die jeweils unterschiedliche Rechte für den Zugriff auf die FRITZ!Box und deren Dienste haben. Zu guter Letzt ermöglicht dieser Menüpunkt auch die Aktualisierung der Firmware der FRITZ!Box und eine Sicherheitskopie aller Einstellungen. Die Tiefen des **System**-Menüs können Sie in Kapitel 9, »Volle Kontrolle: erweiterte Systemfunktionen« erforschen.

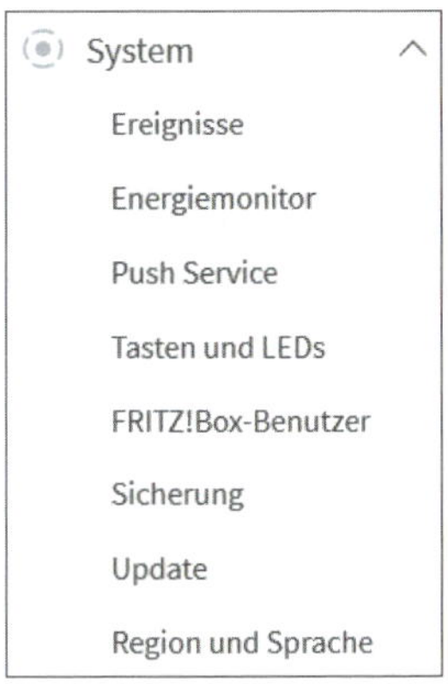

Abbildung 4.11 *Alles rund um die FRITZ!Box selbst regelt der Menüpunkt »System«, der zum Beispiel die Steuerung der Benutzerkonten ermöglicht.*

Einige FRITZ!Box-Modelle bieten noch weitere Einträge im Funktionsmenü. So gibt es zum Beispiel bei FRITZ!Box-Geräten für den Internetzugang über das Kabelnetz (manchmal nur im freien Handel) den Menüpunkt **DVB-C**.

Dieser steuert die Funktion der Fernsehtuner, die in die FRITZ!Box eingebaut sind. Über diese Tuner können Sie über die FRITZ!Box an den Geräten im Heimnetzwerk Fernsehen schauen.

Abbildung 4.12 *Einige FRITZ!Box-Modelle haben weitere Menüpunkte für Sonderfunktionen. So bietet das Modell für den Internetzugang über das Kabelnetz ein »DVB-C«-Menü, das Funktionen rund um den Fernsehempfang regelt.*

Der letzte Eintrag im Funktionsmenü heißt **Assistenten**. Die Assistenten ermöglichen den schnellen Zugriff auf häufig benötigte Konfigurationsseiten. Sie erlauben beispielsweise die schnelle Einrichtung des Internetzugangs oder der Telefoniegeräte. Einige dieser Assistenten haben Sie schon bei der Ersteinrichtung der FRITZ!Box kennengelernt. Die Assistenten führen größtenteils durch die Konfigurationsseiten des Webinterface. In diesem Buch lernen Sie die gewöhnlichen Seiten im Detail kennen, sodass Sie auf die Assistenten nicht mehr angewiesen sind. Nichtsdestotrotz können Sie jederzeit, zum Beispiel, wenn es einmal schnell gehen muss, auf einen der Assistenten zurückgreifen.

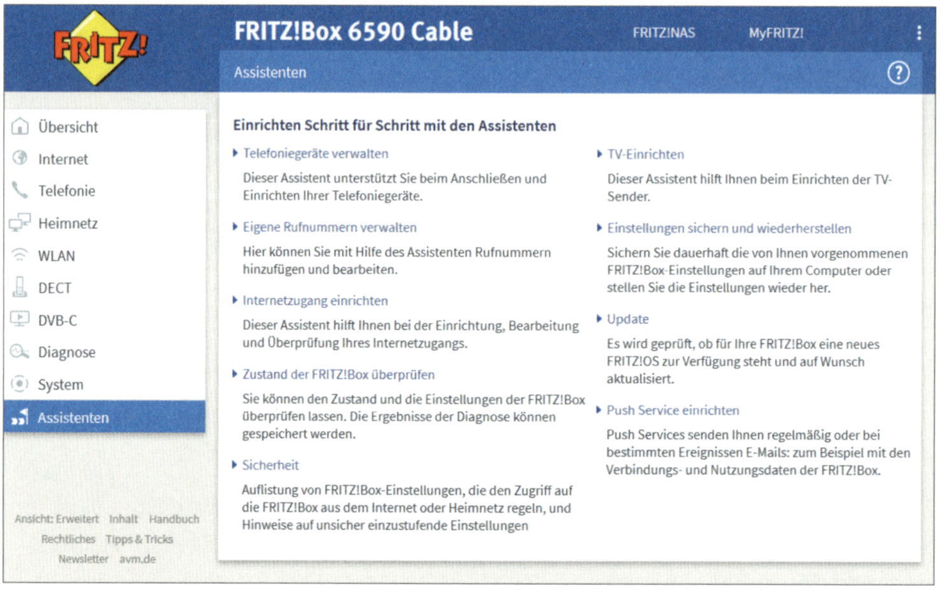

Abbildung 4.13 *Die Assistenten bieten einen Schnellzugriff auf besonders häufig genutzte Dienste und Konfigurationen der FRITZ!Box.*

Das Konzept der Registerkarten

Wenn Sie im Seitenmenü im Webinterface eine der Kategorien und anschließend im Ausklappmenü einen der Einträge anklicken, dann gelangen Sie zur zugehörigen Bedienseite, die rechts im großen Bereich des Webinterface angezeigt wird. Häufig ist es so, dass diese Bedienseiten noch einmal nach einzelnen Aufgabenbereichen gegliedert sind. Diese Gliederung erfolgt durch Reiter am oberen Rand der Bedienseite – die sogenannten Registerkarten. Klicken Sie zum Beispiel links auf **Internet** und dann auf **Freigaben**, so sehen Sie, dass es im Bereich der Freigaben die Registerkarten **Portfreigaben**, **FRITZ!Box-Dienste**, **DynDNS** und **VPN** gibt. Durch einen Klick auf die jeweilige Registerkarte gelangen Sie zu den zugehörigen Einstellungen. In diesem Buch fasse ich diese Hierarchie oftmals mit Trennelementen zusammen, etwa in der Form **Internet • Freigaben • VPN**. Dabei bezeichnet der erste Eintrag den Hauptmenüeintrag im Seitenmenü, der zweite Eintrag das zugehörige Untermenü und der dritte Eintrag die jeweilige Registerkarte.

Abbildung 4.14 *Die einzelnen Bedienseiten sind am oberen Rand über Registerkarten nach Funktionen geordnet.*

Das Menü am oberen Bildschirmrand

Am oberen Bildschirmrand sehen Sie ein weiteres Menü mit drei Einträgen: **FRITZ!NAS**, **MyFRITZ!** und das Systemmenü (dargestellt durch drei Punkte).

Abbildung 4.15 *Am oberen Bildschirmrand haben Sie Schnellzugriff auf den NAS-Dienst und auf das »MyFRITZ!«-Menü.*

Über die ersten beiden Einträge haben Sie einen Schnellzugriff auf die jeweiligen Funktionen. Bei FRITZ!NAS handelt es sich um den NAS-Dienst Ihrer FRITZ!Box. Die NAS-Funktion (NAS steht für *Network Attached Storage*, also netzwerkangebundener Speicher) stellt allen Geräten im Heimnetzwerk – auf Wunsch auch über das Internet – Speicherplatz zur Verfügung. Diesen Speicher können Sie mit allen Geräten mit beliebigen Inhalten füllen. Oft wird ein NAS zum Beispiel für die eigene Mediensammlung (Videos, Fotos, Musik) verwendet. Die Medien lassen sich dann mit allen Geräten im Heimnetzwerk abspielen – ohne dass Sie diese zuvor auf jedes Gerät kopieren müssten. Die FRITZ!Box bietet verschiedene Möglichkeiten, um auf diesen Speicher zuzugreifen. Eine davon nutzt ein Webinterface, das Sie über den Link **FRITZ!NAS** aufrufen können.

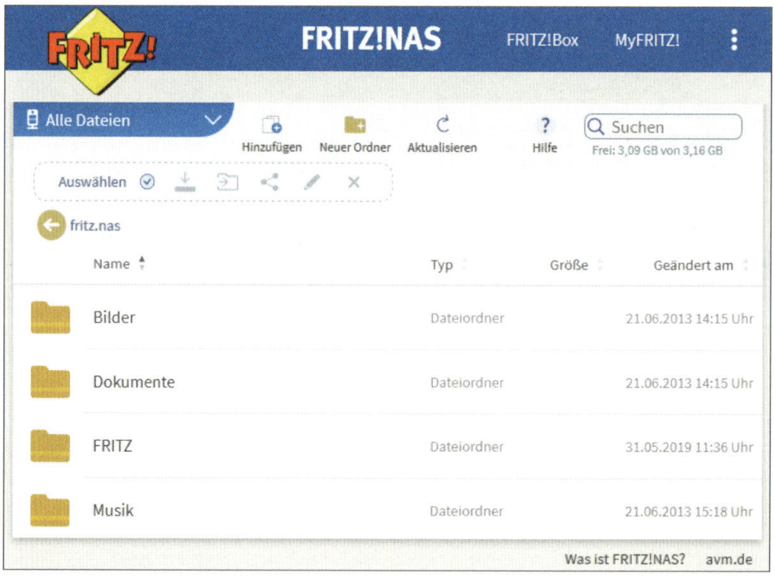

Abbildung 4.16 *FRITZ!NAS ist ein Service, der im Heimnetzwerk und auf Wunsch über das Internet Speicherplatz anbietet, der von mehreren Geräten gemeinsam verwendet werden kann. Hier sehen Sie den Schnellzugriff über das eigene Webinterface.*

Im Augenblick werden Sie von dieser Funktion noch nicht allzu viel Nutzen haben, denn sie muss erst eingerichtet werden. Wie das geht, lernen Sie in Kapitel 5 im Abschnitt »Die NAS-Funktion«. Momentan ist jedoch wichtig, dass Sie wissen, dass es an dieser Stelle einen direkten Weg zur Oberfläche der NAS-Funktion gibt.

Die Schaltfläche **MyFRITZ!** führt zu einer (Web-)Seite, auf der die wichtigsten Informationen und Einstellungen der FRITZ!Box übersichtlich zusammengefasst sind. Sie finden hier eine Übersicht über alle kürzlich getätigten Telefongespräche (inklusive der verpassten Anrufe), Sie haben einen Schnellzugriff auf die Inhalte der NAS-Funktion, können Geräte des Smart-Home-Bereiches steuern und haben die Kontrolle über die wichtigsten Komfortfunktionen Ihrer FRITZ!Box. Insbesondere diese Kategorie ist sehr wichtig, denn hier haben Sie tatsächlich einen schnellen, unkomplizierten Zugriff auf wichtige Einstellungen und können zum Beispiel das WLAN mit nur einem Klick schnell an- und abschalten. Das gilt auch für das WLAN-Gastnetzwerk, den Anrufbeantworter oder die Weckfunktion Ihrer FRITZ!Box.

Abbildung 4.17 *Das »MyFRITZ!«-Menü bietet einen Schnellzugriff auf wichtige und häufig genutzte Funktionen der FRITZ!Box und ist übersichtlich nach Kategorien geordnet.*

Die MyFRITZ!-Oberfläche eignet sich übrigens besonders gut für die Bedienung mit einem Smartphone oder Tablet. Der Begriff MyFRITZ! wird Ihnen rund um die FRITZ!Box noch häufiger begegnen, denn er ist ein Sammelbegriff für mehrere Funktionen. Unter anderem gibt es auch eine App mit demselben Namen, die wichtige Funktionen der FRITZ!Box übersichtlich zusammenfasst, also quasi das »App-Pendant« zu der hier gezeigten Web-Oberfläche darstellt. Innerhalb von FRITZ!NAS und MyFRITZ! kommen Sie über den Eintrag **FRITZ!Box** wieder zurück zum gewohnten Webinterface der FRITZ!Box.

Das Systemmenü mit den drei Punkten ist besonders wichtig. Deswegen gibt es in diesem Buch dafür einen eigenen Abschnitt (»Abmelden und erweiterte Ansicht: das Systemmenü« in Kapitel 4), den Sie unbedingt lesen sollten.

Erweiterte Funktionen im »Kleingedruckten«

Unten links sehen Sie im Webinterface im beige gefärbten Bereich noch ein weiteres, recht unscheinbares Menü, das einige Einträge bietet, die nur selten benutzt werden.

Abbildung 4.18 *Unten links im Webinterface verbergen sich weitere, selten genutzte Funktionen.*

Zunächst einmal können Sie (auch) hier die **Ansicht** vom normalen in den erweiterten Modus umschalten. Es ist eine Alternative zur Änderung über das Systemmenü, die Sie in Kapitel 4 im Abschnitt »Abmelden und erweiterte Ansicht: das Systemmenü«, kennenlernen.

Wenn Sie einmal auf der Suche nach einer bestimmten Funktion sind und diese nicht umständlich durch alle Menüs suchen möchten, dann ist der Schnellzugriff **Inhalt** für Sie interessant (siehe Abbildung 4.19). Hierüber sehen Sie eine Übersicht aller Funktionen. Sie können bequem die Suchfunktion Ihres Browsers verwenden und den gewünschten Begriff eintippen. Ein Klick auf einen Eintrag führt Sie direkt zur gewünschten Funktion.

Über den Eintrag **Handbuch** gelangen Sie zu einer PDF-Version des Handbuches zu Ihrem FRITZ!Box-Modell, das vom Hersteller AVM bereitgestellt wird (siehe Abbildung 4.20).

Die anderen vier Einträge führen direkt ins Internet. Sie können sich über rechtliche Aspekte der Nutzung der FRITZ!Box informieren, haben einen Schnellzugriff auf die Tipps-und-Tricks-Sektion der Webseite von AVM (deren Besuch sich durchaus lohnt), können einen Newsletter abonnieren oder direkt die Hauptseite *www.avm.de* aufrufen.

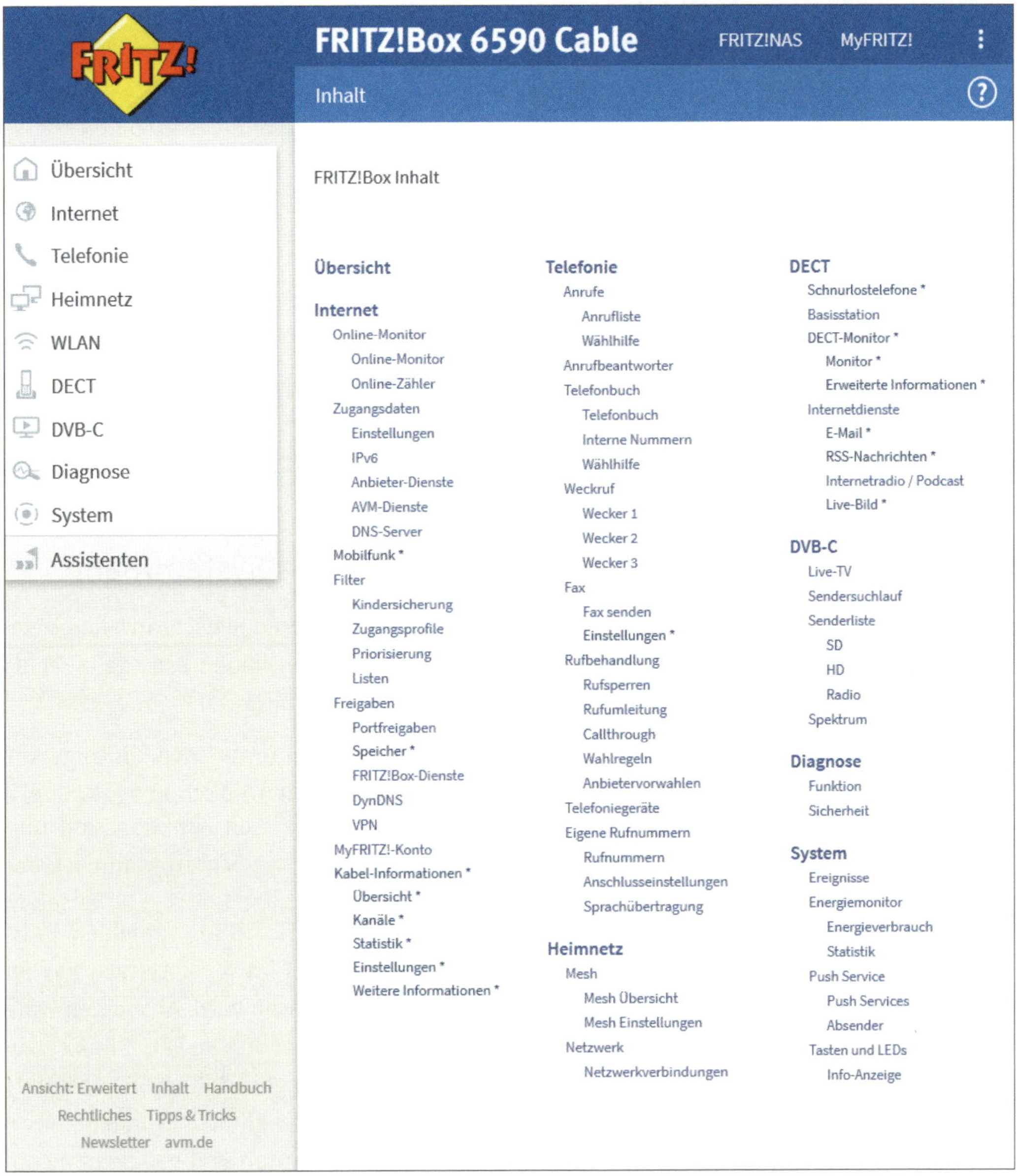

Abbildung 4.19 *Wer eine bestimmte Funktion sucht, sie aber nicht auf Anhieb findet, wird möglicherweise in der Inhaltsansicht schneller fündig.*

Abbildung 4.20 *Über einen Eintrag unten links im Webinterface kann auf das Handbuch zur FRITZ!Box zugegriffen werden. Ein Klick öffnet automatisch das zum jeweiligen Modell gehörende Handbuch.*

Abmelden und erweiterte Ansicht: das Systemmenü

Wie Sie in Kapitel 4 im Abschnitt »Das Menü am oberen Bildschirmrand«, gelesen haben, gibt es am oberen Bildschirmrand in der blauen Zeile ganz rechts einen Eintrag mit drei Punkten, der zum Systemmenü führt.

In diesem wichtigen Menü gibt es zunächst einmal unten zwei Einträge, die zum FRITZ!NAS und zu MyFRITZ! führen. Beides kennen Sie schon aus Kapitel 4 im Abschnitt »Das Menü am oberen Bildschirmrand«.

Viel wichtiger sind jedoch die ersten beiden Einträge:

- Über den ersten Eintrag können Sie sich von der FRITZ!Box abmelden. Es ist sehr wichtig, dass Sie sich nach vollendeter Arbeit im Webinterface von der FRITZ!Box abmelden, damit Ihre Sitzung geschlossen wird. Ansonsten wäre es für einen potenziellen Angreifer etwas einfacher, in Ihre FRITZ!Box einzudringen und Einstellungen zu verändern. Deswegen sollten Sie sich stets über diesen Link von der FRITZ!Box abmelden. Das gilt insbesondere, wenn Sie das Webinterface auch über das Internet aufrufen und bedienen möchten. (Normalerweise ist diese Möglichkeit abgeschaltet, sie muss erst aktiviert werden; mehr dazu in Kapitel 7 im Abschnitt »Das Webinterface der

FRITZ!Box über das Internet ansprechen«.) Neben der Schaltfläche **Abmelden** sehen Sie einen Countdown, der bei Inaktivität des Benutzers herunterzählt. Wenn der Countdown abgelaufen ist, werden Sie zur Sicherheit automatisch von der FRITZ!Box abgemeldet.

- Der zweite Eintrag mit dem Namen **Erweiterte Ansicht** hat zwar nicht unbedingt Sicherheitscharakter, er ist aber trotzdem nicht minder wichtig. Das Webinterface hat nämlich zwei verschiedene Ansichtsmodi. Es gibt die *normale Ansicht* und die *erweiterte Ansicht*. In der normalen Ansicht werden nicht alle Funktionen gezeigt. Stattdessen sind hier nur die am häufigsten genutzten Funktionen beinhaltet, sodass diese Ansicht übersichtlicher ist. Den gesamten Funktionsumfang sehen Sie erst, wenn Sie die erweiterte Ansicht nutzen. In diesem Buch werde ich (auch der Übersicht halber) nicht an jeder Stelle erwähnen, wenn eine bestimmte Funktion nur über die erweiterte Ansicht zu finden ist. Deswegen schadet es nicht, wenn Sie jetzt gleich die erweiterte Ansicht einstellen. Ansonsten könnte es passieren, dass Sie sich später wundern, warum eine hier beschriebene Funktion bei Ihnen partout nicht zu finden ist.

Behalten Sie die erweiterte Ansicht in Erinnerung

Denken Sie bitte daran, dass es im Webinterface neben der normalen auch die erweiterte Ansicht gibt. Sollten Sie einmal eine Funktion suchen, die bei Ihnen im Webinterface nicht angezeigt wird, dann könnte es daran liegen, dass Sie die normale Ansicht verwenden. In diesem Fall sollten Sie, wie hier gezeigt, auf die erweiterte Ansicht umschalten. Wenn Sie auch dann nicht fündig werden, könnte es sein, dass Ihr FRITZ!Box-Modell die gewünschte Funktion nicht bietet.

Abbildung 4.21 *Ganz wichtig: Das Menü mit drei Punkten ganz oben rechts sollte immer zum Abmelden genutzt werden. Außerdem sollte hier die erweiterte Ansicht eingestellt werden – sonst bleiben einige Funktionen verborgen.*

Kapitel 5
Die Netzwerkfunktionen: richtig viel Komfort für Ihr Heimnetz

In diesem Kapitel zeige ich Ihnen die praktischen Funktionen der FRITZ!Box rund um das Heimnetzwerk. Sie lernen unter anderem die NAS-Funktion kennen, die Ihren Netzwerkgeräten Speicherplatz anbietet, und Sie machen sich mit dem Mediaserver vertraut, der Ihre Mediensammlung verwaltet und Ihre Mediendateien an Abspielgeräte sendet. Später im Kapitel zeige ich Ihnen einige Komfortfunktionen rund um die Netzwerkverwaltung und zum Schluss etwas zum spannenden Thema Smart Home.

Die NAS-Funktion

Eine sehr praktische Funktion Ihrer FRITZ!Box, die Sie unbedingt einmal ausprobieren sollten, ist der NAS-Dienst. Die Abkürzung *NAS* steht für *Network Attached Storage*, was auf Deutsch so viel heißt wie *netzwerkangebundener Speicher*. Mit einem NAS erhalten Sie im Heimnetzwerk also Speicherplatz, auf den Sie mit allen verbundenen Geräten gemeinsam zugreifen können.

So steht beispielsweise die Foto- oder Musiksammlung allen Geräten zur Verfügung. Genauso gut können Sie mit mehreren Geräten auf Ihre Arbeitsdateien zugreifen und ersparen sich das mühsame manuelle Kopieren mit einem USB-Stick auf die einzelnen Geräte.

Im Handel gibt es eigenständige NAS-Geräte zu kaufen, die sehr umfangreiche Dienste anbieten und oftmals mit mehreren Festplatten arbeiten. Die Leistung solcher Geräte erreicht die FRITZ!Box zwar nicht, aber für den Einsteiger oder Gelegenheitsnutzer lohnt es sich allemal, die gebotenen Funktionen auszuprobieren.

Für die NAS-Funktion bringen die besser ausgestatteten FRITZ!Box-Modelle bereits einen kleinen internen Speicher mit, der jedoch meistens auf wenige hundert Megabyte limitiert ist und sich damit nur zum Ausprobieren oder für sehr kleine Dateiaufgaben eignet. An die USB-Anschlüsse der FRITZ!Box lassen sich jedoch USB-Speichergeräte anschließen. Das können USB-Sticks oder auch Festplatten sein, deren Speicherplatz sich für die NAS-Funktion nutzen lässt. Auf den Speicherplatz kann man über das Netzwerk entweder über den Internet-Browser zugreifen, alternativ (und meist komfortabler) ist die direkte Einbindung in das Betriebssystem möglich – dazu sind keine eigenen Programme nötig, alle gängigen Systeme haben die nötigen Voraussetzungen gleich an Bord. Eine weitere Möglichkeit ist die Nutzung von Apps auf Smartphone und Tablet sowie der Zugang über das FTP-Protokoll. Die Daten auf dem NAS lassen sich mit einem Passwort vor unbefugtem Zugriff schützen, die FRITZ!Box bietet auch eine Benutzerverwaltung.

Zuerst zeige ich Ihnen, wie Sie die NAS-Funktion grundlegend mit dem internen Speicher der FRITZ!Box (falls vorhanden) in Betrieb nehmen. Anschließend lernen Sie, wie Sie zusätzlichen Speicher über den USB-Anschluss und einen Online-Speicher-Anbieter einbinden und wie Sie über die verschiedenen Möglichkeiten auf den Speicherplatz zugreifen können.

SCHRITT FÜR SCHRITT
So aktivieren Sie die NAS-Funktion

1. Öffnen Sie im Webinterface den Menüpunkt **Heimnetz • Speicher (NAS)**.
2. Setzen Sie einen Haken in das Feld **Speicher (NAS) aktiv**.
3. Klicken Sie unten auf **Übernehmen**.

Die kleine Tabelle unterhalb des Kontrollkästchens zeigt Ihnen den Speicherplatz an, der für die NAS-Funktion verwendet wird. Wenn Ihre FRITZ!Box entsprechend ausgerüstet ist, sehen Sie dort den **internen Speicher**, den das Gerät ab Werk bietet. Die Zeile **Online-Speicher** weist auf die Möglichkeit hin, mit der NAS-Funktion auch auf Cloud-Speicherdienste im Internet zugreifen zu können – doch dazu später mehr, gegenwärtig ist diese Funktion noch nicht möglich. Jetzt können Sie erst einmal auf den Speicher Ihrer FRITZ!Box zugreifen.

Abbildung 5.1 *Zur Aktivierung der NAS-Funktion muss ein Haken in das Feld »Speicher (NAS) aktiv« gesetzt werden.*

Hat Ihre FRITZ!Box keinen eingebauten Speicher für die NAS-Funktion?
Sollte Ihre FRITZ!Box überhaupt keinen eingebauten Speicher für die NAS-Funktion bieten, so macht es keinen Sinn, die NAS-Funktion direkt nach der Aktivierung auszuprobieren – ohne Speicher kann es ja gar keine Inhalte geben, auf die man zugreifen könnte. Sie müssen daher, wie im Abschnitt »USB-Speicher zum NAS-Dienst hinzufügen« beschrieben, zuerst einen USB-Speicher einbinden und für die NAS-Funktion nutzen. Erst dann können Sie die NAS-Funktion wie hier beschrieben ausprobieren.

SCHRITT FÜR SCHRITT

So greifen Sie auf den Speicher der NAS-Funktion zu

1. Klicken Sie im Webinterface der FRITZ!Box oben in der blauen Titelleiste auf den Eintrag **FRITZ!NAS**.
2. Ihr Browser zeigt Ihnen nun die Dateiansicht der NAS-Funktion. Sie sehen einzelne Dateiordner, die zu Beginn bereits mit einigen Beispieldateien gefüllt sind.

3. Sie können sowohl Ordner als auch Dateien mit der Maus anklicken und den Inhalt betrachten.

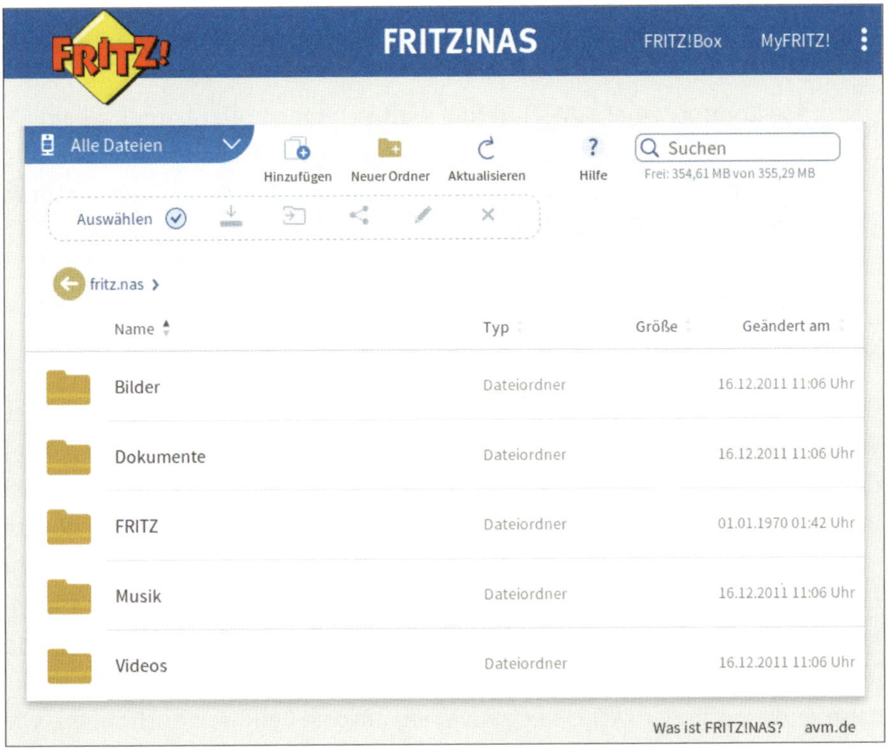

Abbildung 5.2 *Die NAS-Funktion kann über ein eigenes Webinterface bedient werden.*

Zu Beginn gibt es die Standardordner *Bilder*, *Dokumente*, *Musik* und *Videos*, die entsprechende Mediendateien aufnehmen können. Des Weiteren gibt es den Ordner *FRITZ*, dessen Inhalt Sie jedoch nicht verändern sollten, denn dieser wird von der FRITZ!Box selbst für interne Aufgaben, wie zum Beispiel den Anrufbeantworter, verwendet. Über die Symbolleiste oben im Fenster können Sie mit den Schaltflächen **Hinzufügen** und **Neuer Ordner** Dateien hochladen und neue, eigene Ordner erstellen. Dateien können Sie alternativ auch per Drag-and-drop mit der Maus direkt in den Browser und den gewünschten Ordner ziehen, sie werden anschließend auf den Speicher der FRITZ!Box kopiert. Am besten probieren Sie dies einmal aus.

Abbildung 5.3 *Über eigene Schaltflächen können Dateien hochgeladen und Ordner angelegt werden. Auch lässt sich die Ansicht bei zwischenzeitlichen Änderungen auffrischen.*

Der große Komfort einer NAS-Funktion wird sich Ihnen offenbaren, sobald Sie die FRITZ!NAS-Seite von einem anderen Computer aus öffnen. Nun können Sie nämlich auf den gesamten Datenbestand zugreifen. Alle Daten liegen zentral auf der FRITZ!Box und stehen allen Geräten im Heimnetzwerk zur Verfügung.

Mit den Bordmitteln eines Computers bequem auf die NAS-Inhalte zugreifen

Die zuvor gezeigte Möglichkeit des Datenzugriffs über den Browser und das Webinterface der FRITZ!Box bietet alle wichtigen Funktionen und ist recht übersichtlich. Allerdings ist es auch etwas umständlich, wenn man zunächst im Browser die nötige Seite öffnen muss. Wesentlich bequemer ist die direkte Integration der NAS-Funktion in das Betriebssystem des Computers. Sie können damit direkt über einen gewöhnlichen Ordner auf die NAS-Inhalte zugreifen und die normalen Funktionen des Betriebssystems zum Erstellen, Kopieren und Verschieben von Dateien und Ordnern verwenden. Zuerst müssen Sie diese Funktion in der FRITZ!Box aktivieren, anschließend zeige ich Ihnen, wie Sie auf die Daten zugreifen können.

SCHRITT FÜR SCHRITT

So aktivieren Sie den Zugriff über das Netzwerk auf die NAS-Inhalte

1. Setzen Sie im Webinterface unter **Heimnetz • Speicher (NAS)** in der Sektion **Heimnetzfreigabe** einen Haken in das Feld **Zugriff über ein Netzlaufwerk (SMB) aktiv.**
2. Geben Sie im Feld **Name** einen Namen für die Freigabe ein. Unter diesem Namen wird die Freigabe später am Computer angezeigt. Einsteiger können es bei der Voreinstellung belassen oder die Bezeichnung beispielsweise in »FritzBox« ändern (damit eine einheitliche Bezeichnung der FRITZ!Box gegeben ist).

3. Prüfen Sie den Inhalt des Feldes **Arbeitsgruppe**. Wenn Sie an Ihrem PC keine weiteren Einstellungen für Freigaben und Arbeitsgruppen vorgenommen haben, dann belassen Sie es bei der Standardeinstellung *WORKGROUP*. Andernfalls tragen Sie den Namen Ihrer Arbeitsgruppe ein.

4. Klicken Sie unten auf **Übernehmen**.

   Jetzt ist die Funktion aktiv, und Sie können über das Netzwerk auf die Freigabe zugreifen.

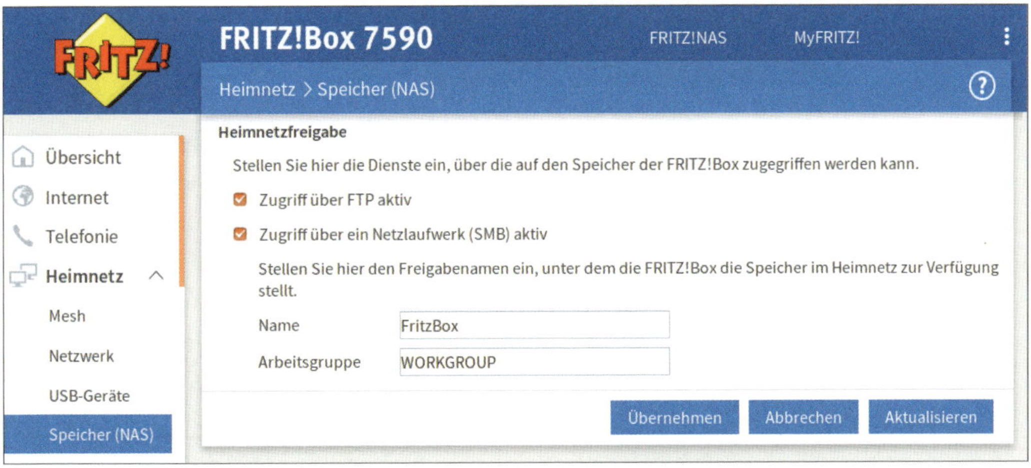

Abbildung 5.4 *Im Webinterface der FRITZ!Box muss der komfortable Zugriff auf NAS-Inhalte über Betriebssystemkomponenten erst eingeschaltet werden.*

SCHRITT FÜR SCHRITT

So greifen Sie unter Windows direkt auf den NAS-Speicher zu

1. Öffnen Sie an Ihrem Windows-PC zunächst den Datei-Explorer.

2. Geben Sie in die Textbox (das Adressfeld) einen doppelten umgekehrten Schrägstrich (Englisch: *Backspace*) ein (drücken Sie dazu zweimal `Alt` + `\`). Anschließend geben Sie entweder den Hostnamen Ihrer FRITZ!Box ein (der lautet im Auslieferungszustand *fritz.box*), alternativ können Sie auch *fritz.nas* eingeben. Als dritte Option ist auch die Eingabe der IP-Adresse der FRITZ!Box möglich (im Standardfall *192.168.178.1*). Drücken Sie anschließend auf `↵`.

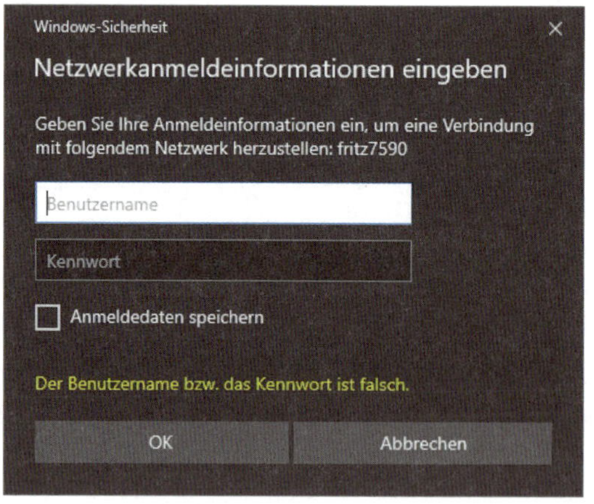

3. Jetzt werden Sie zur Eingabe von Benutzername und Passwort aufgefordert. Hierbei handelt es sich um eine Schutzfunktion. Denken Sie daran: Die Daten auf Ihrem NAS stehen allen Geräten im Heimnetzwerk zur Verfügung. Damit nur befugte Benutzer Zugriff haben, gibt es einen Passwortschutz. Gegenwärtig gibt es nur einen berechtigten Nutzer, er heißt *ftpuser*. Sein Passwort ist zunächst identisch mit dem Anmeldepasswort der FRITZ!Box. Geben Sie nun also den Benutzernamen *ftpuser* und das normale Passwort Ihrer FRITZ!Box ein.

4. Sie sehen anschließend den Ordnerinhalt der NAS-Funktion. Dabei gibt es zunächst einen übergeordneten Ordner mit dem Namen, den Sie bei der Aktivierung in der vorigen Schrittliste in Schritt 2 festgelegt haben.

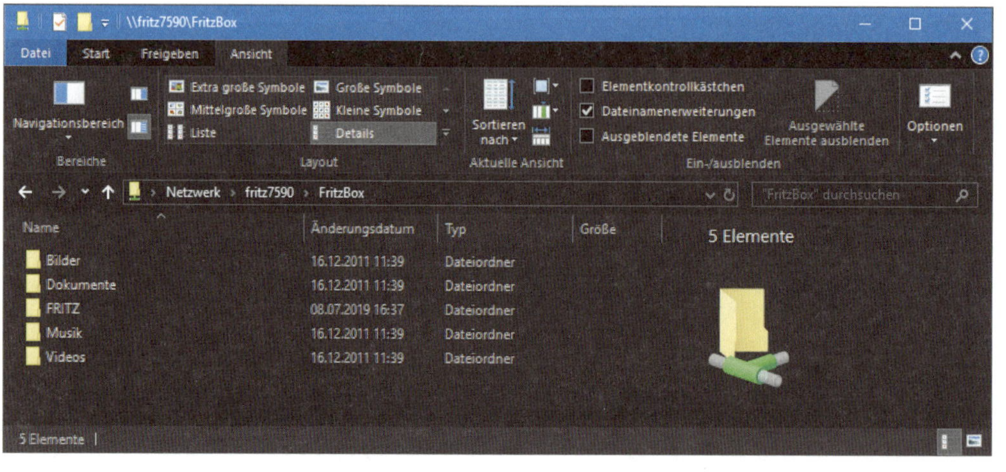

Wenn Sie diesen Ordner öffnen, sehen Sie die Ordnerstruktur, die Sie zuvor schon im Browser kennengelernt haben. Sie können auf die NAS-Ordner genauso zugreifen wie auf Ihren lokalen Datenbestand. Probieren Sie am besten gleich aus, einige Dateien zu kopieren, sie zu öffnen und Ordner anzulegen.

Funktioniert der Zugriff nicht?

Eventuell erhalten Nutzer von Windows 10 beim Versuch, auf die FRITZ!Box zuzugreifen, eine Fehlermeldung. Das liegt häufig daran, dass die FRITZ!Box für den NAS-Zugriff das SMB-Protokoll in Version 1.0 verwendet. Diese Version ist in Windows 10 deaktiviert. Damit Sie auf die FRITZ!Box zugreifen können, muss diese Funktion erst aktiviert werden. Öffnen Sie dazu das Startmenü, und geben Sie den Suchbegriff *Features* ein. Öffnen Sie dann den Eintrag **Windows-Features aktivieren oder deaktivieren**. Suchen Sie den Eintrag **SMB 1.0/CIFS File Sharing Support**. Setzen Sie einen Haken in das zugehörige Kästchen, und klicken Sie auf **OK**. Nun werden die nötigen Daten installiert. Nach einem Neustart von Windows sollte der Zugriff funktionieren.

Abbildung 5.5 *Der Zugriff auf die NAS-Funktion erfordert das SMB-Protokoll in Version 1.0.*

Alternative Möglichkeit für den Zugriff

Wenn Ihnen die Eingabe des Hostnamens mit dem doppelten umgekehrten Schrägstrich nicht gut gefällt, dann gibt es noch eine weitere Möglichkeit für den Zugriff auf die NAS-Inhalte: Öffnen Sie den Datei-Explorer in Windows. Klicken Sie links in der Navigationsleiste auf den Eintrag **Netzwerk**. Scrollen Sie zur Sektion **Computer**. Dort werden alle Computer mit Netzwerkfreigaben angezeigt. Doppelklicken Sie auf den Eintrag der FRITZ!Box. Sie werden direkt mit den NAS-Inhalten verbunden (eventuell ist zuvor ein Anmeldevorgang erforderlich).

Wenn Sie häufiger auf die NAS-Inhalte zugreifen möchten, dann ist das ständige Eintippen der Netzwerkkennungen etwas umständlich. Wesentlich bequemer wird es, wenn Sie die NAS-Inhalte als sogenanntes *Netzlaufwerk* in Windows einbinden. Dabei wird dem Speicher der NAS-Funktion (genau wie bei der lokalen Festplatte) ein eigener Laufwerksbuchstabe zugeordnet. Unter diesem Laufwerksbuchstaben erscheint die Freigabe neben den lokalen Speichergeräten im (Datei-)Explorer und Sie können darauf nicht nur direkt mit Windows, sondern mit allen installierten Programmen bequem zugreifen.

Bei häufiger Nutzung sind eigene Benutzerkonten sinnvoll

Zwar können Sie für den Anfang bequem und sicher mit dem voreingestellten Nutzer *ftpuser* arbeiten, bei einer intensiven Nutzung des Dienstes – insbesondere mit mehreren Personen – sind jedoch eigene Benutzerkonten mit eigenen Namen sinnvoller. In Kapitel 9 im Abschnitt »Die Benutzerverwaltung« erfahren Sie, wie Sie eigene Benutzerkonten anlegen und für die Nutzung der NAS-Funktion freischalten.

SCHRITT FÜR SCHRITT

So richten Sie die NAS-Inhalte als Netzlaufwerk ein

1. Öffnen Sie den Datei-Explorer, und klicken Sie im Ribbon (dem Menüband am oberen Fensterrand) auf **Computer • Netzlaufwerk verbinden**.

2. Wählen Sie im Dropdown-Feld **Laufwerk** den gewünschten Laufwerksbuchstaben aus. Sie können hier frei wählen, bereits vergebene Buchstaben sind jedoch nicht verfügbar.

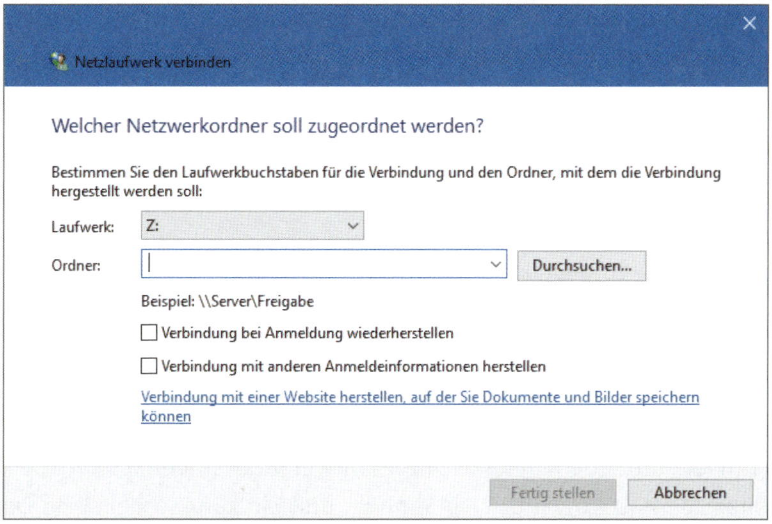

3. Nun müssen Sie entweder im Feld **Ordner** den kompletten Pfad zum gewünschten NAS-Ordner eingeben oder – was deutlich bequemer ist – die Schaltfläche **Durchsuchen** verwenden. Es öffnet sich das Feld **Ordner suchen**. Navigieren Sie zum gewünschten NAS-Ordner auf der FRITZ!Box. Sie können den obersten Ordner der NAS-Funktion wählen, sich aber auch etwa für einen Unterordner entscheiden.

4. Klicken Sie im Ordnerwahldialog auf **OK**. Sie kehren wieder zum vorigen Fenster zurück.
5. Zurück im vorigen Fenster sollten Sie das Kästchen **Verbindung bei Anmeldung wiederherstellen** aktivieren. Damit bleibt das Netzlaufwerk auch beim nächsten Rechnerneustart erhalten und so auch in Zukunft stets verfügbar.
6. Aktivieren Sie auch das Kontrollkästchen **Verbindung mit anderen Anmeldeinformationen herstellen**.
7. Klicken Sie auf **Fertig stellen**.
8. Nun erscheint ein Fenster, das Sie nach dem Benutzernamen und Passwort fragt. Tragen Sie hier den Benutzernamen *ftpuser* und das Anmeldepasswort der FRITZ!Box ein. Klicken Sie abschließend auf **OK**.

Damit ist das Netzlaufwerk eingerichtet. Im Datei-Explorer finden Sie nun ein neues Laufwerk unter dem gewünschten Laufwerkbuchstaben. Ein Doppelklick öffnet direkt den ausgewählten NAS-Inhalt, und Sie können beliebige Dateioperationen vornehmen.

Funktioniert das Durchsuchen nicht?

In seltenen Fällen kann es passieren, dass beim Durchsuchen in Schritt 3 die FRITZ!Box nicht korrekt angezeigt wird. Geben Sie in diesem Fall einfach den Dateipfad *fritz.box* beziehungsweise *fritz.nas* oder auch *192.168.178.1* in das Eingabefeld ein.

Natürlich können Sie auch mit einem Mac auf die Inhalte der NAS-Funktion zugreifen, und das geht sogar recht einfach:

SCHRITT FÜR SCHRITT

So greifen Sie mit einem Mac auf die Inhalte der NAS-Funktion zu

1. Öffnen Sie zunächst den Finder.
2. Öffnen Sie den Menüpfad **Gehe zu • Mit Server verbinden**.
3. Klicken Sie auf **Durchsuchen**.

4. In der Ergebnisliste sehen Sie alle relevanten Netzwerkgeräte – darunter auch Ihre FRITZ!Box. Klicken Sie diese an und als Nächstes auf **Verbinden als**.
5. Geben Sie nun die Zugangsdaten für die NAS-Funktion ein.
6. Nun wird Ihnen eine Liste der Freigaben angezeigt, auf die Sie direkt zugreifen können.

USB-Speicher zum NAS-Dienst hinzufügen

Der interne Speicher (sofern Ihr Gerät damit ausgerüstet ist) verfügt nur über eine sehr begrenzte Kapazität und eignet sich damit praktisch nur zum Ausprobieren der NAS-Funktion. Richtig Spaß macht diese erst, wenn über den USB-Anschluss ein ausreichend großer Speicherplatz verfügbar ist. An den USB-Anschluss der FRITZ!Box können Sie einen handelsüblichen USB-Speicherstick oder eine externe Festplatte anschließen. Die FRITZ!Box stellt an ihren USB-Anschlüssen (welchen Sie verwenden, spielt keine Rolle) nur eine begrenzte Stromstärke zur Verfügung: USB-2.0-Anschlüsse (meist mit einem schwarzen Plastiksteg in der Buchse) bieten maximal 500 mA, USB-3.0-Anschlüsse (mit einem blauen Plastiksteg) bis zu 900 mA. Das bedeutet, dass Sie USB-Sticks direkt und ohne Probleme an die USB-Buchsen anschließen können – für kleinere NAS-Aufgaben ist ein USB-Stick etwa mit einer Speicherkapazität von 128 GB häufig schon ausreichend. Große Festplatten der Bauform 3,5 Zoll haben meist ein eigenes Netzteil und beziehen darüber den nötigen Strom. Auch sie können problemlos an die FRITZ!Box angeschlossen werden. Problematisch sind hingegen Festplatten in der Bauform 2,5 Zoll. Diese mechanisch kompakten Geräte beziehen ihren Strom oft über die USB-Buchse. Häufig überschreitet der Strombedarf den von der FRITZ!Box bereitgestellten maximalen Strom. Bei einer Überlastung könnte es zu Schäden an den Geräten kommen. Stellen Sie vor dem Anschluss also unbedingt sicher, dass der Strombedarf Ihrer Festplatte niedriger ist als die Maximalkapazität der FRITZ!Box.

Sie können an die FRITZ!Box insgesamt vier USB-Speichergeräte anschließen. Da die FRITZ!Box aber selbst nur maximal zwei USB-Anschlüsse bietet, müssen Sie bei der Vollbestückung einen USB-Hub einsetzen, der im Computerhandel erhältlich ist. Hierbei handelt es sich quasi um eine »Mehrfachsteckdose« für den USB-Anschluss. Achten Sie auch auf das Dateisystem der USB-Speichergeräte. Über die unterstützten Dateisysteme informiert Sie der folgende Textkasten. Nachfolgend lernen Sie, wie Sie den USB-Speicher für die NAS-Funktion nutzen.

Unterstützte Dateisysteme und Speicherkapazitäten auf USB-Speichergeräten

Damit USB-Speichergeräte – ganz gleich ob Sticks oder Festplatten – einwandfrei an der FRITZ!Box funktionieren, müssen sie mit einem der folgenden Dateisysteme formatiert sein: NTFS, FAT, FAT32, ext2, ext3 oder ext4. Die ext-Dateisysteme stammen aus der Linux-Welt und sind dem einen oder anderen Leser vielleicht unbekannt. Aus der Windows-Welt sind die Systeme NTFS sowie FAT und FAT32 bekannt. Insbesondere Letzteres wird häufig auf USB-Sticks genutzt. Beachten Sie, dass das moderne System exFAT auf der FRITZ!Box (bisher) nicht unterstützt wird.

USB-Speicher dürfen bis zu 4 TB groß sein. Genauer gesagt darf eine einzelne Partition auf dem Speichergerät maximal 4 TB umfassen – ein Speichergerät darf wiederum bis zu vier Partitionen beinhalten. Wenn der Einsteiger mit diesen Angaben nicht vertraut ist, dann macht er nichts verkehrt, wenn er zu einem Gerät mit bis zu 4 TB Speicherkapazität greift.

Wie schnell muss mein USB-Speicher sein?

Keine Frage: Speichergeräte mit einem USB-3.0-Anschluss sind meist deutlich schneller als solche mit einem USB-2.0-Anschluss. Wenn Ihre FRITZ!Box bereits mit USB-3.0-Anschlüssen ausgestattet ist, dann lohnt es sich durchaus, in ein USB-3.0-Gerät zu investieren, denn insbesondere die Topmodelle der FRITZ!Box können beim NAS-Betrieb mit USB-3.0-Geräten deutlich schnellere Datenraten erzielen, als es die USB-2.0-Schnittstelle erlaubt. Natürlich ist die Leistung der FRITZ!Box begrenzt – schließlich ist sie kein eigenständiges NAS-Gerät, sondern muss sich ja auch noch um andere Aufgaben kümmern. Daher verwundert es nicht, dass die FRITZ!Box nicht das volle Potenzial von USB-3.0-Geräten ausschöpfen kann. Am wirtschaftlichsten ist es, wenn Sie sich für ein solides USB-3.0-Gerät der Mittelklasse entscheiden. High-End-Geräte sind nicht erforderlich, denn deren hohe Datentransferraten können von der FRITZ!Box nicht abgerufen und umgesetzt werden.

SCHRITT FÜR SCHRITT

So richten Sie einen USB-Speicher für die NAS-Funktion ein

1. Nachdem Sie den USB-Speicher an die FRITZ!Box angeschlossen haben (das ist natürlich direkt im laufenden Betrieb möglich), öffnen Sie das Webinterface der FRITZ!Box und dort die Kategorie **Heimnetz • USB-Geräte**.

2. Sie sehen in der Geräteübersicht nun Ihr angeschlossenes USB-Speichergerät mit einigen Informationen etwa zur Speicherkapazität. Wenn das Gerät noch nicht aufgeführt ist (und allen Kriterien genügt) dann klicken Sie auf die Schaltfläche **Aktualisieren**. Einen kurzen Moment später wird es in der Liste aufgeführt sein.

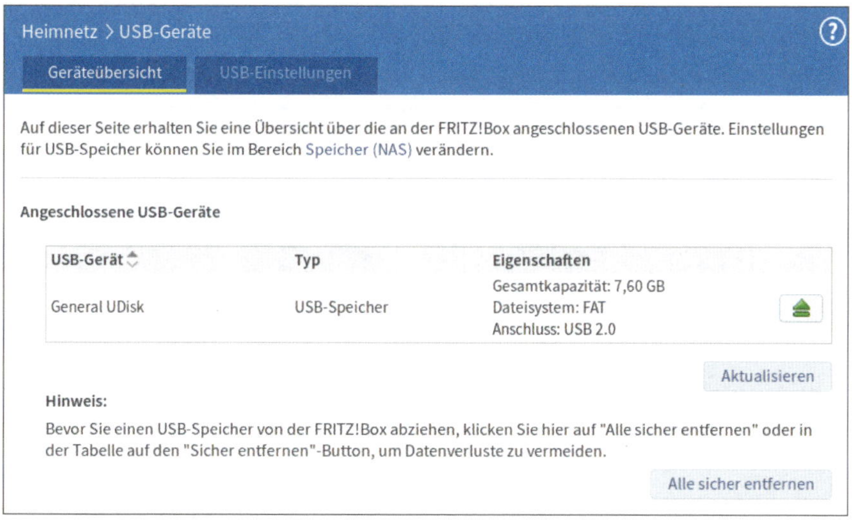

3. Anschließend klicken Sie auf die Registerkarte **Heimnetz • SPEICHER (NAS)**. Dort sehen Sie in der Speicher-Übersicht nun auch Ihr USB-Speichergerät. Sollte es für die NAS-Funktion noch nicht aktiviert sein, so setzen Sie in das entsprechende Kästchen in der Spalte **Aktiv** einen Haken. Die Tabelle informiert Sie jederzeit über die noch zur Verfügung stehende Speicherkapazität.

4. Klicken Sie anschließend auf **Übernehmen**.

Wenn Sie nun über einen der zuvor genannten Wege auf Ihr FRITZ!NAS-System zugreifen, so sehen Sie neben den bekannten Ordnern *Dokumente, Bilder, Fotos* und *Musik* einen neuen Ordner, der den Namen Ihres USB-Speichergerätes trägt. (Dies ist der Name, den Sie bei der Formatierung des Datenträgers eingegeben haben.) Wenn Sie den Ordner öffnen, haben Sie direkten Zugriff auf diesen Datenträger und können ihn ganz normal verwenden. Auch auf den USB-Datenträgern legt die FRITZ!Box einen Ordner namens *FRITZ* für interne Zwecke an, dessen Inhalt Sie nicht verändern sollten.

Den USB-Speicher wieder entfernen

Wichtig ist übrigens, dass Sie das USB-Speichergerät im laufenden Betrieb nicht einfach so wieder abstecken. Vorher müssen Sie (unter **Heimnetz • USB-Geräte • Geräteübersicht**) auf das grünliche Auswerfsymbol klicken, woraufhin das Gerät vom System abgemeldet wird – andernfalls droht Datenverlust. Alternativ können Sie über die Schaltfläche **Alle sicher entfernen** nicht nur ein einzelnes, sondern alle verbundenen Speichergeräte von der FRITZ!Box abmelden. Danach können Sie den USB-Speicher gefahrlos abstecken.

Abbildung 5.6 *In der Spalte »Aktiv« wurde ein Haken beim USB-Speicher gesetzt. Nach einem Klick auf »Übernehmen« kann dieser über die NAS-Funktion genutzt werden.*

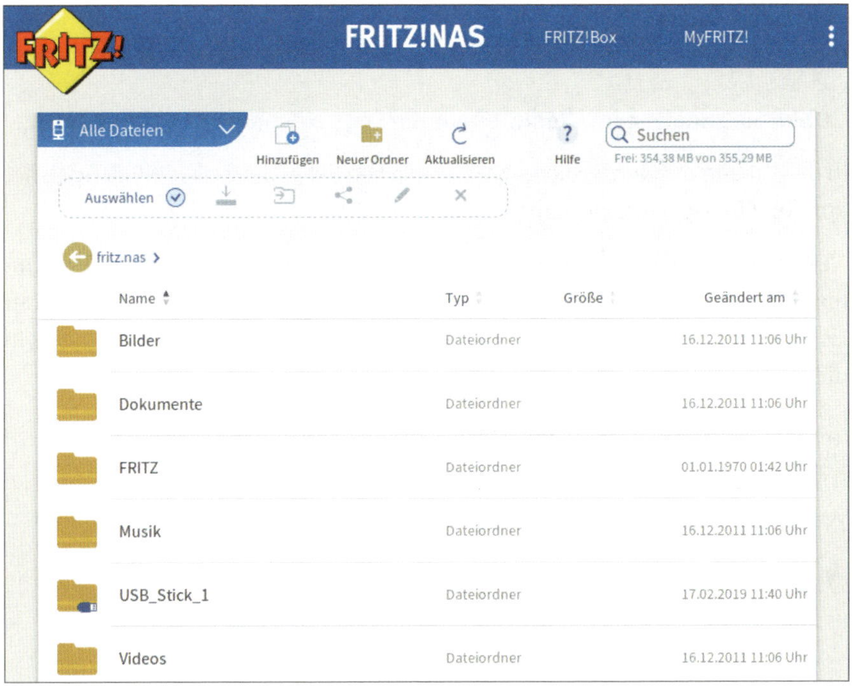

Abbildung 5.7 *In der Ordnerliste der NAS-Funktion erscheint der USB-Speicher in einem eigenen Ordner – neben den Ordnern des eingebauten Speichers der FRITZ!Box.*

Online-Speicher zum NAS-Dienst hinzufügen

Wie zuvor bereits erwähnt, kann die FRITZ!Box nicht nur mit lokalen Speichermedien umgehen, sondern auch Online-Speicher eines Cloudstorage-Dienstes in die NAS-Funktion integrieren. Sie können somit direkt auf Ihren Speicherplatz im Internet zugreifen und Dateien kopieren. Für die Nutzung des Online-Speichers müssen Sie einen USB-Speicher an die FRITZ!Box angeschlossen haben. Der USB-Speicher dient als temporärer Zwischenspeicher. Wenn Sie eine Datei zum Online-Speicher hochladen möchten, so wird diese zunächst auf dem USB-Speicher zwischengespeichert. Folglich muss der auf dem USB-Speicher verfügbare Speicherplatz mindestens der hochzuladenden Dateigröße entsprechen. Die FRITZ!Box unterstützt eine Reihe von Cloudstorage-Diensten, darunter auch viele kostenlose Anbieter. Zu den unterstützten Diensten zählen 1&1, Alice SmartDisk, box.com, Domainfactory, STRATO HiDrive, Telekom, WEB.DE und weitere. Über ein freies Eingabefeld können Sie darüber hinaus jeden Anbieter hinzufügen, der das *WebDAV-Protokoll* unterstützt.

SCHRITT FÜR SCHRITT

So fügen Sie einen Online-Speicher zur NAS-Funktion hinzu

1. Öffnen Sie zunächst im Webinterface die Seite **Heimnetz • Speicher (NAS)**.
2. In der Tabelle mit den Speichergeräten klicken Sie in der Zeile **Online-Speicher** auf den Eintrag **Jetzt einrichten**.
3. Nun ist unterhalb der Tabelle eine neue Eingabemaske mit dem Titel **Online-Speicher Einstellungen** erschienen. Hier wählen Sie zunächst aus der Liste **WebDAV-Anbieter** Ihren Online-Speicher-Anbieter aus und tragen in die weiteren Felder Ihre Zugangsdaten ein.
4. Klicken Sie anschließend auf **Übernehmen**. Ihre FRITZ!Box baut nun eine Verbindung zum Anbieter auf.
5. Warten Sie einen kurzen Moment, und klicken Sie dann auf **Aktualisieren**.
6. Wenn Sie die Zugangsdaten korrekt eingetragen haben, wird in der Tabelle der Speichergeräte beim **Online-Speicher** der Status **verbunden** stehen.

Wenn Sie sich nun am NAS-Dienst der FRITZ!Box anmelden, dann sehen Sie neben Ihren bisherigen Speichergeräten einen neuen Ordner mit dem Namen **Online-Speicher**. Hierüber können Sie auf Ihren Online-Speicher zugreifen. Sie können direkt Dateien herunterladen. Neu erstellte Dateien werden zunächst auf dem USB-Speichermedium zwischengespeichert und anschließend zum Online-Speicher hochgeladen. Die Dateien werden danach vom USB-Speicher entfernt.

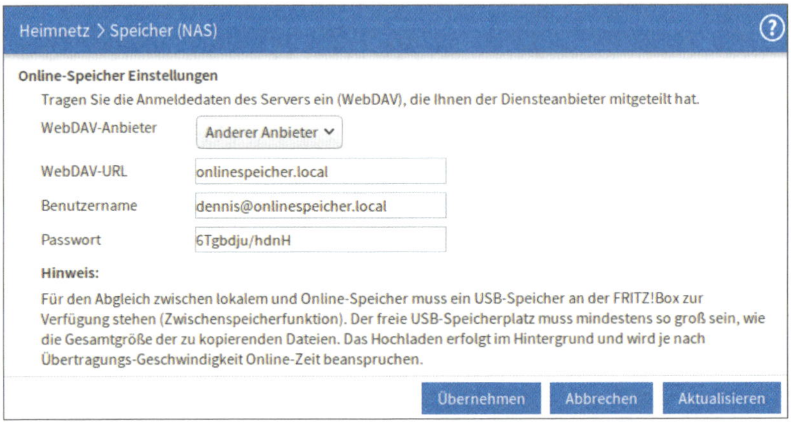

Abbildung 5.8 *Für die Einrichtung des Online-Speichers müssen Zugangsdaten eingegeben werden, …*

Abbildung 5.9 *... und anschließend steht auch der Online-Speicher für die NAS-Funktion zur Verfügung.*

Dateien und Ordner für andere Personen freigeben

Über die NAS-Funktion können Sie auch bequem Dateien und Ordner für andere Personen freigeben. Somit können Freunde, Bekannte oder Arbeitskollegen über das Internet auf die freigegebenen Ordner und Dateien zugreifen und diese direkt von Ihrer FRITZ!Box herunterladen. Die Bereitstellung auf der FRITZ!Box hat einen entscheidenden Vorteil: Ihre FRITZ!Box ist rund um die Uhr aktiv. Somit können diejenigen Personen, denen Sie eine Dateifreigabe erteilt haben, auch rund um die Uhr diese Freigabe nutzen – ohne dass bei Ihnen noch ein weiterer Computer aktiv sein muss.

Möchten Sie die Freigabe über das Internet nutzen, dann bietet es sich an, wenn Ihre FRITZ!Box über einen dynamischen DNS-Anbieter erreichbar ist. Wie das geht und warum das nötig ist, erfahren Sie in Kapitel 7 im Abschnitt »Eine einheitliche Adresse für alle Tage: Dynamic DNS«.

SCHRITT FÜR SCHRITT

So geben Sie Dateien oder Ordner für andere Personen über das Internet frei

1. Öffnen Sie zunächst das Webinterface Ihrer FRITZ!Box und dort oben in der blauen Leiste die Funktion **FRITZ!NAS**. Alternativ können Sie auch einfach *fritz.nas* in die Adresszeile des Browsers eingeben.

2. Navigieren Sie in der Ordnerliste zu dem gewünschten Ordner oder der gewünschten Datei.

3. Klicken Sie den Eintrag im Browser mit der rechten Maustaste an, und wählen Sie **Freigeben**.

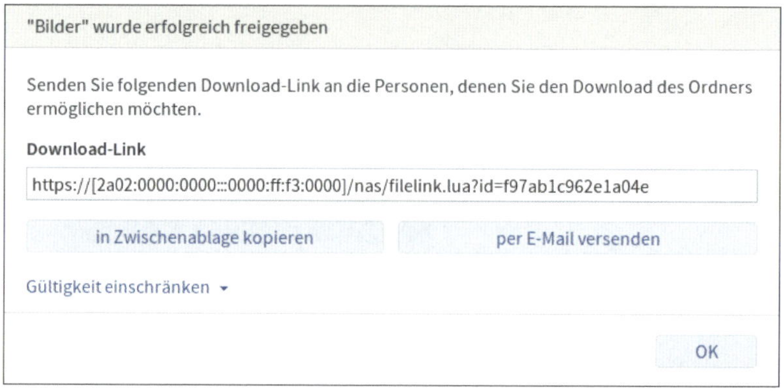

4. In einem neuen Fenster sehen Sie nun einen Link. Dieser führt direkt zur Freigabe. Sie können den Link in die Zwischenablage kopieren oder direkt **per E-Mail versenden**. Mit der letztgenannten Funktion öffnet sich das E-Mail-Programm auf Ihrem Computer, in dem bereits eine neue Mail mit dem Freigabelink vorbereitet ist. Der Empfänger der Mail kann über den Link auf die freigegebenen Daten (und nur diese) zugreifen.

5. In dem Fenster mit dem Freigabe-Link können Sie über die gleichnamige Funktion die **Gültigkeit einschränken**. Sie können die Freigabe automatisch deaktivieren lassen, wenn sie eine bestimmte Anzahl Male genutzt wurde oder ein festgelegter Zeitraum vergangen ist.

6. Klicken Sie abschließend auf **OK**.

Sie können übrigens alternativ auch die Symbolleiste oberhalb der Dateiansicht für die Erstellung einer Freigabe verwenden. Aktivieren Sie zuerst die Funktion **Auswählen**. Anschließend klicken Sie die gewünschte Datei oder den gewünschten Ordner an. Wählen Sie dann in der Symbolleiste **Freigeben**. Beachten Sie, dass Sie immer nur einen Ordner oder eine Datei auf einmal freigeben können. Sie können jedoch direkt hintereinander mehrere Freigaben erstellen.

SCHRITT FÜR SCHRITT

So entfernen Sie eine Freigabe wieder

1. Möchten Sie eine Freigabe wieder löschen, so klicken Sie im Browser (auf der FRITZ!NAS-Seite) zunächst links oben auf den Eintrag **Alle Dateien** und anschließend auf den Eintrag **Freigaben**.
2. Sie sehen nun eine Tabelle mit Ihren Freigaben.
3. Einzelne Freigaben können über die Symbole beziehungsweise be-arbeitet und gelöscht werden.

Abbildung 5.10 *Eine Liste Ihrer Freigaben erreichen Sie über den gleichnamigen Menüpunkt. Einzelne Einträge können Sie dort auch wieder löschen.*

Freigaben können nur im Browser erstellt und bearbeitet werden

Beachten Sie, dass Sie Freigaben nur im Browser über die FRITZ!NAS-Seite erstellen, bearbeiten und löschen können. Über den Zugriff direkt über das Betriebssystem ist dies ebenso wenig möglich wie über den nachfolgend beschriebenen FTP-Dienst.

Per FTP auf den NAS-Dienst zugreifen

Neben den bisher beschriebenen Möglichkeiten bietet die FRITZ!Box auch an, über einen *FTP-Dienst* auf die NAS-Inhalte zuzugreifen. Das *File Transfer Protocol (FTP)* mag zwar zunächst antiquiert und überholt erscheinen, aber es hat immer noch einige Vorteile, die es gerade seiner geringen Komplexität verdankt: Im Heimnetz eingesetzt ist es häufig deutlich schneller als der Dateitransfer über den Browser oder das SMB-Protokoll.

Zudem ermöglicht es den direkten Zugriff über das Internet. Zwar ist FTP in der »Grundkonfiguration« unverschlüsselt und damit alles andere als sicher, man kann es aber auch mit einer Verschlüsselung ergänzen, womit es sich auch zur Nutzung über das Internet eignet. Auf diese Weise können externe Nutzer auch Dateien auf Ihre FRITZ!Box hochladen und Ihnen damit Dateien zusenden. Über die Benutzerkonfiguration kann ein externer Nutzer auf ein bestimmtes Verzeichnis beschränkt werden, was den Einsatz insbesondere mit Kollegen oder externen Partnern angenehm macht.

Die FRITZ!Box bringt zur Nutzung von FTP bereits ab Werk alles Nötige mit. Das einzige, was Sie als Nutzer noch benötigen, ist ein FTP-Client, also ein Programm, das FTP beherrscht und den Datentransfer ermöglicht. Hier möchte ich Ihnen das kostenlos im Internet erhältliche Programm *FileZilla* empfehlen, mit dem auch Einsteiger schnell zurechtkommen.

Zunächst müssen Sie den FTP-Zugang für das NAS im Webinterface der FRITZ!Box aktivieren.

SCHRITT FÜR SCHRITT

So aktivieren Sie den FTP-Zugang für die NAS-Funktion

1. Öffnen Sie im Webinterface der FRITZ!Box die Seite **Heimnetz • Speicher (NAS)**, und scrollen Sie zum Ende des Fensterinhalts.
2. Im Abschnitt **Heimnetzfreigabe** setzen Sie ein Häkchen im Feld **Zugriff über FTP aktiv**.
3. Klicken sie anschließend auf **Übernehmen**.

Damit ist die Funktion im Heimnetz aktiv – über das Internet kann noch kein Zugriff erfolgen, dies muss separat in den Einstellungen zu Internetfreigaben sowie in der Benutzersteuerung aktiviert werden – dazu später mehr in Kapitel 7 im Abschnitt »Auf den NAS-Speicher der FRITZ!Box über das Internet zugreifen«, und in Kapitel 9 im Abschnitt »Die Benutzerverwaltung«.

Installieren Sie nun auf Ihrem Computer das Client-Programm FileZilla, das Sie über *https://filezilla-project.org/* herunterladen können. In FileZilla müssen Sie eine Verbindung zur FRITZ!Box aufbauen. Dafür dient die Eingabemaske direkt unter der Symbolleiste ganz oben im Fenster.

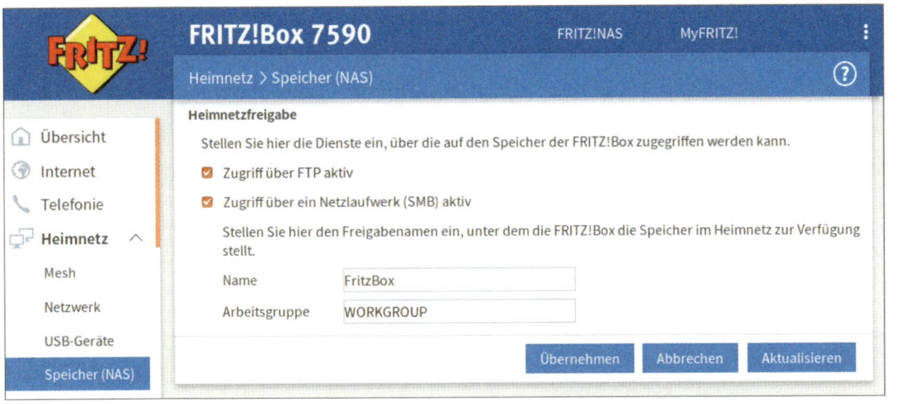

Abbildung 5.11 *Über das betagte FTP-Protokoll erreichen Sie oftmals höhere Geschwindigkeiten als über die anderen Zugriffsmethoden. Ein Ausprobieren lohnt sich.*

SCHRITT FÜR SCHRITT

So bauen Sie mit FileZilla eine Verbindung zu Ihrem FRITZ!NAS auf

1. In FileZilla im Feld **Server** ① tragen Sie die IP-Adresse oder den Hostnamen Ihrer FRITZ!Box ein, im Heimnetz also etwa *192.168.178.1* oder *fritz.box*. Beim Zugriff über das Internet ist die externe öffentliche IP-Adresse oder Ihre Domain einzutragen (siehe Kapitel 7 im Abschnitt »Eine einheitliche Adresse für alle Tage: Dynamic DNS«, zu dynamischen DNS-Diensten). (Hinweis: In diesem Feld wird kein \\ verwendet!)
2. Geben Sie im Feld **Benutzername** ② zunächst *ftpuser* ein, und füllen Sie auch das **Passwort**-Feld ③ entsprechend aus.
3. Klicken Sie dann auf **Verbinden** ④.

FileZilla stellt nun eine Verbindung zur FRITZ!Box her. Eventuell erhalten Sie zunächst eine Zertifikatswarnung. Keine Sorge: Diese Warnung erscheint bei verschlüsselten Verbindungen, weil Ihre FRITZ!Box ab Werk ein sogenanntes selbsterstelltes Sicherheitszertifikat verwendet. Ein Zertifikat ist eine Art Ausweisdokument, mit dem die Echtheit eines Kommunikationspartners überprüft werden kann. Akzeptieren Sie die Warnung. Anschließend wird die Verbindung hergestellt. Die Speichergeräte Ihres lokalen Computers sehen Sie in der linken Fensterhälfte, die Inhalte Ihres NAS auf der FRITZ!Box werden rechts abgebildet. Mit der Maus können Sie nun Dateien und Ordner in beliebiger

Richtung kopieren. Schauen Sie auch unten in die Statusleiste von FileZilla. Sehen Sie dort ein kleines Schloss-Symbol ? Das weist darauf hin, dass die Verbindung sicher verschlüsselt und abhörsicher ist. Insbesondere bei der Nutzung über das Internet sollten Sie darauf achten, dass dieses Schloss angezeigt wird. Verschlüsselte Verbindungen erzwingen Sie bei der Konfiguration der Freigabe (siehe Kapitel 7 im Abschnitt »Auf den NAS-Speicher der FRITZ!Box über das Internet zugreifen«). Dort können Sie einstellen, dass über das Internet ausschließlich verschlüsselte FTP-Verbindungen akzeptiert werden.

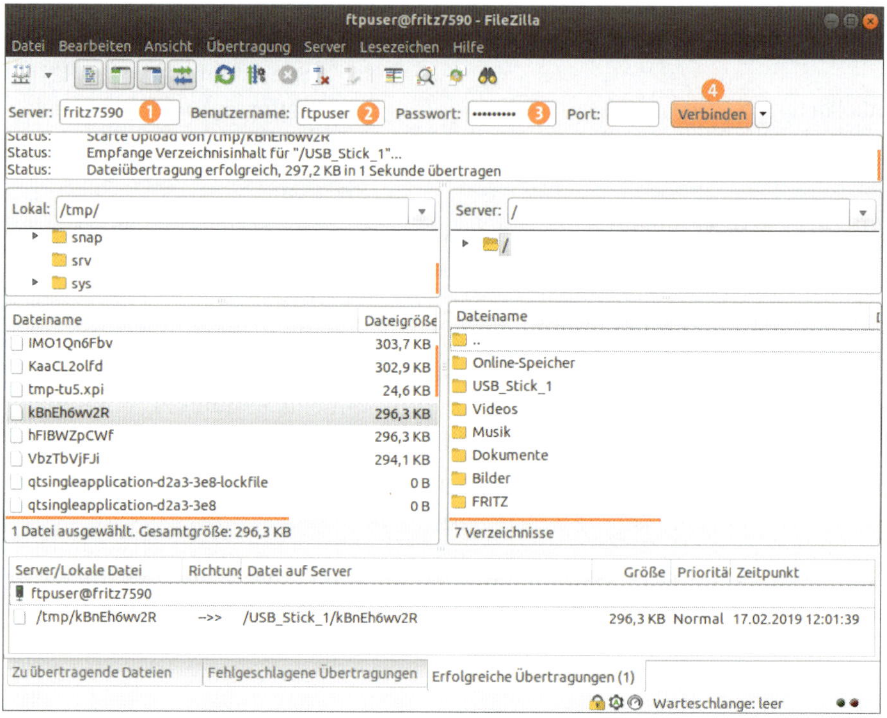

Abbildung 5.12 *Im Programm FileZilla müssen Zugangsdaten zu Ihrer FRITZ!Box eingegeben werden. Danach können umfangreiche Dateioperationen durchgeführt werden.*

Zugriff per MyFRITZ!App

Mit der MyFRITZ!App können Sie auch bequem vom Smartphone aus auf die NAS-Inhalte zugreifen. Das funktioniert sowohl innerhalb des Heimnetzes als auch – sofern Sie die Verbindung gemäß Kapitel 7, Abschnitt »Einen VPN-Zugang für ein Mobilgerät (Smartphone, Tablet) einrichten«, korrekt eingerichtet haben – von unterwegs. Somit haben Sie auch auf Reisen Zugriff auf wichtige

Dokumente oder die Bildersammlung. Sobald Sie sich in der MyFRITZ!App an Ihrer FRITZ!Box angemeldet haben, können Sie über das Ausklappmenü am linken Bildschirmrand auf die NAS-Funktion zugreifen. Sie sehen dann die normale Ordnerliste und haben natürlich auch Zugriff auf die Inhalte von an der FRITZ!Box eingerichteten USB-Speichergeräten.

Mit der App können Sie natürlich auch Dateien auf den Speicher der NAS-Funktion hochladen. Unterwegs eignet sich die Funktion (sofern ein genügend großes Datenübertragungsvolumen verfügbar ist) somit auch gut für Backup-Zwecke. Sie können beispielsweise die neuesten Urlaubsfotos am Abend im Hotel gleich zu Hause auf der FRITZ!Box sichern.

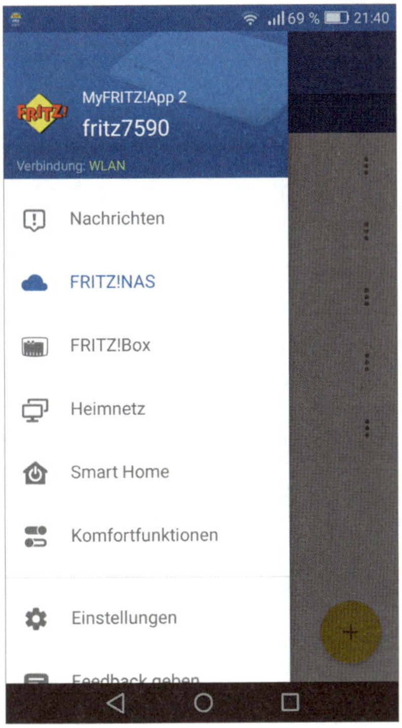

Abbildung 5.13 *Im Auswahlmenü am linken Bildschirmrand haben Sie Zugriff auf die NAS-Funktion.*

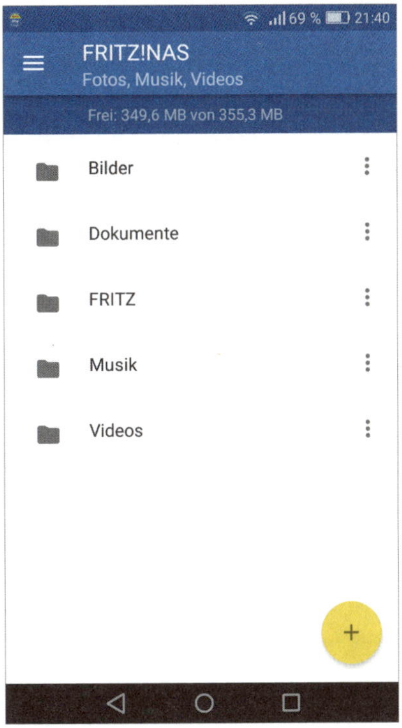

Abbildung 5.14 *Sie haben Zugriff auf alle Ordner und Dateien.*

Energiesparen mit USB-Geräten

Der Stromverbrauch eines üblichen USB-Sticks ist recht klein und fällt auch im Dauerbetrieb kaum ins Gewicht, sodass sich Energiesparmaßnahmen hier kaum lohnen. Gleiches gilt für moderne SSDs. Anders sieht die Sache bei klassischen mechanischen Festplatten aus. Im Dauerbetrieb können hier Kosten von 10 bis über 20 € pro Jahr entstehen, sodass es sich lohnt, die Geräte bei Nichtnutzung in einen Stromsparmodus zu versetzen. Das kennen Sie sicherlich beispielsweise vom Notebook: Im Akkubetrieb wird die Festplatte nach einiger Zeit abgeschaltet, wodurch der Stromverbrauch deutlich sinkt. Diese Funktion bietet auch Ihre FRITZ!Box. Wenn Sie eine mechanische Festplatte angeschlossen haben, die nicht von selbst nach einiger Zeit der Inaktivität in den Energiesparmodus wechselt, dann rufen Sie einfach im Webinterface die Registerkarte **Heimnetz • USB-Geräte • USB-Einstellungen** auf. Dort können Sie unter **Energiesparfunktion für USB-Festplatten** eine Zeit einstellen, nach der inaktive Festplatten in den Ruhezustand geschickt werden, woraufhin sich der Spindelmotor abschaltet. 10 oder 20 Minuten sind meist eine gute Einstellung, sie verhindert ein zu häufiges Abschalten der Festplatte, was eventuell zu einem höheren Verschleiß führen kann.

Wenn Sie an USB-3.0-Anschlüssen keine USB-3.0-fähigen Geräte betreiben (oder die höhere Geschwindigkeit nicht benötigen), dann können Sie noch etwas mehr Strom sparen, wenn Sie die Anschlüsse auf den langsameren, aber stromsparenden USB-2.0-Modus umstellen. Dies machen Sie in der Rubrik **USB-Stromsparmodus**. Die Einstellung ist für jeden USB-Port einzeln möglich. Klicken Sie abschließend auf **Übernehmen**.

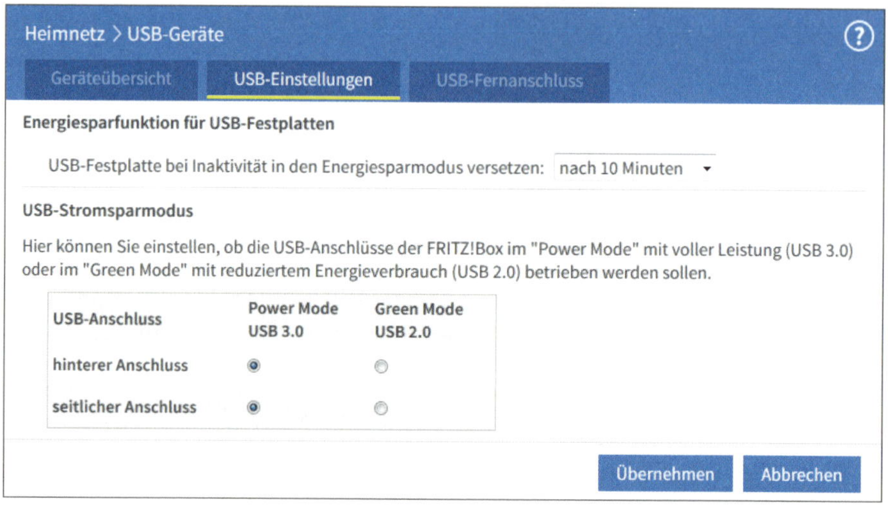

Abbildung 5.15 *Die FRITZ!Box bietet die Möglichkeit, an den USB-Anschlüssen Energiesparfunktionen zu aktivieren. Das lohnt sich insbesondere bei mechanischen Festplatten.*

Mit dem Mediaserver bequem auf die Mediensammlung zugreifen

Eng verbunden mit der NAS-Funktion und mindestens ebenso interessant ist der Mediaserver Ihrer FRITZ!Box. Mit dem Mediaserver können Sie Mediendateien, die in dem Speicher (intern oder über USB angeschlossen) der FRITZ!Box abgelegt sind, für Wiedergabegeräte im Heimnetz anbieten. Zu den Mediendateien zählen Videos, Fotos und Musikdateien. Der Mediaserver verwendet dabei den *UPnP-AV-Standard*, auch als *DLNA* bekannt. Zu den Wiedergabegeräten, die diesen Standard ebenfalls unterstützen, zählen viele Mediaplayer, Smart-TVs, Smartphones und Tablets, Internetradios sowie natürlich normale PCs. Prüfen Sie einmal, ob eines Ihrer Geräte diesen Standard unterstützt, denn er ist in der Praxis sehr komfortabel anzuwenden, und seine Fähigkeiten gehen weit über das bloße Bereitstellen von Mediendateien hinaus. Im Unterschied zu einer einfachen Dateifreigabe mit der NAS-Funktion ermöglicht der Mediaserver nicht nur, dass sich Server und Wiedergabegeräte automatisch ohne Konfiguration finden, sondern er bietet auch eine komfortable Medienverwaltung, sodass sich die Musiksammlung beispielsweise nach Titeln und Interpreten sortieren und durchsuchen lässt. Außerdem lassen sich viele Wiedergabegeräte mit einer geeigneten App auf dem Smartphone einfach »fernbedienen« – dazu gleich mehr.

Zunächst einmal müssen Sie Ihre Mediendateien passend vorbereiten. Der Mediaserver unterstützt alle gängigen Dateitypen und -formate:

- Bei Fotos gibt es keine Probleme, wenn diese im JPG-, PNG- oder TIF-Format vorliegen.
- Musik wird u. a. in den Formaten MP3, AAC, MPA, WAV, FLAC und APE unterstützt.
- Im Videobereich können MKV-, MP4-, VOB-, WMV- und natürlich auch AVI-Dateien wiedergegeben werden.

Damit ist die Liste keinesfalls vollständig, es werden noch viele weitere Typen unterstützt, die hier gar nicht alle aufgezählt werden können.

Wichtig ist, dass Sie bei den Mediendateien bereits im Vorfeld die sogenannten *Metadaten* in den jeweiligen Datei-Tags abgespeichert haben. Mithilfe dieser Informationen katalogisiert der Mediaserver Ihren Medienbestand und erlaubt somit das komfortable Durchsuchen. Metadaten sind besonders bei Musikstücken wichtig, denn sie enthalten die Informationen zum jeweiligen Titel, Interpreten oder Albumnamen und sind bei MP3-Dateien etwa im ID3-Tag enthalten. Ein bekanntes Programm, das zur Verwaltung dieser Tags geeignet und nicht nur auf MP3-Dateien beschränkt ist, nennt sich *MP3-Tag* (*www.mp3-tag.de*). Wenn Sie sich bisher nicht um diese Informationen gekümmert haben, sollten Sie mit diesem oder einem vergleichbaren Programm einmal über Ihre Musiksammlung schauen und gegebenenfalls die Informationen nachtragen. Keine Sorge, das müssen Sie nicht unbedingt für jedes Musikstück einzeln tun, es gibt auch hier Programme, die den Vorgang automatisieren können, ein bekannter Vertreter ist das Programm *Picard* (*https://picard.musicbrainz.org*) vom Anbieter MusikBrainz.

Wenn Ihre Mediendateien gut vorbereitet, mit Metadaten versehen und auch sorgfältig benannt sind, dann können Sie sie auf den Speicher der FRITZ!Box kopieren – komfortabel geht das über die NAS-Funktion, vergleiche Abschnitt »Die NAS-Funktion« in diesem Kapitel. Es spielt keine Rolle, auf welchem Speicher oder in welchem Verzeichnis Sie die Daten ablegen.

SCHRITT FÜR SCHRITT

Jetzt müssen Sie nur noch den Mediaserver auf der FRITZ!Box aktivieren

1. Klicken Sie zuerst im Webinterface auf **Heimnetz • Mediaserver** und dort auf den Reiter **Einstellungen**.

2. Setzen Sie ein Häkchen in das Kästchen **Mediaserver aktiv**.

3. Im Eingabefeld darunter können Sie dem Mediaserver einen Namen geben. Unter diesem Namen wird der Server in den Abspielgeräten angezeigt. Sie können es für den Anfang auch beim bereits aussagekräftigen Standardwert *AVM FRITZ!Mediaserver* belassen.

4. Nun müssen Sie nur noch auswählen, welche Speichergeräte vom Mediaserver erfasst werden sollen. Wählen Sie diese im Abschnitt **Medienquellen** aus. Wenn Sie es bei der Voreinstellung **Keine Einschränkung** belassen, dann werden einfach alle Mediendateien von allen angeschlossenen Speichergeräten bereitgestellt – das ist für den unerfahrenen Einsteiger vielleicht die beste Option.

Der Mediaserver versteht sich auch mit dem Online-Speicher

Übrigens: Der Mediaserver kann auch mit Mediendateien umgehen, die auf dem Online-Speicher (also einem Cloud-Speicher) liegen. Diesen können Sie direkt unterhalb der klassischen Speichergeräte aktivieren. Je nach Anbieter kann es erforderlich sein, dass Sie den Zugriff durch den Mediaserver erst noch beim Speicher-Anbieter gestatten müssen. Dazu ist eine entsprechende Anmeldung und Bestätigung erforderlich. Die FRITZ!Box weist hierauf mit einem Eintrag direkt neben dem Anbieternamen hin – bei der MagentaCLOUD etwa durch den Link *Zur MagentaCLOUD*. Wenn Sie diesen Link anklicken, können Sie den aus Sicherheitsgründen nötigen Anmeldevorgang durchführen und wenige Augenblicke später auch schon auf den Medienbestand auf dem Online-Speicher zugreifen.

5. Wenn Sie alle Einstellungen getätigt haben, klicken Sie abschließend unten auf **Übernehmen**.

Abbildung 5.16 *Der Mediaserver ist schnell eingerichtet – ein Haken in das entsprechende Feld und ein Klick auf Übernehmen genügen.*

Der Mediaserver ist nun aktiv und wird die aktivierten Speichergeräte automatisch nach dem Medienbestand durchsuchen. Dabei wird er einen Medienkatalog, den sogenannten *Index*, erstellen, der alle benötigten Informationen enthält. Dieser Vorgang kann je nach Umfang Ihrer Mediensammlung ein paar Minuten dauern.

Sie können nun Ihr UPnP-kompatibles Abspielgerät starten und dort nach Mediaservern suchen. Ihnen wird automatisch der Mediaserver der FRITZ!Box angezeigt. Sie können darüber auf Ihre Mediensammlung zugreifen und sehen den Medienbestand fein säuberlich nach Medientypen und weiteren Kategorien sortiert. Wenn Sie Ihre Mediendateien sorgfältig mit Metadaten versehen haben, dann werden Ihnen bei Musikstücken sogar die Album-Cover angezeigt.

Jetzt noch ein paar Worte zur eingangs erwähnten »Fernsteuerung« von Mediaservern. Beim UPnP-Standard unterscheidet man nämlich zwischen drei Gerätetypen: Es gibt den Server, der die Medien im Netzwerk anbietet. Dann gibt es das Abspielgerät, das die Wiedergabe vornimmt. Beide Geräte können direkt miteinander kommunizieren, aber manchmal ist – je nach Gerät – die Bedienung etwas fummelig, das gilt etwa für manche HiFi-Anlagen, bei denen man die gewünschten Musikstücke über ein kleines Display nur recht unkomfortabel findet. Eine dritte Gerätekategorie ist eine Art von Vermittler: Sie können am Smartphone oder Tablet bequem den Medienbestand des Servers durchsuchen – das geht am großen Display deutlich komfortabler als direkt am Wiedergabegerät. Anschließend weisen Sie über die App am Smartphone das Wiedergabegerät an, die gewünschte Datei abzuspielen. Der Rest geht automatisch, das Wiedergabegerät erhält die Daten direkt vom Server, das Smartphone arbeitet nur als Vermittler (beziehungsweise Fernbedienung) und kann ausgeschaltet werden.

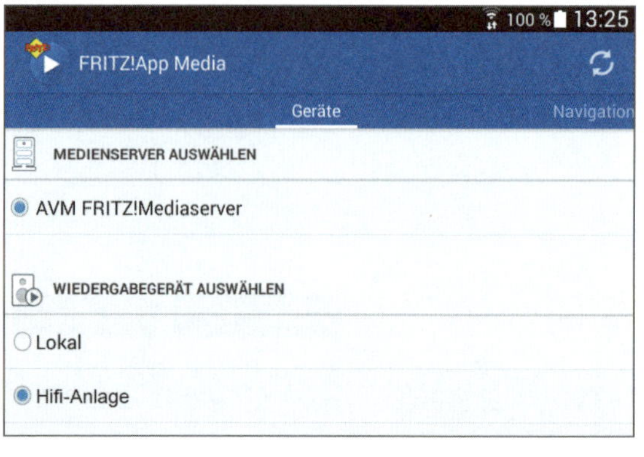

Abbildung 5.17 *Die FRITZ!App Media verbindet unterschiedliche UPnP-/DLNA-Mediengeräte miteinander und arbeitet wie eine Fernbedienung.*

Eine entsprechende App wird direkt von AVM angeboten. Sie nennt sich *FRITZ!App Media* und ist für die großen mobilen Betriebssysteme kostenlos im jeweiligen App-Bezugspunkt erhältlich.

Wenn Sie die App starten, sehen Sie links eine Liste der verfügbaren Mediaserver und rechts die verfügbaren Wiedergabegeräte. Wenn Ihr Gerät dort noch nicht angezeigt wird, müssen Sie die Funktion möglicherweise erst am Gerät aktivieren. Oftmals heißt sie etwa »Wiedergabepunkt«. Sie können nun die Verbindung zwischen Server und Wiedergabegerät durch einfaches Anklicken herstellen. Auf der nächsten Seite der App mit dem Namen **Navigation** wählen Sie nun einfach und komfortabel die gewünschte Mediendatei aus. Wenn Sie diese anklicken, wird das gewählte Wiedergabegerät nach einem kurzen Augenblick mit dem Abspielen beginnen.

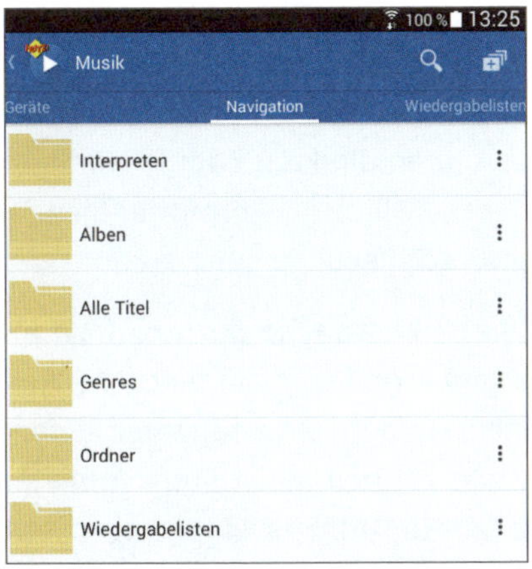

Abbildung 5.18 *Mit der FRITZ!App Media lässt sich die Mediensammlung bequem durchsuchen.*

Abbildung 5.19 *Wenn die Wiedergabe läuft, informiert die App auch über den Wiedergabefortschritt. Dieser lässt sich über die Schaltflächen auch direkt beeinflussen.*

Einschränkungen und Besonderheiten beim FRITZ-Mediaserver

Beim UPnP-Standard kommt es hauptsächlich auf eine einfache Bedienung an, ein großer Funktionsumfang steht weniger im Fokus. Deswegen bietet der Standard keinen Zugriffsschutz und keine Benutzerverwaltung. Es wird grundsätzlich der gesamte Medienbestand der gewählten Speichergeräte für alle Wiedergabegeräte im Heimnetz angeboten. Es gibt keinen Passwort- und auch keinen Jugendschutz. Wählen Sie also die freigegebenen Mediendateien sorgfältig.

Einige größere NAS-Geräte bieten die Option, Mediendateien zur Wiedergabe automatisch in ein anderes Format zu konvertieren. So lassen sich Videodateien mit reduzierter Qualität und niedriger Datenrate etwa unterwegs auf dem Smartphone abspielen, ohne das Datenkontingent über Gebühr zu belasten. Diese Funktion wird vom Mediaserver der FRITZ!Box jedoch nicht geboten, die Dateien werden stets in der Original-Qualität abgespielt. Wünschen Sie eine datenreduzierte Variante für unterwegs, dann müssen Sie diese separat erstellen und neben der Originalversion abspeichern.

Der Mediaserver hat sogar noch ein kleines Schmankerl zu bieten, er kann nämlich auch Internet-Radiostationen sowie Podcasts zur Wiedergabe anbieten. Viele klassische Radiostationen strahlen ihr Programm mittlerweile im Internet aus. Daneben bieten Podcasts themenorientierte Sendungen, oftmals in Form von Wortbeiträgen, die regelmäßig wie eine Serie mit neuen Episoden erscheinen. Wenn Ihr Wiedergabegerät von sich aus keinen direkten Zugriff auf diese Dienste bietet, dann kann der Mediaserver der FRITZ!Box als Vermittler dienen, sodass Sie trotzdem auf diese Medien zugreifen können.

Möchten Sie die Funktion einmal ausprobieren? Klicken Sie dazu einfach im Webinterface der Box auf **Heimnetz • Mediaserver** und dort auf einen der Reiter **Internetradio** oder **Podcast**. Sie sehen eine Liste bereits verfügbarer Sender beziehungsweise Podcasts. Unterhalb der Liste können Sie weitere Anbieter hinzufügen. AMV hat hier bereits einige bekannte Anbieter eingetragen, auf Wunsch können Sie über den Eintrag **Andere...** aber auch eine eigene Adresse frei eingeben. Bei Internet-Radiostationen müssen Sie eine Adresse eingeben, die über einen *m3u*- oder *pls*-Link auf eine Station verweist, die im MP3-Format sendet. Sie finden die Inhalte anschließend direkt auf der obersten Ebene im Medienkatalog.

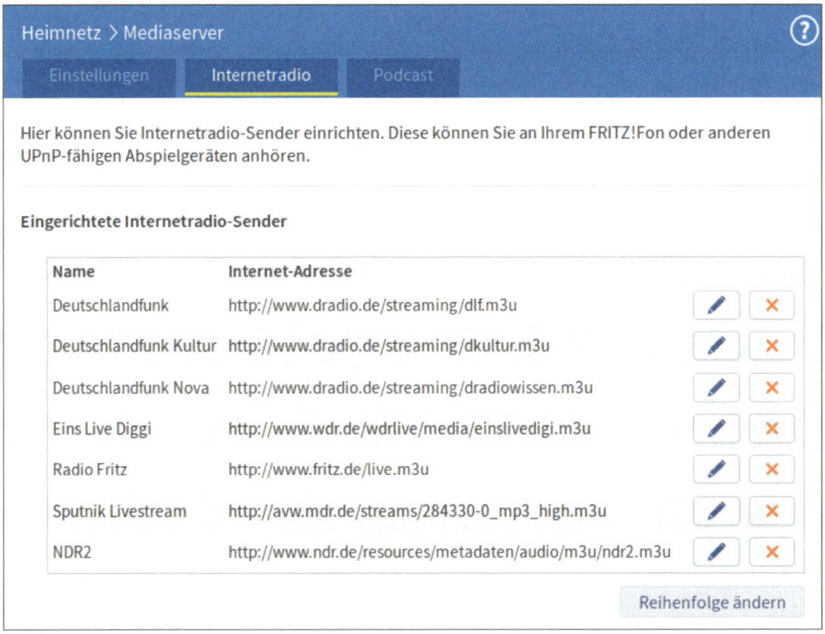

Abbildung 5.20 *Über den Mediaserver können auch Internetradiostationen empfangen werden.*

Mit dem Telefon Musik hören

Sie können über die zuvor erwähnte FRITZ!App Media auch direkt mit Ihrem Smartphone oder Tablet auf den Medienbestand Ihrer FRITZ!Box zugreifen und somit auch mit diesem Gerät bequem Musik hören oder einen Film schauen. Wenn Sie im Haushalt ein FRITZ!Fon (ein Schnurlostelefon von AVM, passend zur FRITZ!Box) betreiben, dann können Sie sogar mit diesem auf den Mediaserver zugreifen und Fotos und Musik wiedergeben. Klicken Sie dazu im Menü des Telefons auf den Eintrag **Heimnetz • Mediaplayer**, dort finden Sie den Mediaserver Ihrer FRITZ!Box und können auf Ihre Medien zugreifen.

Der USB-Fernanschluss

Die USB-Anschlüsse an der FRITZ!Box lassen sich nicht nur dazu nutzen, um USB-Speichergeräte für die NAS-Funktion anzuschließen. Eine interessante

Funktion ist der sogenannte *USB-Fernanschluss*. Über diese Funktion können Sie USB-Geräte wie Drucker (auch Multifunktionsdrucker) oder Scanner zentral an die FRITZ!Box anschließen und diese Geräte dann mit einem Computer im Netzwerk verwenden. Das funktioniert so, als wäre das Gerät direkt an den Computer angeschlossen. Die FRITZ!Box arbeitet also bildlich gesprochen wie eine »Leihstelle« für USB-Geräte: Ein Computer kann im Netzwerk auf das USB-Gerät zugreifen; hat er seine Arbeit mit dem Gerät beendet, steht es für andere PCs zur Verfügung. Die Datenübertragung geschieht komplett über die Netzwerkverbindung. Das USB-Gerät verbleibt die gesamte Zeit an der FRITZ!Box und muss nicht »umgestöpselt« werden. Die Funktion eignet sich also ideal etwa für Drucker, die selbst keine Netzwerkfunktion bieten, sondern üblicherweise direkt an einen PC angeschlossen werden. Über den USB-Fernanschluss steht das Gerät trotzdem allen PCs im Netzwerk zur Verfügung.

Damit der PC später über das Netzwerk auf das USB-Gerät zugreifen kann, ist eine spezielle Software nötig, welche die Vermittlung übernimmt. Das Betriebssystem des Computers bringt diese Software nicht von Haus aus mit, sie wird vom Hersteller AVM für die FRITZ!Box zur Verfügung gestellt und ist nur für Windows-Computer erhältlich. Daher können Sie den USB-Fernanschluss nur mit einem Windows-Computer verwenden. Die Software gibt es für Windows 7, Windows 8 und Windows 10.

Der USB-Fernanschluss steht nicht über das Internet zur Verfügung

Sie können den USB-Fernanschluss nur zu Hause im Heimnetzwerk verwenden. Die Nutzung über das Internet ist nicht möglich. Das gilt auch für eine VPN-Verbindung: Aufgrund der Art, wie beim USB-Fernanschluss Daten übertragen werden, ist die Nutzung über die VPN-Verbindung der FRITZ!Box ebenfalls nicht möglich.

Um den USB-Fernanschluss nutzen zu können, müssen auf der FRITZ!Box keine Treiber für das Gerät installiert werden. Die FRITZ!Box arbeitet schließlich nur als Vermittler und leitet den Datentransfer weiter. Auf den PCs, auf denen das USB-Gerät genutzt werden soll, müssen hingegen alle Treiber so eingerichtet werden, als sei das Gerät direkt mit dem PC verbunden. Bevor Sie den USB-Fernanschluss benutzen können, müssen Sie das USB-Gerät also zunächst nacheinander an allen benötigten PCs einmal in Betrieb nehmen.

SCHRITT FÜR SCHRITT

Das müssen Sie zunächst vorbereiten

1. Installieren Sie an jedem benötigten Windows-PC zunächst die Treiber und die benötigte Gerätesoftware für das gewünschte USB-Gerät.
2. Nehmen Sie das USB-Gerät an jedem PC einmal zur Probe in Betrieb, und vergewissern Sie sich, dass es korrekt arbeitet. Dieser Schritt ist für die korrekte Funktion des USB-Fernanschlusses unbedingt erforderlich.
3. Wenn Sie die Funktion an allen PCs überprüft haben, können Sie das USB-Gerät direkt an einen USB-Anschluss der FRITZ!Box anschließen.
4. Öffnen Sie nun das Webinterface der FRITZ!Box und dort die Seite **Heimnetz • USB-Geräte**.
5. Wechseln Sie auf die Registerkarte **USB-Fernanschluss**, und aktivieren Sie dort das Kästchen **USB-Fernanschluss aktiv**.
6. Unterhalb des Kästchens sehen Sie eine Liste mit unterstützten Gerätetypen. Setzen Sie einen Haken in das Feld, das zu Ihrem gewünschten Gerätetyp passt.
7. Klicken Sie unten auf **Übernehmen**.

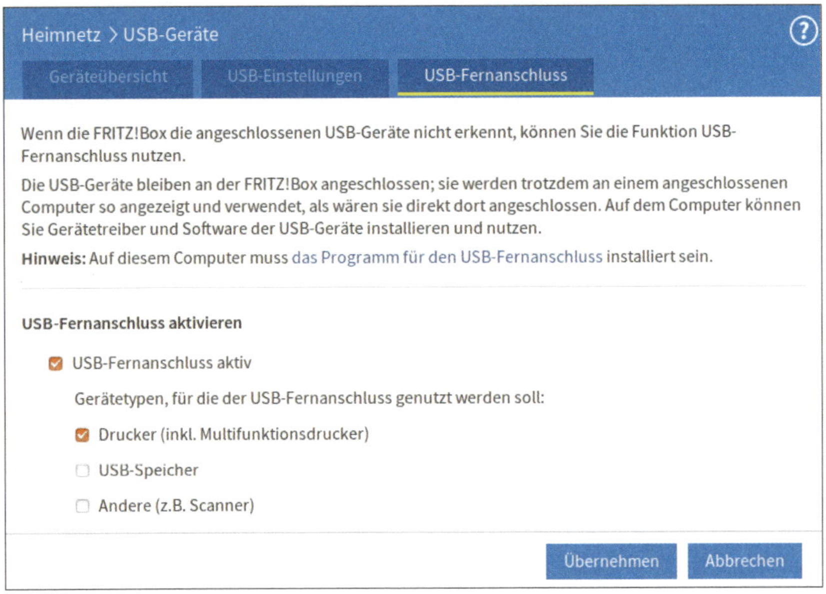

Ist die Registerkarte USB-Fernanschluss nicht vorhanden?

Die Registerkarte USB-Fernanschluss wird im Webinterface der FRITZ!Box nur in der erweiterten Ansicht angezeigt. Wenn es bei Ihnen diese Registerkarte also derzeit nicht gibt, dann benutzen Sie vermutlich die normale Ansicht. Um die erweitere Ansicht (mit allen Sonderfunktionen) zu aktivieren, klicken Sie im Webinterface ganz oben rechts auf den Eintrag mit den drei Punkten ⋮, und aktivieren Sie im Ausklappmenü den Schalter für die erweiterte Ansicht. Nun wird Ihnen die Registerkarte angezeigt.

Nachdem Sie den USB-Fernanschluss aktiviert haben, ist im Textbereich oberhalb der Optionen ein Hinweistext erschienen. Dieser erhält (blau dargestellt) einen Link auf die AVM-Webseite. Dort können Sie die benötigte Software für den USB-Fernanschluss mit dem Namen *FRITZ!Box USB-Fernanschluss* herunterladen.

8. Laden Sie nun die Software *FRITZ!Box USB-Fernanschluss* von der AVM-Webseite herunter, und installieren Sie diese auf allen benötigten Windows-PCs.

Unterschiede zwischen echten Netzwerkgeräten und dem USB-Fernanschluss

Durch den USB-Fernanschluss wird ein Gerät nicht automatisch zu einem Netzwerkgerät. Ein echtes Netzwerkgerät würde beispielsweise eine eigene IP-Adresse bekommen und könnte gleichzeitig mit mehreren anderen Geräten kommunizieren. Die Treiber des Gerätes würden außerdem direkt die Netzwerkkommunikation unterstützen. Der USB-Fernanschluss »gaukelt« hingegen dem Computer vor, dass das Gerät direkt mit ihm verbunden sei – obwohl es in Wahrheit an die FRITZ!Box angeschlossen ist. Aus Sicht des Computers handelt es sich also immer noch um ein direkt angeschlossenes Gerät, das nach wie vor nur für die Einzelplatzbedienung (durch einen Benutzer gleichzeitig) gedacht ist.

Mit der grundlegenden Einrichtung sind Sie nun fertig, Sie können jetzt das Gerät am jeweiligen PC nutzen.

SCHRITT FÜR SCHRITT

So nutzen Sie den USB-Fernanschluss nach der Einrichtung

1. Öffnen Sie am PC zunächst das Programm FRITZ!Box USB-Fernanschluss. Die Oberfläche des Programms enthält drei Spalten. In der ersten Spalte sehen Sie Informationen zu Ihrem lokalen Computer. Die zweite Spalte enthält Informationen zur FRITZ!Box. (Die dritte Spalte erkläre ich in Schritt 3.)
2. Um den USB-Fernanschluss benutzen zu können, müssen Sie sich zunächst mit diesem Programm an der FRITZ!Box anmelden. Verwenden Sie das übliche Kennwort zum Anmelden, mit dem Sie sich auch am Webinterface der FRITZ!Box anmelden. Ein Benutzername ist nicht erforderlich.

   Alternativ können Sie auch das Benutzerkonto des Benutzers *ftpuser* verwenden, dieser ist bereits ab Werk für den USB-Fernanschluss freigeschaltet.
3. Nach erfolgreicher Anmeldung sehen Sie in der dritten Spalte die verfügbaren USB-Geräte. Jetzt müssen Sie das gewünschte Gerät anklicken. Daraufhin wird eine dauerhafte Verbindung zwischen dem USB-Gerät und Ihrem PC hergestellt.
4. Von nun an sieht es so aus, als wäre das USB-Gerät direkt mit Ihrem Computer verbunden. Sie können es ganz normal verwenden. Probieren Sie das am besten gleich aus.

Der USB-Fernanschluss ist nicht für die gleichzeitige Benutzung durch mehrere PCs gedacht

Ein USB-Gerät am Fernanschluss bleibt nach wie vor ein Gerät für die Nutzung durch einen einzelnen PC. Daher kann es nicht gleichzeitig durch mehrere PCs genutzt werden. Einzige Ausnahme bilden Drucker, hier ist es je nach Gerät möglich, es gleichzeitig durch mehrere Computer zu verwenden. Normalerweise ist ein Gerät bei der dauerhaften Verbindung durch das Programm FRITZ!Box USB-Fernanschluss allerdings »besetzt« und muss daher nach getaner Arbeit auch wieder freigegeben werden.

Wenn Sie Ihre Arbeit mit dem USB-Gerät beendet haben, klicken Sie es im Programm FRITZ!Box USB-Fernanschluss erneut an. Hierauf wird die dauerhafte

Verbindung wieder getrennt. Das Gerät kann jetzt von anderen Windows-PCs im Netzwerk verwendet werden.

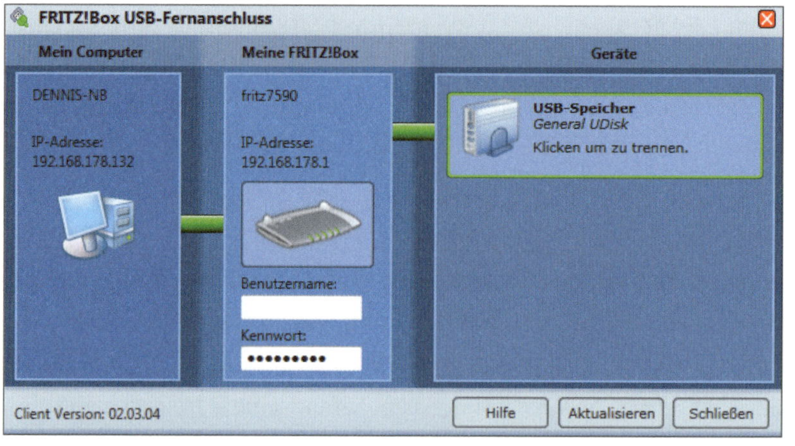

Abbildung 5.21 *Das Programm für den USB-Fernanschluss ist in drei Spalten organisiert. In der Mitte müssen Sie sich an der FRITZ!Box anmelden, anschließend klicken Sie rechts auf das gewünschte Gerät.*

Eigene Benutzer für den USB-Fernanschluss einrichten

Für die Nutzung des USB-Fernanschlusses sind Sie nicht nur auf den Benutzer *ftpuser* beschränkt. Sie können auch beliebigen anderen Benutzerkonten diese Funktion ermöglichen. Wie Sie eigene Benutzerkonten einrichten, lernen Sie in Kapitel 9 im Abschnitt »Die Benutzerverwaltung«. Damit der gewünschte Benutzer den USB-Fernanschluss verwenden kann, müssen Sie ihm entweder das Recht zur Konfiguration der FRITZ!Box oder das Recht zur Nutzung der NAS-Funktion gewähren.

Probleme bei der Verbindung von Geräten?

Da die Kommunikation beim USB-Fernanschluss über die Netzwerkverbindung erfolgt und dabei unterschiedliche Kommunikationsarten verwendet werden, ist es wichtig, dass diese Kommunikation keinesfalls durch eine Firewall eingeschränkt wird. Achten Sie also darauf, dass Sie eventuelle Nachfragen einer Firewall erlauben, sodass der Datentransfer nicht beeinträchtigt wird.

Die Netzwerkübersicht

Mit der *Netzwerkübersicht* zeigt Ihnen Ihre FRITZ!Box eine Liste aller Netzwerkverbindungen im Heimnetzwerk. So sehen Sie direkt auf einen Blick, welche Netzwerkgeräte gerade mit der FRITZ!Box verbunden sind. Der technisch interessierte Nutzer erhält auch einige weitere Informationen, bei WLAN-Geräten etwa zur aktuellen Datentransferrate. Es werden auch einige Informationen zu Spezialgeräten wie Powerline-Adaptern geboten.

Die Netzwerkübersicht erreichen Sie im Webinterface der FRITZ!Box unter **Heimnetz • Netzwerk**. Die Netzwerkübersicht wird Ihnen als Tabelle angezeigt. Zuoberst ist stets Ihre FRITZ!Box angegeben. Unterhalb der FRITZ!Box sehen Sie diejenigen Geräte, die im Heimnetz gerade aktiv sind. Darunter gibt es eine Rubrik mit Netzwerkgeräten, die schon einmal im Netzwerk aktiv waren, momentan jedoch abgeschaltet (oder nicht verfügbar) sind. Die Spalte **Name** zeigt Ihnen den Hostnamen des jeweiligen Gerätes beziehungsweise eine eigene Gerätebezeichnung – dazu gleich mehr. Sollte das Gerät ein eigenes Webinterface anbieten, dann erscheint die Bezeichnung in blauer Schrift als Link. Sie können diesen anklicken, es öffnet sich dann im Browser direkt das zugehörige Webinterface.

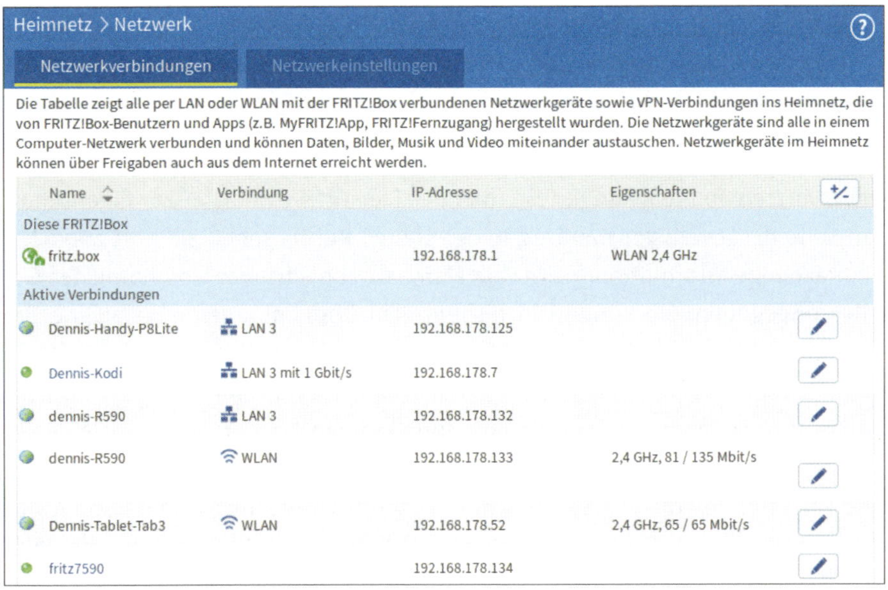

Abbildung 5.22 *Die Netzwerkübersicht zeigt Ihnen an, aus welchen Geräten Ihr Heimnetzwerk besteht.*

In der Spalte **Verbindung** sehen Sie, über welche Netzwerktechnik das Gerät mit der FRITZ!Box beziehungsweise dem Heimnetzwerk verbunden ist. Hier sehen Sie also, ob es sich um eine kabelgebundene LAN- oder eine kabellose WLAN-Verbindung handelt. Auch Powerline-Verbindungen (über die Stromleitung) werden hier aufgeführt. Bei LAN-Verbindungen können Sie (bei Geräten, die direkt mit der FRITZ!Box verbunden sind) auch gleich die maximale Geschwindigkeit ablesen.

Die nächste Spalte zeigt die **IP-Adresse** der Netzwerkgeräte im Heimnetzwerk an. Wenn Sie zu einem bestimmten Gerät eine Verbindung aufbauen möchten, dann können Sie hier direkt dessen Adresse ablesen. (Alternativ ist im Heimnetzwerk natürlich meist auch der Hostname verwendbar.)

Die Spalte **Eigenschaften** listet zusätzliche Informationen auf. Wenn ein Gerät per WLAN verbunden ist, dann sehen Sie hier, welches Band genutzt wird. Außerdem wird die momentan maximal mögliche Geschwindigkeit angezeigt. Wundern Sie sich aber bitte nicht, wenn dort beispielsweise nur 1 Mbit/s angezeigt wird. WLAN-Geräte können zur Stromeinsparung ihre Verbindungsgeschwindigkeit drosseln, wenn die Verbindung gerade nicht verwendet wird. Ein Smartphone in Bereitschaft ist also möglicherweise nur mit einer niedrigen Geschwindigkeit angebunden. Wenn Sie für eines Ihrer Geräte eine Portfreigabe eingerichtet haben (siehe Kapitel 7, Abschnitt »Mit Portfreigaben Dienste und Anwendungen von Geräten im Heimnetzwerk freigeben«), dann zeigt Ihnen ein Eintrag in dieser Spalte das entsprechend an. Das ist praktisch, um den Überblick über diese sicherheitsrelevante Information zu behalten.

In der letzten Spalte gelangen Sie über das Bleistift-Symbol zur Eigenschaften-Seite des jeweiligen Gerätes. In der oberen Rubrik sehen Sie dort zunächst einmal einige Informationen. Im Feld **Name** ist zunächst der Hostname des Gerätes angegeben. Sie können in diesem Feld übrigens auch eine eigene Bezeichnung für das Gerät vergeben – diese muss nicht mit dem Hostnamen identisch sein. Auf diese Weise erleichtern Sie sich eventuell die Übersicht über das Netzwerk. Über die Schaltfläche **Zurücksetzen** können Sie einen eigenen Namen wieder löschen. Die weiteren Felder haben informierende Funktion und zeigen Ihnen die IP-Adressen, die das Gerät verwendet, und dessen MAC-Adresse. Wenn das Gerät neben dem IPv4-Protokoll auch das moderne IPv6-Protokoll verwendet, sind in der Liste oftmals mehrere Einträge vorhanden.

Abbildung 5.23 *Die Eigenschaften-Seite eines Netzwerkgerätes informiert über zahlreiche technische Details. Wichtig sind die Informationen zu den IP-Adressen.*

Unterhalb der MAC-Adresse sehen Sie in grafischer Form, über welchen Weg das Gerät mit der FRITZ!Box verbunden ist. Normalerweise ist die Grafik recht kurz, denn oftmals ist ein Gerät direkt an die FRITZ!Box angeschlossen. Wenn Sie allerdings eine Powerline-Verbindung oder einen WLAN-Repeater einsetzen, liegen zwischen dem Gerät und der FRITZ!Box durchaus mehrere Stationen, die Ihnen hier in Kettenform dargestellt werden. Hinweis: Normale Netzwerk-Switch-Geräte arbeiten für die FRITZ!Box transparent, also quasi unsichtbar, und werden nicht angezeigt.

Bei einer WLAN-Verbindung werden Ihnen nachfolgend einige Informationen zum Verbindungsstatus angezeigt. Interessant sind die Felder **Signalstärke** sowie **max. mögliche Datenrate**, denn sie informieren darüber, wie gut das Gerät in das WLAN eingebunden ist. Sollten Sie einmal eine langsame Verbindung feststellen, dann können Sie hier schnell überprüfen, ob es vielleicht an »schlechtem Empfang« liegt.

Die übrigen Felder zeigen an, welche Funktionen ein WLAN-Gerät beherrscht – sie werden eher den fortgeschrittenen Nutzer interessieren, der etwa ablesen kann, wie viele parallele Datenströme das Gerät verwendet.

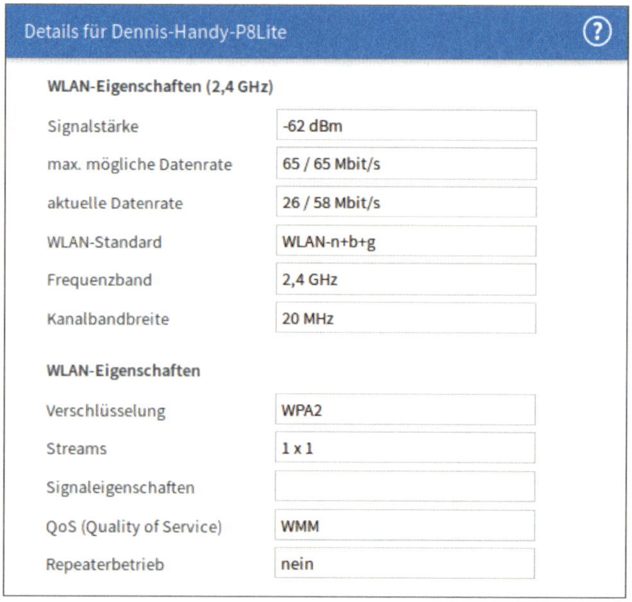

Abbildung 5.24 *Bei einem WLAN-Gerät gibt es im Eigenschaften-Dialog viele Informationen zur Verbindung. Vieles davon ist nur für den technisch interessierten Nutzer von Bedeutung.*

Abbildung 5.25 *Über die Zugangs-Eigenschaften lässt sich die Nutzung des Internets einschränken.*

Bei jedem Netzwerkgerät gibt es die Rubrik **Zugangs-Eigenschaften**. Hier können Sie die Internetnutzung beschränken beziehungsweise die **Kindersicherung** aktivieren (siehe dazu Kapitel 7, Abschnitt »Die Internetnutzung einschränken«). In der Tabelle **Internetnutzung** sehen Sie das derzeit dem Gerät zugeordnete Nutzungsprofil. Im Werkszustand ist die Nutzung des Internets für alle Geräte unbeschränkt, auch in zeitlicher Hinsicht (Spalte **Onlinezeit**). Sie haben hier direkt die Möglichkeit, den Internetzugang einzuschränken oder ganz zu sperren. Wählen Sie dafür einfach das gewünschte Zugangsprofil aus. Im Grundzustand gibt es die Profile **Standard** und **Unbeschränkt**, die beide die Internetnutzung des Gerätes nicht einschränken. Bei der Auswahl des Profils **Gesperrt** (und anschließender Betätigung der Schaltfläche **OK**) wird das Gerät von der Internetnutzung ausgeschlossen. Verbindungen innerhalb des Heimnetzes sind nach wie vor möglich. Über dieses Profil können Sie also etwa einem Smart-TV mit ungenügenden Datenschutzbestimmungen zwar das Abspielen der Filmsammlung vom NAS-Gerät erlauben, ihn aber am Ausspionieren der Familienbenutzer hindern.

Ein LAN-Gerät über die Wake-on-LAN-Funktion anschalten

Nur für kabelgebundene Netzwerkgeräte gibt es in der Eigenschaftenseite eines Gerätes in der Heimnetzübersicht als Letztes eine Rubrik zum **Wake on LAN**. Diese Funktion ermöglicht es, Computer im Netzwerk über einen speziellen (Netzwerk-)Befehl anzuschalten. Dafür müssen sich die Computer im Standby-Modus befinden. Damit ist nicht unbedingt die Stromsparfunktion des Betriebssystems gemeint, nein, der Computer kann auch im Betriebssystem ausgeschaltet sein, es muss allerdings sein Netzteil eingeschaltet bleiben, sodass das Mainboard mit Strom versorgt wird. Viele Computer unterstützen die Wake-on-LAN-Funktion, sie muss aber oftmals erst im BIOS beziehungsweise UEFI sowie im Betriebssystem eingeschaltet sein. Unter Windows erfolgt dies beispielsweise in der Eigenschaften-Seite der Netzwerkkarte, die etwa über den Gerätemanager aufgerufen werden kann. Auf der Registerkarte **Energieverwaltung** müssen Sie einen Haken in das Kontrollkästchen **Gerät kann den Computer aus dem Ruhezustand aktivieren** setzen.

Wenn die Option beim Computer aktiviert ist, können Sie ihn im hier besprochenen Eigenschaften-Dialog über die Schaltfläche **Computer starten** einschalten. Er wird dann ganz normal starten. Auf Wunsch können Sie über das entsprechende Kästchen auch einrichten, dass der Aufweckbefehl von der FRITZ!Box automatisch gesendet wird, wenn über das Internet auf den Computer zugegriffen wird. Natürlich funktioniert die Wake-on-LAN-Funktion auch über eine VPN-Verbindung aus der Ferne.

Einem Netzwerkgerät automatisch immer dieselbe IP-Adresse zuweisen

Über die DHCP-Funktion können Netzwerkgeräte von der FRITZ!Box automatisch eine gültige Netzwerkkonfiguration beziehen. Dazu gehört auch die IP-Adresse, die das Gerät verwendet. Der DHCP-Server vergibt stets Adressen, die gerade nicht in Benutzung und auch nicht reserviert sind. Wenn ein Gerät längere Zeit nicht benutzt wird, kann es passieren, dass sich seine IP-Adresse im Heimnetzwerk ändert. Möchten Sie über die IP-Adresse auf ein Gerät zugreifen, ist das ungünstig. Eine Lösung ist, dem Gerät manuell eine feste IP-Adresse zuzuweisen, diese muss allerdings außerhalb des Adressraumes liegen, die der DHCP-Server verwaltet. Dieses Verfahren ist aber recht aufwendig. Zum Glück kann man den DHCP-Server so einstellen, dass er einem Netzwerkgerät stets dieselbe IP-Adresse vergibt. Er reserviert eine Adresse also für das gewünschte Gerät, sodass es – auch bei längerer Inaktivität – beim nächsten Einschalten stets dieselbe Adresse bekommt. Um diese Funktion zu aktivieren, öffnen Sie in der Netzwerkübersicht des gewünschten Gerätes die Eigenschaften-Seite (Bleistiftsymbol ✎). Gleich in der ersten Sektion sehen Sie die momentane IP-Adresse. Aktivieren Sie das Kästchen **Diesem Netzwerkgerät immer die gleiche IPv4-Adresse zuweisen**. Fertig – das Gerät bekommt von nun an stets die dieselbe IP-Adresse zugewiesen (und zwar diejenige, die es gegenwärtig verwendet).

Eine »Wunschadresse« können Sie über diesen Weg allerdings nicht zuweisen. Das funktioniert nur bei Geräten, die noch keine Verbindung zum Heimnetz hatten. Klicken Sie dazu in der Heimnetzübersicht (nicht in den Geräte-Eigenschaften) ganz unten auf die Schaltfläche **Gerät hinzufügen**. Hier müssen Sie neben einem Gerätenamen (der nicht mit dem Hostnamen identisch sein muss) die MAC-Adresse des Gerätes eintragen und können eine IP-Adresse auswählen, die dem Gerät stets automatisch zugewiesen werden soll.

Fehlt nicht noch die Mesh-Übersicht?

Vielleicht vermissen Sie an dieser Stelle eine Erklärung zum Eintrag **Heimnetz • Mesh**. Diesen Menüpunkt erkläre ich Ihnen in Kapitel 6, »Kabellos glücklich: alles rund ums WLAN«, zum Thema WLAN.

Die Einstellungen für das Heimnetzwerk

Ihre FRITZ!Box bietet eine ganze Reihe an Einstelloptionen für den Betrieb des Heimnetzwerks an. Dazu zählen beispielsweise die Konfiguration des DHCP-Servers oder die Geschwindigkeitsklassen der Netzwerkanschlüsse am Gerät. Alle Optionen sind bereits ab Werk für einen klassischen Heimeinsatz passend eingestellt, sodass der Einsteiger in diesem Bereich keine Einstellungen vornehmen muss.

In diesem Abschnitt besser keine Experimente durchführen!

Einige der Einstellungen für das Heimnetzwerk sind etwas kritisch, sodass unpassende Werte dazu führen können, dass die FRITZ!Box nicht mehr erreicht werden kann oder dass das Heimnetzwerk nicht mehr wie gewünscht funktioniert. Sie sollten also nur dann etwas verändern, wenn Sie die entsprechende Option genau verstanden haben. Legen Sie außerdem vor jeder Veränderung stets eine Sicherheitskopie der Einstellungen an (siehe dazu Kapitel 9 im Abschnitt »Sicherung und Wiederherstellung von Systemeinstellungen«). Sollte doch etwas schiefgehen, können Sie an der FRITZ!Box einen Werksreset durchführen und Ihre Sicherungsdatei mit den funktionierenden Einstellungen wieder einspielen.

Sie erreichen die Einstellungsoptionen für das Heimnetzwerk im Webinterface unter **Heimnetz • Netzwerk** auf der Registerkarte **Netzwerkeinstellungen**. Nicht jede der hier gezeigten Optionen ist bei jedem FRITZ!Box-Modell verfügbar.

Die Geschwindigkeit der LAN-Anschlüsse

Für die LAN-Anschlüsse an der Rückseite des Gehäuses kennt die FRITZ!Box zwei Betriebsarten: Die Schnittstellen können im *Power-* oder im *Green-Mode* betrieben werden. Im Power-Mode beträgt die maximale Datenübertragungsrate 1 GBit/s – das entspricht also dem bekannten Gigabit-Internet. Dies ist die Standardeinstellung für alle Anschlüsse. Im Green-Mode wird die maximale Datenübertragungsrate auf 100 MBit/s reduziert. Der Nutzen ist ein geringerer Energieverbrauch. Das Einsparpotenzial ist nicht dramatisch, es geht hier eher um den Bereich 1–2 € pro Jahr. Es bietet sich an, diese Option für Geräte mit einer geringen Anforderung an die Datentransferrate zu aktivieren, beispielsweise für ein Internet-Küchenradio. Sie finden die Optionen in der Rubrik **LAN-Einstellungen**.

Zeitsynchronisation und Zeitserver

Moderne Geräte können ihre eingebaute Uhr mit einem Zeitserver im Internet synchronisieren, sodass sie die aktuelle offizielle Zeit recht genau anzeigen können. Für diverse Dienste hat die FRITZ!Box eine eingebaute Uhr, die mit einem Zeitserver im Internet (kostenlos) abgeglichen werden kann. In der Rubrik **Zeitsynchronisation** können Sie dafür einen Zeitserver einstellen. Voreingestellt ist der Wert *0.europe.pool.ntp.org*, der für Deutschland gute und genaue Ergebnisse erwarten lässt. Auf Wunsch kann der Experte hier eigene Server eintragen, eine Änderung ist normalerweise nicht notwendig.

Als nette Zusatzfunktion kann die FRITZ!Box auch in Ihrem Heimnetzwerk als Zeitserver auftreten und weiteren Geräten die genaue Uhrzeit liefern. Hierfür aktivieren Sie das Kästchen **FRITZ!Box als Zeitserver im Heimnetz bereitstellen**. In Ihren Netzwerk-Geräten tragen Sie nun einfach die IP-Adresse der FRITZ!Box als Zeitserver ein (alternativ können Sie auch den gegebenenfalls angepassten Hostnamen *fritz.box* verwenden). Der Vorteil der Nutzung der FRITZ!Box als Zeitserver liegt in der Einsparung von Datenvolumen und einer geringeren Belastung der externen Zeitserver, eventuell ist auch ein geringer Geschwindigkeitsvorteil bei der Zeiteinstellung zu erwarten. Außerdem kann ein Zeitserver im Heimnetzwerk auch von den Geräten erreicht werden, die nicht ins Internet dürfen. Der Einsteiger braucht sich um diese Option aber nicht zu kümmern.

Statische Routing-Tabellen

Die Optionen in dieser Kategorie sind nahezu nur für den Experten mit erweiterten Netzwerkkenntnissen interessant. Hier geht es darum, dem normalen Routing-Verhalten der FRITZ!Box eigene Regeln zuzuweisen. Ein kleines Anwendungsbeispiel: Sie betreiben im Heimnetzwerk einen eigenen VPN-Server, der Geräten im Internet sicheren Zugang in Ihr Heimnetz bietet. Dieser VPN-Server baut ein eigenes Subnetz auf, das von Ihrem Heimnetzwerk getrennt ist. Das Subnetz ist privater Natur, verwendet also auch einen privaten Adressbereich. Wenn Sie nun mit Ihren Geräten im Heimnetzwerk auf dieses Subnetz des VPN-Servers zugreifen möchten, wird das nicht gehen. Private Adressen werden normalerweise nicht geroutet, Ihre FRITZ!Box weiß nicht, wie dieses

Netz zu erreichen ist. Über eine statische Route können Sie der FRITZ!Box aber mitteilen, dass dieses Subnetz über ihren VPN-Server erreicht werden kann (im Heimnetzwerk, wohlgemerkt). So eingerichtet reicht die Box Anfragen an dieses Netzwerk an den VPN-Server weiter, der die Daten an die entsprechenden Zielgeräte richtet. Die Einstellungen, die Sie hier vornehmen müssen, lauten also: Welches Subnetzwerk (IP-Adressbereich außerhalb des Heimnetzwerks) soll über welches Gerät (IP-Adresse im Heimnetzwerk) geroutet werden?

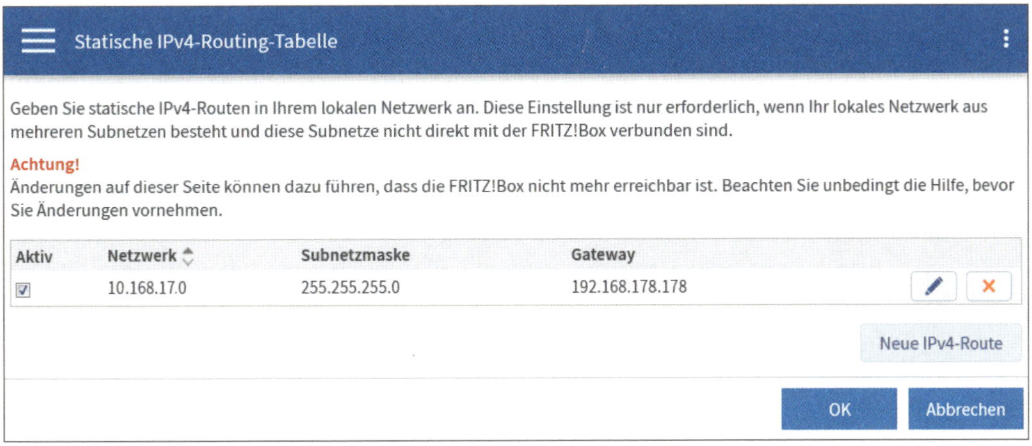

Abbildung 5.26 *Bei einem statischen Routing-Eintrag geht es um die Frage: Welches Netzwerk mit welcher Subnetzmaske ist über welches Gerät im Heimnetzwerk (genannt Gateway) erreichbar?*

Haben Sie versehentlich etwas verstellt und nun keine Verbindung mehr zur FRITZ!Box?

Wenn Sie bei den Netzwerkoptionen eine Einstellung falsch getätigt haben oder etwas zu experimentierfreudig waren, kann es sein, dass Sie Ihre FRITZ!Box nicht mehr erreichen beziehungsweise nicht mehr ansprechen können. Keine Panik: Denken Sie daran, dass die FRITZ!Box für solche Notfälle über eine feste Notfall-IP-Adresse erreicht werden kann. Sie lautet *169.254.1.1*. Wenn Sie diese Adresse (gegebenenfalls mit vorangestelltem *http://*) in die Adresszeile des Browsers eingeben, werden Sie auf das Webinterface Ihrer FRITZ!Box geleitet. Dort können Sie die falschen Einstellungen korrigieren – oder ein Backup mit den richtigen Einstellungen einspielen.

Heimnetzfreigaben

Ihre FRITZ!Box bietet einige Schnittstellen, über die sie bestimmte Einstellungen und Informationen Geräten und Programmen im Heimnetzwerk anbietet. Im Abschnitt **Heimnetzfreigaben** steuern Sie, welche dieser Schnittstellen verwendet werden dürfen.

Zugriff für Anwendungen zulassen – der Standard TR-064

Vom Hersteller AVM gibt es einen speziellen Standard, genannt TR-064, über den Programme und Apps im Heimnetzwerk (gegebenenfalls auch über das Internet) auf die FRITZ!Box zugreifen können. Die Programme können Einstellungen auslesen und verändern und erhalten Informationen, zum Beispiel über ein eingehendes Telefongespräch. Über diese Schnittstelle lässt sich etwa im Browser eine Information einblenden, die darüber informiert, dass (und von wem) Sie gerade angerufen werden. Außerdem benötigt die FRITZ!App Fon Zugriff auf dieses Protokoll, denn hierüber erhält die App für den Betrieb nötige Informationen. Mithilfe von FRITZ!App Fon können Sie Ihr Smartphone als Telefoniegerät an der FRITZ!Box anmelden und damit im Heimnetzwerk normale Festnetz-Telefongespräche führen. Sie sollten diese Funktion dann aktivieren, wenn Sie ein Programm beziehungsweise eine App nutzen möchten, die diese Schnittstelle benötigt. Andernfalls lassen Sie die Option aus Sicherheitsgründen deaktiviert.

Wichtig ist noch zu erwähnen, dass AVM bereits einen Zugriffsschutz implementiert hat: Bevor eine Anwendung diese Schnittstelle nutzen kann, muss sie sich zunächst mit Benutzername und Passwort bei der FRITZ!Box anmelden – ein unkontrollierter Zugriff irgendwelcher Programme ist also nicht möglich. Der Zugriff über das Internet ist nur für einen Benutzer zulässig, der allgemeine Zugriffsrechte über das Internet hat – mehr dazu in der Benutzerverwaltung in Kapitel 9 im Abschnitt »Die Benutzerverwaltung«.

Statusinformationen über UPnP übertragen

Dies ist mehr oder weniger eine Komfortfunktion ohne großartige Auswirkungen auf die Sicherheit. Über den UPnP-Standard kann die FRITZ!Box bestimmte Informationen an Geräte und Programme senden, dazu zählt etwa die Liste mit Portfreigaben. Betroffene Geräte wissen somit, ob eine benötigte Portfreigabe bereits gesetzt ist, und können den Benutzer andernfalls informieren. Im

Alltag wird diese Funktion nicht unbedingt benötigt und kann daher deaktiviert bleiben.

Smart-Home-Funktion im FRITZ!Box-Heimnetz freigeben

Dies ist eine Komfortfunktion für den Smart-Home-Bereich in der FRITZ!Box. Hier geht es also um die Steuerung von Steckdosen oder Heizungsreglern sowie das Auslesen ihrer Daten. Mit dieser Funktion können Sie die Geräte, die an Ihrer FRITZ!Box angeschlossen sind, auch an anderen FRITZ!Box-Geräten im Heimnetzwerk verfügbar machen. Wenn Sie nur eine FRITZ!Box betreiben oder an einer geräteübergreifenden Nutzung nicht interessiert sind, dann lassen sie diese Funktion einfach deaktiviert – sie wird im Einsteigerbereich nur sehr selten benötigt.

IP-Adressen

Im Abschnitt **IP-Adressen** geht es »ans Eingemachte«, genauer an die IP-Adresskonfiguration der FRITZ!Box. Dieser Abschnitt richtet sich an fortgeschrittene Anwender, die entsprechendes Wissen über Netzwerke mitbringen.

Achtung: Hier bitte nicht herumspielen!

Einsteiger ohne entsprechende Kenntnisse sollten hier auf gar keinen Fall etwas verändern, weil es leicht passieren kann, dass die FRITZ!Box nicht mehr erreichbar ist, dass kein Zugriff mehr auf das Internet besteht oder dass das Heimnetzwerk nicht mehr funktioniert. Die Grundeinstellungen dieses Abschnitts sind bereits passend gewählt, sodass der Einsteiger keine Werte verändern muss.

Sie finden hier zwei Unteroptionen, denn die IP-Adressen der FRITZ!Box lassen sich getrennt für die Protokolle IPv4 und IPv6 einstellen.

Wenn Sie auf die Schaltfläche **IPv4** klicken, dann sehen Sie auf einer neuen Seite zunächst die Konfigurationsoptionen für die IP-Adresse der FRITZ!Box sowie das Subnetz, in dem die FRITZ!Box arbeiten soll. Standardmäßig bekommt die FRITZ!Box die (feste) IP-Adresse *192.168.178.1*. Sie kann hier geändert werden. Die Subnetzmaske ist auf *255.255.255.0* eingestellt – somit kann das Heimnetzwerk der FRITZ!Box im Auslieferungszustand maximal 254 Geräte umfassen. Die Geräte erhalten Adressen aus dem Bereich *192.168.178.2* bis

192.168.178.254. Wenn Ihr Heimnetz größer ist oder Sie eine bestimmte Konfiguration wünschen, dann können Sie hier auf einen anderen Adressbereich und eine andere Subnetzmaske wechseln. Beliebt sind zum Beispiel Adressen aus dem Bereich *10.xxx.xxx.xxx*, wo mit einer (maximalen) Subnetzmaske von *255.0.0.0* theoretisch Netze mit über 16 Millionen Geräten möglich sind – wobei im Regelfall deutlich kleinere Netze mit entsprechenden Subnetzmasken realisiert werden.

Welche IP-Adressbereiche können in einem Heimnetzwerk verwendet werden?

Beim IPv4-Protokoll sind drei Adressbereiche für die private Nutzung reserviert. Während die meisten »normalen« IPv4-Adressen weltweit nur von einem einzigen Gerät (eventuell ein NAT-Gerät oder ein Router) genutzt werden dürfen, gilt dies für die privaten Adressbereiche nicht. Sie dürfen beliebig oft verwendet werden, denn sie werden im Internet grundsätzlich nicht geroutet. Das bedeutet, dass diese Adressbereiche nicht über das Internet erreicht werden können – sie sind eben »privat«. Die drei Adressbereiche wurden ursprünglich für die Nutzung mit festen Subnetzmasken vorgesehen. Heutzutage gilt diese strenge Zuweisung nicht mehr, sodass man sich für sein Heimnetzwerk die passende Subnetzmaske (welche die Größe des Netzwerks festlegt) frei aussuchen kann. Die drei privaten Adressbereiche sind:

- 192.168.0.0 bis 192.168.255.255
- 172.16.0.0 bis 172.31.255.255
- 10.0.0.0 bis 10.255.255.255

Ihr privates Heimnetzwerk dürfen Sie nur mit IP-Adressen aus einem der drei Bereiche aufbauen.

Eine Subnetzmaske von *255.255.255.0* bedeutet, dass das Netzwerk bis zu 254 Geräte umfasst (sowie zwei weitere Spezialadressen am Anfang und Ende des Bereiches, sodass es insgesamt 256 IP-Adressen im Netzwerk gibt). Mit einer Subnetzmaske von *255.255.254.0* könnten Sie auf 510 Geräte zugreifen. Bei komplexeren Netzwerkkonfigurationen bemüht man am besten einen der zahlreichen Subnetzrechner im Internet, die sich über eine Suche schnell finden lassen.

Direkt darunter befinden sich die Optionen für den *DHCP-Server* der FRITZ!Box. Über den DHCP-Server erhalten Netzwerkgeräte im Heimnetz ihre IP-Adresskonfiguration. Der DHCP-Server ist im Auslieferungszustand aktiviert – das sollte er auch bleiben, solange Sie keinen anderen beziehungsweise keinen weiteren DHCP-Server in Ihrem Netzwerk betreiben möchten. Würden Sie den DHCP-Server komplett deaktivieren, dann müssten alle Netzwerkgeräte mit festen IP-Adressen manuell konfiguriert werden, was einen ziemlichen Aufwand bedeuten würde. Für den DHCP-Server können Sie einen Adressbereich festlegen, aus dem dieser IP-Adressen vergibt. Standardmäßig ist der Bereich *192.168.178.20* bis *192.168.178.200* eingestellt. Das bedeutet, dass die IP-Adressen *192.168.178.2* bis *192.168.178.19* sowie die Adressen *192.168.178.201* bis *192.168.178.254* für die Zuteilung von festen IP-Adressen verwendet werden können. Es macht auch in einem Heimnetzwerk durchaus Sinn, das eine oder andere Gerät mit einer festen IP-Adresse zu betreiben, die sich auch über einen längeren Zeitraum niemals verändert. Das gilt zum Beispiel für einen Server, der immer unter derselben Adresse erreichbar sein soll. Praktisch ist dies auch bei einem Netzwerkdrucker, der dank einer festen Adresse schnell auf den jeweiligen Computern eingerichtet werden kann. Sie können jedem beliebigen Gerät eine Adresse aus den genannten Bereichen geben – und die Adresse im betreffenden Gerät direkt als feste Adresse eintragen. In der FRITZ!Box sind dazu keine weiteren Konfigurationen nötig. Denken Sie daran, dass eine IP-Adresse immer nur an ein Gerät vergeben werden darf. Sollte der Adressvorrat aufgrund hoher Geräteanzahl erschöpft sein, so können Sie den Adressbereich des DHCP-Servers beschränken. Hierbei empfiehlt es sich, zuerst den oberen Bereich zu verkleinern, denn der untere Bereich ab Adresse *192.168.178.20* dürfte bereits durch andere Heimnetzgeräte belegt sein und eine Änderung der Adressen zumindest für eine Übergangsfrist möglicherweise Probleme bereiten. Sie können beispielsweise die obere Grenze auf *192.168.178.180* festlegen und haben somit auch den Adressbereich *192.168.178.181* bis *192.168.178.254* für feste IP-Adressen zur Verfügung. Sollte dann in diesem Fall allerdings der Adressbereich des DHCP-Servers mit knapp 160 Geräten zu klein sein, müssten Sie Ihr Subnetz durch eine andere Subnetzmaske entsprechend vergrößern. Über das Textfeld **Gültigkeit** stellen Sie ein, wie lange eine vergebene IP-Adresse nicht an ein anderes Gerät vergeben werden kann. Standardmäßig sind 10 Tage vorgesehen, so lange bleibt eine einmal vergebene Adresse reserviert. Das damit verknüpfte Gerät behält während dieses Zeitraums die reservierte Adresse.

Über das Feld **Lokaler DNS Server** stellen Sie diejenige IP-Adresse ein, die der DHCP-Server den Netzwerkgeräten als DNS-Server mitteilt. Normalerweise ist hier die IP-Adresse der FRITZ!Box eingetragen, denn diese stellt einen eigenen DNS-Server bereit, der als nächste Ebene auf den DNS-Server des Internetproviders verweist beziehungsweise zugreift. Möchten Sie im Netzwerk einen eigenen DNS-Server betreiben (oder einen anderen nutzen), dann können Sie hier die entsprechende Adresse eintragen.

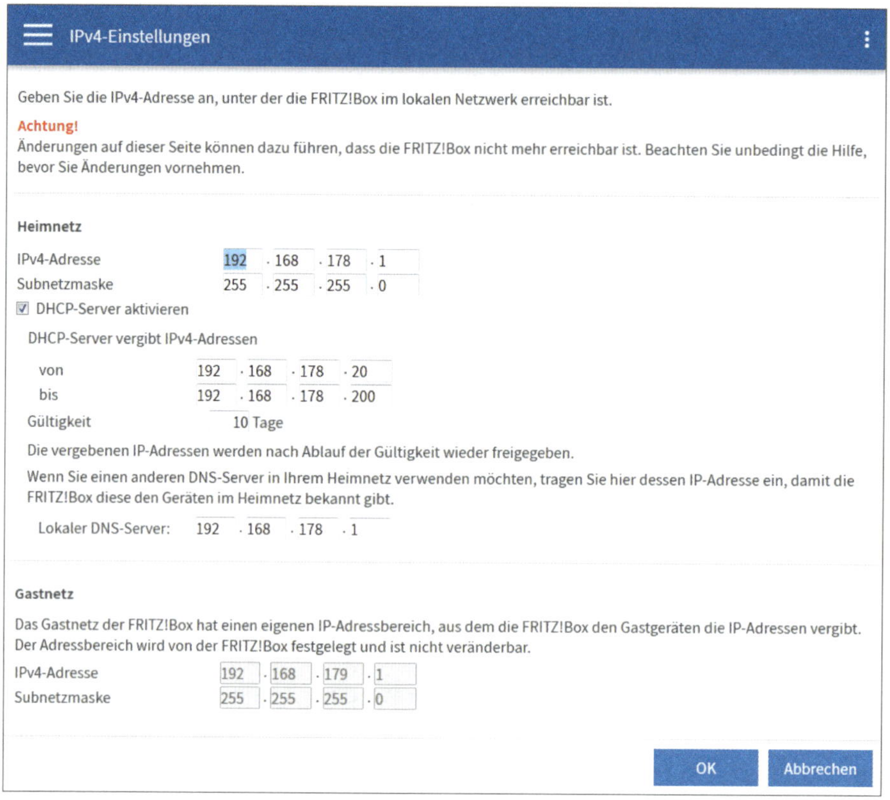

Abbildung 5.27 *Der DHCP-Server vergibt automatisch die im Netzwerk nötigen IP-Adressen. In komplexeren Netzwerken kann es erforderlich werden, bei seinen Einstellungen einzugreifen.*

Abschließend wird Ihnen auf dieser Seite in der Sektion **Gastnetz** der IP-Adressbereich gezeigt, den das Gastnetzwerk sowohl für WLAN- als auch Kabelverbindungen nutzt. Die Einstellungen können nicht geändert werden.

Die Einstellungen für IPv6-Netzwerke sind deutlich komplexer und richten sich an Anwender mit fortgeschrittenen Kenntnissen. Die Einstellungen umfassen *Unique Local Addresses (ULA)*, über die Netzwerkgeräte im Heimnetz zusätzliche IP-Adressen erhalten, die nicht im Internet geroutet werden. Außerdem lässt sich ein von der FRITZ!Box abweichender *DNS-Server* einstellen. Auch der DHCP-Server der FRITZ!Box kann für IPv6-Netze konfiguriert werden, hierbei geht es hauptsächlich um den Umfang der zur Verfügung gestellten Adressen. Normalerweise sind in diesem Bereich keine Änderungen erforderlich, eingegriffen werden muss unter Umständen, wenn im Netzwerk mehrere Router betrieben werden oder besondere Netzwerkkonfigurationen aufgesetzt werden sollen.

DNS-Rebind-Schutz

Auch die Optionen zum *DNS-Rebind-Schutz* richten sich an den fortgeschrittenen Anwender, der eigene Server im Heimnetzwerk betreiben möchte. Aus Sicherheitsgründen verhindert die FRITZ!Box die DNS-Namensauflösung einer externen Domain auf eine IP-Adresse aus dem (internen) Heimnetzwerk. Würde man dies erlauben, würden sogenannte *DNS-Rebind-Attacken* möglich, über die sich Rechner im Heimnetzwerk angreifen ließen. Zur Sicherheit sollte der DNS-Rebind-Schutz aktiv bleiben. Wenn es unbedingt nötig ist, lassen sich in dieser Sektion allerdings Ausnahmen definieren, sodass bestimmte Domainnamen für private Zieladressen aus dem Heimnetzwerk zulässig werden. Der Einsteiger sei noch darauf hingewiesen, dass der DNS-Rebind-Schutz nichts mit den üblichen *Hostnamen* im Heimnetzwerk zu tun hat, sondern sich auf *Domainnamen*, wie sie im Internet verwendet werden (beispielsweise *example.com*), bezieht.

Betriebsart Router oder IP Client

Ihre FRITZ!Box kann in zwei verschiedenen Betriebsarten arbeiten, die sich grundlegend voneinander unterscheiden. Im Auslieferungszustand arbeitet die FRITZ!Box als Router und ist damit quasi das »Hauptgerät« in einem üblichen Heimnetzwerk. In dieser Betriebsart übernimmt die FRITZ!Box nämlich mehrere Aufgaben: Über das eingebaute Modem baut sie eine Internetverbindung »nach draußen« auf, sie übernimmt die Abwicklung des Datenverkehrs sowohl mit dem Internet als auch mit dem Heimnetzwerk, und sie schützt die dort angeschlossenen Computer mit der eingebauten Firewall. Dabei übernimmt sie auch gleich die Konfiguration des Heimnetzwerks und vergibt beispielsweise die nötigen IP-Adressen. Diese Betriebsart ist die gewöhnliche Betriebsart für FRITZ!Box-Geräte.

Sie beherrscht aber auch noch eine zweite Betriebsart, in der sie als Client-Gerät beziehungsweise als normales Netzwerkgerät auftritt. Sie ist damit nicht mehr das »Hauptgerät« im Netzwerk, sondern ordnet sich einem anderen Gerät unter und ergänzt das vorhandene Heimnetzwerk. Diese Betriebsart sollte dann genutzt werden, wenn es im Heimnetzwerk mehrere FRITZ!Box-Geräte gibt. Es könnte beispielsweise sein, dass Sie sich eine weitere FRITZ!Box gekauft haben, die einen größeren Funktionsumfang als Ihr bisheriges Gerät bietet. Ihre bisherige FRITZ!Box müssen Sie dabei aber nicht außer Betrieb nehmen. Sie kann – eben in der Betriebsart Client – noch viele Aufgaben übernehmen. Das funktioniert so: Ihre neue FRITZ!Box arbeitet ganz normal in der Betriebsart Router. Sie baut die Internetverbindung auf, wickelt die Kommunikation ab und steuert die Abläufe im Heimnetzwerk. Die ältere FRITZ!Box (sprich: alle weiteren FRITZ!Box-Geräte) wird als Client betrieben. Sie baut keine eigene Internetverbindung auf, und sie versucht auch nicht, das Heimnetzwerk zu steuern – das darf sie auch gar nicht, denn das würde zu Kollisionen führen. Sie schaltet auch ihre Firewall ab – die ist in dieser Betriebsart ja auch nicht nötig. Stattdessen ordnet sie sich dem Router unter. Sie können über die Client-FRITZ!Box ein WLAN aufspannen lassen. Dabei kann die Client-FRITZ!Box in das Mesh integriert werden, sodass Sie eine größere Reichweite des Netzwerks bekommen. Dabei kann die »Datenversorgung« (Backbone) sowohl über WLAN (klassische Repeater-Funktion) als auch über Netzwerkkabel (also als Accesspoint) erfolgen – je nachdem, wie die Situation es bei Ihnen erfordert. Über die Netzwerkanschlüsse des Client-Gerätes können Sie weitere kabelgebundene Netzwerkgeräte anschließen. Und auch die Funktion der USB-Anschlüsse bleibt erhalten; auch am Client-Gerät können Sie die NAS-Funktion einrichten oder den USB-Fernanschluss verwenden. Kurz gesagt: Als Client-Gerät ergänzt die FRITZ!Box ein bestehendes Heimnetzwerk und bietet ihre Funktionen ergänzend und unterstützend an. Dabei muss übrigens der Router nicht unbedingt auch eine FRITZ!Box sein. Nein, es kann auch ein Gerät eines anderen Herstellers verwendet werden. Natürlich ist es vorteilhaft, wenn trotzdem für beide Geräte eine FRITZ!Box verwendet wird, weil sich so beide Geräte gegenseitig erkennen und austauschen können – etwa über den Aufbau des Heimnetzwerks und die daran angeschlossenen Geräte. Darüber hinaus können Sie mit einer Client-FRITZ!Box auch jederzeit den möglicherweise arg begrenzten Funktionsumfang eines Leihgerätes Ihres Internetproviders ergänzen, das zum Beispiel für die Telefoniefunktion unbedingt erforderlich ist.

Zur Einrichtung der Client-Funktion sollten Sie die Client FRITZ!Box, solange diese im Werkszustand noch als Router arbeitet, nicht per Kabel mit Ihrem Heimnetzwerk verbinden. In diesem Fall wären nämlich zwei Geräte aktiv, die das Heimnetzwerk zu konfigurieren versuchen. (Insbesondere die DHCP-Funktion führt hier zu Problemen.) Sie können sich entweder per WLAN direkt mit der Box verbinden oder die FRITZ!Box über ein Netzwerkkabel direkt und als einziges Gerät an einen Computer anschließen.

SCHRITT FÜR SCHRITT

So betreiben Sie eine FRITZ!Box im Client-Modus

1. Verbinden Sie sich mit dem WLAN der FRITZ!Box, die Sie als Client betreiben möchten. Alternativ schließen Sie die Box direkt an einen Computer, beispielsweise ein Notebook, per Netzwerkkabel an. In diesem Fall beenden Sie am besten eine bestehende Netzwerkverbindung zur neuen Haupt-FRITZ!-Box.

2. Rufen Sie das Webinterface der Client-FRITZ!Box auf. Am besten erreichen Sie dieses über die Adresse *fritz.box*.

3. Rufen Sie die Seite **Heimnetz • FRITZ!Box-Name** auf, und vergeben Sie für die Client-FRITZ!Box einen neuen Hostnamen. Normalerweise würde diese nach wie vor versuchen, unter *fritz.box* aufzutreten – und das würde zu Konflikten führen. Geben Sie also einen Namen ein, der von *fritz.box* abweicht – beispielsweise *fritz*, gefolgt von der Modellnummer des Client-Gerätes. Klicken Sie anschließend unten auf **Übernehmen**.

4. Wechseln Sie in der Kategorie **Heimnetz • Netzwerk** auf die Registerkarte **Netzwerkeinstellungen**, und scrollen Sie zum Unterpunkt **Betriebsart im Heimnetz**.

5. Die FRITZ!Box wird bisher als Internet-Router arbeiten. Ändern Sie nun den Betriebsmodus in **IP-Client**.

6. Unterhalb des Menüpunktes **IP-Client** müssen Sie festlegen, über welche Kommunikationsart sich die Client-Box mit Ihrem Heimnetzwerk verbindet. Die Box kann sich **per WLAN** oder über eine Kabelverbindung (**per LAN**) mit

Ihrem Netzwerk verbinden. Wählen Sie die geeignete Verbindungsart aus. Wie immer gilt, dass eine Kabelverbindung stabiler und schneller als die WLAN-Verbindung ist. Wann immer möglich, sollten Sie die Kabelverbindung vorziehen.

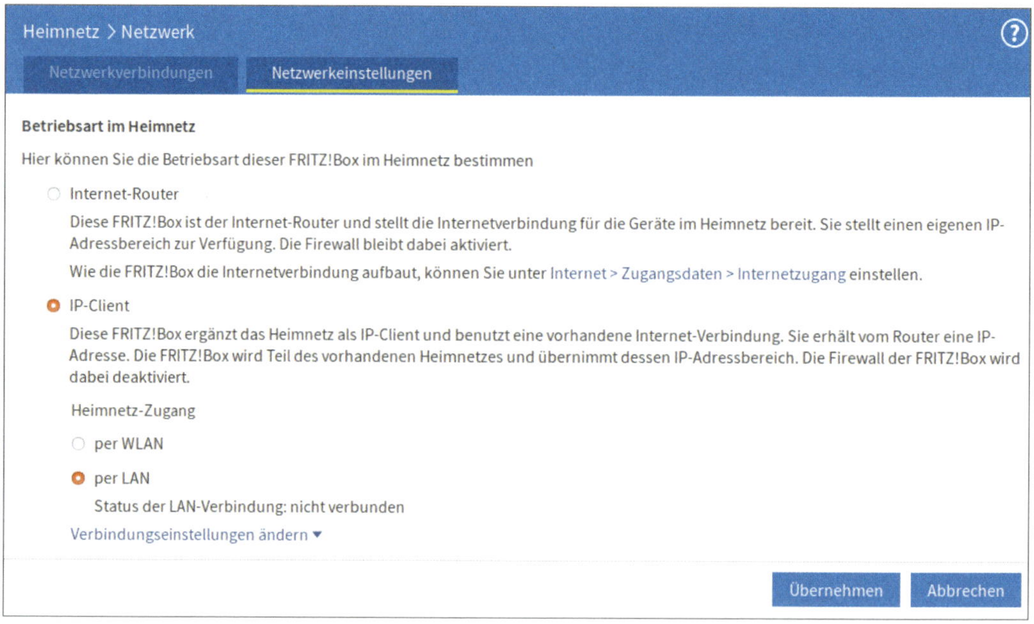

Abbildung 5.28 *Im Client-Modus ergänzt eine FRITZ!Box das Heimnetzwerk um nützliche Funktionen. Sie kann mit dem Haupt-Router (zum Beispiel einer anderen FRITZ!Box) sowohl per WLAN als auch per Kabel verbunden werden.*

Im Folgenden kommt es darauf an, für welche Verbindungsart Sie sich entschieden haben:

- *Möchten Sie eine kabelgebundene Verbindung verwenden?*
  Dafür müssen Sie die FRITZ!Box per Kabel mit Ihrem Heimnetzwerk (beziehungsweise direkt mit Ihrer Haupt-FRITZ!Box) verbinden. Das dürfen Sie derzeit aber noch nicht tun! Sie können das Kabel bereitlegen, aber noch nicht anschließen. Im Webinterface sehen Sie unterhalb des Menüpunktes **per LAN** den Eintrag **Verbindungseinstellungen ändern**. Fortgeschrittene Nutzer können hierüber die IP-Adresskonfiguration der FRITZ!Box im Client-Modus einstellen. Dies müssen Sie tun, wenn Sie die Box mit einer festen IP-Adresse betreiben möchten. Füllen Sie in diesem Fall die Felder **IP-Adresse**,

Subnetzmaske, **Gateway** und **DNS-Server** mit den gewünschten Werten. Einsteiger müssen in diesem Menü nichts verändern und belassen es bei der Standardeinstellung, in der die Client-Box ihre Einstellungen automatisch per DHCP erhält und weiterhin über ihren Hostnamen erreicht werden kann. Klicken Sie anschließend auf **Übernehmen**, und stellen Sie jetzt die Netzwerkverbindung über das Netzwerkkabel her.

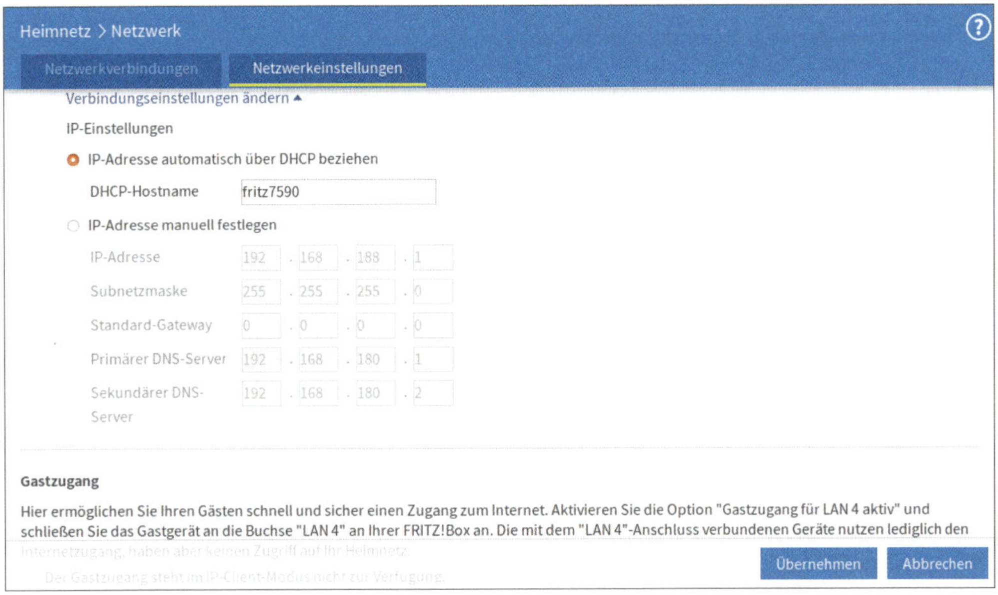

Abbildung 5.29 *Die Kabelverbindung ist schnell eingerichtet und funktioniert fast ohne Konfigurationsaufwand.*

- *Haben Sie sich für eine WLAN-Verbindung entschieden?*
  In diesem Fall müssen Sie die Client-Box in das gewünschte WLAN einfügen. Sobald Sie den Menüpunkt **per WLAN** anklicken, werden unterhalb dieser Optionen die Konfigurationen für das WLAN sichtbar. Sie sehen eine Liste mit verfügbaren Netzwerken. Wählen Sie das gewünschte Netz aus, und geben Sie den Netzwerkschlüssel (das Passwort) ein. Hinweis: Falls Sie an der Haupt-FRITZ!Box einen *MAC-Filter* (siehe Kapitel 6, Abschnitt »Den WLAN-Zugang auf bestimmte Geräte beschränken«) aktiviert haben, zeigt Ihnen die Client-FRITZ!Box hier auch gleich ihre MAC-Adresse an, mit der Sie die Box beim Hauptgerät anmelden können. Wenn Sie alle Daten eingetragen haben, klicken Sie abschließend auf **Übernehmen**.

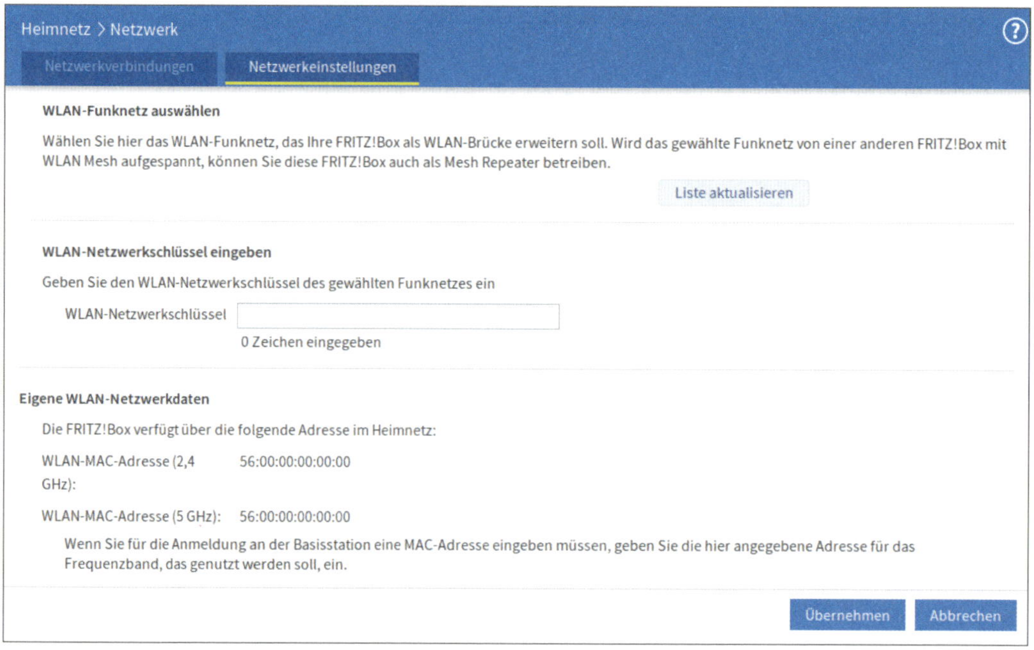

Abbildung 5.30 *Bei einer WLAN-Verbindung müssen hingegen noch Passwort und SSID eingetragen werden.*

Und so geht es weiter: Die FRITZ!Box wird nun neu starten und ist anschließend über die konfigurierte IP-Adresse oder den neuen Hostnamen in Ihrem Heimnetzwerk erreichbar. Sie können sie jetzt wie gewünscht konfigurieren. Ihre Funktionen sind im gesamten Heimnetzwerk verfügbar. Natürlich können Sie auch die kabelgebundenen Netzwerkanschlüsse der FRITZ!Box für weitere Netzwerkgeräte benutzen.

Jetzt können Sie sich beispielsweise noch darum kümmern, dass die Client-FRITZ!Box in das Mesh-WLAN des Hauptgerätes integriert wird. Somit ergänzt die Client-FRITZ!Box das WLAN der Haupt-FRITZ!Box, und Sie erhalten eine bessere WLAN-Abdeckung und dadurch oftmals auch eine höhere Geschwindigkeit. Hierfür ist es erforderlich, dass das neue Hauptgerät die Mesh-WLAN-Funktion unterstützt. Wenn das Hauptgerät eine FRITZ!Box neuerer Bauart ist, wird es keine Probleme geben.

1. Klicken Sie im Webinterface der Client-FRITZ!Box im Menü **Heimnetz • Mesh** auf die Registerkarte **Mesh Einstellungen**. Scrollen Sie zur Rubrik **Mesh-Betriebsart**.

2. Aktivieren Sie die Option **Mesh Repeater** und achten Sie darauf, dass das Kontrollkästchen **Diese FRITZ!Box ist Netzwerkgerät (IP-Client) im Heimnetz eines anderen Routers. Sie erhält vom Router eine IP-Adresse.** aktiviert bleibt.
3. Aktivieren Sie weiter unten auf der Seite außerdem das Kästchen **Einstellungsübernahme aktiv** in der Sektion **Einstellungen aus dem WLAN Mesh übernehmen**.
4. Klicken Sie dann auf **Übernehmen**.
5. Anschließend müssen Sie sowohl bei der Client-FRITZ!Box als auch beim Hauptgerät die Connect/WPS-Funktion auslösen. Drücken Sie dazu bei beiden Geräten innerhalb von zwei Minuten die entsprechende Taste (*Connect/ WPS* beziehungsweise *WPS*).

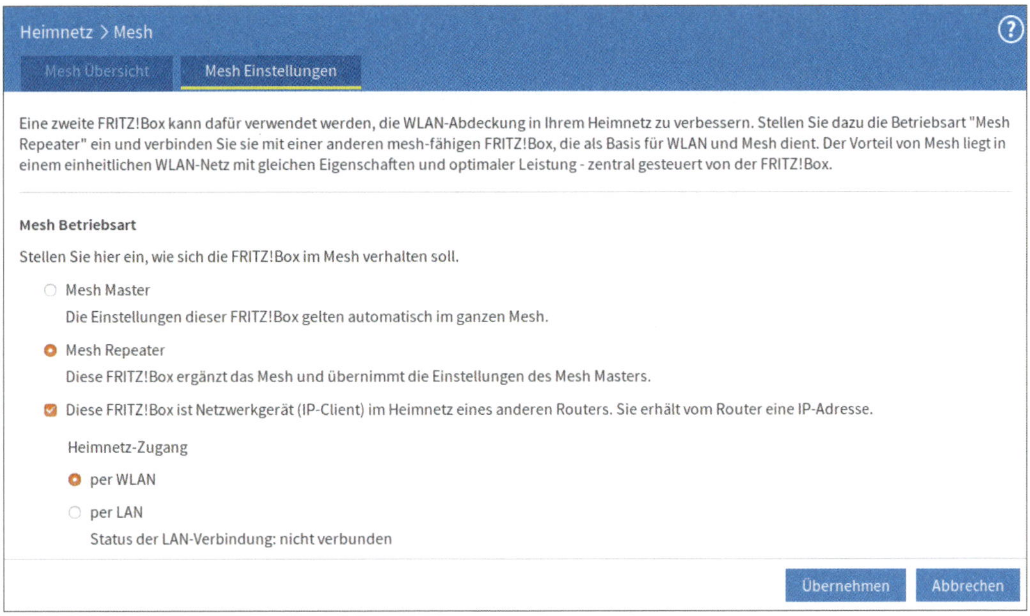

Abbildung 5.31 *Im Client-Modus kann eine FRITZ!Box ein vorhandenes WLAN über die Mesh-Funktion erweitern – auch wenn sie selbst per Kabel verbunden ist.*

Nun wird die Client-FRITZ!Box automatisch in das Mesh-WLAN des Hauptgerätes integriert und übernimmt selbstständig alle notwendigen Einstellungen. Anschließend erhalten Sie ein gemeinsames WLAN-Netz mit stark vergrößerter Reichweite, in dem Sie sich mit Ihren Endgeräten frei bewegen können. An den

Endgeräten sind keine weiteren Einstellungen nötig, es genügt, wenn diese einmalig am WLAN angemeldet wurden.

Der Gastzugang

Häufig kommt es vor, dass ein Gast oder Besucher bei Ihnen zu Hause Zugang zum Internet wünscht. Diesen Wunsch möchte man gerne erfüllen, dabei aber nicht unbedingt jedermann gleich auch vollständigen Zugriff auf alle Geräte oder Freigaben bieten, die im Heimnetzwerk verfügbar sind. Genau das würde aber passieren, wenn der Gast sein Laptop per Netzwerkkabel einfach an eine Netzwerk-Steckdose oder einen Netzwerkanschluss an der FRITZ!Box anschließt; er erhielte dann nicht nur Zugang zum Internet, sondern bekäme auch Zugriff auf alle Geräte und Dateifreigaben im Heimnetzwerk.

Aus diesem Grund bietet die FRITZ!Box einen sogenannten *Gastzugang* an. Dabei wird der Netzwerkanschluss LAN 4 auf der Rückseite der Box in einen besonderen Betriebsmodus versetzt: Geräte, die im Modus Gastzugang angeschlossen werden, erhalten zwar Zugang zum Internet, nicht jedoch zum Heimnetzwerk. Auf Geräte und Freigaben im Heimnetzwerk können sie nicht zugreifen. (Das Gastnetz verwendet dazu einen eigenen IP-Adressbereich, der nicht Teil des normalen Heimnetzwerks ist.)

SCHRITT FÜR SCHRITT

So aktivieren Sie den Gastzugang am Netzwerkanschluss LAN 4

1. Öffnen Sie im Webinterface der FRITZ!Box unter **Heimnetz • Heimnetzübersicht** die Registerkarte **Netzwerkeinstellungen**.
2. Setzen Sie in der Kategorie **Gastzugang** einen Haken in das Kästchen **Gastzugang für LAN 4 aktiv**.
3. Auf Wunsch können Sie aus rechtlichen Gründen die Anmeldung am Gastzugang nur nach Zustimmung zu den *Nutzungsbedingungen* gestatten. Wenn Sie hier einen Haken setzen, dann muss Ihr Gast vor der Nutzung des Internets auf einer Vorschaltseite zuerst allgemeine Nutzungsbedingungen bestätigen und beispielsweise zustimmen, keine illegalen Aktionen im Internet auszuführen.
4. Klicken Sie abschließend auf **Übernehmen**.

Ihr Gast kann nun sein Gerät per Netzwerkkabel am Anschluss *LAN 4* der FRITZ!Box anschließen. Er erhält Zugang zum Internet, kann Webseiten aufrufen und seine E-Mails abfragen, aber nicht auf Ihr Heimnetzwerk zugreifen. Sie können zum Beispiel ein eigenes Netzwerkkabel zu dem Platz legen, an dem sich Ihre Gäste üblicherweise aufhalten. Ein kleiner Aufkleber am Kabel kann auf die Verbindung zum Gastnetzwerk hinweisen. Falls erforderlich, können Sie am Anschluss LAN 4 auch einen Switch anschließen und den Zugang mehreren Gästen ermöglichen. Da das Gastnetzwerk seinen eigenen IP-Adressbereich verwendet, ist es erforderlich, dass die Gastgeräte ihre IP-Adresse automatisch über DHCP beziehen. Das Gastnetz sollte nicht mit festen IP-Adressen betrieben werden.

Wenn Sie das Gastnetz häufiger nutzen und ein wenig »professioneller« installieren möchten, ist das kein Problem. Sie können den Netzwerkanschluss LAN 4 der FRITZ!Box auch mit einer festen Netzwerk-Wanddose verbinden. Es ist sowohl eine Aufputz- als auch eine Unterputzinstallation möglich – genau wie bei den »normalen« Netzwerkanschlüssen auch. Wenn Sie einen eigenständigen Switch zwischenschalten, können Sie das Gastnetz auch auf mehrere Wanddosen legen und so zum Beispiel sowohl einen Zugang im Wohn-, im Gäste-, im Kinder- als auch im Arbeitszimmer vorsehen. Achten Sie aber darauf, dass Sie das normale Heim- und das Gastnetzwerk nicht versehentlich miteinander verbinden.

Abbildung 5.32 *Wer häufiger Gaste empfängt, die sich mit dem Internet verbinden möchten, wird sich über den Gastzugang freuen. Gäste können hierüber ins Internet, nicht aber ins Heimnetzwerk.*

Die Einschränkungen des Gastzugangs können verändert werden

In der Standardkonfiguration darf ein Gast am Gastzugang lediglich surfen und E-Mails abrufen, was für den Alltagsbetrieb ausreicht. Fortgeschrittene Nutzer können die Einschränkungen des Gastzugangs auch individuell konfigurieren. Klicken Sie dazu im Webinterface auf **Internet • Filter** und dort auf die Registerkarte **Zugangsprofile**. Klicken Sie auf den Eintrag **Gast** und anschließend rechts auf das Bleistiftsymbol. Es öffnet sich eine neue Seite, auf der individuelle Einstellungen möglich sind. So lässt sich etwa der Internetzugang auf eine bestimmte Uhrzeit beschränken, auch können Sie individuelle Filterlisten vergeben – bis hin zu einer sogenannten *Whitelist*, die nur eigens ausgewählte Internetadressen erlaubt. Im Bereich **Netzwerkanwendungen** können Sie den Zugangsfilter konfigurieren und beispielsweise neben dem Internetzugang auch den Zugriff auf FTP, SSH oder OpenVPN gestatten.

Gastzugang gibt es auch per WLAN

Die FRITZ!Box bietet nicht nur die Möglichkeit des Gastzugangs per Netzwerkkabel. Auf Wunsch kann auch der Zugang über WLAN ermöglicht werden. Die Gäste erhalten einen separaten WLAN-Zugang, der nur für das Internet genutzt werden kann – das ist ideal für moderne Mobilgeräte wie Smartphones. Mehr zur Einrichtung finden Sie in Kapitel 6 im Abschnitt »Ein separates WLAN für Ihre Gäste einrichten«.

Der FRITZ!Box einen eigenen Namen geben

Ihre FRITZ!Box tritt in Ihrem Heimnetzwerk in der Standardeinstellung unter dem Namen *fritz.box* auf – das lässt sich leicht merken und ist daher eine gute Wahl. Der fortgeschrittene Nutzer hat die Möglichkeit, diesen Namen zu ändern. Das macht etwa dann Sinn, wenn er mehrere FRITZ!Box-Geräte betreibt, etwa, weil er noch ein älteres Gerät hat, das er als WLAN-Repeater nutzen möchte. Im Webinterface kann man unter **Heimnetz • FRITZ!Box-Name** einen eigenen Namen vergeben. Dieser gilt automatisch gemeinsam für die Bezeichnung des WLAN-Netzes, der NAS-Freigaben, des Mediaservers, des MyFRITZ!-

Dienstes, des WLAN-Gastzugangs und der DECT-Basisstation. Die Namensänderung wird aktiv, sobald man auf **Übernehmen** klickt.

Wichtig!

Nach einer Namensänderung müssen Verbindungen zur FRITZ!Box (unter anderem zum WLAN) unter dem neuen Namen erneut aufgebaut werden.

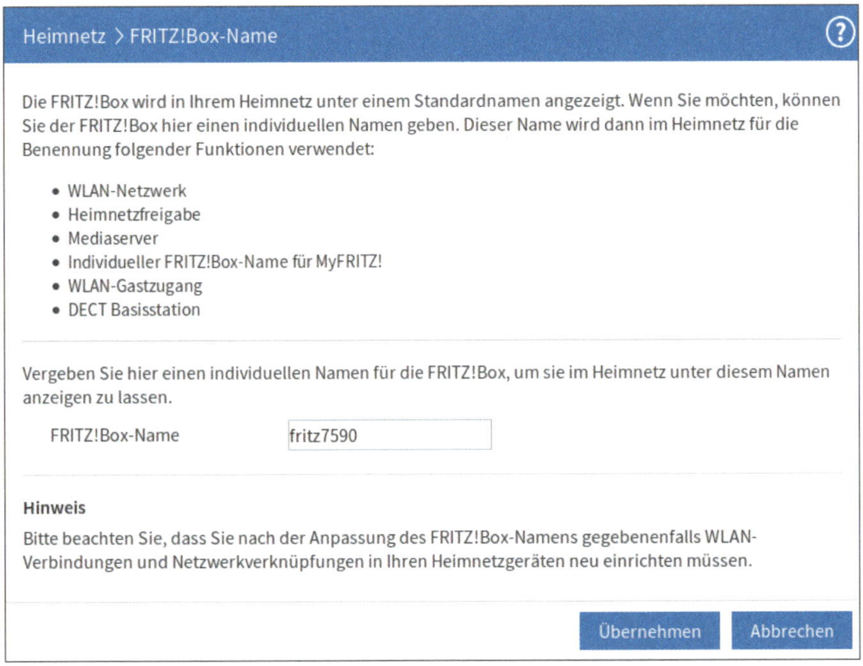

Abbildung 5.33 *Fortgeschrittene Nutzer können der FRITZ!Box einen eigenen Namen geben und deren Dienste hierüber gebündelt ansprechen.*

Die Smart-Home-Funktionen

Ihre FRITZ!Box bietet auch einige Funktionen rund um das Thema Smart Home, sie kann also Geräte mehr oder weniger intelligent steuern (beziehungsweise schalten) und so den Bewohnern einige lästige Aufgaben abnehmen und den (Wohn-)Komfort steigern.

Die zu steuernden Geräte werden bei AVMs Smart-Home-Lösung über die DECT-Schnittstelle mit der FRITZ!Box verbunden. Die Datenübertragung läuft somit über dieselbe Schnittstelle, die auch schnurlose Telefone nutzen. Auf diese Weise wird das WLAN von der Datenübertragung entlastet. Keine Sorge: DECT ist für den Smart-Home-Betrieb ausreichend schnell und bietet für die zusätzlichen Geräte auch genügend Reserven.

Mit der nackten FRITZ!Box lassen sich allerdings noch keine Smart-Home-Funktionen nutzen, hierfür sind Zusatzgeräte nötig. AVM bietet selbst einige Geräte an, dazu zählen

- schaltbare Steckdosen,
- Heizkörperthermostate und
- Wandtaster.

Mit den schaltbaren Steckdosen (die optisch an einfache Zwischenstecker erinnern) lassen sich (nahezu) beliebige elektrische Geräte ein- und ausschalten. Damit das Ganze »smart« wird, können die Steckdosen aber noch mehr: Sie messen den Stromverbrauch des angeschlossenen Gerätes und überwachen die Raumtemperatur. Diese Parameter können nicht nur für einfache Protokollzwecke verwendet werden, nein, sie lassen sich auch für entsprechende Schaltaufgaben nutzen. So ist es problemlos möglich, ein angeschlossenes Gerät bei Erreichen einer bestimmten Raumtemperatur an- oder abzuschalten. Auch lässt sich das Gerät etwa bei Unterschreiten eines festgelegten Stromverbrauchs abschalten – zum Beispiel wenn es in den Standby- oder Bereitschaftsmodus geschaltet wird. Auf diese Weise können einige logische Bedingungen geschaffen werden, die in entsprechende Schaltaufgaben übersetzt werden. Als nettes Gimmick haben die Steckdosen auch noch ein eingebautes Mikrofon, das auch für Schaltaufgaben genutzt werden kann – so lässt sich eine angeschlossene Lampe beispielsweise durch zweimaliges Händeklatschen einschalten. Ein anderer Einsatzzweck ist das Versenden einer Mail, wenn die Waschmaschine beim Ende des Waschvorgangs einen Piepton ausgibt. Bei allen Aufgaben übernimmt die FRITZ!Box die eigentliche Steuerung und Überwachung. Sie ist also der »smarte« Teil der Smart-Home-Lösung, die Steckdose ist nur ein »dummes« Gerät, das Daten liefert und Schaltbefehle annimmt. Es gibt von AVM derzeit zwei verschiedene Modelle. Bei der FRITZ!DECT 200 handelt es sich um ein normales Gerät für den Innenbereich. Das Gerät FRITZ!DECT 210 ist zusätzlich nach IP44 spritzwassergeschützt und eignet sich somit auch für Feuchträume oder den (geschützten) Außenbereich im Garten.

Abbildung 5.34 *FRITZ!DECT 200 ist ein schaltbarer Zwischenstecker mit eingebautem Leistungsmesser, Thermometer und Mikrofon. (Bild: AVM GmbH)*

Abbildung 5.35 *Die Variante FRITZ!DECT 210 der schaltbaren Steckdose ist spritzwassergeschützt und kann auch im Freien betrieben werden. (Bild: AVM GmbH)*

Bei dem Gerät FRITZ!DECT 301 handelt es sich um ein Heizkörperthermostat, das vom Nutzer schnell und einfach an einem normalen Flächenheizkörper montiert werden kann. Bei der einfachen Montage, die auch der Laie ausführen kann und bei der ein Wasseraustritt praktisch ausgeschlossen ist, wird das bisherige Heizkörperthermostat durch das AVM-Gerät ersetzt.

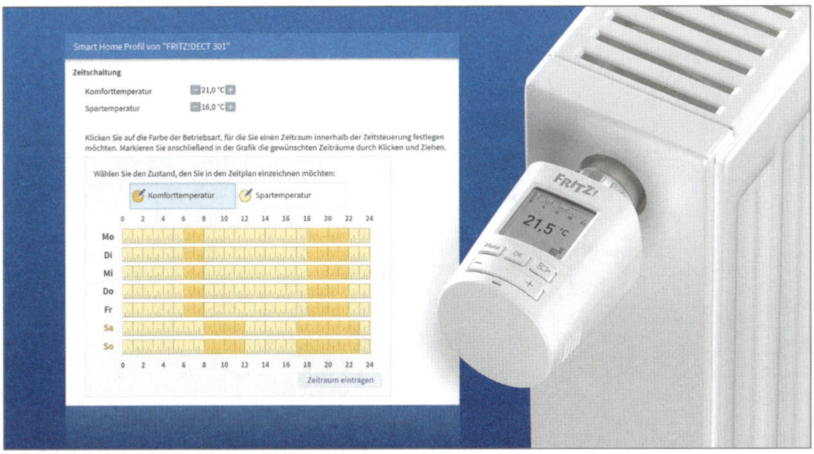

Abbildung 5.36 *Mit dem Heizkörperthermostat FRITZ!DECT 301 kann die Raumtemperatur über die FRITZ!Box gesteuert werden. (Bild: AVM GmbH)*

Dieses misst die Raumtemperatur und meldet sie der FRITZ!Box. Hier lassen sich nun gewünschte Raumtemperaturen vorgeben sowie Nacht- und Abwesenheitsprogramme einstellen. Über die FRITZ!Box und das Heizkörperthermostat wird nun die Heizung entsprechend gesteuert. Diese Funktion hilft, Heizkosten zu sparen. Wenn man mehrere dieser Geräte im Haushalt einsetzt, sind auch Gruppenschaltungen möglich. Natürlich kann die Heizung auch nach wie vor direkt am Thermostat bedient werden.

Als letztes Smart-Home-Gerät gibt es von AVM mit dem Modell FRITZ!DECT 400 einen Taster, der vom Äußeren her an einen gewöhnlichen Lichtschalter an der Wand erinnert. Er kann über entsprechende Befestigungen auch direkt an der Wand angebracht werden (alternativ kann er auch zum Beispiel an einen Tisch oder einen Schrank angeklebt werden), er wird jedoch nicht an das Stromnetz angeschlossen, sondern batteriebetrieben über DECT mit der FRITZ!Box verbunden. Dort kann man einstellen, was bei einem Druck auf die Taste geschehen soll: So lassen sich beispielsweise Smart-Home-Steckdosen und die daran angeschlossenen Geräte ein- oder abschalten. Auf diese Weise kann also etwa eine Lampe, die an unzugänglicher Stelle steht, bequem von einer anderen Stelle im Raum (oder im ganzen Haus) geschaltet werden, ohne dass aufwendige Elektroarbeiten nötig sind – Putz aufstemmen und Kabel verlegen entfallen also. Dabei unterscheidet der Taster übrigens zwischen einem kurzen und einem langen Tastendruck, sodass zwei verschiedene Schaltvorgänge möglich sind.

Abbildung 5.37 *FRITZ!DECT 400 ist ein Taster zur Wandbefestigung. Mit ihm können Smart-Home-Geräte geschaltet werden. (Bild: AVM GmbH)*

Die FRITZ!Box unterstützt aber nicht nur Geräte von AVM, sondern allgemein Geräte, die den *DECT-ULE-HAN-FUN-Standard* unterstützen. Die Abkürzung steht für DECT *Ultra Low Energy Home Area Network FUNctional protocol* – also sinngemäß für »*besonders stromsparendes Protokoll für Netzwerkaufgaben im Heimbereich*«. Dabei sollte man aber nicht einfach ein beliebiges Gerät erwerben, sondern zunächst auf die Kompatibilitätsliste von AVM im Internet schauen (*https://avm.de/fritz-labor/weitere-produkte/neues-verbesserungen/unterstuetzung-von-dect-ulehan-fun/*). Auf der noch recht überschaubaren Liste (das Thema Smart Home ist ja noch recht jung) finden sich derzeit (Stand September 2019) drei Geräte von der Telekom. Dazu zählen ein Wandtaster, ein Bewegungsmelder und ein Fensterkontaktmelder. Die letzten beiden Geräte sind interessant, denn hierüber lassen sich Schaltvorgänge an den angeschlossenen Geräten bei einer Bewegung im Raum oder bei einem geöffneten Fenster (oder der Balkontür) auslösen.

Die genannten Smart-Home-Geräte lassen sich sehr gut in das AVM-Ökosystem integrieren. So ist die Steuerung der Steckdosen beispielsweise auch über das FRITZ!Fon oder über die MyFRITZ!App möglich. Damit gelingt die Steuerung des Smart Homes bequem per Smartphone im ganzen Heimnetz – und wenn man möchte, natürlich auch von unterwegs über das Internet. Auf diese Weise lässt sich die Heizung schon von unterwegs, etwa bei einem ausgedehnten Winterspaziergang, bequem eine Stufe höher stellen, sodass man von einem wohlig warmen Zuhause empfangen wird.

Was sind Aktoren und was sind Sensoren?

Beim Thema Smart Home werden Ihnen häufig die Begriffe Aktoren und Sensoren begegnen. Damit werden zwei grundlegende Gerätekomponenten unterschieden. *Sensoren* erfassen Zustände beziehungsweise Messwerte in der Wohnung oder im Haus. Sie übernehmen also Messaufgaben. Ein Thermometer ist demnach ein Sensor, ebenso ein Fensterkontaktmelder. Sensoren erfassen also das Geschehen, greifen aber nicht ein. Aktiv werden hingegen die *Aktoren*. Ihr Einsatz führt zu einer Veränderung der Zustände. Eine schaltbare Steckdose zum Beispiel ist ein (Schalt-)Aktor, durch den Schaltvorgang ändert sich ein Zustand. Auch ein Heizkörperthermostat ist ein Aktor, denn durch seinen Einsatz verändert sich (nach einiger Zeit) die Raumtemperatur.

Diese Smart-Home-Lösung ist aber (derzeit noch) eher klein. Die Anzahl an erhältlichen Komponenten ist überschaubar. Darüber hinaus sind keine komplexen Steuerungen möglich, es lassen sich keine aufwendigen Logikfunktionen realisieren. Einige Funktionen oder Wünsche, die einem spontan einfallen, sind auch nur über Umwege möglich. Außerdem ist auch die Anzahl an Smart-Home-Komponenten, die an eine FRITZ!Box angeschlossen werden können, begrenzt. Beim Topmodell, der FRITZ!Box 7590, lassen sich etwa zwölf Heizkörperthermostate, zehn schaltbare Steckdosen, zehn Taster und ebenso viele Smart-Home-Sensoren anderer Hersteller gleichzeitig anschließen. Für eine besonders umfangreiche Steuerung eines ganzen Hauses ist diese Lösung daher nicht geeignet. Sie eignet sich aber sehr gut für kleinere, überschaubare Aufgaben in einer Wohnung oder zum Kennenlernen des Themas Smart Home. Erfreulich ist auch, dass die Komponenten preislich in einem überschaubaren Rahmen bleiben: Alle AVM-Geräte kosten jeweils weniger als 50 €.

Da es sich bei den Smart-Home-Komponenten um Zusatzgeräte handelt, die der Nutzer separat erwerben muss und die nicht zum Lieferumfang der FRITZ!Box gehören, möchte ich in diesem Buch nicht den gesamten Funktionsumfang der FRITZ!Box zu diesem Thema vorstellen. Ich zeige Ihnen an dieser Stelle beispielhaft, wie Sie die schaltbare Steckdose FRITZ!DECT 200 mit der FRITZ!Box verbinden und welche Schaltfunktionen und Komfortmerkmale Ihnen geboten werden. Auf diese Weise können Sie entscheiden, ob Sie das Thema Smart Home interessant finden und einmal ausprobieren möchten.

Die schaltbare Steckdose FRITZ!DECT 200 kann Geräte mit einer maximalen Leistungsaufnahme von bis zu 2300 Watt schalten. Sie misst fortwährend den Stromverbrauch des angeschlossenen Gerätes und überwacht die Raumtemperatur. Der Stromverbrauch kann Ihnen über die FRITZ!Box regelmäßig per E-Mail mitgeteilt werden. Über das eingebaute Mikrofon lässt sich das angeschlossene Gerät bei bestimmten Geräuschen schalten. An der Steckdose befindet sich ein Taster (Beschriftung: *On/Off*), mit dem das Gerät auch direkt ein- und abgeschaltet werden kann. Die Steckdose kann – wie eine Zeitschaltuhr – über einen Kalender zu festgelegten Zeiten geschaltet werden. Dabei wird auch ein Google-Kalender unterstützt. Es sind diverse Schaltprogramme möglich, sodass eine sehr feine, individuelle Zeitplanung realisiert werden kann. Mit einem FRITZ!Fon, einem Smartphone mit der MyFRITZ!App oder über einen normalen Computer mit Internet-Browser lässt sich die Steckdose fernbedienen – falls gewünscht, auch über das Internet. Zusätzlich ist auch der Einsatz eines Smart-Home-Tasters möglich. Wenn Sie eine dieser Steckdosen erworben haben, müssen Sie sie bei der Inbetriebnahme zuerst mit der FRITZ!Box verbinden.

SCHRITT FÜR SCHRITT

So verbinden Sie die Steckdose FRITZ!DECT200 mit Ihrer FRITZ!Box

1. Stecken Sie die FRITZ!DECT 200 zunächst in eine Wandsteckdose in der Nähe der FRITZ!Box. Im Auslieferungszustand ist das Gerät automatisch im Koppelmodus und sucht nach Ihrer FRITZ!Box.
2. Drücken Sie nun an Ihrer FRITZ!Box innerhalb von zwei Minuten kurz auf die Taste *Connect/WPS*. Alternativ können Sie auch mindestens 10 Sekunden auf die Taste *DECT* drücken. Nun wird automatisch die Anmeldung der Steckdose an der FRITZ!Box vorgenommen.
3. Sobald an der Steckdose die Anzeige *DECT* dauerhaft leuchtet, ist die Anmeldung erfolgreich abgeschlossen.
4. Nun können Sie das Gerät FRITZ!DECT 200 am gewünschten Einsatzort in eine Wandsteckdose einstecken, es wird sich von nun an automatisch mit Ihrer FRITZ!Box verbinden. Sie können nun ein elektrisches Gerät anschließen und mit der Einrichtung der Steckdose fortfahren.

Vorsicht bei Geräten mit Brandgefahr

Denken Sie immer daran, dass der Betrieb von elektrischen Geräten möglicherweise mit einem Risiko verbunden ist, und überlegen Sie stets, ob ein angeschlossenes Gerät sicher unbeaufsichtigt betrieben werden kann. Bedenken Sie, dass es einige Geräte gibt, von denen im Betrieb eine gewisse Brandgefahr ausgeht. Hierzu zählen etwa Bügeleisen und Heizstrahler. Diese Geräte sollten Sie aus Sicherheitsgründen niemals unbeaufsichtigt betreiben und sie auch nicht unbeaufsichtigt einschalten. Derartige Geräte dürfen also nicht an eine schaltbare Smart-Home-Steckdose angeschlossen werden. Denken Sie daran, dass ein Brand nicht nur durch eine Fehlfunktion ausgelöst werden kann: Sollte es einem externen Angreifer (auch wenn es unwahrscheinlich ist) gelingen, über das Internet Zugriff auf Ihre Smart-Home-Geräte zu erlangen, könnte er angeschlossene Geräte mit Brandgefahr beliebig ein- und ausschalten.

Sollte die automatische Anmeldung nicht erfolgreich gewesen sein (also die Anzeige *DECT* weiterhin blinken), dann wiederholen Sie die Prozedur an einer anderen Steckdose in der Nähe der FRITZ!Box. Sollten Sie keinen Erfolg haben, drücken Sie an der Steckdose für mindestens sechs Sekunden auf den Taster *DECT*. Damit wird der Koppelmodus automatisch reaktiviert, und es werden bisherige Anmeldedaten gelöscht. Bei einem neuen Versuch sollte es jetzt mit der Anmeldung funktionieren.

Nachdem Sie das Gerät erfolgreich an der FRITZ!Box angemeldet haben, klicken Sie im Webinterface der FRITZ!Box auf **Heimnetz • Smart Home**. Auf der Registerkarte **Smart-Home-Geräte** sehen Sie eine tabellarische Übersicht aller Smart-Home-Geräte. Dort wird auch die Steckdose FRITZ!DECT 200 aufgeführt sein. Eine ordnungsgemäße Verbindung erkennen Sie an der grünen Kontrollanzeige ganz links neben dem Gerätenamen. In der Tabelle können Sie einige Daten zur Steckdose ablesen: Die Spalte **Modus** informiert darüber, ob die Steckdose durch eine automatische Funktion oder rein manuell (nur über expliziten Befehl durch den Benutzer) geschaltet wird. Daneben wird Ihnen die aktuelle Temperatur am Installationsort der Steckdose angezeigt. Sofern konfiguriert, können Sie auch die gewünschte Solltemperatur ablesen, bei der ein angeschlossenes Gerät geschaltet wird.

Möchten Sie jetzt gleich einmal die Steckdose einschalten? Dann klicken Sie auf die Schaltfläche  in der Spalte **Aus / An**. Die Steckdose und das daran angeschlossene Gerät werden nun eingeschaltet. Sie hören ein Klack-Geräusch aus der Steckdose, das kommt vom eingebauten Relais, welches das angeschlossene Gerät schaltet. Außerdem leuchtet die Anzeige On/Off an der Steckdose. Die Schaltfläche im Webinterface ändert ihren Zustand zu  und zeigt Ihnen damit an, dass Steckdose und Gerät eingeschaltet sind. Über diese Schaltfläche können Sie Gerät und Steckdose auch wieder ausschalten. Natürlich können Sie auch den Taster *On/Off* auf der Steckdose verwenden.

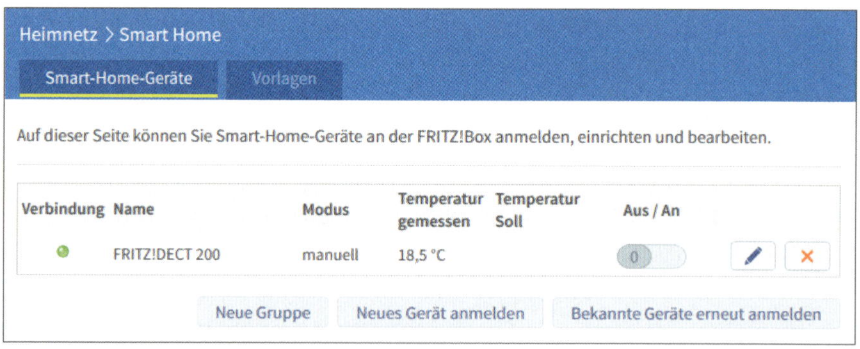

Abbildung 5.38 *Eine Steckdose FRITZ!DECT 200 wurde mit der FRITZ!Box verbunden und kann nun in der Spalte AUS / AN geschaltet werden.*

So schalten Sie die Steckdose mit einem FRITZ!Fon

Wenn Sie an Ihrer FRITZ!Box ein schnurloses FRITZ!Fon-Telefon betreiben, dann können Sie auch mit diesem die schaltbare Steckdose ein- und abschalten. Rufen Sie dazu im Menü den Eintrag **Heimnetz • Smart Home** auf. Dort finden Sie eine Übersicht der verbundenen Smart-Home-Geräte. Wählen Sie die gewünschte Steckdose unter dem Eintrag **FRITZ!Aktoren** aus. Mit der rechten Aktionstaste unter dem Display können Sie den Schaltzustand umschalten. Sie erhalten außerdem eine Anzeige über den aktuellen Stromverbrauch und die Raumtemperatur. Wenn Sie die Funktion häufiger nutzen, dann empfiehlt es sich, einen Eintrag in die Favoritenliste vorzunehmen.

Die Optionen zur Steuerung des Gerätes erreichen Sie über die Schaltfläche mit dem Bleistiftsymbol. Dort sehen Sie auf der Registerkarte **Allgemein** einige Informationen zu der Steckdose. Wenn Sie mehrere Steckdosen verwenden, ist das Feld **Name** interessant, denn hier können Sie jeder Steckdose einen individuellen Namen geben.

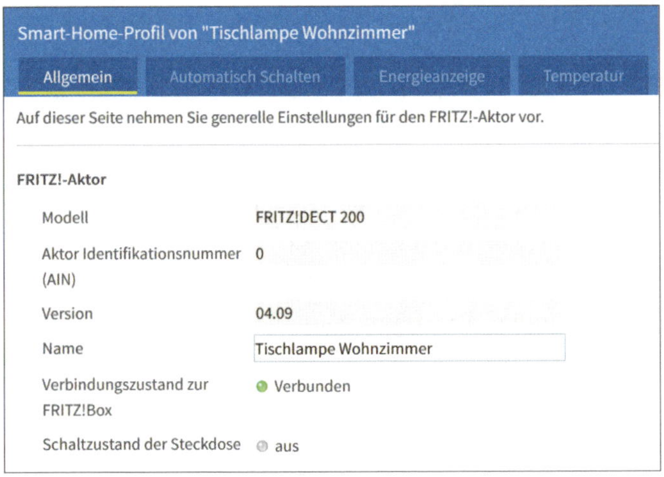

Abbildung 5.39 *Im Eigenschaften-Dialog kann der Steckdose ein eigener Name gegeben werden.*

Am besten eignet sich dafür die Bezeichnung des angeschlossenen Gerätes (eventuell auch der Raum, in dem es betrieben wird). So können Sie die Geräte einfach voneinander unterscheiden. Der Name wird auch auf der zuvor besprochenen Gerätetabelle angezeigt. Eine Änderung des Namens müssen Sie unten mit der Schaltfläche **OK** bestätigen. In der Rubrik **Schaltzustand** können Sie einstellen, welchen Schaltzustand die Steckdose nach einem Stromausfall haben soll. In der Rubrik **Energie** können Sie Ihren persönlichen Stromtarif (Kosten pro Kilowattstunde) sowie den CO_2-Ausstoß eintragen – die Werte erhalten Sie von Ihrem Stromanbieter. Die hier eingetragenen Werte werden zur Berechnung der Energiekosten verwendet, die durch das an der Steckdose angeschlossene Gerät entstehen – dazu gleich mehr.

Zunächst können Sie über das Ausklappfeld **Weitere Einstellungen** noch mehr (seltener benötigte) Konfigurationsoptionen einblenden. In entsprechenden Kategorien können Sie die LED-Anzeigen an der Steckdose deaktivieren – das ist zum Beispiel im Schlafzimmer hilfreich, wenn das Leuchten nachts stört. Außerdem können Sie ein Schalten der Steckdose per Handbefehl einschränken und etwa die Taste an der Steckdose oder die Option des Schaltens per Telefon, App oder Webinterface deaktivieren. Wenn Sie feststellen, dass die Temperaturmessung der Steckdose vom realen Wert um einen konstanten Wert – den sogenannten *Offset* – abweicht, können Sie in der Rubrik **Temperaturabweichung (Offset)** entsprechend eingreifen und die Anzeige korrigieren. Am interessantesten ist die Rubrik **Push Service Einstellungen**. Hierüber aktivieren Sie eine Funktion, die Ihnen bei bestimmten Ereignissen eine E-Mail zusendet. Zuvor müssen Sie für den Push-Service eine Absenderadresse konfigurieren, welche von der FRITZ!Box zum Mailversand verwendet wird – mehr dazu in Kapitel 9 im Abschnitt »Stets auf dem Laufenden bleiben mit dem Push-Service«. Wenn Sie den Push-Service benutzen möchten, aktivieren Sie das Kästchen **Push Service aktiv** und konfigurieren die Option. Sie können sich bei jedem Schaltvorgang eine Mail senden lassen – das ist praktisch für eine Funktion, die Ihnen eine Mail sendet, sobald die Waschmaschine fertig ist – mehr dazu im Infokasten »Möchten Sie eine Mail bekommen, sobald Ihre Wäsche fertig ist?«. Alternativ können Sie sich auch täglich, wöchentlich oder monatlich eine Mail mit allen Schaltvorgängen senden lassen, wofür sich aber nur die wenigsten Nutzer interessieren werden. Interessanter sind vermutlich die Informationen zum Stromverbrauch. So bleiben Sie über die entstandenen Energiekosten informiert. Geben Sie im letzten Feld die E-Mail-Adresse ein, an welche die Push-Mitteilungen versendet werden sollen, und klicken Sie abschließend auf **OK**.

Im Optionsmenü der Steckdose gibt es noch weitere Registerkarten. Über die Registerkarte **Energieanzeige** gelangen Sie zu einer detaillierten Auswertung der anfallenden Energiekosten und können dem an der Steckdose angeschlossenen Gerät – auch über einen längeren Zeitraum – kritisch »auf den Zahn fühlen«. In der Rubrik **Energieanzeige** erhalten Sie als Diagramm wahlweise die aktuell aufgenommene Leistung (der Zeitraum lässt sich auf 10 Minuten oder eine Stunde einstellen) oder den Gesamtverbrauch. Den Infofeldern unterhalb des Diagramms können Sie auch die Momentan-, Spitzen- und Minimalwerte entnehmen. Bei der Ansicht **Gesamtverbrauch** erhalten Sie die Daten über einen einstellbaren Zeitraum bis hin zu einem ganzen Jahr und sogar eine Prognose für die Energiekosten des laufenden Jahres. Diese Daten sind für eine Auswertung oftmals recht interessant, aber nicht wirklich »smart«, denn sie haben nur informierenden Charakter, können aber nicht zur Beeinflussung (oder besser zur Steuerung) anderer Geräte verwendet werden.

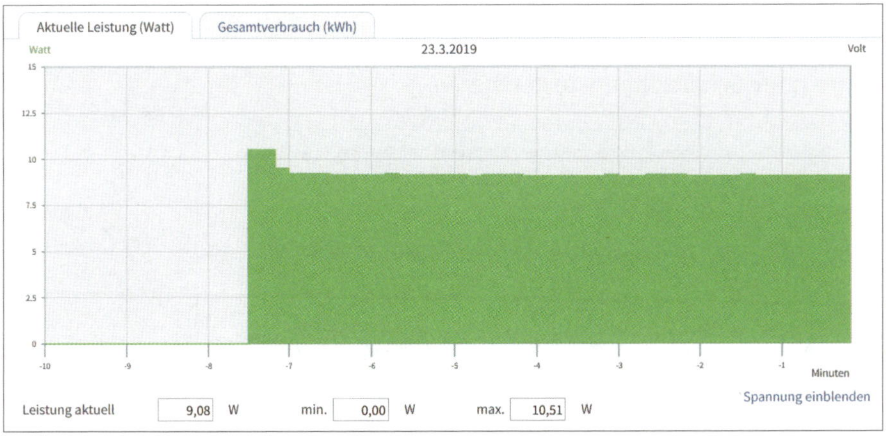

Abbildung 5.40 *Im Webinterface lassen sich diverse Ansichten rund um den Stromverbrauch der angeschlossenen Geräte abrufen.*

Ebenso hat die Registerkarte **Temperatur** im Optionsmenü der Steckdose nur informierenden Charakter; sie zeigt die Raumtemperatur der zurückliegenden 24 Stunden an. So kann man etwa ablesen, ob die Absenkung der Raumtemperatur während der Nacht (oder Abwesenheit) wie gewünscht funktioniert.

Die wichtigsten Einstellungsoptionen zum automatisierten Ein- und Ausschalten finden Sie im Optionsmenü der Steckdose auf der Registerkarte **Automatisch Schalten**. Dort können Sie in der Rubrik **Automatische Schaltung** aus diversen Möglichkeiten wählen, wann die Steckdose automatisch ein- oder ausgeschaltet werden soll. Wenn Sie den Haken in das Kontrollkästchen **Zeit-**

schaltung aktiv setzen, klappt ein Auswahlmenü auf, das Ihnen verschiedene Optionen anzeigt:

- Über den Punkt **Wochentäglich** können Sie die Steckdose wie eine Zeitschaltuhr benutzen und für jeden Tag der Woche individuelle Ein- und Ausschaltzeiten festlegen. Es gibt zwei verschiedene Wege, wie Sie diese Zeiten festlegen können: Zum einen zeigt Ihnen das Webinterface eine Zeitleiste als Grafik an. In dieser können Sie mit der Maus die gewünschten Zeiten eintragen – markieren Sie dazu mit gedrückter Maustaste den gewünschten Zeitraum. Über die beiden Schaltflächen oberhalb des Diagramms können Sie einstellen, ob der markierte Zeitraum den an- (blaue Farbe) oder den abgeschalteten Zustand darstellen soll. Wenn Ihnen die grafische Eingabe nicht zusagt, dann können Sie über die Schaltfläche **Zeitraum eintragen** auch direkt die gewünschten Zeiten eintragen. Egal, für welchen Weg Sie sich entscheiden: Selbstverständlich können Sie für jeden Wochentag mehrere Schaltzeitpunkte definieren.

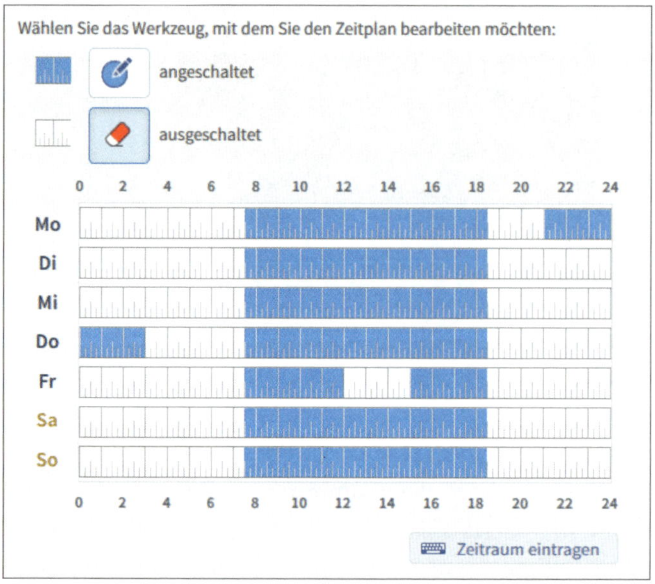

Abbildung 5.41 *Soll die Steckdose als Zeitschaltuhr arbeiten, so sind diverse Konfigurationen mit mehreren Schaltpunkten pro Tag möglich.*

- Eine etwas einfachere Zeitschaltuhr erhalten Sie über die Option **Täglich**: Hierbei stellen Sie einen Einschalt- und/oder einen Ausschaltzeitpunkt ein, der für jeden Kalendertag gelten soll.

- Mit der Option **Zufällig** wird die Steckdose zu verschiedenen Zeitpunkten ein- und abgeschaltet. Diese Option wird häufig für eine »Anwesenheitssimulation« bei Abwesenheit genutzt – etwa, wenn Sie im Urlaub sind. Das angeschlossene Gerät wird zu zufälliger Zeit ein- und wieder abgeschaltet. In den Einstellfeldern können Sie den gewünschten Zeitraum (Datum und Uhrzeit) sowie die maximale Einschaltdauer konfigurieren.
- Einen Ausschalt-Timer erhalten Sie über die Option **Countdown**. Hierbei legen Sie eine Zeitdauer fest, für die das angeschlossene Gerät nach Anschalten eingeschaltet bleibt – nach Ablauf der Zeit wird es automatisch ausgeschaltet. So etwas kennt man von der Beleuchtung eines Treppenhauses. Auch die umgekehrte Schaltung ist möglich.
- Die Funktion **Rhythmisch** schaltet das Gerät in einem festen Zeitraster. Auf diese Weise kann man etwa einen Ventilator jede Stunde für jeweils 15 Minuten laufen lassen.
- Möchten Sie das Gerät lediglich einmalig zu einem bestimmten Zeitpunkt (und für eine bestimmte Zeit) ein- oder abschalten? Dann können Sie die gewünschte Zeit über die Option **Einmalig** einstellen.
- Von einer Rollladen- oder Jalousiesteuerung kennen Sie vielleicht die Möglichkeit, Schaltpunkte in Abhängigkeit des Sonnenstandes und damit der Tageshelligkeit steuern zu lassen. Das geht über die Option **Astronomisch** auch mit der Steckdose an Ihrer FRITZ!Box und ermöglicht so etwa die automatische Steuerung der Außenbeleuchtung. Bei Anbruch der Dunkelheit wird das Licht ein- und bei Sonnenaufgang wieder ausgeschaltet. Zunächst müssen Sie der FRITZ!Box Ihre Position angeben. Tragen Sie dazu den **Breitengrad** und den **Längengrad** ein, an dem Sie sich befinden – die Daten bekommen Sie z. B. über Wikipedia. Alternativ kann die Lokalisierungsfunktion Ihres Internet-Browsers verwendet werden. Anschließend können Sie die gewünschten Zeitpunkte für den Schaltvorgang festlegen und diesen zum Beispiel erst zwei Stunden nach Sonnenuntergang einleiten.
- Die letzte Option ermöglicht das freie Einstellen von Zeitpunkten über einen Google-Kalender. Dafür richten Sie sich einen eigenen Kalender beim Kalenderdienst von Google ein. Den Namen Ihres Kalenders tragen Sie in das Feld **Name des Google-Kalenders** ein. Nun können Sie im Kalender individuelle Termine mit den Bezeichnungen *an* und *aus* vergeben, zu denen sich die Steckdose automatisch an- und abschaltet.

Auf der Registerkarte **Automatisch Schalten** gibt es noch die Rubrik **Abschalten bei Standby**. Haben Sie ein Gerät mit hohem Stromverbrauch im Standby-Modus, das über keinen »richtigen« Ausschalter verfügt? Mit dieser Option nutzen Sie die Stromverbrauchsmessung der Steckdose für einen Schaltvorgang: Sobald die Leistungsaufnahme des angeschlossenen Gerätes für den eingestellten Zeitraum (**Dauer**) unter die eingestellte **Leistungsschwelle** sinkt, wird die Steckdose ausgeschaltet und das angeschlossene Gerät hart abgeschaltet – der Stromverbrauch sinkt dann auf null. Diese Option können Sie auch für die Option verwenden, bei der Sie eine E-Mail erhalten, sobald Ihre Waschmaschine mit dem Waschvorgang fertig ist.

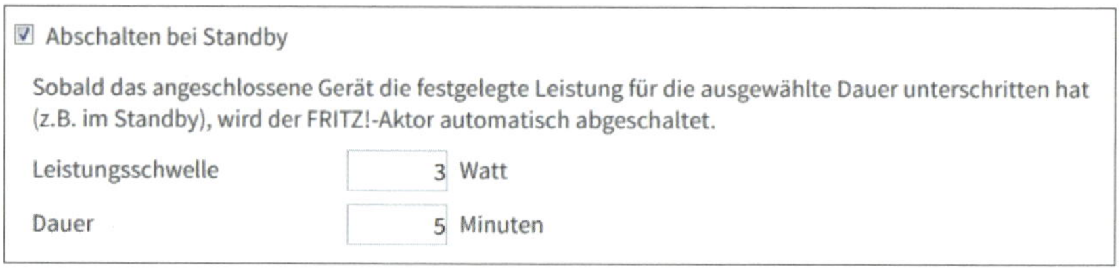

Abbildung 5.42 *Wenn das angeschlossene Gerät in den Standby-Modus wechselt, kann die Steckdose auf Wunsch auch hart abschalten und somit noch mehr Strom sparen.*

Möchten Sie eine Mail bekommen, sobald Ihre Wäsche fertig ist?

Nicht immer hat man seine Waschmaschine in der Küche stehen, oft steht sie in der Waschküche im Keller. Möchten Sie gerne wissen, ob der aktuelle Waschvorgang bereits fertig ist, ohne in den Keller hinabsteigen zu müssen? Über eine Kombination von Einstelloptionen rund um die smarte Steckdose können Sie das mit der FRITZ!Box realisieren. Zunächst müssen Sie die Push-Funktion für automatische Benachrichtigungen aktivieren. Richten Sie die Funktion so ein, dass Sie bei jedem Schaltvorgang der Steckdose eine Benachrichtigung per Mail erhalten. Dies kombinieren Sie nun mit der Funktion *Abschalten bei Standby*. Schließen Sie die Waschmaschine an die Steckdose an, und beobachten Sie zunächst, welchen Stromverbrauch die Waschmaschine beim Waschvorgang hat und wenn dieser fertig ist. Tragen sie nun den »Standby«-Wert mit einem kleinen Zuschlag in das Feld **Leistungsschwelle** ein. Wenn jetzt die Wäsche fertig und die Leistungsaufnahme entsprechend abgesunken ist, wird die Steckdose nicht nur die Waschmaschine automatisch abschalten, sondern Sie auch per Mail darüber informieren. Übrigens: Diese Option eignet sich nicht nur für die Waschmaschine, sondern auch für andere Geräte. Beachten Sie aber immer die maximale Leistungsaufnahme des Gerätes, und denken Sie daran, dass Sie Heißgeräte nicht unbeaufsichtigt betreiben sollten.

Als Letztes können Sie noch das zuvor erwähnte Mikrofon der Steckdose für einen automatischen Schaltvorgang verwenden. Aktivieren Sie dazu das Kästchen **Schalten bei Geräusch**. Sie können zwischen einem frei wählbaren Geräusch oder einem zweimaligen Händeklatschen beziehungsweise Klopfen auswählen. Beim frei wählbaren Geräusch können Sie den Frequenzbereich einschränken und somit »Fehlalarme« vermeiden. Außerdem lässt sich die Empfindlichkeit des Mikrofons einstellen. Wenn Sie die Funktion verwenden möchten, dann empfiehlt es sich, ein wenig mit den Parametern zu spielen, bis Sie die optimalen Einstellungen gefunden haben. Die Funktion *Schalten bei Geräusch* lässt sich übrigens auch zeitlich einschränken, außerdem können Sie wählen, ob der neue Schaltzustand dauerhaft oder nur vorübergehend beibehalten werden soll.

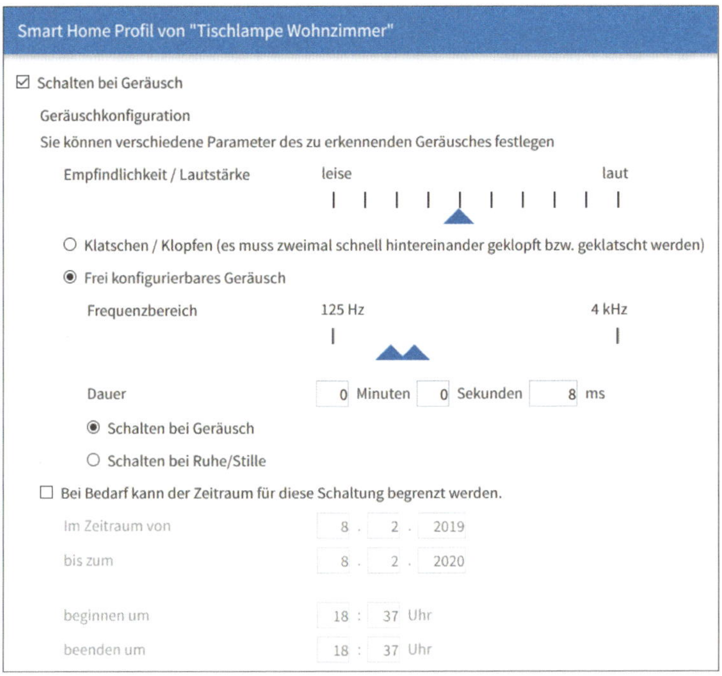

Abbildung 5.43 *Über Geräusche wie Klatschen oder Klopfen können ebenfalls die angeschlossenen Geräte ein- und ausgeschaltet werden.*

Kapitel 6
Kabellos glücklich: alles rund ums WLAN

In diesem Kapitel erfahren Sie alles Wichtige rund um das drahtlose Funknetzwerk Ihrer FRITZ!Box – kurz: das WLAN. Sie lernen hier unter anderem, wie Sie das WLAN an- und abschalten, welche Möglichkeiten es zur Einbindung Ihrer WLAN-Geräte gibt und wie Sie das WLAN sicher und effizient betreiben. Gegen Ende des Kapitels mache ich Sie mit dem Gast-WLAN vertraut. Damit können Sie ein separates WLAN aufspannen, das Ihren Gästen einen Internetzugang bietet, sie aber nicht auf Ihr Heimnetzwerk zugreifen lässt. Zum Schluss geht es um das Trendthema Mesh-WLAN. Mit dieser Technologie können Sie einfach und komfortabel die Reichweite Ihres WLANs erhöhen, sodass es, wenn gewünscht, auch überall auf einem größeren Grundstück zur Verfügung steht.

Das WLAN aktivieren

Im Auslieferungszustand Ihrer FRITZ!Box ist das WLAN üblicherweise bereits eingeschaltet und kann sofort verwendet werden.

Herausfinden, welches das eigene WLAN ist

Ein WLAN-Funknetz trägt stets eine Bezeichnung (beziehungsweise Kennung), die sogenannte *SSID*, über die es identifiziert werden kann. Die SSID ist sozusagen der Name des WLANs. Die SSID des WLANs Ihrer FRITZ!Box setzt sich im Grundzustand aus der Typnummer des Gerätes und einem angehängten zweistelligen Buchstabenkürzel zusammen, zum Beispiel *FRITZ!Box 7590 FR*. Das Buchstabenkürzel wird in der Fabrik für jedes Gerät zufällig gewählt und hilft bei der Unterscheidung von WLAN-Funknetzen desselben FRITZ!Box-Modells. Gerade in Mehrparteienhäusern oder allgemein in der Stadt können schnell mehrere FRITZ!Box-Geräte desselben Typs vorhanden sein, und da hilft dieses Buchstabenkürzel dabei, das »richtige«, also das eigene WLAN zu finden. Welches WLAN gehört nun genau zu Ihrer FRITZ!Box? Wenn es nur ein WLAN mit der passenden Typenbezeichnung gibt, dann brauchen Sie gar nicht auf die Suche zu gehen. Ansonsten können Sie die korrekte Bezeichnung über mehrere Wege erfahren:

- Der Name Ihres WLANs ist auf dem Typenschild auf der Unterseite Ihrer FRITZ!Box aufgedruckt.
- Im Lieferumfang Ihrer FRITZ!Box befindet sich eine blaue Karte mit dem Namen FRITZ!Notiz, die Ihnen ebenfalls den Namen verrät.
- Im Webinterface der FRITZ!Box ist die WLAN-Bezeichnung gleich nach dem Einloggen auf der Übersichtsseite in der Kategorie **Anschlüsse** angegeben.

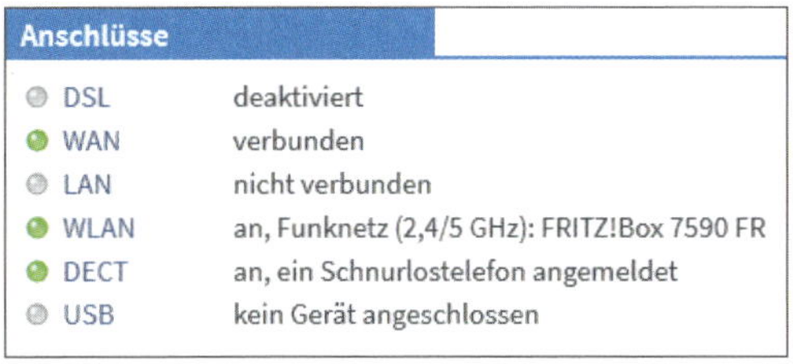

Abbildung 6.1 *Die Bezeichnung (SSID) des WLANs wird direkt auf der Übersichtsseite im Webinterface angezeigt. Hier lautet sie FRITZ!Box 7590 FR.*

Die MAC-Adresse der FRITZ!Box halten Sie besser geheim

Natürlich hat auch Ihre FRITZ!Box – wie jedes Netzwerkgerät – eine eigene MAC-Adresse, die Sie auf dem Typenschild oder im Webinterface finden. Diese Adresse müssen Sie zwar nicht streng geheim halten, allerdings auch nicht unbedingt überall publik machen. Warum nicht? Nun, diverse Internetdienste verknüpfen die SSID und die MAC-Adresse des WLAN-Basisgerätes mit dem geografischen Standort. Auf diese Weise wird es Smartphones möglich, ihren ungefähren Standort zu bestimmen – auch unabhängig vom GPS-Dienst. Dazu teilen die Geräte dem Kartendienst oftmals ihren Standort und die Daten von WLAN-Netzen in der Nähe mit. Es ist wahrscheinlich, dass früher oder später auch Ihr WLAN auf diese Weise »erfasst« wird. Allzu schlimm ist das meistens nicht, aber wenn nun jemand die MAC-Adresse Ihres WLAN-Basisgerätes kennt, dann kennt er nach etwas Recherche im Internet auch dessen ungefähren Betriebsort. Und diese Zuordnung muss ja nicht unbedingt jeder kennen – erst recht nicht, wenn auch Ihr Name zu den verfügbaren Informationen zählt.

Sie können übrigens den Namen Ihres WLANs jederzeit ändern und eine eigene Bezeichnung verwenden. Wie das funktioniert, erklärt Ihnen der Abschnitt »Einen eigenen Namen für das WLAN benutzen« in Kapitel 6.

Prüfen, ob das WLAN angeschaltet und betriebsbereit ist

Nachdem Sie wissen, welchen Namen Ihr WLAN trägt, nehmen Sie einfach ein WLAN-fähiges Endgerät zur Hand – beispielsweise ein Smartphone oder ein Notebook – und suchen damit nach WLAN-Netzen. In der Ergebnisliste wird das WLAN Ihrer FRITZ!Box aufgeführt sein – solange Sie sich im Empfangsbereich befinden.

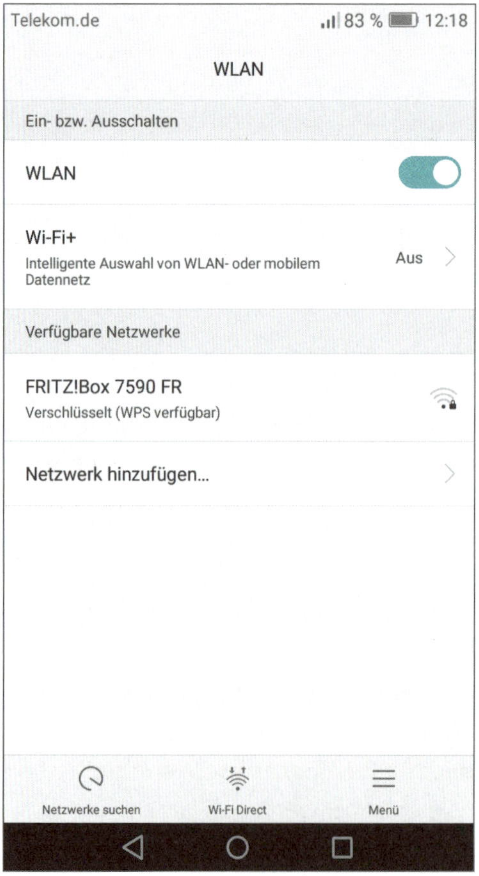

Abbildung 6.2 *Ja, das passende WLAN ist aktiv und wird von einem Smartphone gefunden.*

Wenn Sie kein WLAN-Netz mit der passenden Bezeichnung finden, dann könnte das daran liegen, dass das WLAN-Funknetz Ihrer FRITZ!Box nicht eingeschaltet ist. Prüfen Sie einmal, ob die Kontrollleuchte mit der Bezeichnung WLAN am Gerät leuchtet. Wenn sie abgeschaltet ist, dann ist auch das WLAN-Funknetz inaktiv. Sie müssen es vor der Benutzung zunächst anschalten.

Alternativ können Sie natürlich auch direkt im Webinterface der FRITZ!Box nachsehen. Auf der Übersichtsseite in der Sektion **Anschlüsse** hat das WLAN einen eigenen Eintrag. Leuchtet die Kontrollanzeige grün, dann ist das WLAN angeschaltet. Ist die Kontrollanzeige grau, dann ist das WLAN abgeschaltet.

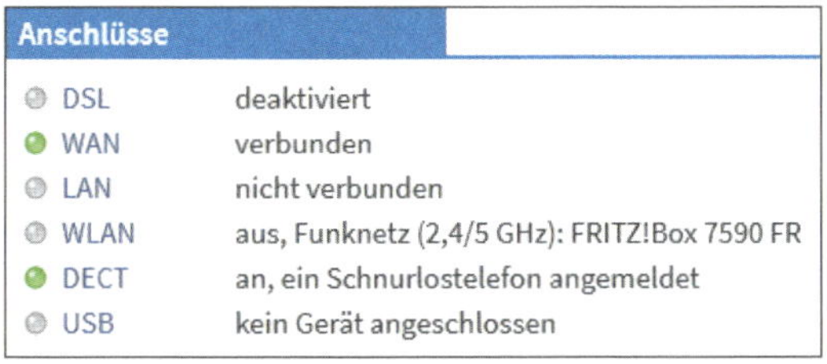

Abbildung 6.3 *Die Kontrollanzeige für das WLAN ist grau, das WLAN ist abgeschaltet.*

Das WLAN anschalten

Es gibt mehrere Möglichkeiten, das WLAN-Funknetz anzuschalten:

- Drücken Sie kurz (für etwa eine Sekunde) auf den Taster *WLAN* an der FRITZ!Box.
- Wenn Sie ein Telefon mit der FRITZ!Box verbunden haben, dann rufen Sie die Nummer #96*1* an und legen anschließend auf. Auch hierdurch wird das WLAN-Funknetz eingeschaltet. Es spielt keine Rolle, um welche Art von Telefon es sich handelt. Einzige Ausnahme: Sie haben ein analoges Endgerät mit spontaner Amtsholung eingerichtet (siehe Kapitel 8 im Abschnitt »Telefonieren mit der FRITZ!Box«), dann müssen Sie die [0] vorwählen.
- Falls Sie ein FRITZ!Fon vom Hersteller AVM angeschlossen haben, dann können Sie das WLAN der zugehörigen FRITZ!Box direkt im Menü des Telefons anschalten. Gehen Sie dazu in das Menü des Telefons, und rufen Sie dort den Punkt **Heimnetz • WLAN** auf. Markieren Sie den Eintrag **WLAN aktiv**, und drücken Sie auf [OK] oder auf **Ein**, sodass der Eintrag mit einem Haken aktiviert wird.

- Haben Sie bereits einen Computer per Netzwerkkabel mit der FRITZ!Box verbunden? In diesem Fall können Sie das WLAN auch über das Webinterface der FRITZ!Box einschalten. Klicken Sie im Webinterface auf der Übersichtsseite oben in der blauen Leiste auf **MyFRITZ!**. Im neuen Menü können Sie in der Sektion **Komfortfunktionen** das WLAN über den zugehörigen Schalter 0 aktivieren. Alternativ können Sie im Webinterface die Kategorie **WLAN • Funknetz** aufrufen und dort in der Sektion **Aktive Frequenzbänder** entsprechende Haken setzen und anschließend auf **Übernehmen** klicken.

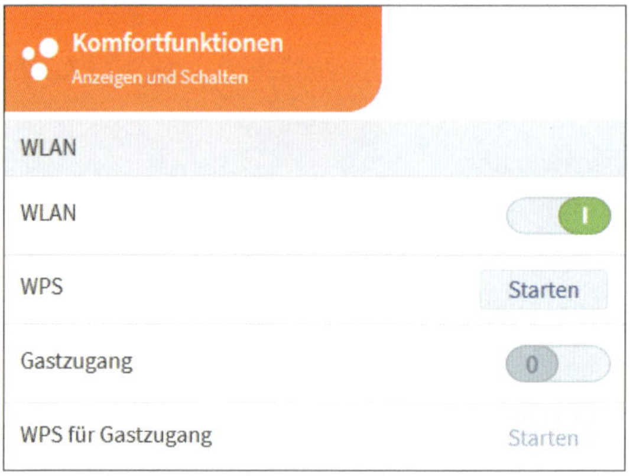

Abbildung 6.4 *Im MyFRITZ!-Menü können Sie das WLAN in der Sektion »Komfortfunktionen« einschalten.*

Abbildung 6.5 *Alternativ und (je nach FRITZ!Box-Modell) sogar für die verschiedenen Bänder getrennt kann das WLAN auch im Webinterface geschaltet werden.*

Nachdem Sie eine der genannten Aktionen ausgeführt haben, wird das WLAN-Funknetz aktiviert. Das dauert ein paar Sekunden, während dieser Zeit blinkt die Kontrollleuchte WLAN an der FRITZ!Box. Sobald sie dauerhaft leuchtet, steht Ihnen das WLAN-Funknetz zur Verfügung.

Nachdem das WLAN korrekt aktiviert ist, können Sie mit einem WLAN-fähigen Endgerät auf »Netzsuche« gehen. Sofern Sie sich innerhalb des Empfangsbereiches befinden, werden Sie in der Ergebnisliste das WLAN Ihrer Box finden.

Das WLAN abschalten

Falls Sie das WLAN nicht dauerhaft nutzen möchten, können Sie es auch jederzeit wieder abschalten. Natürlich verlieren dann alle aktuell per WLAN verbundenen Geräte ihre Netzwerkverbindung. Ein abgeschaltetes WLAN hilft ein wenig beim Stromsparen, allerdings ist das Einsparpotenzial nicht sehr groß. Mehr dazu in Kapitel 6 im Abschnitt »Das WLAN per Zeitschaltung steuern«, der Ihnen zeigt, wie Sie das WLAN automatisch nach einem Zeitplan an- und abschalten können.

Sie können das WLAN-Funknetz auf ähnlichem Wege wie beim Einschalten abschalten:

- Drücken Sie kurz (etwa eine Sekunde lang) auf den Taster *WLAN* an der FRITZ!Box.
- Rufen Sie mit einem an der FRITZ!Box angeschlossenen Telefon die Rufnummer #96*0* an. Legen Sie dann wieder auf.
- Wenn Sie ein FRITZ!Fon verwenden, das mit der FRITZ!Box verbunden ist, dann rufen Sie im Menü des Telefons den Eintrag **Heimnetz • WLAN** auf, und entfernen Sie den Haken im Eintrag **WLAN aktiv** mit der Taste [OK] oder mit **Aus**.
- Öffnen Sie das Webinterface der FRITZ!Box und dort auf der Übersichtsseite in der oberen blauen Leiste den Eintrag **MyFRITZ!**. Schalten Sie das WLAN über den Schalter in der Sektion **Komfortfunktionen** aus. Alternativ können Sie das WLAN im Webinterface auch in der Kategorie **WLAN • Funknetz** abschalten. Scrollen Sie zur Sektion **Aktive Frequenzbänder**, und entfernen Sie die entsprechenden Haken. Klicken Sie anschließend auf **Übernehmen**.

Abbildung 6.6 *Mit einem FRITZ!Fon kann das WLAN direkt im Menüsystem geschaltet werden. Die Datenübertragung erfolgt hierbei über DECT. (Bild: AVM GmbH)*

Nachdem Sie den Befehl zur Abschaltung gegeben haben, wird das WLAN-Funknetz deaktiviert. Das dauert ein paar Sekunden, während dieser Zeit blinkt die Kontrollleuchte WLAN an der FRITZ!Box. Sobald sie erloschen ist, ist das WLAN abgeschaltet.

Potenzielle Konfigurationsprobleme bei der Nutzung des WLANs

Wenn es mit dem Zugriff auf das WLAN nicht so recht funktionieren will, könnte das an einigen Konfigurationsproblemen liegen. Beispielsweise könnte es sein, dass die Tasten und die Kontrollleuchten an der FRITZ!Box deaktiviert sind – dann kann darüber natürlich weder etwas geschaltet noch kontrolliert werden. Abhilfe schafft der Abschnitt »Die Funktion von Tasten und LEDs steuern« in Kapitel 9. Es könnte auch sein, dass die SSID von der FRITZ!Box nicht aktiv ausgesendet wird, sondern versteckt ist – dann findet ein WLAN-Gerät das gewünschte Netzwerk nicht. Schließlich ist es auch möglich, dass Ihr WLAN bereits mit einer eigenen Bezeichnung betrieben wird, die von der Angabe auf dem Typenschild abweicht. Mehr zu beiden Themen finden Sie in Kapitel 6 im Abschnitt »Einen eigenen Namen für das WLAN benutzen«.

Geräte mit dem WLAN verbinden

Vor der Nutzung des WLANs müssen Sie ihr Endgerät zunächst am WLAN anmelden. Vielleicht kennen Sie diesen Vorgang schon vom Einbuchen Ihres Smartphones in ein öffentliches WLAN, das zum Beispiel von einem Café angeboten wird. Hier genügt es teilweise, einfach auf den jeweiligen Knopf »Verbinden« zu drücken. Im heimischen WLAN ist das aber – aus gutem Grund – nicht ganz so einfach. Im heimischen WLAN sind nämlich die *Verschlüsselung* und auch die *Authentifizierung* besonders wichtig. Zu einem Funknetz hat schließlich jedermann Zugang, der sich in Reichweite aufhält. Wenn man jetzt keine geeigneten Maßnahmen ergreift, also unverschlüsselt kommuniziert, dann könnte jedermann Ihr WLAN abhören. Er erfährt, welche Seiten Sie im Internet aufrufen und welche Daten Sie übertragen. Wenn man für das WLAN keine Authentifizierung verwendet, dann kann sich auch jede Person in Funkreichweite am WLAN anmelden und es kostenlos mitnutzen. Die Person hätte nicht nur Zugriff auf Ihren Internetzugang und könnte damit allerlei Blödsinn anstellen, sondern könnte auch auf Ihr gesamtes Heimnetzwerk zugreifen. Deswegen kommen im WLAN eine Zugangsbeschränkung und eine Datenverschlüsselung zum Einsatz. Mithilfe eines Passwortes, dem sogenannten WLAN-Passwort, wird sichergestellt, dass nur berechtigte Personen Zugang zu Ihrem WLAN erhalten. Es hilft außerdem bei der Verschlüsselung des Datentransfers, sodass Sie auch nicht von einer externen Person belauscht werden können.

Bevor Sie auf Ihr WLAN zugreifen können, müssen Sie sich also zunächst als berechtigter Teilnehmer »ausweisen« und Ihr Gerät korrekt mit dem WLAN verbinden. Dafür stehen Ihnen verschiedene Möglichkeiten zur Verfügung:

- Sie können sich manuell mit Ihrem WLAN verbinden. Das bedeutet, dass Sie zunächst am Endgerät Ihr WLAN auswählen und anschließend das korrekte Passwort eingeben. Anschließend erhalten Sie Zugang zu Ihrem WLAN und können beispielsweise im Internet surfen.

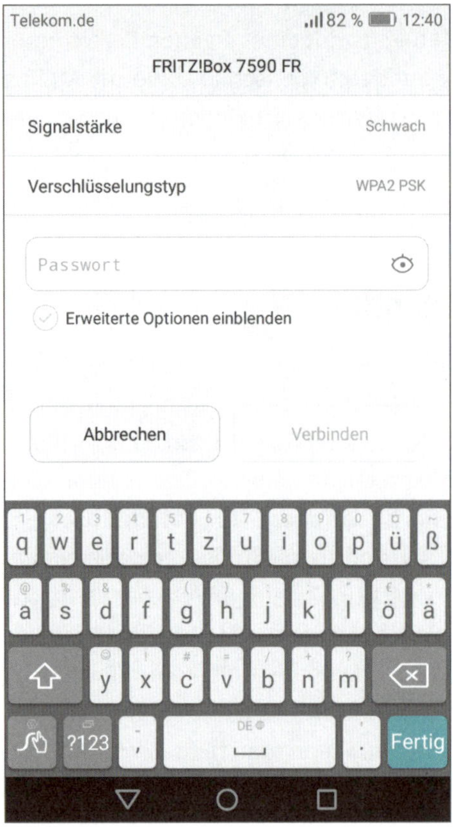

Abbildung 6.7 *Beim manuellen Verbinden müssen Sie das WLAN-Passwort per Hand eintippen und sorgsam darauf achten, dass Ihnen keine Tippfehler unterlaufen.*

- Sie nutzen die *WPS*-Funktion. WPS steht für *Wireless Protected Setup*. Es bezeichnet ein Verfahren, bei dem ein WLAN-Gerät automatisch in ein WLAN eingebunden wird. Dabei wird das Passwort automatisch übertragen, und der Nutzer muss es nicht per Hand eingeben. Natürlich muss man sicherstellen, dass sich hierbei nur das gewünschte Gerät verbindet. Um das sicherzustellen, gibt es zwei verschiedene WPS-Verfahren, bei denen entweder eine kurze PIN-Nummer eingegeben werden muss oder die Verbindung nur auf explizite Anforderung während einer kurzen Zeitspanne möglich ist.
- Sie scannen mit einem mobilen Endgerät einen QR-Code, der von Ihrer FRITZ!Box generiert wurde. Er enthält alle notwendigen Daten, also neben dem Passwort sogar den Netzwerknamen. Dieses Verfahren ist sehr komfortabel und ebenso sicher.

Abbildung 6.8 *Über so einen QR-Code kann beispielsweise ein Smartphone die nötigen WLAN-Einstellungen erhalten. Dafür muss man den Code nur mit der Kamera des Gerätes einfangen.*

In den folgenden Abschnitten zeige ich Ihnen, wie Sie Ihr WLAN-Gerät entweder manuell oder per WPS-Funktion mit der FRITZ!Box verbinden – beide Verfahren haben Vor- und Nachteile. Lesen Sie zuerst beide Abschnitte, und entscheiden Sie sich dann für eines der beiden Verfahren.

Manueller Verbindungsaufbau mit Passworteingabe

Beim manuellen Verbindungsaufbau müssen Sie das Passwort des WLANs per Hand am Endgerät eingeben. Diese Methode ist zwar nicht so komfortabel wie die WPS-Funktion, sie ist aber sicherer, denn bei diesem Verfahren gibt es keine »verwundbare Zeit« – das WLAN Ihrer FRITZ!Box arbeitet die ganze Zeit mit maximaler Sicherheit und nur dann, wenn ein Endgerät mit dem richtigen Passwort anfragt, wird eine WLAN-Verbindung eingerichtet und Zugriff gewährt. Insbesondere wenn Sie sich in einer belebten Umgebung befinden, etwa in der Stadt oder einem großem Mehrparteienhaus, sollten Sie diese Methode mit Vorzug verwenden.

Bevor Sie Ihr Endgerät anmelden können, müssen Sie jedoch erst einmal das korrekte Passwort zu Ihrem WLAN in Erfahrung bringen. Auch hier gibt es wieder mehrere Möglichkeiten.

- Das Passwort ist (wie auch der Netzwerkname) auf dem Typenschild an der Unterseite der FRITZ!Box aufgedruckt.
- Das Passwort befindet sich auf der Servicekarte FRITZ!Notiz im Lieferumfang der FRITZ!Box.
- Das Passwort kann im Webinterface der FRITZ!Box abgelesen werden. Das geht natürlich nur, wenn Sie Zugang über ein kabelgebundenes Gerät oder bereits ein anderes Gerät per WLAN verbunden haben, mit dem Sie auf das Webinterface zugreifen können. Sie finden das Passwort unter **WLAN • Sicherheit • Verschlüsselung** in der Sektion **WPA-Verschlüsselung**.

Beachten Sie insbesondere bei den beiden ersten Punkten, dass Sie auf die angegebene Weise nur das Passwort in Erfahrung bringen, das der FRITZ!Box in der Fabrik bei der Herstellung einprogrammiert wurde. Keine Sorge, jede FRITZ!Box hat ihr individuelles Passwort bekommen, das niemand Fremdes kennt. Allerdings kann man das Passwort auch ändern – und es gibt gute Gründe, dies zu tun (mehr dazu in Kapitel 6 im Abschnitt »Ein eigenes Passwort für das WLAN vergeben«). Wenn Ihre FRITZ!Box also nicht mehr das Passwort von den Werkseinstellungen benutzt, dann hilft ein Blick auf das Typenschild nicht weiter. In diesem Fall liefert einzig der Blick in das Webinterface das aktuelle Passwort.

Nachdem Sie das Passwort in Erfahrung gebracht haben, können Sie die Verbindung aufbauen. Der genaue Vorgang unterscheidet sich je nachdem, um was für ein Endgerät es sich handelt. Der grundlegende Ablauf ist aber immer gleich: Sie suchen zuerst nach den verfügbaren WLANs und wählen das Funknetz Ihrer FRITZ!Box aus. Anschließend klicken Sie auf eine Schaltfläche, die zum Verbindungsaufbau dient und meistens **Verbinden** heißt. Daraufhin werden Sie nach Ihrem WLAN-Passwort gefragt. Dieses müssen Sie über die Tastatur eingeben und anschließend die Eingabe abschließen. Danach wird der Verbindungsaufbau gestartet. Wenn die Daten korrekt sind, erhalten Sie Zugang zu Ihrem WLAN. Bei erfolgreichem Verbindungsaufbau bekommen Sie nicht bei jedem Gerät eine Bestätigungsmeldung, manchmal wird die Verbindung kommentarlos aufgebaut und steht sofort zur Verfügung. Ein Test mit dem Internetbrowser und einer Verbindung zur FRITZ!Box bringt Klarheit. Bei fehlgeschlagener WLAN-Verbindung, im Regelfall bei falscher Passworteingabe, erhalten Sie jedoch meist eine entsprechende Meldung.

Ich zeige Ihnen nun beispielhaft den Verbindungsaufbau an einem Windows-10-Gerät und einem modernen Android-Smartphone. Der Verbindungsaufbau läuft auf allen weiteren Geräten und Systemen vergleichbar ab.

SCHRITT FÜR SCHRITT

So gelangen Sie an einem Windows-10-Rechner in Ihr WLAN

1. Klicken Sie unten in der Taskleiste neben der Uhr auf das Netzwerksymbol .
2. Sie sehen eine Liste mit den verfügbaren WLAN-Netzwerken. Dort ist auch das WLAN Ihrer FRITZ!Box aufgeführt. Klicken Sie den Eintrag an.

3. Wenn sich der Computer zukünftig stets automatisch mit diesem WLAN verbinden soll, dann aktivieren Sie das Kästchen **Automatisch verbinden** – ansonsten »vergisst« der Computer die Zugangsdaten beim nächsten Neustart.

4. Klicken Sie auf **Verbinden**.

5. Sie sehen nun das Eingabefeld für das WLAN-Passwort. Tragen Sie hier Ihr Passwort ein, und klicken Sie auf **Weiter**.

6. Nun wird die Verbindung automatisch hergestellt. Eventuell werden Sie gefragt, ob Sie zulassen möchten, dass Ihr PC von anderen Geräten im Netzwerk gefunden werden kann. Damit steuern Sie die Einstellung der Firewall von Windows. Bei fremden Verbindungen sollten Sie lieber ablehnen, für Ihr eigenes Heimnetzwerk sollten Sie der Frage aber zustimmen. Die Verbindung wird dann aufgebaut, Sie erhalten eine entsprechende Information auf dem Bildschirm.

Damit ist die Verbindung ordnungsgemäß hergestellt. Sie haben nun Zugriff auf das Internet, Ihr Heimnetzwerk und natürlich auf die FRITZ!Box.

SCHRITT FÜR SCHRITT

So erhalten Sie mit einem Android-Gerät Zugang zu Ihrem WLAN

1. Öffnen Sie die Einstellungen des Gerätes und darin die Kategorie **WLAN**.
2. Falls das WLAN-Modul des Smartphones nicht angeschaltet ist, tippen Sie auf den entsprechenden Schalter, um es einzuschalten.
3. Prüfen Sie den Inhalt der Liste **Verfügbare Netzwerke**. Dort sollte das WLAN Ihrer FRITZ!Box aufgeführt sein.
4. Tippen Sie auf den Eintrag mit der SSID, die zum WLAN Ihrer FRITZ!Box gehört.
5. Geben Sie in das Feld **Passwort** das WLAN-Passwort Ihrer FRITZ!Box ein.
6. Tippen Sie auf **Verbinden**.

Damit wird die Verbindung zum WLAN Ihrer FRITZ!Box hergestellt. Nach einem kurzem Moment sind Sie im Netzwerk angemeldet und können auf die FRITZ!Box, das Heimnetzwerk und die Internetverbindung zugreifen.

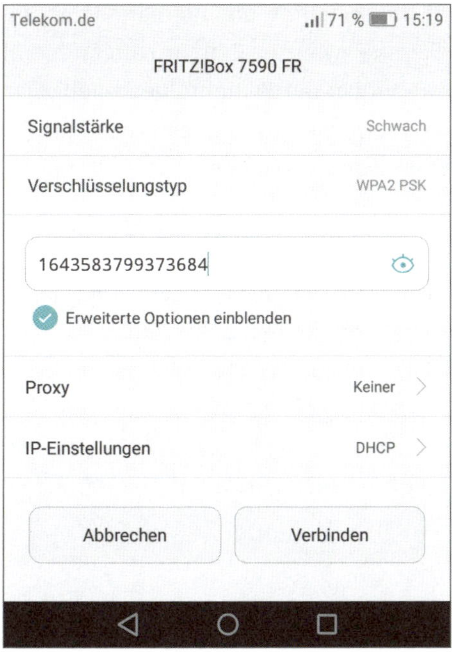

Abbildung 6.9 *Achten Sie beim Verbindungsaufbau mit einem Android-Gerät darauf, dass der Verschlüsselungstyp auf WPA2 PSK steht und dass die IP-Einstellungen per DHCP bezogen werden – dies sind alles Standardwerte, die normalerweise voreingestellt sind.*

Komfortabler Verbindungsaufbau per WPS

Die Verbindungsherstellung per WPS ist schnell und komfortabel möglich und gelingt sowohl mit klassischen Computern (Desktop-PCs, Notebooks) als auch mit mobilen Endgeräten (Smartphones, Tablets). Bitte beachten Sie, dass die WPS-Funktion aufgrund von Sicherheitsbedenken unter iOS-Geräten nicht verfügbar ist. Sie müssen auf eine andere Methode ausweichen, beispielsweise das in Kapitel 6 im Abschnitt »Der Verbindungsaufbau mit dem QR-Code« beschriebene Scannen eines QR-Codes. Die übrigen modernen Betriebssysteme wie etwa Windows 10 auf dem PC sowie Android auf dem Smartphone bieten hingegen eine integrierte Unterstützung für WPS, sodass eine Verbindung zu einem WLAN in wenigen Augenblicken erledigt ist. Am einfachsten ist der Verbindungsaufbau über die Push-Button-Methode, bei der keine Daten eingegeben werden müssen. Grundsätzlich funktioniert das so: Sie drücken auf der FRITZ!Box die Taste *WPS/Connect* für etwa eine Sekunde. Dadurch wird die

WPS-Funktion aktiviert (ansonsten ist sie abgeschaltet, und niemand kann unbemerkt Zugang erhalten). Nun haben Sie zwei Minuten Zeit, um am Endgerät ebenfalls die WPS-Funktion auszulösen – wobei die Reihenfolge beliebig ist. Alle nötigen Daten werden automatisch übermittelt, und nach kurzer Zeit ist die Verbindung hergestellt, die Sie direkt verwenden können.

Die WPS-Funktion muss in der FRITZ!Box eingeschaltet sein

Die WPS-Funktionalität, also die grundsätzliche Möglichkeit, die Funktion nutzen zu können, ist im Auslieferungszustand der FRITZ!Box aktiviert. Sollten Sie bei sich auf Probleme stoßen, dann könnte es sein, dass die Funktion bei Ihnen abgeschaltet ist. Das können Sie einfach überprüfen: Öffnen Sie im Webinterface der FRITZ!Box die Registerkarte **WLAN • Sicherheit • WPS-Schnellverbindung**, und stellen Sie sicher, dass ganz oben das Kontrollkästchen **WPS aktiv** aktiviert ist.

SCHRITT FÜR SCHRITT

So nutzen Sie WPS an einem Computer unter Windows 10

1. Klicken Sie in der Taskleiste neben der Uhr auf das WLAN-Symbol.
2. Sie sehen eine Liste mit verfügbaren WLAN-Funknetzen. Klicken Sie auf das Netzwerk, das zu Ihrer FRITZ!Box gehört.
3. Wenn sich der Computer zukünftig stets automatisch mit diesem WLAN verbinden soll, dann aktivieren Sie das Kästchen **Automatisch verbinden** – ansonsten »vergisst« der Computer die Zugangsdaten beim nächsten Neustart.

4. Klicken Sie auf **Verbinden**.

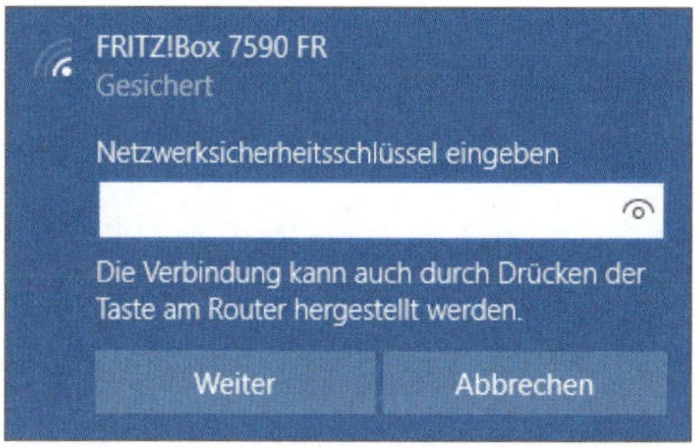

5. Gehen Sie nun innerhalb von zwei Minuten zu Ihrer FRITZ!Box, und drücken Sie für etwa eine Sekunde auf die Taste *WPS/Connect*, bis alle LEDs blinken. (Alternativ drücken Sie lange auf die Taste *WLAN*, bis die WLAN-LED blinkt.)

6. Nun wird die Verbindung automatisch aufgebaut. Warten Sie, bis Sie eine entsprechende Meldung erhalten. Sollten Sie eine Frage zur Sichtbarkeit Ihres PCs im Netzwerk erhalten, so können Sie diese Frage bejahen – vorausgesetzt, Sie verbinden sich mit Ihrer FRITZ!Box im Heimnetzwerk. Sie können die Verbindung anschließend sofort nutzen.

SCHRITT FÜR SCHRITT

So nutzen Sie WPS an einem Mobilgerät unter Android

1. Öffnen Sie die Systemeinstellungen, und suchen Sie in der Suchleiste nach dem Begriff WPS. (Wenn es keine Suchfunktion gibt, dann öffnen Sie in den Einstellungen das Modul **WLAN** und dort das Menü. Tippen Sie anschließend auf **Einstellungen**, und fahren Sie mit Punkt 3 fort.)

2. In den Ergebnissen finden Sie den Eintrag **WPS-Verbindung**. Diesen müssen Sie antippen.

3. Nun öffnet sich die Seite **Erweiterte WLAN-Einstellungen**. Tippen Sie hier ganz unten auf **WPS-Verbindung**.

4. Gehen Sie nun innerhalb von zwei Minuten zu Ihrer FRITZ!Box, und drücken Sie für etwa eine Sekunde auf die Taste *WPS/Connect*, bis die LEDs blinken. (Alternativ drücken Sie länger auf die Taste *WLAN*, bis die WLAN-LED blinkt.)

5. Nun wird die Verbindung automatisch aufgebaut. Warten Sie, bis Sie eine entsprechende Meldung erhalten. Sie können die Verbindung sofort nutzen.

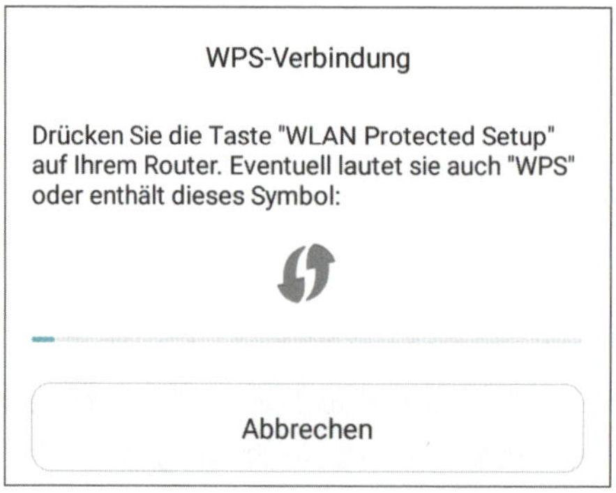

Die WPS-Funktion auf alternativem Wege starten

Wenn Sie die WPS-Funktion nicht per Tastendruck am Gehäuse der FRITZ!-Box starten möchten, dann können Sie die Funktion auch über das Webinterface aufrufen. Am schnellsten geht das über den Eintrag **MyFRITZ!**, den Sie auf der Übersichtsseite oben in der blauen Leiste erreichen. Klicken Sie in der Sektion **Komfortfunktionen** beim Eintrag **WPS** auf **Starten**.

Alternativ funktioniert WPS auch im Webinterface unter **WLAN • Sicherheit • WPS-Schnellverbindung**. Klicken Sie ganz unten auf **WPS starten**.

Wenn Sie zu einem späteren Zeitpunkt Ihr Mobilgerät bereits mit dem WLAN der FRITZ!Box verbunden haben, dann können Sie die WPS-Funktion übrigens auch mit der MyFRITZ!App von AVM starten. Tippen Sie dazu im Menü auf **Komfortfunktionen** und den entsprechenden WLAN-Eintrag.

Finden Sie bei Ihrem Gerät keine WPS-Funktion?

Der praktischen WPS-Funktion haftet immer ein gewisser Unsicherheitsfaktor an, sodass sie aus sicherheitstechnischer Sicht öfters hinterfragt wird. Daher kann es sein, dass diese Funktion bei Ihrem Endgerät nicht mehr vorhanden ist beziehungsweise nicht mehr unterstützt wird. Android bietet zum Beispiel in Version 9 keine Unterstützung mehr für WPS. Sollte es also eine entsprechende Option bei Ihnen nicht geben, dann empfehle ich Ihnen den Verbindungsaufbau mit der im nächsten Kasten beschriebenen AVM-App. Eine weitere Alternative ist das Einscannen eines QR-Codes – auch das geht schnell und komfortabel. Mehr dazu in Kapitel 6 im Abschnitt »Der Verbindungsaufbau mit dem QR-Code«.

Sollte Ihr Endgerät die sogenannte Push-Button-Methode nicht unterstützen, sondern sich nur mit der PIN-Methode verstehen, dann ist das kein Problem. Öffnen Sie in diesem Fall einfach das Webinterface der FRITZ!Box und darin die Registerkarte **WLAN • Sicherheit • WPS-Schnellverbindung**. Es gibt zwei verschiedene PIN-Methoden: Entweder gibt das Mobilgerät die PIN vor oder die FRITZ!Box. Die PIN muss dann beim jeweils anderen Gerät eingegeben werden. Die FRITZ!Box unterstützt beide Methoden, diese können Sie im Webinterface in der Sektion **Methode** auswählen. Sie sehen nun die PIN oder ein Eingabefeld dafür. Geben Sie die PIN entweder in das Mobilgerät oder entsprechend in das Feld im Webinterface der FRITZ!Box ein. Klicken Sie dann auf **WPS starten**. Auch am Mobilgerät starten Sie die WPS-Funktion. Daraufhin wird die Verbindung aufgebaut.

Komfortables Verbinden per FRITZ!App WLAN

Mit der von AVM entwickelten FRITZ!App WLAN können Sie ein Smartphone oder Tablet schnell und komfortabel per WPS mit Ihrem WLAN verbinden. Die App gibt es für Android- und iOS-Geräte im jeweiligen App-Bezugspunkt. Der Verbindungsaufbau geht sehr schnell: Öffnen Sie in der App die Registerkarte **VERBINDEN**, und tippen Sie unten rechts auf das gelbe Symbol zum Hinzufügen von WLANs. Tippen Sie in der Auswahlleiste auf **WPS**. Innerhalb von zwei Minuten müssen Sie nun an der FRITZ!Box die Taste *WPS/Connect* drücken, bis die LEDs blinken. Alternativ können Sie die Taste *WLAN* so lange drücken, bis die LED WLAN blinkt. Nun wird automatisch die Verbindung aufgebaut und das WLAN im Mobilfunkgerät hinzugefügt.

Der Verbindungsaufbau mit dem QR-Code

Für den Fall, dass Sie ein mobiles Endgerät wie ein Smartphone oder ein Tablet mit dem WLAN Ihrer FRITZ!Box verbinden möchten, gibt es noch die recht elegante Methode der Dateneingabe über einen QR-Code. Ihre FRITZ!Box erstellt dazu einen QR-Code, den Sie mit der Kamera vom Smartphone oder Tablet einscannen. Eine geeignete App wertet die Daten aus und erhält nicht nur den Namen des WLANs, sondern auch gleich das Passwort und weitere Parameter. Der Verbindungsaufbau ist im Nu erledigt. Dieses Verfahren ist darüber hinaus auch sicherer als die WPS-Option.

Eine geeignete App für Smartphone und Tablet ist zum Beispiel FRITZ!App WLAN, das Sie kostenlos im App-Bezugspunkt für Android-Geräte erhalten. Diese App müssen Sie zunächst auf Ihrem Endgerät installieren. Bitte beachten Sie, dass es die App zwar auch für iOS-Geräte gibt, es hier aber nicht möglich ist, eine Verbindung einzurichten. Auf iOS-Geräten kann die App einzig zur Statusermittlung der WLAN-Verbindung verwendet werden. Das ist aber kein großes Problem: Unter modernen iOS-Geräten benötigen Sie hierfür nämlich gar keine spezielle App, sondern das Einscannen gelingt direkt mit der Kamera-App. Das gilt übrigens auch für viele moderne Android-Geräte.

Den nötigen QR-Code finden Sie auf der Infokarte mit dem Namen *FRITZ!Notiz*, die sich im Lieferumfang Ihrer FRITZ!Box befindet. Auf der Vorderseite ist unten in der Sektion *Einstellungen ab Werk* ein Aufkleber angebracht, auf dem nicht nur die Daten zum WLAN vermerkt sind, sondern auch der nötige QR-Code abgedruckt ist.

Falls Sie die Karte nicht zur Hand haben, dann erhalten Sie den QR-Code auch jederzeit im Webinterface der FRITZ!Box. Bauen Sie dazu mit einem anderen Computer (notfalls per LAN-Kabelverbindung) eine Verbindung zur FRITZ!Box auf. Öffnen Sie im Webinterface die Kategorie **WLAN • Funknetz**. Scrollen Sie nach unten zur Sektion **QR-Code (Quick Response Code)**, dort finden Sie den nötigen Code direkt auf dem Bildschirm. Alternativ können Sie unten die Schaltfläche **Info-Blatt drucken** benutzen. Es öffnet sich ein neues Fenster mit den nötigen Daten. Dieses können Sie über eine Schaltfläche am oberen Fensterrand ausdrucken.

Später, wenn Sie Ihr Mobilgerät mit dem WLAN verbunden haben, dann können Sie auch die MyFRITZ!App von AVM benutzen. Tippen Sie einfach im Menü auf **Komfortfunktionen** und dann auf den entsprechenden WLAN-Eintrag. Dort wird Ihnen der QR-Code angezeigt, der durch Antippen vergrößert werden kann. Was praktisch ist: Auf diesem Weg (und natürlich über das Webinterface) erhalten Sie immer den aktuellen QR-Code (für den Fall, dass Sie das Werkspasswort verändert haben sollten).

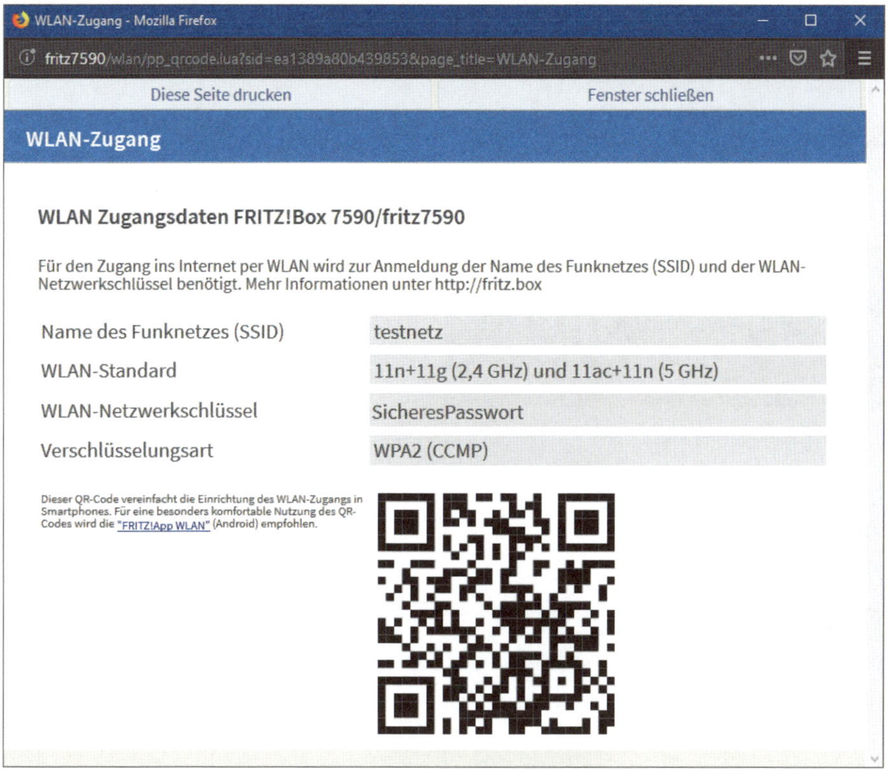

Abbildung 6.10 *Die FRITZ!Box zeigt den QR-Code im Webinterface an und bietet die Option, eine Seite mit allen nötigen Daten direkt auszudrucken.*

Jetzt zeige ich Ihnen die Einrichtung am Android-Gerät und der FRITZ!App WLAN.

SCHRITT FÜR SCHRITT

So verbinden Sie Ihr mobiles Android-Endgerät per QR-Code und der FRITZ!App WLAN mit Ihrem Funknetzwerk

1. Tippen Sie in der FRITZ!App WLAN in der Aufgabenleiste am oberen Bildschirmrand auf **VERBINDEN**.

2. Tippen Sie unten rechts auf dem Bildschirm auf das gelbe Funksymbol mit einem Pluszeichen.
3. Wählen Sie in der Ausklappleiste unten auf dem Bildschirm **QR-Scan**.
4. Nun wird die Kamera aktiviert. Fangen Sie den QR-Code komplett mit der Kamera ein. Diese erkennt den Code automatisch und zeigt die erkannten Werte an.
5. Prüfen Sie, ob die angezeigten Werte richtig sind, und tippen Sie auf **VERBINDEN**.

Abbildung 6.11 *Mit der FRITZ!App WLAN lässt sich sehr einfach eine Verbindung zu einem WLAN herstellen.*

Das war es schon – Ihr Smartphone beziehungsweise Tablet ist nun mit Ihrem WLAN verbunden.

Falls Sie bisher auf Ihrem Smartphone keinen Internetzugang haben und folglich die App gar nicht installieren konnten, dann können Sie das Einscannen auch mit der normalen Kamera-App probieren. Bei vielen modernen Geräten ist dies problemlos möglich – das gilt sowohl für Android- als auch iOS-Geräte. Leider unterscheidet sich die Bedienung von Gerät zu Gerät. Normalerweise wird Ihnen aber durch eine Meldung angezeigt, dass der QR-Code erkannt wurde und dass er WLAN-Einstellungen enthält. Üblicherweise gibt es dann eine Schaltfläche, die zum Beispiel »Verbinden« heißt. Wenn Sie diese antippen, wird die Verbindung hergestellt, und nach einem kurzen Augenblick sind Sie online.

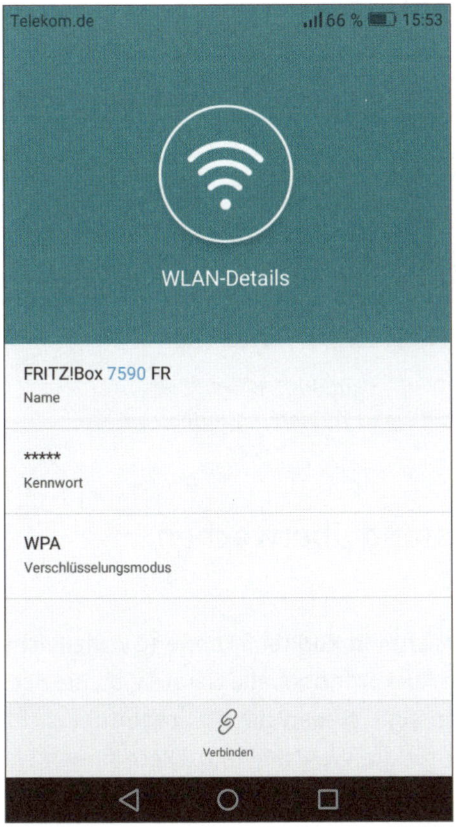

Abbildung 6.12 *Bei vielen modernen Android-Geräten gelingt das Scannen des QR-Codes mit der normalen Kamera-App. Hier muss noch auf »Verbinden« getippt werden, dann kann es losgehen.*

Wenn die Kamera-App bei Ihnen nicht funktioniert (und Sie gegebenenfalls FRITZ!App WLAN nicht benutzen möchten), dann gibt es auch andere Alternativen. Viele Barcode-Scanner-Apps bieten die nötigen Informationen, denn die QR-Codes für WLANs sind standardisiert (häufig wird die englische Bezeichnung *WIFI QR Code* genutzt). So erkennt etwa die App *Barcode Scanner* für Android-Geräte ebenfalls WLAN QR-Codes und ermöglicht nach dem Scan-Vorgang den automatischen Verbindungsaufbau inklusive kompletter Integration in die Einstellungen des Betriebssystems.

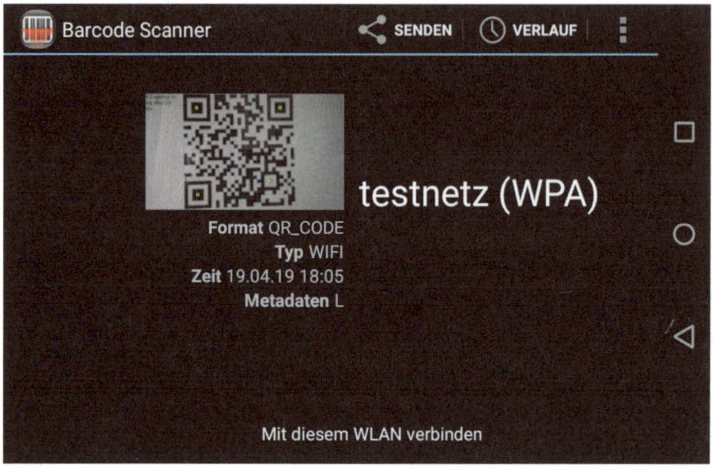

Abbildung 6.13 *Die App Barcode Scanner hat auf einem Android-Gerät den QR-Code für das WLAN ausgewertet und bietet einen Verbindungsaufbau an.*

Den vorhandenen Gerätebestand überwachen und verwalten

Aus dem Abschnitt »Die Netzwerkübersicht« in Kapitel 5 kennen Sie vielleicht schon die Heimnetzübersicht, die Ihnen Auskunft über alle Geräte gibt, die derzeit mit dem Heimnetzwerk verbunden sind. Neben dieser Gesamtübersicht gibt es noch eine zweite Übersicht nur für die WLAN-Geräte. Diese finden Sie im Webinterface der FRITZ!Box unter **WLAN • Funknetz**. In der Sektion **Bekannte WLAN-Geräte** sehen Sie eine Tabelle. Dort werden Ihnen im oberen Teil alle derzeit aktiven WLAN-Geräte angezeigt. In der Spalte **Signal** ganz links sehen Sie eine grafische Darstellung der Signalstärke. Je mehr blaue Balken zu sehen sind, desto stärker ist das Empfangssignal und desto schneller kann die Datenverbindung sein. Durch eine kleine Zahl am Symbol sehen Sie, ob das Gerät derzeit mit dem 2,4- oder dem 5-GHz-WLAN verbunden ist. Die Spalte **Name** zeigt Ihnen den Hostnamen des Gerätes an – beziehungsweise die eigene Bezeichnung, die Sie für ein Netzwerkgerät vergeben können (siehe dazu Kapitel 5 im Abschnitt »Die Netzwerkübersicht«). Die Spalte **IP-Adresse** dürfte selbsterklärend sein. Auch die Spalte **Band** lässt nicht viel Raum zum Rätseln, denn hier steht (erneut), ob das Gerät mit dem 2,4- oder dem 5-GHz-WLAN verbunden ist. Interessant ist die Spalte **Datenrate**. Hier muss man aufpassen, denn dort steht nicht etwa die maximale Datenrate, sondern diejenige, die das jeweilige Endgerät derzeit nutzt. Um Energie zu sparen, wird die Datenrate im Ruhezustand nämlich stark gedrosselt. Wundern Sie sich also bitte nicht, wenn dort bei Ihrem Smartphone nur 1 Mbit/s angegeben ist. Dies bedeutet nicht, dass die Verbindung sehr langsam ist, sondern nur, dass derzeit wenig Daten übertragen werden. Möchten Sie eine Aussage zur maximal möglichen Datenrate erhalten, dann müssen Sie zuerst am WLAN-Gerät einen großen, intensiven Datentransfer starten – beispielsweise durch das Kopieren von großen Datenmengen. Wenn Sie nun die Spalte **Datenrate** beobachten, dann werden Sie wesentlich höhere Zahlen sehen. Hierbei werden Ihnen übrigens die Datenraten getrennt für die Sende- und Empfangsrichtung angezeigt. Wenn Sie mit der Maus auf ein Feld zeigen, erhalten Sie einen Hinweistext hierzu.

Für den technisch interessierten Nutzer ist die Spalte **Eigenschaften** interessant, denn hier stehen einige technische Daten zur Verbindung. Zunächst erhalten Sie Informationen zur Verbindungsart, bei einer 2,4-GHz-Verbindung also etwa zur Kanalbreite (20 oder 40 MHz) sowie zum WLAN-Standard (etwa *n* für 802.11n). Danach folgen Angaben zum Verschlüsselungsverfahren, hier sollte *WPA2* stehen, damit die Verbindung gut geschützt ist. Tolerierbar ist bei älteren Geräten auch *WPA*, allerdings sollten diese Geräte baldmöglichst ersetzt werden. Es folgen Angaben zur Anzahl an parallelen Datenströmen, also zur sogenannten MIMO-Technik (Multiple in, Multiple Out). Oft spricht man auch von »parallelen Streams«. Einfache WLAN-Adapter verwenden nur einen parallelen Datenstrom, in diesem Fall steht hier *1x1*. Je mehr Datenströme parallel genutzt werden, desto schneller kann die Verbindung sein. Dies ist allerdings nichts, was Sie als Endnutzer selbst einstellen können, sondern es handelt sich um ein festes Ausstattungsmerkmal eines Gerätes, das hier nur zur Information angezeigt wird. Als letzte Angabe zeigt Ihnen dieses Infofeld noch etwas zu unterstützten Erweiterungen des WLAN-Standards. Wie Sie wissen, wird der WLAN-Standard fortlaufend weiterentwickelt und um neue Funktionen ergänzt. Recht neu ist zum Beispiel die Erweiterung 802.11v (kurz: 11v), die sich um das Netzwerkmanagement und die Steuerung von Endgeräten kümmert.

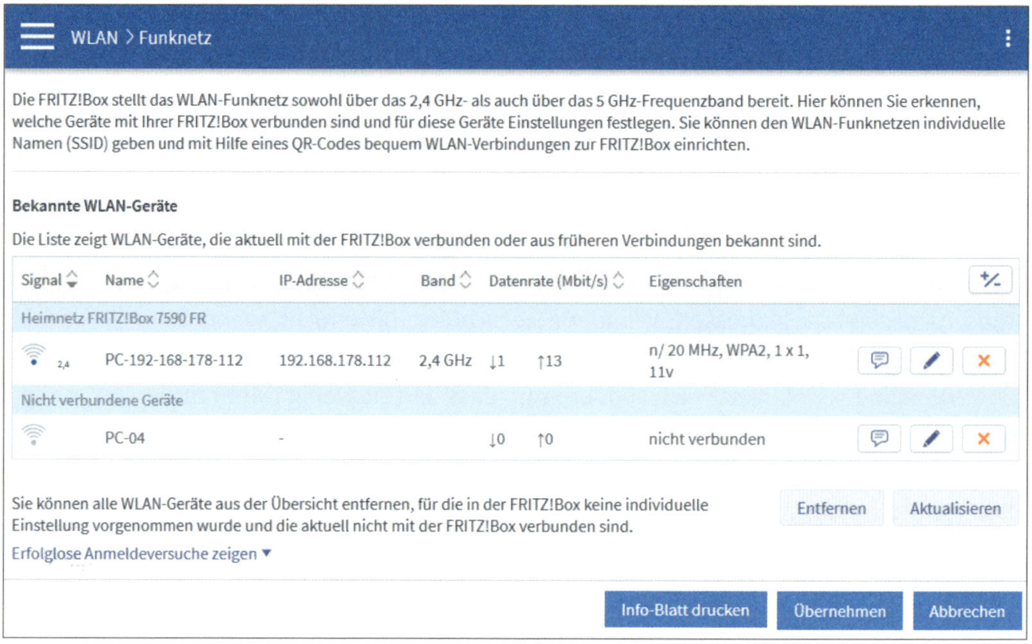

Abbildung 6.14 *In der Funknetz-Übersicht erhalten Sie allerlei Informationen rund um Ihre WLAN-Geräte.*

Wem diese Angaben noch nicht ausreichen, der kann neben einem Endgerät auf die Schaltfläche klicken. Er kommt dann zur Eigenschaften-Seite, die ich Ihnen schon in Kapitel 5 im Abschnitt »Die Netzwerkübersicht« gezeigt habe. Dort sehen Sie noch weitere technische Informationen zu den genutzten IP-Adressen sowie zu den WLAN-Eigenschaften. Hier gibt es auch Aussagen zur maximal möglichen Datenrate, die zwischen Basisstation und Endgerät ausgehandelt wurde (aber nicht unbedingt auch erreicht werden muss). Die hier gezeigten Informationen sind für den Alltagsbetrieb nicht relevant und hauptsächlich für den technisch interessierten Nutzer interessant. Man erhält zum Beispiel Informationen darüber, ob ein Gerät als Repeater arbeitet (also die WLAN-Reichweite erhöht) und ob es eine Art von Priorisierung des Datenverkehrs (*QoS*, *Quality of Service*) verwendet. Interessant ist auch die grafische Darstellung der Heimnetzanbindung. In einem kleinen Heimnetzwerk wird das WLAN-Gerät vermutlich direkt mit der FRITZ!Box verbunden sein. In einem größeren Netzwerk, in dem auch (teilweise sogar mehrere) Repeater arbeiten, kann man hier genau ablesen, mit welchem Gerät das WLAN-Gerät verbunden ist und ob alles so arbeitet wie gewünscht.

Neben diesem Symbol gibt es noch das Symbol . Über diese Schaltfläche können Sie an den Hersteller AVM eine Rückmeldung zur »WLAN-Qualität« senden und ihm mitteilen, wie zufrieden Sie mit der jeweiligen WLAN-Leistung sind. Ihre Daten verwendet AVM zur Optimierung der WLAN-Funktion und sichert Ihnen laut Webinterface zu, die Daten ausschließlich für statische Zwecke zu verwenden und keinerlei personenbezogene Daten zu erheben. Sie können in einem kleinen Dialog angeben, ob Sie zufrieden sind oder was Sie an der WLAN-Verbindung bemängeln. Eine andere Aufgabe hat die Schaltfläche , damit löschen Sie ein Gerät aus der Tabelle. Achtung: Falls Sie das mit aktivierter Zugangsbeschränkung per MAC-Filterung (siehe Kapitel 6, Abschnitt »Den WLAN-Zugang auf bestimmte Geräte beschränken«) machen, dann sorgt dieses Löschen auch dafür, dass das Gerät aus der Liste der erlaubten Geräte entfernt wird und fortan keinen Zugang mehr zum WLAN bekommt. Die WLAN-Verbindung zum Gerät wird sofort getrennt, es wird also »hinausgeschmissen«. Nutzen Sie diese Schaltfläche also mit Bedacht. Ohne aktivierte Beschränkung kann ein aktives Gerät nicht aus der Liste entfernt werden – es lässt sich also nicht aus dem WLAN »hinausschmeißen«. Interessant ist das Kreuz eher beim unteren Teil der Tabelle.

Im unteren Teil der Tabelle sehen Sie alle derzeit nicht verbundenen Geräte, die in der Vergangenheit schon einmal mit der FRITZ!Box per WLAN verbunden waren. Hier enthalten natürlich einige Spalten keine Informationen, denn ein nicht verbundenes Gerät hat ja zum Beispiel keine Signalstärke. Über die Schaltfläche können Sie das Gerät aus der Liste der bekannten Geräte löschen. Das geht sowohl bei aktivem als auch deaktiviertem MAC-Filter. Das Löschen macht vor allem dann Sinn, wenn Sie das betreffende Gerät nicht mehr benutzen, zum Beispiel weil es kaputtgegangen ist oder verkauft oder verschrottet wurde. Sie können die Funktion auch nutzen, falls Sie etwas versehentlich falsch konfiguriert haben und keinen Weg zu den ursprünglichen Einstellungen finden, denn über das Kreuz werden auch alle persönlichen Einstellungen dieses Gerätes gelöscht. Bei aktiviertem MAC-Filter wird das Gerät aus der Liste der erlaubten Geräte entfernt und kann sich fortan nicht mehr mit dem WLAN verbinden.

Noch immer nicht genug?

Haben Sie noch mehr Bedarf an Informationen? In der Überschriftenleiste der Tabelle finden Sie die Schaltfläche . Hierüber können Sie sich zum Beispiel auch noch die MAC-Adresse der WLAN-Geräte anzeigen lassen. Außerdem lassen sich einzelne Spalten aus der Tabelle ausblenden.

Das WLAN per Zeitschaltung steuern

Normalerweise ist das WLAN Ihrer FRITZ!Box ständig aktiviert, sodass sich Ihre Endgeräte rund um die Uhr per WLAN mit der FRITZ!Box verbinden können. Ihre FRITZ!Box bietet allerdings die Möglichkeit, die WLAN-Funkkomponente auf Wunsch zu bestimmten Zeiten abzuschalten. Wenn die WLAN-Funktion abgeschaltet ist, wird der Stromverbrauch der FRITZ!Box etwas geringer. Auch bei dieser Funktion ist das Einsparpotenzial nicht dramatisch, es geht hier eher um einen niedrigen einstelligen Eurobetrag im Jahr. Der Nachteil der Abschaltung liegt natürlich darin, dass WLAN-Geräte keine Verbindung mehr zur FRITZ!Box und zum Internet erhalten. Das kann insbesondere bei Smartphones dazu führen, dass diese (je nach Konfiguration) automatisch auf die mobile Datenverbindung über das Mobilfunknetz wechseln, wodurch das mobile Datenkontingent unnötig belastet wird.

Sollten Sie einmal während des automatisch deaktivierten WLANs dringend den Drahtloszugang brauchen, ist das aber kein Problem – es gibt mehrere Möglichkeiten, das WLAN kurzfristig wieder zu aktivieren:

- Sie können das WLAN jederzeit durch einen kurzen Druck auf die *WLAN*-Taste an der FRITZ!Box (re-)aktivieren.
- Alternativ können Sie mit einem beliebigen Telefon, das an die FRITZ!Box angeschlossen ist (auch DECT-Geräte), einfach die Nummer #96*1* anrufen, dadurch wird das WLAN sofort wieder angeschaltet. Es lässt sich übrigens durch einen Anruf der Nummer #96*0* auch jederzeit wieder ausschalten.
- Wenn Sie ein FRITZ!Fon im Einsatz haben, finden Sie auch einen Eintrag zum An- und Abschalten des WLANs direkt im Menü **Heimnetz • WLAN** des Telefons.

Am besten eignet sich der Zeitraum der Nachtruhe für die automatische Abschaltung, denn hier werden WLAN-Geräte üblicherweise nicht genutzt. Sie können die Funktion im Webinterface jederzeit zum Ausprobieren aktivieren und ebenso schnell auch wieder deaktivieren, sodass einem Testbetrieb nichts entgegensteht.

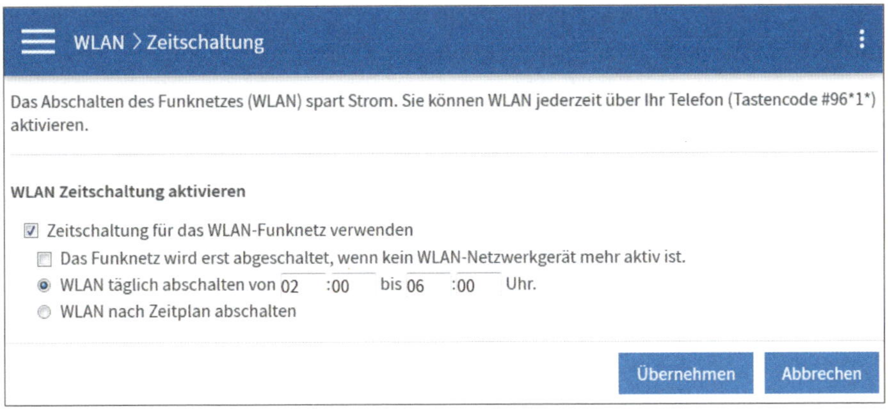

Abbildung 6.15 *Nachtruhe gewünscht? Per Zeitschaltuhr kann das WLAN zu nachtschlafender Zeit deaktiviert werden.*

SCHRITT FÜR SCHRITT

So aktivieren Sie die automatische Abschaltung des WLANs

1. Öffnen Sie das Webinterface der FRITZ!Box und dort den Menüpunkt **WLAN • Zeitschaltung**.

2. Setzen Sie einen Haken in das Feld **Zeitschaltung für das WLAN-Funknetz verwenden**.

3. Auf Wunsch wird das WLAN nicht zum festgelegten Zeitpunkt hart abgeschaltet, sondern es wird gewartet, bis kein WLAN-Gerät mehr aktiv ist. Dazu dient das Feld **Das WLAN-Funknetz wird erst abgeschaltet, wenn kein WLAN-Gerät mehr aktiv ist**. Die Funktion ist gut geeignet für Nachteulen, die gerne einmal länger aufbleiben und noch ein wenig im Internet surfen. Aber aufgepasst: Smartphones sind üblicherweise stets mit dem WLAN verbunden. Mit einem Smartphone im Haushalt wird der Zustand »kein Gerät mehr verbunden« also niemals erreicht.

4. Wenn Sie das WLAN stets zur selben Zeit ab- und anschalten möchten, aktivieren Sie die Option **Das WLAN-Funknetz täglich abschalten von ... bis ... Uhr** und tragen in die Eingabefelder die gewünschten Zeiten ein.

5. Klicken Sie abschließend auf **Übernehmen**.

Wenn Ihnen eine starre Abschaltung an allen Wochentagen zur selben Zeit zu unflexibel ist, dann haben Sie beim Punkt 4 noch eine Alternative. Wenn Sie hier auf die Funktion **WLAN-Funknetz nach Zeitplan abschalten** wechseln, dann sehen Sie in einem Ausklappfeld einen Wochenplaner, in dem Sie verschiedene Zeitpunkte für verschiedene Tage festlegen können. Es sind sogar mehrere Schaltintervalle pro Tag möglich. Um einen Zeitraum festzulegen, klicken Sie zunächst auf eine der Schaltflächen **WLAN aktiv** beziehungsweise **WLAN abgeschaltet**. Überfahren Sie anschließend mit gedrückter Maustaste den gewünschten Zeitraum im abgebildeten Zeitdiagramm. Ist der Zeitraum blau gefärbt, so ist das WLAN zu dieser Zeit aktiv. Ist der Zeitraum weiß hinterlegt, dann ist das WLAN-Funknetz abgeschaltet. Alternativ können Sie auch die Schaltfläche **Zeitraum eintragen** verwenden und den gewünschten Zeitraum über die Tastatur festlegen.

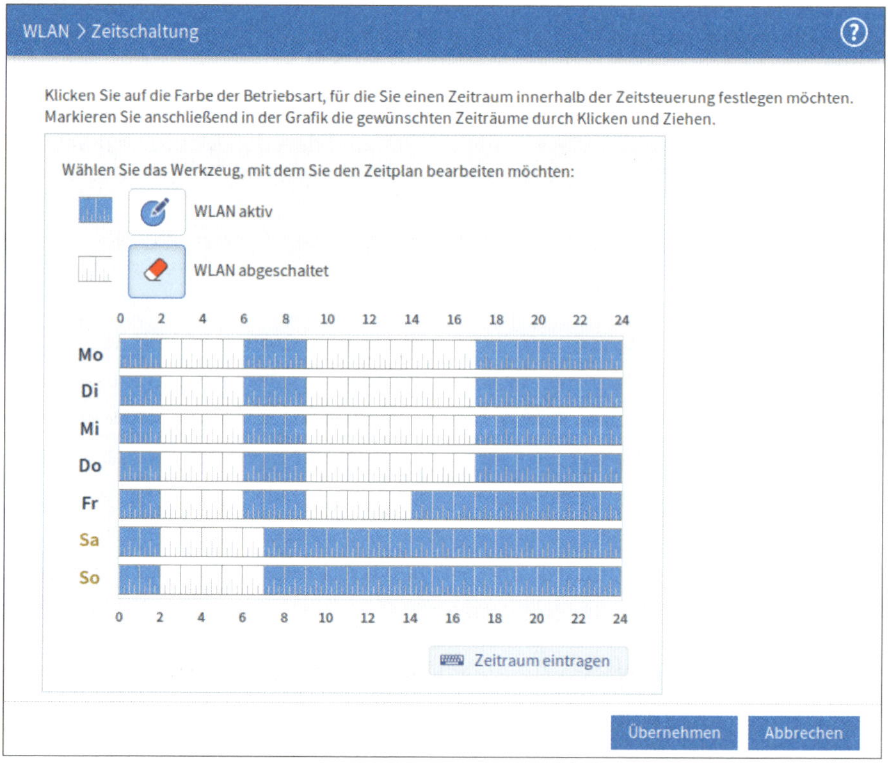

Abbildung 6.16 *Auf Wunsch kann das WLAN für jeden Tag wechselnd gesteuert werden und beispielsweise während Ihrer Abwesenheit deaktiviert bleiben.*

Ein eigenes Passwort für das WLAN vergeben

Ab Werk besitzt Ihre FRITZ!Box bereits ein individuelles Passwort, das zur Verschlüsselung des WLANs verwendet wird. Nur Geräte, die dieses Passwort kennen, haben Zugang zu Ihrem WLAN und somit zum Internet. Sie können Ihr WLAN problemlos mit diesem Kennwort betreiben, denn es wurde, wie gesagt, bereits in der Fabrik individuell vergeben und ist keinesfalls bei allen FRITZ!Box-Geräten identisch. Sie können aber auch jederzeit ein eigenes WLAN-Kennwort nutzen. Das sollten Sie umgehend tun, falls das ursprüngliche Kennwort in falsche Hände gelangt ist und nun sprichwörtlich »Tür und Tor ins WLAN offen stehen«, denn denken Sie daran: Mit den Grundeinstellungen der FRITZ!Box hat jedermann, der das WLAN-Passwort kennt und sich in WLAN-Reichweite befindet, uneingeschränkten Zugriff auf Ihr Heimnetzwerk und Ihren Internetzugang. Die Veränderung des Passwortes bietet sich auch bei größerem Sicherheitsbedürfnis an. Das Passwort besteht im Auslieferungszustand nämlich nur aus Ziffern und ist auch nur 20 Stellen lang. Damit ist es zwar bereits ausreichend sicher, aber ein komplexeres Passwort mit einer Länge von bis zu 63 Zeichen, das einen größeren Zeichenvorrat verwendet, bietet gegenüber verschiedenen Angriffsszenarien eine höhere Sicherheit. Aus diesem Grund ist die Vergabe eines individuellen Passwortes niemals eine schlechte Idee.

Bevor es aber ans Eingemachte geht, müssen Sie sich zunächst ein gutes und vor allem sicheres WLAN-Passwort überlegen. Berücksichtigen Sie dabei folgende Regeln:

- Ein sicheres WLAN-Passwort sollte möglichst lang sein. Es kann bis zu 63 Zeichen lang sein. Je länger es ist, desto schwieriger wird es, das Passwort zu erraten. Es gibt bei sehr langen Passwörtern unter Umständen aber einen (Komfort-)Nachteil, und zwar bei WLAN-(Client-)Geräten, bei denen das Passwort per Hand eingetragen werden muss. Bei einem WLAN-Küchenradio kann die Eingabe eines langen Passwortes fummelig werden, muss allerdings auch nur einmal durchgeführt werden.
- Ein sicheres Passwort sollte sich eines großen Zeichenvorrats bedienen. Stellen Sie also ein Passwort zusammen, das aus Ziffern, Kleinbuchstaben und Großbuchstaben besteht. Auch Sonderzeichen und Umlaute sind möglich. Theoretisch wird die gesamte Zeichentabelle unterstützt. Es sind also auch sehr ungebräuchliche Sonderzeichen möglich, die allerdings nicht bei jedem Gerät eingegeben werden können. Im Regelfall genügt es, auf diese speziellen Zeichen zu verzichten.

- Ein sicheres Passwort wird inhaltlich nach keinen Regeln erstellt, sondern ist komplett zufällig. Auf keinen Fall darf das Passwort in einem Wörterbuch vorkommen. Es genügt auch nicht, an ein Wort aus dem Wörterbuch einfach eine Ziffer anzuhängen. Auch zusammengesetzte Wörter eignen sich nicht gut, es sei denn, das Passwort besteht aus mindestens fünf bis sieben Wörtern. Der Grund liegt darin, dass durch »bekannte« Wörter der gesamte mögliche Passwort-Raum unnötig eingeschränkt wird und es einem Angreifer einfach gemacht wird, das Passwort zu erraten.

Abbildung 6.17 *Ein selbst erstelltes WLAN-Passwort kann noch sicherer sein als die Werkseinstellung.*

Wenn Sie Angst haben, das WLAN-Passwort versehentlich zu vergessen, so können Sie es natürlich auch aufschreiben und anschließend an einem sicheren Ort verwahren. Allerdings zeigt Ihnen die FRITZ!Box das Passwort jederzeit auf Wunsch an, sodass dies eigentlich nicht nötig ist. Nachdem Sie ein gutes Passwort festgelegt haben, können Sie es direkt in der FRITZ!Box eintragen.

SCHRITT FÜR SCHRITT

So legen Sie ein individuelles Passwort in der FRITZ!Box fest

1. Öffnen Sie im Webinterface der FRITZ!Box die Kategorie **WLAN • Sicherheit** und dort die Registerkarte **Verschlüsselung**.

2. Achten Sie darauf, dass ganz zuoberst die Funktion **WPA-Verschlüsselung (größte Sicherheit)** aktiviert ist – andernfalls würde das WLAN komplett unverschlüsselt und ohne Zugangsschutz betrieben, jedermann hätte sofort uneingeschränkten Zugang.

3. Gehen Sie zur Sektion **WPA-Verschlüsselung**. Dort ist im Auslieferungszustand im Feld **WPA-Modus** WPA2 (CCMP) eingestellt – dies ist die (derzeit) höchste Sicherheitsstufe, die nur im (absoluten) Ausnahmefall verändert

werden sollte. Alle anderen Einstellungen erreichen ein geringeres Sicherheitslevel.

4. Tragen Sie nun in das Feld **WLAN-Netzwerkschlüssel** Ihr neues WLAN-Passwort ein. Kontrollieren Sie Ihre Eingabe genau, und stellen Sie sicher, dass Sie das korrekte Passwort eingegeben haben. Die FRITZ!Box zeigt während der Eingabe die geschätzte Passwortsicherheit an.
5. Klicken Sie abschließend unten auf **Übernehmen**.
6. Es öffnet sich ein Fenster mit allen Daten zum WLAN. Dort ist auch das neue Passwort eingetragen. Außerdem sehen Sie einen QR-Code, der für Smartphones und Tablets genutzt werden kann. Er enthält ebenfalls das Passwort, und mit seiner Hilfe können Smartphones und Tablets schnell und ohne manuelle Passworteingabe mit dem WLAN verbunden werden. Auf Wunsch können Sie die Seite ausdrucken, dafür befindet sich ganz oben links eine entsprechende Schaltfläche. Andernfalls können Sie die Seite wieder schließen.
7. Das neue Passwort ist sofort aktiv. Alle WLAN-Geräte verlieren nun die Verbindung zum Heimnetzwerk. Sie müssen alle Geräte wieder mit dem WLAN verbinden und die Passwörter aktualisieren.

Einen eigenen Namen für das WLAN benutzen

Ein WLAN hat immer einen eigenen Namen, die sogenannte SSID. Diese Bezeichnung hilft unter anderem bei der Zuordnung des »richtigen« WLANs, wenn es an einem Ort mehrere Drahtlosnetzwerke geben sollte. Dabei ist es wichtig, dass das WLAN einen möglichst eindeutigen Namen trägt, der die Zuordnung vereinfacht. Im Auslieferungszustand besteht der Name Ihres Drahtlosnetzwerks aus der Modellbezeichnung der FRITZ!Box, ergänzt um eine zufällige zweistellige Buchstabenkombination. Sie finden den Netzwerknamen sowohl auf dem Typenschild der FRITZ!Box als auch auf der Karte FRITZ!Notiz im Lieferumfang des Gerätes. Natürlich wird der Netzwerkname auch direkt im Webinterface der FRITZ!Box angezeigt – und zwar gleich beim Einloggen auf der Hauptseite **Übersicht**. Dort ist der Name in der Rubrik **Anschlüsse • WLAN** angegeben.

Gerade in größeren Mehrparteienhäusern sowie ganz allgemein in der Stadt kann es schnell passieren, dass ein Nachbar dasselbe FRITZ!Box-Modell betreibt und es nun zwei oder sogar noch mehr Funknetze mit ähnlichem Namen gibt, die sich nur durch die letzten beiden zufälligen Buchstaben im Namen unterscheiden. Nun ist die korrekte Zuordnung recht schwer. Zwar ist der Betrieb so problemlos möglich und auch unter Sicherheitspunkten nicht bedenklich, aber ein eindeutiger Name würde die Zuordnung stark vereinfachen. Sie können jederzeit Ihrem WLAN einen eigenen Namen geben.

Ein eigener Name kann bis zu 32 Zeichen lang sein und aus Ziffern und Buchstaben bestehen. Es wird zwischen der Groß- und Kleinschreibung unterschieden. Es sind auch einige Sonderzeichen verfügbar, dazu zählen die üblichen Satzzeichen. Nicht möglich sind jedoch die deutschen Umlaute. Sie können – müssen aber keinesfalls – mit dem Netzwerknamen auf Ihre Identität hinweisen. Unter Sicherheitsaspekten ist es vorteilhafter, sich hier bedeckt zu halten und eine Fantasiebezeichnung zu nehmen.

SCHRITT FÜR SCHRITT

So richten Sie einen eigenen Namen für Ihr WLAN ein

1. Klicken Sie im Webinterface der FRITZ!Box auf **WLAN • Funknetz**, und scrollen Sie zum Punkt **Funknetz-Name**.
2. Geben Sie in das Feld **Name des WLAN-Funknetzes (SSID)** den gewünschten Namen für Ihr WLAN ein.
3. Klicken Sie abschließend unten auf **Übernehmen**.
4. Nun öffnet sich eine Seite mit Informationen zu Ihrem WLAN. Dort stehen die neue Bezeichnung und das Passwort. Die Seite hilft beim Verbinden neuer Geräte. Sie enthält auch einen QR-Code für mobile Geräte. Oben links können Sie die Seite auf Wunsch ausdrucken und oben rechts schließen.

Abbildung 6.18 *Dem WLAN kann man einen eigenen Namen geben.*

Anschließend ist der neue Name sofort aktiv. Beachten Sie, dass Sie alle WLAN-Verbindungen nun neu einrichten müssen – schließlich ist das Netzwerk mit dem bisherigen Namen jetzt nicht mehr verfügbar.

Den Namen des Funknetzwerks verstecken

Normalerweise wird der Name des WLANs durch die FRITZ!Box aktiv nach außen hin bekannt gegeben. Somit taucht Ihr WLAN am Endgerät in der Liste der verfügbaren Netzwerke auf, und Sie können es direkt verbinden. Diese Funktion kann auch abgeschaltet werden. Obwohl das WLAN nach wie vor aktiv bleibt, taucht es in der Liste der verfügbaren Netzwerke an normalen Endgeräten nicht mehr auf und ist sozusagen »versteckt«. Das kann ein wenig die Sicherheit erhöhen, weil ein Angreifer so nicht sofort von der Existenz des Netzes erfährt. Allerdings müssen Sie jetzt an jedem Endgerät nicht nur das Passwort, sondern auch den Namen eintragen. Der Sicherheitsgewinn ist gering, denn ein Angreifer kommt schnell an die gewünschten Informationen. Daher kann die Namensaussendung auch gleich eingeschaltet bleiben. Möchten Sie die Funktion trotz des geringen Nutzens verwenden, so deaktivieren Sie unter dem Namensfeld für das WLAN die Option **Name des WLAN-Funknetzes sichtbar**. Bei bereits eingerichteten Geräten müssen Sie nichts weiter tun, die Verbindung bleibt erhalten; bei neuen Endgeräten und manueller Einrichtung müssen Sie jedoch, wie erwähnt, auch den Namen von Hand eingeben. Beachten Sie auch, dass die WPS-Funktion oftmals darauf angewiesen ist, dass der Name des WLANs übertragen wird. Wenn Sie WPS nutzen möchten, sollten Sie den Namen des WLANs nicht verstecken.

Unterschiedliche Benennung der Funknetze auf 2,4 und 5 GHz

Moderne FRITZ!Box-Geräte können mit zwei verschiedenen Funknetzen arbeiten, die jeweils auf der Frequenz 2,4 beziehungsweise 5 GHz arbeiten. Dabei handelt es sich um unabhängige Zugangsarten. Folglich ist es möglich, beiden Netzwerken verschiedene Namen, also verschiedene SSIDs, zu geben. Im Auslieferungszustand erhalten beide Netzwerke jedoch denselben Namen, und dies bietet einige Vorteile.

Hierdurch ist es beispielsweise möglich, dass Endgeräte automatisch – je nach Empfangssituation – zwischen beiden Netzwerken wechseln oder auch aktiv zum Wechsel aufgefordert werden können. Dies vereinfacht den Umgang mit dem Netzwerk. Der Einsteiger sollte daher ruhig beide Netzwerke mit demselben Namen benennen und es bei der Voreinstellung belassen. Der fortgeschrittene Anwender kann bei unterschiedlicher Benennung selber eingreifen und seine Endgeräte (durch eine manuelle Verbindung) fest mit einem bestimmten Netzwerk verbinden. Dazu aktiviert er unterhalb des Namensfeldes im Webinterface die Option **Unterschiedliche Benennung der Funknetze auf 2,4 und 5 GHz**. Anschließend kann er zwei verschiedene Namen eintragen.

Den richtigen Funkkanal für das WLAN wählen

Wie Sie vielleicht schon wissen, ist WLAN ein sogenanntes *geteiltes Medium*. Das bedeutet, dass es (innerhalb eines klassischen WLANs) genau einen einzelnen Funktransfer gibt, der gleichzeitig verwendet werden kann. Alle Nutzer beziehungsweise alle Geräte im WLAN teilen sich diesen einen Funktransfer. Deswegen kann es durchaus sein, dass das WLAN langsam wird, wenn viele Benutzer mit umfangreichen Datentransfers aktiv sind. Für ein modernes WLAN gilt das nicht unbedingt ganz so streng, denn durch die (Multi-User-)MIMO-Technologie stehen mehrere Datenströme parallel zur Verfügung. Trotzdem bleibt die Grundbeschränkung erhalten. Den Funktransfer können Sie sich also wie einen Kanal vorstellen, der von allen Nutzern gleichzeitig verwendet wird und der nur eine begrenzte Kapazität für die Datenübertragung hat.

Für WLANs gibt es in Europa eine beschränkte Anzahl an möglichen Kanälen. Ein solcher Kanal (in Wirklichkeit handelt es sich um ein Frequenzband fester Breite im Bereich der WLAN-Frequenzen) sollte nach Möglichkeit immer nur von einem WLAN gleichzeitig genutzt werden. Wenn zwei verschiedene WLANs auf demselben Kanal »funken« (also dieselben Frequenzbänder nutzen), dann kommt es zu Störungen, welche die maximal erzielbare Datenrate deutlich reduzieren können.

Für Nutzer in ländlichen Gebieten oder in einer großzügigen Einfamilienhausgegend mag das nicht sonderlich von Belang sein. Hier gibt es oft nur eine kleinere Anzahl von WLANs, und die Funknetze der Nachbarn sind im eigenen Haushalt oft nur noch sehr schwach. Für Nutzer in der Stadt, in einem Mehrfamilienhaus oder in einer dicht besiedelten Gegend kann die Sache hingegen schon ganz anders aussehen. Dort kommt es zwangsläufig zu Überschneidungen der zur Verfügung stehenden Kanäle.

Wenn viele Leute ihr jeweiliges WLAN nutzen, dann kommt es auch zu Geschwindigkeitseinbrüchen. Zwar gibt es im 2,4-GHz-WLAN in Europa 13 verschiedene Kanäle, aber das ist trotzdem weniger, als es klingt, denn ein WLAN erstreckt sich oftmals über mehrere Kanäle. Trotzdem ist es wichtig, dass sich alle WLANs an einem Ort möglichst weit über alle zur Verfügung stehenden Kanäle verteilen, damit jedes WLAN für sich selbst genügend freie Kapazität erhält. Die gute Nachricht an dieser Stelle: Ihre FRITZ!Box ist in der Lage, automatisch den jeweils passenden Kanal zu wählen. Das gilt nicht nur für das recht begrenzte 2,4-GHz-WLAN, sondern auch für das 5-GHz-WLAN, in dem es übrigens viel mehr nutzbare Kanäle gibt.

Sie als Nutzer müssen sich also um die Wahl des richtigen WLAN-Kanals nicht kümmern, das erledigt die FRITZ!Box für Sie. Das Gerät untersucht ständig die aktuelle »WLAN-Umgebung« und kann den Kanal auch im laufenden Betrieb anpassen.

Sie können sich das Ganze gerne einmal ansehen: Klicken Sie dazu im Webinterface der FRITZ!Box auf **WLAN • Funkkanal**. Scrollen Sie zur Sektion **WLAN-Umgebung**. Hier können Sie sich zunächst einmal die Auslastung des aktuellen Funkkanals ansehen – und zwar über zwei Reiter getrennt für das 2,4-GHz-Band und das 5-GHz-Band. In einer Grafik sehen Sie die von der FRITZ!Box gesendeten Signale (blaue Farbe) und die von der FRITZ!Box empfangenen Signale (grüne Farbe). Je größer das momentane Datenaufkommen ist, desto höher ist die Auslastung des Kanals. Für eine hohe Datentransferrate ist es wichtig, dass (sofern in Ihrem WLAN »Ruhe« herrscht, also nur wenig gesendet wird) der Anteil der von der FRITZ!Box empfangenen Signale möglichst niedrig ist. In diesem Fall gibt es im aktuellen Funkkanal nur wenige »Fremdsignale«, und Ihrer FRITZ!Box steht eine hohe Kapazität zur Verfügung.

Etwas weiter unten sehen Sie die aktuelle Belegung der WLAN-Kanäle. In grüner Farbe sehen Sie die Kanäle im WLAN-Spektrum, die Ihre FRITZ!Box momentan belegt. Mit einem Kreis ist der »Hauptkanal« gekennzeichnet. In blauer Farbe sehen Sie die Belegung durch benachbarte WLANs. Hierbei ist es wichtig, dass es zu möglichst wenigen Überschneidungen kommt. Die FRITZ!Box wählt anhand dieser Daten ihren verwendeten Kanal automatisch.

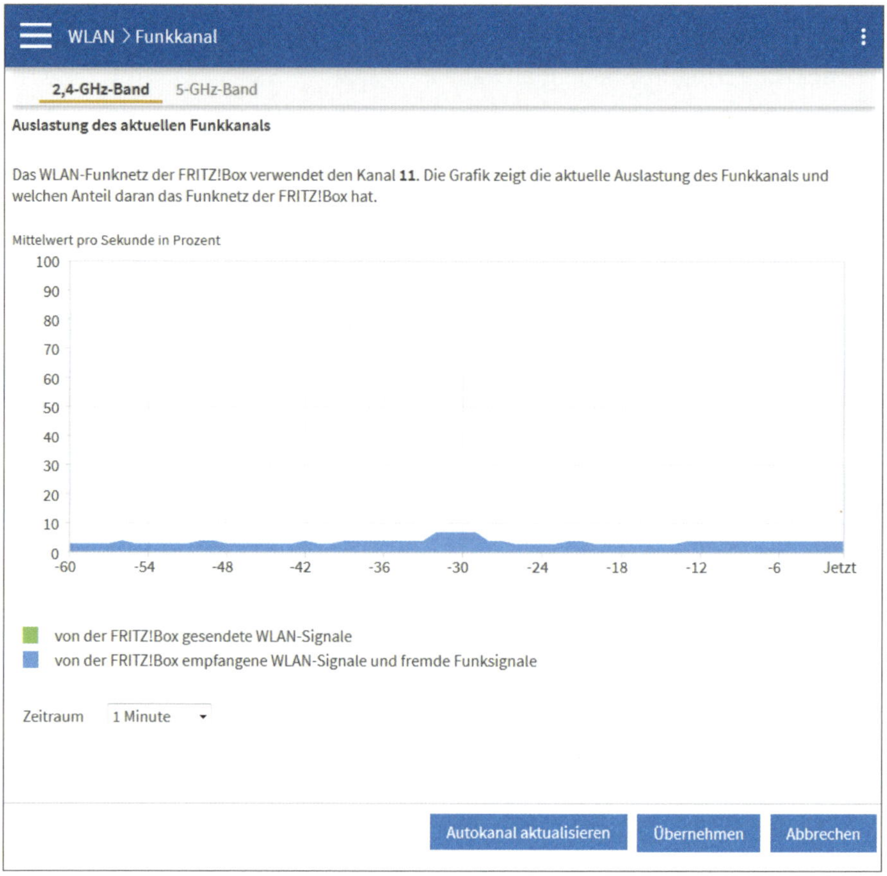

Abbildung 6.19 *Ein erfreuliches Ergebnis: Der Funkkanal der FRITZ!Box wird nur in geringem Umfang durch fremde WLANs gestört.*

Als Letztes sehen Sie die WLAN-Nachbarschaft in der Sektion **Andere WLAN-Funknetze in Ihrer Umgebung**. Dort sehen Sie nicht nur die Namen der einzelnen WLANs, sondern auch, welchen Kanal sie hauptsächlich nutzen. Auch hier sollte es möglichst viel »Luft« zwischen Ihrer FRITZ!Box und den übrigen Geräten geben.

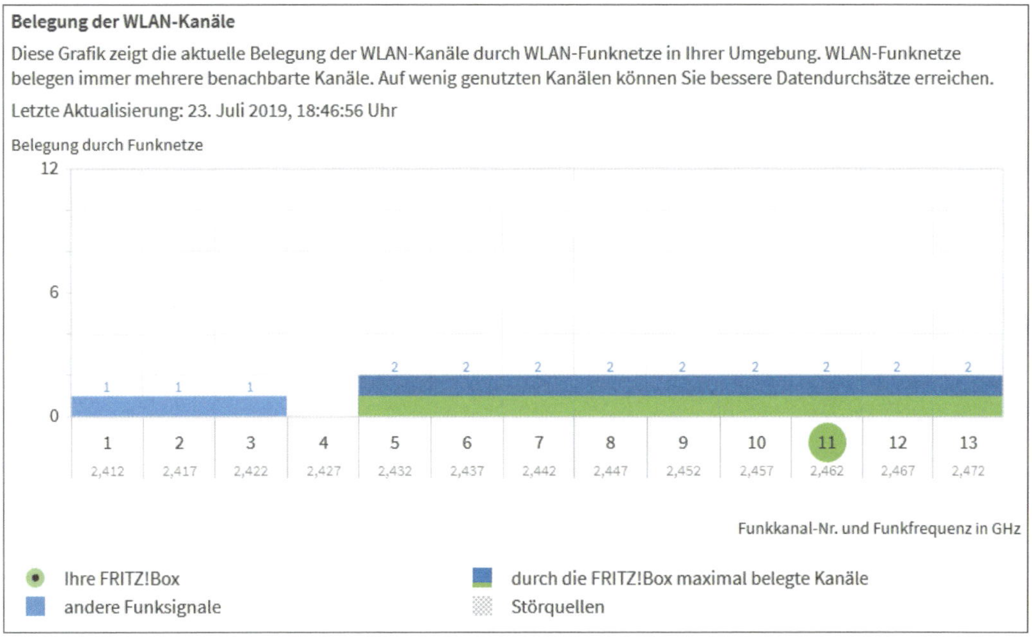

Abbildung 6.20 *Zwar teilt sich die FRITZ!Box hier die oberen Kanäle mit einem weiteren WLAN, allerdings sind dessen Signale deutlich schwächer als die des fremden WLANs auf den unteren Kanälen.*

Wenn Sie feststellen, dass es möglicherweise eine bessere Einstellung gibt, als Ihre FRITZ!Box gewählt hat, oder Sie Lust auf ein wenig Experimentieren haben, dann können Sie die automatische Kanalwahl abschalten und den Funkkanal sowohl für das 2,4-GHz- als auch das 5-GHz-Band manuell festlegen. Keine Sorge, durch eine falsche Einstellung wird das WLAN nicht funktionslos, sondern höchstens langsam.

SCHRITT FÜR SCHRITT

So legen sie manuell einen Funkkanal fest

1. Kehren Sie zurück an den Anfang der Seite **WLAN Funkkanal** im Webinterface der FRITZ!Box.

2. Aktivieren Sie das Auswahlfeld **Funkkanal-Einstellungen anpassen**.

3. Wählen Sie den gewünschten Kanal im jeweiligen Auswahlfeld getrennt für das 2,4-GHz- und das 5-GHz-Band. Autokanal bezeichnet die automatische Kanalwahl.

4. Klicken Sie abschießend unten auf **Übernehmen**.

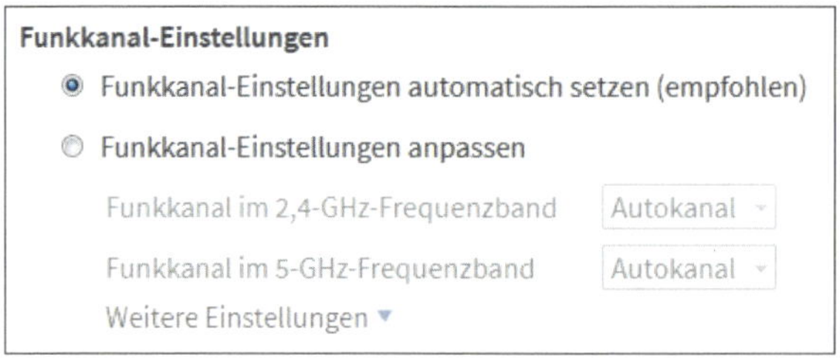

Abbildung 6.21 *Die Kanalwahl erfolgt normalerweise automatisch. Wer möchte, kann alternativ auf eine feste manuelle Vergabe umschalten.*

Die geänderte Kanalwahl ist jetzt aktiv. Sie können nun mit geeigneten Programmen die Transferrate im WLAN messen und verschiedene Einstellungen vergleichen. Das Ganze hat aber einen Haken: Die WLAN-Umgebung ist nicht statisch, sondern ändert sich dynamisch. Ihre mühevolle Optimierungsarbeit kann also nach ein paar Stunden oder Tagen schon wieder hinfällig sein. Daher ist die Wahl der automatischen Kanalbelegung keine schlechte Idee.

Den WLAN-Zugang auf bestimmte Geräte beschränken

Im Auslieferungszustand der FRITZ!Box gilt ein einfaches Prinzip: Wer das korrekte WLAN-Passwort verwendet, erhält Zugang zum WLAN, zum Heimnetzwerk und zum Internet. Es gibt keine Ausnahmen. Der Zugang zu den genannten Zielen ist also einzig durch das Passwort geschützt. Es gibt aber noch eine weitere Sicherheitsstufe: Beim Netzwerkverkehr (egal ob im LAN oder im WLAN) wird stets auch die sogenannte MAC-Adresse zur Identifizierung der Teilnehmer verwendet. Wobei »Identifizierung« hier nicht unbedingt korrekt ist, denn die MAC-Adresse ist mehr so etwas wie eine Hausnummer und wird zur Adressierung verwendet, allerdings kann sie auch zur Identifizierung genutzt werden. Das liegt daran, dass die MAC-Adresse üblicherweise weltweit einmalig ist, jedes beliebige Netzwerkgerät also seine individuelle MAC-Adresse verwendet. Ihre

FRITZ!Box kann die Geräte also anhand der MAC-Adresse erkennen und somit Buch über zulässige WLAN-Geräte führen. Nur wenn die MAC-Adresse eines Gerätes in der Liste der zulässigen Geräte enthalten ist, darf das Gerät im WLAN kommunizieren.

Das klingt erst einmal nach einer wertvollen zusätzlichen Sicherheitsstufe, denn schließlich erhält ein Angreifer keinen Zugang zum WLAN, selbst wenn er das Passwort erraten hat. Ihm bleibt der Zugriff verwehrt, denn sein Gerät (genauer: die MAC-Adresse seines Gerätes) ist nicht in der Liste der zulässigen Geräte in der FRITZ!Box enthalten. Leider hat diese Sache aber einen Haken: MAC-Adressen sind zwar tatsächlich individuell und für jedes Gerät weltweit einzigartig, aber leider nicht fälschungssicher. Sehr viele Netzwerkgeräte lassen sich nämlich einfach »umprogrammieren« und können unter einer beliebigen MAC-Adresse auftreten. Die Änderung der MAC-Adresse ist sogar mit Windows-Bordmitteln problemlos möglich. Zusätzlich sind MAC-Adressen alles andere als geheim, denn sie werden ja zur Adressierung der Geräte zwingend benötigt. Ein Angreifer muss daher nur eine Zeit lang den WLAN-Netzwerkverkehr abhören und erhält somit sofort Auskunft über die beteiligten MAC-Adressen. Er kann sein Gerät nun auf eine der beteiligten MAC-Adressen umprogrammieren und hat somit die Schutzfunktion ausgehebelt.

Diese Schutzfunktion hat daher nur eine begrenzte Schutzwirkung. Sie ist nur bei unerfahrenen Angreifern eine wirkliche Hürde. Sie bietet nur dann einen Schutz, wenn zur Angriffszeit keine WLAN-Kommunikation stattfindet, etwa weil alle Geräte ausgeschaltet sind. Dann kann der Angreifer auch keine Kommunikation mithören und erfährt nichts über die beteiligten MAC-Adressen.

Für den Nutzer im Heimnetzwerk hat diese Funktion allerdings gewisse Komfort-Nachteile, denn ein neues Gerät kann bei aktivierter Funktion nicht mehr so einfach in das WLAN eingebunden werden, zusätzlich zum Passwort muss auch stets die MAC-Adresse eingetragen werden.

Insbesondere der technisch nicht stark affine Nutzer erhält also gewisse Nachteile und nur einen begrenzten zusätzlichen Schutz. Die Funktion ist eher interessant für technisch versierte Personen, die den zusätzlichen Konfigurationsaufwand nicht scheuen und am (wenn auch begrenzten) Sicherheitsgewinn interessiert sind.

Sie können den WLAN-Zugang jederzeit auf Geräte mit bekannter MAC-Adresse einschränken und diese Einschränkung auch jederzeit wieder aufheben.

Die Beschränkung des WLAN-Zugangs aktivieren

Im Auslieferungszustand ist die Beschränkung nicht aktiv. Jedes Gerät darf sich – korrektes Passwort vorausgesetzt – mit der FRITZ!Box verbinden. Diese merkt sich die verbundenen Adressen trotzdem – schließlich werden sie ja auch für andere Zwecke verwendet. Da somit bei der Aktivierung der Beschränkung schon alle zulässigen Geräte bekannt sind und nicht per Hand eingetragen werden müssen, sollten Sie zunächst im Vorfeld alle Geräte, die eine Verbindung zum WLAN haben sollen, einmal mit dem WLAN verbinden. Danach können Sie die Beschränkung – die übrigens oft kurz MAC-Filter genannt wird – aktivieren.

SCHRITT FÜR SCHRITT

So aktivieren Sie die Beschränkung des WLAN-Zugangs anhand der MAC-Adresse

1. Verbinden Sie zunächst alle gewünschten Geräte mit dem WLAN, damit die FRITZ!Box über die zulässigen Geräte schon einmal Bescheid weiß.
2. Öffnen Sie im Webinterface der FRITZ!Box die Kategorie **WLAN • Sicherheit**. Öffnen Sie die Registerkarte **Verschlüsselung**, und scrollen Sie zur Sektion **WLAN-Zugang beschränken**. Sie sehen eine Tabelle mit allen Geräten, die zurzeit per WLAN mit der FRITZ!Box verbunden sind. Außerdem sehen Sie in der Tabelle auch alle derzeit nicht verbundenen Geräte, die aber der FRITZ!Box bekannt sind, weil sie schon einmal mit dem WLAN verbunden waren.
3. Kontrollieren Sie die Tabelle auf Vollständigkeit. Nicht erwünschte Geräte können Sie über die Schaltfläche ☒ wieder löschen.
4. Unterhalb der Tabelle aktivieren Sie die Funktion **WLAN-Zugang auf die bekannten WLAN-Geräte beschränken**.
5. Klicken Sie dann auf **Übernehmen**.
6. Sie sehen ein Hinweisfenster, das Sie darüber informiert, dass alle aktiven WLAN-Verbindungen kurz unterbrochen werden. Klicken Sie auf **OK**. Anschließend öffnet sich ein neues Fenster, in dem alle wichtigen Informationen zu Ihrem WLAN notiert sind. Es enthält auch das WLAN-Passwort und kann auf Wunsch ausgedruckt werden. Schließen Sie dann dieses Fenster.

Nun ist der Zugang auf die bekannten Geräte beschränkt. Neuen Geräten wird auch bei korrektem Passwort der Zugang verweigert. Damit ein neues Gerät Zugang erhält, müssen Sie zunächst dessen MAC-Adresse zur Liste der zulässigen Geräte hinzufügen.

Die WPS-Funktion kann trotzdem genutzt werden
Die Beschränkung sperrt zwar alle neuen Geräte aus dem WLAN aus, das gilt jedoch nicht für die WPS-Funktion. Da Sie hier die Anmeldung quasi im Vorfeld autorisieren, wird auch automatisch die MAC-Adresse des neuen Gerätes zu der Liste der erlaubten Geräte hinzugefügt.

Ein neues Gerät zur Liste der erlaubten Geräte hinzufügen

Wenn Sie bei aktivierter Beschränkung ein neues Gerät zum WLAN hinzufügen möchten, so müssen Sie dessen MAC-Adresse kennen. Bei einigen Geräten ist die MAC-Adresse auf dem Typenschild aufgedruckt, manchmal findet sie sich auch auf einem Aufkleber am Karton. Prüfen Sie also zunächst, ob Sie die Adresse auf diese Weise in Erfahrung bringen können. Notieren Sie sich die Adresse auf einem Zettel. Wenn Sie die MAC-Adresse nicht herausbekommen können, dann ist das nicht weiter schlimm. Versuchen Sie in diesem Fall einfach die Verbindungsaufnahme mit Ihrem WLAN. Natürlich wird der Verbindungsversuch scheitern, denn das Gerät gehört ja (noch) nicht zum Kreis der erlaubten Geräte. Ihre FRITZ!Box führt allerdings über alle gescheiterten Verbindungsversuche Buch und verrät Ihnen somit die MAC-Adresse. Klicken Sie jetzt im Webinterface auf **WLAN • Funknetz**. Unterhalb der Gerätetabelle gibt es das Ausklappfeld **Erfolglose Anmeldeversuche zeigen**. Wenn Sie dieses ausklappen, sehen Sie eine Übersicht der erfolglosen Anmeldeversuche. Dort steht auch die MAC-Adresse des Gerätes, dem der Zugang verwehrt wurde. Notieren Sie sich die Adresse. Jetzt können Sie das Gerät zur Liste der erlaubten Geräte hinzufügen.

SCHRITT FÜR SCHRITT
So fügen Sie ein neues Gerät zum WLAN hinzu

1. Klicken Sie im Webinterface auf **WLAN • Sicherheit** und dort auf die Registerkarte **Verschlüsselung**.

2. Scrollen Sie Sie bis zum Punkt **WLAN-Zugang beschränken**.
3. Unterhalb der Gerätetabelle klicken Sie auf die Schaltfläche **WLAN-Gerät hinzufügen**.
4. Auf der neuen Seite tragen Sie die MAC-Adresse des Gerätes ein. MAC-Adressen verwenden die Ziffern 0 bis 9 sowie die Buchstaben a bis f. Hierbei ist die Groß- oder Kleinschreibung nicht relevant.
5. Klicken Sie auf **Übernehmen**.

Alternativ können Sie auch den MAC-Adressfilter kurzzeitig deaktivieren oder die WPS-Funktion nutzen

Wenn Ihnen die manuelle Eingabe der MAC-Adresse zu umständlich ist, dann können Sie alternativ auch den MAC-Filter für die Dauer der Anmeldung kurz aus- und danach wieder einschalten – das ist vielleicht sogar komfortabler als die manuelle Dateneingabe.

Sie können außerdem ein neues Gerät auch bei aktiviertem Zugangsfilter jederzeit über WPS hinzufügen.

Das Gerät ist anschließend in der Liste der erlaubten Geräte enthalten. Bei einem neuen Verbindungsversuch wird dem Gerät bei korrektem Passwort der Zugang erlaubt. Denken Sie daran, dass die Einrichtung der Beschränkung über die MAC-Adresse in keinem Fall die Eingabe des WLAN-Passwortes ersetzt, es handelt sich nur um eine zusätzliche Sicherheitsstufe. Sie müssen ein neues Gerät also stets auch zusätzlich per Passwort anmelden.

So löschen Sie ein Gerät aus der Liste der erlaubten Geräte

Wenn Sie einem Gerät den Zugang zum WLAN nicht mehr gestatten möchten, etwa weil Sie das Gerät verkauft haben oder es entsorgt wurde, dann können Sie es aus der Liste der erlaubten Geräte löschen. Öffnen Sie dazu im Webinterface die Seite mit der Funktion **WLAN-Zugang beschränken**. In der bekannten Gerätetabelle sehen Sie alle erlaubten Geräte. Über die Schaltfläche ☒ können Sie das gewünschte Gerät wieder löschen. Klicken Sie abschließend auf **Übernehmen**.

Die WLAN-Beschränkung wieder abschalten

Wenn Sie an der WLAN-Beschränkung keinen Bedarf mehr haben, können Sie die Funktion jederzeit und ohne Komforteinbußen wieder deaktivieren.

SCHRITT FÜR SCHRITT

So deaktivieren Sie die WLAN-Beschränkung

1. Öffnen Sie die Kategorie **WLAN • Sicherheit** im Webinterface der FRITZ!Box.
2. Auf der Registerkarte **Verschlüsselung** scrollen Sie bis zum Punkt **WLAN-Zugang beschränken**.
3. Unterhalb der Gerätetabelle aktivieren Sie den Auswahlpunkt **Alle neuen WLAN-Geräte zulassen**.
4. Klicken Sie auf **Übernehmen**.

Weitere Sicherheitseinstellungen für das WLAN

Im Webinterface der FRITZ!Box finden Sie unter **WLAN • Sicherheit** in der Sektion **Weitere Sicherheitseinstellungen** noch drei Optionen, die selten benötigte Funktionen steuern, die allerdings Sicherheitsrelevanz haben und daher bei der Einrichtung des Gerätes nach Ihren Wünschen konfiguriert werden sollten.

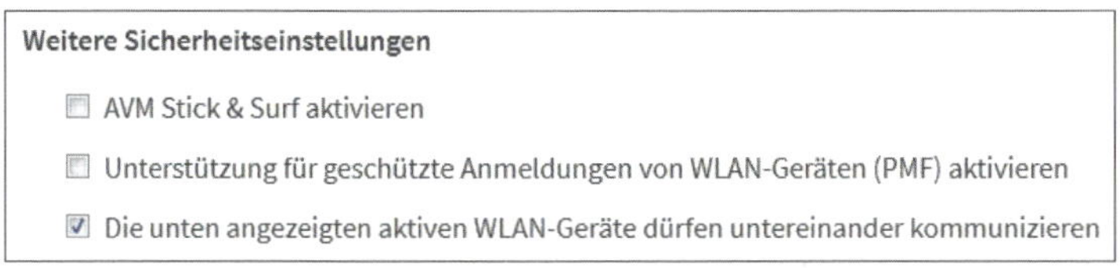

Abbildung 6.22 *Drei Sicherheitseinstellungen gilt es bei der WLAN-Konfiguration zu überprüfen.*

AVM Stick & Surf aktivieren

Vom Hersteller AVM gibt es eigene WLAN-Adapter in Form eines USB-Sticks mit dem Namen FRITZ!WLAN-Stick. Mit diesen Adaptern lässt sich die WLAN-Funktionalität an Computern nachrüsten. Sie eignen sich also vor allem für Desktop-Rechner und ältere Notebooks, die bisher keine WLAN-Hardware an Bord hatten. Der USB-Stick wird dazu einfach in einen freien USB-Anschluss des Rechners gesteckt. Derartige Adapter sind auch von anderen Herstellern verfügbar, aber wie immer arbeiten die Modelle vom Hersteller AVM besonders gut mit FRITZ!Box-Geräten zusammen. Insbesondere ist hier die Funktion *AVM Stick & Surf* zu erwähnen. Dabei werden die benötigten Zugangsdaten für das heimische WLAN automatisch von der FRITZ!Box auf die FRITZ!WLAN-Sticks kopiert. Der Stick kann anschließend am Zielcomputer angeschlossen werden und ermöglicht direkten Zugang zum WLAN, ohne dass die Zugangsdaten eingegeben werden müssen. Dazu stecken Sie den USB-Stick zuerst an eine freie USB-Buchse der FRITZ!Box. Die benötigten Zugangsdaten werden automatisch auf den Stick kopiert. Dass der Vorgang erfolgreich abgeschlossen ist, erkennen Sie am Erlöschen der Kontroll-LED am WLAN-Stick. Sie können diesen jetzt von der FRITZ!Box abstecken und am Zielcomputer anschließen. Damit Sie diese Funktion verwenden können, müssen Sie zuerst das entsprechende Kontrollkästchen **AVM Stick & Surf aktivieren** anschalten und auf **Übernehmen** klicken.

Dem aufmerksamen Leser wird aufgefallen sein, dass diese komfortable Funktion auch ein Sicherheitsproblem mit sich bringt: Theoretisch braucht ein Besucher nur einen AVM-FRITZ!WLAN-Stick kurz an eine USB-Buchse der FRITZ!Box anzuschließen und erhält somit Zugang zu Ihrem WLAN. Das mag bei normalen Gästen natürlich nicht unbedingt der erste Gedanke sein, allerdings lässt sich hierüber natürlich auch eine eventuelle Kindersicherung austricksen. Daher ist es ratsam, diese Funktion auf jeden Fall abzuschalten, wenn sie nicht gebraucht wird. Deaktivieren Sie dazu einfach das Kontrollkästchen **AVM Stick & Surf aktivieren**, und klicken Sie anschließend unten auf der Seite auf **Übernehmen**. Beachten Sie auch, dass diese Funktion nur zur Einrichtung der Sticks aktiviert sein muss, nicht für den späteren laufenden Betrieb.

Unterstützung für geschützte Anmeldungen von WLAN-Geräten (PMF) aktivieren

Seit einiger Zeit gibt es beim WLAN-Standard die Erweiterung *802.11w*. Hinter diesem Kürzel verbirgt sich eine zusätzliche Verschlüsselung der Steuerdaten, die beim Verbindungsauf- und -abbau zwischen der WLAN-Basisstation und dem WLAN-Endgerät ausgetauscht werden. Hier geht es also nicht um den »normalen« Benutzer-Datenverkehr, sondern explizit um den »Verwaltungsaufwand«. Durch die Verschlüsselung dieses Datenverkehrs wird es für Angreifer schwieriger, in ein fremdes WLAN einzudringen. Es gibt nämlich ohne diese Verschlüsselung ein denkbares Angriffsszenario, wie sich ein Angreifer (mit erheblichem Aufwand) Zugriff zum WLAN verschaffen kann. Dieses Angriffsverfahren erfordert allerdings nicht nur eine gewisse Rechenkapazität, sondern auch recht viel Zeit, sodass man es schon genau auf das Ziel-WLAN abgesehen haben muss, um es einzusetzen. Damit solche Angriffsmethoden sowie allgemein böswillige Störungen des WLAN-Datenverkehrs (durch Überlastung mit unsinnigen Datentransfers) unterbunden werden können, wurde das Verfahren zur Verschlüsselung der Steuerdaten entworfen. Hinter dem Kürzel *PMF* verbirgt sich der Ausdruck *Protected Management Frames*, zu Deutsch etwa »geschützte Steuerdatenpakte«. Der Standard muss sowohl von der Basisstation als auch vom Endgerät unterstützt werden. Sowohl moderne FRITZ!Box-Geräte als auch moderne Smartphones, Tablets und Notebooks bringen die erforderliche Unterstützung bereits mit. Sie können daher das Kontrollkästchen **Unterstützung für geschützte Anmeldungen von WLAN-Geräten (PMF) aktivieren** im Regelfall mit einem Haken versehen und anschließend auf **Übernehmen** klicken. Somit profitieren Sie von einer höheren Sicherheit im Drahtlosnetzwerk. Nachteilige Effekte wie etwa eine geringere Datentransferrate entstehen nicht.

Wenn Sie allerdings feststellen, dass sich nun einige (ältere) Endgeräte nicht mehr korrekt mit dem WLAN verbinden können, dann bedeutet dies, dass die notwendige Unterstützung nicht vorhanden ist. In diesem Fall müssen Sie das Kontrollkästchen wieder deaktivieren und erneut auf **Übernehmen** klicken. Auch mit deaktivierter Verschlüsselung der Steuerdaten müssen Sie aber keine große Angst um Ihre WLAN-Sicherheit haben. Die möglichen Angriffsszenarien sind, wie gesagt, recht aufwendig und bei Privatnutzern relativ unwahrscheinlich.

Die unten angezeigten aktiven WLAN-Geräte dürfen untereinander kommunizieren

Manchmal denkt man beim Wort »WLAN« automatisch nur an den Internetzugang und vergisst dabei, dass es sich (auch) um ein normales Netzwerk handelt, über das die verbundenen Endgeräte miteinander kommunizieren können. In Ihrem Heimnetzwerk können also natürlich auch die WLAN-Geräte untereinander Daten austauschen, und das kann für viele Anwendungsszenarien auch dringend erforderlich sein. Denken Sie etwa an einen Netzwerkdrucker, der per WLAN mit Ihrem Heimnetzwerk verbunden ist. Wenn Sie nun am Notebook, das ebenfalls per WLAN verbunden ist, etwas ausdrucken möchten, dann muss es die Möglichkeit des Datenaustausches innerhalb des WLANs auch unbedingt geben. Genauso gut ist es möglich, dass Sie vom Smartphone aus das neueste Urlaubsvideo auf den per WLAN verbundenen Fernseher senden möchten.

Wenn man jetzt allerdings ein WLAN etwa in einer Gaststätte oder einer Praxis für seine Besucher betreibt, dann handelt es sich bei den verbundenen Endgeräten meistens ausschließlich um Smartphones oder Tablets, die nur Zugang zum Internet suchen und an einem Datenaustausch untereinander gar nicht interessiert sind. Die Kommunikation untereinander ist jetzt nicht nur nicht erforderlich, nein, sie kann sogar ein Sicherheitsrisiko darstellen, wenn sich nämlich im WLAN auch Hacker aufhalten. Da ist es besser, wenn untereinander jegliche Kommunikation gar nicht erst ermöglicht wird.

Im Auslieferungszustand ist die Kommunikation der WLAN-Geräte untereinander bei der FRITZ!Box erlaubt. In einem üblichen Heimnetzwerk wird sie auch benötigt und sollte daher aktiviert bleiben. Möchten Sie, weil es ein spezieller Anwendungsfall erfordert, diese Kommunikationsmöglichkeit unterbinden, dann deaktivieren Sie das Kontrollkästchen **Die unten angezeigten aktiven WLAN-Geräte dürfen untereinander kommunizieren** und klicken anschließend auf **Übernehmen**. Jetzt haben zwar alle WLAN-Geräte nach wie vor uneingeschränkten Zugriff auf das Internet und auf die kabelgebundenen Geräte des Heimnetzwerks, können aber nicht mehr mit anderen WLAN-Geräten im Netzwerk kommunizieren.

Ein separates WLAN für Ihre Gäste einrichten

Aus dem Abschnitt »Der Gastzugang« in Kapitel 5 kennen Sie schon das Gastnetzwerk für kabelgebundene Geräte. Es ermöglicht Ihren Gästen einen Zugang zum Internet, sodass diese surfen und ihre E-Mails abrufen können. Das Gastnetzwerk ist vollständig getrennt vom Heimnetzwerk, sodass Ihre Gäste keinen Zugang zu den dort vorhandenen Computern und Diensten erhalten. Ein solches Gastnetzwerk gibt es auch für WLAN-Geräte. Ihre FRITZ!Box baut dazu ein weiteres WLAN auf, das parallel zu Ihrem normalen WLAN arbeitet. Es hat eine eigene Netzwerkkennung und ein eigenes Passwort, bietet in der Grundkonfiguration Zugang zum Internet und zu E-Mail-Diensten und sperrt die Gäste vom Heimnetzwerk aus. Es arbeitet damit genauso wie die kabelgebundene Variante.

Das Gast-WLAN ist natürlich ideal für mobile Geräte wie Smartphones und Tablets, kann aber natürlich auch mit Notebooks verwendet werden.

Grundlegend müssen Sie beim Gast-WLAN zwei verschiedene Betriebszustände unterscheiden:

- den privaten WLAN-Gastzugang
- den öffentlichen WLAN-Hotspot

Beim privaten Gastzugang wird das Gast-WLAN wie das normale WLAN auch mit einem Kennwort geschützt (und verschlüsselt). Nur Personen, die das Kennwort kennen, erhalten Zugriff. Allen Besuchern müssen Sie also entweder das Kennwort mitteilen, oder Sie müssen eine alternative Methode wie WPS oder den QR-Code wählen (dazu später mehr). Diese Betriebsart bietet eine hohe Sicherheit und ist für den Privatnutzer am sinnvollsten.

Wenn Sie hingegen einen öffentlichen WLAN-Hotspot einrichten, dann wird das Gastnetzwerk nicht durch ein Passwort geschützt, Sie richten also ein sogenanntes *offenes WLAN* ein. Dabei kann sich jedermann direkt mit Ihrem WLAN verbinden, es muss kein Passwort eingegeben werden. Das Gastnetz steht der Allgemeinheit offen. Sie können sich nicht aussuchen, wer Zugang erhält. Zusätzlich ist die gesamte Kommunikation unverschlüsselt und kann von jedermann mitgeschnitten werden. Diese Betriebsart ist also sehr unsicher und sollte nur mit Bedacht genutzt werden. Sie eignet sich etwa für die Nutzung in einem Ladengeschäft oder einem Café, also allgemein an einem Ort, an dem Sie den Gästen kein Passwort mitteilen möchten oder können. Sie sollte nicht im privaten Umfeld genutzt werden.

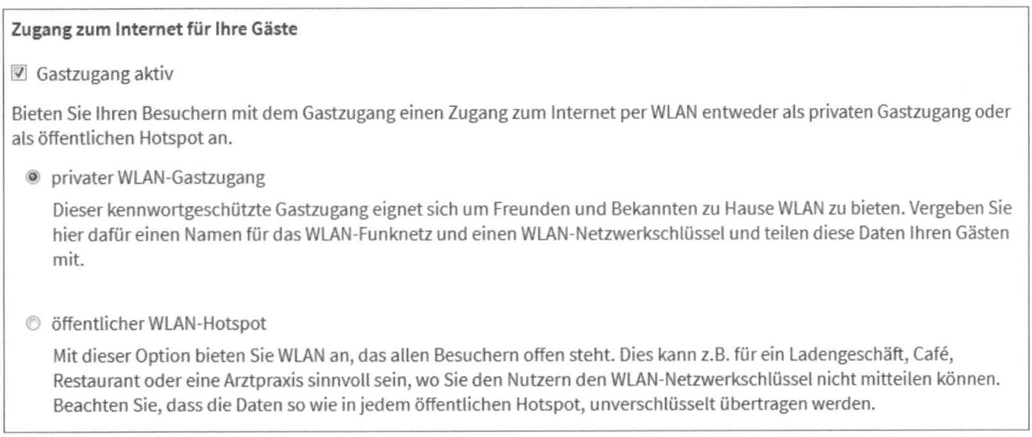

Abbildung 6.23 *Das Gast-WLAN kennt zwei Betriebsmodi, wobei im privaten Umfeld der verschlüsselten, gesicherten Variante der Vorzug gegeben werden sollte.*

Das Gastnetzwerk einschalten

Das Gast-WLAN kann einfach über das Webinterface der FRITZ!Box konfiguriert und eingeschaltet werden.

SCHRITT FÜR SCHRITT

So richten Sie den WLAN-Gastzugang ein

1. Öffnen Sie im Webinterface der FRITZ!Box die Kategorie **WLAN • Gastzugang**.
2. Setzen Sie einen Haken in das Feld **Gastzugang aktiv**.
3. Wählen Sie den Betriebsmodus: (vorzugsweise) privater WLAN-Gastzugang oder (deutlich weniger sicher) öffentlicher WLAN-Hotspot.
4. Geben Sie im Feld **Name des WLAN-Gastzugangs (SSID)** (beim privaten Gastzugang) beziehungsweise im Feld **Name des WLAN-Hotspots (SSID)** (beim öffentlichen Hotspot) den gewünschten Netzwerknamen ein. Unter dieser Bezeichnung werden Ihre Gäste das Gastnetzwerk an ihren Geräten finden.
5. Wenn Sie einen privaten Gastzugang einrichten möchten, dann müssen Sie sich nun um das Passwort und die Verschlüsselung kümmern. Wählen Sie also im Feld **Verschlüsselung** WPA2(CCMP) aus – das verspricht die höchste Sicherheit. Geben Sie im Feld **WLAN-Netzwerkschlüssel** das gewünschte Passwort ein.

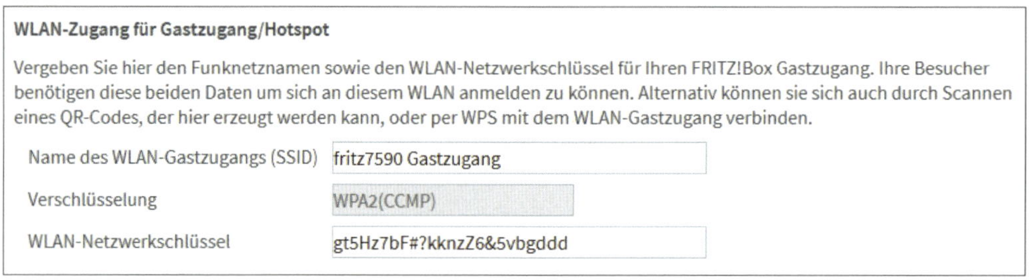

Auch beim WLAN-Gastzugang gelten beim Passwort dieselben Regeln wie beim normalen Netzwerk. Hier schlampig vorzugehen, kann fatal sein. Bedenken Sie, dass das Gastnetzwerk zwar keinen Zugang zu Ihren Heimnetzwerkgeräten bietet, dafür aber einen nur wenig eingeschränkten Internetzugang ermöglicht. Unbefugte Personen können hierüber zum Beispiel Urheberrechtsverletzungen begehen, die Sie als Anschlussinhaber möglicherweise in Schwierigkeiten bringen. Daher sollte auch das Kennwort für den Gastzugang möglichst lang und komplex sein. Bedenken Sie, dass Ihre Gäste das Kennwort nicht unbedingt per Hand eingeben müssen. Auch für das Gastnetzwerk stehen die Methoden WPS sowie das Scannen von QR-Codes zur Verfügung.

6. Klicken Sie abschließend unten auf der Seite auf **Übernehmen**.

   Jetzt ist das WLAN-Gastnetzwerk aktiv und kann von Ihren Gästen verwendet werden.

Eine Verbindung mit dem Gastnetzwerk herstellen

Ihre Gäste können sich über drei verschiedene Methoden mit dem privaten WLAN-Gastzugang verbinden:

- die manuelle Passworteingabe
- die WPS-Funktion
- das Scannen eines QR-Codes

Abbildung 6.24 *Neben der manuellen Passworteingabe gibt es auch beim Gastzugang die Möglichkeit, WPS oder einen QR-Code zu nutzen.*

SCHRITT FÜR SCHRITT
So verbindet sich der Gast mit manueller Passworteingabe

1. Suchen Sie mit den jeweiligen Funktionen des Betriebssystems nach verfügbaren Drahtlosnetzwerken.

2. Wählen Sie das Gastnetzwerk Ihrer FRITZ!Box, und leiten Sie den Verbindungsaufbau ein (zum Beispiel über die Schaltfläche »**Verbinden**«).

3. Das Endgerät wird Sie nun nach dem Passwort für das Gastnetz fragen, das Sie zuvor in Schritt 5 bei der Einrichtung vergeben haben. Geben Sie dieses nun ein.

4. Schließen Sie den Verbindungsaufbau ab, zum Beispiel indem Sie auf **OK** oder **Verbinden** klicken.

Möchten Sie das Passwort für das Gastnetzwerk ausdrucken?

Klare Sache: Das komplexe Passwort für das Gastnetzwerk ist möglicherweise schwierig zu merken, und es ist auch nicht leicht zu diktieren. Da kommt schnell der Wunsch auf, es auszudrucken – so kann man es dem Gast überreichen, und dieser kann es in Ruhe abtippen. Die FRITZ!Box hat dazu eine passende Funktion. Führen Sie einfach die Schritte 1 bis 3 der Anleitung für den Zugang zum Gastnetz per QR-Code aus. Die Seite, die Sie dabei ausdrucken, enthält nicht nur den QR-Code, sondern auch das Passwort im Klartext. So hat Ihr Gast alle benötigten Informationen »schwarz auf weiß«. Beachten Sie aber, dass ausgedruckte Daten gegebenenfalls auch missbräuchlich verwendet werden können, wenn sie nicht sorgsam aufbewahrt werden und in falsche Hände gelangen.

Alternativ können Sie die praktische WPS-Funktion verwenden, die bei Notebooks unter Windows und Mobilgeräten unter Android (bis Version 8) zur Verfügung steht. Bitte beachten Sie, dass Sie hierfür jedoch nicht die *WPS*-Taste an der FRITZ!Box verwenden können, denn diese ist für die Nutzung mit dem Heimnetzwerk vorgesehen. Für das Gastnetzwerk muss die Funktion über das Webinterface aufgerufen werden.

SCHRITT FÜR SCHRITT

So verbindet sich der Gast über die WPS Funktion

1. Öffnen Sie das Webinterface Ihrer FRITZ!Box und dort die Kategorie **WLAN-Gastzugang**. Scrollen Sie zur Sektion **Schnell verbinden**.

2. Suchen Sie mit den jeweiligen Funktionen des Betriebssystems am Gerät des Gastes nach verfügbaren Drahtlosnetzwerken, und leiten Sie den WPS-Verbindungsaufbau ein – das funktioniert genauso wie weiter oben für Geräte im Heimnetzwerk beschrieben.

3. Kehren Sie zurück zum Computer, auf dem das Webinterface der FRITZ!Box geöffnet ist. Klicken Sie dort in der Sektion **Schnell verbinden** auf **WPS starten**.

4. Nun wird die WPS-Funktion für das Gastnetzwerk ausgeführt. Das Gerät Ihres Gastes wird sich automatisch mit dem Gastnetzwerk verbinden.

WPS einfach mit dem FRITZ!Fon oder der MyFRITZ!App starten

Wenn Sie in Ihrem Haushalt ein FRITZ!Fon betreiben, das mit der FRITZ!Box verbunden ist, dann können Sie einfach dieses zum Starten der WPS-Funktion verwenden. Somit müssen Sie nicht extra das Webinterface der FRITZ!Box ausführen. Klicken Sie, sobald das Gastgerät auf WPS wartet, einfach im FRITZ!Fon auf **Menü • Heimnetz • WLAN**. Wählen Sie dann **Gast-WPS starten**, und klicken Sie auf [OK]. Schon ist WPS aktiv, und der Gast kann sich verbinden.

Übrigens: Sie können die WPS-Funktion auch mit der MyFRITZ!App auf einem Smartphone starten. Tippen Sie im Menü auf **Komfortfunktionen** und dann auf den Eintrag für das Gastnetz. Dort können Sie dieses sogar an- und ausschalten.

Wenn Sie WPS nicht nutzen möchten (oder es vom Endgerät nicht unterstützt wird), können Sie alternativ auch einen QR-Code scannen. Diesen können Sie bereits im Vorfeld ausdrucken und für Ihre Gäste vorrätig halten.

SCHRITT FÜR SCHRITT

So verbindet sich ihr Gast per QR-Code mit dem Gastnetzwerk

1. Öffnen Sie (am besten schon im Vorfeld) das Webinterface Ihrer FRITZ!Box und dort die Kategorie **WLAN • Gastzugang**. Gehen Sie dort zur Sektion **Schnell verbinden**.

2. Klicken Sie auf die Schaltfläche **QR-Code anzeigen**. Daraufhin öffnet sich ein neues Fenster mit allen Daten zum Gastnetzwerk. Dort finden Sie übrigens auch das Passwort noch einmal im Klartext.

3. Über eine Schaltfläche **Diese Seite drucken** am oberen Bildschirmrand können Sie die Seite mit dem QR-Code ausdrucken.

4. Geben Sie Ihrem Gast die ausgedruckte Seite mit dem QR-Code. Ihr Gast kann diesen Code nun einscannen und erhält somit komfortabel alle nötigen Daten für das Gastnetzwerk. Er kann sich direkt verbinden.

Keinen Drucker zur Hand? Den QR-Code am Telefon anzeigen lassen

Den QR-Code für das Gastnetzwerk müssen Sie nicht unbedingt ausdrucken. Zum einen können Sie ihn jederzeit im Web-Interface der FRITZ!Box betrachten – er wird Ihnen im Schritt 2 der obigen Anleitung auf dem Bildschirm angezeigt.

Zum anderen können Sie auch einfach die MyFRITZ!App auf Ihrem Smartphone verwenden. Öffnen Sie die App, und tippen Sie im Menü auf **Komfortfunktionen**. Tippen Sie auf den Eintrag für das Gastnetzwerk. Sie sehen direkt den QR-Code, den Sie durch Antippen vergrößern können.

Den QR-Code können Sie sich (auf Android-Geräten) auch mit der FRITZ!App WLAN anzeigen lassen. Öffnen Sie die App, und tippen Sie im Hauptmenü auf **WLAN teilen**. Melden Sie sich an Ihrer FRITZ!Box an. Anschließend wird Ihnen der QR-Code angezeigt.

Und es gibt sogar noch eine vierte Möglichkeit: Sie können den QR-Code sogar am FRITZ!Fon anzeigen lassen. Öffnen Sie dazu einfach **Menü • Heimnetz • WLAN**. Wählen Sie anschließend **Gast-Zugangsdaten**, und klicken Sie auf [OK]. Der QR-Code wird Ihnen auf dem Bildschirm angezeigt.

Die FRITZ!App WLAN macht das Verbinden einfach

Wenn Ihr Gast bei sich zu Hause auch eine FRITZ!Box betreibt, dann hat er auf seinem Mobilgerät möglicherweise auch die FRITZ!App WLAN installiert. In diesem Fall kann er diese App auch zum einfachen Verbindungsaufbau zu Ihrem Gastnetzwerk verwenden. Die App unterstützt sowohl den Verbindungsaufbau per Passwort, QR-Code als auch per WPS.

Das Gastnetzwerk wieder abschalten

Das WLAN-Gastnetzwerk sollte wie jedes WLAN nur dann angeschaltet sein, wenn es auch benutzt wird. Wenn Ihr Gast abgereist ist und Sie das Gast-WLAN nicht mehr benötigen, dann sollten Sie es abschalten. Das dient der Sicherheit, denn in ein nicht aktives WLAN kann auch kein Angreifer einbrechen. Sobald wieder Bedarf am Gast-WLAN besteht, kann es jederzeit wie oben beschrieben reaktiviert werden.

Leider gibt es weder zum Anschalten noch zum Abschalten des Gast-WLANs an der FRITZ!Box einen Taster. Stattdessen muss entweder das Webinterface, eine App oder das FRITZ!Fon bemüht werden.

SCHRITT FÜR SCHRITT

So schalten sie das WLAN-Gastnetzwerk über das Webinterface aus

1. Öffnen Sie das Webinterface der FRITZ!Box und dort die Kategorie **WLAN • Gastzugang**.

2. Entfernen Sie den Haken im Feld **Gastzugang aktiv**.

3. Klicken Sie unten auf der Seite auf **Übernehmen**.

   Damit ist das Gast-WLAN abgeschaltet. Sie können es jederzeit wieder aktivieren, in dem Sie den Haken im Feld **Gastzugang aktiv** setzen und die Einstellungen übernehmen.

Wenn Sie auf Ihrem Smartphone oder Tablet die FRITZ!App WLAN installiert haben, dann können Sie das Gast-WLAN auch mit dieser App schalten und sogar (um)konfigurieren.

SCHRITT FÜR SCHRITT

So schalten Sie das WLAN-Gastnetzwerk mit der FRITZ!App WLAN aus

1. Öffnen Sie die FRITZ!App WLAN, und tippen Sie im Hauptmenü auf **WLAN teilen**.

2. Die App sucht nach vorhandenen FRITZ!Box-Geräten. Wählen Sie Ihre FRITZ!Box aus, und tippen Sie ganz unten auf der Seite (eventuell müssen Sie scrollen) auf den gelben Pfeil, um zur nächsten Seite zu gelangen.

3. Melden Sie sich an Ihrer FRITZ!Box mit Ihrem Passwort an (Dieser Schritt entfällt, wenn Sie sich erneut anmelden und das Passwort in der App gespeichert haben).

4. Sie sehen nun die Übersichtsseite zum WLAN-Gastzugang. Tippen Sie zum Abschalten des Gastnetzes einfach auf **DEAKTIVIEREN**.

   Damit wird das WLAN-Gastnetz abgeschaltet.

   Sie sehen jetzt eine Übersichtsseite zum Gastnetzwerk, in dem Sie die grundlegenden Einstellungen verändern können, dazu zählen der Netzwerkname, das Passwort und das Verschlüsselungsverfahren.

   Über die Schaltfläche **aktivieren** können Sie das Gast-WLAN jederzeit wieder aktivieren.

   Übrigens: Diese Einstellungsseite erreichen Sie jederzeit, indem Sie im vierten Schritt der obigen Schrittanleitung einfach auf **ANPASSEN** tippen.

Alternativ können Sie das Gast-WLAN auch mit der MyFRITZ!App steuern: Tippen Sie im Menü auf **Komfortfunktionen** und dann auf den Eintrag für das Gastnetzwerk. Dort finden Sie einen Schalter zum An- und Ausschalten des Gastnetzwerks.

Das Gast-WLAN mit dem FRITZ!Fon schalten

Sobald das Gast-Netzwerk einmal eingerichtet ist, können Sie es auch bequem mit dem FRITZ!Fon an- und abschalten. Somit ersparen Sie sich das Aufrufen des Webinterface der FRITZ!Box. Öffnen Sie einfach im FRITZ!Fon **Menü • Heimnetz • WLAN**. Wählen Sie anschließend den **WLAN-Gastzugang** aus. Über die Taste [OK] oder die rechte Softtaste unter dem Bildschirm können Sie das Gast-WLAN nun bequem an- und ausschalten.

Übrigens: Das Gastnetzwerk können Sie auch automatisch abschalten lassen. Das ist recht komfortabel, denn so ersparen Sie sich das manuelle Abschalten. Die Optionen zum automatischen Abschalten finden Sie im Webinterface der FRITZ!Box unter **WLAN • Gastzugang** fast am Ende der Seite unter **Weitere Einstellungen**.

Wenn Sie dieses Menü ausklappen, dann finden Sie dort das Kästchen **automatisch deaktivieren nach**. Im Auswahlfeld können Sie eine Zeitspanne zwischen 15 Minuten und drei Tagen auswählen. Besonders praktisch ist das Kästchen **erst deaktivieren, wenn alle Gäste abgemeldet sind**, das sich unterhalb der Zeitauswahl befindet. Wenn Sie dieses Kästchen aktivieren, bleibt das Gast-WLAN solange eingeschaltet, bis sich das Gerät des Gastes abgemeldet hat. Mit dieser Funktion kann das Gast-WLAN also solange aktiv bleiben, bis Ihr Gast abgereist ist. Danach wird es automatisch abgeschaltet.

Weitere Einstellungen rund um das Gastnetzwerk

Ihre FRITZ!Box hat rund um das WLAN-Gastnetzwerk noch einige Einstellungen zu bieten, die im Regelfall aber nur einmalig vorgenommen werden müssen. Sie sollten sich die Einstellungen einmal ansehen, damit Sie sicher sind, dass das Gastnetzwerk auch so arbeitet, wie Sie es sich wünschen. Die Einstellungen erreichen Sie im Webinterface der FRITZ!Box unter **WLAN • Gastzugang** in der Sektion **Weitere Einstellungen**.

Sektion »An- und Abmeldung von Geräten«

- Ihre FRITZ!Box führt über alle An- und Abmeldungen von Geräten am WLAN-Gastzugang Protokoll. Dieses Protokoll können Sie sich im Webinterface der FRITZ!Box unter **System • Ereignisse** ansehen (achten Sie darauf, dass das Kontrollkästchen **Auch An- und Abmeldungen und erweiterte WLAN-Informationen protokollieren** aktiviert ist). Auf Wunsch können Sie sich das Protokoll für den Gastzugang auch per E-Mail zusenden lassen. So erhalten Sie regelmäßig eine Nachricht über alle Anmeldungen. Solch eine Übersicht ist nicht nur für den technisch interessierten Nutzer von Belang, sondern kann auch bei der Diagnose von Problemen helfen. Sie sehen in der Liste nicht nur alle »normalen« Anmeldevorgänge, sondern können auch Einbruchversuche und fehlgeschlagene Anmeldungen erkennen. Bevor Sie diese Funktion nutzen können, müssen Sie zunächst den sogenannten Push-Service einrichten. Über diesen versendet die FRITZ!Box E-Mails. Bei der Einrichtung müssen Sie hauptsächlich ein bereits existierendes E-Mail-Konto angeben, dieses wird von der FRITZ!Box für den Mail-Versand benutzt. Die Einrichtung nehmen Sie im Webinterface unter **System • Push Service** vor (mehr dazu in Kapitel 9 im Abschnitt »Stets auf dem Laufenden bleiben mit dem Push-Service«). Anschließend können Sie bei den weiteren Einstellungen des Gastzugangs einen Haken in das Feld **Push Service aktivieren** setzen und anschließend auf **Übernehmen** klicken. Durch das Löschen des Häkchens können Sie die Funktion auch wieder abschalten.
- Auf Wunsch kann die FRITZ!Box Ihren Gästen, bevor diese »lossurfen« dürfen, zuerst eine Vorschaltseite anzeigen, auf der die »Spielregeln« für die Nutzung des Gastnetzwerks aufgeführt sind und die von Ihrem Gast bestätigt werden müssen. Auf dieser Seite sichert Ihnen Ihr Gast zu, dass er Ihren Internetzugang nicht missbräuchlich verwenden wird. Wenn Sie eine solche Seite wünschen, dann setzen Sie einen Haken in das Feld **Vorschaltseite anzeigen**. Hierauf erscheinen weitere Optionen, mit denen Sie die Vorschaltseite anpassen können.

  Sie haben als Erstes die Wahl, den Zugang nur nach Zustimmung zu den Nutzungsbedingungen zu erlauben – hierfür müssen Sie das entsprechende Kästchen aktivieren. Die FRITZ!Box ermöglicht die Personalisierung der Vorschaltseite über ein eigenes Bild und einen eigenen Text. Beides können Sie direkt über die entsprechenden Felder hinzufügen. Als Letztes gibt es noch die Möglichkeit, die Nutzer nach der Anmeldung auf eine bestimmte Webseite zu leiten. Deren Adresse können Sie im Feld **Webseite** eintragen, nachdem sie das dazugehörige Kontrollkästchen aktiviert haben. Da eine solche Zwangsseite immer als ein wenig unangenehm empfunden wird, sollten Sie von dieser Möglichkeit nur gut begründet Gebrauch machen.

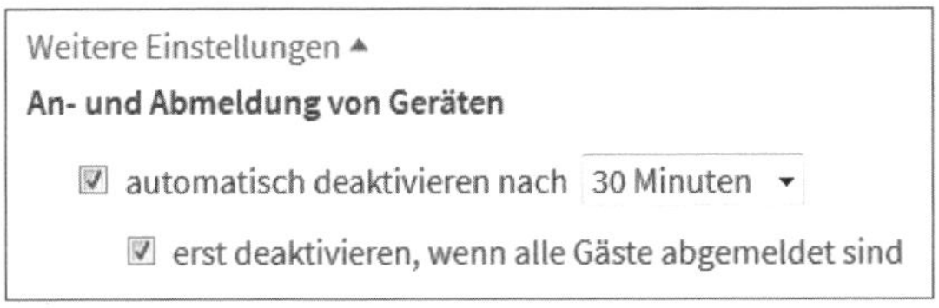

Abbildung 6.25 *Auch für das Gastnetzwerk gibt es einige Einstelloptionen, interessant sind die Möglichkeiten, das Gastnetzwerk automatisch abschalten zu lassen.*

Sektion »Geräte im Gastzugang oder Hotspot«

- Wie beim normalen WLAN haben Sie auch beim Gast-WLAN die Möglichkeit, die Kommunikation der WLAN-Geräte untereinander zu unterbinden. Im Gastnetzwerk sind die Geräte ja bereits vom Heimnetzwerk isoliert, und mit dieser Option können Sie auch die Kommunikation zu anderen WLAN-Geräten im Gastnetzwerk unterbinden. Diese Option macht offensichtlich nur dann Sinn, wenn es mehrere Geräte im Gast-WLAN gibt.

  Es hängt ganz von Ihrem Anwendungsfall ab, ob Sie die Kommunikation untereinander unterbinden möchten. Wenn der Nachwuchs etwa mit einigen Freunden gemeinsam Computerspiele spielen möchte, dann ist dafür die Kommunikation untereinander dringend erforderlich. Wenn Ihre Gäste Geschäftspartner sind, die untereinander Daten austauschen möchten, dann ist auch hierfür die Kommunikation erforderlich. Handelt es sich bei den Gästen jedoch um Personen, die sich nicht näher kennen und bei denen der Wunsch nach Datenaustausch nicht vorhanden ist, dann sollten Sie die Kommunikation besser unterbinden und so die Privatsphäre jedes Einzelnen wahren. Deaktivieren Sie in diesem Fall das Kästchen **WLAN-Geräte dürfen untereinander kommunizieren**, und klicken Sie auf **OK**. In den anderen Fällen muss das Kontrollkästchen aktiviert sein.

- Die letzte Option regelt die Befugnisse des Gastzugangs. Normalerweise ist jeder Benutzer des Gastnetzwerks Mitglied der Benutzergruppe »Gäste« und bereits weitreichenden Beschränkungen unterworfen. Dazu zählt unter anderem, dass Gäste nur surfen und E-Mails abrufen dürfen. Die Beschränkungen der Gäste-Gruppe können Sie verändern – siehe dazu Kapitel 7, Abschnitt »Eigene Zugangsprofile zur Einschränkung der Internetnutzung definieren«. Wenn Sie trotz eventueller Veränderungen (die Sie anderweitig nutzen) sicherstellen möchten, dass Nutzer des WLAN-Gastzugangs nach wie vor nur surfen und E-Mails lesen beziehungsweise senden dürfen, dann aktivieren Sie das Kontrollkästchen **Internetanwendungen beschränken**. Bei aktiviertem Kästchen dürfen Nutzer des WLAN-Gastzugangs auch bei anderen Einstellungen der Gäste-Gruppe tatsächlich nur surfen und E-Mails senden und empfangen.

Der Gastzugang kann noch weiter eingeschränkt werden

Bereits ab Werk ist der WLAN-Gastzugang stark eingeschränkt. Nutzer sind nicht nur vom Heimnetzwerk ausgesperrt, sie dürfen ferner auch nicht alle Internetdienste nutzen. Lediglich Surfen und Mailen sind erlaubt. Auf Wunsch kann der Gastzugang noch weiter eingeschränkt werden. Zum Beispiel lassen sich bestimmte Internetseiten verbieten – oder alternativ nur eine Auswahl erlauben. Auch kann der Internetzugang nur zu bestimmten Zeiten erlaubt sein. Zu guter Letzt kann sogar die maximale Datenrate, die der Gastzugang verwenden darf, begrenzt werden. Das geschieht über eine Anpassung des Benutzerprofils »Gast«, das alle Nutzer des Gastzugangs verwenden. Wie das geht, zeigt Ihnen Kapitel 7, Abschnitt »Eigene Zugangsprofile zur Einschränkung der Internetnutzung definieren«.

Weitere Einstellungen für Ihr WLAN

Für Ihr WLAN gibt es noch weitere Einstellungen, die jedoch nur einmalig vorgenommen werden müssen und im Regelfall für den Einsteiger bereits ab Werk korrekt eingestellt sind. Diese Einstellungen erreichen Sie im Webinterface in der Kategorie **WLAN • Funkkanal**. Um die Einstellungen zu sehen und etwas daran zu verändern, müssen Sie zunächst die Option **Funkkanal-Einstel-**

lungen automatisch setzen (empfohlen) deaktivieren und auf **Funkkanal-Einstellungen anpassen** umschalten. Die eigentlichen Einstellungen zur Kanalwahl können Sie auf **Autokanal** belassen.

Abbildung 6.26 *Zusätzliche Einstelloptionen für das WLAN müssen erst von Hand aktiviert werden – Änderungen sind für Einsteiger nur in seltenen Fällen erforderlich.*

In diesem Einstellungsmenü können Sie zunächst den **WLAN-Standard** sowohl für das 2,4- als auch das 5-GHz-Band einstellen. Die Standardeinstellungen lauten 802.11n+g beziehungsweise 802.11n+ac. Damit decken Sie alle derzeit gebräuchlichen WLAN-Adapter ab. Änderungen sind nur erforderlich, wenn Sie (sehr) alte WLAN-Geräte in Betrieb nehmen möchten – wobei dies nur im Ausnahmefall erforderlich sein sollte.

Wer in einer überschaubar großen Wohnung lebt (zum Beispiel einem Ein-Zimmer-Apartment), der benötigt hier nicht die volle Sendeleistung für das WLAN. In diesen Fällen kann die **Maximale Sendeleistung** entsprechend reduziert werden. Dies senkt den Stromverbrauch und verhindert unnötige Beeinflussungen durch andere WLANs in der Umgebung. Auch für potenzielle Hacker wird das eigene WLAN so schlechter zu erreichen (weil dessen Reichweite ja auch reduziert wird).

Als Nächstes können Sie für die automatische Kanalwahl im 2,4-GHz-Band auch die Kanäle 12 und 13 freigeben. Normalerweise werden diese nicht genutzt, denn es gibt einige Geräte, die mit diesen Kanälen nicht umgehen können. Wenn Sie in einer Umgebung leben, in der es sehr viele WLAN-Netze gibt und Sie dadurch mit Einschränkungen zu leben haben, dann lohnt es sich, diese Option einmal zu aktivieren. Beobachten Sie danach Ihren Gerätebestand. Wenn alle Geräte zufriedenstellend arbeiten, dann lassen Sie die Option aktiviert – ansonsten schalten Sie diese einfach wieder aus.

Die nächste Option beeinflusst die automatische Übergabe von WLAN-Geräten zwischen dem 2,4- und dem 5-GHz-Band. Normalerweise ist dies durchaus gewünscht, denn so kann die Datentransferrate maximiert werden. Beispielsweise kann ein 5-GHz-fähiges Gerät automatisch in dieses Band umgesetzt werden, wenn so ein schnellerer Datentransfer erreicht wird – zum Beispiel auch dann, wenn das 5-GHz-Band derzeit kaum genutzt wird. Diese Funktion ist auch für das Mesh-WLAN wichtig und sollte daher möglichst eingeschaltet bleiben.

Wer in einem dicht besiedelten Gebiet lebt, in dem es viele WLAN-Netze gibt, der sollte die Option **WLAN-Koexistenz aktiv** einschalten. Hierbei agiert die FRITZ!Box etwas »freundlicher« gegenüber anderen WLANs und reduziert die Kanalbreite gegebenenfalls von 40 auf 20 MHz. Dadurch werden gegenseitige Beeinflussungen reduziert. Wer hingegen in einer dünn besiedelten Gegend wohnt, der sollte diese Option ausschalten und so höhere Datenraten erzielen können.

Wer moderne, 5-GHz-fähige WLAN-Geräte betreibt, die mit der 2×2-Antennenkonfiguration arbeiten, der kann die Option **WLAN-Kanäle mit 160 MHz-Kanalbandbreite erlauben (5-GHz-Frequenzband)** aktivieren. Dadurch werden höhere Datenübertragungsraten möglich.

Als Letztes kann über die Option **WLAN-Übertragung für Live TV optimieren** noch eine automatische Priorisierung für den Datenverkehr von Fernsehsignalen eingeschaltet werden. Wer über WLAN einen TV-Dienst empfängt und diesen priorisieren möchte (damit es nicht zu Rucklern und Aussetzern kommt), der sollte diese Option aktivieren.

Mit Mesh-WLAN komfortabel die Reichweite erhöhen

Jetzt können Sie sich mit dem Thema WLAN-Reichweite und deren Vergrößerung beschäftigen. Bei diesem Vorhaben werden Sie auf jeden Fall mit dem modernen WLAN-Mesh in Berührung kommen. Dieses praktische System erleichtert die Erhöhung der Reichweite ungemein.

Sinn und Zweck von Mesh-WLAN: eine Einführung

Im Unterschied zu den Verbindungen zwischen Smartphones und deren Mobilfunk-Basisstationen müssen WLAN-Verbindungen mit einer deutlich kleineren Sendeleistung auskommen. Das führt dazu, dass die Reichweite dieser Verbindungen deutlich geringer ist. Während Sie mit dem Mobiltelefon auch noch weit entfernt vom Sendemast »Empfang haben«, kann bei einer WLAN-Verbindung das Signal schon in einem Einfamilienhaus oftmals nicht mehr einwandfrei vom Keller in das Dachgeschoss übertragen werden. Zwar kann man auch mit der geringen Sendeleistung von üblichen WLAN-Geräten (und normalen Antennen) Distanzen von bis zu 300 Metern überbrücken, allerdings gilt dies nur für eine Verbindung draußen im Freien und auch nur dann, wenn zwischen den Geräten eine direkte Sichtverbindung besteht. Wenn sich zwischen den Kommunikationspartnern Gegenstände befinden, dann erfahren die Funkwellen eine Dämpfung, sie werden also in ihrer Intensität geschwächt. Je niedriger die Signalstärke wird, desto langsamer wird die Datenübertragung, bis sie schließlich beim Unterschreiten einer kritischen Grenze komplett unmöglich wird. Dann hat man sprichwörtlich gar keinen Empfang mehr. Wird WLAN in einem Gebäude betrieben, dann befinden sich zwischen Sender und Empfänger fast schon zwangsläufig Gegenstände, die zu einer Dämpfung des Signals führen. Sind beide Parteien in einem Raum, dann sind dies meist nur Möbelstücke, und es ist mit wenigen Einschränkungen zu rechnen. In anderen Zimmern oder gar in einem anderen Stockwerk sieht die Sache anders aus. Wände dämpfen WLAN Signale stark, Stahlbetondecken sogar besonders stark. Allgemein sind metallische Gegenstände kritisch, ähnlich schlecht sind auch Wasserleitungen. Ganz besonders schlecht wird es, wenn Wände unter einem flachen Winkel passiert werden müssen, denn hierbei vergrößert sich die Strecke durch die Wand wesentlich. Die Folge ist, dass in Räumen, die einige Entfernung zur FRITZ!Box haben, nur noch eine schlechte WLAN-Leistung erreicht wird. Das kann dazu führen, dass Streaming-Videos stocken und häufig nachladen oder dass Downloads eine gefühlte Ewigkeit dauern. Nun sind Geräte gefragt, die das WLAN-Signal verstärken und das WLAN über eine größere Distanz stabil betreiben.

Geräte, die dies tun, heißen Repeater. Sie werden an einem Ort in Betrieb genommen, an dem noch ein verhältnismäßig guter Empfang möglich ist. Sie kommunizieren mit der FRITZ!Box und bauen ihrerseits ein eigenes WLAN auf, das am gewünschten Ort beziehungsweise im gewünschten Raum besser empfangen werden kann als das direkte Signal der FRITZ!Box. Somit agieren sie bildlich gesprochen als eine Art von Zwischenhändler für die Daten im Funknetz.

Der Betrieb von WLAN-Repeatern war in der Vergangenheit mit einigen Einschränkungen verbunden. Bei frühen Geräten hatte man es im Endeffekt mit zwei getrennten WLANs zu tun: einmal die Verbindung zur FRITZ!Box und einmal das »neue« Netz, das der Repeater bereitstellte. Man musste sich mit seinem Endgerät bewusst in eines der beiden Netze einbuchen und selber wechseln, wenn man den Raum gewechselt hat. Das war wahrlich nicht komfortabel. Es gab noch mehr Einschränkungen, selbst wenn die Repeater in demselben WLAN arbeiteten. Einfache Geräte nutzten nämlich dieselbe Funkverbindung sowohl für die Kommunikation mit der FRITZ!Box als auch mit dem Endgerät. Die Daten mussten quasi zweimal gesendet werden, und das führte zu einer Halbierung der Datenrate. Somit hatte man zwar im entfernten Raum eine gute Verbindung – nur schnell war diese nach wie vor nicht. Sie können sich vorstellen, was erst passierte, wenn ein Repeater in einem großen Haus gar nicht ausreichte und mehrere Geräte gefragt waren. Um alte Repeater sollten Sie also einen Bogen machen und diese nicht mehr einsetzen.

Zum Glück gibt es neuerdings Mesh-WLAN, und dieses System versucht, vieles besser zu machen. Mesh dient ebenfalls der Vergrößerung von Reichweite und Leistung eines WLANs. Dafür werden im Mesh mehrere Funkstationen verwendet, die das WLAN aufbauen. Neben der FRITZ!Box als »Hauptgerät«, genannt Mesh-Master, gibt es mehrere Stationen. Oftmals handelt es sich um Repeater, die gegenüber ihren Vorgängen ohne Mesh-Funktion einiges besser machen.

Im Mesh-WLAN kommunizieren die Repeater mit dem Master und reichen die Daten weiter. Zusätzlich kommunizieren sie auch mit weiteren Repeatern im Mesh – jedes dieser Geräte kennt alle anderen. Im Mesh handeln die beteiligten Parteien selbstständig und ohne Ihr Zutun die beste »Route« für die Daten aus, sodass das gesamte Netz mit hoher Effizienz und Leistung arbeiten kann. Mehr noch: Wenn sich etwa ein mobiles Endgerät durch das WLAN bewegt, dann erhält es seine Daten automatisch von der Basisstation, die momentan die beste Leistung bringt. Das Gerät wechselt also automatisch seinen Kommunikationspartner. Moderne Mesh-Geräte sind sowohl über das 2,4-GHz-WLAN als auch das 5-GHz-WLAN untereinander verbunden und können automatisch den Datenfluss so steuern, dass sich eine größtmögliche Geschwindigkeit ergibt. Im gewissen Sinne sind Mesh-Geräte also ein wenig »smart«.

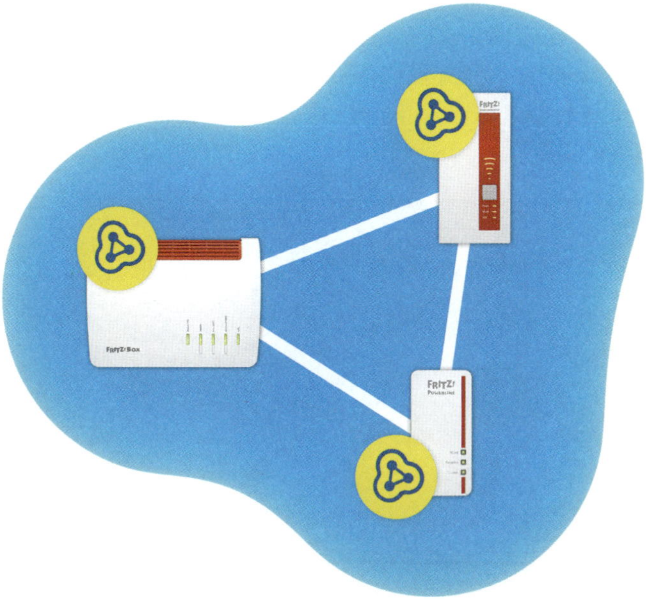

Abbildung 6.27 *In einem Mesh-WLAN gibt es mehrere Zugangspunkte. Neben der FRITZ!Box sind das zum Beispiel Repeater. Alle Geräte kommunizieren untereinander und spannen ein gemeinsames, effizientes WLAN auf. (Bild: AVM GmbH)*

Für den Endnutzer bietet ein Mesh-WLAN also verschiedene Vorteile: Es konfiguriert sich selbst, es wählt automatisch und intelligent den besten Betriebszustand, und es vergrößert die Reichweite des ursprünglichen Funknetzes sehr deutlich, in Abhängigkeit von der Anzahl der genutzten Repeater. Man kann das Mesh sogar ein wenig mit dem Internet vergleichen: Fällt nämlich einer der beteiligten Repeater aus (etwa weil er ausgeschaltet wird), dann ist das nicht weiter schlimm. Die beteiligten Geräte ändern automatisch ihre Kommunikationspartner, und die Verbindung reißt nicht ab. Der beste Vorteil des Systems liegt jedoch darin, dass es fortan bei Ihnen zu Hause nur noch ein einziges WLAN für das Heimnetzwerk gibt. Egal ob Ihr Endgerät direkt mit der FRITZ!Box oder einem Repeater im Mesh verbunden ist: Überall gelten derselbe Netzwerkname und dasselbe Passwort.

Wenn Sie also zu Hause mit Reichweitenproblemen in Ihrem WLAN zu kämpfen haben – die, wie eingangs erwähnt, schon in einer Mehrzimmerwohnung nicht unwahrscheinlich sind –, dann können Sie mit meshfähigen Repeatern die Leistung Ihres Funknetzes deutlich erhöhen. Dank der automatischen Konfiguration können Sie sogar Repeater nur dann in Funktion nehmen, wenn sie gebraucht werden, etwa wenn ein Nachmittag mit dem Tablet im Garten verbracht oder der studierende Nachwuchs am Wochenendbesuch im Dachzimmer mit WLAN versorgt werden soll. Falls erforderlich, lassen sich Repeater sogar »hintereinanderschalten«. Dadurch kann die Reichweite des WLANs erheblich gesteigert werden.

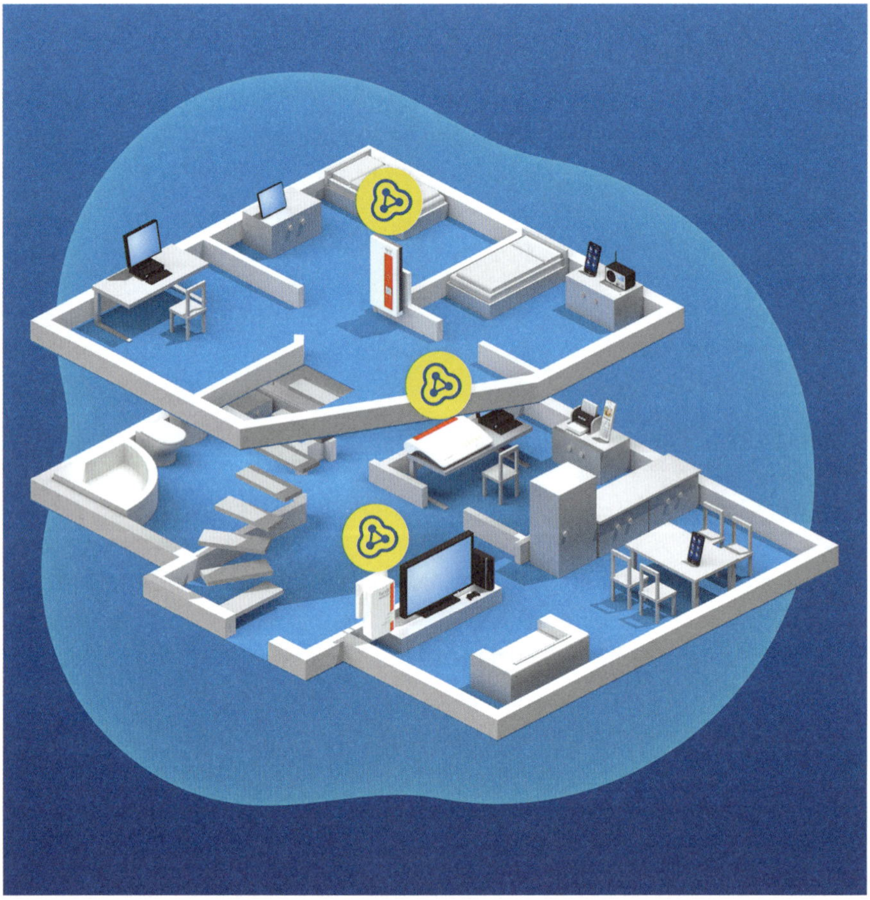

Abbildung 6.28 *Mit mehreren Repeatern und WLAN-Zugangsgeräten lässt sich im Mesh eine sehr große WLAN-Reichweite erzielen, die mühelos ein ganzes Einfamilienhaus abdeckt. (Bild: AVM GmbH)*

Einschränkungen und Nachteile von Mesh-WLAN

Wenn es um das Thema Reichweitenvergrößerung geht, besser gesagt um automatische intelligente Reichweitenvergrößerung, dann hat das moderne Mesh-WLAN-Verfahren ohne Frage sehr viel zu bieten und ist auf alle Fälle interessant. Leider handelt es sich beim Mesh-WLAN bisher um kein standardisiertes Verfahren. Zwar gibt es entsprechende Produkte von vielen verschiedenen Herstellern zu kaufen, doch sind diese zumeist untereinander nicht kompatibel. Mit herkömmlichen WLAN-Repeatern nach klassischer Art war das noch anders – hier konnte man einfach zu einem Fremdprodukt greifen, aber derzeit ist dies mit Mesh-Produkten nicht möglich.

Wenn Sie sich für ein Mesh-WLAN interessieren, dann sind Sie keinesfalls auf Produkte von AVM festgelegt, sondern können auch zu einem System eines anderen Herstellers greifen. Auf diese Weise bauen Sie dann aber im Regelfall ein zweites WLAN-System auf, das separat vom WLAN der FRITZ!Box betrieben wird. In einem solchen Fall bietet es sich an, das WLAN der FRITZ!Box komplett zu deaktivieren und stattdessen ganz auf die Lösung des anderen Herstellers zu setzen.

Wer es aber möglichst einfach haben möchte und Produkte aus einer Hand bevorzugt, der interessiert sich möglicherweise für die Mesh-Produkte, die direkt von AVM angeboten werden und die sich problemlos in das WLAN der FRITZ!Box integrieren lassen. Dabei bieten die Produkte von AVM auch den Vorteil, dass sie teilweise direkt über die FRITZ!Box gesteuert werden können oder zumindest mit einer vergleichbaren Benutzeroberfläche eingestellt werden.

Passende Mesh-Geräte für Ihre FRITZ!Box

Vom Hersteller AVM gibt es zwei Arten von Mesh-Produkten: WLAN-Repeater und Powerline-Adapter. Beide Produkte dienen der Erweiterung der WLAN-Reichweite. Daneben kann man auch eine weitere FRITZ!Box zur Vergrößerung der Reichweite benutzen.

Die WLAN-Repeater

Bei den WLAN-Repeatern (genannt FRITZ!Repeater) handelt es sich um eigenständige kleine Geräte, die zumeist wie eine Zeitschaltuhr in eine Steckdose gesteckt werden. Sie arbeiten als WLAN-Basisstation und haben folglich eingebaute WLAN-Antennen, mit denen sie WLAN-Signale ausstrahlen. Die Repeater können (wenn sie entsprechend ausgestattet sind) ihr »Versorgungssignal« (also die Daten, die sie ausstrahlen sollen) auf zwei verschiedene Wege bekommen: entweder drahtlos per WLAN oder kabelgebunden per LAN. Wenn ein Repeater dieses Versorgungssignal (im Prinzip also seine eigene Verbindung zur FRITZ!Box) per WLAN erhält, dann arbeitet das Gerät komplett drahtlos und kann folglich an eine beliebige Steckdose im Haushalt angeschlossen werden. Dabei bietet es sich an, das Gerät an einem Ort zu installieren, an dem es selbst noch eine gute WLAN-Verbindung zur FRITZ!Box hat, also Daten mit hoher Geschwindigkeit empfängt und somit auch mit hoher Geschwindigkeit weitergeben kann. Wenn das Gerät seine Verbindung per Netzwerkkabel erhält, dann muss es am Aufstellungsort natürlich einen entsprechenden Netzwerkanschluss geben. Dafür ist man bei der Wahl des Aufstellungsortes nicht eingeschränkt. Der Adapter kann überall in Betrieb gehen, wo es einen Strom- und einen Netzwerkanschluss gibt, auf das WLAN der FRITZ!Box muss nicht unbedingt Rücksicht genommen werden. Wenn man an einem lückenlosen WLAN interessiert ist, dann wird man natürlich versuchen, eine möglichst gute Abdeckung mit einer gewissen Überlappung zu erzielen. Man kann aber auch sein WLAN beispielsweise im Garten(haus) einrichten, wo ansonsten überhaupt kein WLAN-Empfang möglich ist. Die Versorgung des Repeaters per Netzwerkkabel hat noch einen weiteren, sehr wichtigen Vorteil: Oftmals ist eine Kabelverbindung deutlich schneller als die Verbindung per WLAN, sodass mit dieser Methode oftmals höhere Datenraten erreicht werden. Das liegt auch daran, dass das WLAN durch die Versorgungsdaten nicht »belastet« wird, weil diese ja über ein Kabel geführt werden. Bei dieser Anschlussart spricht man oft auch nicht mehr von einem Repeater, sondern bezeichnet das Gerät als *Access Point*.

Von AVM gibt es mehrere dieser Geräte, ich möchte Ihnen drei bekannte Modelle beispielhaft vorstellen:

- Das Spitzenmodell heißt FRITZ!Repeater 3000. Es ist das einzige Tischmodell und wird nicht direkt in eine Steckdose gesteckt. Das Modell bietet ein Dual-WLAN und erreicht im 5-GHz-Band bis zu 1.733 MBit/s und im 2,4-GHz-Band bis zu 400 MBit/s. Das Gerät beinhaltet drei Funkeinheiten, wobei eine ausschließlich für die Verbindung zur FRITZ!Box (also für die »Versorgungsdaten«) verwendet wird. Damit eignet sich der Adapter vor allem für den komplett drahtlosen Betrieb. Er bietet trotzdem auch zwei Netzwerkanschlüsse mit bis zu 1 GBit/s für kabelgebundene Geräte. Diese können am

Zielort angeschlossen werden und kommunizieren über die WLAN-Verbindung mit Heimnetzwerk und Internet. Das Gerät kann auch als Access Point arbeiten und kostet ungefähr 120 €.

- Das Modell FRITZ!Repeater 1750E ist schon länger erhältlich. Es wird direkt in eine Steckdose gesteckt. Es bietet ein Dual-WLAN mit (bis zu) 1.300 MBit/s im 5-GHz-Band und (bis zu) 450 MBit/s im 2,4-GHz-Band. Es arbeitet nur mit zwei Funkeinheiten und bietet einen Netzwerkanschluss für Kabelgeräte. Es ist zu einem Straßenpreis von etwa 65 € erhältlich.
- Eine Klasse darunter arbeitet der sehr kompakte FRITZ!Repeater 1200. Er erreicht 866 MBit/s im 5-GHz-Band und 400 MBit/s im 2,4-GHz-Band. Auch er bietet einen LAN-Anschluss mit bis zu 1 GBit/s. Das recht neue Gerät kostet derzeit noch etwa 65 €.

Abbildung 6.29 *Von AVM werden diverse Repeater angeboten, die sich im Leistungsumfang unterscheiden. (Bild: AVM GmbH)*

Neben diesen Geräten gibt es noch weitere Modelle, die sich alle in ihrer Ausstattung unterscheiden und teilweise beispielsweise keine Anschlüsse für kabelgebundene Netzwerkgeräte bieten.

Die Powerline-Adapter

Die zweite Geräteklasse sind Powerline-Adapter. Sie heißen *FRITZ!Powerline*. Bei dem Powerline-Verfahren werden die Datensignale über die Stromleitung übertragen. Das Powerline-Verfahren hat mit dem Thema Mesh-WLAN zunächst überhaupt nichts zu tun. Powerline wird normalerweise dann eingesetzt, wenn man an einem entfernten Ort, an dem es weder eine WLAN-Verbindung noch einen (Netzwerk-)Kabelanschluss gibt, eine Datenverbindung braucht. Dazu wird ein Powerline-Adapter (dessen Gehäuse auch so ähnlich aussieht wie eine Zeitschaltuhr) in eine Steckdose gesteckt und per Netzwerkkabel mit der FRITZ!Box verbunden. Er sendet die Daten auf die Stromleitung. Ein zweiter Powerline-Adapter, irgendwo anders im Haus angeschlossen, empfängt die Daten. An ihm ist über ein Netzwerkkabel ein Computer angeschlossen. Dieser Computer kann nun über diese Verbindung mit der FRITZ!Box, dem Heimnetzwerk und natürlich dem Internet kommunizieren. Bisher hat das mit dem Thema WLAN überhaupt nichts zu tun. Nun hindert einen allerdings nichts daran, den zweiten »empfangenden« Adapter mit einem WLAN-Zugangspunkt auszustatten. Im Unterschied zu den zuvor genannten WLAN-Repeatern erhält dieser jetzt seine »Datenversorgung« nicht per WLAN und auch nicht per Netzwerkkabel, sondern über die Stromleitung. Je nach baulichen Gegebenheiten kann diese Form der Datenübertragung schneller und zuverlässiger sein als eine WLAN-Verbindung zur FRITZ!Box. Auch müssen für sie keine Netzwerkkabel verlegt werden – wobei eine Verbindung mit Netzwerkkabeln gegenüber der Powerline-Technik meist deutlich schneller ist. Der zweite Powerline-Adapter kann überall dort in Betrieb genommen werden, wo ein Stromanschluss vorhanden ist. Man muss auf ein WLAN-Signal keine Rücksicht nehmen. Im Alltag wird man meist eine Überlappung anstreben, sodass überall ein möglichst gutes WLAN-Signal vorhanden ist.

Für den Mesh-Betrieb von Powerline-Produkten sind natürlich nur Geräte geeignet, die eine eingebaute WLAN-Funktionalität bieten. Ich stelle Ihnen auch hier drei Produkte vor:

- Das Spitzenmodell (Sie erhalten stets ein Set mit zwei Adaptern) ist das *FRITZ!Powerline 1260E WLAN Set*. Über die Powerline-Verbindung werden bei optimalen Bedingungen bis zu 1.200 MBit/s erreicht. Die WLAN-Funktion bietet bis zu 400 MBit/s (2,4 GHz) beziehungsweise bis zu 866 MBit/s (5 GHz). Das Set kostet rund 140 €.
- Mit einem Straßenpreis von rund 95 € ist das *FRITZ!Powerline 1240E WLAN Set* deutlich günstiger. Gegenüber dem Spitzenmodell müssen Sie auf das 5-GHz-WLAN verzichten. Das WLAN bietet im 2,4-GHz-Band bis zu 300 MBit/s, obwohl die Powerline-Verbindung bis zu 1.200 MBit/s erreichen kann. Natürlich können Sie am Zielort auch ein kabelgebundenes Gerät anschließen, denn die Geräte bieten einen Netzwerkanschluss mit bis zu 1 GBit/s.

- Nur rund 75 € kostet das *FRITZ!Powerline 540E WLAN Set*, das sich vor allem für weniger stark genutzte Netze eignet. Es erreicht über das WLAN im 2,4-GHz-Band bis zu 300 MBit/s und über die Powerline-Funktion bis zu 500 MBit/s. Dieses Set bietet am Zielort nur einen Netzwerkanschluss mit bis zu 100 MBit/s.

Die Powerline-Geräte lassen sich auch als WLAN-Repeater einsetzen
Auch die Powerline-Adapter bieten die Möglichkeit, als rein drahtloser WLAN-Repeater zu arbeiten. In dieser Betriebsart werden keine Daten über die Stromleitung übertragen. Beachten Sie aber, dass im Powerline-Set nur ein Adapter mit der WLAN-Funktion ausgestattet ist.

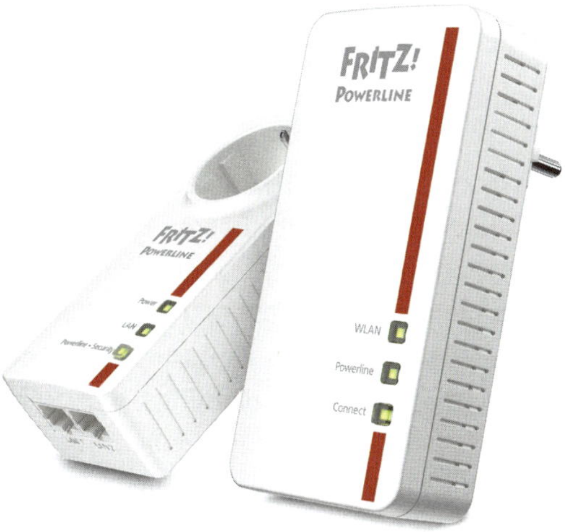

Abbildung 6.30 *Von AVM werden verschiedene Powerline-Adapter angeboten. Einige von ihnen bieten auch eine eingebaute Steckdose. (Bild: AVM GmbH)*

Die Nutzung einer zweiten FRITZ!Box

Wer bei sich zu Hause noch eine zweite FRITZ!Box hat oder einen größeren Funktionsumfang benötigt als ein normaler Repeater bietet, der kann auch dieses Gerät zur Vergrößerung der WLAN-Reichweite benutzen. Einzige Voraussetzung: Die FRITZ!Box darf nicht zu alt sein. AVM bietet im Internet eine Übersicht über alle meshfähigen FRITZ!Box-Modelle, die Sie hier einsehen können: *https://avm.de/service/mesh/faqs/welche-fritz-produkte-unterstuetzen-mesh/*. Der Einsatz einer FRITZ!Box führt natürlich zu einem wesentlich größeren Funktionsumfang. Am Ort des Repeaters stehen zum Beispiel gleich vier Anschlüsse für kabelgebundene Netzwerkgeräte zur Verfügung. Oft lässt sich das

Mesh-WLAN auch mit der Telefonie kombinieren, sodass sich auch das Telefonnetz stark vergrößern lässt. Nachteilig gegenüber einem reinen Router ist natürlich der etwas höhere Stromverbrauch einer kompletten FRITZ!Box. Grundsätzlich kann eine FRITZ!Box ebenso wie ein (geeigneter) FRITZ!Repeater entweder per WLAN oder per kabelgebundenem LAN mit der Haupt-FRITZ!Box verbunden werden. Die Haupt-FRITZ!Box heißt dabei Mesh-Master, die zweite FRITZ!Box wird als Mesh-Repeater bezeichnet.

Zusammengefasst stehen drei Technologien zur Wahl:

- Ein meshfähiger WLAN-Repeater, der komplett drahtlos arbeitet. Er ist am einfachsten zu installieren, benötigt aber selbst eine gute WLAN-Verbindung zur FRITZ!Box. Ein guter Anwendungsfall: Die FRITZ!Box arbeitet im Wohnzimmer, und Sie benötigen vier Räume entfernt im Schlafzimmer ein gutes WLAN. Nun können Sie einen drahtlos betrieben Repeater zwei Räume entfernt von der FRITZ!Box in Betrieb nehmen. Somit hat der Repeater eine gute Verbindung zur FRITZ!Box – Gleiches gilt für das Endgerät im Schlafzimmer. Auch alle Räume dazwischen sind bestens versorgt.
- Ein WLAN-Repeater, der per Netzwerkkabel mit der FRITZ!Box verbunden ist. Er bietet tendenziell einen stabileren Betrieb mit höheren Datenraten, ist aber nicht so flexibel in der Aufstellung, denn es muss eine Netzwerkkabelverbindung vorhanden sein. Trotzdem ist dies technisch gesehen die beste Lösung. Ein gutes Anwendungsbeispiel: Die FRITZ!Box arbeitet im Erdgeschoss. Im gesamten Obergeschoss ist die WLAN-Verbindung bereits sehr schlecht. Aber es liegt ein Netzwerkkabel dorthin. Nun können Sie den Repeater zentral im Obergeschoss aufstellen und über das Netzwerkkabel mit der FRITZ!Box verbinden. Im Endeffekt haben Sie im Obergeschoss einen guten WLAN-Empfang.
- Ein Powerline-System, bei dem ein Adapter einen WLAN-Zugangspunkt beinhaltet. Dieses System kann zum Einsatz kommen, wenn der Abstand zur FRITZ!Box so groß ist, dass deren WLAN-Signal nicht mehr sinnvoll »verstärkt« werden kann und es auch keine (Netzwerk-)Kabelverbindung zum Zielort gibt. Ein Beispiel: Die FRITZ!Box arbeitet im Erdgeschoss. Im ersten Obergeschoss benötigen Sie kein WLAN, wohl aber im zweiten Obergeschoss. Allerdings liegen dorthin keine Netzwerkkabel, und Sie möchten oder dürfen auch keine verlegen. Nun können Sie die Daten vom Erdgeschoss per Powerline in das zweite Obergeschoss transportieren und sie dort per WLAN ausstrahlen.

Die Einrichtung von FRITZ!Repeatern

Die Einrichtung eines FRITZ!Repeaters ist sehr einfach. AVM hat sich hier eine »Zwei-Tasten-Lösung« einfallen lassen, bei der sich die Repeater innerhalb kürzester Zeit über die WPS-Funktion mit der FRITZ!Box verbinden lassen.

Bei der Inbetriebnahme sollten Sie den Repeater zunächst an einer Steckdose in der Nähe der FRITZ!Box anschließen. Nachdem Sie die Einrichtung vorgenommen haben, können Sie den Repeater am gewünschten Zielort in Betrieb nehmen.

Wichtig für die Inbetriebnahme:

- Die WPS-Funktion per Tastendruck muss an der FRITZ!Box aktiv sein (alternativ ist die Aktivierung über das Webinterface oder über die MyFRITZ!App möglich).
- Die WLAN-Zugangsbeschränkung über einen MAC-Filter darf nicht aktiviert sein.
- Die WLAN-Bezeichnung (die SSID) muss von der FRITZ!Box aktiv ausgestrahlt werden, die SSID darf nicht unterdrückt werden.

Den Repeater per WLAN versorgen

Hier zeige ich Ihnen zunächst, wie Sie einen Repeater komplett über WLAN einrichten.

SCHRITT FÜR SCHRITT

So richten Sie Ihren FRITZ!Repeater an der FRITZ!Box ein

1. Schließen Sie den Repeater an einer Steckdose in der Nähe der FRITZ!Box an.
2. Warten Sie einen Augenblick, bis der Repeater vollständig gestartet ist.
3. Drücken Sie am Repeater auf die Verbindungstaste. Diese heißt bei einigen Modellen *Connect*, bei anderen *WPS*. Daraufhin wird eine LED am Gerät gleichmäßig blinken.
4. Drücken Sie nun während der nächsten zwei Minuten an der FRITZ!Box auf die *WPS/Connect*-Taste (oder lösen Sie die WPS-Funktion anderweitig aus). Nun werden die benötigten Verbindungsdaten automatisch ausgetauscht.

5. Warten Sie, bis die Leuchtdioden am Repeater konstant leuchten.

   Damit ist der Verbindungsaufbau abgeschlossen. Der Repeater hat alle nötigen Daten erhalten und wurde in das Mesh-WLAN der FRITZ!Box integriert. Sie können den Repeater nun abstecken und am gewünschten Zielort an einer Steckdose anschließen. Er wird dort das WLAN wie gewünscht verstärken. Sie brauchen sich um nichts weiter zu kümmern. Sie können den Repeater auch jederzeit vom Stromnetz trennen und an einem anderen Ort installieren, die Einstellungen bleiben gespeichert.

Wo ist der ideale Aufstellungsort?
Beim rein drahtgebundenen Betrieb ist der ideale Aufstellungsort dort, wo die Signalstärke des WLANs der FRITZ!Box auf ungefähr die Hälfte abgefallen ist. Hinweis: Dies muss nicht zwangsläufig mit der geometrischen Hälfte der gewünschten Verbindungsstrecke zusammenfallen. Wenn Sie unsicher sind, wo sich der geeignete Aufstellungsort befindet, dann hilft Ihnen die FRITZ!App WLAN. Installieren Sie diese auf Ihrem Smartphone. Scrollen Sie im Hauptbildschirm der App zum Punkt **Mein WLAN-System**. Tippen Sie auf **MEINE REPEATER**. Auf einer neuen Seite sehen Sie die Schaltfläche **Repeater-Position bewerten**. Tippen Sie diese an. Evtl. ist zunächst eine Anmeldung an der FRITZ!Box erforderlich. Nun sehen Sie ein Balkendiagramm mit der Bewertung der Repeater-Position. Nutzen Sie dieses, um den Aufstellungsort zu optimieren. Probieren Sie dazu einfach verschiedene Möglichkeiten aus, und beobachten Sie die Anzeige.

Ist die Anmeldung fehlgeschlagen? Es gibt Alternativen!
Wenn die Anmeldung des Repeaters nach der hier beschriebenen Methode wiederholt nicht funktionieren mag, dann gibt es noch eine Alternative. Im Werkszustand bauen die Repeater nämlich ihr eigenes WLAN auf. Daran können Sie sich mit einem WLAN-Gerät anmelden. Sie können dann auf das Webinterface des Repeaters zugreifen (ja, der Repeater hat wie die FRITZ!Box ein eigenes Webinterface) und dort die Einrichtung manuell vornehmen. Der Vorgang unterscheidet sich von Gerät zu Gerät – mehr Informationen können Sie der Kurzanleitung entnehmen, die den Geräten beiliegt.

Den Repeater per LAN versorgen

Ab Werk sind die FRITZ!Repeater so konfiguriert, dass sie im reinen Drahtlosbetrieb arbeiten. In diesem Fall können Sie an den Netzwerkanschluss des Gerätes ein kabelgebundenes Gerät (oder einen Switch) anschließen. Dieses Gerät wird nun über WLAN mit dem Heimnetzwerk und dem Internet verbunden. Deswegen nennt AVM diesen Betriebsmodus auch *WLAN-Brücke*.

Möchten Sie hingegen, dass der Repeater die Verbindung zur FRITZ!Box per Netzwerkkabel herstellt, dann ist etwas Arbeit nötig. Wenn der Repeater per Netzwerkkabel versorgt wird, arbeitet er im Grunde genommen nicht als Repeater, sondern als Access Point – aber das ist an dieser Stelle eigentlich nicht sonderlich wichtig. AVM nennt diesen Betriebsmodus *LAN-Brücke*. Der Betriebsmodus kann nicht direkt am Gerät gewechselt werden. Das gelingt ausschließlich im Webinterface des Repeaters – jeder FRITZ!Repeater hat nämlich auch ein eigenes Webinterface, das so ähnlich aufgebaut ist wie das der FRITZ!Box.

Um das Webinterface aufrufen zu können, muss natürlich eine Netzwerkverbindung zum Repeater bestehen. Dafür gibt es mehrere Möglichkeiten:

- Sie können sich per Netzwerkkabel mit dem Repeater verbinden.
- Sie können sich mit dem WLAN-Netz des Repeaters verbinden – jeder Repeater baut im Auslieferungszustand sein eigenes WLAN auf.

Am einfachsten ist jedoch die Methode, den Repeater zunächst wie zuvor beschrieben in Ihr Mesh-WLAN zu integrieren.

SCHRITT FÜR SCHRITT

So stellen Sie den Betriebsmodus des Repeaters um

1. Nehmen Sie das Gerät zunächst – wie zuvor gezeigt – als WLAN-Repeater in Ihrem Netzwerk in Betrieb.
2. Öffnen Sie das Webinterface Ihrer FRITZ!Box und dort die Kategorie **Heimnetz • Mesh**.
3. In der **Mesh Übersicht** wird der Repeater aufgeführt. Sein Name ist blau gefärbt. Klicken Sie diese blaue Bezeichnung an.

4. Sie werden zum Webinterface des Repeaters weitergeleitet. Eventuell müssen Sie zunächst ein Passwort vergeben und sich mit diesem Passwort anmelden.

5. Klicken Sie im Webinterface des Repeaters auf **Heimnetz-Zugang**, und scrollen Sie zur Sektion **Zugangsart ändern**.

6. Klicken Sie auf die Schaltfläche **Zugangsart ändern**.

Hierauf wird die Zugangsart beziehungsweise der Betriebsmodus geändert. Sie können das Gerät nun am gewünschten Betriebsort mit einem Netzwerkkabel an das Heimnetzwerk anschließen. Das Gerät wird Ihr WLAN wie gewünscht erweitern. Ihre Endgeräte werden sich automatisch anmelden.

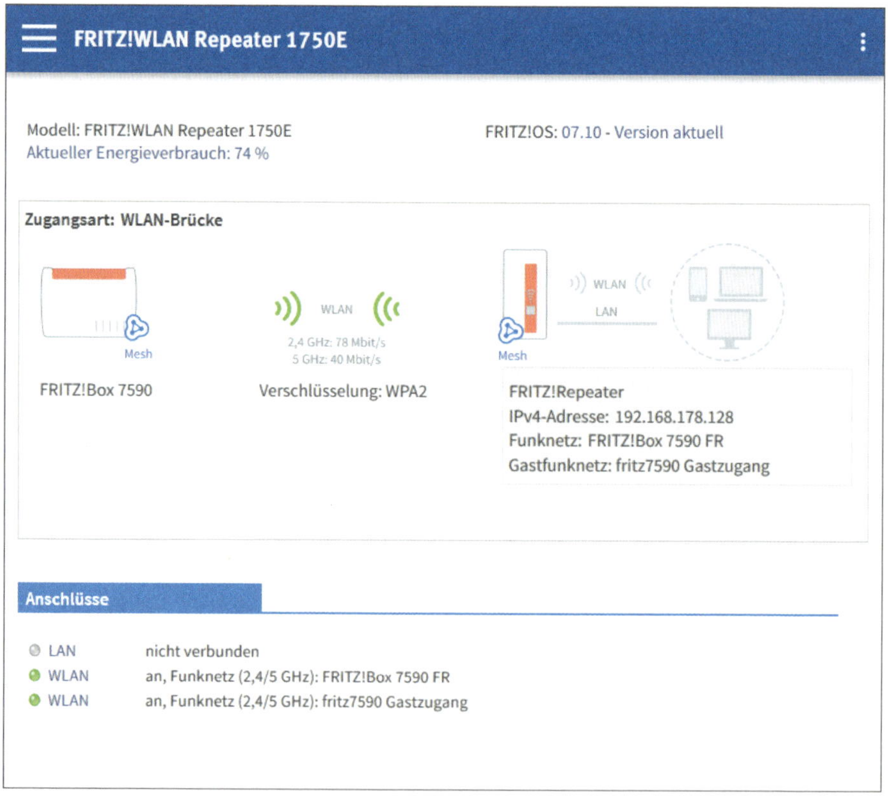

Abbildung 6.31 *Im Webinterface des Repeaters wird angezeigt, dass dieser als WLAN-Brücke arbeitet. Das erkennt man auch daran, dass zwischen FRITZ!Box und Repeater nur Funkwellen angezeigt werden.*

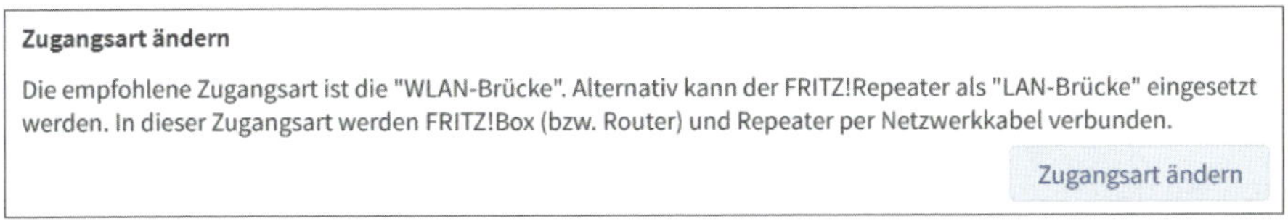

Abbildung 6.32 *Bei der Zugangsart »LAN-Brücke« erhält der Repeater seine »Versorgung« per Netzwerkkabel.*

Die Einrichtung von FRITZ!Powerline-Geräten

Die Ersteinrichtung eines FRITZ!Powerline-Gerätes ist schnell erledigt, denn die Geräte befinden sich im Auslieferungszustand bereits im Anmeldemodus. Zuerst wird die Powerline-Verbindung hergestellt. Dies funktioniert ohne Tastendruck. Sobald diese Verbindung betriebsbereit ist, wird der WLAN-Adapter in das Mesh integriert.

SCHRITT FÜR SCHRITT
So richten Sie ein FRITZ!Powerline-Set mit Mesh-Funktion ein

1. Schließen Sie den Powerline-Adapter ohne WLAN-Funktion (Sie erkennen ihn daran, dass er keine WLAN-Kontrollleuchte hat) in die gewünschte Steckdose. Am besten wählen Sie zunächst eine Steckdose in der Nähe der FRITZ!Box.
2. Schließen Sie den Powerline-Adapter mit einem Netzwerkkabel an das Heimnetzwerk an.
3. Stecken Sie den anderen Powerline-Adapter (den mit der WLAN-Funktion) in eine Steckdose in der Nähe der FRITZ!Box.
4. Warten Sie, bis die Kontrollleuchte *Powerline* am Adapter dauerhaft leuchtet. Sollte die Anzeige auch nach einer Wartezeit kontinuierlich blinken, dann probieren Sie eine andere Steckdose aus.
5. Drücken Sie an der FRITZ!Box für etwa eine Sekunde auf die *Connect/WPS*-Taste. Hierdurch wird die Anmeldung weiterer WLAN-Geräte aktiviert.
6. Drücken Sie innerhalb von zwei Minuten für etwa eine Sekunde auf die Taste *Connect* am WLAN-fähigen Powerline-Adapter.
7. Warten Sie, bis die Kontrollleuchte *Connect* aufhört zu blinken.

Damit ist das Set vollständig eingerichtet. Sie können nun beide Powerline-Adapter am gewünschten Einsatzort installieren. Das WLAN-fähige Gerät installieren Sie am gewünschten Zielort. Es wird dort das WLAN Ihrer FRITZ!Box ergänzen. Ihre Endgeräte verbinden sich automatisch. Der andere Adapter muss nicht unbedingt in der Nähe der FRITZ!Box angeschlossen sein. Jede Steckdose im Haushalt in der Nähe zu einem Netzwerkanschluss an das Heimnetzwerk (das natürlich mit der FRITZ!Box verbunden ist) ist geeignet. Beachten Sie bitte, dass Powerline recht empfindlich auf alle Arten von Störungen reagiert. Deswegen sollten Sie stets mehrere Steckdosen (für beide Adapter) ausprobieren und die Datenübertragungsrate kontrollieren. Entscheiden Sie sich für die Steckdosenkombination, bei der die besten Ergebnisse erzielt werden. Die Ergebnisse hängen stark von der Elektroinstallation ab. Oft kann es sein, dass sich an Steckdosen in demselben Raum deutlich unterschiedliche Datenübertragungsraten erreichen lassen.

Einstellungen rund um das Mesh-WLAN

Eine wichtige Einstelloption für das Mesh-WLAN haben Sie schon bei den normalen WLAN-Einstellungen in Kapitel 6 im Abschnitt »Weitere Einstellungen für Ihr WLAN« kennengelernt. Sie heißt **Zur Verbesserung der Datenübertragung dürfen WLAN-Geräte automatisch zwischen den 2,4- und 5-GHz Frequenzbändern sowie zwischen mehreren FRITZ!-Produkten im Mesh gesteuert werden.** und kontrolliert eine der wichtigsten Eigenschaften des Mesh-WLANs, nämlich die automatische Steuerung, an welchem Mesh-Gerät sich ein WLAN-Endgerät anmeldet. Hiermit werden die beiden Optionen *AP-Steering* und *Band-Steering* gesteuert (siehe dazu den folgenden Textkasten). Da es sich um wichtige Komfortmerkmale handelt, sollte dies normalerweise stets eingeschaltet bleiben.

Ansonsten gibt es zum Thema Mesh nur erfreulich wenige Einstelloptionen. Das ist auch bewusst so gemacht, denn schließlich soll das Mesh-WLAN möglichst ohne große Benutzereingriffe automatisch gut funktionieren.

Dennoch finden Sie im Webinterface der FRITZ!Box die Registerkarte **Mesh Einstellungen** in der Kategorie **Heimnetz • Mesh**. Hier steuern Sie allerdings vorwiegend, wie die FRITZ!Box im Mesh agiert. Normalerweise ist die FRITZ!Box sozusagen das Hauptgerät im Mesh-WLAN, sie arbeitet als Mesh-Master. Sollten Sie in Ihrem Heimnetz noch eine weitere FRITZ!Box betreiben, die ebenfalls in das Mesh integriert werden soll, dann muss diese als Mesh-Repeater arbeiten – das stellen Sie in dem genannten Menüpunkt ein. Ansonsten können Sie auf dieser Seite noch Einstellungen für das Telefonie-Mesh vornehmen. Hierbei können auch die Telefoniefunktionen von zwei FRITZ!Box-Geräten miteinander verbunden und gemeinsam verwendet werden.

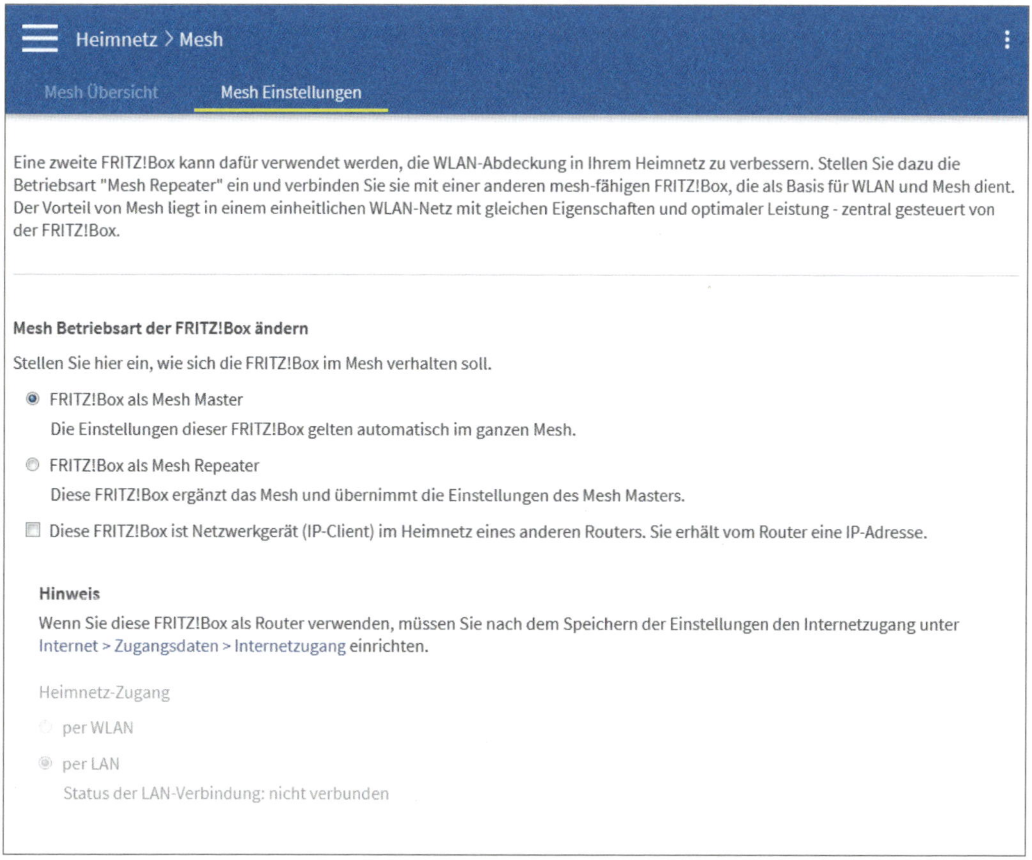

Abbildung 6.33 *Einstelloptionen zum Thema Mesh gibt es nur sehr wenige – und die sind auch nur für besondere Einsatzzwecke interessant.*

Neben den Einstellungen ist vielleicht auch noch die **Mesh Übersicht** interessant (im Webinterface direkt unter **Heimnetz • Mesh**). Hier sehen Sie in grafischer Form, wie Ihr Mesh-WLAN aufgebaut ist, also aus welchen Knotenpunkten das Netz besteht und wo die einzelnen Endgeräte angemeldet sind.

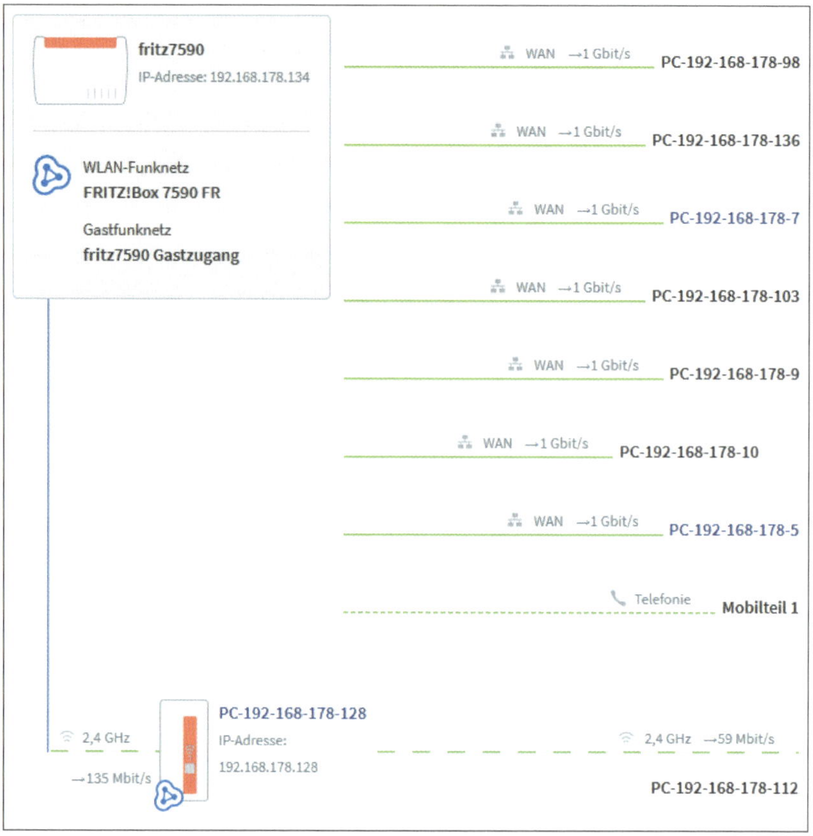

Abbildung 6.34 *Die Mesh-Übersicht zeigt Ihnen an, wie Ihr Mesh-WLAN aufgebaut ist.*

Was sind AP-Steering und Band-Steering?

Beim Thema Mesh-WLAN trifft man oft auf die Begriffe *AP-Steering* und *Band-Steering*. Beide Begriffe bezeichnen Verfahren, bei denen ein WLAN-Gerät automatisch einem WLAN-Zugangspunkt (Access Point, abgekürzt AP) oder einem WLAN-Band (dem 2,4-GHz-Band oder dem 5-GHz-Band) zugewiesen wird. Beides sind recht neue Funktionen, die aber sehr wichtig sind. Mit ihnen wird automatisch sichergestellt, dass ein Endgerät stets die höchsten Datentransferraten erreichen kann, weil es automatisch mit dem Zugangspunkt mit dem besten Empfangssignal verbunden wird. Damit diese Funktionen einwandfrei arbeiten, müssen die beteiligten Geräte die neuen WLAN-Standards 11v und 11k unterstützen. Ob dem so ist, zeigt Ihnen die Heimnetzwerk-Übersicht.

Kapitel 7
Ab in die große weite Welt: die Internetfunktionen

Bei der Ersteinrichtung Ihrer FRITZ!Box haben Sie bereits die Internetverbindung in Betrieb genommen. Nun wird es an der Zeit, dass Sie die verschiedenen Funktionen rund um die Nutzung des Internets kennenlernen. In diesem Kapitel geht es beispielsweise um die Einschränkung der Internetnutzung (in Form einer Kindersicherung), um Freigaben, mit denen Sie Dienste und Geräte im Heimnetzwerk über das Internet erreichen können oder um eine Möglichkeit, wie Sie über das Internet sicher mit Ihrem Heimnetzwerk kommunizieren können. Sollte bei der Einrichtung der Internetverbindung etwas schiefgegangen sein, dann liefert Ihnen der Abschnitt »Die Einrichtung und Konfiguration des Internetzugangs« in diesem Kapitel wertvolle Informationen – auch wenn Sie eine besondere Konfiguration beim Anschluss benötigen.

Informationen rund um Ihre Internetverbindung abrufen

Im Webinterface der FRITZ!Box erhalten Sie unter dem Menüpunkt **Internet • Online Monitor** einige Informationen rund um Ihre Internetverbindung. Diese können Sie sich von Zeit zu Zeit einmal ansehen, wobei sich eher der technisch interessierte Nutzer angesprochen fühlen wird. Für den Alltagsgebrauch sind diese Informationen nicht unbedingt notwendig und werden von anderen Internetzugangsgeräten häufig gar nicht erst angezeigt.

Auf der Registerkarte **Online-Monitor** sehen Sie zunächst die Eckdaten Ihrer Internetverbindung. In Form einer Tabelle können Sie den aktuellen Verbindungsstatus sowie die bisherige Dauer dieser Verbindung ablesen. Hier werden Ihnen auch die externen IP-Adressen angezeigt (je nach Verbindung getrennt für das IPv4- und das IPv6-Protokoll). Sollten Sie den MyFRITZ-Dienst verwenden (siehe dazu Abschnitt »Eine eigene Adresse für die FRITZ!Box und noch mehr: der MyFRITZ!-Dienst« in diesem Kapitel) oder eine Portfreigabe eingerichtet haben (dazu mehr im Abschnitt »Mit Portfreigaben Dienste und Anwendungen von Geräten im Heimnetzwerk freigeben«, ebenfalls in diesem Kapitel), dann sehen Sie hier die relevanten Informationen. Kurzum: Diese Tabelle zeigt alles Wichtige auf einen Blick.

Abbildung 7.1 *Der Online-Monitor zeigt wichtige Daten zur aktuellen Internetverbindung an.*

Die Internetverbindung neu starten

Normalerweise muss sich der Nutzer um den Aufbau der Internetverbindung nicht selbst kümmern, das regelt die FRITZ!Box automatisch. Bei DSL-Verbindungen über das Telefonnetz wird die Internetverbindung oftmals automatisch alle 24 Stunden getrennt und durch die FRITZ!Box sofort wieder neu aufgebaut. Dabei erhält der Nutzer vom Internetprovider häufig eine neue IP-Adresse. In manchen Fällen kann es erforderlich sein, die Internetverbindung manuell zu trennen und neu zu starten. Das kann zum Beispiel dann nötig sein, wenn bei der Verbindung etwas schiefgegangen ist und aus dem Internet keine Daten mehr empfangen werden oder der Datentransfer ungewöhnlich langsam geworden ist. Bei so manchen Experimenten ist es auch vorteilhaft, wenn die eigene IP-Adresse im Internet ausgetauscht wird. In diesem Fall kann auf der Registerkarte **Online-Monitor** die Internetverbindung auch manuell jederzeit neu aufgebaut werden. Klicken Sie dazu einfach auf die Schaltfläche **Neu Verbinden**. Die Internetverbindung wird nun getrennt und sofort wieder aufgebaut, was einen kurzen Moment dauert.

Interessant sind die beiden Diagramme zur Auslastung der Internetverbindung, die Sie weiter unten auf der Seite sehen. Dort zeigt Ihnen Ihre FRITZ!Box an, wie viele Daten Sie gegenwärtig aus dem Internet empfangen und welche Datenmenge Sie in das Internet senden. Wenn Ihre Internetverbindung langsam ist, dann lohnt ein Blick in das Diagramm der empfangenen Daten, bevor man auf den Provider schimpft: Es kann nämlich durchaus sein, dass die Internetverbindung stark ausgelastet ist – etwa durch die anderen Benutzer im Heimnetzwerk oder auch einen automatischen Datentransfer eines anderen Gerätes, zum Beispiel im Rahmen eines Updates. Beachten Sie aber, dass das Diagramm nur die Summe des gesamten Datenaufkommens zeigt. Einen »Übeltäter, der die Leitung blockiert« können Sie hier nicht zweifelsfrei erkennen. Das Diagramm zeigt übrigens zwei verschiedene Kurven an, die aber nicht für jeden Nutzer interessant sind. Am wichtigsten ist die Kurve **Internet**, denn sie beschreibt den gesamten »normalen« Internetverkehr. Die Kurve **IPTV** ist hingegen nur für Nutzer von Relevanz, die zum Fernsehen einen IPTV-Dienst abonniert haben, der eine eigene, separate Internetverbindung verwendet. In diesem Fall zeigt die Kurve **IPTV** das Datenaufkommen dieser separaten Internetverbindung. Für alle anderen Nutzer zeigt diese Kurve konstant null an. Auf die empfangenen Daten aus dem Internet hat die FRITZ!Box nicht immer großen Einfluss. Anders ist das bei den Daten, die die FRITZ!Box in das Internet sendet. Aus diesem Grund gibt es im zweiten Diagramm mehrere Kurven. Die FRITZ!Box kann nämlich verschiedene Anwendungen, die Daten in das Internet senden, mit verschiedener Priorität behandeln. So können wichtige Dienste, die möglichst störungsfrei arbeiten müssen, mit Vorrang behandelt werden. Die höchste Priorität erhalten die sogenannten *Echtzeitanwendungen*. Diese dürfen die Internetverbindung in Senderichtung jederzeit komplett auslasten und haben Vorrang vor allen anderen Anwendungen beziehungsweise Diensten. Die Echtzeitanwendungen können Sie selbst bestimmen. Im Auslieferungszustand umfasst diese Liste lediglich die Internettelefonie. Hierbei handelt es sich um eine sehr wichtige Anwendung, die tatsächlich mit höchster Präferenz behandelt werden sollte. Würden die Gesprächsdaten nachrangig behandelt, dann könnte es während des Telefonats zu Aussetzern und Störungen kommen – und die sind mit Sicherheit unerwünscht. Hingegen ist es wesentlich weniger schlimm, wenn eine Webseitenanfrage im Browser erst einen kleinen Augenblick später beantwortet wird. Die nächste Kategorie bilden die *priorisierten Anwendungen*. Dies sind ebenfalls wichtige Anwendungen, die mit Vorzug Daten in das Internet senden dürfen, sie müssen allerdings hinter den Echtzeitanwendungen zurückstehen. Die FRITZ!Box hat ab Werk eine feste Liste mit priorisierten Anwendungen, deren Einträge vom Nutzer nicht verändert werden können. Dazu zählen vor allem Dienste, die zur Steuerung der Internetkommunikation verwendet werden und die nur ein kleines Datenvolumen umfassen, dafür aber zeitkritisch sind. Hierzu zählen zum Beispiel TCP-Bestätigungspakete sowie das wichtige ICMP – beides braucht den Einsteiger nicht weiter zu interessieren. Unterhalb der priorisierten Anwendungen arbeiten die *normalen Anwendungen*. Dies ist der gesamte Datenverkehr, der nicht weiter klassifiziert wurde – hierunter fallen also der »normale« Datenverkehr außer den ab Werk eingestellten priorisierten Diensten und die Telefonie. Als niedrigste Stufe gibt es die *Hintergrundanwendungen*. Diese Kategorie ist ab Werk nicht befüllt, aber das können Sie jederzeit ändern (falls Bedarf besteht). Die Hintergrundanwendungen dürfen nur dann Daten in das Internet senden, wenn keine Anwendung aus einer höheren Kategorie die Internetverbindung benötigt. Ein sinnvoller Kandidat hierfür ist zum Beispiel der automatische Backup-Dienst eines Gerätes. Wie Sie die einzelnen Listen mit Ihren persönlichen Diensten und Anwendungen belegen können, zeige ich Ihnen in im Abschnitt »Internetanwendungen und -dienste unterschiedlich priorisieren«. Beachten Sie, dass Sie zum Aktualisieren der Anzeige unten auf der Seite auf die gleichnamige Schaltfläche klicken müssen. Generell kann gesagt werden, dass die Priorisierung eher etwas für den fortgeschrittenen Nutzer ist.

Ab und zu nach dem Rechten zu sehen, schadet nicht

In die hier vorgestellten Diagramme sollte nicht nur der technisch interessierte Nutzer regelmäßig einen Blick werfen, sondern auch der Anfänger. Hier kann nämlich jederzeit gesehen werden, ob sich alle Geräte so verhalten wie gewünscht oder ob ein Gerät etwas Unerwünschtes tut. Wenn Sie sich sicher sind, dass zu einem bestimmten Zeitpunkt kein Datenverkehr stattfinden sollte, aber die Diagramme trotzdem eine hohe Auslastung zeigen, dann sollten Sie hellhörig werden. Zwar kann es jederzeit sein, dass ein Gerät ein Update herunterlädt oder ein Backup durchführt, wenn aber die Internetverbindung über einen längeren Zeitraum ständig ausgelastet ist, dann könnte es sein, dass ein Gerät falsch konfiguriert ist oder sogar ein Virus sein Unwesen treibt. Durch sukzessives Abschalten aller Geräte finden Sie schnell den Übeltäter und können dort genauer nachsehen.

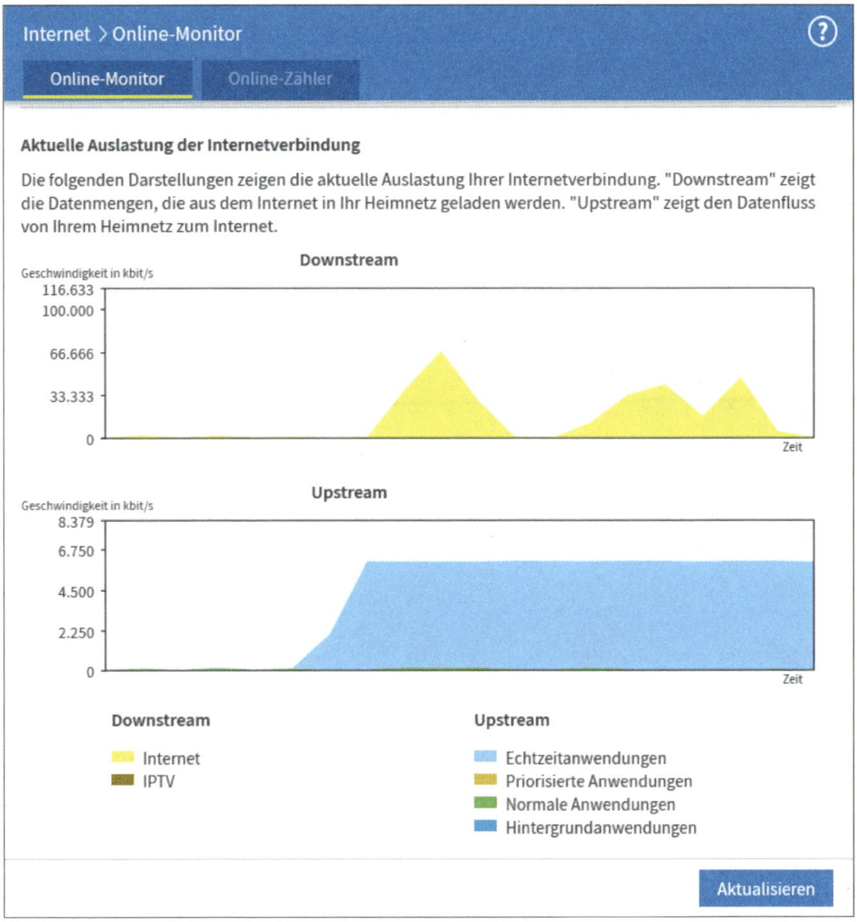

Abbildung 7.2 *Der Online-Monitor kann Ihnen auch die gegenwärtige Auslastung der Internetverbindung anzeigen. Beim Upload werden verschiedene Prioritäten unterschieden.*

Ihre FRITZ!Box zeigt Ihnen aber nicht nur die momentane Auslastung der Internetverbindung an, sondern führt auch längerfristig Buch über das Datenaufkommen und die Online-Zeit. Diese Informationen können Sie sich im Menüpunkt **Internet • Online Monitor** auf der Registerkarte **Online-Zähler** ansehen. Hier sehen Sie eine Tabelle, die Werte zum Zeit- und Datenvolumen liefert, und zwar sowohl gemeinsam als auch getrennt für den Upload und den Download für verschiedene Zeiträume. Für Nutzer einer Flatrate haben diese Daten wenig Relevanz, sie sind höchstens interessant zur Einschätzung des eigenen Internetkonsums. Wenn Sie einmal einen intensiven Fernsehabend mit einem Streaming-Dienst Ihrer Wahl verbringen, dann können Sie das eindrucksvoll am Datenaufkommen erkennen.

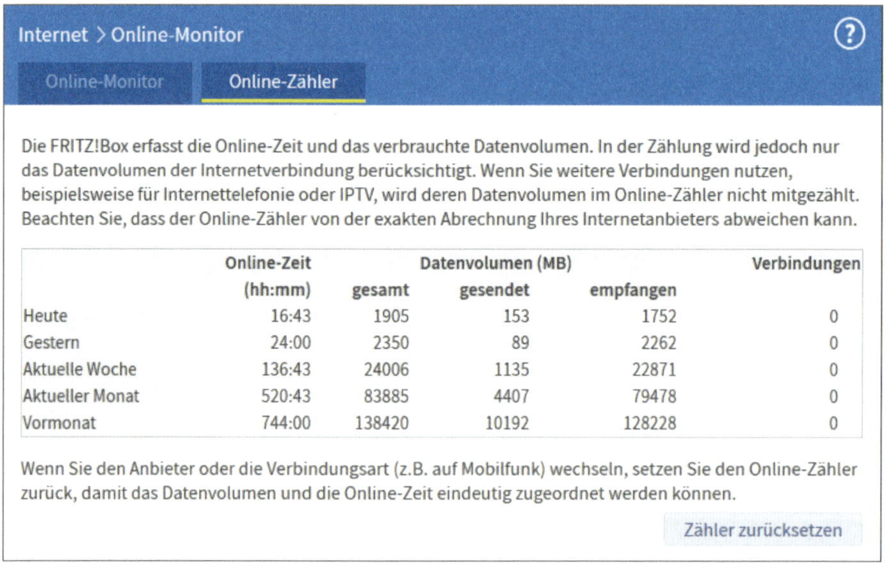

Abbildung 7.3 *Der Online-Zähler zeigt Ihnen Ihre Online-Zeit und das verbrauchte Datenvolumen an.*

Sollten Sie hingegen einen heutzutage fast schon als exotisch geltenden Internettarif mit einer Volumen- oder Zeitbegrenzung verwenden, dann hilft Ihnen diese Tabelle beim Haushalten und Einschätzen Ihres bisherigen »Datenverbrauchs«. In diesem Fall ist für Sie die Schaltfläche **Tarif eintragen** interessant. Sie öffnen damit ein neues Fenster, in dem Sie die Eckwerte Ihres Zeit- oder Volumentarifs eintragen können. Die FRITZ!Box kann diese Werte dann für eine genaue Berechnung verwenden. Die Spalte **Verbindungen** zeigt Ihnen übrigens an, wie oft Ihre Internetverbindung im betrachteten Zeitraum neu aufgebaut wurde. Das ist etwa bei den meisten DSL-Verbindungen jeden Tag der Fall. Sollte die Spalte ungewöhnlich hohe Werte anzeigen, so ist dies meist ein Zeichen für eine instabile Verbindung, die zum Beispiel durch schlechte Leitungen entstehen kann. Mit der Schaltfläche **Zähler zurücksetzen** setzen Sie alle Werte auf null zurück – ähnlich wie beim Tageskilometerzähler im Auto. Die Schaltfläche **Aktualisieren** ist vermutlich selbsterklärend.

DSL-Informationen

Ihre FRITZ!Box bietet Ihnen auch spezifische Informationen zur Technik Ihres Internetzugangs. Wenn Sie einen DSL-Anschluss verwenden, dann finden Sie im Webinterface den Menüpunkt **Internet • DSL-Informationen**, der mehrere Registerkarten umfasst.

Abbildung 7.4 *Da hat wohl jemand den Stecker gezogen: Die DSL-Verbindung ist gestört und eine Internetnutzung derzeit unmöglich.*

Auf der Registerkarte **Übersicht** sehen Sie zunächst einmal grundlegende Informationen zur Internetverbindung. Sie können die Geschwindigkeit ablesen (hierbei handelt es sich nur um theoretische Maximalwerte, die bei einem Dateidownload nicht unbedingt erreicht werden müssen) und sehen die Dauer der Verbindung sowie Informationen zum Versionsstand der beteiligten Parteien. Wesentlich technischer geht es auf der Registerkarte **DSL** zu. Hier werden detaillierte Parameter angezeigt, zum Beispiel zur aktuellen Datenrate oder zur Latenz(zeit). Noch etwas kryptischer mögen die Angaben auf der Registerkarte **Spektrum** erscheinen, dort sehen Sie grafisch aufbereitet zum Beispiel Daten über das Signal/Rausch-Verhältnis. Auch die Registerkarte **Statistik** zeigt diverse Diagramme zum Beispiel zur Störabstandsmarge. Mit diesen Daten kann der Einsteiger vermutlich wenig anfangen. Ein genaues Verständnis ist zum Betrieb der FRITZ!Box auch überhaupt nicht erforderlich. Diese Daten sind eher für den technisch interessierten Nutzer oder sogar einen Techniker des Internetproviders interessant, der damit etwa im Störungsfall den Zustand der Telefonleitung überprüfen und bewerten kann.

Einstellmöglichkeiten gibt es hingegen auf der Registerkarte **Störsicherheit**. Hier kann man kontrollieren, wie die FRITZ!Box die Internetverbindung, besser gesagt, die DSL-Verbindung ausnutzt. Einstellungen sind nur erforderlich, wenn die Verbindung instabil ist. Dann kann man nämlich versuchsweise die Regler ein Stück nach links verschieben und auf **Übernehmen** klicken. So lange alles in Ordnung ist und die Verbindung stabil bleibt, sind keine Änderungen erforderlich. Bitte beachten Sie, dass Sie mit diesen Reglern keinesfalls eine langsame Verbindung schneller machen können.

Abschließend haben Sie auf der Registerkarte **Feedback** noch die Möglichkeit, Ihre DSL-Verbindung zu bewerten und eine Rückmeldung an den Hersteller AVM zu übermitteln.

Abbildung 7.5 *Sollte die DSL-Verbindung einmal längerfristig instabil sein, kann man mit den Reglern auf der Registerkarte »Störsicherheit« eventuell gegensteuern.*

Kabel-Informationen

Wenn Sie Ihre FRITZ!Box an einem Kabelanschluss betreiben, dann finden Sie im Webinterface unter **Internet • Kabel-Informationen** einen eigenen Menüpunkt, der Ihnen einige Informationen zum Verbindungsstatus liefert. Auf der Registerkarte **Übersicht** sehen Sie zunächst Daten zur Verbindungsgeschwindigkeit, zur Dauer der Verbindung sowie zum genutzten Protokoll, zum Beispiel EuroDOCSIS 3.0. Wesentlich technischer geht es auf der Registerkarte **Kanäle** zu. Hier wird Ihnen angezeigt, welche Kanäle des Kabelanschlusses die FRITZ!Box für den Internetzugang verwendet und welche Kommunikationseinstellungen jeweils gewählt wurden. Der technisch interessierte Nutzer erhält so einen Einblick in die Modulationsrate oder die Signalstärke, sowohl für die Sende- als auch die Empfangsrichtung. Alle Daten haben einen rein informierenden Charakter und können nicht verändert werden. Einstelloptionen finden sich einzig auf der Registerkarte **Einstellungen**. Hier kann als Einziges die Startfrequenz für die Kanalsuche bei der Ersteinrichtung angegeben werden. Im Regelfall lautet die Einstellung 0 MHz, sie sollte nur im Ausnahmefall im Auftrag eines Servicetechnikers (zum Beispiel bei einem Hotline-Gespräch) verändert werden.

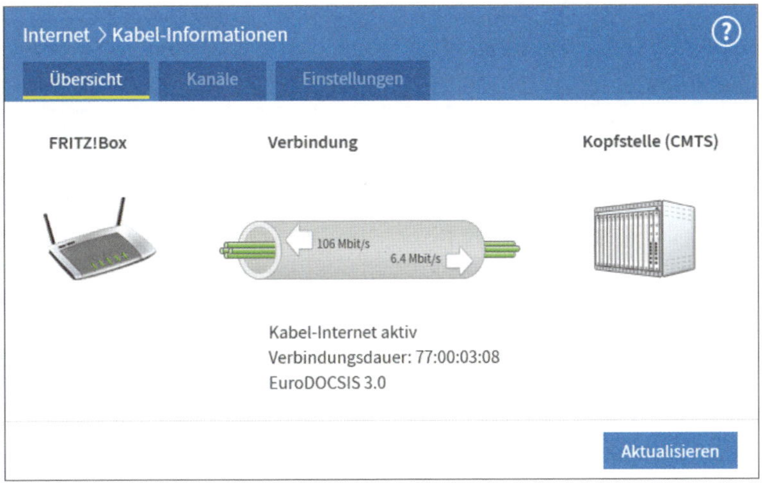

Abbildung 7.6 *Die Kabel-Informationen zeigen es genau an: Die Internetverbindung funktioniert einwandfrei.*

LTE-Informationen

Auch für den LTE-Betrieb hat die FRITZ!Box unter **Internet • LTE-Informationen** eine eigene Rubrik, die technische Daten zur Mobilfunkverbindung liefert. Hier geht es insgesamt sehr technisch zu, und die angezeigten Daten sind für den Einsteiger womöglich kaum verständlich – das müssen sie aber auch nicht sein. Auf der Registerkarte **Übersicht** sehen Sie grundlegende Daten zur Mobilfunkverbindung und können die erreichten Datenraten sowie die Signalqualität und die Verbindungsdauer ablesen. Deutlich technischer sind die Angaben auf der Registerkarte **LTE**, wo hauptsächlich Werte rund um die Signalqualität angezeigt werden, aufgeschlüsselt nach den einzelnen Antennen. Wenn Sie als Nutzer den Aufstellungsort und die Ausrichtung der Antennen optimieren wollen, dann sollten Sie eher die Registerkarte **Empfang** bemühen. Dort finden Sie nämlich eine Ausrichthilfe. Wenn Sie diese aktivieren, dann erhalten Sie eine einfach zu interpretierende grafische Anzeige der Signalstärke. Sie können nun durch Verstellen der Antennen und Änderung des Aufstellungsorts der FRITZ!Box versuchen, einen möglichst hohen Wert zu erreichen. Weitere Informationen rund um die **SIM-Karte** finden sich auf der gleichnamigen Registerkarte.

Die Internetnutzung einschränken

Ihre FRITZ!Box bietet Ihnen umfangreiche Möglichkeiten, um die Internetnutzung verschiedener Benutzer oder Geräte einzuschränken. Mit dieser Funktion lässt sich beispielsweise der Internetkonsum des Nachwuchses im Zaum halten. Ebenso kann ein Gerät, dessen Datenschutzbestimmungen etwas lasch erscheinen, von einer zu intensiven Nutzung des Internets abgehalten werden. Die Funktion zur Einschränkung der Internetnutzung wird oft kurz als »Kindersicherung« bezeichnet und firmiert so auch in der FRITZ!Box. Es gibt verschiedene Möglichkeiten, wie Sie die Internetnutzung einschränken können:

- Ein Gerät (und damit verbunden ein Benutzer) darf das Internet nur zu festgelegten Zeiten benutzen.
- Ein Gerät darf zwar zu jedem Zeitpunkt, jedoch nur für eine bestimmte Zeitdauer mit dem Internet kommunizieren.
- Ein Gerät darf ohne zeitliche Einschränkung, aber nur mit bestimmten Webseiten Daten austauschen.
- Ein Gerät darf Internetseiten aus einer Sperrliste nicht aufrufen.
- Ein Gerät darf bestimmte Internetdienste (zum Beispiel Tauschbörsen) nicht nutzen.

Natürlich ist auch eine Kombination dieser Sperren möglich, die in der FRITZ!Box übrigens als *Filter* bezeichnet werden. Die Einschränkung des Internetzugangs erfolgt dabei stets auf Ebene der Geräte, die die FRITZ!Box anhand der individuellen MAC-Adresse erkennt. Eine Steuerung auf Benutzerebene ergibt sich dadurch automatisch, dass die Benutzer stets dieselben Endgeräte verwenden. Dadurch muss eine vernünftige Kindersicherung also so aussehen: Die Nutzung der Internetverbindung durch die Endgeräte der Kinder wird entsprechend den persönlichen Wünschen beziehungsweise Anforderungen eingeschränkt. Die Nutzung durch die Geräte der Eltern (beziehungsweise die der älteren Kinder) wird nicht eingeschränkt. Nun darf man aber nicht vergessen, auch die Nutzung durch neue, bisher unbekannte Geräte ebenfalls entsprechend einzuschränken. Ansonsten könnte der Nachwuchs mit einem Gerät eines Freundes ja doch wieder unbeschränkten Zugriff erhalten. Sie sehen schon, dass die Einrichtung wohl überlegt werden sollte und nicht »mal eben« vorgenommen werden kann. Außerdem sei an dieser Stelle gleich angemerkt, dass diese Art der Kindersicherung keinen hundertprozentigen Schutz bietet, sondern relativ leicht umgangen werden kann. Denken Sie daran, dass die MAC-Adresse eines Gerätes zwar normalerweise weltweit einmalig ist und daher tatsächlich zur eindeutigen Identifikation verwendet werden kann. Sie ist allerdings nicht fälschungssicher und kann bei den meisten Geräten relativ einfach umprogrammiert werden. Sobald der Nachwuchs also die MAC-Adresse eines der nicht eingeschränkten Geräte der Eltern kennt und ein wenig experimentierfreudig ist, kann er (vorübergehend) seine eigenen Geräte als die der Eltern auftreten lassen – und ihm steht Tür und Tor offen. Die Kindersicherung eignet sich daher nur für kleinere Kinder und solche, die sich (noch) nicht sehr für die Technik rund um den Computer interessieren. An dieser Stelle möchte ich aber auch gleich noch mal an die Möglichkeit erinnern, auch automatisch arbeitende Geräte oder Dienste vor einer unerwünschten Internetnutzung abzuhalten. So lässt sich mit der Kindersicherung also eine Art von Firewall aufbauen, die etwa »dumme« Smart-TVs nicht von selbst umgehen können und sich so wirkungsvoll vor unerwünschter Datenübertragung abhalten lassen. Dabei blockiert die Kindersicherung dank ihrer Filterfunktionen die Nutzung des Internets, schränkt aber den Zugang auf das Heimnetzwerk und die sich dort (etwa auf dem NAS-Gerät) befindliche Filmsammlung nicht ein.

Um die Kindersicherung zu nutzen, also den Internetzugang eines Gerätes einzuschränken, müssen Sie jedem Gerät ein so genanntes *Zugangsprofil* zuweisen. In diesem werden die gewünschten Einschränkungen festgehalten. Dank dieser Profile müssen Sie die Einstellungen also nicht für jedes Endgerät einzeln vornehmen, sondern können mehrere Geräte auf einmal mit den gewünschten Einschränkungen versehen. Im Auslieferungszustand sind bei der FRITZ!Box bereits drei Zugangsprofile definiert. Diese heißen *Standard*, *Unbeschränkt* und *Gesperrt*. Die beiden ersten Profile erlauben eine uneingeschränkte Nutzung des Internets. Der Unterschied zwischen ihnen liegt darin, dass das Profil *Standard* nach eigenen Wünschen verändert werden kann. Im Auslieferungszustand erhält jedes angeschlossene Gerät das Profil *Standard* und ist damit in seiner Internetnutzung nicht eingeschränkt. Nutzer, die an einer Kindersicherung nicht interessiert sind, müssen also nichts weiter unternehmen. Wenn man einem Gerät das Profil *Gesperrt* zuweist, dann wird es von der Internetnutzung ausgeschlossen. Es darf aber weiterhin mit dem Heimnetzwerk kommunizieren. Dies ist also die ideale Einstellung für den vorhin genannten Smart-TV, der zwar mit dem NAS, nicht aber dem Internet kommunizieren können soll.

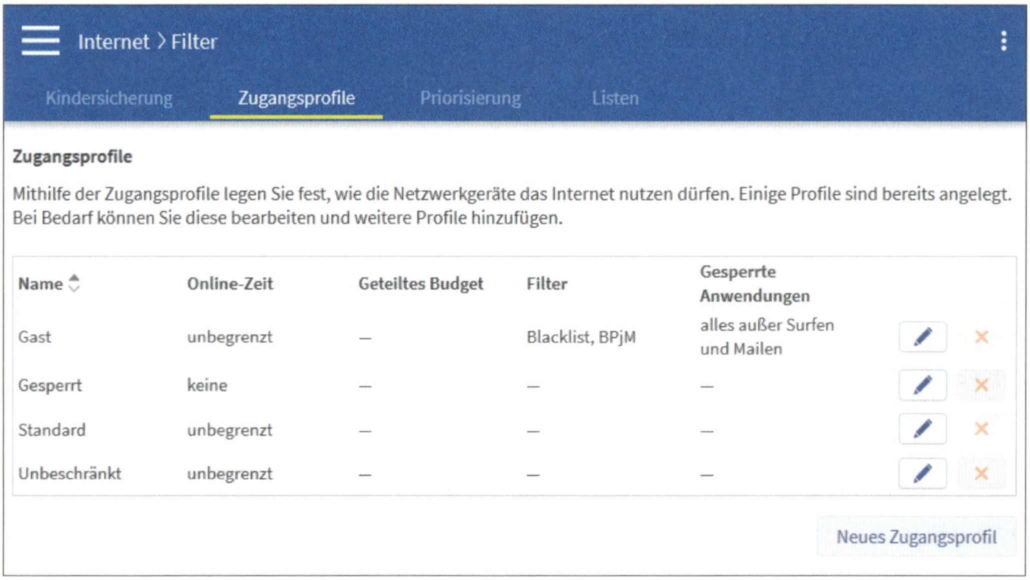

Abbildung 7.7 *Im Auslieferungszustand gibt es die Zugangsprofile »Gesperrt«, »Standard« und »Unbeschränkt«. Das Profil »Gast« gilt für Geräte, die ein Gastnetzwerk nutzen.*

Einem Gerät ein Profil zuweisen

Die Zuweisung eines Profils an ein bestimmtes Gerät erfolgt auf der Registerkarte **Kindersicherung** im Menüpunkt **Internet • Filter**. Sie sehen auf dieser Seite eine Liste mit allen Geräten im Heimnetzwerk. Sie können die Geräte anhand des jeweiligen Hostnamens identifizieren. Denken Sie daran, dass Sie nach Wunsch auch eigene Bezeichnungen vergeben können – mehr dazu in Kapitel 5 im Abschnitt »Die Netzwerkübersicht«. In den Spalten **Internetnutzung** und **Onlinezeit** können Sie ablesen, wie intensiv das Gerät das Internet verwenden darf. Im Auslieferungszustand gelten, wie gesagt, keine Einschränkungen. In der Spalte **Zugangsprofil** können Sie nun das Profil wechseln und einem Gerät beispielsweise das Profil *Gesperrt* zuweisen. Klicken Sie abschließend auf **Übernehmen**. Nun sehen Sie, dass die gewählten Einschränkungen gelten. Probieren Sie einmal die Internetnutzung am gewählten Gerät aus, Sie werden sehen, dass Sie keinen Zugang mehr zum Internet bekommen. Auf diese Weise können Sie nun alle gewünschten Geräte entsprechend einschränken – aber halt, nicht ganz so schnell. Schließlich bietet die FRITZ!Box nicht nur ein Alles-oder-nichts-Modell, sondern wesentlich feinere Möglichkeiten. Diese nutzen Sie über eigene Profile, die Sie mit den gewünschten Einschränkungen füllen. Diese Profile müssen Sie zunächst anlegen. Wie das geht, lernen Sie im folgenden Abschnitt.

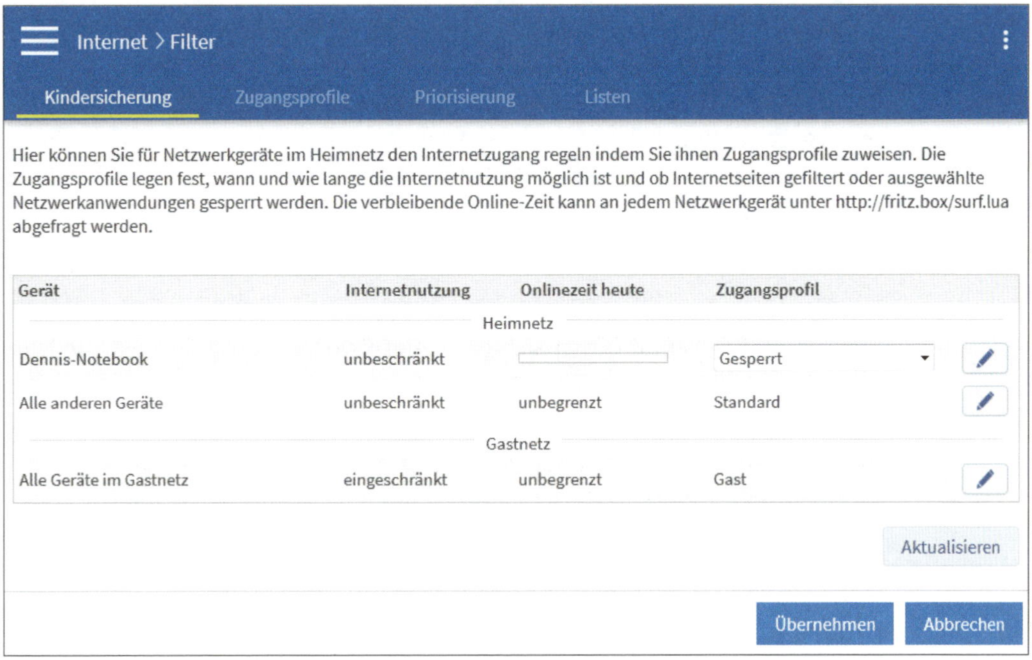

Abbildung 7.8 *Über die Kindersicherung können Sie den Internetzugang beschränken. Hier wurde zum Beispiel für das Notebook von Dennis die Internetnutzung komplett gesperrt.*

Eigene Zugangsprofile zur Einschränkung der Internetnutzung definieren

Um ein eigenes Zugangsprofil anzulegen (oder auch um ein vorhandenes zu bearbeiten) klicken Sie im Webinterface der FRITZ!Box auf **Internet • Filter** und öffnen die Registerkarte **Zugangsprofile**. In der gleichnamigen Sektion sehen Sie zuoberst eine Tabelle, die Ihnen die vorhandenen Zugangsprofile anzeigt. Neben den im vorigen Abschnitt erwähnten Varianten **Standard**, **Unbeschränkt** und **Gesperrt** finden Sie auch einen Eintrag mit dem Namen **Gast**. Dieses Zugangsprofil wird automatisch für das sogenannte Gastnetzwerk verwendet. Über das Gastnetzwerk können Sie Ihren Gästen entweder über eine Kabelverbindung (siehe Kapitel 5 im Abschnitt »Der Gastzugang«) oder über WLAN (siehe Kapitel 6 im Abschnitt »Ein separates WLAN für Ihre Gäste einrichten«) einen Zugang zum Internet anbieten, der ansonsten von Ihrem Heimnetzwerk vollständig getrennt ist. Über das Zugangsprofil *Gast* können Sie den Gastzugang zusätzlich einschränken. Dabei gelten dieselben Regeln wie für alle Zugangsprofile. Die tabellarische Übersicht zeigt Ihnen neben dem Namen des Profils auch gleich eine kurze Zusammenfassung der Einstellungen an. Sie sehen zum Beispiel, dass es im Profil *Gesperrt* keine Online-Zeit gibt, sodass ein Internetzugang nicht möglich ist. Beim Gast-Profil sehen Sie Einträge im Bereich **Filter** – dort sind eine *Blacklist* und das *BPjM-Modul* aktiv – dazu später mehr. Rechts in der Tabelle sehen Sie die Schaltflächen  und , mit denen Sie die vorhandenen Profile bearbeiten und löschen können. Zunächst sollten Sie jedoch ein neues Profil anlegen und nach Ihren Wünschen konfigurieren.

Um ein neues Zugangsprofil anzulegen, klicken Sie auf die Schaltfläche **Neues Zugangsprofil**. Hierauf öffnet sich ein neues Fenster. Dort geben Sie zunächst ganz oben im Feld **Name** einen Namen für das Profil ein, den Sie frei wählen können. Nun müssen Sie festlegen, welche Einschränkungen Sie vornehmen möchten. Ich stelle Ihnen zunächst alle Optionen vor, Sie können in dieser Liste eine oder mehrere Möglichkeiten aktivieren. Erst nachdem Sie das Profil vervollständigt haben, können Sie es den gewünschten Endgeräten zuweisen.

In der Sektion **Zeitbeschränkung** können Sie die Nutzungszeit des Internets einschränken. Im linken Bereich legen Sie einen **Zeitraum** fest, in dem die Nutzung möglich ist. In der Standardeinstellung **immer** ist der Internetzugang nicht reglementiert. Bei der Einstellung **nie** ist der Internetzugang komplett untersagt. Wenn Sie auf **eingeschränkt** klicken, dann können Sie die gewünschten

Nutzungszeiten mit der Maus in dem Zeitstrahldiagramm für alle Wochentage festlegen.

Klicken Sie dazu den gewünschten Startzeitpunkt an, und ziehen Sie mit gedrückter Maustaste den Mauszeiger bis zur gewünschten Stoppzeit. Bei einer blauen Markierung ist der Internetzugang gestattet, bei einer weißen Markierung untersagt. Auf diese Weise können Sie die Nutzungszeit sehr genau und für jeden Wochentag verschieden festlegen.

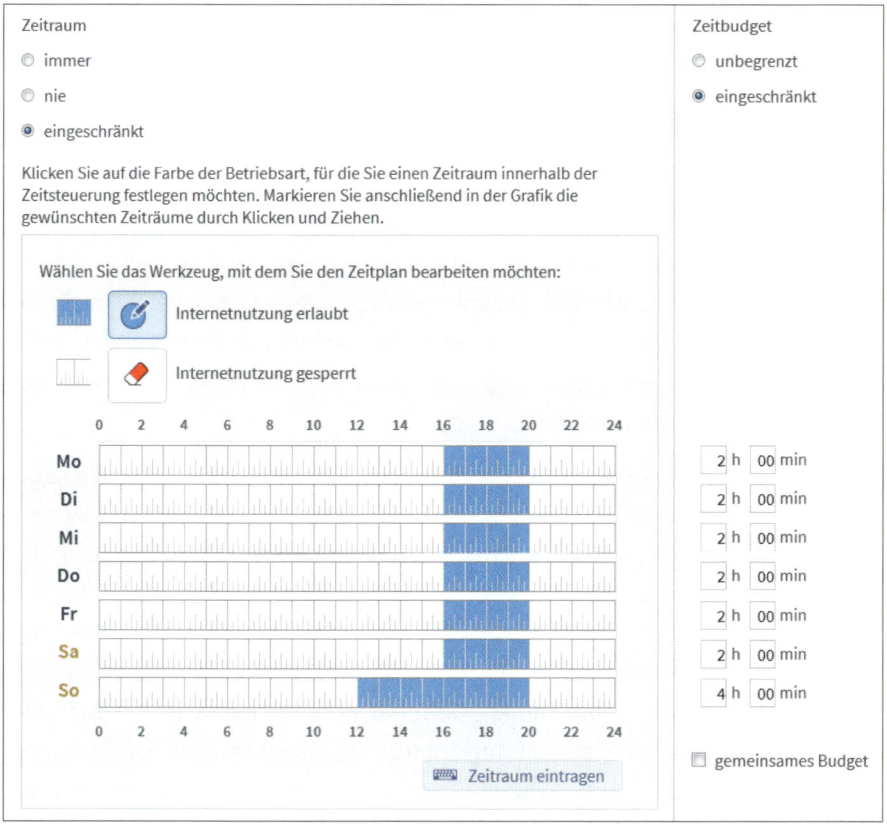

Abbildung 7.9 *Hier wurde eine Zeitbeschränkung gesetzt: Mo bis Sa darf das Internet zwischen 16 und 20 Uhr verwendet werden – jeden Tag jedoch nicht länger als 2 Stunden. Sonntags ist die Regel nicht ganz so streng.*

Neben dieser Methode können Sie im rechten Bereich auch ein **Zeitbudget** festlegen. Dies können Sie alternativ oder auch zusätzlich zur Zeitraum-Reglementierung vornehmen. In der Standardeinstellung gibt es kein Zeitbudget.

Wenn Sie auf **eingeschränkt** umschalten, dann können Sie ein Zeitbudget festlegen. Klicken Sie dazu den gewünschten Wochentag an, und geben Sie über die Tastatur die gewünschte maximale Nutzungszeit ein. Auf Wunsch können Sie auch ein **gemeinsames Budget** erstellen. In diesem Fall gilt das Zeitbudget für alle Geräte gemeinsam, denen das Zugangsprofil zugewiesen wird. Wenn also ein Kind sowohl ein Smartphone als auch einen Desktop-PC hat, dann kann es bei einem gemeinsamen Budget die angegebene Zeitspanne nicht etwa mit jedem Gerät einzeln, sondern nur insgesamt verbrauchen und sich dabei die Nutzungszeit über die zugewiesenen Geräte individuell verteilen. (In diesem Fall sollten Sie dann ein Zugangsprofil jeweils für eine Person erstellen.) Interessant bei der Nutzung von zeitlichen Beschränkungen ist das Kontrollkästchen **Nutzung des Gastzugangs gesperrt**. Wenn dieses Kästchen aktiviert ist, dann dürfen die Geräte mit dem aktuellen Zugangsprofil den Gastzugang nicht verwenden. Das ist eine gute Idee – denn ansonsten könnte jemand sein Gerät mit abgelaufener Internetzeit ja einfach am Gastnetzwerk anmelden und weitersurfen. Sie sollten dieses Kästchen also aktivieren, sobald Sie die Funktion des Gastnetzwerks aktiviert haben (siehe dazu Kapitel 5, Abschnitt »Der Gastzugang«, und Kapitel 6, Abschnitt »Ein separates WLAN für Ihre Gäste einrichten«).

Neben zeitlichen Beschränkungen können Sie alternativ oder zusätzlich auch inhaltliche Beschränkungen aktivieren. Bei einer inhaltlichen Beschränkung ist es nicht mehr möglich, auf das gesamte Internet zuzugreifen. Grundsätzlich müssen zwei Ansätze unterschieden werden: Entweder Sie erlauben die Nutzung des gesamten Internets bis auf ein paar von Ihnen festgelegte Ausnahmen, oder aber sie verbieten die Nutzung des gesamten Internets bis auf die von Ihnen bestimmten Ausnahmen. Diese Ausnahmen legen Sie in Form einer tabellarischen Liste, einer sogenannten *Filterliste*, selbst fest. Die FRITZ!Box unterscheidet zwischen einer *Whitelist*, die die erlaubten Ausnahmen enthält, und einer *Blacklist*, die mit den verbotenen Seiten gefüllt ist. Wenn Sie sich für eine Blacklist entscheiden, also selbst verbotene Seiten festlegen möchten, dann können Sie zusätzlich zur eigenen Liste das so genannte *BPjM-Modul* aktivieren. Hierbei handelt es sich um eine Filterliste der Bundesprüfstelle für jugendgefährdende Medien. In diese Liste trägt die Prüfstelle solche Internetadressen ein, die sich nicht für den Konsum durch Kinder und Jugendliche eignen.

Der Inhalt der Liste ist geheim und kann nicht eingesehen werden. Die Liste wird im Internet stets kontrovers diskutiert, denn sie kann naturgemäß niemals alle kritischen Seiten umfassen und geht andererseits einigen Internetnutzern teilweise zu rigoros vor. Deswegen sollte man sich beim Einsatz dieser Liste bewusst sein, dass damit kein hundertprozentiger Schutz erreicht wird. Im Gegensatz zur BPjM-Liste können Sie die normale White- und Blacklist natürlich sehr wohl einsehen und mit eigenen Inhalten füllen. Das geht jedoch nicht an dieser Stelle, denn im aktuellen Dialog können Sie die Filterlisten nur aktivieren oder deaktivieren. Wie Sie die Listen mit Inhalten füllen, zeige ich Ihnen im nächsten Abschnitt. Bevor Sie eine der Listen aktivieren, müssen Sie grundsätzlich die Filterung einschalten. Das erfolgt über das Kontrollkästchen **Internetseiten filtern**.

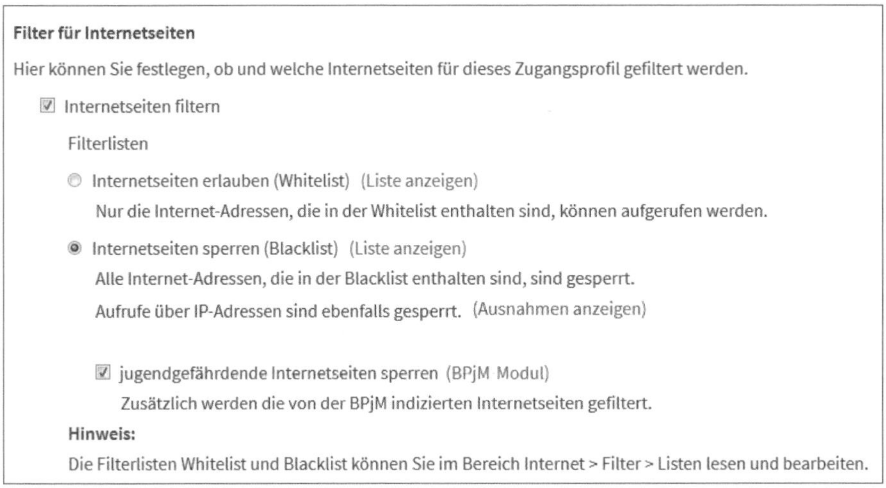

Abbildung 7.10 *Über Filterregeln kann die Nutzung bestimmter Internetseiten verweigert werden. Das BPjM-Modul schützt zusätzlich vor einigen jugendgefährdenden Inhalten.*

Sobald dieses aktiviert wird, werden zusätzliche Optionen sichtbar. Bevor es an die eigentlichen Listen geht, müssen Sie sich aber zunächst überlegen, ob Sie **https-Anfragen erlauben** möchten. Das steuern Sie über das gleichnamige Kontrollkästchen. Der Hintergrund ist folgender: https-Anfragen leiten verschlüsselte Verbindungen ein. Solche Verbindungen sind sehr wichtig, denn nur verschlüsselte Verbindungen sichern eine Datenübertragung so ab, dass Dritte sie nicht mitlesen können. Das ist natürlich etwa bei Finanzgeschäften besonders wichtig. Nur mit einer Verschlüsselung bleibt die Kommunikation vertraulich. Das Problem an https-Anfragen ist allerdings, dass diese nicht mehr durch das Filtermodul erfasst werden können. Das liegt an der Natur der Verschlüsselung. Sie müssen also zunächst entscheiden, ob Sie die Filterwirkung durch erlaubte https-Anfragen schwächen möchten. Beachten Sie unbedingt, dass https zur sicheren Kommunikation unbedingt erforderlich ist und dass viele Dienste auf einer gesicherten Verbindung bestehen. Außerdem nutzen mittlerweile sehr viele Seiten im Internet eine Verschlüsselung – dazu zählen etwa auch Facebook und YouTube. Aktivieren Sie anschließend entweder das Kontrollkästchen **Internetseiten erlauben (Whitelist)** oder **Internetseiten sperren (Blacklist)**. Bei der letztgenannten Option können Sie zusätzlich das genannte BPjM-Modul aktivieren.

Als letzte Option können Sie (erneut alternativ oder zusätzlich) bestimmte Netzwerkdienste und Internetanwendungen von der Internetnutzung ausschließen. Hiermit legen Sie also Dienste fest, die sich nicht mehr über das Internet nutzen lassen sollen. Ein solcher Dienst ist zum Beispiel der E-Mail-Verkehr. Mit dieser Option können Sie also die E-Mail-Nutzung verbieten – wobei das in diesem besonderen Fall allerdings nur für E-Mail-Programme wie etwa Thunderbird oder Outlook gilt, nicht jedoch für die Nutzung von E-Mail-Webseiten im Browser. Das Beispiel zeigt, dass sich diese Optionen eher an den fortgeschrittenen Nutzer richten, denn korrekt ausgedrückt legen Sie über Eintragungen in diesem Bereich (Netzwerk-)Ports fest, die von einer Kommunikation ausgenommen werden – Sie steuern also eine Art von Firewall. Die FRITZ!Box bietet bereits eine Liste mit vorkonfigurierten Anwendungen, deren Nutzung Sie untersagen können. Klicken Sie einmal auf das Ausklappfeld **Netzwerkanwendung sperren**. Die Liste umfasst neben HTTP- und FTP-Servern (die Sie bei Aktivierung nicht mehr nutzen können) auch den Remote Desktop von Microsoft, das SSH-Protokoll und das Telnet-Protokoll. Gewissermaßen als »große Keule« lässt sich auch das normale Surfen im Internet, wofür im Regelfall ein Webbrowser eingesetzt wird, verbieten. Sie sehen, dass diese Funktion sehr flexibel eingesetzt werden kann und nicht nur zur Einschränkung von menschlichen Benutzern, sondern auch zur Reglementierung von automatischen Netzwerkgeräten verwendet werden kann. Sie können übrigens auch eigene Netzwerkanwendungen hinzufügen, indem Sie die gewünschten (Netzwerk-)Ports benennen. So lässt sich beispielsweise auch der Zugang zu einem VPN sperren. Auch die Nutzung von Tauschbörsen lässt sich (je nach verwendetem Protokoll) reglementieren. Wie Sie eigene Dienste sperren, zeigt der Abschnitt »Filterlisten und Netzwerkanwendungen zur Einschränkung der Internetnutzung anlegen und optimieren« in diesem Kapitel. Sie können auch mehrere Anwendungen gleichzeitig sperren. Wenn Sie eine Anwendung irrtümlich gesperrt haben, können Sie diese über ☒ wieder aus der Liste entfernen.

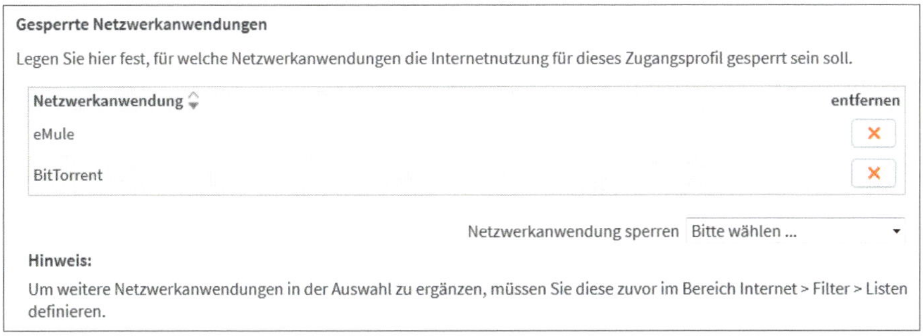

Abbildung 7.11 *Ein Filter kann auch auf Ebene der Netzwerkanwendungen arbeiten. Hier werden zum Beispiel die (Standardports der) Tauschbörsen eMule und BitTorrent gesperrt.*

Nachdem Sie nun alle Optionen kennen, können Sie sich das gewünschte Sperrprofil selbst zusammenbauen. Speichern Sie das Profil abschließend über die Schaltfläche **OK** ab. Denken Sie daran, dass Sie durchaus auch mehrere Profile erstellen können. Alle Profile sehen Sie abschließend in der eingangs erwähnten Übersicht der Profile. Über ✎ können Sie die Profile auch jederzeit bearbeiten und ändern, beachten Sie aber bitte, dass es bei den drei ursprünglichen Profilen nicht alle erwähnten Optionen gibt. Nachdem Sie alle gewünschten Profile erstellt haben, müssen Sie diese den gewünschten Geräten zuweisen, so wie es Ihnen der Abschnitt »Einem Gerät ein Profil zuweisen« gezeigt hat. Denken Sie daran, dass Sie für eine effektive Kindersicherung allen neuen Netzwerkgeräten den Internetzugang sperren sollten, damit der Nachwuchs eben nicht mit dem Gerät des Freundes weitersurfen kann. Dazu müssen Sie das Profil *Standard* entsprechend reglementieren, denn dieses gilt für alle neuen, noch unbekannten Netzwerkgeräte. Das sehen Sie auch am Ende der Tabelle **Internet • Filter • Kindersicherung**. Berücksichtigen Sie auch, dass Sie für alle Geräte, die nicht eingeschränkt werden sollen, das Profil *unbeschränkt* auswählen.

Gnade walten lassen – abgelaufene Internetnutzung mit Tickets verlängern

Ist das Zeitbudget für die Internetnutzung erschöpft, und das Internet muss nun aber doch noch für eine wichtige Schularbeit verwendet werden? In diesem Fall können Sie die sogenannten *Tickets* nutzen, die Ihre FRITZ!Box für Sie bereithält. Dabei handelt es sich um Zugangscodes. Diese Zahlencodes können Sie im Browser auf der Informationsseite, die über die abgelaufene Online-Zeit informiert, eingeben. Dadurch wird pro Ticket die Online-Zeit um 45 Minuten verlängert – ideal etwa für die Recherche bei einer Schulaufgabe. Die Tickets können Sie ausdrucken, mit einer Schere zuschneiden und dann bei Bedarf an den Nachwuchs ausgeben. Klicken Sie dazu im Webinterface unter **Internet • Filter** auf die Registerkarte **Zugangsprofile**, und scrollen Sie auf der Seite nach unten. Dort sehen Sie die Tickets als Tabelle. Mit einem Klick auf **Tickets drucken** starten Sie den gewünschten Druckauftrag.

Filterlisten und Netzwerkanwendungen zur Einschränkung der Internetnutzung anlegen und optimieren

Im vorigen Abschnitt haben Sie schon etwas über den Sinn und Zweck der verschiedenen Filterlisten bei der Einschränkung des Internetzugangs gelernt, und Sie haben erfahren, wie Sie diese Listen in ein Zugangsprofil einbauen können. Nun wird es an der Zeit, die Filterlisten auch mit Leben zu füllen, denn die meisten der Listen dürften bei Ihnen noch leer sein. Für die Inhalte der Filterlisten gibt es im Webinterface der FRITZ!Box einen eigenen Menüpunkt, den Sie unter **Internet • Filter** auf der Registerkarte **Listen** erreichen.

In der Sektion **Filterlisten** sehen Sie zunächst zwei Einträge für die **Whitelist**, auf der die erlaubten Internetseiten eingetragen werden, und für die **Blacklist**, auf der die verbotenen Seiten aufgeführt werden. Zum Eintragen der jeweiligen Seiten klicken Sie auf den zugehörigen Link **bearbeiten**. Sie sehen nun ein Editor-Fenster, in das Sie die Webadressen eingeben können. Geben Sie jede Adresse in einer eigenen Zeile ein, und verwenden Sie die Taste [↵], um eine Zeile abzuschließen. Geben Sie am besten direkt den Domainnamen ein, ohne führendes *www* und ohne führendes Protokollkürzel wie etwa *http://*. In einer

Zeile sollte also beispielsweise einfach nur *example.com* stehen. Damit sperren (oder erlauben) Sie die gesamte Domain *example.com* inklusive aller Unterseiten und Inhalte. Auf Wunsch können Sie auch eine Einschränkung vornehmen. So würde *example.com/page1* nur auf die Unterseite *page1* wirken, alle anderen Seiten und auch die Hauptadresse wären von der Filterliste aber nicht betroffen. Beachten Sie, dass Sie in die Listen jeweils bis zu 500 Einträge eingeben können.

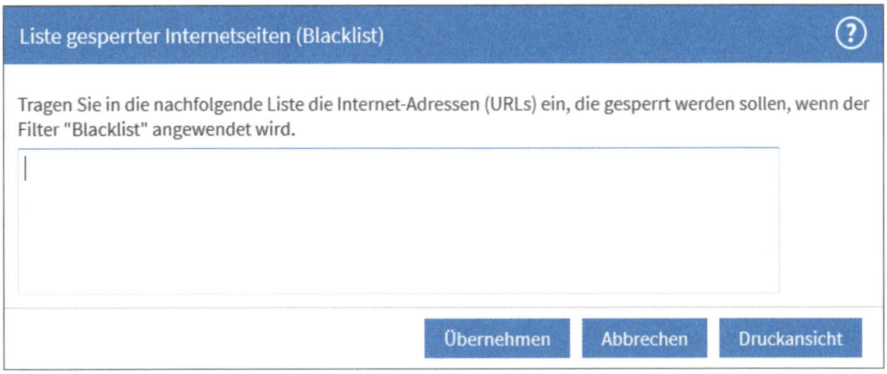

Abbildung 7.12 *Die Filterlisten der FRITZ!Box kann der Nutzer selbst mit Inhalten füllen.*

Bei der Nutzung der Blacklist gibt es übrigens noch etwas zu beachten: Wenn Sie eine Blacklist verwenden, dann können Sie Webseiten generell nicht mehr direkt über deren IP-Adresse aufrufen. Zur Erinnerung: Webseiten werden in Wahrheit immer über eine IP-Adresse aufgerufen, die Domain – etwa *example.com* – wird dazu vom sogenannten DNS wie in einem Telefonbuch in die IP-Adresse übersetzt. Domainnamen dienen nur dem Menschen dazu, sich überhaupt Internetadressen merken zu können. Damit nun findige Nachwuchshacker statt über die Domain nicht direkt über die IP-Adresse zugreifen können (das geht nämlich im Browser normalerweise problemlos), sperrt die FRITZ!Box grundsätzlich direkte IP-Zugriffe. Nun ist es aber so, dass viele Dienste im Betriebssystem eines Computers, zum Beispiel die Update-Funktion, direkt über die IP-Adresse kommunizieren – Maschinen können sich ja schließlich direkt die IP-Adresse »merken« und brauchen kein »Telefonbuch«. Die FRITZ!Box blockiert auch solche Zugriffe konsequent – schließlich kann sie nicht erkennen, ob ein Mensch oder ein Dienst die Kommunikation starten möchte. Folglich kann es passieren, dass eine Update-Funktion oder eine Spiele-Lobby nicht mehr richtig funktioniert. In diesem Fall hilft der dritte Eintrag bei den Filterlisten mit dem Namen **Erlaubte IP-Adressen**. Die FRITZ!Box füllt diese Liste automatisch, sobald ein direkter Aufruf über eine IP-Adresse festgestellt (und untersagt) wurde. Sie können die relevante Adresse in dieser Liste mit der Maus anklicken und die Kommunikation zu dieser Adresse erlauben. Dadurch können die zuvor blockierten Funktionen wieder genutzt werden.

Noch einmal zur Erinnerung: Der Inhalt der Filterliste des BPjM-Moduls ist geheim und kann weder eingesehen noch verändert werden.

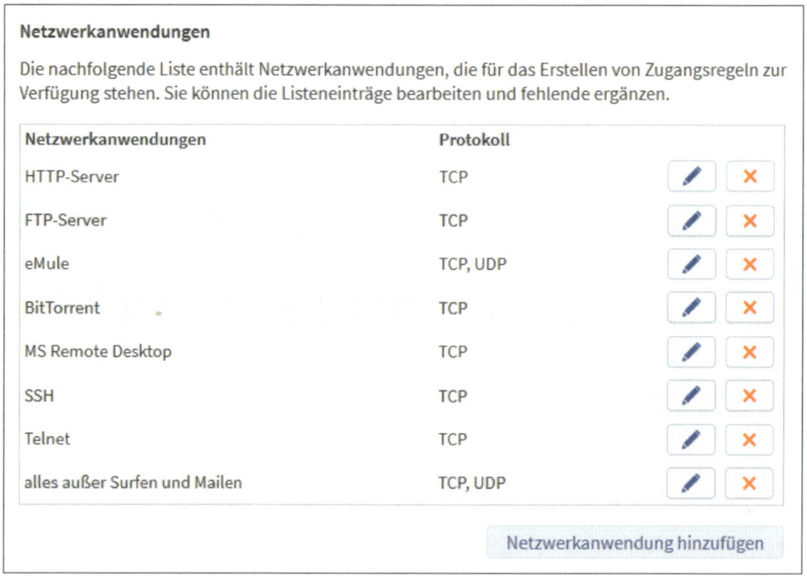

Abbildung 7.13 *Im Auslieferungszustand der FRITZ!Box sind bereits einige Netzwerkanwendungen vordefiniert. Weitere können jederzeit hinzugefügt werden.*

Die zweite Sektion auf der Registerkarte **Listen** widmet sich den **Netzwerkanwendungen**. Über die hier definierten Einträge können Sie ganze Internetdienste in einem Zugangsprofil sperren. Sie sehen hier zunächst in einer Tabelle die bisher definierten Netzwerkanwendungen, die Ihnen von der Profilerstellung schon bekannt sein werden. Mit können Sie die Einträge bearbeiten. Wesentlich interessanter ist jedoch die Möglichkeit, über die Schaltfläche **Netzwerkanwendung hinzufügen** auch eigene Dienste in die Filterliste aufnehmen zu können, um somit etwa einen VPN-Zugang oder, wenn erforderlich, den Zugang zu einer Spiele-Lobby oder Tauschbörse zu sperren. Über die genannte Schaltfläche kommen Sie zunächst zu einer Vorschaltseite, auf der Sie einen Namen für die Netzwerkanwendung eingeben müssen. Spätestens ab jetzt sind jedoch detaillierte Kenntnisse über die jeweilige Anwendung erforderlich; Sie müssen wissen, über welche Protokollart und über welche Netzwerkports die Anwendung kommuniziert. Wenn Sie dies nicht wissen, hilft meist eine Internetsuche mit diesen Stichworten. Sie müssen nun die jeweiligen Protokolldaten hinterlegen. Klicken Sie dazu auf **Neues Protokoll**. Nun können Sie im folgenden Fenster die Protokollart sowie die verwendeten Ports eingeben. Es ist auch die Angabe von Portbereichen möglich. Der **Quellport** ist dabei der Port, den die Anwendung bei Ihnen zu Hause nutzt, bei einem Serverdienst also der Port, auf dem die Anwendung »lauscht« beziehungsweise »auf Empfang ist«. Der **Zielport** ist der Port, wohin die Anfrage ins Internet gerichtet ist. Geben Sie die nötigen Daten ein, und klicken Sie auf **OK**. Sollte eine Anwendung mehrere unterschiedliche Ports verwenden, so können Sie die Schaltfläche **Neues Protokoll** auch mehrfach nutzen, bis alle nötigen Daten eingegeben sind. Klicken Sie abschließend auf **OK**. Damit ist die Eingabe abgeschlossen, und Sie können diese Webanwendung nun in einem Zugangsprofil blockieren.

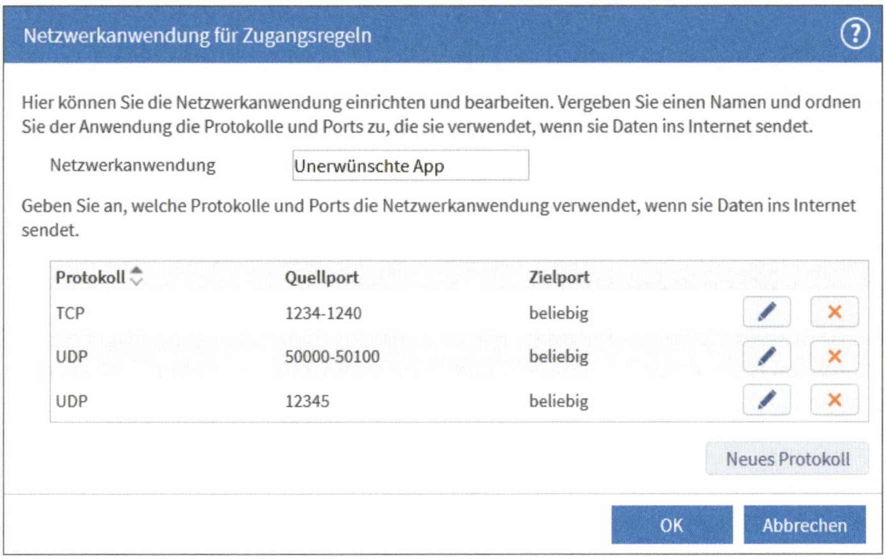

Abbildung 7.14 *Um für eine unerwünschte Anwendung ein Profil zu erstellen, muss man die genutzten Ports und Protokolle kennen.*

Die globalen Filtereinstellungen und die Firewall der FRITZ!Box

Eng verwandt mit der Einschränkung des Internetzugangs ist die Firewall der FRITZ!Box. Diese kümmert sich aber nicht nur um Einschränkungen der Nutzungszeit. Sie hat vor allen Dingen auch sicherheitsrelevante Aufgaben und verhindert zum Beispiel, dass Hacker ungebetenen Zutritt zu Ihrem Heimnetzwerk bekommen. Die Firewall ist bereits ab Werk gut konfiguriert, und der Einsteiger muss keine Einstellungen verändern. Trotzdem schadet es nicht, sich die verfügbaren Optionen einmal anzusehen. Sie finden die Optionen der Firewall im Webinterface unter dem Menüpunkt **Internet • Filter** auf der Registerkarte **Listen** in der Sektion **Globale Filtereinstellungen**. Hier werden vier grundlegende Funktionen der Filterstufen eingestellt:

- **Der Stealth Mode**
  Das Kästchen **Firewall im Stealth Mode** kontrolliert das Antwortverhalten der FRITZ!Box bei eingehenden Anfragen aus dem Internet. Die Firewall blockiert unerwünschte Zugriffe aus dem Internet auf Ihr Heimnetzwerk. Die FRITZ!Box kann auf solche (Zugriffs-)Anfragen auf zwei verschiedene Weisen reagieren: Entweder sie ignoriert sie einfach kommentarlos und schweigt, oder sie antwortet aktiv mit einer negativen Absage (plakativ: Du kommst hier net rein!). Beide Varianten haben ihre Vor- und Nachteile, und sie werden teilweise kontrovers diskutiert. Das Verschweigen einer Präsenz durch das Ausbleiben einer Antwort (genau das passiert bei aktiviertem Stealth Mode) kann unter Umständen erst recht neugierig machen. Normalerweise genügt es, die Funktion deaktiviert zu lassen. Dadurch wird die Firewall nicht per se unsicherer. Wenn Ihnen wohler damit ist, unerwünschte Anfragen einfach zu ignorieren, dann können Sie die Funktion auch aktivieren.

- **Der E-Mail-Filter über Port 25**
  Die Option **E-Mail-Filter über Port 25 aktiv** kümmert sich, wie der Name vermuten lässt, um die E-Mail. Hier geht es insbesondere um den Port 25, über den eine ungesicherte, unverschlüsselte Kommunikation mit E-Mail-Servern im Internet vorgenommen wird. Dieser Port wird oft von Spam-Versendern benutzt, auf der Suche nach »leichtgläubigen« Mail-Servern, die zum Massenversand genutzt werden können. Auch Schadprogramme nutzen diesen Port für ihr unerwünschtes Treiben. Wenn Sie sicher sind, dass Sie in allen Mailprogrammen, die Sie benutzen, nur sichere und verschlüsselte Mail-Server eingetragen haben, dann können Sie dieses Kästchen aktivieren.

Damit schieben Sie jeglichem unerwünschten Treiben über Port 25 einen Riegel vor und können sicher sein, dass Ihr Internetanschluss nicht zum Spamversand über diesen Port missbraucht werden kann. Wenn Sie mit aktivierter Einstellung allerdings feststellen, dass Sie mit einem bestimmten Programm keine E-Mails mehr versenden können, dann sollten Sie die Funktion wieder deaktivieren oder das E-Mail-Programm, falls möglich, entsprechend anders konfigurieren. Dabei hilft Ihnen die Anleitung Ihres E-Mail-Anbieters.

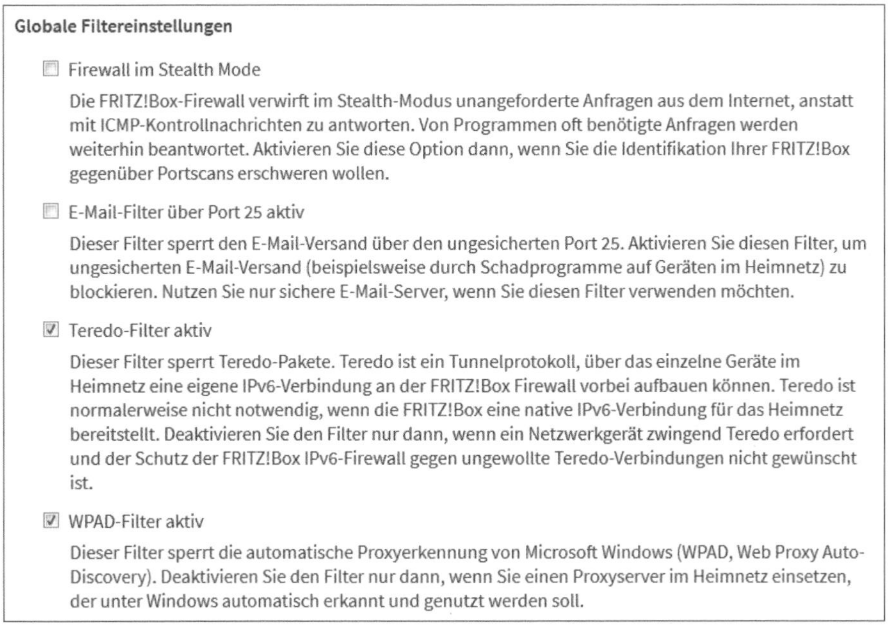

Abbildung 7.15 *Die globalen Filtereinstellungen regeln das Verhalten der Firewall außerhalb von Programm- oder nutzerspezifischen Einstellungen.*

- **Der Teredo-Filter**
  Das Kästchen **Teredo-Filter aktiv** kontrolliert einen Filter für sogenannte *Teredo-Pakete*. Bei Teredo handelt es sich um ein Protokoll, das innerhalb der normalen Internetverbindung über einen sogenannten Tunnel eine weitere, eigene Verbindung aufbaut und zur Kommunikation verwendet. Das Protokoll wird dann verwendet, wenn eine IPv6-Verbindung über eine bestehende IPv4-Verbindung aufgebaut werden soll. Es wird nur von wenigen

Anwendungen benötigt und ist im Regelfall nicht erforderlich, wenn die FRITZ!Box selbst eine richtige IPv6-Verbindung aufbaut – schließlich kann so direkt eine IPv6-Kommunikation erfolgen. Dieser Filter sollte aus Sicherheitsgründen aktiv bleiben, denn über Teredo kann auch Unsinn getrieben werden. Deaktivieren Sie den Filter nur vorübergehend, wenn Sie eine bestimmte Anwendung verwenden möchten, die auf dieses Protokoll angewiesen ist.

- **Der WPAD-Filter**
  Bei diesem Filter geht es um die automatische Proxyerkennung von Microsoft Windows. Dieses Protokoll ermöglicht die automatische Erkennung von Proxyservern, die gelegentlich für den Internetzugang verwendet werden. Im Regelfall genügt hier stets die manuelle Konfiguration, denn die automatische Erkennung kann auch für unlautere Zwecke missbraucht werden. Sie fahren ganz gut damit, den Filter aktiv zu lassen. Und sollten Sie einen eigenen Proxyserver im Heimnetz betreiben wollen, dann stellt Sie die manuelle Konfiguration an Windows-Geräten sicherlich auch nicht vor unlösbare Aufgaben.

Internetanwendungen und -dienste unterschiedlich priorisieren

Im Abschnitt »Informationen rund um Ihre Internetverbindung abrufen« in diesem Kapitel haben Sie schon erfahren, dass sich bestimmte Anwendungen und Dienste bei der Nutzung des Internets priorisieren lassen. Dabei unterscheidet die FRITZ!Box zwischen den drei Stufen Hintergrundanwendungen (niedrigste Priorität), priorisierte Anwendungen (diese dürfen insgesamt bis zu 90 % der maximalen Uploadrate belegen) und Echtzeitanwendungen (die vor allen anderen Anwendungen Vorrang haben). Nicht klassifizierte Anwendungen werden als normale Anwendungen oberhalb der Hintergrunddienste eingeordnet. Im Auslieferungszustand ist in der Liste der Echtzeitanwendungen lediglich die Internettelefonie verzeichnet. Die Liste der priorisierten Anwendungen scheint auf den ersten Blick leer, unter der Haube gibt es hier jedoch einige Einträge von wichtigen Anwendungen, die nicht verändert werden können. Dazu zählen DNS-Anfragen, TCP-Bestätigungen und ICMP-Pakete, die mit ihren »Verwaltungsaufgaben« für eine reibungslose Internetkommunikation sehr wichtig sind und daher zu Recht bevorzugt werden. Auf Wunsch können Sie die Kategorien auch mit eigenen Anwendungen füllen und somit bestimmte Anwendungen oder auch Dienste bevorzugt oder auch nachrangig behandeln. Somit können Sie etwa einrichten, dass ein Computerspiel stets möglichst schnelle Antworten erhält und damit möglichst flüssig läuft oder dass ein Backup-Dienst nicht unnötig die Internetverbindung ständig auslastet.

Zunächst müssen Sie die jeweilige Netzwerkanwendung in der FRITZ!Box eintragen. Wie das geht, haben Sie zuvor im Abschnitt »Filterlisten und Netzwerkanwendungen zur Einschränkung der Internetnutzung anlegen und optimieren« gelernt. Die dort vorgestellte Eingabe im Bereich der Filter gilt nämlich auch für die Priorisierungslisten. Denken Sie daran: In der angesprochenen Liste legen Sie lediglich die Netzwerkanwendungen fest, dadurch wird aber weder eine Filter- noch eine Priorisierungsfunktion aktiv, dies müssen Sie separat bei den Zugangsprofilen oder hier bei der Priorisierung vornehmen. Tragen Sie also als Erstes alle gewünschten Netzwerkanwendungen ein.

Anschließend wechseln Sie zu **Internet • Filter** auf die Registerkarte **Priorisierung**. Dort finden Sie die drei genannten Priorisierungskategorien, die Sie nun mit Leben füllen können – auf Wunsch sogar gerätebasiert. Seien Sie besonders vorsichtig bei den Echtzeitanwendungen. Bedenken Sie, dass hier nur wirklich kritische Anwendungen eingetragen werden sollten, die auf alle Fälle reibungslos funktionieren müssen. Die wichtige Telefonie ist ein gutes Beispiel, weil ein Telefongespräch mit Störungen grundsätzlich unerwünscht ist. Auch die IPTV-Funktion kann eine Echtzeitanwendung sein, denn ein häufig stockendes Fernsehbild ist ebenfalls unerwünscht. Ob beispielsweise ein Computerspiel auch eine Echtzeitanwendung ist, muss jeder für sich selbst entscheiden. Bevor Sie eine Anwendung in die Echtzeit-Klasse einordnen, sollten Sie vielleicht zunächst probieren, sie als priorisierte Anwendung zu betreiben. Erst wenn das nicht genügt, sollte die höchste Klasse gewählt werden.

SCHRITT FÜR SCHRITT

So fügen Sie eine Anwendung zu einer der Kategorien hinzu

1. Klicken Sie bei der gewünschten Kategorie auf die Schaltfläche **Neue Regel**.
2. Es öffnet sich ein Dialog, in dem Sie zunächst das gewünschte **Netzwerkgerät** auswählen. Die Priorisierung kann auf Wunsch nur für ein bestimmtes Gerät vorgenommen werden. Voreingestellt ist der Wert **alle Geräte**, der entsprechend für Ihren gesamten Gerätebestand gilt.

3. Wählen Sie als Nächstes im unteren Feld die gewünschte **Netzwerkanwendung** aus, die Sie zuvor angelegt haben.

4. Klicken Sie abschließend auf **OK**.

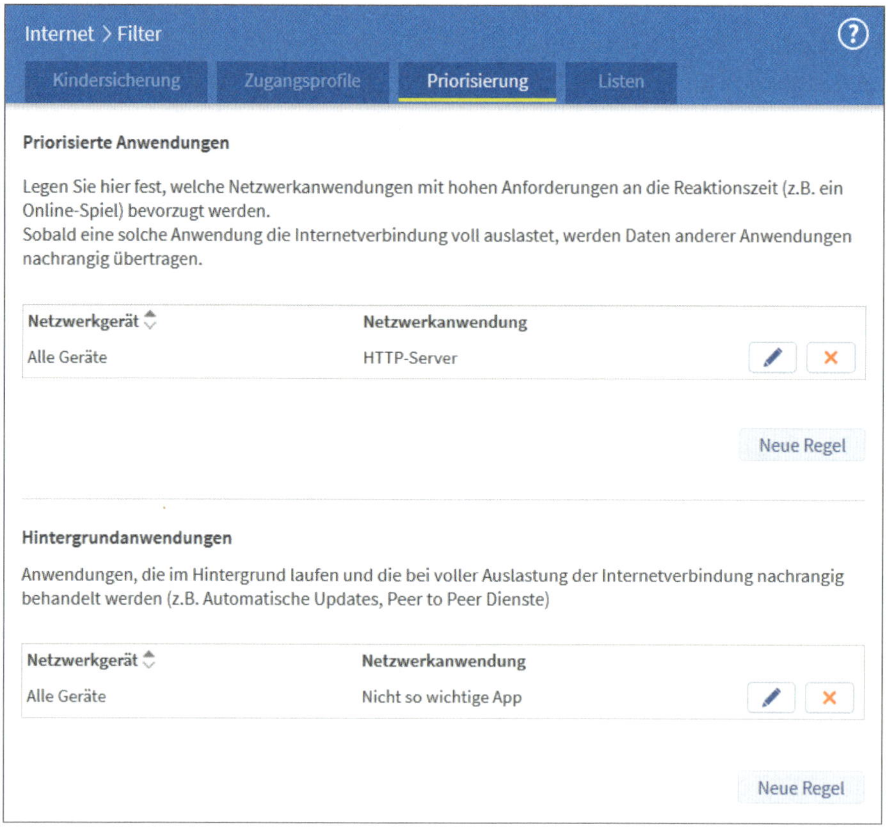

Abbildung 7.16 *Hier wurden zwei Priorisierungen vorgenommen: Ein HTTP-Server erhält auf allen Geräten eine hohe Priorität. Die selbst definierte »nicht so wichtige App« hingegen wurde zur Hintergrundanwendung degradiert.*

Das war es schon, Sie können jetzt in der entsprechenden Liste die neue Anwendung wiederfinden und sie dort mit auch wieder löschen. Die Einstellungen sind sofort aktiv. Sie sollten nun den Netzwerkverkehr beobachten und prüfen, ob alles wie gewünscht funktioniert. Dabei hilft Ihnen auch der Online-Monitor mit seiner grafischen Darstellung aus Abschnitt »Informationen rund um Ihre Internetverbindung abrufen« in diesem Kapitel.

Freigabe von Diensten und Anwendungen für die Nutzung über das Internet

Wie Sie bereits wissen, bietet die FRITZ!Box eine eingebaute Firewall, die alle Geräte im Heimnetzwerk vor unerwünschtem Zugriff aus dem Internet schützt. Die Firewall ist bereits ab Werk aktiviert und blockiert alle Verbindungsanfragen aus dem Internet. Davon ausgenommen sind Antworten auf Anfragen, die zuvor aus dem Heimnetzwerk gestartet wurden. Dazu zählt etwa das normale Surfen: Der Nutzer fragt bei einer Webseite im Internet etwas an und erhält kurze Zeit später eine Antwort. Diese Antwort wird natürlich von der Firewall »durchgelassen«. Wenn allerdings eine Kommunikationsanfrage aus dem Internet eingeht, die nicht zuvor aus dem Heimnetzwerk angefragt wurde, dann blockiert die Firewall diese Kommunikation komplett. Dadurch sind alle Geräte im Heimnetzwerk (die FRITZ!Box eingeschlossen) zunächst einmal sehr gut geschützt. Nun kann es aber sein, dass man für bestimmte Programme oder Dienste auf einem Rechner im Heimnetzwerk solche Verbindungsanfragen annehmen möchte. Wenn Sie zum Beispiel einen eigenen Webserver betreiben, der eine Internetseite anbietet, dann möchten Sie vielleicht, dass diese auch über das Internet angesprochen werden kann. Ein Beispiel dafür könnte die Oberfläche einer Bildergalerie sein, die vom zentralen (eigenständigen) NAS-Gerät erzeugt wird und Freunden und Bekannten die neuesten Urlaubsfotos zeigt. Damit nun eingehende Verbindungsanfragen aus dem Internet akzeptiert werden und das gewünschte Gerät im Heimnetzwerk erreichen, muss die Firewall der FRITZ!Box entsprechend konfiguriert werden. Sie müssen also für das gewünschte Programm beziehungsweise den gewünschten Dienst eine Freigabe erteilen. Von diesen Freigaben gibt es verschiedene Varianten. Der Klassiker sind normale Portfreigaben, die hauptsächlich zur Freigabe von Programmen und Diensten verwendet werden, die auf Computern im Heimnetzwerk angeboten werden. Das umfasst alle Arten von Programmen, die auf eingehende Verbindungen aus dem Internet warten: der angesprochene Bilderdienst auf dem NAS, ein eigener FTP-Server, die Oberfläche einer Netzwerkkamera ebenso wie die Lobby eines Computerspiels. Gleich im nächsten Absatz lernen Sie diese Art der Freigaben kennen. Daneben bietet die FRITZ!Box noch weitere Arten von Freigaben, die sich häufig direkt um Dienste der FRITZ!Box kümmern – mehr dazu in den folgenden Abschnitten.

Mit Portfreigaben Dienste und Anwendungen von Geräten im Heimnetzwerk freigeben

In diesem Abschnitt geht es um die sogenannten Portfreigaben. Sie kommen dann zum Einsatz, wenn man auf einem Gerät im Heimnetzwerk einen Dienst oder ein Programm betreibt, das über das Internet ansprechbar sein soll. Bei dieser Art von Freigaben muss man, obwohl es in der Einrichtung nur wenige Unterschiede gibt, zwischen dem betagten, aber immer noch weit verbreiteten IPv4 und dem modernen IPv6 unterscheiden. Diese Protokolle (IP steht für Internetprotokoll) kümmern sich (auch) um die Adressierung aller beteiligten Geräte im Internet, und genau dort gibt es deutliche Unterschiede. Bei der Einrichtung einer Portfreigabe muss man daher stets unterscheiden, für welches Protokoll sie gelten soll.

Zunächst ein wenig Vorabinfo zur Wirkungsweise der eingebauten Firewall: Bis vor Kurzem wurden Internetverbindungen ausschließlich über das mittlerweile recht betagte Internetprotokoll in Version 4 aufgebaut. Dieses Protokoll stammt noch aus der »Steinzeit« des Internets. So verwundert es nicht, dass es für das gesamte weltweite Internet lediglich 4.294.967.296 IP-Adressen gibt, mit der die einzelnen Teilnehmer adressiert und voneinander unterschieden werden können. Diese Zahl entspricht mehr oder weniger der Maximalzahl an möglichen Teilnehmern. Wenn Sie sich überlegen, wie viele Geräte alleine in einem normalen Vierpersonenhaushalt einen Internetzugang erfordern, dann wird schnell klar, dass die Anzahl an möglichen Teilnehmern heutzutage längst nicht mehr ausreicht. Deswegen wurde auch das Internetprotokoll in Version 6 entwickelt, das deutlich mehr Adressen vorhält, sodass eine Adressknappheit auf sehr lange Sicht kein Thema mehr sein dürfte.

Nun basieren allerdings auch im Jahr 2019 noch immer zahlreiche Verbindungen auf dem IPv4. Damit man mit der geringen Zahl an möglichen IP-Adressen trotzdem wenigstens einigermaßen über die Runden kommt, hat man sich etwas einfallen lassen, und zwar die sogenannte *NAT-Funktion*. Die Abkürzung steht für *Network Address Translation*, also auf Deutsch *Übersetzung von Netzwerkadressen*. Konkret arbeitet diese Funktion so: In einem Heimnetzwerk (das gilt auch für viele andere Netzwerke) erhält nur der Router, in Ihrem Fall also Ihre FRITZ!Box, einen direkten Zugang zum Internet und eine eigene, öffentliche IPv4-Adresse. Alle anderen Geräte im Heimnetzwerk erhalten eine IPv4-Adresse aus dem sogenannten *privaten Adressbereich*, der weltweit nicht einzig ist und mehrfach belegt werden kann – er wird nur für die Kommunikation innerhalb des Heimnetzwerks benutzt und ist über das Internet nicht erreichbar, alle Kommunikationsanfragen an solche Adressen werden außerhalb des Heimnetzwerks verworfen. Möchte ein Gerät im Heimnetzwerk eine Internetverbindung aufbauen, dann wendet es sich zunächst an die FRITZ!Box. Diese fragt unter ihrem eigenen Namen beim gewünschten Partner an und wartet auf dessen Antwort. Sie merkt sich, welches Gerät im Heimnetz die Verbindung haben möchte und leitet die Antwort aus dem Internet direkt an das anfragende Gerät im Heimnetzwerk weiter. Die FRITZ!Box arbeitet damit als eine Zwischenstation, als eine Art Vermittler. Das ist also so ähnlich wie beim Kinderspiel »Stille Post« – auch wenn das nicht ganz stimmt. Jedenfalls werden bei diesem Vorgang die IP-Adressen in der Anfrage und der Antwort von der FRITZ!Box übersetzt, nämlich von privaten in öffentliche IP-Adressen – daher kommt der Name NAT.

Warum das alles hier steht? Nun, durch dieses Verfahren ergibt sich bei eingehenden Anfragen quasi automatisch eine Art von Firewall-Funktion: Nehmen wir an, ein Gerät im Heimnetzwerk soll als Webserver arbeiten, es wartet also darauf, dass Geräte im Internet sich bei ihm melden und eine Webseite erhalten möchten. Diese externen Geräte wenden sich nun an Ihre FRITZ!Box – schließlich ist nur diese direkt über das Internet zu erreichen und fragen etwas wie: »Bitte sende mir die Webseite mit den Urlaubsfotos.« Aber was soll die FRITZ!Box mit dieser Anfrage anstellen? Sie weiß doch gar nicht, an welchen Zielrechner im Heimnetzwerk sie die Anfrage weiterleiten soll. Welches ist denn der Rechner, der die Webseite vorrätig hält? Die NAT-Funktion funktioniert nämlich nur nach voriger »Anmeldung« und nur in Richtung Internet: Wenn ein Gerät im Heimnetzwerk nach außen kommunizieren möchte, also eine Verbindung aufbauen will, dann fragt es diese bei der FRITZ!Box an. Jetzt weiß die FRITZ!Box, was zu tun ist und wer die Teilnehmer der Verbindung sind. Und vor allem weiß sie, wo eine Antwort aus dem Internet zuzustellen ist. Wenn es aber hingegen ohne vorige Anmeldung (also ohne Verbindungsaufbau) einfach eine Anfrage aus dem Internet gibt, die nicht vorher aus dem Heimnetzwerk angefragt wurde, dann kann die NAT-Funktion nicht funktionieren. Die Anfrage muss verworfen werden.

Der aufmerksame Leser wird nun den großen Sicherheitsvorteil der NAT-Funktion erkennen. Da die NAT-Funktion ausnahmslos alle Anfragen aus dem Internet verwirft, die nicht vorher explizit von innen angefragt wurden, ist keines der Geräte im Heimnetzwerk direkt über das Internet erreichbar. Alle Netzwerkgeräte sind also auch vor Hackerangriffen bestens geschützt, denn sie sind überhaupt nicht direkt ansprechbar. Durch die NAT-Funktion gibt es also quasi eine Firewall gratis dazu. Deswegen sind, bezogen auf Anfragen aus dem Internet, für Ihre Heimnetzwerkgeräte auch eigene Firewalls nicht mehr unbedingt nötig, denn diese sind durch die FRITZ!Box und deren Firewall im Rahmen der NAT bereits gut geschützt.

Beim modernen IPv6 ist eine NAT-Funktion nicht mehr nötig. Jedes Gerät im Heimnetzwerk kann ohne Probleme eine eigene IP-Adresse erhalten, und eine Adressumsetzung ist über die FRITZ!Box nicht erforderlich. Dennoch ist natürlich nach wie vor ein Schutz vor Angriffen aus dem Internet erwünscht. Auch bei IPv6-Verbindungen ist natürlich die FRITZ!Box »das Tor zum Heimnetzwerk«. Alle eingehenden Anfragen laufen zwangsweise über die FRITZ!Box, denn schließlich ist nur diese (als Router) direkt mit dem Internet verbunden. Zum Schutz des Heimnetzwerks enthält die FRITZ!Box (auch) eine Firewall für IPv6-Verbindungen. Diese schützt das Heimnetzwerk vor unerwünschten Anfragen aus dem Internet.

Für Sie als Nutzer heißt das also Folgendes: Sowohl für IPv4- als auch IPv6-Verbindungen sind alle Geräte im Heimnetzwerk durch eine Art von Firewall vor Zugriffen aus dem Internet geschützt. Alle Geräte können nicht direkt über das Internet angesprochen werden. Dies ist ein sehr guter Schutz.

Nun gibt es allerdings Fälle, in denen Geräte im Heimnetzwerk für bestimmte Verbindungsanfragen erreichbar sein sollen. Der vorhin erwähnte Webserver ist ein gutes Beispiel. Damit er ordnungsgemäß arbeiten kann, muss er für Computer aus dem Internet erreichbar sein, nur so kann er Verbindungsanfragen korrekt bearbeiten und seine Webseiten ausliefern. In solchen Fällen erweist sich die Firewall als unpraktisch, denn sie blockiert sämtliche Verbindungsanfragen. Jetzt kann man die FRITZ!Box anweisen, dass sie bestimmte Verbindungsanfragen, die zur gewünschten Verbindung gehören – also zur gewünschten (Internet-)Anwendung –, an das entsprechende (Heim-)Netzwerkgerät weiterleitet. Da die Kommunikation im Internet über sogenannte Ports erfolgt (davon gibt es über 60.000) und jede (Internet-)Anwendung über charakteristische Ports kommuniziert, spricht man auch von *Portweiterleitung*, *Portfreigabe* (so bei der FRITZ!Box) oder *Portöffnung*.

Abbildung 7.17 *Gut geschützt: Im Auslieferungszustand der FRITZ!Box gibt es für Geräte im Heimnetz keine Portfreigaben. Keines der Geräte ist also direkt über das Internet ansprechbar.*

Wenn Sie externe Verbindungen an einem bestimmten Netzwerkgerät empfangen möchten, dann müssen Sie also als Erstes klären, über welchen *Port* und über welches *Protokoll* die gewünschte Anwendung kommuniziert. Damit ist nicht nur das Internetprotokoll gemeint, nein, es gibt auch noch weitere Protokollarten die, eingebettet im IP-Verkehr, auf anderen Ebenen für die Kommunikation genutzt werden, allen voran das TCP (Transmission Control Protocol) und das UDP (User Datagram Protocol). Beim Webserver werden zum Beispiel der Port 80 und das Protokoll TCP genutzt – egal ob die Kommunikation über IPv4 oder IPv6 abläuft. Welche Ports und welches Protokoll verwendet werden, klärt ein Blick in das Handbuch oder lässt sich durch eine Internetsuche schnell herausfinden. Ob Sie eine Freigabe für IPv4, IPv6 oder beides erstellen, hängt davon ab, welche Art von Internetzugang Sie verwenden, wie das Gerät im Heimnetzwerk angebunden ist und über welches Protokoll Sie diese Freigaben anbieten möchten. Normalerweise genügt eine Freigabe über das IPv4, bei Unsicherheiten können auch (sofern der Internetzugang es gestattet) beide Freigaben parallel angelegt werden. IPv4-Freigaben erreichen Sie (über die NAT-Funktion) über die externe IP-Adresse der FRITZ!Box oder über einen dynamischen DNS-Anbieter. Beachten Sie bei IPv6-Freigaben, dass jedes Gerät im Heimnetzwerk über seine eigene externe Adresse verfügt. Sie müssen hier also die jeweilige eigene Adresse des Gerätes nutzen. Wenn Sie die benötigten Daten zusammengetragen haben, können Sie im Webinterface der FRITZ!Box eine Portfreigabe einrichten.

SCHRITT FÜR SCHRITT

So richten Sie eine Portfreigabe ein

1. Öffnen Sie im Webinterface den Menüpunkt **Internet • Freigaben** und dort die Registerkarte **Portfreigaben**. Sie sehen eine Liste der Portfreigaben, die im Auslieferungszustand leer ist.

2. Klicken Sie auf **Gerät für Freigaben hinzufügen**. Es öffnet sich eine neue Seite zur Eingabe der nötigen Daten.

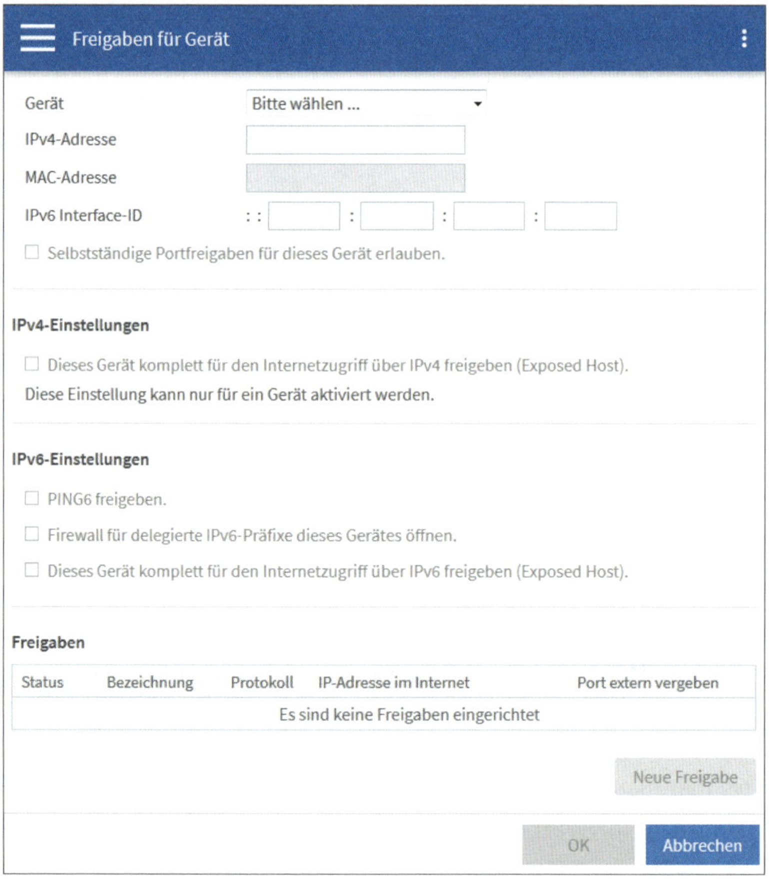

3. Wählen Sie im Ausklappfeld **Gerät** das gewünschte Netzwerkgerät aus. Die Felder **IPv4-Adresse** (im Heimnetzwerk), **MAC-Adresse** und **IPv6 Interface-ID** werden automatisch gefüllt. Fortgeschrittene Nutzer können alternativ auch die **IP-Adresse manuell eingeben**.

4. Klicken Sie auf die Schaltfläche **Neue Freigabe**.

5. Das Ausklappmenü **Anwendung** enthält bereits einige häufig genutzte Webanwendungen, zum Beispiel den HTTP-Server oder den FTP-Server. Wenn sich Ihre Anwendung im Listenfeld findet, dann wählen Sie diese direkt aus und fahren mit Schritt 10 fort. Ansonsten wählen Sie **andere Anwendung** und fahren mit Schritt 6 fort.

6. Wenn Sie Daten für eine eigene Anwendung eingeben möchten, dann füllen Sie zunächst das Feld **Bezeichnung** mit dem Namen der Anwendung beziehungsweise dem Namen des Dienstes, den Sie benutzen möchten.

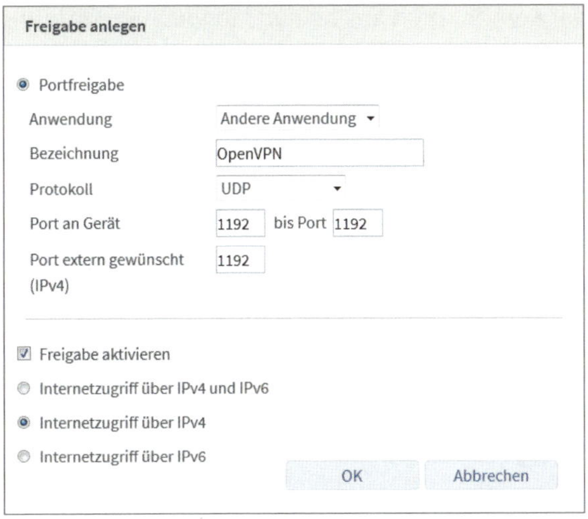

7. Wählen Sie im Feld **Protokoll** das erforderliche Netzwerkprotokoll. Üblicherweise werden *TCP* oder *UDP* verwendet, die anderen Protokolle sind nur für Spezialanwendungen erforderlich.

8. Tragen Sie nun den von der Anwendung verwendeten Port in das Feld **Port an Gerät** ein. Falls die Anwendung einen fortlaufenden Portbereich, etwa 80 bis 85, verwendet, dann tragen Sie den letzten Port in das rechte Feld **bis Port** ein. Ansonsten wiederholen Sie im rechten Feld einfach den Wert des linken Feldes.

9. Falls Sie zuvor **andere Anwendungen** ausgewählt haben, gibt es zum Schluss noch das Feld **Port extern gewünscht (IPv4)**, das hauptsächlich für fortgeschrittene Anwender von Interesse ist. Es legt fest, an welchem Port die FRITZ!Box die Verbindungsanfrage aus dem Internet erwartet. Üblicherweise sind der interne Port (aus Schritt 8) und der externe Port identisch. Auf besonderen Wunsch können hier abweichende Werte eingetragen werden, etwa dann, wenn mehrere Webserver im Heimnetzwerk aktiv sind. Denken Sie daran: Ein Port kann immer nur von einer Anwendung benutzt werden. Einsteiger belassen es bei der Voreinstellung. Diese Einstellung ist nur für das IPv4 von Belang.

10. Achten Sie darauf, dass im Feld **Freigabe aktivieren** ein Häkchen gesetzt ist.

11. Als Letztes müssen Sie auswählen, für welches Internetprotokoll die Freigabe gelten soll – sofern Sie einen Internetanschluss verwenden, der beide Protokolle verwendet. Sie haben die Wahl zwischen dem älteren IPv4, dem modernen IPv6 oder der Kombination aus beiden (doppelte Portöffnung).

12. Klicken Sie abschließend auf **OK** und dann (zurück im vorigen Fenster) auf **Übernehmen**. Die Freigabe ist sofort aktiv und wird in der Liste der Freigaben geführt. Dort kann sie mit ☒ wieder gelöscht sowie mit ✎ bearbeitet werden.

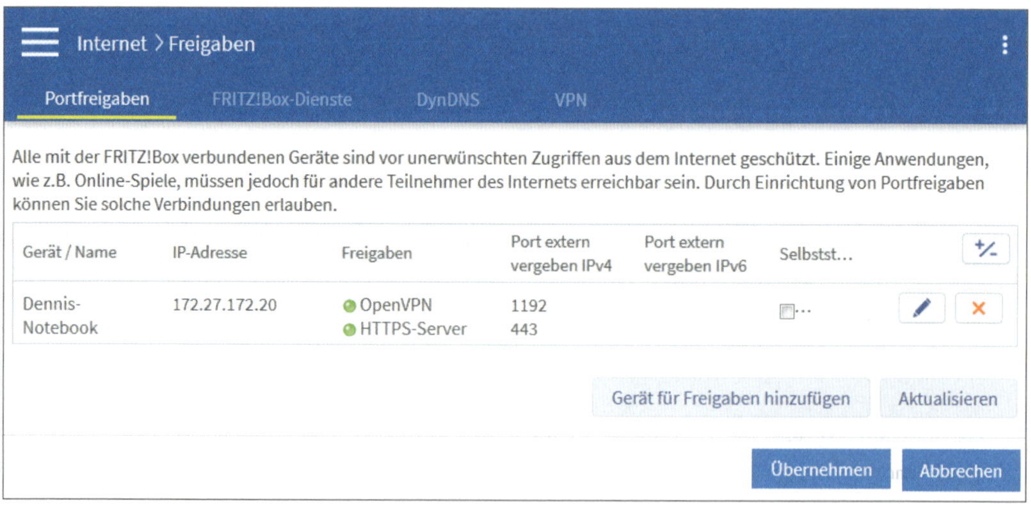

Abbildung 7.18 *Die Portfreigabe wurde eingerichtet und kann verwendet werden – das erkennen Sie an der grünen Anzeige in der Spalte »Freigaben«.*

Damit ist die Freigabe aktiv. Sie können nun (bei IPv4) über die externe IP-Adresse, erweitert um die jeweilige Portnummer, auf den jeweiligen Dienst zugreifen. Wurde Ihnen beispielsweise die externe IP-Adresse *000.000.000.000* zugewiesen und haben Sie einen ftp-Server unter Port 21 freigegeben, dann erreichen Sie diesen Dienst über das Internet über *ftp://000.000.000.000:21*. Bei einer Freigabe über IPv6 ist der Dienst direkt über die jeweilige IP-Adresse des betreffenden Gerätes (ergänzt um den genutzten Port) erreichbar, beispielsweise *ftp://[0000:0000:0000::0000]:21*.

Wem der Umgang mit IP-Adressen nicht gefällt (die sich zudem oftmals auch ändern können), der findet sinnvolle Alternativen in dynamischen DNS-Anbietern und erhält somit seine persönliche, leicht zu merkende Domain. Mehr dazu in den Abschnitten »Eine einheitliche Adresse für alle Tage: Dynamic DNS« und »Eine eigene Adresse für die FRITZ!Box und noch mehr: der MyFRITZ!-Dienst« in diesem Kapitel.

Mit dem Exposed Host die Firewall für ein Gerät komplett deaktivieren

Sobald Sie in Schritt 2 der eben gezeigten Anleitung auf **Gerät für Freigaben hinzufügen** klicken, gibt es im Fenster **Freigaben für Gerät** die Option **Dieses Gerät komplett für den Internetzugriff über IPv4/IPv6 freigeben (Exposed Host)**. Dadurch wird die Firewall der FRITZ!Box für das ausgewählte Gerät (und nur für dieses) komplett abgeschaltet. Alle externen Verbindungsanfragen werden ungefiltert an dieses Gerät weitergeleitet. Es ist damit völlig ungeschützt über das Internet erreichbar. Diese Einstellung birgt also ein hohes Sicherheitsrisiko und sollte nur von erfahrenen Anwendern aus wohlüberlegten Gründen aktiviert werden.

Zum Abschluss noch ein paar allgemeine Worte zu Portfreigaben. Denken Sie daran, dass Ihre Geräte im Heimnetzwerk durch die Firewall der FRITZ!Box gut geschützt sind. Mit jeder Portfreigabe schwächen Sie die Sicherheit ein wenig. Das liegt daran, dass theoretisch jedes Programm (denn es ist nun einmal von Menschen programmiert) und jede Anwendung Fehler oder Schwachstellen im Sicherheitskonzept enthalten können. Diese Schwachstellen kann ein Angreifer im Internet ausnutzen und somit allerlei Unfug anstellen. Dabei ist die Liste an möglichen Taten recht lang und reicht vom Ausspähen von Daten über die Infektion mit Schadsoftware bis hin zur Nutzung Ihrer Geräte für eigene (Straf-)Taten. Aus diesem Grund sollten Sie Portfreigaben stets überlegt einsetzen und nur dann aktivieren, wenn Sie die betreffende Funktion auch tatsächlich benutzen möchten. Achten Sie auch darauf, dass Sie Portfreigaben nur für solche Anwendungen verwenden, bei denen Sie dem jeweiligen Sicherheitskonzept vertrauen. Sobald Sie die Anwendung nicht mehr benutzen, sollten Sie die Portfreigabe wieder deaktivieren. Das können Sie in den Eigenschaften der jeweiligen Freigabe tun.

Eine Alternative für Webdienste: die MyFRITZ!-Freigaben

Wenn Sie den AVM-eigenen MyFRITZ!-Dienst verwenden (siehe Abschnitt »Eine eigene Adresse für die FRITZ!Box und noch mehr: der MyFRITZ!-Dienst« in diesem Kapitel), dann können Sie alternativ für browserbasierte Dienste (allen voran http- und ftp-Anwendungen) auch sogenannte MyFRITZ!-Freigaben erstellen. Im Unterschied zu normalen Portfreigaben können Sie diese Freigaben etwas bequemer verwenden. Zum einen finden Sie alle Freigaben, wenn Sie sich mit Ihren Zugangsdaten auf der MyFRITZ!-Webseite *myfritz.net* anmelden. Sie können das freigegebene Gerät direkt anklicken. Alternativ können Sie es direkt über eine eigene URL erreichen, in der Form *IhrGerät.IhreMyFritzAdresse.myfritz.net*. Das kann unter Umständen einfacher zu handhaben sein als eine direkte Portfreigabe. Beachten Sie, dass MyFRITZ-Freigaben aber nur über einen dieser beiden Wege erreichbar sind. Die direkte Nutzung der IP-Adresse (oder die Verwendung eines anderen dynamischen DNS-Anbieters) ist hierbei nicht möglich.

Zur Einrichtung befolgen Sie zunächst die Schritte 1 bis 4 der obigen Anleitung. Dann wechseln Sie jedoch auf die Option **MyFRITZ!-Freigabe**. Wählen Sie das gewünschte Protokoll aus (http, ftp oder benutzerdefiniert). Geben Sie, falls erforderlich, einen Ordnerpfad an, den die jeweilige Anwendung eventuell erfordert. Speichern Sie die Einstellungen dann mit **OK**: Sie können anschließend auf der Webseite *myfritz.net* direkt auf die Freigabe zugreifen.

Die Software walten lassen: selbstständige Portfreigaben erlauben

Im vorigen Abschnitt haben Sie die Portfreigaben kennengelernt. Dort habe ich Ihnen gezeigt, wie Sie manuell Portfreigaben anlegen. Bei diesem Verfahren bleibt alles unter Ihrer persönlichen Kontrolle, denn es gibt nur die Freigaben, die Sie selbst angelegt haben.

Neben diesem manuellen Verfahren gibt es auch die Möglichkeit, dass sich geeignete Programme (und auch entsprechende Netzwerkgeräte) selbstständig die benötigten Portfreigaben einrichten können. Dabei kommunizieren die Geräte (meist über UPnP) direkt mit der FRITZ!Box und richten dort die jeweiligen Portfreigaben ein.

Zunächst klingt das sehr angenehm, denn der Nutzer muss sich somit um gar nichts kümmern. Insbesondere für den Einsteiger scheint diese Option daher gut geeignet. Leider ist es aber so, dass viele Geräte mit den gewährten Freiheiten recht großzügig umgehen. Sie setzen oftmals ohne Not Portfreigaben, die der Nutzer vielleicht niemals verwendet. Das ist natürlich aus sicherheitstechnischer Sicht bedenklich. Daher ist die Funktion auch standardmäßig abgeschaltet. Sie sollten sie nur aus gutem Grund aktivieren und in jedem Fall dem manuellen Setzen von Portfreigaben den Vorzug geben. Die selbstständige Portfreigabe sollte nur bei vertrauenswürdigen Geräten und Diensten genutzt werden. Sie ist zum Beispiel gut geeignet für den seltenen Fall, dass ein Dienst wechselnde Ports benötigt – hierbei hilft die automatische Konfiguration tatsächlich sehr. Beachten Sie auch, dass der jeweilige Dienst oder das jeweilige Gerät auch die selbstständige Portfreigabe unterstützen muss – hier hilft ein Blick in dessen Dokumentation.

SCHRITT FÜR SCHRITT

So aktivieren Sie selbstständige Portfreigaben

1. Öffnen Sie im Webinterface den Menüpunkt **Internet • Freigaben** und dort die Registerkarte **Portfreigaben**.

2. Klicken Sie auf **Gerät für Freigaben hinzufügen**.

3. Wählen Sie im Ausklappfeld **Gerät** das gewünschte Netzwerkgerät aus. Die Felder **IPv4-Adresse** (im Heimnetzwerk), **MAC-Adresse** und **IPv6 Interface-ID** werden automatisch gefüllt. Fortgeschrittene Nutzer können alternativ auch die **IP-Adresse manuell eingeben**.

4. Aktivieren Sie das Kontrollkästchen **Selbstständige Portfreigaben für dieses Gerät erlauben**.

5. Klicken Sie auf **OK** und zurück im vorigen Fenster auf **Übernehmen**.

Das Webinterface der FRITZ!Box über das Internet ansprechen

Wie Ihnen vielleicht schon aufgefallen ist, verwendet die FRITZ!Box für die Kommunikation im Heimnetzwerk eine unverschlüsselte Verbindung. Zuhause – in einer sicheren Umgebung – ist das im Regelfall auch kein Problem. Wenn Sie möchten, dann können Sie auch im Heimnetzwerk über https und eine verschlüsselte Verbindung mit der FRITZ!Box kommunizieren. Dafür müssen Sie einfach nur ein *https://* vor die Adresse der FRITZ!Box in der Browserzeile setzen. Dabei werden Sie jedoch auf eine Zertifikatswarnung im Browser stoßen, die sich nicht vermeiden lässt – mehr dazu im Abschnitt »Zertifikatswarnungen ade: die FRITZ!Box und das Zertifikat« in diesem Kapitel.

Während der Einsatz einer verschlüsselten Verbindung im Heimnetz nur optional und nur in wenigen Fällen wirklich erforderlich ist, sieht das im Internet ganz anders aus. Auf Wunsch können Sie nämlich das Webinterface der FRITZ!Box auch über das Internet erreichbar machen und somit Einstellungen auch aus der Ferne verändern. Hierbei sollte natürlich unbedingt eine verschlüsselte Verbindung gewählt werden. Das Webinterface sollten Sie nur aus guten Gründen über das Internet erreichbar machen, denn ein erfolgreicher Hackerangriff auf Ihre FRITZ!Box kann fatale Folgen haben. Wenn jemand unbefugten Zugriff auf die FRITZ!Box erhält, dann kann er zum Beispiel über die Telefonfunktion Gespräche zu teuren Sonderrufnummern aufbauen und Ihnen beträchtlichen finanziellen Schaden zufügen. Und es gibt noch viel mehr solcher Szenarien. Benutzen Sie diese Funktion daher nur, wenn es unbedingt erforderlich ist, zum Beispiel wenn Sie einem unerfahrenen Internetnutzer während der Einrichtung der FRITZ!Box aus der Ferne vorübergehend zur Seite stehen wollen. Nach der Einrichtungsphase sollte die Funktion wieder deaktiviert werden.

Der Zugriff über das Internet funktioniert allerdings nur, wenn Sie mindestens einem Benutzerkonto auf der FRITZ!Box das Recht zum Zugriff über das Internet gegeben haben. Im Auslieferungszustand ist dies keinem Benutzer gestattet. Sie müssen also zunächst ein entsprechendes Benutzerkonto anlegen. Wie das geht, erfahren Sie in Kapitel 9 im Abschnitt »Die Benutzerverwaltung«. Im Anschluss können Sie den Zugriff über das Internet aktivieren.

SCHRITT FÜR SCHRITT

So machen Sie das Webinterface der FRITZ!Box auch über das Internet verfügbar

1. Öffnen Sie im Webinterface der FRITZ!Box den Menüpunkt **Internet • Freigaben** und dort die Registerkarte **FRITZ!Box-Dienste**.
2. Scrollen Sie zur Sektion **Internetzugriff**.
3. Setzen Sie einen Haken im Feld **Internetzugriff auf die FRITZ!Box über HTTPS aktiviert**.
4. Klicken Sie unten auf der Seite auf **Übernehmen**.

Nun können Sie von extern über das Internet auf Ihre FRITZ!Box zugreifen. Durch das Entfernen des Häkchens und eine Bestätigung durch einen Klick auf **Übernehmen** deaktivieren Sie die Funktion wieder.

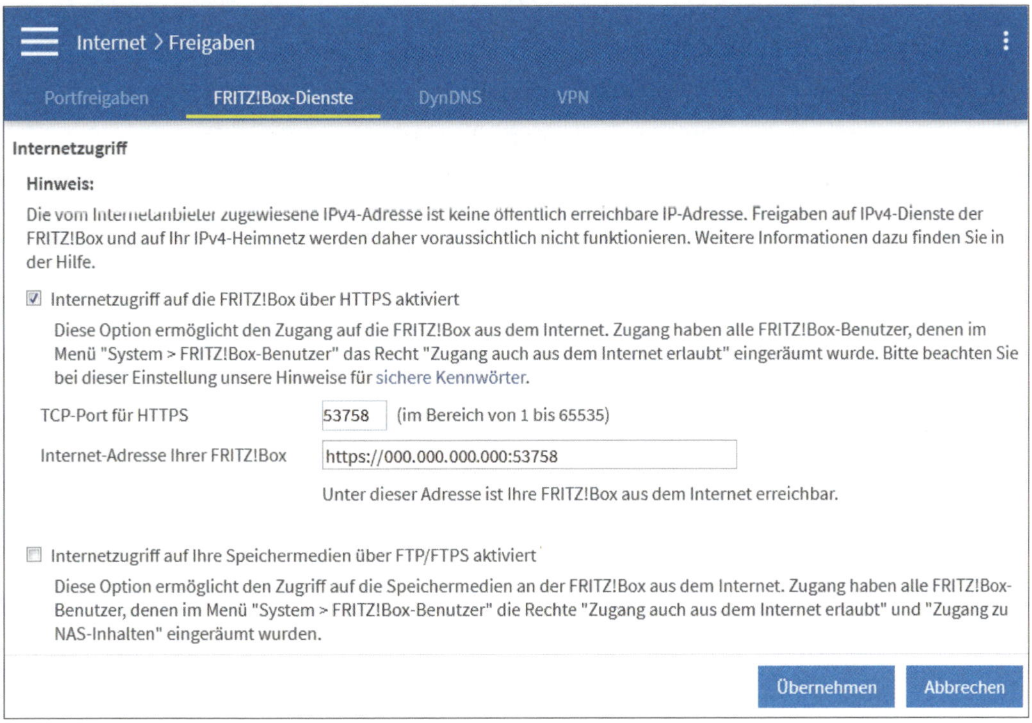

Abbildung 7.19 *Hier einmal nur für eine IPv4-Adresse gezeigt: die Freigabe der FRITZ!Box für den Zugriff über das Internet*

Den https-Port verändern

Auf Wunsch können Sie übrigens den Port, der für https-Verbindungen verwendet wird, verändern. Dafür dient das Feld **TCP-Port für HTTPS** im oben angegebenen Dialog. Wundern Sie sich eventuell, warum hier nicht der Standardwert *443* für https-Verbindungen genutzt wird? Nun, es gibt das sogenannte Sicherheitskonzept der *Security through obscurity*, also auf Deutsch *Sicherheit durch Verschleierung*, das niemals als alleinige Sicherheitsmaßnahme, sondern immer nur zusätzlich eingesetzt wird. Ein Hacker, insbesondere bei einem automatisierten Computerangriff, wird immer zuerst den Standardport ausprobieren und dort sein Glück versuchen. Wird er hier nicht fündig, wendet er sich oft direkt dem nächsten potenziellen Opfer zu. Wenn der HTTPS-Port also nicht auf den Standardwert gesetzt ist, so wird er bei breit gestreuten Angriffen möglicherweise übersehen, und Sie bleiben verschont. Dies ist aber kein Schutz vor direkten, gezielten Angriffen gegen Ihre Person. Ein gewiefter Hacker, der es genau auf Sie abgesehen hat, findet den richtigen Port schon nach kurzer Zeit heraus. Wenn Sie den Port (obwohl bereits zufällig durch die FRITZ!Box gewählt) nochmals verändern wollen, dann geben Sie eine beliebige Zahl in das entsprechende Feld ein und klicken abschließend auf **Übernehmen**. Es bietet sich an, mit einer Zahl größer als *1100* zu arbeiten, weil es bei kleineren Zahlen zu einer Kollision mit anderen Diensten kommen kann und weil diese Ports häufig bei Angriffen als erste ausprobiert werden. Beachten Sie, dass Sie bei einem selbst festgelegten Port diesen an die Adresse im Browser anhängen müssen. Das zeigt Ihnen das Formular aber genau an.

Bei aktivierter Funktion zeigt Ihnen die FRITZ!Box unterhalb dieses Menüpunktes die Adressen an, über die das Webinterface über das Internet erreichbar ist. Beachten Sie, dass es auch dabei zu einer Zertifikatswarnung kommen wird (siehe Abschnitt »Zertifikatswarnungen ade: die FRITZ!Box und das Zertifikat« in diesem Kapitel). Beachten Sie auch, dass der Zugriff über die öffentliche IP-Adresse möglicherweise nur kurzfristig funktioniert. Das liegt daran, dass sich die externe, öffentliche IP-Adresse insbesondere bei DSL-Anschlüssen oftmals nach 24 Stunden ändert. In diesem Fall ist die FRITZ!Box nach 24 Stunden über eine andere Adresse zu erreichen. Sie sollten dann einen DynDNS-Anbieter nutzen, vorzugsweise in Form des MyFRITZ!-Dienstes. Dadurch erhalten Sie eine

(Sub-)Domain, die stets auf die aktuelle externe IP-Adresse der FRITZ!Box verweist, sodass Sie das Gerät jederzeit über das Internet erreichen können. Mehr dazu in den Abschnitten »Eine einheitliche Adresse für alle Tage: Dynamic DNS« und »Eine eigene Adresse für die FRITZ!Box und noch mehr: der MyFRITZ!-Dienst« in diesem Kapitel.

Auf den NAS-Speicher der FRITZ!Box über das Internet zugreifen

Ihre FRITZ!Box bietet die Möglichkeit, auch über das Internet auf die Inhalte der NAS-Funktion, also der verbundenen Speichergeräte, zugreifen zu können. Das geschieht über FTP-Verbindungen. Mehr zur Einrichtung der NAS-Funktion und den Zugriff über FTP finden Sie in Kapitel 5 im Abschnitt »Die NAS-Funktion«.

Möchten Sie auch über das Internet auf die NAS-Inhalte zugreifen können, dann müssen Sie als Erstes auf der FRITZ!Box ein Benutzerkonto erstellen, das sowohl Zugriffsrechte auf NAS-Inhalte hat als auch generell Zugriffsrechte über das Internet erhält. Zwar darf der voreingestellte Nutzer mit dem Namen *ftpuser* bereits auf NAS-Inhalte zugreifen, ihm bleibt jedoch der Zugriff über das Internet verwehrt. Sie müssen also zunächst, so wie es Ihnen der Abschnitt »Die Benutzerverwaltung« in Kapitel 9 zeigt, ein neues Benutzerkonto anlegen und die beiden benötigten Rechte vergeben. Anschließend können Sie hier in diesem Abschnitt den NAS-Zugriff über das Internet aktivieren.

SCHRITT FÜR SCHRITT

So aktivieren Sie den Zugriff auf NAS-Inhalte per FTP über das Internet

1. Öffnen Sie im Webinterface die Registerkarte **FRITZ!Box-Dienste** im Menüpunkt **Internet • Freigaben**.
2. Scrollen Sie zur Sektion **Internetzugriff**.
3. Setzen Sie einen Haken in das Feld **Internetzugriff auf Ihre Speichermedien über FTP/FTPS aktiviert**. Sobald Sie den Haken gesetzt haben, erscheinen Internetadressen, über die Sie auf die NAS-Inhalte per FTP zugreifen können.
4. Für FTP-Verbindungen wird normalerweise der Port 21 verwendet. Auf Wunsch können Sie einen anderen Port eintragen und damit potenzielle Angreifer zunächst ins Leere laufen lassen. Dies erhöht die Sicherheit.

Denken Sie daran, möglichst eine eigene Domain einzurichten, weil sich IP-Adressen bei Privatanschlüssen bereits nach kurzer Zeit ändern können (siehe dazu die Abschnitte »Eine einheitliche Adresse für alle Tage: Dynamic DNS« und »Eine eigene Adresse für die FRITZ!Box und noch mehr: der My-FRITZ!-Dienst« in diesem Kapitel).

5. Auf Wunsch können Sie zusätzlich einen Haken in das Feld **Nur sichere FTP-Verbindungen zulassen (FTPS)** setzen.

   Damit erlauben Sie ausschließlich verschlüsselte Verbindungen. Sofern Ihr Client-Programm dies unterstützt, sollten Sie von dieser Option unbedingt Gebrauch machen, denn das einfach gehaltene FTP ist ansonsten völlig unverschlüsselt, was nicht nur für die Daten, sondern auch für die Passwörter und Benutzernamen gilt.

6. Klicken Sie abschließend unten auf **Übernehmen**.

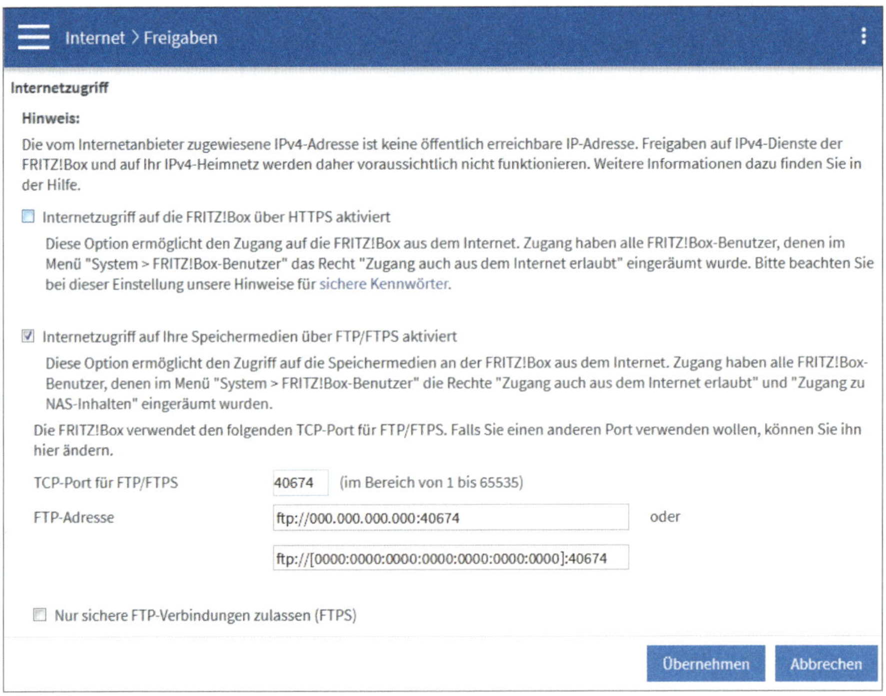

Abbildung 7.20 *Auch bei der Freigabe des Internetzugriffs auf die Speichermedien können Sie einen eigenen Port bestimmen.*

Damit ist die Funktion aktiviert, und Sie können über die angezeigten Adressen (vorzugsweise jedoch unter Nutzung Ihrer eigenen Domain) mit einem FTP-Programm auf die NAS-Inhalte zugreifen. Wenn Sie eine verschlüsselte Verbindung verwenden, dann erhalten Sie möglicherweise eine Zertifikat-Warnung. Warum das so ist und was Sie dagegen tun können, erklärt Ihnen der folgende Abschnitt »Zertifikatswarnungen ade: die FRITZ!Box und das Zertifikat«.

Zertifikatswarnungen ade: die FRITZ!Box und das Zertifikat

Wenn Sie eine https- oder eine ftps-Verbindung zur FRITZ!Box aufbauen, ganz egal ob im Heimnetz oder über das Internet, dann erhalten Sie als Erstes eine Zertifikatswarnung. In diesem Fall hat ein Sicherheitsmechanismus angeschlagen, der bei verschlüsselten https- und ftps-Verbindungen zum Einsatz kommt, in diesem Fall aber mit großer Wahrscheinlichkeit falschen Alarm schlägt. Der Grund ist folgender: Bei einer verschlüsselten Verbindung, bei der ja durchaus vertrauliche Informationen ausgetauscht werden, ist es nicht nur wichtig, dass die Kommunikation vertraulich, also abgeschlossen vor Dritten stattfindet. Es ist auch wichtig, dass sich die beiden Kommunikationspartner sicher sein können, dass am jeweiligen anderen Ende der Verbindung auch wirklich die richtige Person die Daten empfängt, für die sie bestimmt sind. Es wäre wirklich schlecht, wenn sich eine dritte Person einfach als der gewünschte Gesprächspartner ausgeben und man so einem Angreifer vertrauliche Daten ausplaudern würde. Deswegen gehört neben der vertraulichen Kommunikation auch die sichere Authentifizierung der Teilnehmer dazu. Das wird über die sogenannten *Zertifikate* geregelt. Ein *Zertifikat* ist nichts anderes als eine Textdatei mit einigen Daten über den Inhaber – im Prinzip eine Art von Ausweisdokument. Mit einem Zertifikat können Sie sich gegenüber anderen Kommunikationspartnern ausweisen. Im Alltag achtet man bei einem richtigen Personalausweis auf Merkmale, die ihn fälschungssicher machen. Auch bei Zertifikaten gibt es eine Art von Fälschungsschutz. Zertifikate müssen von einer *vertrauenswürdigen Stelle* mit einer Prüfsumme bestätigt werden. Wenn ein Zertifikat dieses Merkmal besitzt, dann kann man sich sicher sein, dass der Kommunikationspartner wirklich die Person ist, die er vorgibt zu sein. Mathematische Kniffe stellen hierbei die Fälschungssicherheit sicher. Aufmerksame Leser werden gleich festgestellt haben, dass dieses System natürlich vom gerechtfertigten Vertrauen in die vertrauenswürdigen Stellen abhängig ist.

Nun waren in der Vergangenheit die Dienste einer solchen vertrauenswürdigen Stelle meist nur gegen ein Entgelt erhältlich, das je nach Umfang der Leistung durchaus beachtlich ausfiel. Für den Privatnutzer hat sich die Anschaffung eines »richtigen« Zertifikats daher nur selten gelohnt. Meist blieb es bei sogenannten selbst unterzeichneten Zertifikaten. Einem solchen Zertifikat fehlt die Prüfung durch eine vertrauenswürdige Stelle, es ist (in Bezug auf die Authentifikation) also überhaupt nicht sicher, dafür aber kostenlos. Auch Ihre FRITZ!Box verwendet ein solches selbst erstelltes und selbst unterzeichnetes Zertifikat. Und genau aus diesem Grund schlagen Browser und FTP-Programm beim Verbindungsaufbau Alarm. Denn sie sehen nun einen Kommunikationspartner, der ein selbst unterzeichnetes Zertifikat präsentiert und können sich nicht sicher sein, dass es sich um den gewünschten Kommunikationspartner handelt. Zunächst ist also unklar, ob Sie sich wirklich mit Ihrer FRITZ!Box verbunden haben. Ebenso gut könnte es sein, dass ein Angreifer zur Tat geschritten ist und eine gefälschte FRITZ!Box in die Verbindung geschmuggelt hat, um Ihre persönlichen Daten (zum Beispiel Passwörter) abzugreifen. Völlig unberechtigt erscheint die Warnung nun also nicht, auch wenn ein wirklicher Angriffsversuch (gerade im privaten Bereich) eher unwahrscheinlich ist.

Es gibt allerdings auch bei selbst unterzeichneten Zertifikaten und bei einem kleinen Benutzerkreis eine Möglichkeit sicherzustellen, tatsächlich mit dem gewünschten Partner verbunden zu sein. Jedes Zertifikat hat nämlich eine sogenannte Prüfsumme. Die ist zwar beim selbst unterzeichneten Zertifikat durch niemanden überprüft, aber sie ist trotzdem schwer zu fälschen. Das Zertifikat Ihrer FRITZ!Box hat eine solche Prüfsumme, und ein Angreifer wird kaum in der Lage sein, ein eigenes Zertifikat zu erstellen, das dieselbe Prüfsumme besitzt. In der Fehlermeldung des Browsers oder des FTP-Programms wird Ihnen diese Prüfsumme angezeigt. Wenn Sie die Prüfsumme mit der echten Prüfsumme des FRITZ!Box Zertifikats vergleichen und die Übereinstimmung feststellen, dann können Sie sicher sein, mit der richtigen FRITZ!Box verbunden zu sein, und die Fehlermeldung ignorieren. Meist bedeutet dies, dass Sie eine Ausnahme hinzufügen und der scheinbar unsicheren Verbindung trotzdem vertrauen. Für Sie bedeutet das also, dass Sie die Prüfsumme aus Ihrer FRITZ!Box auslesen und bei einer Zertifikatswarnung mit der dort angezeigten Summe vergleichen müssen.

SCHRITT FÜR SCHRITT

So lesen Sie die Prüfsumme des Zertifikats Ihrer FRITZ!Box aus

1. Öffnen Sie im Webinterface die Registerkarte **FRITZ!Box-Dienste** im Menüpunkt **Internet • Freigaben**.
2. Scrollen Sie zur Sektion **Zertifikat**.
3. Betrachten Sie das Feld **Status**. Dort wird Ihnen der sogenannte SHA-1-Fingerabdruck des Zertifikats angezeigt. Notieren Sie diesen und nutzen Sie ihn zum Vergleich bei einer Zertifikatswarnung.

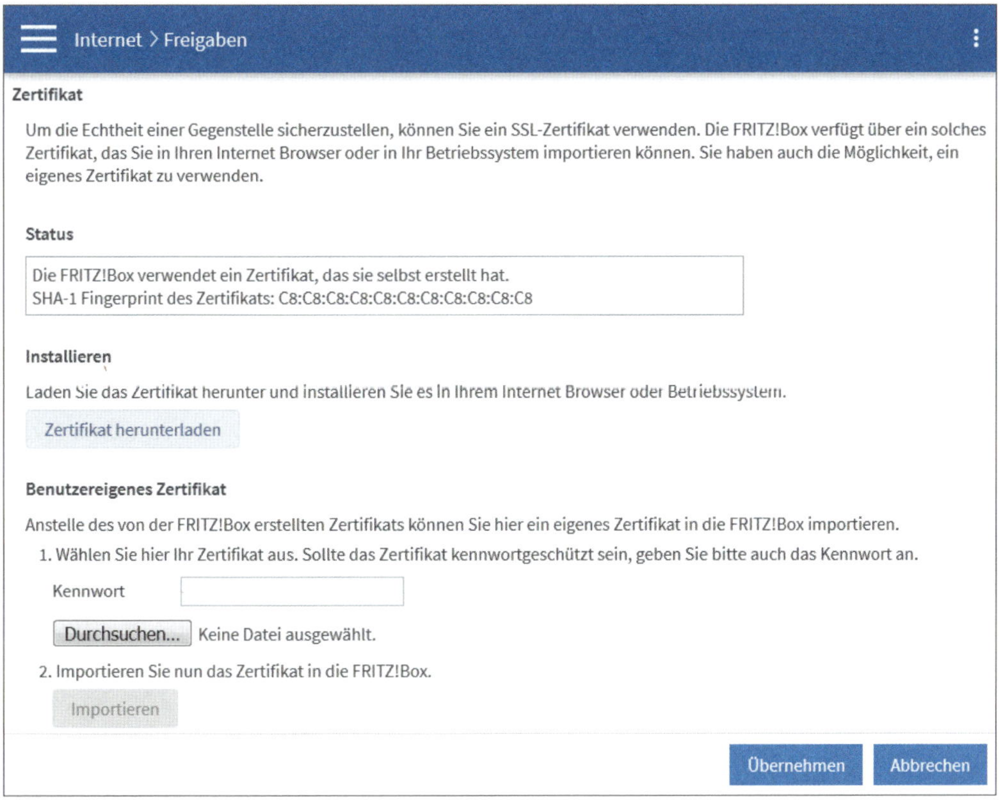

Abbildung 7.21 *Auf Wunsch können Sie den Fingerabdruck des Zertifikats der FRITZ!Box auslesen und diesen zur eindeutigen Identifikation verwenden.*

Fortgeschrittene Nutzer können übrigens auch das Zertifikat der FRITZ!Box herunterladen und es im Zertifikatsspeicher des Browsers, des FTP-Programms oder des Betriebssystems hinterlegen. Die Programme vertrauen anschließend diesem Zertifikat, und eine Zertifikatswarnung unterbleibt zukünftig. Sie können das Zertifikat im Webinterface unter **Internet • Freigaben • FRITZ!Box-Dienste** in der Sektion **Zertifikat • Installieren** herunterladen. Die Installation auf dem Zielsystem ist von Programm zu Programm und von System zu System unterschiedlich. Anleitungen finden sich jedoch rasch im Internet. Beachten Sie aber, dass die Hinterlegung eines Zertifikats immer nur für das aktuell genutzte System gilt und auf anderen Computern selbstverständlich nach wie vor Warnungen erscheinen.

Sollten Sie eine eigene Domain besitzen und für diese ein gültiges Zertifikat zur Verfügung haben, dann können Sie auch dieses auf der FRITZ!Box installieren. Die FRITZ!Box verwendet dann das von Ihnen hinterlegte Zertifikat. Wenn es sich um ein korrektes Zertifikat handelt, das von einer vertrauenswürdigen Stelle bestätigt ist, dann werden auf allen Computern, die der vertrauenswürdigen Stelle vertrauen, die Zertifikatswarnungen ausbleiben. Ein eigenes Zertifikat können Sie im Webinterface unter **Internet • Freigaben • FRITZ!Box-Dienste** in der Sektion **Zertifikat • Benutzereigenes Zertifikat** direkt installieren. Klicken Sie zunächst auf die Schaltfläche zum Festlegen der Datei und anschließend auf **Importieren**.

Am Anfang dieses Abschnitts war von Zertifikaten die Rede, die Geld kosten. Mittlerweile gibt es das Projekt *Let's Encrypt*, über das kostenlose Zertifikate bezogen werden können. Das Projekt betreibt dazu eine eigene vertrauenswürdige Stelle, die über ein automatisiertes Verfahren die Echtheit des Antragsstellers bestätigt und das Zertifikat ausstellt. Zertifikate sind allerdings generell an Domain-Namen gebunden. Für IP-Adressen können keine Zertifikate ausgestellt werden. Ihre FRITZ!Box muss also über eine eigene (Sub-)Domain verfügen. Ihre FRITZ!Box hat bereits die nötigen Funktionen zur Beantragung und Einrichtung eines kostenlosen Zertifikats von Let's Encrypt integriert. Das funktioniert aber nicht mit den allgemeinen dynamischen DNS-Anbietern (siehe Abschnitt »Eine einheitliche Adresse für alle Tage: Dynamic DNS« in diesem Kapitel), sondern ausschließlich mit dem AVM-eigenen MyFRITZ!-Dienst. Wenn Sie also bevorzugt über Ihre MyFRITZ!-Adresse auf Ihre FRITZ!Box zugreifen (siehe dazu Abschnitt »Eine eigene Adresse für die FRITZ!Box und noch mehr: der MyFRITZ!-Dienst« in diesem Kapitel), dann können Sie auch ganz einfach ein entsprechendes Zertifikat beantragen und einrichten. Beachten Sie aber, dass Sie zunächst die MyFRITZ!-Funktion einrichten müssen und dass die

Funktion derzeit damit einhergeht, den Zugriff auf das Webinterface über das Internet zu ermöglichen.

SCHRITT FÜR SCHRITT

So richten Sie ein kostenloses Zertifikat von Let's Encrypt für Ihre MyFRITZ!-Adresse und den Zugriff auf das Webinterface ein

1. Öffnen Sie im Webinterface den Menüpunkt **Internet • MyFRITZ!-Konto**.
2. Scrollen Sie zur Sektion **MyFRITZ!-Internetzugriff**. Aktivieren Sie das Kontrollkästchen **Internetzugriff auf die FRITZ!Box über HTTPS aktiviert**.
3. Scrollen Sie zur Sektion **Sicherheitshinweise im Browser**. Aktivieren Sie das Kontrollkästchen **Zertifikat von letsencrypt.org verwenden (empfohlen)**.
4. Warten Sie, bis das Zertifikat erstellt wurde, und klicken Sie abschließend auf **Übernehmen**.

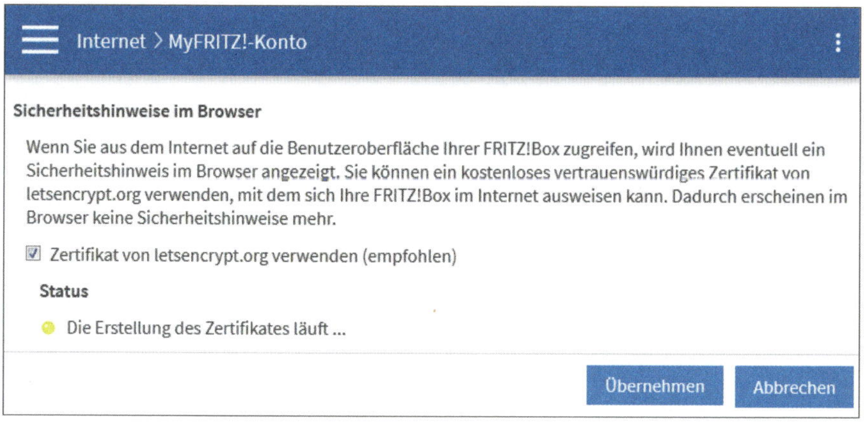

Abbildung 7.22 *Das Zertifikat wird für die MyFRITZ!-Adresse bei Let's Encrypt angefordert. Nach einem Moment steht es zur Verfügung.*

Spricht auch etwas gegen das kostenlose Let's Encrypt-Zertifikat?

Ja, es spricht eine Kleinigkeit aus der Ecke der Sicherheit gegen ein solches Zertifikat – wobei das aber für alle Zertifikate gilt, nicht nur für das von Let's Encrypt. Der Grund für ein Sicherheitsbedenken liegt darin, dass es im Internet Stellen gibt, die über alle (!) ausgestellten Zertifikate Buch führen.

Der Katalog aller Zertifikate ist nicht geheim und kann über mehrere Webseiten kostenfrei eingesehen werden. Dieses Verfahren erhöht die Sicherheit bei der Frage nach der Vertrauenswürdigkeit eines Zertifikats.

Dummerweise wissen nun potenzielle Hacker nach einem Blick in solche Datenbanken, welche MyFRITZ-Adressen existieren und in Nutzung sind. Normalerweise bestehen MyFRITZ-Adressen ja aus einer zufälligen Kombination aus Zahlen und Buchstaben und sind damit zwar schwer zu merken, aber auch schwer zu erraten. Ein Angreifer, der eine Sicherheitslücke der FRITZ!Box (so sie existiert und bekannt ist) ausnutzen möchte, findet also nach einem Blick in diese Datenbank die Adressen von einer Vielzahl an Opfern – das erspart ihm längeres Ausprobieren. Hier muss der Nutzer also abwägen, ob ihm ausbleibende Zertifikatswarnungen oder ein »verstecktes Operieren« wichtiger sind.

Eine einheitliche Adresse für alle Tage: Dynamic DNS

Beim Zugriff auf Ihre FRITZ!Box (oder über eine Portfreigabe auf ein Gerät im Heimnetzwerk) über das Internet müssen Sie deren externe öffentliche IP-Adresse kennen. Ohne diese Adresse ist kein Zugriff möglich. Leider ist es an privaten Anschlüssen, insbesondere an DSL-Anschlüssen, oftmals so, dass sich die öffentliche IP-Adresse regelmäßig ändert – bisweilen einmal am Tag. Das gilt zwar nicht für alle Anschlüsse, insbesondere Kabelanschlüsse und moderne IPv6-Anschlüsse behalten die IP-Adresse deutlich länger bei, aber grundsätzlich können Sie sich nicht sicher sein, dass Ihre FRITZ!Box immer unter derselben IP-Adresse erreichbar ist.

Jetzt kommen sogenannte dynamische DNS-Anbieter ins Spiel. Über diese Dienste erhalten Sie eine eigene Subdomain, fast so wie eine ganz normale Seite im Internet. Die Vorsilbe *Sub* ist hier recht wichtig, weil Sie keine vollständige Domain wie etwa *example.com* erhalten, sondern nur über einen voranstellten Zusatz, etwa *Nutzer12345.example.com*, erreichbar sind. Oftmals können Sie sich diesen Zusatz selbst aussuchen. Ihre FRITZ!Box hat einen eingebauten Client für solche Dienste und sendet stets ihre aktuelle IP-Adresse an den Anbieter. Dieser verknüpft die aktuelle IP-Adresse mit der Subdomain, und Sie sind am Ziel: Über die komplette Adresse, die zumeist wesentlich einfacher zu merken ist als eine IP-Adresse (erst recht beim IPv6-Protokoll), erreichen Sie zuverlässig Ihre FRITZ!Box.

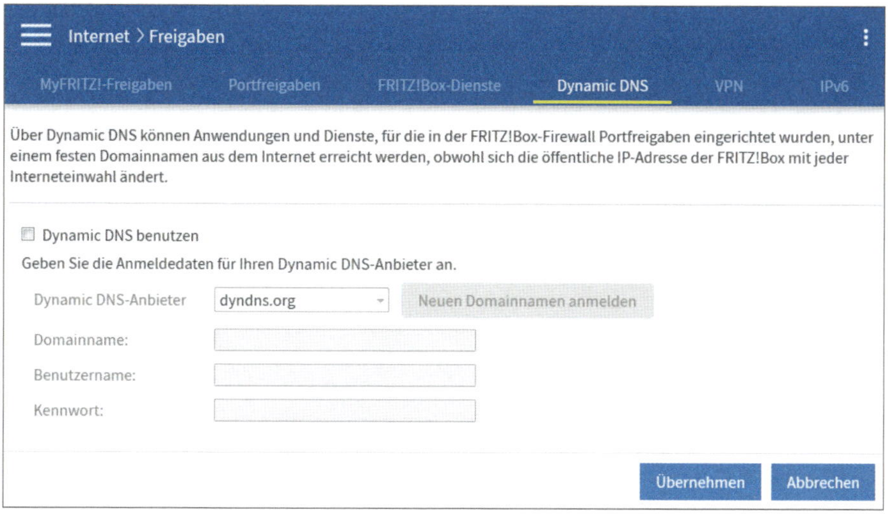

Abbildung 7.23 *Die Einstellungsseite zum Dynamic DNS im Grundzustand*

Vom Hersteller AVM gibt es in Form des MyFRITZ!-Dienstes einen eigenen, kostenlosen DynDNS-Dienst, der gut mit der FRITZ!Box harmoniert und dessen einziger Nachteil gegenüber externen Diensten die nicht ganz so schönen, zufällig generierten Subdomains sind. Dafür landen Ihre Daten aber auch bei einem seriösen Anbieter. Daher sei Ihnen zunächst zum MyFRITZ-Dienst geraten, wenn Sie sich für den Zugriff auf die FRITZ!Box, deren NAS-Inhalte oder ganz allgemein auf ein Gerät im Heimnetz über eine Portfreigabe interessieren. Mehr dazu im Abschnitt »Eine eigene Adresse für die FRITZ!Box und noch mehr: der MyFRITZ!-Dienst« in diesem Kapitel.

Für den Fall, dass Sie sich mit der MyFRITZ-Version aber nicht so recht anfreunden können, bietet die FRITZ!Box auch die Möglichkeit, externe dynamische DNS-Anbieter zu nutzen.

SCHRITT FÜR SCHRITT

So nutzen Sie einen externen dynamischen DNS-Anbieter mit Ihrer FRITZ!Box

1. Die Konfiguration erfolgt im Webinterface unter **Internet • Freigaben** auf der Registerkarte **Dynamic DNS**. Öffnen Sie zuerst diese Seite in Ihrem Browser.
2. Aktivieren Sie dort zunächst das Kontrollkästchen **Dynamic DNS benutzen**.

3. Anschließend können Sie im Ausklappmenü **Dynamic DNS Anbieter** Ihren Anbieter auswählen.

   Beachten Sie, dass Sie beim jeweiligen Anbieter ein Konto haben müssen. Nicht alle Anbieter bieten ihre Dienste kostenfrei an. Für den Fall, dass Sie noch kein Konto angelegt haben, zeigt die FRITZ!Box neben dem Namen einen Link zu einer Webseite, auf der Sie sich anmelden können. Informieren Sie sich jedoch zunächst über den Umfang und die eventuellen Kosten des jeweiligen Angebots, und beziehen Sie auch die Datenschutzbestimmungen in Ihre Überlegungen mit ein.

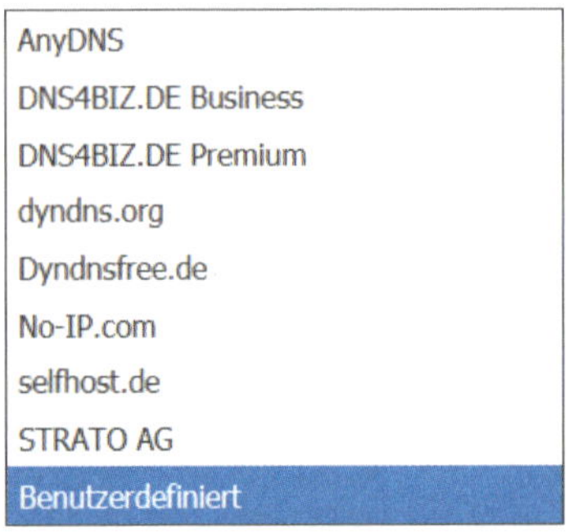

4. Anschließend müssen Sie Ihre Zugangsdaten in die entsprechenden Felder im Webinterface eintragen. Meist bestehen diese aus (Sub-)Domainname, Benutzername und Kennwort.

5. Klicken Sie dann unten auf **übernehmen**. Danach ist der Dienst aktiv.

Die FRITZ!Box wird nun stets die aktuelle Adresse an den dynamischen DNS-Anbieter übermitteln, und Sie sind unter der vereinbarten Subdomain erreichbar.

Eine eigene Adresse für die FRITZ!Box und noch mehr: der MyFRITZ!-Dienst

Mit MyFRITZ! bietet AVM ein kostenloses Bündel an verschiedenen Diensten an, die hauptsächlich für Nutzer interessant sind, die über das Internet entweder auf die heimische FRITZ!Box oder auf ein Gerät im Heimnetzwerk zugreifen möchten. MyFRITZ! bietet dazu die Dienste eines dynamischen DNS-Anbieters.

Der Nutzer erhält also eine eigene Adresse in der Form *<persönlicherBestandteil>.myFRITZ.net*. Diese Adresse verweist stets auf die IP-Adresse der heimischen FRITZ!Box. Dazu wird die FRITZ!Box beim MyFRITZ!-Dienst angemeldet und teilt diesem (bei einer Änderung) die aktuelle IP-Adresse mit. Über die eigene Adresse kann man also über das Internet bis zur eigenen FRITZ!Box gelangen und hat nun mehrere Möglichkeiten:

- Wenn an der FRITZ!Box die Funktion aktiviert ist, so kann man (über eine verschlüsselte Verbindung) direkt auf das Webinterface zugreifen. Man meldet sich ganz normal mit seinem Benutzerkonto an und erhält wie zu Hause am Rechner nicht nur Zugriff auf alle Einstelloptionen, sondern beispielsweise auch auf die NAS-Inhalte oder die Nachrichten auf dem Anrufbeantworter. Die Bedienung erfolgt im Browser.
- Wenn an der heimischen FRITZ!Box eine Portfreigabe für ein Gerät im Heimnetzwerk erstellt wurde, dann kann man über die Adresse (und das IPv4-Protokoll) und eine angehängte Portnummer auf das jeweilige Gerät zugreifen und dessen Dienste nutzen. Diese Funktion ermöglicht zahlreiche verschiedene Anwendungsfälle. Möglich wird zum Beispiel der Zugriff auf den eigenen Webserver oder auf die eigene Cloud-Lösung, die daheim auf dem eigenen Server betrieben wird.
- Der Zugriff über die eigene Adresse ist auch mit Smartphone und Tablet möglich. Hier erlaubt die AVM-eigene MyFRITZ!App den direkten Zugriff auf die NAS-Inhalte und den Anrufbeantworter, ohne dass der Einsatz eines Browsers erforderlich wird.

MyFRITZ! beschränkt sich nicht nur auf die Bereitstellung der Adresse (die von AVM gar nicht groß beworben wird), sondern hat noch mehr zu bieten. MyFRITZ! bietet nämlich auch eine Webseite, die (natürlich nach einer sicheren Anmeldung) quasi eine Übersichtseite über die eigene FRITZ!Box bietet. Hier werden wichtige Daten aufgelistet, dazu zählen nicht nur die aktuelle öffentliche IP-Adresse, sondern auch der Softwarestand. Die Webseite ermöglicht (sofern aktiviert) auch den direkten Zugriff auf die FRITZ!Box. Bei längerer Abwesenheit kann man so auch über das Internet schnell nachsehen, wie es um die heimische FRITZ!Box bestellt ist. Diese Funktion ist unabhängig vom direkten Zugriff auf die FRITZ!Box über das Internet. Diese grundlegenden Daten werden automatisch (und zwar verschlüsselt) von der eigenen FRITZ!Box zum My-

FRITZ!-Dienst übermittelt. Außerdem bietet MyFRITZ! noch einen Informationsservice, über den die eben beschriebenen Daten auf Wunsch per Mail versendet werden. Somit entfällt ein Einloggen auf der MyFRITZ!-Webseite.

Zur Nutzung von MyFRITZ! müssen Sie Ihre FRITZ!Box einmalig mit einer E-Mail-Adresse beim Dienst registrieren. Den vollen Funktionsumfang erhalten Sie, wenn Sie darüber hinaus ein MyFRITZ!-Konto anlegen. Dabei erhalten Sie automatisch Ihre eigene Adresse, die Sie sofort benutzen können. Die E-Mail-Benachrichtigung kann optional zugeschaltet werden. Der Vorteil der MyFRITZ!-Lösung gegenüber vielen anderen dynamischen DNS-Anbietern liegt darin, dass es sich beim Hersteller AVM um ein deutsches Unternehmen handelt, das nach den relativ strengen deutschen Gesetzen zum Datenschutz agieren muss. Außerdem hat das Unternehmen einen guten Ruf zu verlieren, weswegen man als Nutzer davon ausgehen kann, dass der Datenschutz auch ernst genommen wird. Diese Punkte können für den am Datenschutz interessierten Nutzer ein Vorteil sein. Insbesondere bei der eigenen Subdomain ergibt sich gegenüber anderen dynamischen DNS-Anbietern aber auch ein Nachteil. Die persönliche Subdomain wird beim MyFRITZ-Dienst automatisch erzeugt und besteht aus einer zufälligen Kette aus Ziffern und Buchstaben. Einfluss nehmen kann man auf die eigene Subdomain leider nicht. Durch die zufällige Wahl ist die eigene Subdomain daher recht schwer zu merken und verlangt geradezu nach der Nutzung von Lesezeichen.

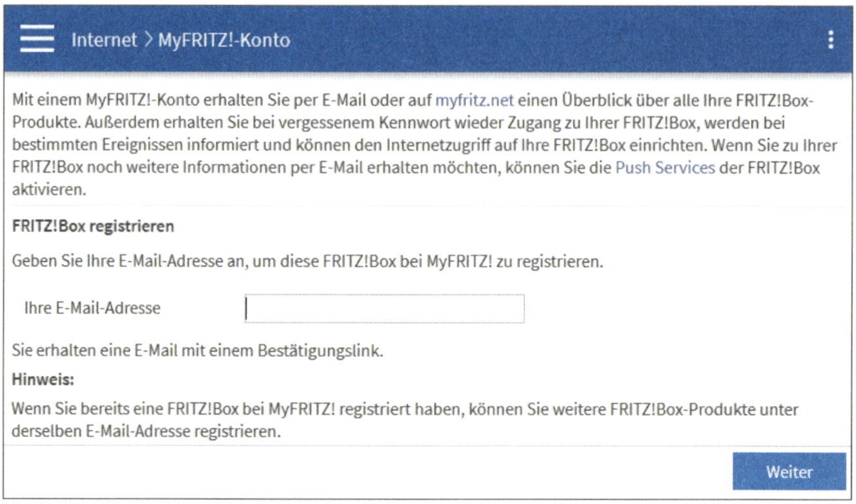

Abbildung 7.24 *Die Registrierung beim MyFRITZ!-Dienst lässt sich bequem über das Webinterface der FRITZ!Box starten.*

Wenn Sie den MyFRITZ-Dienst nutzen möchten, so läuft die Einrichtung, wie schon erwähnt, in mehreren Stufen ab. Zunächst müssen Sie in Ihrer FRITZ!Box eine E-Mail-Adresse zur Nutzung des Dienstes eintragen. Nachdem Sie die Adresse bestätigt haben, legen Sie auf der MyFRITZ-Webseite ein Benutzerkonto an. Anschließend können Sie den Dienst wie gewünscht konfigurieren.

SCHRITT FÜR SCHRITT

So aktivieren Sie die Nutzung des MyFRITZ!-Dienstes

1. Öffnen Sie das Webinterface Ihrer FRITZ!Box und dort den Menüpunkt **Internet • MyFRITZ!-Konto**.
2. Navigieren Sie zum Punkt **FRITZ!Box registrieren**, und geben Sie in das Feld **Ihre E-Mail-Adresse** die E-Mail-Adresse eines E-Mail-Kontos ein, das Sie mit dem MyFRITZ!-Dienst benutzen möchten.
3. Klicken Sie auf **Weiter**.
4. Sie erhalten nun die Nachricht, dass **Die Registrierung Ihrer FRITZ!Box bei MyFRITZ! läuft...** Warten Sie ab, bis der Vorgang abgeschlossen ist. An der eingegebenen E-Mail-Adresse erhalten Sie nun eine E-Mail, die Sie um Bestätigung Ihres Anmeldewunsches bittet.

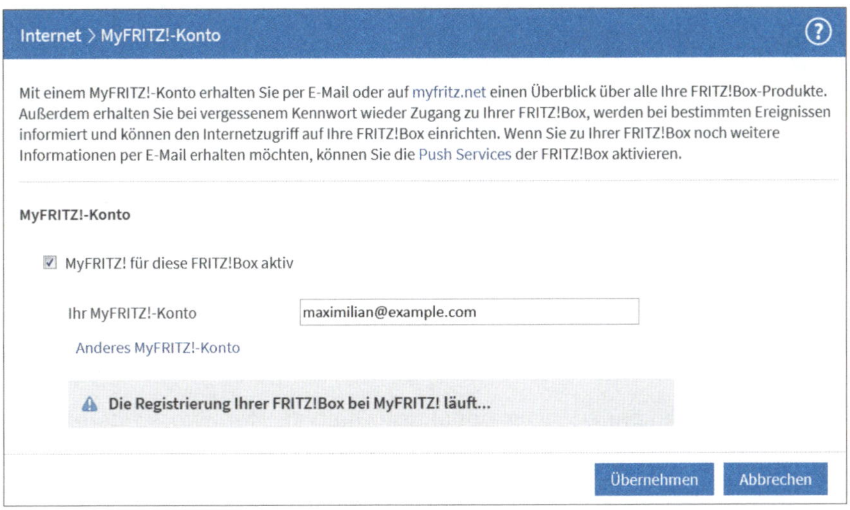

5. Fragen Sie am eingetragenen E-Mail-Konto Ihre Mails ab, und warten Sie auf den Eingang der E-Mail vom MyFRITZ-Dienst.

6. Öffnen Sie die E-Mail, und klicken Sie auf den dort enthaltenen Registrierungslink, der sich in einem roten Rechteck mit dem Text **Ihre FRITZ!Box registrieren** befindet.

7. Durch das Anklicken des Registrierungslinks öffnet sich im Webbrowser eine neue Seite, die auf den Abschluss der Registrierung hinweist. Die Webseite informiert Sie kurz über den Funktionsumfang von MyFRITZ!.

   Prinzipiell ist damit schon ein Teil der Einrichtung erledigt, Sie erhalten ab jetzt bereits Informationen zu Ihrer FRITZ!Box per Mail. Dies ist jedoch nur ein kleiner Teil von MyFRITZ! und nicht für jeden Anwender von größter Wichtigkeit. Deswegen bietet es sich an, an dieser Stelle gleich ein MyFRITZ!-Konto einzurichten. Erst durch dieses werden die weiteren Funktionen wie Internetzugriff und eigene Adresse verfügbar.

8. Klicken Sie in der aktuellen Bestätigungsseite im Browser auf den Link **MyFRITZ!-Konto einrichten**.

9. Passend zu Ihrer E-Mail-Adresse als Benutzername müssen Sie auf einer neuen Seite noch ein sicheres Kennwort eingeben. Halten Sie sich dabei an die üblichen Regeln zur Vergabe sicherer Kennwörter.

10. Auf Wunsch können Sie optional unterhalb der Kennwortfelder einen persönlichen Text eingeben, der in der Betreffzeile der durch MyFRITZ! versendeten E-Mails erscheint. Somit können Sie die Mails Ihrer FRITZ!Box eindeutig erkennen und beispielsweise durch Filterregeln im Mailprogramm sortieren lassen.

11. Klicken Sie ganz unten auf die Schaltfläche **Vorgang abschließen**.

Damit ist die Registrierung abgeschlossen. Sie landen auf der offiziellen Seite *myfritz.net*. Hier können Sie sich direkt mit Ihrer E-Mail-Adresse und dem soeben vergebenen Passwort anmelden. Nachdem Sie sich angemeldet haben, sehen Sie zunächst die wichtigsten Informationen zu Ihrer FRITZ!Box und zu Ihrem Internetanschluss. Zur FRITZ!Box wird beispielsweise die aktuelle Softwareversion genannt, und Sie erfahren, ob diese Version aktuell ist oder es ein Update gibt. Die Informationen zum Internetanschluss umfassen nicht nur die Zugangsart und den Namen des Anbieters, sondern auch die aktuellen öffentlichen IP-Adressen sowie die MyFRITZ!-Adresse. Dabei handelt es sich um Ihre persönliche Adresse, die von nun an stets zur IP-Adresse der FRITZ!Box weist, allerdings gegenwärtig mit keiner weiteren Funktion verknüpft ist. Weiter unten erhalten Sie Informationen zu Ihren weiteren FRITZ!-Produkten, zum Beispiel FRITZ!Fon-Geräten oder FRITZ!DECT-Steckdosen sowie deren Softwarestand. Übrigens: Sollten Sie die sogenannten MyFRITZ-Freigaben eingerichtet haben (eine Alternative zu normalen Portfreigaben; siehe Textkasten »Eine Alternative für Webdienste: die MyFRITZ!-Freigaben« im Abschnitt »Mit Portfreigaben Dienste und Anwendungen von Geräten im Heimnetzwerk freigeben«), dann werden Ihnen auf dieser Webseite auch Zugangslinks zu den betreffenden Geräten angezeigt. Auch ein Blick zurück in das Webinterface der FRITZ!Box schadet nicht, dort sehen Sie (unter **Internet • My-**

FRITZ!-Konto), dass Ihre FRITZ!Box jetzt bei MyFRITZ angemeldet ist. Auf Wunsch können Sie über den Link **FRITZ!Box aus MyFRITZ!-Konto entfernen** Ihre FRITZ!Box auch jederzeit wieder von MyFRITZ! lösen, womit beispielsweise auch die Aktualisierung der IP-Adresse in Ihrem MyFRITZ!-Konto angehalten wird.

Muss es immer diese komplizierte MyFRITZ!-Adresse sein?

Die zunächst kompliziert erscheinende MyFRITZ!-Adresse ist notwendig, um Geräte im Heimnetzwerk korrekt und zuverlässig über das Internet erreichen zu können. Wer aber nur schnell einige Informationen über seine FRITZ!Box benötigt, der kann sich auch einfach mit seinen Zugangsdaten auf der Webseite *myfritz.net* anmelden. Falls die Funktion aktiviert ist, kann man hierüber auch auf das Webinterface der FRITZ!Box zugreifen – so muss man sich nicht unbedingt die komplexe MyFRITZ!-Adresse merken. Mehr noch: Wenn man statt normaler Portfreigaben MyFRITZ!-Freigaben einrichtet (siehe Textkasten »Eine Alternative für Webdienste: die MyFRITZ!-Freigaben« im Abschnitt »Mit Portfreigaben Dienste und Anwendungen von Geräten im Heimnetzwerk freigeben«), dann zeigt diese Webseite direkt Links zu den betreffenden Geräten – das ist sehr bequem, funktioniert aber leider nicht für alle Arten von Diensten und Freigaben.

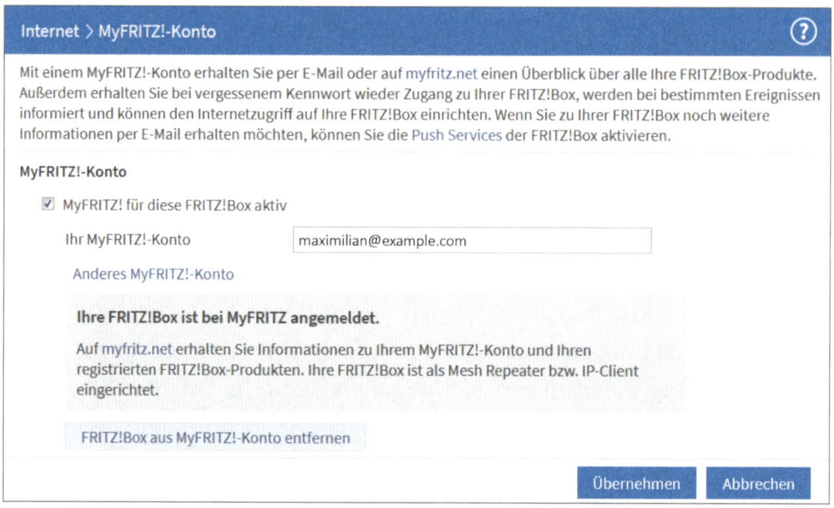

Abbildung 7.25 *MyFRITZ! wurde erfolgreich eingerichtet – Sie sind nun über Ihre persönliche MyFRITZ!-Adresse erreichbar.*

Notieren Sie sich Ihre MyFRITZ!-Adresse

Ihre Adresse sollten Sie sich gleich notieren. Für viele Benutzer ist sie der wichtigste Teil des MyFRITZ!-Dienstes. Denken Sie daran: Auch wenn die MyFRITZ!-Adresse vielleicht schwer zu merken ist, führt sie stets direkt zu Ihrer FRITZ!Box. Dort angekommen, können Sie zahlreiche Funktionen vornehmen. Sie können jetzt beispielsweise im Abschnitt »Das Webinterface der FRITZ!Box über das Internet ansprechen« den Zugriff auf die FRITZ!Box über das Internet aktivieren – gegenwärtig ist er abgeschaltet, und Ihre FRITZ!Box ist nicht erreichbar. Alternativ können Sie auch Portfreigaben einrichten. Somit können Sie Geräte im Heimnetzwerk über das Internet erreichen.

Bequem und sicher über das Internet in das eigene Heimnetzwerk: der VPN-Zugang

Die Abkürzung *VPN* steht für *virtuelles privates Netzwerk* und bezeichnet ein sehr wichtiges und (auch für den Einsteiger) interessantes Verfahren, mit dem man sichere und abgeschlossene Netzwerkverbindungen über ein anderes (durchaus auch unsicheres) Netzwerk herstellen kann. Mit einer VPN-Verbindung kann man also weitere Teilnehmer, die sich häufig an einem anderen Ort befinden, in sein eigenes Netzwerk integrieren. Dabei kann es sich um ein bestehendes Heim- oder Firmennetzwerk handeln. Das muss es aber nicht, denn es ist auch möglich, dass sich alle VPN-Teilnehmer in einem neuen Netzwerk treffen, das allein aus VPN-Verbindungen besteht. Deswegen wird der Zusatz *virtuell* verwendet. VPN-Verbindungen sind im Regelfall (stark) verschlüsselt. Von außen kann also niemand den Inhalt der Datenübertragung mitlesen und ihn auch nicht verändern. Deswegen sind diese Verbindungen *privat*. Eine VPN-Verbindung ermöglicht also eine sichere Verbindung auch über ein an sich unsicheres Netzwerk, zum Beispiel das Internet. Oftmals spricht man deswegen auch von einem *Netzwerk-Tunnel*. Wie bei einem echten Straßentunnel gibt es an einem Ort eine Einfahrt (in diesem Fall für Daten) und an einem anderen Ort eine Ausfahrt. Zwischen dem Ein- und Ausgang kann man weder in den Tunnel hineinsehen noch weitere Autos in den Tunnel einschleusen. Somit könnte ein Tunnel auch unter »feindlichem Gebiet« verlaufen, und man hätte (wenn nicht schweres Geschütz zum Einsatz kommt) eine entsprechend sichere Verbindung.

Ihre FRITZ!Box bietet eine eingebaute Unterstützung für VPN-Verbindungen und erlaubt auf diese Weise die sichere Realisierung verschiedener Szenarien:

- Sie können von unterwegs, zum Beispiel aus dem Urlaub oder auf einer Dienstreise, über das Internet *sicher* direkt auf Ihre FRITZ!Box zugreifen und beispielsweise das Webinterface aufrufen, den Anrufbeantworter abfragen oder die NAS-Funktion verwenden.
- Sie können ebenso von unterwegs auf *alle* Geräte und deren Dienste im Heimnetzwerk zugreifen. Über nur eine einzelne, sichere VPN-Verbindung erhalten Sie also sicheren Zugriff auf das gesamte Heimnetzwerk. Das schließt explizit auch dort vorhandene NAS-Geräte, Webserver oder sogar Drucker ein.
- Sie können von unterwegs über die VPN-Verbindung die Internetverbindung Ihrer FRITZ!Box zu Hause nutzen. Das mag zunächst unsinnig erscheinen, hat aber entscheidende Sicherheitsvorteile: In einem öffentlichen WLAN könnte der Netzwerkanbieter mitlesen, welche Seiten Sie im Internet aufrufen. Er kann auch unverschlüsselte Verbindungen mitlesen – das gilt prinzipiell auch für den Internetzugang im Hotel. Nutzen Sie jedoch eine verschlüsselte VPN-Verbindung und darüber den Internetzugang zu Hause, dann erfährt der Netzwerkanbieter vor Ort von Ihren Internetaktivitäten nichts – er kann schließlich in Ihre VPN-Verbindung nicht »hineinsehen«. (Bildlich gesprochen sieht er nur gepanzerte Wagen in Ihren Tunnel hinein- und hinausfahren, er erfährt aber nichts über deren genauen Inhalt.)
- Sie können zwei verschiedene Heimnetzwerke an unterschiedlichen Standorten miteinander verbinden. Solange es an beiden Standorten FRITZ!Box-Geräte gibt, können Sie mit jedem (Heim-)Netzwerkgerät aus einem Netzwerk auf jedes andere Heim-Netzwerkgerät im anderen Netzwerk zugreifen. Dies ist praktisch für Ferien- oder Zweitwohnungen oder den Nachwuchs in seiner ersten eigenen Wohnung.
- Sie können Ihre FRITZ!Box über eine VPN-Verbindung in das Netzwerk des Arbeitgebers integrieren. Dabei ist es möglich, den VPN-Zugang auf bestimmte LAN-Anschlüsse zu beschränken. Wenn Sie einen Switch an den VPN-Anschluss anschließen, können Sie mit mehreren Geräten (zum Beispiel Notebook und Desktop-Rechner) auf das VPN des Arbeitgebers zugreifen.

Bei allen VPN-Verbindungen an der FRITZ!Box gilt, dass sie relativ stark konfigurierbar sind. Sie können sich bei vielen Varianten etwa aussuchen, ob Sie über die VPN-Verbindung nur den Verkehr in das Zielnetzwerk leiten möchten oder ob Sie den gesamten Netzwerkverkehr, also auch den Internetzugang, darüber leiten möchten. Außerdem lässt sich die VPN-Verbindung auf bestimmte LAN-Anschlüsse, also kabelgebundene Verbindungen, beschränken – dazu später mehr. Die Verbindungen von unterwegs können sowohl mit Notebooks, Desktop-PCs als auch mobilen Endgeräten genutzt werden. Es gibt entsprechende Anwendungen für alle bekannten Betriebssysteme, teilweise (vor allem bei Mobilgeräten) sind die nötigen Schnittstellen sogar schon direkt in das Betriebssystem eingebaut, sodass gar keine zusätzlichen Apps nötig sind.

Bevor Sie jetzt aber sofort loslegen und eine VPN-Verbindung einrichten möchten, sind zunächst Vorarbeiten nötig, denn bei diesem Thema gibt es einiges zu beachten, wie Sie im nächsten Abschnitt sehen werden.

Ihre FRITZ!Box für VPN-Verbindungen vorbereiten

Bei allen VPN-Verbindungen mit Ihrer FRITZ!Box ist es wichtig zu wissen, dass stets zwei voneinander getrennte Netzwerke – beziehungsweise Teilnehmer aus zwei verschiedenen Netzwerken – zusammengeführt werden. Konkret bedeutet dies, dass sich die IP-Adressbereiche der betreffenden Netzwerke nicht überschneiden dürfen. Ein Beispiel: Nehmen wir an, Ihre FRITZ!Box verwaltet zu Hause im Heimnetzwerk die IP-Adresse 192.168.178.1 mit der Subnetzmaske 255.255.255.0 – das ist die Standardeinstellung ab Werk. Ihr Heimnetzwerk umfasst damit die IP-Adressen 192.168.178.0 bis 192.168.178.255.

Jetzt befinden Sie sich im Urlaub im Hotel und möchten von Ihrem Smartphone aus per VPN auf Ihr Heimnetzwerk zugreifen. Ihr Smartphone hat im WLAN des Hotels die IP-Adresse 192.168.178.14 erhalten. Und schon gibt es ein Problem. Die IP-Adresse des Smartphones ist nämlich im IP-Adressbereich Ihres Heimnetzwerks enthalten. Das ist durchaus kein Widerspruch, denn es handelt sich hier ja um einen sogenannten privaten Adressbereich. Dieser ist nicht Bestandteil des Internets und darf daher weltweit beliebig oft genutzt werden. Das interne Hotelnetzwerk ist von Ihrem Heimnetzwerk trotz des identischen Adressbereiches vollständig getrennt. Würde der Hotelnetzbetreiber einen anderen privaten Adressbereich nutzen, sodass Ihr Smartphone etwa die IP-Adresse 192.168.17**9**.14 verwenden würde, dann wäre alles in Ordnung. Alle Adressen aus dem Bereich *192.168.179.xyz* liegen außerhalb Ihres Heimnetzwerks. Genauso wäre es, wenn der IP-Adressbereich *192.168.177.xyz* verwendet werden würde. Nun macht es wenig Sinn, darauf zu vertrauen, dass der Netzwerkanbieter am entfernten Ort (etwa im Hotel oder im Café) den Adressbereich geändert hat. Sehr oft kommt es vor, dass auch am entfernten Ort eine FRITZ!Box mit den Standardeinstellungen arbeitet. Deswegen ist es sinnvoller, wenn Sie den IP-Adressbereich Ihres Heimnetzwerks auf einen möglichst wenig genutzten Bereich umstellen.

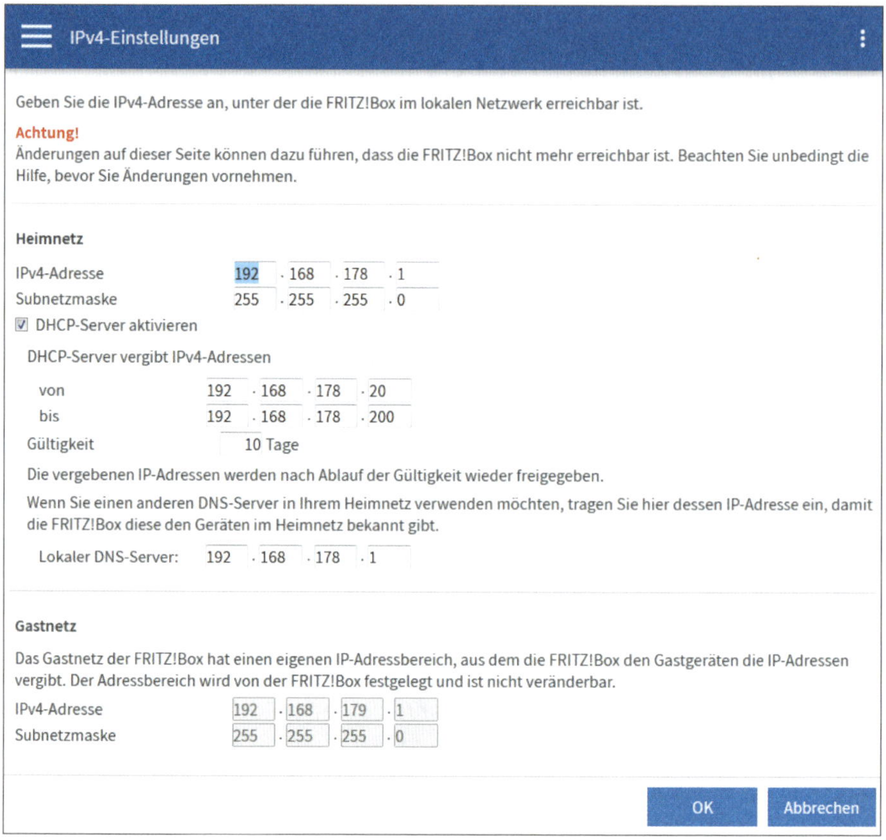

Abbildung 7.26 *Die Einstellungen für die IP-Adressen im Heimnetzwerk sind bei jeder FRITZ!Box gleich. Hier kann es also zu Kollisionen kommen.*

Dafür kommen zunächst einmal verschiedene Bereiche in Betracht. Möglich ist zum Beispiel die Nutzung eines Teilbereiches von *192.168.abc.xyz*, wobei *abc* sich zwischen 0 und 255 bewegen darf. Wenn Sie es weiterhin bei der Subnetzmaske *255.255.255.0* belassen, dann haben Sie nach wie vor »Platz« für 254 Geräte – was für ein normales Heimnetzwerk sicherlich ausreichen dürfte. *xyz* kann sich also nach wie vor zwischen 0 und 255 bewegen (wobei 0 und 255 nicht verwendet werden dürfen). Wenn Sie nun nach einem geeigneten Wert für *abc* suchen, dann sollten Sie von 0, 1, 2 und 178 Abstand nehmen – denn diese werden häufig genutzt, und die Wahrscheinlichkeit einer Überschneidung ist hoch. Daneben gibt es aber auch noch weitere Bereiche, aus denen Sie wählen können:

- *10.abc.def.xyz* beschreibt einen sehr, sehr großen Adressbereich, der für private Netzwerke genutzt werden kann. Sowohl *abc* als auch *def* können sich zwischen 0 und 255 bewegen, sodass es über 65.000 verschiedene Netzwerke für jeweils 254 Geräte (identifiziert über *xyz*) geben kann. Hier ist die Gefahr von Überschneidungen recht klein. Dieser Bereich ermöglicht auch die Einrichtung von größeren privaten Netzwerken, die über entsprechende Subnetzmasken auch mehr als 254 Geräte umfassen können.
- *172.ab.def.xyz* ist ein dritter Bereich, der nur wenig genutzt wird. *ab* darf sich zwischen 16 und 31 bewegen, *def* und *xyz* jeweils zwischen 0 und 255. Da dieser Bereich nur wenig genutzt wird, ist er auch ein guter Kandidat und bietet Platz für über 4.000 Netzwerke mit jeweils 254 Geräten. Auch hier lassen sich über geeignete Subnetzmasken entsprechend große Netzwerke realisieren.

Als Erstes müssen Sie nun also dafür sorgen, dass Ihr Heimnetzwerk einen möglichst selten genutzten Adressbereich verwendet. Eine Anleitung zur Änderung finden Sie im Abschnitt »IP-Adressen« in Kapitel 5. Eine Umstellung des Adressraums ist für alle Heimnetzwerkgeräte, die ihre Adresse automatisch per DHCP beziehen, relativ problemlos. Im Regelfall genügt ein Neustart des betreffenden Gerätes, und es erhält von der FRITZ!Box eine IP-Adresse aus dem neuen Adressbereich. Damit ist es sofort wieder funktionstüchtig. Einmal nach dem Rechten sehen müssen Sie bei solchen Geräten, die über DHCP immer dieselbe Adresse von der FRITZ!Box beziehen. Hier müssen Sie die feste Wunschadresse in der FRITZ!Box aktualisieren und das betreffende Gerät neu starten. Deutlich aufwendiger wird es für jene Geräte, die Sie komplett manuell konfiguriert haben, die also mit festen IP-Adressen arbeiten. Hier müssen Sie bei jedem einzelnen Gerät die IP-Adressen per Hand aktualisieren – das kann je nach Gerätebestand etwas länger dauern, planen Sie also genügend Zeit dafür ein.

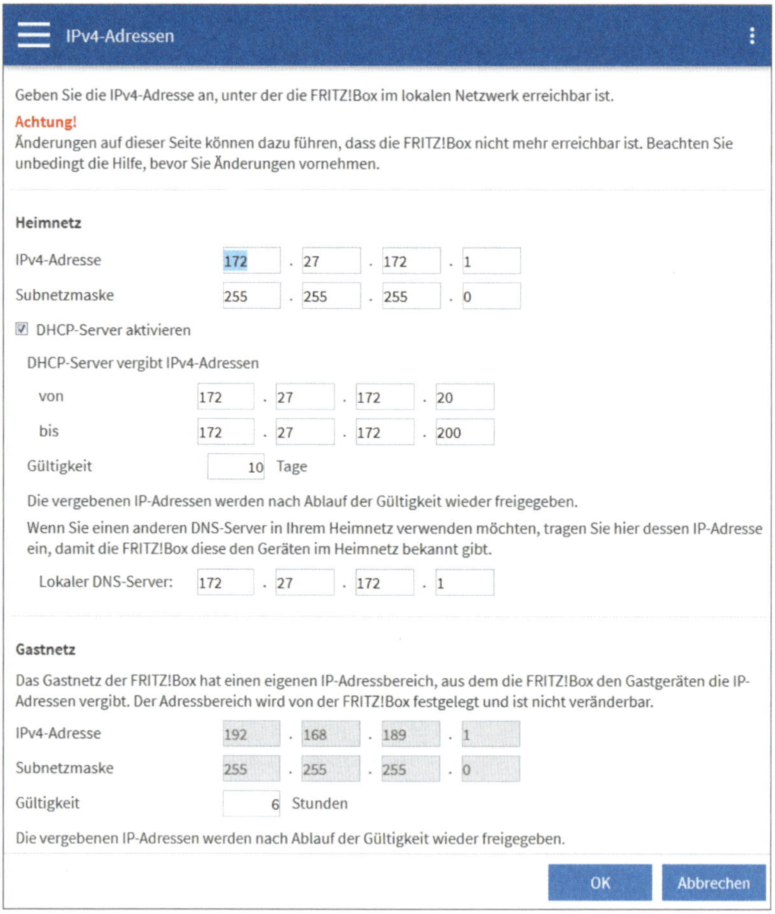

Abbildung 7.27 *Mit anderen Netzwerkeinstellungen werden Kollisionen deutlich unwahrscheinlicher.*

Nachdem Sie diesen Schritt vorgenommen haben, also Ihr Heimnetzwerk einen wenig genutzten privaten Adressbereich verwendet, müssen Sie noch sicherstellen, dass Sie Ihre FRITZ!Box auch über das Internet erreichen können. Am einfachsten ist es, wenn Sie von Ihrem Internetanbieter noch eine klassische IPv4-Adresse zugewiesen bekommen, dann gelingt der Zugriff auf Ihre FRITZ!Box praktisch weltweit von jedem Internetanschluss. Wenn Sie hingegen nur eine IPv6-Adresse bekommen, dann ist Ihre FRITZ!Box zunächst nur hierüber zu erreichen. Der Internetanschluss, den Sie von unterwegs nutzen, muss also ebenfalls IPv6-kompatibel sein. Da insbesondere IPv4-Adressen aufgrund der Adressknappheit häufiger wechseln können, sollten Sie auf alle Fälle einen dynamischen DNS-Anbieter nutzen, damit Sie eine eindeutige Adresse erhalten, unter der Sie Ihre FRITZ!Box fortlaufend erreichen können. Richten Sie also, sofern noch nicht geschehen, als Nächstes ein entsprechendes Konto bei einem Anbieter Ihrer Wahl ein, und konfigurieren Sie Ihre FRITZ!Box entsprechend. Mehr dazu finden Sie im Abschnitt »Eine einheitliche Adresse für alle Tage: Dynamic DNS« in diesem Kapitel. Besonders gut geeignet ist für diesen Anwendungsfall auch der MyFRITZ!-Dienst, der ebenfalls dynamische DNS-Aufgaben übernimmt und direkt von AVM angeboten wird. Eine Anleitung hierzu enthält der Abschnitt »Eine eigene Adresse für die FRITZ!Box und noch mehr: der MyFRITZ!-Dienst«, ebenfalls in diesem Kapitel.

Jetzt sind Sie bereit zur Einrichtung von VPN-Verbindungen. Die Vorgehensweise unterscheidet sich in Abhängigkeit von der gewünschten Verbindungsart.

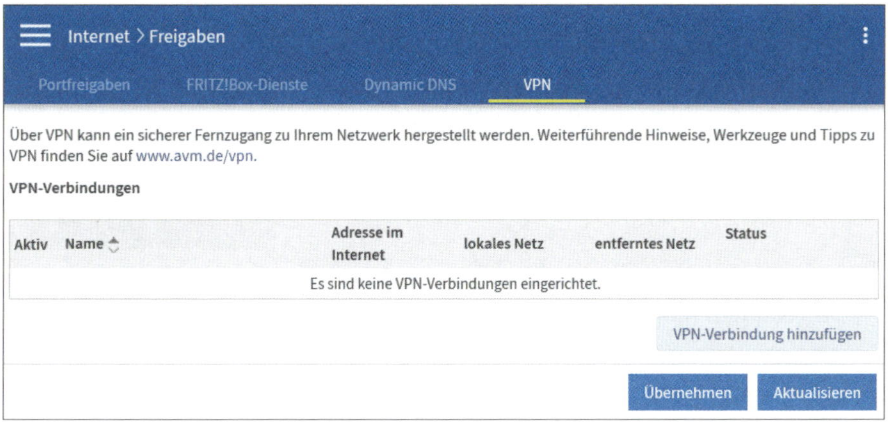

Abbildung 7.28 *Die Einrichtung der VPN-Funktion kann größtenteils über das Webinterface erfolgen. Die Einstellungsseiten finden sich in der Kategorie »Internet« unter »Freigaben«.*

Einen VPN-Zugang für ein Mobilgerät (Smartphone, Tablet) einrichten

Die Einrichtung eines VPN-Zugangs für ein Mobilgerät, also ein Smartphone oder Tablet, ist bei Android- und iOS-Geräten besonders einfach, denn es ist keine zusätzliche App nötig. Alle Funktionen sind bereits in den jeweiligen Betriebssystemen integriert, Sie müssen nur noch die nötigen Daten eingeben. Zunächst müssen Sie auf der FRITZ!Box einen entsprechenden Benutzer einrichten, der sich per VPN verbinden darf. Dabei erfahren Sie die nötigen Daten, die Sie anschließend am Mobilgerät eingeben. Danach können Sie von unterwegs jederzeit eine VPN-Verbindung erstellen.

SCHRITT FÜR SCHRITT

So richten Sie die VPN-Verbindung an Ihrer FRITZ!Box ein

1. Öffnen Sie im Webinterface der FRITZ!Box die Registerkarte **Internet • Freigaben • VPN**.
2. Klicken Sie auf die Schaltfläche **VPN-Verbindung hinzufügen**.
3. Wählen Sie den Punkt **Fernzugang für einen Benutzer einrichten**, und klicken Sie auf **Weiter**.

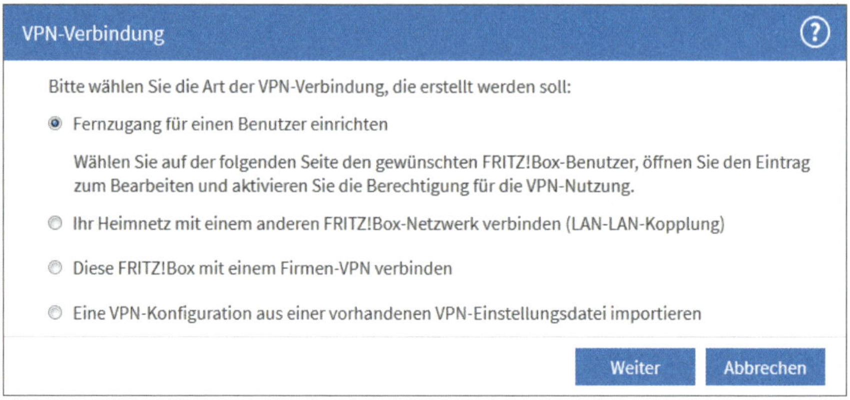

Sie gelangen nun zu den Benutzerkonten. Hier müssen Sie für die VPN-Nutzung entweder einen neuen Benutzer anlegen oder ein bereits existierendes Benutzerkonto mit der nötigen Funktion ergänzen. Ich zeige Ihnen hier zunächst, wie Sie ein neues Benutzerkonto anlegen. Mehr zu den Benutzerkonten finden Sie in Kapitel 9 im Abschnitt »Die Benutzerverwaltung«.

4. Sie befinden sich nun automatisch im Menüpunkt **System • FRITZ!Box-Benutzer**. Klicken Sie auf die Schaltfläche **Benutzer hinzufügen**.
5. Geben Sie in der Sektion **Benutzer** sowohl einen Benutzernamen und eine E-Mail-Adresse als auch ein Passwort ein. Achten Sie auf ein sicheres Passwort. Achten Sie auch darauf, dass das Kontrollkästchen **Benutzerkonto aktiv** gesetzt ist.

   Sie werden dieses Benutzerkonto jetzt so konfigurieren, dass es lediglich VPN-Verbindungen aufbauen darf. Sie können das Konto gemäß Kapitel 9, Abschnitt »Ein neues Benutzerkonto hinzufügen und mit Rechten ausstatten« aber auch mit anderen Berechtigungen ausstatten.

6. Obwohl Sie über das Internet eine VPN-Verbindung aufbauen möchten, muss das Kontrollkästchen **Zugang auch aus dem Internet erlaubt** in der Sektion **Zugang aus dem Internet** nicht aktiviert sein. Sie können den Haken hier entfernen.

7. Entfernen Sie in der Sektion **Berechtigungen** alle Haken bis auf den im Feld **VPN**. Dieses muss (mindestens) aktiviert sein.

8. Klicken Sie auf **Übernehmen**.

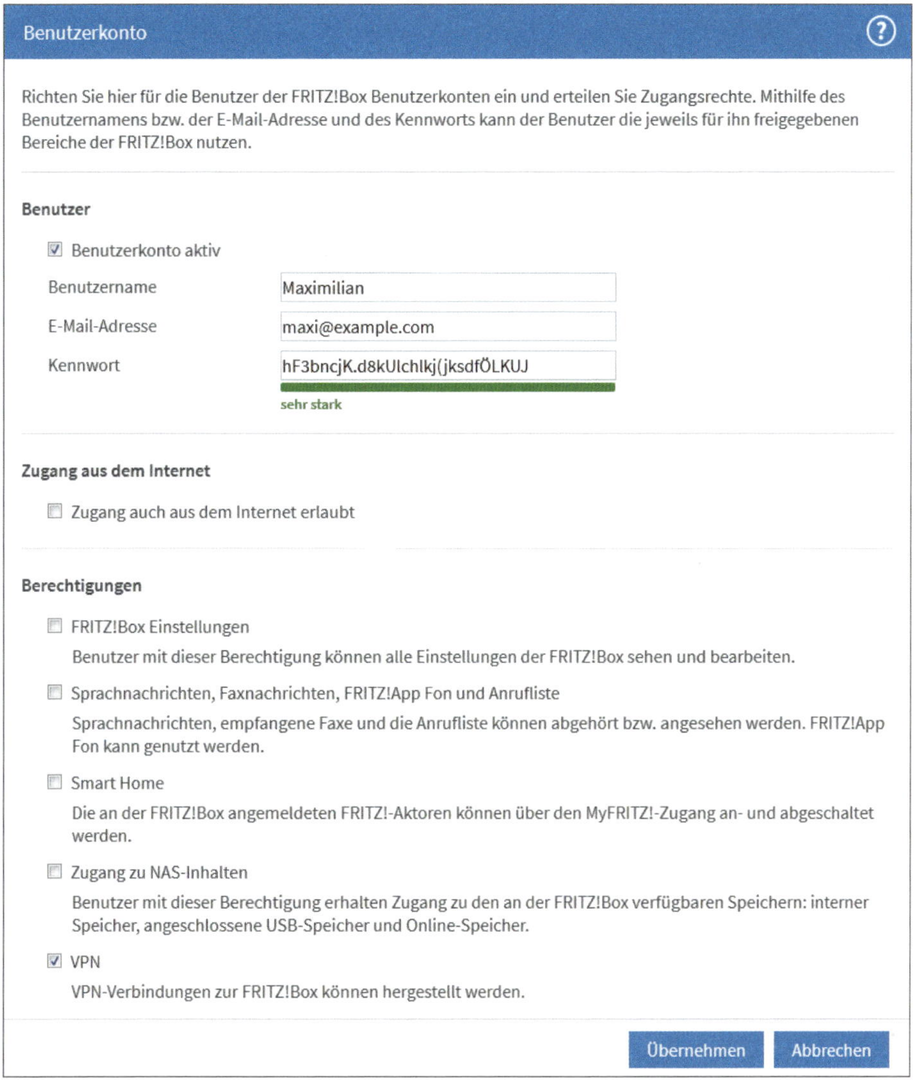

9. Zur Sicherheit muss die Einrichtung eines neuen Benutzerkontos an der FRITZ!Box bestätigt werden. Eine Aktion an der FRITZ!Box stellt sicher, dass kein Angreifer, der nur Zugang über das Internet hat, sicherheitskritische Funktionen auslöst. Geben Sie also entweder den angezeigten Code über ein an der FRITZ!Box angeschlossenes Telefon ein, oder drücken Sie eine der Tasten an der FRITZ!Box.

10. Klicken Sie auf **OK**.

    Damit ist das neue Benutzerkonto angelegt. Die FRITZ!Box fragt Sie nun, ob Sie die Einstellungen für iOS- und Android-Geräte ansehen möchten. Das ist eine sehr gute Idee, denn so erhalten Sie die nötigen Informationen, die Sie am Mobilgerät eintragen müssen.

11. Nehmen Sie den Vorschlag zum Ansehen der Daten an, und klicken Sie auf **OK**.

Nun öffnet sich ein neues Fenster, das alle nötigen Daten zum Einrichten sowohl für iOS- als auch Android-Geräte beinhaltet. Für beide Gerätetypen sind die einzugebenden Daten identisch. Das Fenster bietet am oberen Rand links die Möglichkeit, die Daten gleich auszudrucken. Auch das ist eine gute Idee, denn so haben Sie alles schwarz auf weiß und können die Daten in Ruhe am Mobilgerät eingeben. Außerdem können Sie die Daten so für spätere Zwecke aufheben und haben sie gleich zur Hand. Sie sollten die Daten aber sicher aufbewahren und nicht in falsche Hände gelangen lassen, denn schließlich ist darüber ja ein uneingeschränkter Zugriff auf Ihr Heimnetzwerk und Ihre Internetverbindung möglich. Alternativ können Sie natürlich auch auf das Ausdrucken verzichten und die Daten direkt am Mobilgerät eingeben.

12. Benutzen Sie auf Wunsch die Schaltfläche ganz oben links im neuen Fenster zum Ausdrucken der Daten. Alternativ lassen Sie das Fenster im Hintergrund geöffnet, bis Sie die Daten am Mobilgerät eingegeben haben.

13. Klicken Sie noch einmal auf **Internet • Freigaben • VPN**. Kontrollieren Sie, dass Ihnen nun eine Tabelle mit dem neuen Nutzer als berechtigtem VPN-Nutzer angezeigt wird.

Sie können in dieser Tabelle über das Kontrollkästchen in der Spalte **Aktiv** jederzeit den Zugang für den betreffenden Nutzer deaktivieren. Das ist ideal dafür, wenn der VPN-Zugang nur in bestimmten Zeiträumen, zum Beispiel während einer Urlaubsreise, benötigt wird. Die VPN-Zugangsdaten können Sie sich jederzeit (erneut) anzeigen lassen, wenn Sie auf **VPN-Einstellungen** klicken.

Mit den Einstellungen an der FRITZ!Box sind Sie nun fertig. Als Nächstes müssen Sie die angezeigten oder ausgedruckten VPN-Zugangsdaten an Ihrem Mobilgerät eintragen.

SCHRITT FÜR SCHRITT

So richten Sie den Zugang an Ihrem Android-Gerät ein

1. Öffnen Sie das Einstellungsmenü Ihres Gerätes. Sofern Sie dort über ein Suchfeld verfügen, suchen Sie nach *Drahtlos & Netzwerke*. Alternativ navigieren Sie über die Netzwerkeinstellungen zu diesem Punkt.

2. Öffnen Sie den Eintrag **VPN**.

3. Tippen Sie auf **VPN hinzufügen**.

4. Geben Sie einen Namen für die Verbindung zu Ihrer FRITZ!Box ein.

5. Stellen Sie den **Typ** auf **IPSec Xauth PSK** (bei älteren Geräten nur *IPSec*).
6. Füllen Sie die Felder **Serveradresse**, **IPSec-ID** und **Vorinstallierter IPSec-Schlüssel** mit den Daten, die Ihnen die FRITZ!Box anzeigt beziehungsweise die Sie sich zuvor ausgedruckt haben. Achten Sie beim Passwort auf die Groß- und Kleinschreibung.
7. Tippen Sie auf **Speichern**.

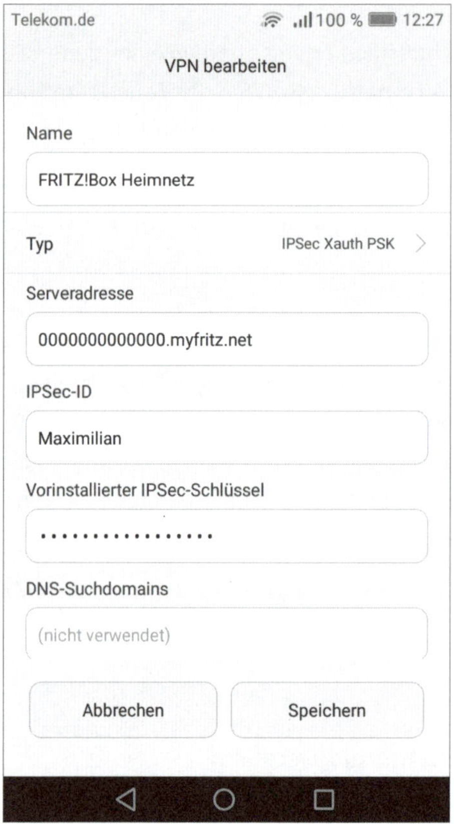

8. In der Tabelle der VPN-Zugänge tippen Sie jetzt auf die neu angelegte Verbindung. Sie werden nun nach Benutzername und Passwort gefragt. Dies sind die Daten des Benutzerkontos, das Sie zuvor auf der FRITZ!Box angelegt haben. Geben Sie dessen Benutzernamen und Passwort ein. Optional können Sie diese Daten auf dem Mobilgerät speichern, Sie sollten dann aus Sicherheitsgründen jedoch auch eine Bildschirmsperre verwenden.

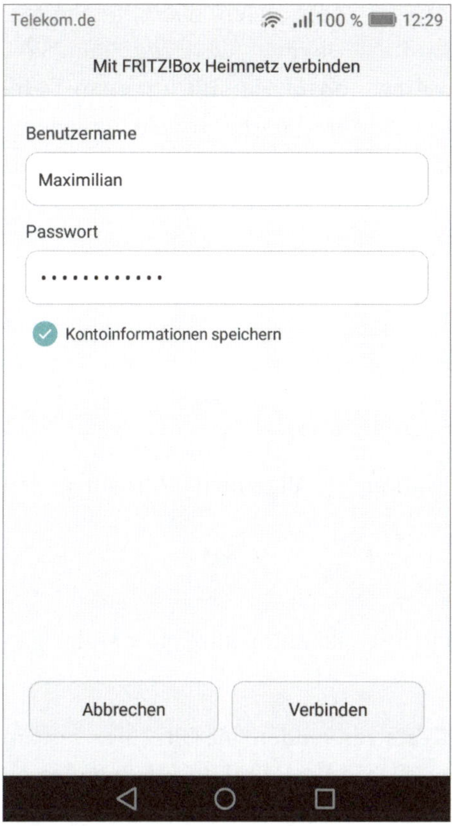

9. Tippen Sie zum Testen der Verbindung auf **Verbinden**.

Ihr Gerät wird nun eine VPN-Verbindung zu Ihrer FRITZ!Box aufbauen. Sobald die Verbindung hergestellt ist, erkennen Sie dies am Schlüsselsymbol in der Infoleiste am oberen Bildschirmrand.

Sie können die Verbindung jederzeit im **VPN**-Menü (Schritte 1 und 2 der eben gezeigten Anleitung) durch Antippen des entsprechenden Eintrags wieder trennen.

Schnell und einfach auf die VPN-Verbindung zugreifen
Die meisten Geräte gestatten das Anlegen einer Verknüpfung direkt auf dem Homescreen. Eine Verknüpfung zum **VPN**-Menü erlaubt das komfortable und rasche Auf- und Abbauen der VPN-Verbindung.

Von nun an können Sie von unterwegs stets sicher über Ihre heimische FRITZ!Box im Internet surfen sowie auf das Heimnetzwerk zugreifen. Sie sollten die VPN-Verbindung stets aktivieren, sobald Sie sich in einem fremden Netzwerk aufhalten. Bevor Sie jetzt in die Ferne reisen, sollten Sie jedoch die VPN-Verbindung beispielsweise erst einmal über eine mobile Internetverbindung (und damit außerhalb Ihres Heimnetzes) auf ihre Funktion testen. Prüfen Sie insbesondere auch, ob der Internetzugang wie gewünscht funktioniert.

SCHRITT FÜR SCHRITT

So richten Sie den Zugang an Ihrem iOS-Gerät ein

1. Öffnen Sie die Einstellungen Ihres iOS-Gerätes.
2. Rufen Sie die Einstellungen für die Kategorie **Allgemein • VPN** auf, und wählen Sie **VPN hinzufügen**.
3. Stellen Sie den **Modus** auf **IPSec** ein.
4. Geben Sie die Daten ein, die Ihnen Ihre FRITZ!Box anzeigt oder die Sie sich zuvor ausgedruckt haben.
5. Deaktivieren Sie die Option **Zertifikate verwenden** (die FRITZ!Box verwendet ausschließlich die Version mit Pre-shared Key), und deaktivieren Sie ebenfalls die Nutzung eines Proxys.
6. Beenden Sie die Einrichtung mit **Sichern**.
7. Bauen Sie die Verbindung einmal zur Probe auf, und testen Sie den Internetzugang sowie gegebenenfalls den Zugriff auf das Heimnetz. Am besten testen Sie die Verbindung über eine mobile Internetverbindung.

Die VPN-Verbindung können Sie nun überall benutzen. Sobald Sie sich in einem fremden Netzwerk befinden, können Sie über Ihre VPN-Verbindung über Ihre heimische FRITZ!Box sicher und verschlüsselt ins Internet gehen sowie auf Ihre Geräte im Heimnetzwerk zugreifen.

Alternativ können Sie die MyFRITZ!App benutzen

Alternativ zur Nutzung der Systemfunktionen von Android lässt sich die VPN-Verbindung auch über die MyFRITZ!App einrichten. Öffnen Sie zur Einrichtung die App, und tippen Sie im linken Seitenmenü auf **Heimnetz**. In der neuen Ansicht tippen Sie auf **Heimnetzverbindung einrichten**. Sie erhalten eine Nachfrage, tippen Sie auch hier auf **Einrichten**. Der Rest läuft nun automatisch ab. Wenn alles fertig ist, wird Ihnen angezeigt, dass Sie momentan zu Hause sind. Sobald Sie die App unterwegs öffnen, sehen Sie im Bereich **Heimnetzverbindung** eine Schaltfläche zum Aufbau (und zum Abbau) der VPN-Verbindung. Besonders praktisch: Bei aktiver VPN-Verbindung sehen Sie in der App (nach oben wischen) den Gerätepark im Heimnetz. Wenn ein Name blau geschrieben ist, dann bietet das Gerät ein Webinterface zur Bedienung – durch einfaches Antippen können Sie dies direkt öffnen.

Einen VPN-Zugang für ein Notebook oder einen Desktop-PC einrichten

Wenn Sie mit einem Notebook oder einem Desktop-Computer eine VPN-Verbindung zu Ihrer FRITZ!Box aufbauen möchten, dann haben Sie es besonders einfach, wenn Sie ein Apple-Gerät unter macOS oder einen Linux-Computer etwa unter Ubuntu verwenden. Bei beiden Systemen sind entsprechende Komponenten schon im Betriebssystem eingebaut, und es ist keine weitere Software nötig. Bei der Einrichtung können Sie daher zunächst den ersten Teil der Anleitung für den Zugang für ein Smartphone beziehungsweise Tablet (Abschnitt »Einen VPN-Zugang für ein Mobilgerät (Smartphone, Tablet) einrichten« in diesem Kapitel) befolgen, bis Sie die Zugangsdaten für das VPN ausgedruckt haben beziehungsweise auf dem Bildschirm ablesen können. Dieser Teil der Einrichtung ist nämlich auch für Laptops und Desktop-Rechner unter macOS und Ubuntu gültig. Nutzer von Windows-Geräten gehen direkt zum Abschnitt »Die Einrichtung eines Windows-Gerätes«.

Die Einrichtung unter macOS

Sobald Sie die Zugangsdaten für den VPN-Zugang von der FRITZ!Box erhalten haben, können Sie am Mac die Einrichtung der VPN-Verbindung vornehmen.

SCHRITT FÜR SCHRITT

So richten Sie die VPN-Verbindung am Mac ein

1. Öffnen Sie die Systemeinstellungen und darin das Modul **Netzwerk**. Dort werden Ihnen die bisherigen Netzwerkverbindungen angezeigt.

2. Klicken Sie unterhalb Ihrer Verbindungen auf das Pluszeichen. Im Ausklappmenü wählen Sie **Anschluss • VPN**.

3. Klicken Sie im Ausklappmenü **VPN-Typ** auf **Cisco IPSec**. Dies ist das Protokoll, über das die FRITZ!Box VPN-Verbindungen aufbaut.

4. Im neuen Fenster tragen Sie zunächst im Feld **Dienstname** eine Bezeichnung für Ihre VPN-Verbindung ein, zum Beispiel »FRITZ!Box zu Hause«. Klicken Sie dann auf **Erstellen**.

5. Füllen Sie nun die nötigen Felder mit den Verbindungsdaten, die Sie von der FRITZ!Box erhalten haben.

   In das Feld **Serveradresse** tragen Sie die externe Adresse der FRITZ!Box ein (Ihre Adresse vom dynamischen DNS-Anbieter). Den **Account-Namen** füllen Sie mit dem Namen des Systembenutzers, den Sie auf der FRITZ!Box neu angelegt haben. Dessen Kennwort tragen Sie in das Feld **Kennwort** ein.

6. Klicken Sie anschließend auf **Authentifizierungseinstellungen**. Tragen Sie dort im Feld **Schlüssel (»Shared Secret«)** den Pre-shared Key ein, den Sie von der FRITZ!Box erhalten haben. In das Feld **Gruppenname** tragen Sie erneut den Benutzernamen des FRITZ!Box-Systembenutzers ein.

7. Damit sind Sie fertig. Klicken Sie zum Schluss auf **OK**.

Sie können jetzt die Verbindung durch einen Klick auf **Verbinden** ausprobieren. Stellen Sie vor einer Reise unbedingt sicher, dass die VPN-Verbindung wie gewünscht funktioniert.

Passwörter gespeichert? Schützen Sie den Computer mit einem Systempasswort!

Wichtig: Falls Sie vorhaben, die Passwörter für den VPN-Zugang dauerhaft auf dem Rechner zu speichern, dann sollten Sie unbedingt ein Systempasswort verwenden. Ansonsten könnte jedermann mühelos die VPN-Verbindung aktivieren und somit auf Ihren Internetzugang, Ihre Telefoniesysteme und Ihr ganzes Heimnetzwerk zugreifen.

Die Einrichtung unter Ubuntu

Unter Ubuntu ist die Einrichtung eines VPN-Zugangs ebenfalls sehr einfach, denn in den modernen Ubuntu-Fassungen sind die grundsätzlichen Schnittstellen bereits in das Betriebssystem integriert.

Nachdem Sie in der FRITZ!Box das nötige Benutzerkonto angelegt haben (siehe erster Teil des Abschnitts »Einen VPN-Zugang für ein Mobilgerät (Smartphone, Tablet) einrichten«) müssen Sie lediglich ein Plug-in für den Netzwerkmanager nachinstallieren, welches die Unterstützung des IPSec-Protokolls nachrüstet, über das die FRITZ!Box die VPN-Verbindungen aufbaut.

Das Plug-in installieren Sie mit folgendem Befehl:

sudo apt-get install network-manager-vpnc-gnome

Anschließend können Sie die Einrichtung über den Netzwerkmanager vornehmen.

SCHRITT FÜR SCHRITT

So richten Sie unter Ubuntu im Netzwerkmanager eine neue VPN-Verbindung ein

1. Öffnen Sie die Einstellungen und dort die Kategorie **Netzwerk**.
2. Klicken Sie in der Sektion **VPN** auf die Schaltfläche **+**.
3. Klicken Sie im Fenster **VPN hinzufügen** auf die Schaltfläche **Cisco-kompatibler VPN-Client (vpnc)**.
4. Füllen Sie im neuen Fenster die Registerkarte **Identität** mit den benötigten Werten. Geben Sie im Feld **Gateway** die externe Adresse Ihrer FRITZ!Box ein. Die Felder **Benutzername** und **Benutzerpasswort** füllen Sie mit den Daten des System-Benutzers, den Sie in der FRITZ!Box angelegt haben. In die Felder **Gruppenname** und **Gruppenpasswort** tragen Sie erneut den Namen des System-Benutzers ein, in das zweite Feld den Pre-shared Key, den Sie zuvor ausgedruckt haben.
5. Weitere Eingaben sind nicht notwendig, Sie können die Eingaben jetzt abspeichern.

Passwörter gespeichert? Schützen Sie den Computer mit einem Systempasswort!

Wichtig: Falls Sie am Ubuntu-Computer die Zugangspasswörter dauerhaft abspeichern, dann sollten Sie den gesamten Computer mit einem Systempasswort schützen. Ansonsten könnte jeder Unbefugte über die VPN-Verbindung jederzeit auf Ihr Heimnetzwerk zugreifen sowie über Ihren Anschluss im Internet surfen. Bedenken Sie auch, dass dies ebenfalls Ihre Telefonverbindungen umfasst!

Nach der Einrichtung sehen Sie nun im Netzwerkmanager einen neuen Eintrag für das VPN-Netzwerk, den Sie über den Schalter An/Aus jederzeit aktivieren können. Testen Sie die Verbindung, bevor Sie den Computer mit auf eine Reise nehmen.

Die Verbindung schnell und komfortabel trennen

In den Standardeinstellungen wird in der Systemleiste oben rechts bei aktivierter VPN-Verbindung ein Symbol sichtbar. Über dieses Symbol kann die VPN-Verbindung schnell und einfach jederzeit wieder getrennt werden. Ansonsten kann zum Trennen natürlich der Netzwerkmanager genutzt werden.

Die Einrichtung eines Windows-Gerätes

Auf einem Laptop oder Desktop-PC unter Windows ist die Einrichtung einer VPN-Verbindung leider nicht so einfach möglich wie unter macOS oder Ubuntu. Unter Windows ist zusätzliche Software nötig. und auch die Einrichtung der FRITZ!Box ist etwas speziell. Das liegt daran, dass unter Windows die nötigen Schnittstellen entweder nicht implementiert sind (ältere Windows-Versionen) oder sich nur umständlich und keinesfalls einsteigerfreundlich einrichten lassen (Windows 10). Die nötige Software wird jedoch vom Hersteller AVM kostenlos angeboten. Insgesamt müssen Sie zwei verschiedene Programme verwenden. Zunächst müssen Sie mit dem Programm *FRITZ!Box-Fernzugang einrichten* Konfigurationsdateien erzeugen, die Sie sowohl für die FRITZ!Box als auch für das Windows-Gerät zur Einrichtung brauchen. Dieser Schritt kann mit jedem beliebigen Windows-Gerät durchgeführt werden. Am Zielsystem, das Sie für die VPN-Verbindung nutzen möchten, installieren Sie anschließend das Programm *FRITZ!Fernzugang*, das die eigentliche VPN-Verbindung aufbaut. Hier importieren Sie die nötigen Konfigurationsdateien. Anschließend können Sie die VPN-Verbindung benutzen.

SCHRITT FÜR SCHRITT

So erstellen Sie die nötigen Konfigurationsdateien für VPN-Verbindungen unter Windows

1. Laden Sie von der Internetseite *https://avm.de/service/vpn/uebersicht/* das Programm *FRITZ!Box-Fernzugang einrichten* herunter und installieren Sie es auf einem beliebigen Windows-Computer. Sie können direkt das gewünschte Zielgerät für die VPN-Verbindung verwenden.

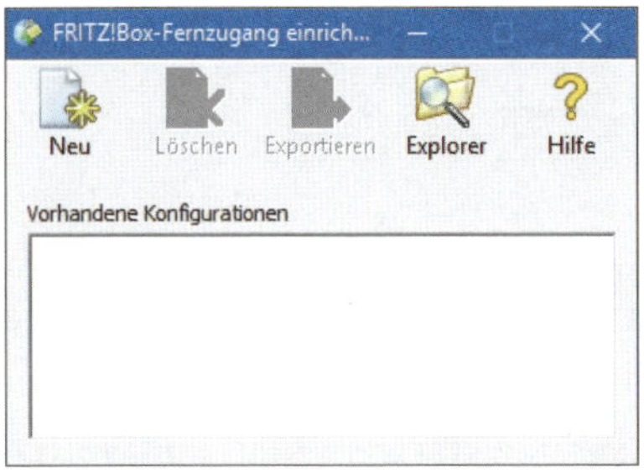

2. Öffnen Sie das Programm *FRITZ!Box-Fernzugang einrichten*, und klicken Sie dort auf die Schaltfläche **Neu**.

3. Wählen Sie im Dialog die Option **Fernzugang für einen Benutzer einrichten**, und klicken Sie auf **Weiter**.

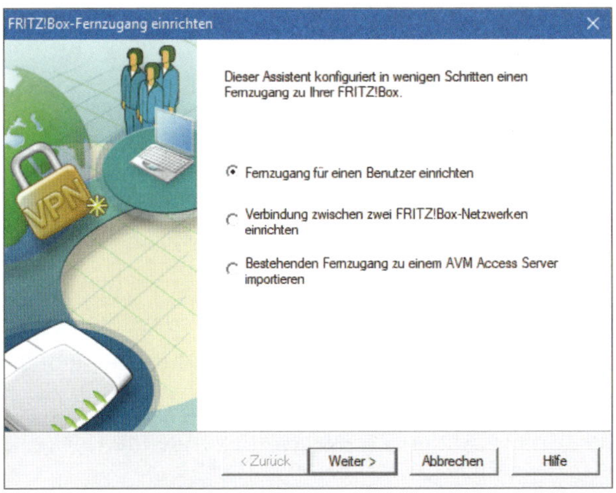

4. Wählen Sie jetzt **PC mit FRITZ!Fernzugang**, und klicken Sie erneut auf **Weiter**.
5. Jetzt müssen Sie eine E-Mail-Adresse des gewünschten Benutzers eintragen, die jedoch quasi nur als Benutzername verwendet wird. Klicken Sie auf **Weiter**.

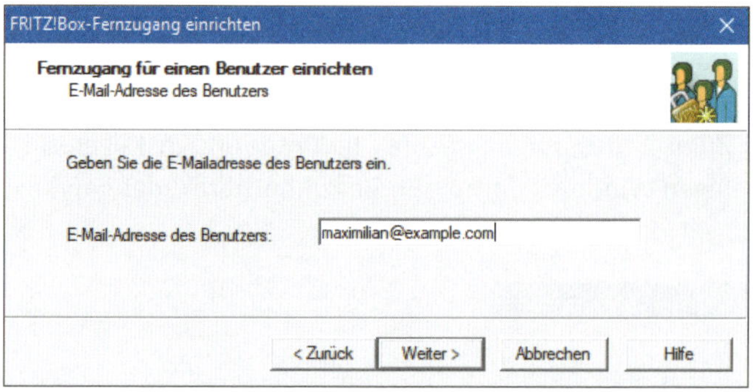

6. Nun müssen Sie grundlegende Daten zu Ihrer FRITZ!Box eingeben. In das Feld **Name Ihrer FRITZ!BOX (Domainname)** tragen Sie zunächst die Adresse Ihrer FRITZ!Box ein, die Sie von Ihrem dynamischen DNS-Anbieter erhalten haben, zum Beispiel die MyFRITZ!-Adresse. Klicken Sie erneut auf **Weiter**.

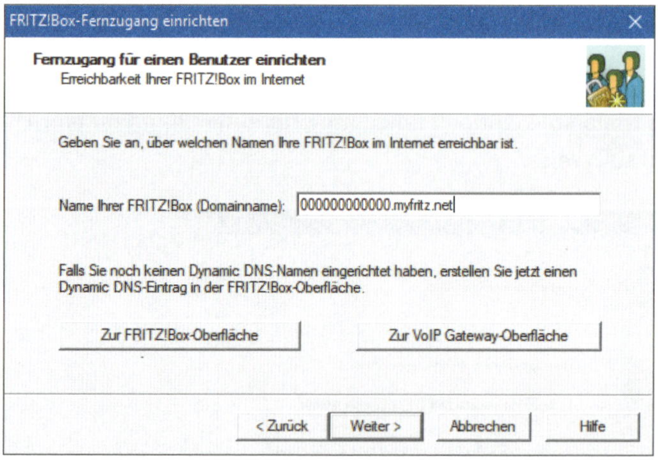

7. Nun geht es um die Adresskonfiguration. Beachten Sie, dass Sie zuvor (bei den VPN-Vorbereitungen) Ihrer FRITZ!Box einen neuen Adressbereich für das Heimnetzwerk zugewiesen haben. Diesen müssen Sie jetzt im Assistenten eintragen. Klicken Sie also auf **Anderes IP-Netzwerk verwenden**. Tragen Sie

in das Feld **IP-Netzwerk** die Basisadresse Ihres Heimnetzwerks ein – diese Adresse hat eine 0 als letzte Zahl, zum Beispiel 192.168.3.0. Füllen Sie das Feld **Subnetzmaske** entsprechend, im Heimnetzbereich also beispielsweise mit 255.255.255.0. In das Feld **IP-Adresse des Benutzers im Netz der FRITZ!Box** müssen Sie eine IP-Adresse aus dem Heimnetzwerk eintragen, die jedoch nicht vom DHCP-Server der FRITZ!Box vergeben wird. Das sind normalerweise die Adressen xxx.xxx.xxx.2 bis xxx.xxx.xxx.19 und xxx.xxx.xxx.201 bis xxx.xxx.xxx.254. Kontrollieren Sie gegebenenfalls Ihre Einstellungen gemäß Abschnitt »Ihre FRITZ!Box für VPN-Verbindungen vorbereiten« in diesem Kapitel. Möchten Sie über die VPN-Verbindung nicht nur auf Ihr Heimnetzwerk zugreifen, sondern auch die Internetverbindung Ihrer FRITZ!Box zu Hause nutzen (üblicherweise ist dies erwünscht), dann aktivieren Sie auch die Option **Alle Daten über den VPN-Tunnel senden**.

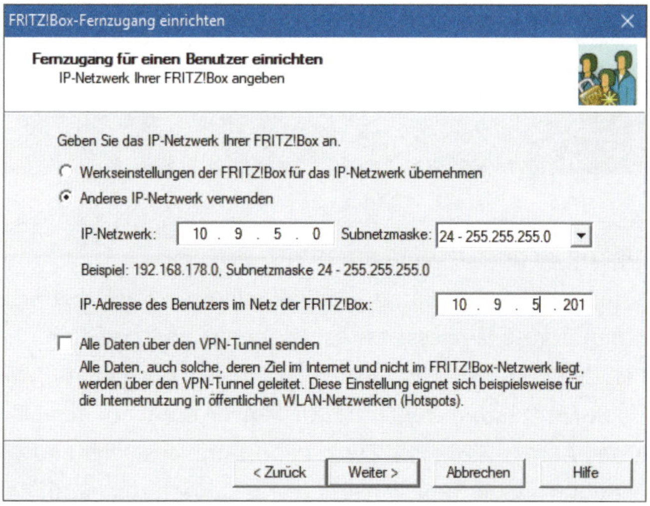

Bei der IP-Adresse im Heimnetzwerk handelt es sich um die IP-Adresse, die Ihrem Windows-Computer bei der Nutzung der VPN-Verbindung im Heimnetzwerk zugewiesen wird. Unter dieser Adresse wird das Gerät in das Heimnetzwerk integriert. Es sieht dann so aus, als sei der Computer weiterhin ganz normal ein Teil des Heimnetzwerks – auch wenn die eigentliche Verbindung über das Internet erfolgt. So können Sie mit dem Windows-Computer ganz normal auf das Heimnetzwerk zugreifen und umgekehrt.

8. Klicken Sie auf **Weiter** und zum Schluss auf **Fertig stellen**.

Als Nächstes wird sich automatisch ein Ordner des Datei-Explorers öffnen, der verschiedene Dateien enthält. Schauen Sie sich den Inhalt an: Sie finden dort eine Datei mit dem Namen *fritzbox…cfg* und einen Ordner, in dem sich die Datei *vpnuser…cfg* befindet. Erstgenannte müssen Sie in Ihrer FRITZ!Box importieren, sie enthält die nötigen Einstellungen. Die zweite Datei enthält die Einstellungen für das Programm, das auf dem Windows-Gerät die VPN-Verbindung aufbaut. Sie können jetzt mit dem Import der Einstellungen in die FRITZ!Box fortfahren.

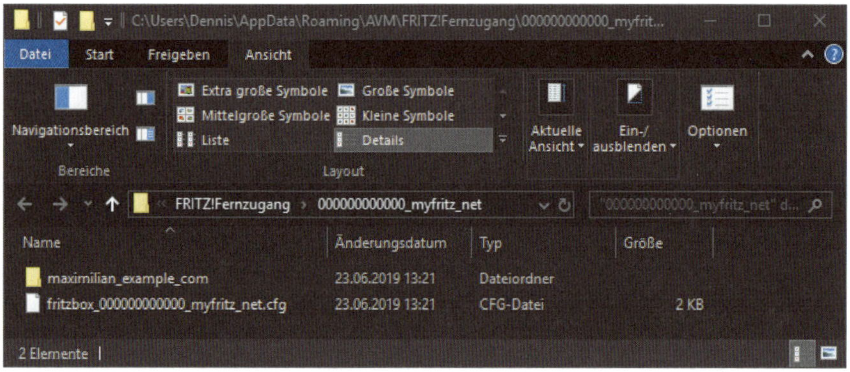

Später erneut Zugang zu den Dateien erhalten

Haben Sie den Ordner vor Fertigstellung aller Einstellungen versehentlich geschlossen oder benötigten Sie dessen Inhalt zu einem späteren Zeitpunkt erneut, so ist dies kein Problem. Öffnen Sie einfach noch einmal das Programm *FRITZ!Box-Fernzugang einrichten*. Klicken Sie dann auf den Eintrag, der zur externen Adresse Ihrer FRITZ!Box gehört und anschließend auf die Schaltfläche **Explorer**. Nun öffnet sich erneut ein Ordnerfenster mit den benötigten Daten.

SCHRITT FÜR SCHRITT

So importieren Sie die Einstellungen in Ihre FRITZ!Box

1. Öffnen Sie im Webinterface Ihrer FRITZ!Box die Registerkarte **Internet • Freigaben • VPN**. Am besten funktioniert dies, wenn Sie denselben Computer nehmen, auf dem Sie auch zuvor die Konfigurationsdateien erzeugt haben.

2. Klicken Sie auf die Schaltfläche **VPN-Verbindung hinzufügen**, und wählen Sie im neuen Dialog die Option **Eine VPN-Konfiguration aus einer vorhandenen VPN-Einstellungsdatei importieren**.

3. Klicken Sie dann auf **Datei auswählen**, und wählen Sie die Datei *fritzbox...cfg* aus, die zuvor durch das Programm *FRITZ!Box-Fernzugang einrichten* erzeugt wurde. Klicken Sie auf **öffnen**.

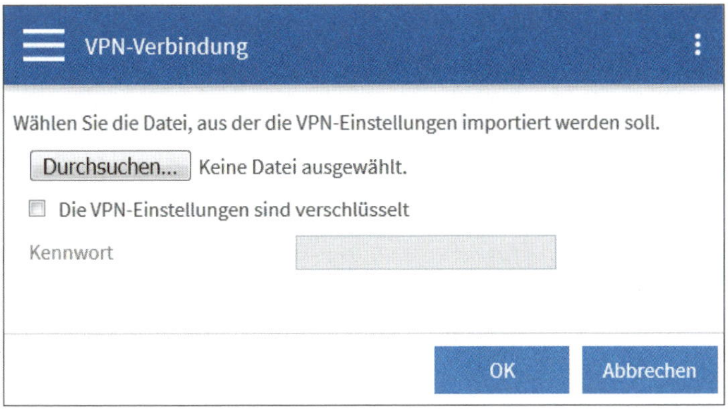

4. Klicken Sie abschließend auf **OK**. Ihre FRITZ!Box wird Sie eventuell zu einer Bestätigung auffordern. Das ist eine Sicherheitsfunktion, die verhindert, dass ein Hacker, der nur über das Internet Zugang zur FRITZ!Box hat, kritische Einstellungen verändern kann.

Abbildung 7.29 *Nach erfolgter Bestätigung werden die Einstellungen in die FRITZ!Box importiert.*

Damit sind die Einstellungen erfolgreich in die FRITZ!Box importiert. Sie können nun damit weitermachen, die nötigen Einstellungen am Windows-Computer zu importieren.

SCHRITT FÜR SCHRITT

So importieren Sie die Einstellungen am Windows-Computer

1. Falls Sie das Programm *FRITZ!Box Fernzugang einrichten* nicht an dem Computer ausgeführt haben, den Sie auch für den VPN-Zugang verwenden möchten, dann kopieren Sie zunächst die Konfigurationsdaten *vpnuser...cfg* auf einen USB-Stick. Sie finden die Datei in dem Ordner, den das Programm *FRITZ!Box-Fernzugang einrichten* geöffnet hat.

2. Installieren Sie auf dem Zielrechner die Software, welche die VPN-Verbindung aufbaut. Diese heißt *FRITZ!Fernzugang* und steht für verschiedene Windows-Versionen auf der Internetseite von AVM unter *https://avm.de/service/vpn/uebersicht/* zum Download bereit.

3. Öffnen Sie das Programm *FRITZ!Fernzugang*. Beim ersten Start werden Sie von einem Assistenten begrüßt. Klicken Sie dort direkt auf **Weiter**. Alternativ gelangen Sie auch über **Datei • Import** zum gewünschten Dialog.

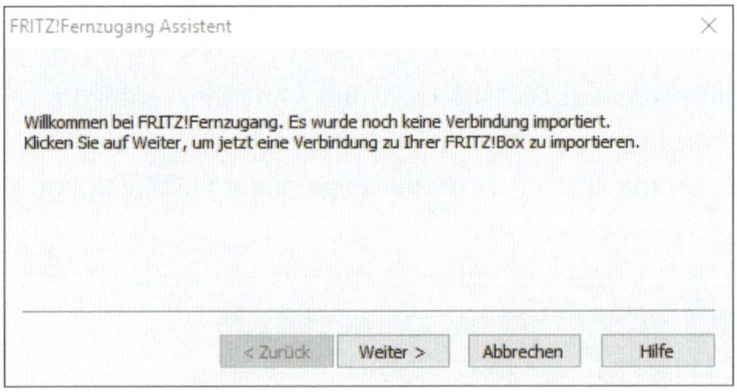

4. Navigieren Sie nun zur Konfigurationsdatei *vpnuser...cfg*, die durch das Programm *FRITZ!Box-Fernzugang einrichten* erzeugt wurde. Klicken Sie auf **öffnen**.

5. Nun importiert das Programm die Konfigurationseinstellungen. Klicken Sie abschließend auf **Fertig stellen**.

Damit sind alle nötigen Schritte erledigt, und die Verbindung kann getestet werden.

Wichtig: Schützen Sie Ihre Daten!
Denken Sie daran: Die Konfigurationsdatei enthält alles Nötige, um eine VPN-Verbindung in Ihr Heimnetz aufzubauen. Sie darf nicht in falsche Hände fallen! Archivieren Sie diese Datei am besten in einem verschlüsselten ZIP-Archiv oder auf einem USB-Stick an einem sicheren Ort. Achten Sie darauf, dass Sie keine Kopien dieser Datei offen herumliegen lassen. Das gilt genauso für die Datei zur Konfiguration der FRITZ!Box, denn beide Dateien bilden zusammen ein Paar.

SCHRITT FÜR SCHRITT

So bauen Sie die VPN-Verbindung auf

1. Öffnen Sie das Programm *FRITZ!Fernzugang*.
2. Klicken Sie auf den Eintrag im Programmfenster, der die externe Adresse Ihrer FRITZ!Box trägt (also Ihre persönliche Subdomain).

3. Klicken Sie auf **Aufbau**.

Damit wird die Verbindung hergestellt. Sie haben nun Zugriff auf Ihr Heimnetzwerk und können, sofern es bei der Konfiguration aktiviert wurde, auch die Internetverbindung Ihrer heimischen FRITZ!Box verwenden. Vor einer Reise sollten Sie die Konfiguration zunächst testen. Am besten funktioniert das von einem fremden Internetanschluss aus.

Die geöffnete Verbindung können Sie jederzeit trennen, indem Sie auf **Abbau** klicken.

Eine VPN-Verbindung zwischen zwei FRITZ!Box-Geräten herstellen

Über die VPN-Funktion können Sie auch zwei FRITZ!Box-Geräte an zwei verschiedenen Standorten über das Internet miteinander verbinden. Sie können dann mit jedem Netzwerkgerät auf jedes Netzwerkgerät aus dem jeweils anderen Netzwerk zugreifen. Bei dieser Art der VPN-Verbindung ist es wichtig, dass Sie an wenigstens einem der beiden Geräte den IP-Adressbereich verändert haben, denn beide FRITZ!Box-Geräte dürfen nicht denselben Adressbereich verwalten. Als Erstes müssen Sie also überprüfen, ob diese Anforderung erfüllt ist.

Bevor Sie mit der eigentlichen Einrichtung beginnen, sollten Sie außerdem für jede FRITZ!Box einen dynamischen DNS-Anbieter einsetzen, sodass beide Geräte ständig über ihre eigene feste Adresse zu erreichen sind.

Schreiben Sie sich zunächst die benötigten Daten auf, und halten Sie diese für die Einrichtung bereit:

- die Internetadressen von beiden Geräten
- den jeweiligen IP-Adressbereich, den die beiden Geräte für das Heimnetzwerk verwenden
- ein von Ihnen festgelegtes Passwort, das als Pre-shared Key auch für die Verschlüsselung der Verbindung eingesetzt wird. Wählen Sie ein möglichst komplexes und entsprechend langes Passwort – gerne auch mehr als 20 Zeichen lang. Sie müssen es nicht wiederholt eingeben, sondern nur bei der Einrichtung hinterlegen.

Nun können Sie sich daran machen, die FRITZ!Box-Geräte einzurichten. Die folgende Anleitung müssen Sie auf beiden FRITZ!Box-Geräten ausführen. Dabei müssen Sie jeweils die Daten des anderen Gerätes eingeben.

SCHRITT FÜR SCHRITT

So richten Sie die FRITZ!Box-Geräte die VPN-Verbindung ein

1. Öffnen Sie im Webinterface die Registerkarte **Internet • Freigaben • VPN**.
2. Klicken Sie auf die Schaltfläche **VPN-Verbindung hinzufügen**.

3. Im neuen Fenster wählen Sie die Option **Ihr Heimnetzwerk mit einem anderen FRITZ!Box-Netzwerk verbinden (LAN-LAN-Kopplung)**. Klicken Sie anschließend auf **Weiter**.

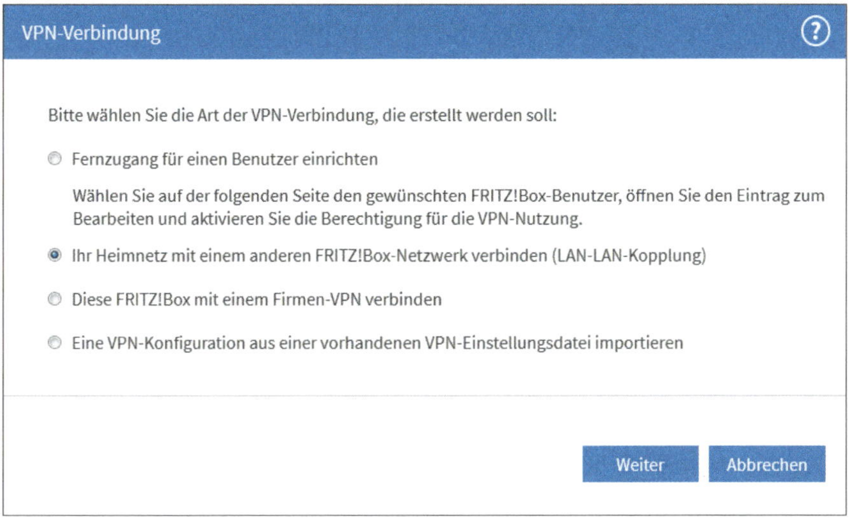

4. Tragen Sie als Erstes im Feld **VPN-Kennwort (Preshared Key)** das von Ihnen gewählte Passwort ein. Beachten Sie, dass dieses Passwort von beiden FRITZ!Box-Geräten gemeinsam verwendet wird, Sie müssen also bei beiden Geräten dasselbe Passwort eingeben. Achten Sie darauf, dass Ihnen keine Tippfehler unterlaufen, denn mit einem falschen (also nicht identischen) Passwort ist kein Verbindungsaufbau möglich.

5. Im Feld **Name der VPN-Verbindung** tragen Sie einen Namen für die VPN-Verbindung ein. Hier empfiehlt es sich, den Ort (beziehungsweise die Straße) der anderen FRITZ!Box einzutragen, zum Beispiel *FRITZBox München*.

6. Tragen Sie nun in das Feld **Internetadresse** den Domainnamen ein, unter dem die jeweils andere FRITZ!Box zu erreichen ist.

7. In das Feld **Entferntes Netzwerk** tragen Sie den IP-Adressbereich ein, den die jeweils andere FRITZ!Box für das Heimnetzwerk verwendet. Ersetzen Sie dabei die letzten drei Stellen der IP-Adresse durch eine 0, zum Beispiel 192.168.224.0. Tragen Sie auch die dazugehörige Subnetzmaske ein.

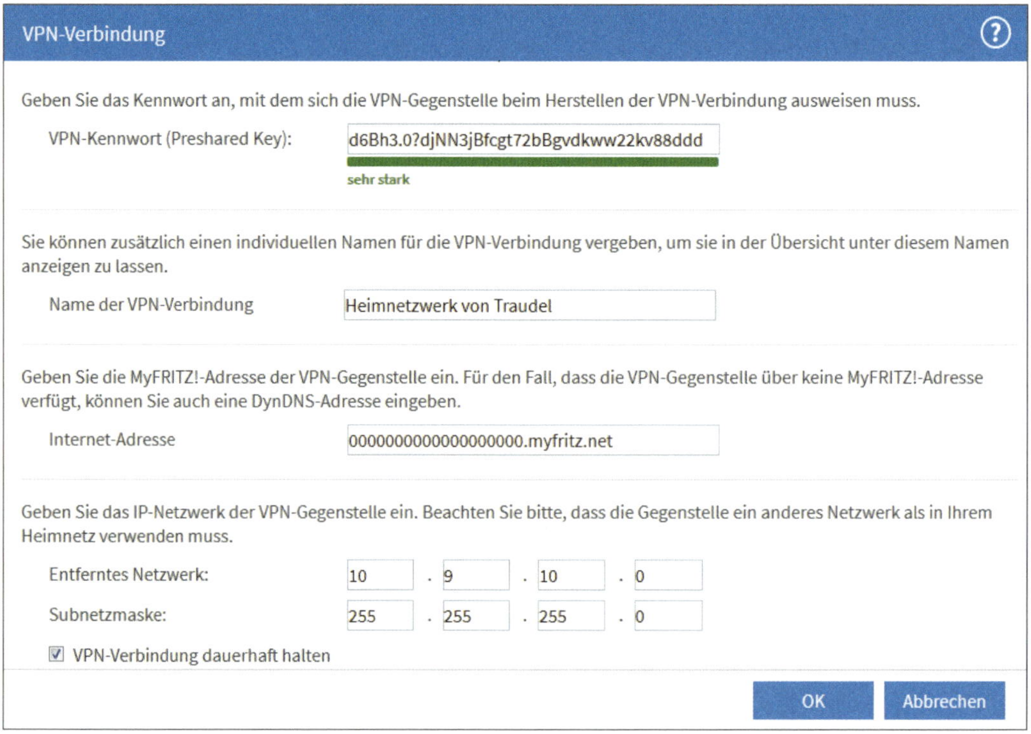

8. Wenn beide FRITZ!Box-Geräte über eine dauerhafte Internetverbindung verfügen, dann können Sie die VPN-Verbindung auf Wunsch ebenso dauerhaft bestehen lassen. Aktivieren Sie dazu das Kästchen **VPN-Verbindung dauerhaft halten**. Wenn dieses Kästchen nicht aktiviert ist, dann wird die VPN-Verbindung erst bei einem Zugriff auf das andere Netzwerk hergestellt (was einen Moment dauert) und nach einer Stunde Inaktivität wieder getrennt.

9. Auf Wunsch können Sie eines der beiden Geräte so konfigurieren, dass es für den Internetverkehr nicht seine eigene Internetverbindung, sondern die der anderen FRITZ!Box nutzt. Bei der Kopplung von zwei FRITZ!Box-Geräten wird dies nicht so häufig genutzt wie bei der Verbindung eines einzelnen Computers »aus der Ferne«. Die Nutzung der anderen Internetverbindung kann jedoch für manche Anwendungen interessant sein, zum Beispiel beim grenzüberschreitenden Internetverkehr. Aktivieren Sie also, sofern gewünscht, die Option **Gesamten Netzwerkverkehr über die VPN-Verbindung senden**, den Sie unter dem Menüpunkt **Erweiterte Einstellungen zum Netzwerkverkehr** finden.

10. Zum Abschluss müssen Sie auf **OK** klicken. Aus Sicherheitsgründen wird die FRITZ!Box eine Bestätigung anfordern, bei der Sie eine der Tasten am Gerät drücken oder eine Tastenkombination an einem Telefon eingeben müssen.

Denken Sie daran, dass Sie für eine einwandfreie Verbindung in beide Richtungen auch die jeweils andere FRITZ!Box entsprechend konfigurieren müssen. Wenn beide Geräte konfiguriert sind, dann wird die Verbindung automatisch (beziehungsweise beim Zugriff) aufgebaut.

Nicht alles funktioniert über eine VPN-Verbindung wie gewohnt

Eine VPN-Verbindung bringt gewisse Einschränkungen mit sich. Zwar können Sie direkt alle Geräte im Heimnetzwerk erreichen, es gibt aber Einschränkungen bei den Diensten, die zur Verfügung stehen. Sie können zum Beispiel keine UPnP-Medienserver finden – das liegt an der Art, wie diese Ihre Präsenz anderen Geräten gegenüber mitteilen. Auch der Dienst, mit dem Netzwerkfreigaben in der Netzwerkumgebung von Windows automatisch gelistet werden, funktioniert über ein VPN nicht. Das betrifft auch die Namensauflösung. Wenn Sie also auf eine NAS-Freigabe zugreifen möchten, dann müssen Sie über die VPN-Verbindung die IP-Adresse des Gerätes nutzen – der Hostname kann über das VPN möglicherweise nicht zugeordnet werden.

Die Nutzung des VPN-Netzwerks einschränken

Auf Wunsch können Sie die Nutzung des VPN-Netzwerks auf bestimmte LAN-Anschlüsse (also kabelgebundene Netzwerkverbindungen) begrenzen. So eingerichtet, erlauben einzig die betreffenden LAN-Anschlüsse einen Zugang zum VPN. Zusätzlich erlauben sie als Einziges den Zugriff auf das VPN, sie sind also vom Heimnetz und von der lokalen Internetverbindung getrennt. Es ist aber möglich, über die VPN-Verbindung und den Internetzugang der fernen FRITZ!Box auf das Internet zuzugreifen. Möchten Sie diese Einschränkung vornehmen, dann klicken Sie bei der Konfiguration des VPNs (die Einstellungen erreichen Sie jederzeit über) auf das Feld **VPN-Tunnel ist nur an den ausgewählten LAN-Anschlüssen der FRITZ!Box verfügbar**. Anschließend wählen Sie aus, an welchen LAN-Anschlüssen das VPN verfügbar sein soll. Natürlich können Sie an einen Anschluss auch einen Netzwerk-Switch anschließen und daran mehrere Geräte verbinden. Die so eingeschränkten Anschlüsse verwenden einen eigenen IP-Adressbereich, der von der FRITZ!Box abweicht. Tragen Sie also das gewünschte Netzwerkpräfix mit zugehörender Subnetzmaske ein. Sie können auch DNS-Server manuell vorgeben. Klicken Sie abschließend auf **OK**.

Die Dienste des Herstellers AVM

Der Hersteller der FRITZ!Box, AVM, ist an der fortlaufenden Verbesserung der FRITZ!Box-Geräte interessiert. Aus diesem Grund werden zum Beispiel fortlaufend Software-Aktualisierungen, die sogenannten Updates, für die FRITZ!Box-Geräte angeboten. Diese Aktualisierungen korrigieren eventuelle Fehler oder ergänzen den Funktionsumfang der Geräte. Standardmäßig sucht die FRITZ!Box regelmäßig selbstständig nach Aktualisierungen und informiert Sie als Nutzer darüber. Sie können dann die Updates per Mausklick installieren. Die Anzeige erfolgt direkt auf der Hauptseite des Webinterface. Auf Wunsch können Sie die automatische Suche nach Updates auch abschalten.

SCHRITT FÜR SCHRITT

So aktivieren oder deaktivieren Sie die automatische Suche nach Updates

1. Öffnen Sie die Registerkarte **AVM-Dienste** im Menüpunkt **Internet • Zugangsdaten** im Webinterface Ihrer FRITZ!Box.
2. Setzen oder löschen Sie den Haken im Feld **FRITZ!Box sucht periodisch nach Updates**.
3. Klicken Sie unten auf **Übernehmen**.

Bei der Weiterentwicklung der FRITZ!Box helfen AVM auch so genannte *Diagnosedaten*. Dabei handelt es sich um Datensätze mit technischen Daten, die von der FRITZ!Box im Fehlerfall automatisch versendet werden können. AVM kann diese Daten auswerten, den verantwortlichen Fehler erkennen und somit beseitigen. Dem einen oder anderen Nutzer ist dieses Verhalten jedoch nicht recht, weil eventuell ein Unwohlsein hinsichtlich des Datenschutzes entsteht. Daher kann das automatische Versenden von Diagnosedaten abgeschaltet werden.

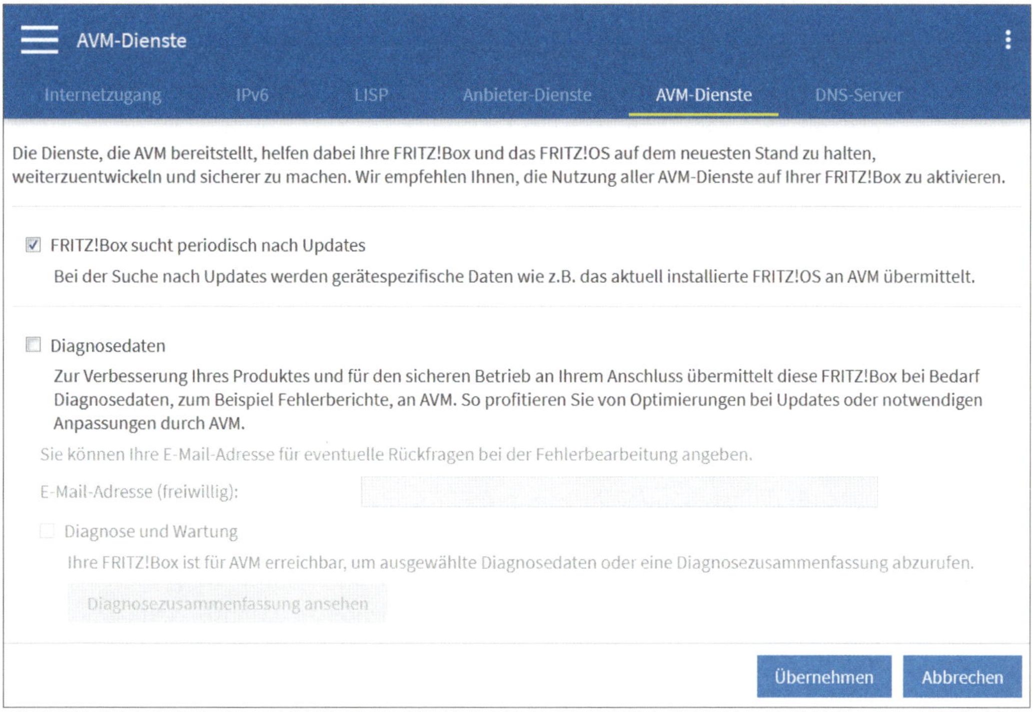

Abbildung 7.30 *Über die AVM-Dienste können Sie die automatische Suche nach Updates und den Versand von Diagnosedaten einstellen.*

SCHRITT FÜR SCHRITT

So aktivieren oder deaktivieren Sie den automatischen Versand von Diagnosedaten

1. Öffnen Sie im Webinterface den Menüpunkt **Internet • Zugangsdaten** und dort die Registerkarte **AVM-Dienste**.
2. Setzen oder löschen Sie den Haken im Feld **Diagnosedaten**.
3. Klicken Sie unten auf **Übernehmen**.

Auf Wunsch können Sie bei aktiviertem automatischen Versand von Diagnosedaten im Feld **E-Mail-Adresse** eine E-Mail-Adresse angeben. Diese kann von einem AVM-Mitarbeiter verwendet werden, um Sie im Problemfall zu kontaktieren. So kann Ihnen eventuell direkt geholfen werden. Die Angabe ist jedoch freiwillig. Darüber hinaus gibt es auch noch die Möglichkeit, dass AVM auf Ihre

FRITZ!Box zugreifen darf, um Informationen abzurufen. Diese Option nennt sich **Diagnose und Wartung** und ist unterhalb des E-Mail-Feldes verfügbar. Sie ist normalerweise deaktiviert und sollte aus Sicherheitsgründen auch deaktiviert bleiben. Am besten schalten Sie die Option nur dann vorübergehend ein, wenn sie tatsächlich im Problemfall benötigt wird. Im Regelfall wird Sie der Hersteller zum Beispiel bei einem Gespräch mit der Service-Hotline auf die Funktion aufmerksam machen und Sie um deren Aktivierung bitten. Sie können dann selbst entscheiden, ob Sie dem Wunsch in diesem Fall nachkommen und die Funktion nach Abschluss der Service-Maßnahmen auch wieder deaktivieren.

Die Einrichtung und Konfiguration des Internetzugangs

Die Grundeinstellungen Ihres Internetzugangs legen Sie im Webinterface der FRITZ!Box unter dem Menüpunkt **Internet • Zugangsdaten** fest. Die meisten dieser Einstellungen haben Sie schon bei der Grundeinrichtung des Gerätes in den Assistenten eingegeben. Es schadet jedoch nicht, sich mit den Optionen in dieser Kategorie einmal gründlich auseinanderzusetzen und alles nach Wunsch einzustellen. Sie sind in dieser Kategorie auch dann richtig, wenn bei der Ersteinrichtung etwas im Assistenten nicht wie gewünscht funktioniert hat oder Sie einen der Schritte übersprungen haben und die komplette Einrichtung nun vervollständigen möchten. Die Sektion **Zugangsdaten** ist in mehrere Registerkarten unterteilt, von denen die Registerkarte **Internetzugang** sicherlich die wichtigste ist, denn hier können Sie die Zugangsdaten Ihres Internetproviders eintragen, damit die FRITZ!Box überhaupt eine Internetverbindung aufbauen kann. Bei den übrigen Optionen handelt es sich mehr oder weniger um Komfortmerkmale.

Die Einstellungen für den Internetzugang

Auf der Registerkarte **Internetzugang** können Sie bei DSL-Geräten im Webinterface im Menüpunkt **Internet • Zugangsdaten** Ihren Internetzugang konfigurieren, also etwa den jeweiligen Anbieter auswählen sowie Benutzername und Passwort eingeben. Diese Daten haben Sie vermutlich schon im Assistenten bei der Ersteinrichtung hinterlegt, sodass an dieser Stelle keine Eingaben erforderlich sind. Sollte beim Assistenten etwas schief gegangen sein oder möchten Sie die Zugangsdaten ändern, dann sind Sie hier an der richtigen Stelle.

Die Registerkarte **Internetzugang** ist in mehrere Sektionen unterteilt und sollte von oben nach unten abgearbeitet werden, weil einige der oberen Optionen den Funktionsumfang der unteren Optionen beeinflussen. Los geht es also ganz oben mit der Sektion **Internetanbieter**, in die Sie Ihre Zugangsdaten eintragen.

SCHRITT FÜR SCHRITT

So geben Sie die Zugangsdaten für Ihren Internetzugang ein

1. Öffnen Sie im Webinterface den Menüpunkt **Internet • Zugangsdaten** und dort die Registerkarte **Internetzugang**.
2. Scrollen Sie zur Sektion **Internetanbieter**.
3. Öffnen Sie das Ausklappfeld **Internetanbieter**, und wählen Sie dort den Anbieter (oder Provider) Ihres Internetzugangs aus.

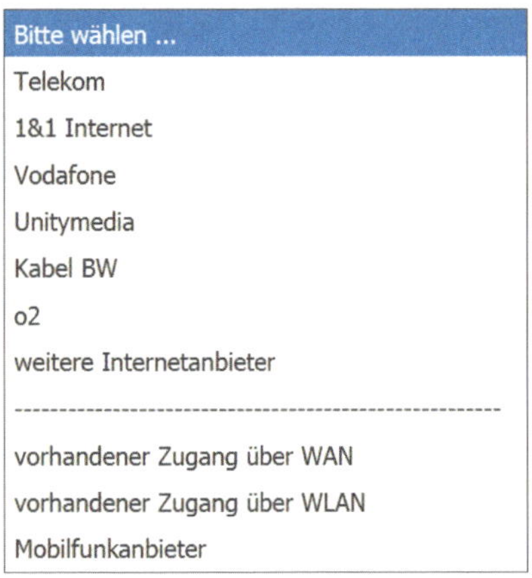

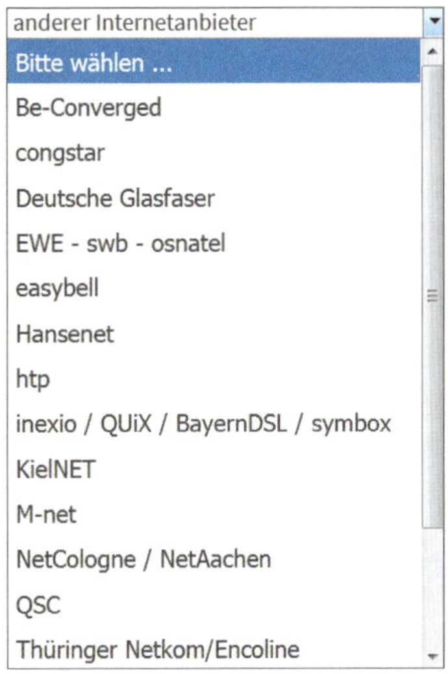

Die bekanntesten Anbieter sind direkt im Menü verfügbar. Kleinere Anbieter erreichen Sie, wenn Sie den Punkt **weitere Internetanbieter** auswählen. In diesem Fall erscheint ein weiteres Ausklappfeld mit zusätzlichen Internetanbietern. Werden Sie auch hier nicht fündig, dann können Sie dort über den Punkt **anderer Internetanbieter** auch eine vollständig eigene Konfiguration vornehmen, die allerdings aufgrund der vielen verfügbaren Parameter für den Einsteiger eventuell etwas unübersichtlich wirkt. Hier ist es wichtig, dass Sie sich genau an die Anleitung des Internetanbieters halten.

Übrigens: Für Sonderfälle beinhaltet das Menü auch die beiden Einträge **vorhandener Zugang über WAN** und **vorhandener Zugang über WLAN**. Hiermit können Sie die FRITZ!Box Teil eines existierenden Netzwerks werden lassen, das schon über einen funktionierenden Internetzugang verfügt. Im ersten Fall geschieht dies über eine kabelgebundene Verbindung (das kann auch ein Modem sein, das aber zwingend selbst die Verbindung aufbaut), im zweiten Fall über WLAN – dann müssen natürlich die jeweiligen Zugangsdaten eingetragen werden. Sollten Sie aber ein externes Modem verwenden, das über die FRITZ!Box gesteuert wird und nicht von selbst direkt eine Internetverbindung aufbaut, dann wählen Sie keine der beiden Optionen, sondern machen zunächst ganz normal mit der Auswahl des Providers weiter.

4. Nachdem Sie den Internetanbieter ausgewählt haben, hat sich der untere Teil der Webseite verändert. Je nach Anbieter ist es nun gegebenenfalls zunächst erforderlich, die Zugangsart zu wählen – hier wird etwa zwischen einem Anschluss für Privatpersonen und einem Anschluss für Geschäftskunden unterschieden. Wenn bei Ihnen diese Sektion vorhanden ist, dann füllen Sie sie entsprechend aus, ansonsten können Sie direkt zu Schritt 5 gehen.

5. Nachdem Sie eventuell eine Zugangsart konfiguriert haben, müssen Sie als Nächstes die Zugangsdaten eintragen. Der Umfang dieses Menüpunktes unterscheidet sich von Anbieter zu Anbieter. Manchmal genügt die Eingabe von Benutzernamen und Passwort, manchmal sind deutlich mehr Werte erforderlich. Füllen Sie alle Felder mit den Daten aus, die Ihnen Ihr Provider mitgeteilt hat.

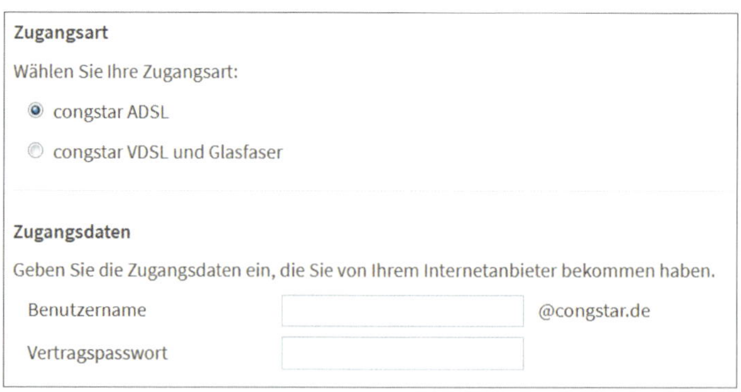

6. Weiter geht es mit der Sektion **Verbindungseinstellungen**. Hier sind zunächst keine Einstellungen erforderlich – diese können Sie sich gleich ansehen. Aktivieren Sie stattdessen das Kästchen **Internetzugang nach dem Übernehmen prüfen**.
7. Klicken Sie jetzt auf **Übernehmen**. Damit sind alle Daten hinterlegt.

Die FRITZ!Box wird nun versuchen, eine Internetverbindung aufzubauen, und Sie über das Ergebnis unterrichten. Wenn alles gut geklappt hat, können Sie sich die Verbindungseinstellungen aus Punkt 6 genauer ansehen. Falls es einen Fehler gab, kontrollieren Sie noch mal alle eingegebenen Daten und ob alle Felder ausgefüllt sind. Überprüfen Sie auch die Verkabelung der FRITZ!Box. Achten Sie darauf, dass alle Kabel an den richtigen Anschlüssen eingesteckt sind. Sollten Sie – weil es Ihre besondere Situation erfordert – nicht das interne Modem der FRITZ!Box, sondern ein externes Modem verwenden, dann wird der Internet-Test in jedem Fall fehlschlagen. In diesem Fall müssen Sie der FRITZ!Box erst mitteilen, dass Sie ein externes Modem verwenden. Wie das geht, zeigt der nächste Absatz zu den Verbindungseinstellungen.

Die in Punkt 6 genannten Verbindungseinstellungen können Sie jederzeit bearbeiten. Dazu müssen Sie zunächst auf den gleichnamigen Punkt klicken, danach öffnen sich die verfügbaren Optionen in einem Ausklappmenü. Die verfügbaren Optionen und auch die voreingestellten Werte können je nach Internetanbieter unterschiedlich sein. Im Regelfall gibt es jedoch zunächst die Möglichkeit, die Dauer der Internetverbindung einzustellen. Heutzutage werden Internetzugänge im Regelfall als sogenannte *Flatrate* angeboten. Hierbei ist die Internetnutzung durch eine pauschale Gebühr zeitlich unbegrenzt möglich. Es ist also nicht nötig, den Internetzugang nur bei Bedarf einzuschalten, stattdessen kann die Verbindung dauerhaft bestehen. Da viele Geräte, allen voran Mobilgeräte wie Smartphones oder Tablets ohne eine Internetverbindung (sehr spitz formuliert) fast schon nutzlos sind, sollte bei einer verfügbaren Flatrate die Internetverbindung auch dauerhaft erhalten bleiben. Achten Sie also darauf, dass Sie die Option **Dauerhaft halten (empfohlen für Flatrate-Tarife)** in der Sektion **Internetverbindung** aktivieren. Interessant ist jetzt der Punkt **Zwangstrennung durch den Anbieter verschieben in die Zeit zwischen**. Der Grund ist folgender: Bei vielen DSL-Anschlüssen (teilweise auch bei anderen Verfahren) wird die Internetverbindung durch den Anbieter nach spätestens 24 Stunden automatisch getrennt. Das ist kein großes Problem, denn die

FRITZ!Box baut die Verbindung anschließend selbstständig wieder neu auf. Es entsteht allerdings eine Unterbrechung in der Nutzbarkeit des Internets, die durchaus zwei bis drei Minuten andauern kann. Daher ist es vorteilhaft, wenn diese *Zwangstrennung* zu nachtschlafender Zeit durchgeführt wird, denn da stört sie kaum. Aktivieren Sie also die genannte Option, und wählen Sie eine Zeit in der Nacht. Nun wird die FRITZ!Box die Verbindung aktiv trennen und damit der Zwangstrennung des Providers zuvorkommen. Beachten Sie, dass diese Option aber nur dann sinnvoll ist, wenn Ihr Provider eine Zwangstrennung vornimmt. Ob das so ist, erfahren Sie im Kleingedruckten zu Ihrem Internetanschluss. Wenn keine Zwangstrennung erfolgt, sollten Sie die Option deaktiviert lassen.

Abbildung 7.31 *Bei der Nutzung einer Flatrate können Sie einstellen, dass die FRITZ!Box zu einer bestimmten Zeit einer eventuellen Zwangstrennung des Anbieters zuvorkommt.*

Sollten Sie hingegen einen Zeit- oder Volumentarif verwenden (was eher unwahrscheinlich ist, aber zum Beispiel bei Mobilfunkverbindungen oder absoluten Einsteigerprodukten vorkommen kann), dann müssen Sie statt der dauerhaften Verbindung die Option **Bei Inaktivität trennen (empfohlen für Zeit- oder Volumentarife)** auswählen. Hierbei ist die Internetverbindung nur dann aktiv, wenn sie auch verwendet wird, und es entstehen keine zusätzlichen Kosten. Im Feld **Automatisch trennen nach ... Sekunden** können Sie die Zeit einstellen, nach der die FRITZ!Box die Verbindung trennt. Diese Art des Verbindungsaufbaus sollte jedoch nur im Ausnahmefall durchgeführt werden. Denken Sie daran, dass die meisten Geräte im Haushalt heutzutage sehr häufig eine Internetverbindung verwenden. Es kann also passieren, dass sehr oft und sehr lange eine Internetverbindung aufgebaut wird und dadurch bei einem Zeittarif schnell hohe Kosten entstehen. Prüfen Sie unbedingt, ob nicht vielleicht ein Flatrate-Tarif wesentlich risikoärmer ist.

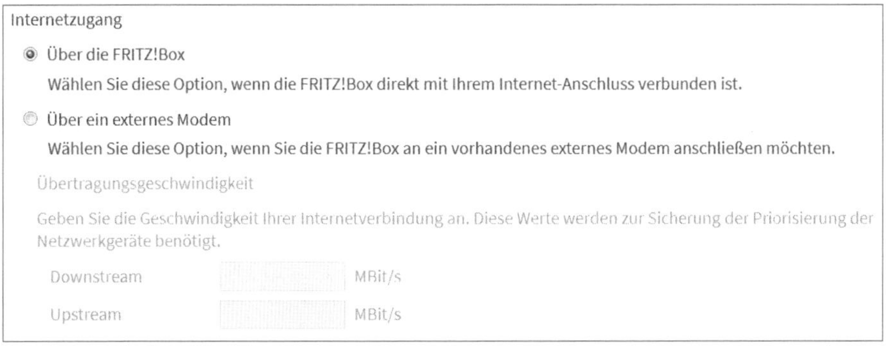

Abbildung 7.32 *Normalerweise wird der Internetzugang über die FRITZ!Box aufgebaut, auf Wunsch kann aber auch ein externes Modem verwendet werden.*

Als Nächstes können Sie auswählen, durch welches Gerät die Internetverbindung aufgebaut wird. Normalerweise wird dazu das eingebaute Modem der FRITZ!Box verwendet, dazu wird in der Sektion **Internetzugang** die Option **Über die FRITZ!Box** ausgewählt. Sollten Sie jedoch ein externes Modem verwenden, das sie etwa von Ihrem Provider gestellt bekommen (so etwas kann zum Beispiel bei einem Kabelanschluss vorkommen), dann baut dieses die Verbindung auf; die FRITZ!Box steuert dabei das externe Modem an. Wählen Sie in diesem Fall die Option **Über ein externes Modem**. Achten Sie darauf, dass Sie das Modem korrekt an der FRITZ!Box angeschlossen haben (Anschluss WAN oder, falls nicht vorhanden, LAN1). Geben Sie ferner in die beiden Felder **Downstream** und **Upstream** die Werte der Übertragungsgeschwindigkeit Ihrer Internetverbindung ein. Die FRITZ!Box benutzt diese Werte für interne Berechnungen, zum Beispiel zur Anzeige der Auslastung, aber auch zur Priorisierung des Internetverkehrs (siehe Abschnitt »Informationen rund um Ihre Internetverbindung abrufen« in diesem Kapitel).

Als Letztes können Sie noch festlegen, ob die Geräte im Heimnetzwerk eine eigene Internetverbindung aufbauen dürfen. Dabei ignorieren sie die Internetverbindung durch die FRITZ!Box und bauen stattdessen über das Modem (extern oder intern) eine eigene Verbindung auf, die sie sich nicht mit andern Geräten teilen müssen. Normalerweise ist dies nicht erforderlich, es gibt einige Ausnahmen, zum Beispiel bei Telefoniegeräten. Sie sollten diese Option nur dann aktivieren, wenn es erforderlich ist und es gute Gründe dafür gibt. Experimente sind nicht angebracht: So mancher Provider berechnet eine Extragebühr, wenn gleichzeitig mehrere Internetverbindungen aufgebaut werden. Kontrollieren Sie genau das Kleingedruckte, um nicht versehentlich in die Kostenfalle zu tappen. Möchten Sie gestatten, dass Ihre Geräte im Heimnetzwerk eigene Internetverbindungen aufbauen können, dann aktivieren Sie die entsprechende Option in der Sektion PPPoE-Passthrough, was allerdings auch vom Hersteller AVM explizit nicht empfohlen wird.

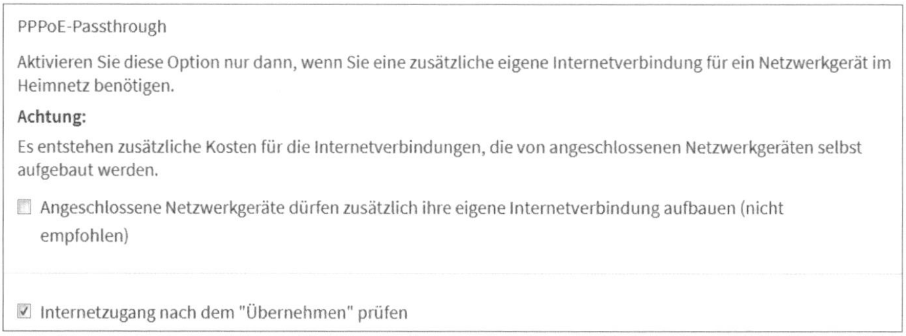

Abbildung 7.33 *Die Option »PPPoE-Passthrough« erlaubt es Endgeräten, einen eigenen Internetzugang aufzubauen. Diese Funktion richtet sich hauptsächlich an erfahrene Anwender.*

Wenn Sie alle Einstellungen getätigt haben, können Sie über das Kästchen **Internetzugang nach dem Übernehmen prüfen** und anschließender Übernahme mit der Schaltfläche ganz unten die Internetverbindung erneut prüfen. Wenn alles geklappt hat, sind sie schon fertig.

Sollten Sie hingegen eine FRITZ!Box für den Kabelanschluss verwenden, dann gibt es diese gesamte Sektion im Webinterface gar nicht. Stattdessen finden Sie eine Seite **Internet • Zugangsdaten • Einstellungen**. Diese deckt sich allerdings nahezu 1:1 mit der Seite, die Sie schon bei der Ersteinrichtung Ihrer FRITZ!Box kennengelernt haben – mehr dazu finden Sie in Kapitel 3 im Abschnitt »Die Ersteinrichtung der FRITZ!Box«. Sie können hier praktisch nur auswählen, ob Sie den Internetzugang über das eingebaute Modem oder über ein externes Modem, das mit dem LAN-1-Anschluss verbunden ist, aufbauen möchten.

Die Nutzung von IPv6 konfigurieren

Bei vielen Internetprovidern ist im Anschluss neben dem betagten Protokoll IPv4 auch bereits die Nutzung des modernen Internetprotokolls IPv6 möglich, das unter anderem einen wesentlich größeren Adressraum und damit wesentlich mehr Internetgeräte ermöglicht. Der Einsteiger, der hauptsächlich am normalen Surfen und am E-Mail-Verkehr interessiert ist, muss sich für dieses Thema nicht sonderlich interessieren, denn an der eigentlichen Nutzung des Internets im Browser oder im E-Mail-Programm ändert sich durch das modernere Protokoll nichts. Oftmals ist es so, dass sowohl das alte als auch das neue Internetprotokoll parallel aktiv sind, sodass sich bei der Nutzung keinerlei Einschränkungen ergeben.

Es kann allerdings sein, dass das neue Protokoll IPv6 noch nicht von allen Geräten im Heimnetz korrekt unterstützt wird – so etwas kann bei älteren Geräten passieren, bei denen die Implementierung des Protokolls unvollständig ist und die leider vom jeweiligen Hersteller auch nicht mehr gepflegt werden. Aus diesem Grund bietet die FRITZ!Box die Option, die Nutzung des modernen IPv6-Protokolls zu deaktivieren. Dies sollte aber nur aus konkretem Anlass vorgenommen werden, denn es wäre schade, auf die Vorzüge zu verzichten. Prüfen Sie daher im Problemfall, ob es wirklich am modernen Protokoll liegt.

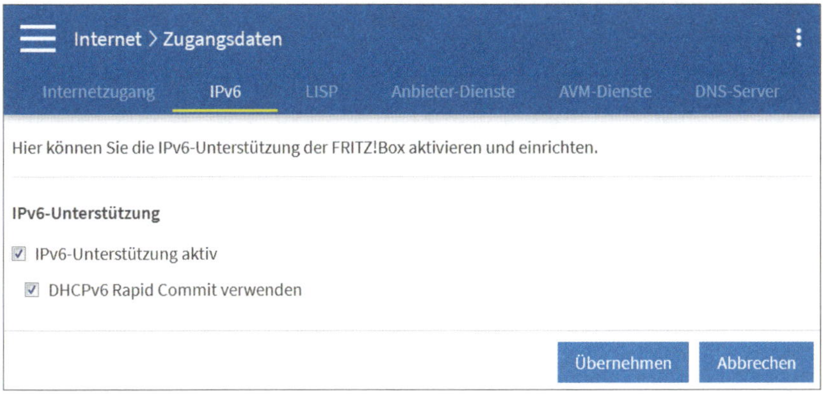

Abbildung 7.34 *Sollte das IPv6 noch Probleme bereiten, so kann dessen Nutzung komplett abgeschaltet werden – das sollte aber nur in Ausnahmefällen erforderlich sein.*

SCHRITT FÜR SCHRITT

So deaktivieren Sie die Nutzung des IPv6-Protokolls

1. Öffnen Sie im Webinterface der FRITZ!Box den Menüpunkt **Internet • Zugangsdaten** und dort die Registerkarte **IPv6**.
2. Entfernen Sie den Haken im Feld **IPv6-Unterstützung aktiv**.
3. Klicken Sie abschließend auf **Übernehmen**.

Durch das spätere Setzen des Hakens und anschließendes Übernehmen können Sie das Protokoll auch jederzeit wieder aktivieren.

Probleme mit Rapid Commits?

Bei Problemen mit der Verbindung können auch zunächst die sogenannten *DHCPv6 Rapid Commits* deaktiviert werden. Hierbei handelt es sich um eine bestimmte Kommunikationsart, bei der Solicit-Anfragen direkt durch den jeweiligen Server beantwortet werden. Bei Problemen kann versucht werden, diese Funktion zu deaktivieren. Entfernen Sie dazu den Haken im Kästchen **DHCPv6 Rapid Commit verwenden**, und klicken Sie auf **Übernehmen**. Diese Option sollte jedoch eher vom technisch fortgeschrittenen Nutzer verwendet werden.

Die IPv6-Anbindung konfigurieren

Wenn Sie IPv6 nutzen möchten, dann gibt es verschiedene Möglichkeiten, wie es von der FRITZ!Box verwendet wird. Dies steuern Sie im Webinterface auf der Registerkarte **Internet • Zugangsdaten • IPv6** in der Sektion **IPv6-Anbindung**. Die Einstellungen hier sind abhängig vom Internetzugang. Eigene Experimente sind nicht angebracht, richten Sie sich stattdessen genau nach den Anweisungen des Internetproviders. Bei Unsicherheiten zur genauen Einstellung sollten Sie dort nachfragen.

Die Einstellungen zum DNS-Server

Im Internet spielen *DNS-Server* eine sehr große Rolle. Der DNS, der sogenannte *Domain Name Service*, ist eine Art von Telefonbuch für das Internet. Im Internet läuft die gesamte Kommunikation über die IP-Adressen. Jede Webseite ist also in Wahrheit über eine IP-Adresse zu erreichen. Die bekannten Domainnamen, etwa *rheinwerk-verlag.de*, haben für die Technik im Internet fast keine Bedeutung. Sie dienen nur dem Menschen dazu, sich eine Webseite merken und einfach aufrufen zu können – schließlich kann man kaum einen Haufen verschiedener IP-Adressen im Gedächtnis behalten. Wenn man also etwa die Internetseite *rheinwerk-verlag.de* aufruft, dann geht der Browser zunächst zu einem DNS-Server und fragt dort nach, welche IP-Adresse er kontaktieren soll. Der DNS-Server schlägt in seinem »Telefonbuch« nach und antwortet mit der jeweiligen IP-Adresse.

Sie sehen, dass für eine komfortable Nutzung des Internets ein solcher DNS-Server unbedingt erforderlich ist. Ein DNS-Server wird grundsätzlich vom Provider gestellt. Diesen DNS-Server nutzt die FRITZ!Box standardmäßig, und der Einsteiger muss sich um dieses Thema überhaupt nicht weiter kümmern.

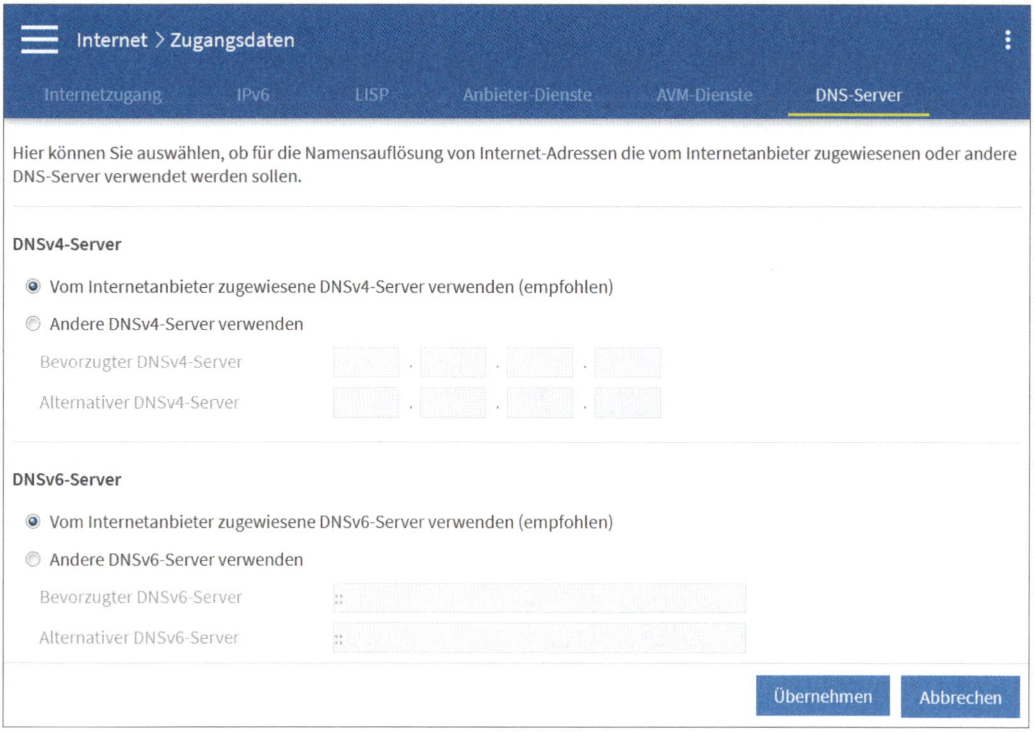

Abbildung 7.35 *Auf Wunsch können Sie den von der FRITZ!Box genutzten DNS-Server verändern – Einsteiger belassen es am besten bei der Voreinstellung.*

Nun sollte noch gesagt werden, dass es im Internet sehr viele verschiedene DNS-Server gibt (und genau genommen arbeitet auch nicht ein einzelner Server alle Anfragen ab; stattdessen gibt es ein ganzes DNS-System mit mehreren Hierarchieebenen, aber das führt an dieser Stelle zu weit). So kann es sein, dass ein alternativer DNS-Server schneller oder sogar zuverlässiger arbeitet als der vom Provider gestellte.

Bei der Nutzung des DNS-Systems können sogar Bedenken beim Datenschutz aufkommen, denn schließlich erfährt der DNS-Server ja den kompletten Internetverlauf, also welche Seiten man aufgerufen hat. Der fortgeschrittene Nutzer ist daher vielleicht daran interessiert, statt des DNS-Servers des Providers einen anderen DNS-Server zu verwenden. Die FRITZ!Box gestattet dies. Im Webinterface lassen sich – getrennt für das IPv4- und das IPv6-Protokoll – alternative DNS-Server anlegen.

Bevor Sie einen alternativen DNS-Server verwenden, müssen Sie zunächst dessen IP-Adresse kennen. Außerdem sollten Sie sich genau überlegt haben, aus welchen Gründen Sie auf einen alternativen Server ausweichen möchten.

SCHRITT FÜR SCHRITT

So verwenden Sie einen alternativen DNS-Server statt des DNS-Servers des Internetproviders

1. Öffnen Sie die Registerkarte **DNS-Server** im Menüpunkt **Internet • Zugangsdaten** im Webinterface der FRITZ!Box.
2. Aktivieren Sie in der Sektion für das IPv4- oder (entsprechend angepasst) das IPv6-Protokoll die Option **andere DNSv4-Server verwenden**, und geben Sie die Adresse des bevorzugten sowie optional die Adresse eines alternativen DNS-Servers ein.
3. Klicken Sie abschließend auf **Übernehmen**.

Der alternative DNS-Server wird dann befragt, wenn der bevorzugte DNS-Server nicht ansprechbar ist. Sie können über die Option **Vom Internetanbieter zugewiesene DNS-Server verwenden** jederzeit zum DNS-Server Ihres Internetproviders zurückkehren.

Die Programmierung der FRITZ!Box durch den Internet-Anbieter

Ihre FRITZ!Box kann auf Wunsch auch in gewissem Rahmen durch Ihren Internetanbieter programmiert werden. Das geschieht durch das Protokoll TR-069. Diese Funktion bietet einige besonders für den Einsteiger interessante Funktionen. Sie muss allerdings vom Internetanbieter unterstützt werden, nicht alle Anbieter nutzen das Protokoll TR-069 und die damit möglichen Funktionen. Außerdem steht diese Funktion auch nicht bei allen FRITZ!Box-Modellen zur Verfügung.

In den Abschnitten zur Ersteinrichtung haben Sie gesehen, dass für einen korrekten Internetzugang einige Daten eingegeben werden müssen. Insbesondere beim Bereich der Telefonie können die notwendigen Einstellungen recht komplex werden, und die manuelle Eingabe ist ein fehlerträchtiger Prozess. Wenn Sie die manuelle Eingabe scheuen oder es dabei zu Problemen gekommen ist, dann ist vielleicht die automatische Konfiguration der FRITZ!Box für Sie interessant. Wenn diese Funktion aktiviert ist, so kann der Internetanbieter die für Ihren Anschluss nötigen Konfigurationseinstellungen direkt an Ihre FRITZ!Box senden. Die FRITZ!Box übernimmt die Einstellungen, und Sie können direkt den Internetzugang nebst der Telefoniefunktion verwenden. Diese Funktion wird allerdings nicht von allen Internetanbietern angeboten. Ein Blick in die Leistungsbeschreibung oder ein Anruf bei der Hotline bringt Klarheit, kostet jedoch unter Umständen etwas Zeit. Sie können auch einfach durch Ausprobieren herausfinden, ob die Funktion unterstützt wird, denn wenn dem nicht so ist, werden durch die FRITZ!Box keine entsprechenden Daten empfangen. Wie gesagt, richtet sich diese Funktion hauptsächlich an den Einsteiger. Der fortgeschrittene Nutzer wird auch mit der manuellen Dateneingabe sicher zum Ziel kommen.

SCHRITT FÜR SCHRITT

So aktivieren Sie die automatische Einrichtung durch den Internetanbieter

1. Öffnen Sie im Webinterface die Registerkarte **Internet • Zugangsdaten • Anbieter-Dienste**.

   Hinweis: Diese Registerkarte wird im Webinterface unter Umständen ausgeblendet, wenn der Internetanbieter die automatische Einrichtung nicht unterstützt. Außerdem wird die Registerkarte **Anbieter-Dienste** nur in der erweiterten Ansicht angezeigt (siehe dazu Kapitel 4, Abschnitt »Abmelden und erweiterte Ansicht: das Systemmenü«).

2. Setzen Sie einen Haken in das Feld **Automatische Einrichtung durch den Dienstanbieter zulassen**.

3. Klicken Sie unten auf der Seite auf **Übernehmen**.

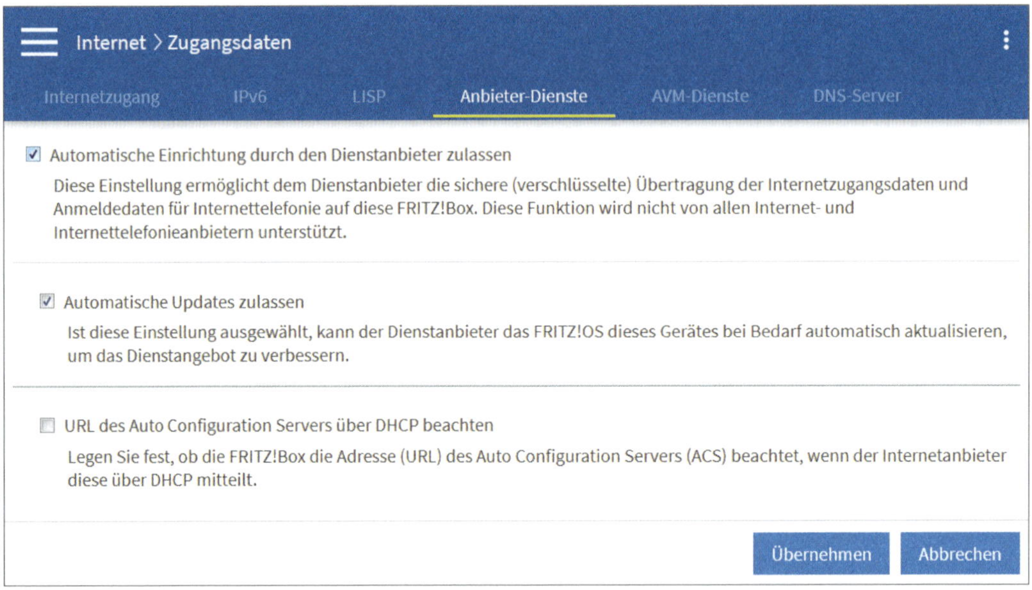

Abbildung 7.36 *Ihre FRITZ!Box kann auf Wunsch direkt durch den Internetanbieter programmiert werden und erhält so beispielsweise die benötigten Zugangsdaten.*

Anschließend müssen Sie abwarten, ob die FRITZ!Box Zugangsdaten durch den Anbieter empfängt. Wenn dem so ist, werden Sie informiert. Je nach Anbieter kann es erforderlich sein, die FRITZ!Box für den Datenempfang zunächst neu zu starten.

Wenn Sie die automatische Einrichtung durch den Internetanbieter aktiviert haben, werden zusätzliche Funktionen sichtbar. So bieten einige Anbieter von Internetzugängen eine eigene Software für die FRITZ!Box mit einem eigenen Funktionsumfang. Bei dieser angepassten Fassung des FRITZ!OS (des Betriebssystems der FRITZ!Box) können unter Umständen spezielle Funktionen vorhanden sein, ebenso ist es möglich, dass bestimmte Funktionen mit den jeweiligen Werten des Providers fest belegt sind und weder angezeigt noch verändert werden können. Eine solche Reduktion des Funktionsumfangs ist von erfahrenen Anwendern meist nicht gewünscht, kann jedoch für den Einsteiger hilfreich sein. Wenn ein Anbieter eine angepasste Fassung der Software anbietet, so geht dies meist mit einer aktivierten automatischen Update-Funktion daher, die sich nicht abschalten lässt. Einige Anbieter lassen es aber trotzdem zu, dass das automatische Update abgeschaltet werden kann.

SCHRITT FÜR SCHRITT

So deaktivieren oder aktivieren Sie automatische Softwareupdates durch den Internetanbieter

1. Öffnen Sie im Webinterface die Registerkarte **Internet • Zugangsdaten • Anbieter-Dienste**.
2. Setzen oder löschen Sie den Haken im Feld **Automatische Updates zulassen**.
3. Klicken Sie unten auf der Seite auf **Übernehmen**.

Verwechseln Sie diese Funktion nicht mit den automatischen Updates aus Kapitel 9, Abschnitt »Immer auf dem aktuellen Stand sein: die Update-Funktion«. Die dort beschriebene Methode gilt nur für Softwareupdates durch den Hersteller der FRITZ!Box AVM. Die hier beschriebenen Updates stammen jedoch vom Internetanbieter.

Das Zusatzprotokoll LISP konfigurieren

LISP ist sicherlich etwas für den fortgeschrittenen Benutzer, das der Einsteiger zunächst nicht weiter beachten muss und ohne weitere Einschränkungen deaktiviert lassen kann. Bei LISP handelt es sich um ein modernes Protokoll für Sonderanwendungen im Internet. Ausgeschrieben heißt es *Locator/Identifier Separation Protocol* und kann mehrere Aufgaben übernehmen. An den Begriffen erkennt man zunächst, dass mit LISP eine Unterscheidung zwischen dem Ort und der Identifikation möglich wird. Dies erweitert sozusagen die bisherigen Möglichkeiten des Internets, denn für gewöhnlich kann anhand der IP-Adresse eines Benutzers nur eine Angabe zum ungefähren Ort gemacht werden. Beim Wechsel des Internetproviders, meist verbunden mit einem Ortswechsel, ändert sich meist auch die IP-Adresse des Nutzers. Während einer Internetverbindung bleibt die IP-Adresse dem jeweiligen Nutzer fest zugewiesen und enthält damit nicht nur (ungefähre) Ortsangaben, sondern dient auch als Identifikationsmerkmal. Somit werden bei der klassischen Internetnutzung über das IPv4-Protokoll die Merkmale Ort und Identität stets gemeinsam und untrennbar codiert. Nun kann es aber sein, dass man eine Trennung dieser Merkmale wünscht und zum Beispiel unabhängig vom Ort stets dieselbe IP-Adresse verwenden möchte – also eine Trennung zwischen Ort und Identifikation angestrebt wird. Genau dies wird mit LISP möglich. LISP hat jedoch auch die Eigenschaften eines Tunnelprotokolls und kann daher auch für die Kommunikation über IPv4- und IPv6-Grenzen hinweg genutzt werden.

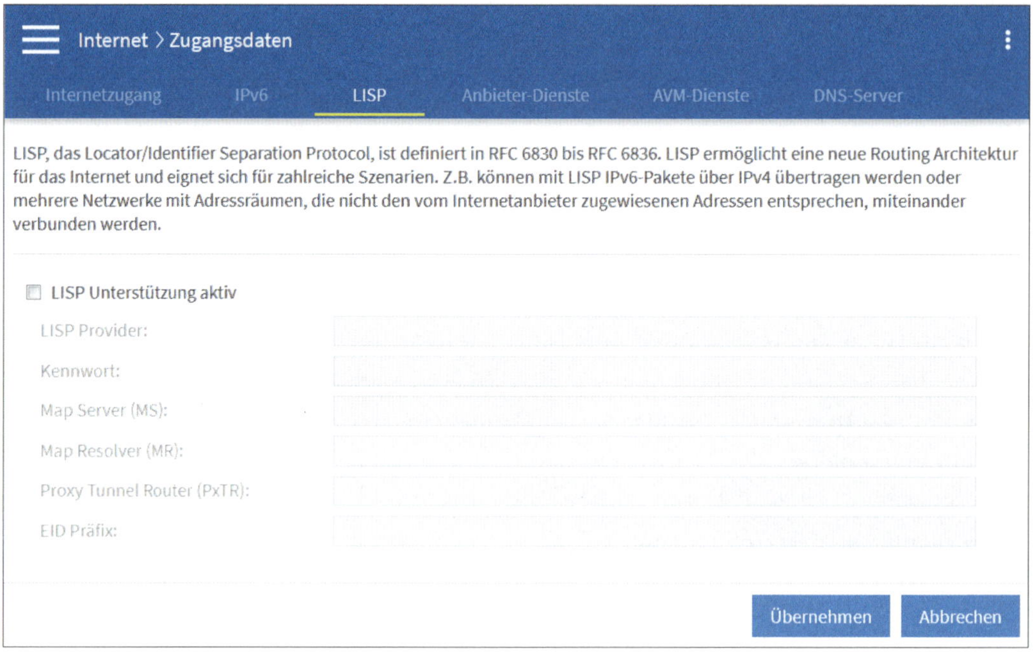

Abbildung 7.37 *Die FRITZ!Box beherrscht auch den Umgang mit LISP, dafür benötigen Sie jedoch einen geeigneten LISP-Provider.*

Wer LISP einsetzen möchte, benötigt dafür einen LISP-Provider, der die benötigten Funktionen bereitstellt. Zusätzlich muss das Internetzugangsgerät das Protokoll unterstützen – bei der FRITZ!Box ist dies der Fall. Sie können also mit Ihrer FRITZ!Box LISP benutzen, unter der Voraussetzung, dass Sie sich bei einem LISP-Provider registriert haben und die notwendigen Zugangsdaten erhalten haben.

SCHRITT FÜR SCHRITT

So aktivieren Sie LISP nach erfolgter Registrierung bei einem LISP-Provider auf Ihrer FRITZ!Box

1. Öffnen Sie im Webinterface die Registerkarte **Internet • Zugangsdaten • LISP**.

   Hinweis: Die Registerkarte LISP ist nur in der erweiterten Ansicht (siehe Kapitel 4, Abschnitt »Abmelden und erweiterte Ansicht: das Systemmenü«) verfügbar.

2. Setzen Sie einen Haken in das Feld **LISP Unterstützung aktiv**.

3. Füllen Sie alle Felder sorgsam mit den Daten, die Sie von Ihrem LISP-Provider erhalten haben, aus.

4. Klicken Sie abschließend auf **Übernehmen**.

Den Internetzugang über einen LTE-Stick einrichten

Mit einem kompatiblen LTE-USB-Stick (hier helfen Suchen im Internet) kann man eine normale FRITZ!Box LTE-fähig machen. Damit steht dann neben der normalen Internetverbindung über DSL oder Kabel eine weitere Zugangstechnologie zur Verfügung. Aufgrund der Kostenstruktur bietet es sich an, den LTE-Zugang nur im Notfall beim Ausfall der regulären Internetverbindung zu nutzen. So kann man dann trotz ausgefallener regulärer Verbindung weiterhin das Internet nutzen. Zwar wird man (bei den aktuellen Tarifen) während dieser Zeit auf Streaming-Video vermutlich verzichten müssen, aber ein normales Surfen im Internet sowie das Verfassen und Abrufen von E-Mails sind problemlos möglich. Dies ist also ideal, wenn Sie beispielsweise von zu Hause aus arbeiten und auf einen funktionierenden Internetzugang angewiesen sind.

Zunächst einmal benötigen Sie einen kompatiblen LTE-USB-Stick sowie eine (mechanisch) passende SIM-Karte eines Mobilfunkanbieters. Am besten entscheiden Sie sich hier für einen Pauschaltarif mit einem ausreichenden Kontingent an Datenvolumen mit hoher Übertragungsgeschwindigkeit. Machen Sie die Wahl des Tarifs davon abhängig, wie häufig und wie intensiv Sie das Mobilfunk-Internet benutzen möchten.

Legen Sie zunächst die SIM-Karte in den USB-Stick ein, und schließen Sie diesen dann an einen freien USB-Anschluss der FRITZ!Box an. Jetzt können Sie mit der Einrichtung des mobilen Internetzugangs beginnen.

SCHRITT FÜR SCHRITT

So richten Sie den mobilen Internetzugang ein

1. Öffnen Sie im Webinterface der FRITZ!Box die Registerkarte **Internet • Mobilfunk**, die nur sichtbar ist, wenn der LTE-Stick korrekt mit der FRITZ!Box zusammenarbeitet.

2. Damit der Mobilfunkbetrieb nur als Backup arbeitet, also nur dann aktiv wird, wenn die normale Verbindung ausgefallen ist, aktivieren Sie die Option **Internetzugang über Mobilfunk nur bei Ausfall der DSL/Kabel-Verbindung herstellen**. Dadurch schaltet die FRITZ!Box gegebenenfalls automatisch auf den Mobilfunkbetrieb um. Wenn der normale Internetzugang wieder hergestellt ist, schaltet die FRITZ!Box nach 30 Minuten wieder hierauf zurück.

3. In das Feld **PIN** müssen Sie nun die PIN der SIM-Karte eintragen.

4. Öffnen Sie das Ausklappfeld **Mobilfunk-Betreiber**, und wählen Sie Ihren Provider aus. Die Zugangsdaten werden automatisch eingestellt. Alternativ können Sie auch über **Anderer Betreiber** manuell Zugangsdaten eintragen.

5. Klicken Sie abschließend auf **Übernehmen**.

Es funktioniert sogar mit dem Smartphone!
Wenn Ihr Smartphone das Teilen der mobilen Internetverbindung über die Funktion USB-Tethering unterstützt, dann können Sie sogar dieses über USB an die FRITZ!Box anschließen. Bei aktiviertem USB-Tethering sehen Sie im Webinterface in der Kategorie **Internet • Mobilfunk** einen entsprechenden Eintrag. Die Einstellungen ähneln denen der soeben gezeigten Variante mit dem USB-Stick und sind weitestgehend selbsterklärend. Es gibt übrigens auch einige USB-Sticks, die direkt über diese Verbindungsart kommunizieren und ebenfalls als USB-Tethering-Gerät eingerichtet werden müssen.

Kapitel 8
Ruf doch mal an: die Telefoniefunktionen

In diesem Kapitel erfahren Sie alles Wichtige rund um die Telefoniefunktion Ihrer FRITZ!Box. Sie lernen, wie Sie Telefongespräche führen können, wie Sie dazu das Telefonbuch verwenden können oder wie Ihnen der Anrufbeantworter das Telefonieren abnimmt. Ich zeige Ihnen auch, wie Sie weitere Telefone zur FRITZ!Box hinzufügen und wie Sie Internet-Telefonnummern einrichten.

Telefonieren mit der FRITZ!Box

Mit den Telefonen, die Sie an der FRITZ!Box angeschlossen haben, können Sie ganz normal telefonieren, wie Sie es von jedem anderen Telefon gewöhnt sind. Zusätzlich ermöglicht es Ihnen die FRITZ!Box, interne Gespräche zwischen den Telefonen zu führen. Das gilt sowohl für analoge Telefone, ISDN-Telefone und DECT-Apparate als auch für Netzwerk- beziehungsweise IP-Telefone. Interne Gespräche werden komplett über die FRITZ!Box abgewickelt, der Telefonieanbieter bekommt davon nichts mit. Solche Gespräche sind komplett kostenlos. Wenn Sie ein Netzwerktelefon über eine VPN-Verbindung von unterwegs mit der heimischen FRITZ!Box verbunden haben, dann können Sie selbstverständlich auch auf diese Weise ein kostenloses Interngespräch führen.

Für die Interngespräche hat jedes Telefon seine eigene interne Telefonnummer, unter der es zu erreichen ist. Wenn Sie ein Interngespräch führen möchten, dann wählen Sie zuerst ** und geben dann die Internrufnummer des gewünschten Telefons ein. Dieses wird dann klingeln. Sobald Sie das doppelte Sternchen eingegeben haben hören Sie (bei abgenommenem Hörer) den Internwählton, der anders klingt als der übliche Wählton. Auch das Klingelzeichen kann (je nach Telefon) unterschiedlich sein. Die folgende Tabelle gibt Ihnen einen Überblick über die intern verfügbaren Telefonnummern:

Telefon	Interne Rufnummer
Alle Telefone anrufen (Rundruf)	**9
Anrufbeantworter 1	**600
Anrufbeantworter 2	**601 (und weiter fortlaufend)
Anrufbeantworter 1 Memofunktion	**605
Anrufbeantworter 2 Memofunktion	**606 (und weiter fortlaufend)
Analoges Telefon 1	**1
Analoges Telefon 2	**2
ISDN-Telefonanlage	**50
ISDN Telefon 1	**51
ISDN Telefon 2	**52 (und weiter fortlaufend)
DECT-Telefon 1	**610
DECT-Telefon 2	**611 (und weiter fortlaufend)
Netzwerk-/IP-Telefon 1	**620
Netzwerk-/IP-Telefon 2	**621 (und weiter fortlaufend)

Tabelle 8.1 *Interne Rufnummern an der FRITZ!Box*

Die spontane Amtsholung ausschalten

Wenn man in einer großen Firma oder Behörde telefonieren möchte, dann hört man beim Abnehmen des Hörers zunächst einen Internwählton und kann somit zügig andere Mitarbeiter erreichen. Möchte man ein Externgespräch führen, dann muss man zunächst eine [0] vorwegwählen. So etwas können Sie auch an der FRITZ!Box einstellen – allerdings nur an den beiden analogen Anschlüssen direkt am Gerät. Möchten Sie die sogenannte *spontane Amtsholung* ausschalten, dann wählen Sie #11*0*#91** an Telefon 1 beziehungsweise #12*0*#91** an Telefon 2. Jetzt hören Sie beim Abnehmen des Hörers den Internwählton. Interne Nummern können nun ohne vorangestellte Sternchen gewählt werden. Das analoge Telefon 1 erreichen Sie also ganz einfach über [1]. Für ein externes Gespräch ist eine [0] vorweg zu wählen (genau das ist die *Amtsholung*). Möchten Sie die Funktion wieder ausschalten, dann wählen Sie #11*1*#91** für Telefon 1 beziehungsweise #12*1*#91** für Telefon 2.

Einen Anruf heranholen

Manchmal passiert es, dass ein Telefon im Haushalt klingelt, man das Telefonat aber lieber an einem anderen Telefon annehmen möchte. Und wenn man einmal nicht schnell genug sein sollte, dann kann es auch passieren, dass der Anrufbeantworter schneller ist und das Telefongespräch angenommen hat. In diesen Fällen kann man das Telefongespräch auch an ein anderes Telefon »heranholen«. Dazu nehmen Sie einfach am gewünschten Telefon den Hörer ab und geben die Tastenkombination *09 ein. Dadurch übernehmen Sie das Telefonat mit dem aktuellen Telefon.

Übersicht über alle Telefongespräche: die Anrufliste

Eine Übersicht über alle kürzlich geführten Telefongespräche bietet Ihnen Ihre FRITZ!Box im Webinterface unter **Telefonie • Anrufe** auf der Registerkarte **Anrufliste**. Dort sehen Sie verschiedene Reiter für alle Anrufe sowie (als eine Art von Filter) die ausgehenden Anrufe, die angenommenen Anrufe und die in Abwesenheit verpassten Anrufe. Die FRITZ!Box speichert die Daten der letzten 400 Gespräche. Die Übersichtstabelle hat verschiedene Spalten und zeigt dort das Datum des Gesprächs, die Rufnummer des externen Gesprächspartners beziehungsweise, sofern ein passender Telefonbucheintrag gesetzt ist, dessen Namen. Außerdem können Sie ablesen, welches Telefongerät das Gespräch bei Ihnen im Heimnetz geführt hat, über welche Ihrer Rufnummern das Gespräch geführt wurde sowie wie lang das Gespräch dauerte. Über die Schaltflächen am Ende der Tabelle können Sie die Gesprächsdaten (extern) sichern, komplett löschen sowie die Ansicht aktualisieren. Für den Fall, dass Sie die Protokollierung der Anrufe nicht wünschen, können Sie ganz oben den Haken im Feld **Anrufliste aktiv (insgesamt x Anrufe)** entfernen. Man sollte jedoch genau abwägen, ob dies sinnvoll ist. Die Anrufliste bietet einen guten Ansatzpunkt, um zu überprüfen, ob mit dem Anschluss alles in Ordnung ist. Sobald hier Einträge auftauchen, die Sie sich nicht erklären können, sollten Sie hellhörig werden. Wenn keines der Familienmitglieder die fraglichen (abgehenden) Gespräche geführt hat, könnte eventuell ein Angreifer in Ihr Netzwerk eingedrungen sein und die Telefoniefunktion für seine Zwecke missbrauchen. Aber auch bei unerwünschten ankommenden Gesprächen kann die Anrufliste hilfreich sein: Dank der Protokollierung erfahren Sie die Rufnummer eines Störenfrieds und können diese, sofern darüber mehrfach unerwünschte Anrufe ankommen, über die Filterfunktion sperren (siehe Abschnitt »Mit Rufsperren bestimmte ausgehende und eingehende Gespräche sperren« in diesem Kapitel).

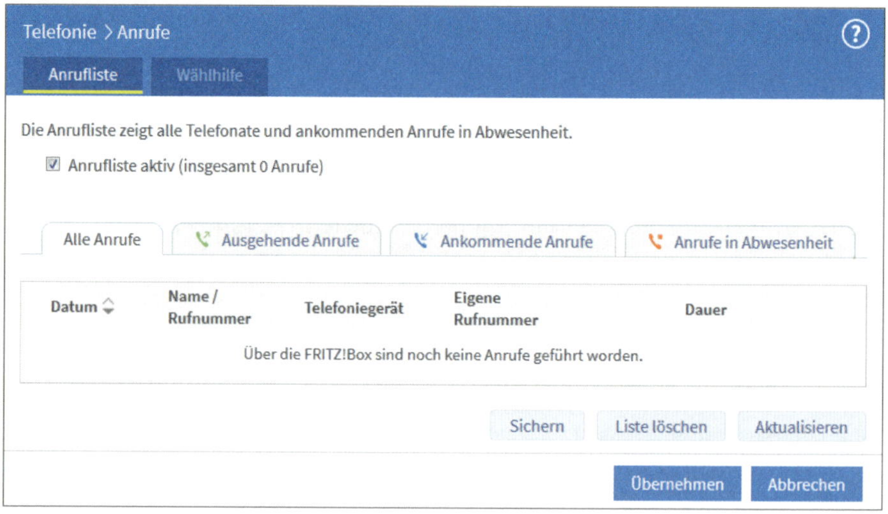

Abbildung 8.1 *Anfangs noch ganz leer, später aber mit reichlich Daten gefüllt: die Anrufliste, die über alle Telefonate Protokoll führt.*

Das Telefonbuch verwenden

Ihre FRITZ!Box kann ein eigenes Telefonbuch verwalten. Im Telefonbuch können Sie Ihre Kontakte mit den jeweiligen Rufnummern eintragen. Zu einem Kontakt können mehrere Rufnummern abgelegt werden, die sich nach bestimmten Kategorien sortieren lassen. Das Telefonbuch kann für mehrere Zwecke verwendet werden:

- Wenn Sie jemand anruft, dessen Nummer im Telefonbuch eingetragen ist und wenn Ihr Telefon diese Funktion unterstützt, dann wird im Telefondisplay der im Telefonbuch hinterlegte Name angezeigt – und zwar an allen Telefonen, denn das Telefonbuch der FRITZ!Box kann für mehrere Telefone verwendet werden.

- Bei FRITZ!Fon-Geräten lässt sich das Telefonbuch der FRITZ!Box bequem verwenden, auf die Eingabe der Kontaktdaten direkt am Telefon-Gerät kann verzichtet werden.
- Das Telefonbuch lässt sich für die Wählhilfe nutzen (siehe Abschnitt »Das moderne Fräulein vom Amt: die Wählhilfe benutzen« in diesem Kapitel).
- Das Telefonbuch wird für die Anruflisten verwendet: Passt eine Nummer zu einem Telefonbucheintrag, wird in den Anruflisten statt der Telefonnummer der Name des Gesprächspartners gezeigt (siehe Abschnitt »Übersicht über alle Telefongespräche: die Anrufliste«, ebenfalls in diesem Kapitel).

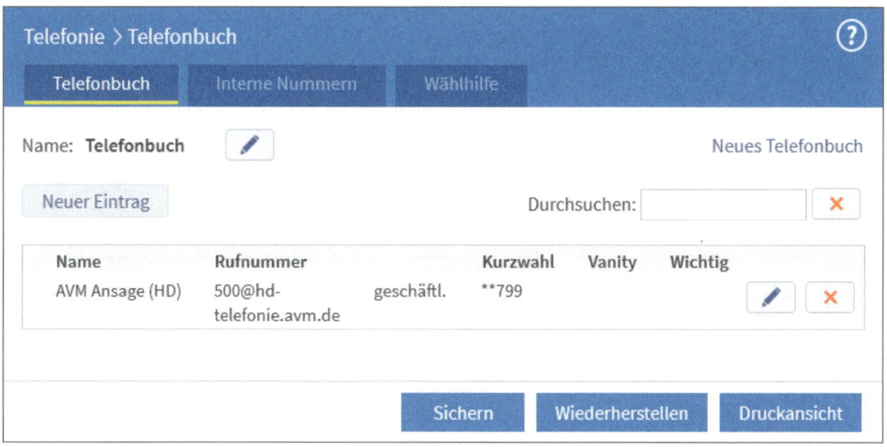

Abbildung 8.2 *Im Werkszustand enthält das Telefonbuch nur einen Beispielkontakt von AVM.*

Wenn Sie im Webinterface die Kategorie **Telefonie • Telefonbuch** öffnen, dann sehen Sie zunächst eine Tabelle. Diese repräsentiert das erste Telefonbuch auf der FRITZ!Box (Sie können übrigens mehrere Telefonbücher anlegen, zum Beispiel für jedes Familienmitglied ein eigenes). Die einzelnen Spalten der Telefonbuch-Ansicht informieren über den Namen, die Rufnummer mit der Rufnummernart (zum Beispiel geschäftlich), die Kurzwahl- und Vanity-Nummern und ob es sich um einen wichtigen Kontakt handelt. Mit können Sie einen Eintrag bearbeiten, mit löschen. Zuoberst steht jedoch der Name des Telefonbuches, dieser kann über [✎] bearbeitet werden. Die Schaltfläche **Neues Telefonbuch** dürfte selbsterklärend sein.

Über dem Telefonbuch finden Sie ein Suchfeld. Hier können Sie einen Kontakt aus dem Telefonbuch suchen. Das macht aber derzeit vermutlich wenig Sinn, denn anfangs enthält das Telefonbuch nur einen Beispielkontakt von AVM. Höchste Zeit also, dass Sie Ihre eigenen Einträge ergänzen.

SCHRITT FÜR SCHRITT

So fügen Sie einen Eintrag zu einem Telefonbuch hinzu

1. Im Webinterface der FRITZ!Box klicken Sie auf **Telefonie • Telefonbuch**.
2. Bei mehreren Telefonbüchern wählen Sie das gewünschte Telefonbuch aus.
3. Klicken Sie auf die Schaltfläche **Neuer Eintrag**.
4. Sie sehen jetzt eine neue Seite, auf der Sie zunächst die Registerkarte **Telefonbucheintrag** ausfüllen.
5. Klicken Sie im Block der Rufnummern das erste Feld an, und tragen Sie die Rufnummer ein.
6. Links neben der Rufnummer können Sie die Art festlegen: Es gibt die Kategorien **Privat**, **Mobil**, **Geschäftlich** (mit je einem vordefinierten Eintrag) sowie **Fax**.
7. Sie können auch die übrigen Felder mit Telefonnummern füllen. Haben Sie zu einem Kontakt mehr als drei Nummern, dann nutzen Sie einfach die Schaltfläche **Rufnummer hinzufügen**.
8. Auf Wunsch können Sie zusätzlich eine Kurzwahl einrichten. Pro Kontakt kann es nur eine Kurzwahl geben. Dafür wählen Sie die gewünschte Telefonnummer aus und richten für diese eine Kurzwahlnummer ein. Kurzwahlen beginnen stets mit **7.
9. Zusätzlich können Sie eine sogenannte *Vanity*-Nummer (2 bis 8 Buchstaben lang) festlegen. Mehr dazu im Kasten »Was sind Vanity-Nummern?«
10. Zum Schluss können Sie den Kontakt zur wichtigen Person erklären (aktivieren Sie dazu das Kontrollkästchen **wichtige Person**). Als wichtige Person wird

der Kontakt an einer eventuellen Klingelsperre vorbeigelassen – bei einem Anruf klingelt das Telefon auch bei einer Klingelsperre also trotzdem.

11. Klicken Sie zum Schluss auf **OK**.

Abbildung 8.3 *Mit dieser Eingabemaske können Sie einen Eintrag zum Telefonbuch hinzufügen. Geben Sie mindestens einen Namen und eine Rufnummer ein.*

Was sind Vanity-Nummern?

Beim Einrichten eines Telefonbucheintrags können Sie nicht nur eine Kurzwahl, sondern auch eine Vanity-Nummer vergeben. Vanity-Nummern sind vor allem im US-amerikanischen Raum weit verbreitet. Bei Vanity-Nummern nutzen Sie die Buchstaben, die auf vielen Telefontastaturen aufgedruckt sind, zum Wählen. Sie buchstabieren quasi den Namen eines Teilnehmers und drücken auf die Taste, die den gewählten Buchstaben enthält – im Unterschied zur Texteingabe an alten Handys aber nur einmal, also so wie beim früheren T9-System. Möchten Sie zum Beispiel RHEINWERK anrufen, dann lautet die Vanity-Nummer 743469375. Die 7 zum Beispiel gilt für die Buchstaben P, Q, R und S. Bei der Vergabe und der Anwahl einer Vanity-Nummer müssen Sie also zunächst buchstabieren. Zum Wählen benutzen Sie die Vorwahl **8 und geben danach die Vanity-Zeichenfolge ein. Beachten Sie aber, dass Sie alle Vanity-Nummern zunächst selbst im Telefonbuch der FRITZ!Box definieren müssen.

Das Telefonbuch kann auch E-Mail-Adressen speichern

Vielleicht ist Ihnen beim Anlegen eines Telefonbucheintrags aufgefallen, dass es dort (eventuell) auch eine Sektion **E-Mails** gibt. Hier können Sie zu einem Kontakt eine E-Mail-Adresse eintragen. Diese können Sie mit einem FRITZ!Fon verwenden – mit so einem Telefon können Sie nämlich auch E-Mails versenden und empfangen – dafür ist der Eintrag im Telefonbuch recht praktisch.

Nachdem Sie einen Telefonbucheintrag erstellt (und abgespeichert) haben, können Sie im Nachhinein zusätzlich ein Foto ergänzen, das beispielsweise an FRITZ!Fon-Geräten angezeigt wird.

SCHRITT FÜR SCHRITT

So fügen Sie zu einem existierenden Telefonbucheintrag ein Foto hinzu

1. Öffnen Sie im Webinterface das gewünschte Telefonbuch unter **Telefonie • Telefonbuch**.
2. Klicken Sie beim gewünschten Kontakt auf ✎.
3. Wechseln sie auf die Registerkarte **Foto**.
4. Nutzen Sie die Schaltfläche ✎ **Foto hinzufügen**, und navigieren Sie zur gewünschten Fotodatei.
5. Klicken Sie auf **OK**. Damit wird das Foto in das Telefonbuch übernommen.

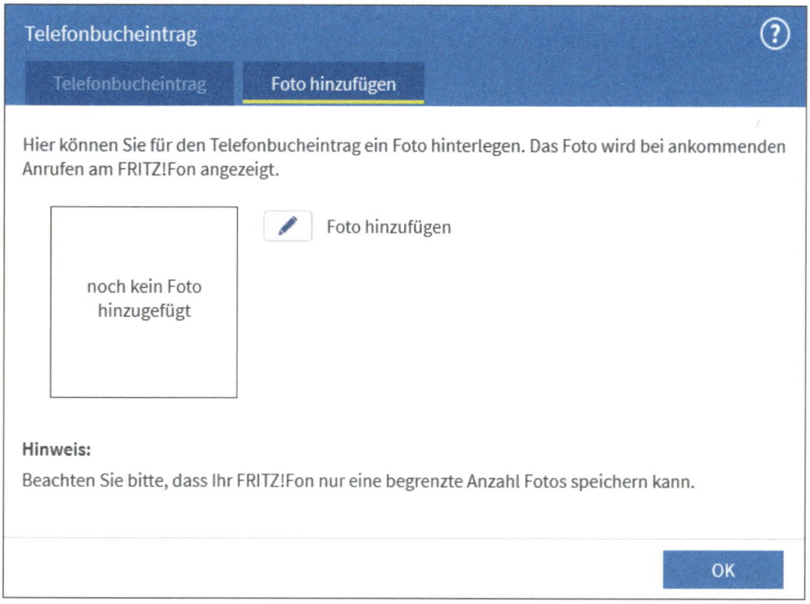

Abbildung 8.4 *Das Telefonbuch kann zu einer begrenzten Zahl an Kontakten auch Fotos speichern. Dafür müssen Sie den Kontakt aber erst anlegen und abspeichern. Anschließend können Sie beim erneuten Bearbeiten ein Foto hinzufügen.*

Neue Rufnummern direkt aus der Übersichtsseite in das Telefonbuch oder eine Rufsperre übernehmen

Sicher kennen Sie schon die Sektion **Anrufe** auf der Übersichts- beziehungsweise Startseite vom Webinterface der FRITZ!Box. Dort können Sie einen neuen Kontakt direkt in das Telefonbuch übernehmen – das gilt sowohl bei ankommenden als auch bei abgehenden Telefongesprächen. Klicken Sie dazu einfach auf das Icon rechts neben der Telefonnummer. Ein Assistent führt Sie anschließend durch den Vorgang. Dabei können Sie die Rufnummer sogar gleich zu einem bestehenden Kontakt hinzufügen. Alternativ können Sie die Rufnummer auch zu einer Rufsperre hinzufügen – das ist besonders praktisch bei ungeliebten Werbeanrufen.

Wenn Sie möchten, können Sie jederzeit weitere Telefonbücher anlegen und dabei sogar die Daten eines existierenden Telefonbuches bei einem E-Mail-Anbieter übernehmen.

SCHRITT FÜR SCHRITT

So richten Sie ein weiteres Telefonbuch ein

1. Öffnen Sie im Webinterface der FRITZ!Box die Kategorie **Telefonie • Telefonbuch**.
2. Klicken Sie oben rechts auf den Eintrag **Neues Telefonbuch**.
3. Geben Sie in das Feld **Name** eine Bezeichnung für das Telefonbuch ein – zum Beispiel den Namen eines Familienmitglieds.
4. Wenn Sie ein neues Telefonbuch erstellen möchten, dann wählen Sie **Neu anlegen**. Auf Wunsch können Sie den Inhalt eines existierenden Telefonbuches kopieren – wählen Sie dazu **vorhandenes Telefonbuch kopieren**, und wählen dieses darunter aus. Alternativ können Sie auch das existierende externe **Telefonbuch eines E-Mail-Kontos nutzen**. Bei dieser Option wählen Sie zunächst den Anbieter aus und geben dann die notwendigen Zugangsdaten ein.
5. Wählen Sie anschließend in der Sektion **Telefon-Zuordnung** diejenigen Telefone aus, die das neue Telefonbuch übernehmen sollen.
6. Klicken Sie abschließend auf **OK**.

Abbildung 8.5 *Ein neues Telefonbuch ist schnell eingerichtet – und kann sogar die Daten eines externen Telefonbuches bei einem E-Mail-Anbieter übernehmen.*

Den Anrufbeantworter in der FRITZ!Box benutzen

Ihre FRITZ!Box bietet Ihnen einen integrierten Anrufbeantworter, der in Ihrer Abwesenheit Ihre Telefongespräche annimmt und es dem Anrufer erlaubt, eine Nachricht für Sie zu hinterlassen. Sie können in der FRITZ!Box bis zu fünf Anrufbeantworter einrichten, die auf verschiedene Rufnummern reagieren und sich alternativ auch als reine Ansagefunktion (ohne die Möglichkeit der Aufnahme) einrichten lassen.

Gegenüber netzbasierten Lösungen haben die integrierten Anrufbeantworter der FRITZ!Box den Vorteil, dass alle Nachrichten bei Ihnen zu Hause und nicht bei einem Anbieter in dessen Rechenzentrum gespeichert werden. Alle Anrufbeantworter können sowohl auf Festnetzrufnummern als auch auf (beliebige) Internetrufnummern reagieren.

Alle Funktionen zu den Anrufbeantwortern erreichen Sie im Webinterface unter **Telefonie • Anrufbeantworter**. Im Auslieferungszustand ist bereits ein Anrufbeantworter vorbereitet, aber noch nicht aktiviert. Damit Sie den Anrufbeantworter nutzen können, müssen Sie zunächst einstellen, auf welche Rufnummern er reagieren soll.

Abbildung 8.6 *Im Werkszustand ist bereits ein Anrufbeantworter eingerichtet, aber noch nicht aktiv, wie Sie an der abgeschalteten Schaltfläche erkennen können.*

SCHRITT FÜR SCHRITT

So aktivieren Sie den Anrufbeantworter mit den Werkseinstellungen

1. Öffnen Sie im Webinterface die Kategorie **Telefonie • Anrufbeantworter**.
2. Klicken Sie auf die Schaltfläche **Einstellungen**.
3. Wählen Sie im Feld **Rufannahme nach** die gewünschte Zeit aus, nach der der Anrufbeantworter den ankommenden Telefonanruf annehmen soll.
4. Wählen Sie im Feld **Anrufe annehmen für** die Rufnummer aus, auf die der Anrufbeantworter reagieren soll.
5. Klicken Sie auf **OK**.
6. Aktivieren Sie den Anrufbeantworter abschließend, indem Sie (zurück auf der Hauptseite des Anrufbeantworters) auf  klicken, sodass sich die Anzeige grün färbt. Damit haben Sie den Anrufbeantworter mit den Grundeinstellungen aktiviert.

Abbildung 8.7 *Die Grundeinstellungen des Anrufbeantworters lassen sich den persönlichen Bedürfnissen entsprechend einstellen. Sie können zum Beispiel die Klingelzeit verändern oder einen reinen Ansagebetrieb aktivieren.*

Den Anrufbeantworter über das Webinterface abfragen

Sobald eine neue Nachricht für Sie vorliegt, können Sie diese im Webinterface direkt auf der Hauptseite in der Rubrik Anrufbeantworter sehen. Neben dem Eintrag mit dem Datum finden Sie die Schaltfläche ▶, die direkt die Wiedergabe startet.

Abbildung 8.8 *Neue Nachrichten auf dem Anrufbeantworter werden direkt auf der Hauptseite im Webinterface angezeigt.*

Außerdem finden Sie alle hinterlassenen Nachrichten im Webinterface unter **Telefonie • Anrufbeantworter** in der Tabelle. Dort sind die Nachrichten nach dem Anrufdatum, der Telefonnummer des Anrufenden beziehungsweise dessen Namen (wenn es zur Telefonnummer einen passenden Telefonbucheintrag gibt) sowie der angerufenen Rufnummer (wichtig, wenn Sie über mehrere Rufnummern verfügen) und der Dauer der hinterlassenen Nachricht katalogisiert. Eine Nachricht können Sie über die Schaltfläche ▶ abspielen und sie mit ✖ direkt löschen. Auf Wunsch können Sie mit der Schaltfläche **Alle Nachrichten löschen** auch den gesamten Nachrichtenbestand verwerfen.

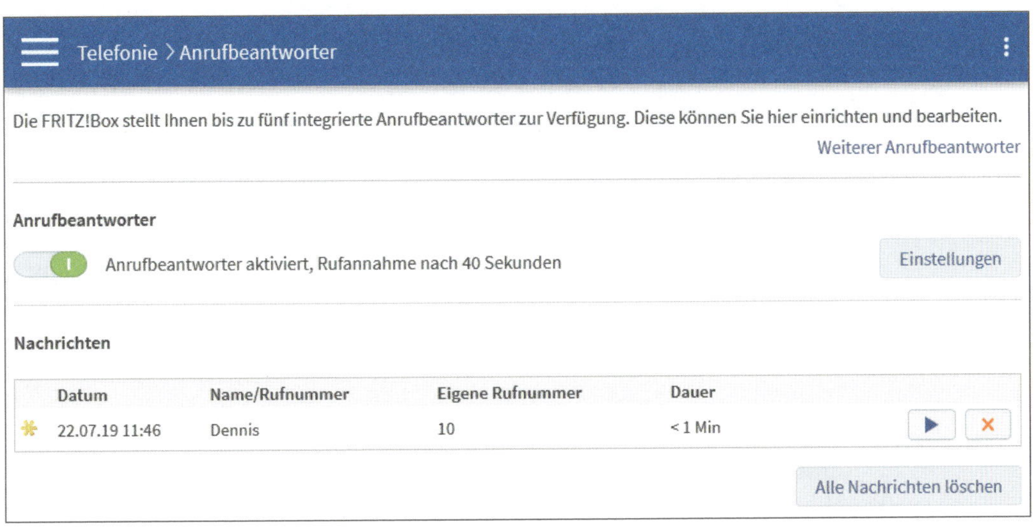

Abbildung 8.9 *Alternativ werden alle Nachrichten auch direkt auf der Seite »Telefonie« unter »Anrufbeantworter« gelistet. Hier können sie auch direkt gelöscht werden.*

Den Anrufbeantworter mit der MyFRITZ!App abfragen

Sie können den Anrufbeantworter auch von Ihrem Mobilgerät mit der MyFRITZ!App abfragen, die Sie kostenlos sowohl für iOS- als auch für Android-Geräte erhalten. Mit der App können Sie die Nachrichten sowohl aus dem Heimnetz als auch über das Internet abfragen. Für den Internetzugriff muss die FRITZ!Box allerdings passend konfiguriert sein, die dafür empfehlenswerte VPN-Verbindung über das Internet können Sie auch direkt über die MyFRITZ!App aufbauen, siehe dazu Kapitel 7, Abschnitt »Bequem und sicher über das Internet in das eigene Heimnetzwerk: der VPN-Zugang«.

SCHRITT FÜR SCHRITT

So fragen Sie den Anrufbeantworter über die MyFRITZ!App ab

1. Öffnen Sie die MyFRITZ!App auf Ihrem Mobilgerät.
2. Öffnen Sie in der App am linken Bildschirmrand den Menüeintrag **Nachrichten**.
3. In der Liste sehen Sie nun alle Nachrichten, darunter fallen auch die Nachrichten auf dem Anrufbeantworter.
4. Tippen Sie auf die gewünschte Nachricht. Zum Abhören können Sie direkt die Schaltfläche ▶ verwenden. Auf Wunsch können Sie den Kontakt sogar direkt **Anrufen**.

Auch das An- und Ausschalten des Anrufbeantworters funktioniert mit der App

In der App können Sie über das Menü am linken Bildschirmrand und den Eintrag **Komfortfunktionen** den Anrufbeantworter an- und abschalten – dazu müssen Sie also nicht unbedingt das Webinterface der FRITZ!Box aufrufen.

Den Anrufbeantworter per Telefon von zu Hause aus abfragen

Natürlich müssen Sie den Anrufbeantworter nicht jedes Mal umständlich per Webinterface abfragen. Sie können die Nachrichten auch direkt mit einem Telefon aus dem Heimnetzwerk abhören. Dazu können Sie sowohl »echte« Telefongeräte verwenden (die an eine Telefonbuchse an der FRITZ!Box angeschlossen sind), als auch netzwerkbasierte Telefongeräte (die über eine Netzwerkverbindung verbunden sind). Auch das Abfragen per Softphone ist möglich. Das sind Telefongeräte, die durch eine Software emuliert werden – dazu zählt auch die App FRITZ!App Fon. Voraussetzung ist, dass die Geräte/Apps an der FRITZ!Box angemeldet sind.

Die Anrufbeantworter haben im Telefonnetz der FRITZ!Box eine eigene interne Telefonnummer. Sie erreichen den ersten Anrufbeantworter über die Telefonnummer **600, den zweiten unter der Telefonnummer **601 und so weiter. Die beiden Sternchen signalisieren der FRITZ!Box, dass Sie ein internes Gespräch führen möchten – schließlich befindet sich der Anrufbeantworter intern in Ihrem Heimnetzwerk. Sollten Sie bei einem Telefon die automatische Amtsholung deaktiviert haben, also nach dem Abheben des Hörers den internen Wählton hören, dann müssen Sie die beiden Sternchen weglassen. Sobald Sie den Anrufbeantworter anrufen, meldet sich das Menüsystem. Sie erhalten eine Sprachansage, die Sie auf neue Nachrichten hinweist und die Ihnen genau sagt, welche Tasten Sie zum Abhören und Bearbeiten der Nachrichten drücken müssen – neue Nachrichten hören Sie zum Beispiel durch Drücken von Taste [1].

Den Anrufbeantworter mit der Memofunktion als Notizbuch nutzen

Sie können sich mit einem Telefon aus Ihrem Heimnetzwerk auch selbst eine Nachricht auf den Anrufbeantworter sprechen. Auf diese Weise können Sie den Anrufbeantworter als eine Art von Notizbuch benutzen. So können Sie wichtige Nachrichten oder Ideen aufsprechen, an die Sie später erinnert werden. Diese Funktion nennt sich *Memo*. Auch diese Form von Nachrichten wird Ihnen auf Wunsch per Mail zugesendet und am FRITZ!Fon signalisiert. Jeder Anrufbeantworter hat seine eigene Memofunktion. Sie erreichen die Memofunktion des ersten Anrufbeantworters unter der Telefonnummer **605, den zweiten unter der Nummer **606 und so weiter. Diese Nummern dienen nur zum schnellen Aufsprechen der Nachrichten, zum Abfragen können Sie die üblichen Wege nutzen, mit denen Sie den Anrufbeantworter auch sonst abfragen.

Den Anrufbeantworter von unterwegs über das Telefon abfragen (Fernabfrage)

Sie können den Anrufbeantworter so einrichten, dass Sie ihn auch von unterwegs über das Telefon abfragen können. Diese Funktion nennt sich *Fernabfrage*.

Dazu müssen Sie bei sich selbst zu Hause anrufen und warten, bis der Anrufbeantworter das Gespräch annimmt. Jetzt geben Sie eine vorher definierte PIN ein, die wie ein Passwort funktioniert. Bei korrekter Eingabe werden Sie mit dem Menüsystem des Anrufbeantworters verbunden und können Ihre Nachrichten so abfragen, wie Sie es von zu Hause gewöhnt sind. Normalerweise ist diese Funktion abgeschaltet, zur Verwendung müssen Sie sie erst aktivieren.

SCHRITT FÜR SCHRITT

So aktivieren Sie die Fernabfrage

1. Öffnen Sie im Webinterface die Kategorie **Telefonie • Anrufbeantworter**, und wählen Sie gegebenenfalls den gewünschten Anrufbeantworter aus.
2. Klicken Sie auf die Schaltfläche **Einstellungen**.
3. Scrollen Sie im Einstellungsdialog weiter nach unten und öffnen Sie dort die **weiteren Einstellungen**. Gehen Sie dort zur Sektion **Fernabfrage**.
4. Aktivieren Sie das Kontrollkästchen **Fernabfrage aktiv**.
5. Geben Sie in das Feld **PIN** die gewünschte vierstellige PIN ein.
6. Klicken Sie unten auf **OK**. Eventuell fordert Sie die FRITZ!Box zu einer Bestätigung auf. Geben Sie dazu den angezeigten Code an einem Telefon ein, oder drücken Sie eine der Tasten an der FRITZ!Box.

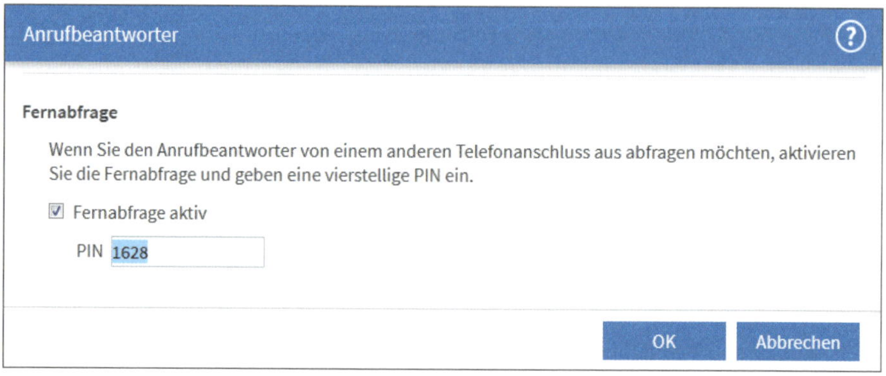

Abbildung 8.10 *In den erweiterten Einstellungen des Anrufbeantworters können Sie die Fernabfrage aktivieren. Dazu müssen Sie eine vierstellige PIN vergeben.*

Damit ist die Funktion aktiv. Wenn Sie nun Ihre eigene Rufnummer anrufen (bei der der Anrufbeantworter aktiv ist) und warten, bis sich dieser meldet, können Sie durch Eingabe der PIN die Fernabfrage starten. Zunächst drücken Sie dazu die Taste [*]. Sie werden dann zur Eingabe der PIN aufgefordert. Anschließend landen Sie im gewohnten Menüsystem, dem Sie ganz normal folgen können.

Eine Benachrichtigung bei vorhandenen Nachrichten erhalten

Über den Push-Service der FRITZ!Box können Sie sich automatisch per E-Mail bei neuen Nachrichten auf dem Anrufbeantworter informieren lassen. Als praktische Zusatzfunktion wird die Nachricht automatisch an die E-Mail angehängt. Sie können sie direkt am Computer abspielen (vorausgesetzt, es ist ein Standard-Mediaplayer wie etwa der Windows Media Player oder VLC installiert – das dürfte aber bei fast allen Computern der Fall sein).

Wenn Sie per E-Mail über neue Nachrichten auf dem Anrufbeantworter informiert werden möchten, dann müssen Sie zunächst den Push-Service auf der FRITZ!Box aktivieren. Der Dienst verwendet ein bestehendes E-Mail-Konto für den Nachrichtenversand an beliebige Zieladressen. Mehr zum Push-Service finden Sie in Kapitel 9 im Abschnitt »Stets auf dem Laufenden bleiben mit dem Push-Service«.

Sobald Sie den Push-Service grundlegend aktiviert haben, können Sie ihn für die Benachrichtigung verwenden. Die Konfiguration für den Anrufbeantworter kann entweder direkt bei den Einstellungen des Push-Services (siehe Kapitel 9 im Abschnitt »Den Push-Service konfigurieren«) oder hier bei den Einstellungen des Anrufbeantworters erfolgen.

SCHRITT FÜR SCHRITT

So richten Sie die Benachrichtigung direkt beim Anrufbeantworter ein

1. Öffnen Sie im Webinterface die Kategorie **Telefonie • Anrufbeantworter**, und wählen Sie gegebenenfalls den gewünschten Anrufbeantworter aus.

2. Klicken Sie auf die Schaltfläche **Einstellungen**.

3. Scrollen Sie im Einstellungsdialog weiter nach unten, und öffnen Sie dort die **weiteren Einstellungen**. Gehen Sie dort zur Sektion **Nachrichten**.

4. Setzen Sie einen Haken in das Feld **Nachrichten per E-Mail versenden**.
5. Optional können Sie einen Haken in das Feld **Nachrichten nach dem Versand vom Anrufbeantworter löschen** setzen – damit werden die Nachrichten nach dem E-Mail-Versand direkt gelöscht.
6. Geben Sie die gewünschte Empfängeradresse in das Feld **Versenden an die E-Mail-Adresse** ein. (Verschiedene Anrufbeantworter können verschiedene Empfängeradressen haben.)
7. Klicken Sie abschließend auf **OK**.

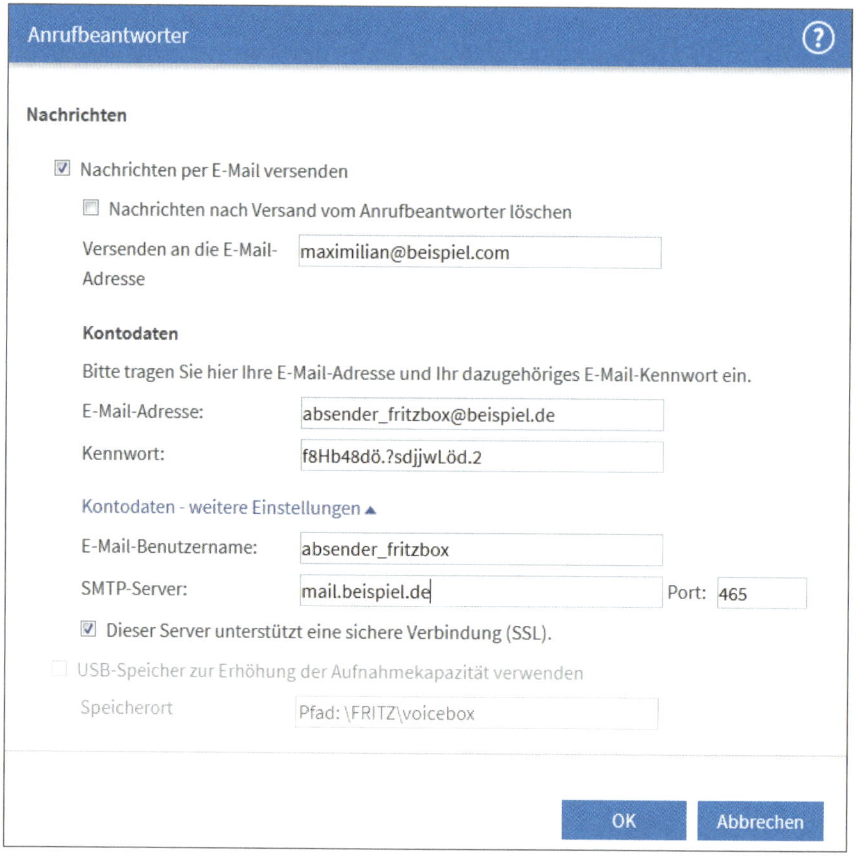

Abbildung 8.11 *Wenn Sie bei der Einrichtung des E-Mail-Versands auf die Felder »Kontodaten« stoßen, dann haben Sie den allgemeinen Push-Service noch nicht aktiviert. Tragen Sie in diesem Fall die Kontodaten für das Absenderkonto ein.*

Haben Sie den Push-Service zuvor noch nicht eingerichtet?

Falls Sie den allgemeinen Push-Service der FRITZ!Box bisher noch nicht eingerichtet haben, ist das kein Problem. Sie sehen dann in Schritt 4 zusätzliche Eingabefelder mit der Überschrift **Kontodaten**. Hier müssen Sie ein E-Mail-Konto eintragen, das die FRITZ!Box zum Versand der Nachrichten verwendet. Sie müssen mindestens eine E-Mail-Adresse und das dazugehörige SMTP-Server-Passwort eintragen. Falls es sich um einen wenig bekannten E-Mail-Anbieter handelt, müssen Sie zusätzlich die **Kontodaten – weitere Einstellungen** aufklappen und eine Serveradresse, den verwendeten Port und einen Benutzernamen eintragen. Diese Felder sind alle nicht sichtbar, wenn Sie zuvor den Push-Service der FRITZ!Box im Menü **System** bereits eingerichtet haben.

Nun können Sie die aktivierte Funktion prüfen: Öffnen Sie dazu die Sektion **System • Push Service**, Registerkarte **Push Services**. Hier muss nun im Feld **Anrufbeantworter** ein Haken gesetzt sein. Klicken Sie auf ✎. Sie können dort die Empfängeradresse ablesen. Damit ist alles korrekt konfiguriert, und Sie können das Webinterface verlassen.

Den Anrufbeantworter den persönlichen Bedürfnissen anpassen

Bisher haben Sie den Anrufbeantworter lediglich mit den Werkseinstellungen in Betrieb genommen. Die FRITZ!Box bietet jedoch eine Vielzahl an Konfigurationsmöglichkeiten, die Sie sich bei Gelegenheit einmal ansehen sollten. Sie erreichen die Konfiguration des Anrufbeantworters im Webinterface unter **Telefonie • Anrufbeantworter** über die Schaltfläche **Einstellungen**. Dort können Sie zunächst einmal dem Anrufbeantworter einen Namen geben. Das ist insbesondere dann praktisch, wenn sie mehrere Anrufbeantworter nutzen. So können Sie die einzelnen Systeme etwa nach den Rufnummern oder den Namen der Familienmitglieder benennen.

Im Feld **Rufannahme nach** können Sie die Zeitdauer einstellen, nach der der Anrufbeantworter bei einem eingehenden Gespräch zur Tat schreitet. Sie können eine Zeit zwischen 0 und 60 Sekunden einstellen, voreingestellt sind 20 Sekunden. Sie kennen auch schon bereits das folgende Feld, indem Sie einstellen, für welche Rufnummer der gewählte Anrufbeantworter aktiv werden soll.

Weiter geht es mit der **Betriebsart**. Die übliche Betriebsart ist die Aufnahme von Nachrichten: Der Anrufbeantworter nimmt das Gespräch an, informiert den Anrufer über Ihre Abwesenheit und bietet an, eine Nachricht aufzunehmen. Daneben gibt es noch den **Ansagebetrieb**. Hierbei entfällt die Möglichkeit, eine Nachricht zu hinterlassen. Als dritte Option gibt es die **Zeitsteuerung**. Hier können Sie anhand der Uhrzeit die gewünschte Betriebsart auswählen: **Aufnahmefunktion**, **Ansagefunktion** oder **Anrufbeantworter abgeschaltet**. Über diese Funktion können Sie den Anrufbeantworter zum Beispiel so einstellen, dass er tagsüber inaktiv ist, aber nachts ohne störendes Klingeln sofort ein Telefongespräch annimmt. Wenn Sie den Modus **Zeitsteuerung** ausgewählt haben, sehen Sie ein Zeitstrahldiagramm mit Einträgen für alle Wochentage. Klicken Sie zuerst auf den Eintrag der gewünschten Betriebsart. Klicken Sie dann mit der Maus in das Zeitstrahldiagramm auf die Uhrzeit, an der die gewählte Betriebsart beginnen soll. Halten Sie die Maustaste gedrückt, und fahren Sie mit dem Mauszeiger bis zur gewünschten Endzeit. Hier lassen Sie die Maustaste los. Das Diagramm zeigt stets die gewählte Betriebsart: Dunkelblau bedeutet Nachrichten aufnehmen, hellblau zeigt den reinen Ansagebetrieb an, bei weißer Markierung ist der Anrufbeantworter abgeschaltet. Wem die grafische Eingabeform zu umständlich ist, der kann über die Schaltfläche **Zeitraum eintragen** auch per Tastatur die gewünschten Zeiträume und Funktionen festlegen.

Insbesondere beim reinen Ansagebetrieb ist es natürlich vorteilhaft, eine eigene, individuelle Ansage verwenden zu können. Aber auch beim Betrieb als normaler Anrufbeantworter kann es gewünscht sein, den Ansagetext zu personalisieren. Dies ermöglicht Ihnen die Sektion **Einstellungen für Aufnahme und Ansage**. Sie haben bei der Ansage und der Endansage die Wahl, die Standardansage oder eine individuelle Datei zu verwenden. Erstellen Sie dazu mit einem geeigneten Programm für Audioaufnahmen (zum Beispiel dem Audiorecorder unter Windows) zunächst die gewünschte Ansage, und laden Sie diese über die jeweilige Schaltfläche **Ansage ändern** direkt zur FRITZ!Box hoch.

Auch die **maximale Aufnahmezeit** kann eingestellt werden. Der Standardwert beträgt 60 Sekunden, im Feld **Aufnahmelänge** können Sie die Aufnahmezeit aber auch ohne Beschränkung ausdehnen. Die Möglichkeit, sehr lange Nachrichten hinterlassen zu können, sollten Sie am besten mit der Option der Speicherung auf einem externen Datenträger kombinieren. Der interne Speicher der FRITZ!Box ist begrenzt und kann durch viele lange Nachrichten ansonsten schnell gefüllt werden, sodass der Anrufbeantworter handlungsunfähig wird.

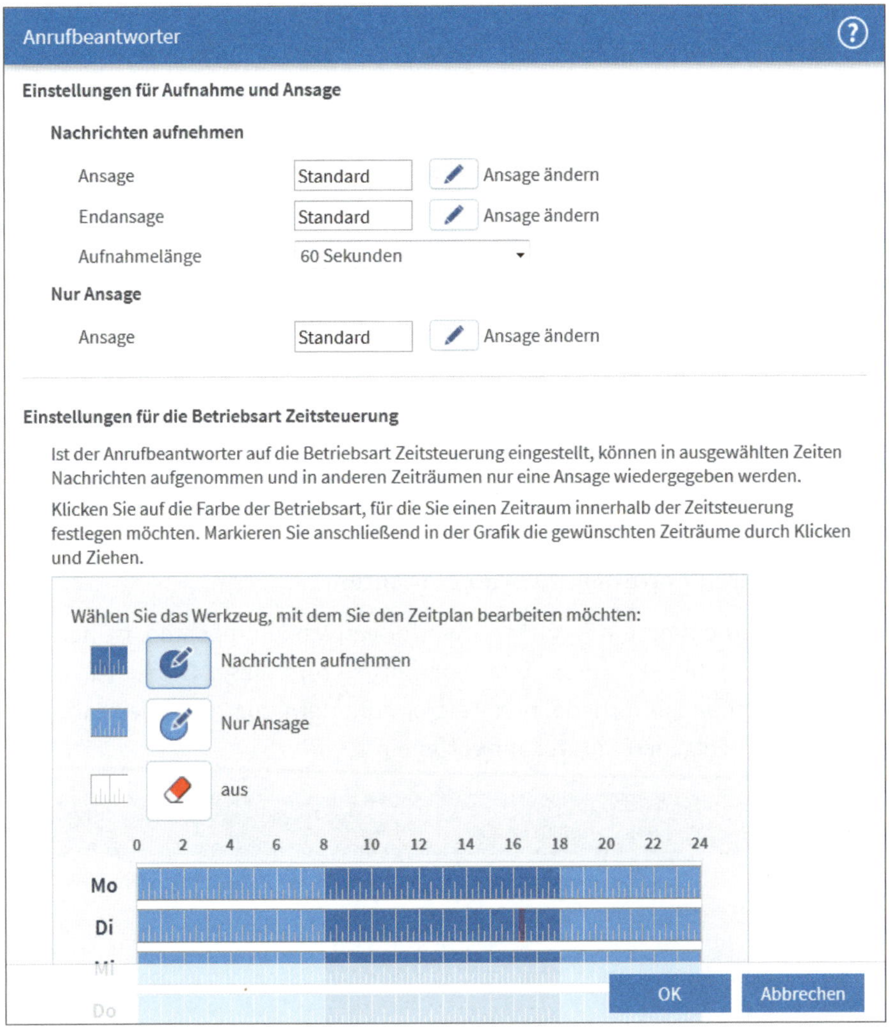

Abbildung 8.12 *Der Anrufbeantworter kann sehr feinfühlig den persönlichen Bedürfnissen entsprechend konfiguriert werden.*

Neben diesen Grundeinstellungen gibt es noch das Ausklappfeld **weitere Einstellungen**, das weniger häufig benötigte Spezialeinstellungen beinhaltet. Dort können Sie zunächst den automatischen Versand Ihrer Nachrichten per Mail einrichten – siehe dazu Abschnitt »Eine Benachrichtigung bei vorhandenen Nachrichten erhalten« in diesem Kapitel. Hier können Sie auch die Fernabfrage ein- und abschalten. Das beschreibt Ihnen der Abschnitt »Den Anrufbeantworter von unterwegs über das Telefon abfragen (Fernabfrage)« im Detail.

Wenn Sie (oder Ihre Anrufer) Ihren Anrufbeantworter intensiv nutzen, dann ist die Erweiterung des Speicherplatzes sinnvoll, denn der interne Speicher der FRITZ!Box ist – wie gesagt – begrenzt. Schließen Sie dazu einen USB-Speicherstick (oder eine Festplatte) an einen der USB-Anschlüsse an. Aktivieren Sie dann das Kontrollkästchen **USB-Speicher zur Erhöhung der Aufnahmekapazität verwenden**. Sie können auch einen Ordner benennen, in dem auf dem USB-Speicher die Nachrichten abgelegt werden. Natürlich kann dieser Speicher auch parallel ganz normal für die NAS-Funktion verwendet werden. Mehr dazu erfahren Sie in Kapitel 5 im Abschnitt »Die NAS-Funktion«.

Wenn Sie den Anrufbeantworter nicht mehr benötigten, dann können Sie ihn über die Schaltfläche **Anrufbeantworter löschen** ganz unten im Menü auch vollständig löschen. Beachten Sie aber, dass dabei auch alle vorhandenen Nachrichten gelöscht werden.

Einen weiteren Anrufbeantworter einrichten

Wenn Sie gerne mehrere Anrufbeantworter verwenden möchten, ist das kein Problem, denn Ihre FRITZ!Box stellt Ihnen bis zu fünf dieser Geräte zur Verfügung. So können Sie für jede Ihrer Telefonnummern oder für jedes Familienmitglied einen eigenen Anrufbeantworter einrichten.

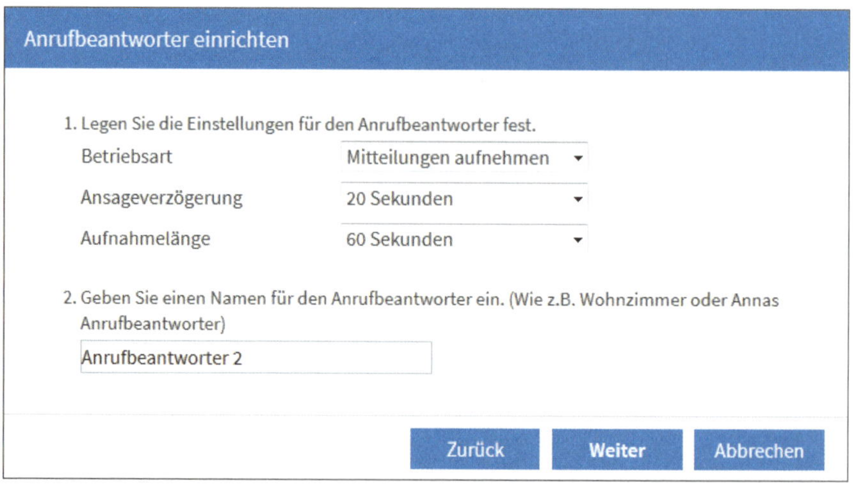

Abbildung 8.13 *Die FRITZ!Box kann problemlos mit mehreren Anrufbeantwortern konfiguriert werden. Hier sehen Sie die Eingabemaske bei der Einrichtung eines weiteren Anrufbeantworters.*

SCHRITT FÜR SCHRITT

So aktivieren Sie weitere Anrufbeantworter in Ihrer FRITZ!Box

1. Öffnen Sie das Webinterface und dort die Kategorie **Telefonie • Anrufbeantworter**.
2. Auf der Übersichtsseite des ersten Anrufbeantworters klicken Sie auf die Schaltfläche **weiteren Anrufbeantworter einrichten**.
3. Jetzt müssen Sie die Einstellungen für den weiteren Anrufbeantworter festlegen. Stellen Sie die **Betriebsart** ein (Ansage oder Mitteilungsbetrieb), tragen Sie ein, nach welcher Klingelzeit der Anrufbeantworter aktiv wird, legen Sie die maximale **Aufnahmelänge** fest, und vergessen Sie nicht, dem Anrufbeantworter einen Namen zu geben. Klicken Sie auf **Weiter**.
4. Wählen Sie im neuen Fenster aus, auf welcher Rufnummer dieser Anrufbeantworter arbeiten soll. Klicken Sie dann auf **Weiter**.
5. Werfen Sie einen Blick auf die Zusammenfassung der Einstellungen, und klicken Sie abschließend auf **Übernehmen**.

Sie gelangen jetzt wieder zur Grundansicht der Anrufbeantworter und werden sehen, dass es für das neue Gerät nun eine eigene Registerkarte gibt. Dort finden Sie alle Optionen, die Sie schon vom bisherigen Anrufbeantworter kennen. Sie können auch beim neuen Gerät Ihre persönlichen Einstellungen vornehmen.

Das Telefon als Wecker benutzen: der Weckruf

Die Telefonfunktion der FRITZ!Box kann auch für einen Weckruf genutzt werden. Wie bei einem klassischen Wecker klingeln die gewünschten Telefone zur angegebenen Zeit. So eine Funktion kennen Sie vielleicht von Hotelaufenthalten. Die FRITZ!Box bietet Ihnen drei verschiedene Wecker an, die Sie unterschiedlich konfigurieren können. Grundsätzlich gilt: Die aktuelle Uhrzeit müssen Sie in der FRITZ!Box nicht manuell einstellen, sie erhält die aktuelle Uhrzeit automatisch über einen Zeitserver aus dem Internet.

SCHRITT FÜR SCHRITT

So richten Sie einen Weckruf ein

1. Öffnen Sie im Webinterface der FRITZ!Box die Kategorie **Telefonie • Weckruf**.
2. Wählen Sie über die Registerkarten den gewünschten Wecker (Weckruf 1 bis 3).
3. Setzen Sie einen Haken in das Feld **Weckruf aktivieren**.
4. Tragen Sie in das Feld **Uhrzeit** die gewünschte Zeit ein, zu der Sie einen Weckruf erhalten möchten.
5. Wählen Sie im Feld **Telefon** das Telefon aus, das zur gewünschten Zeit klingeln soll.

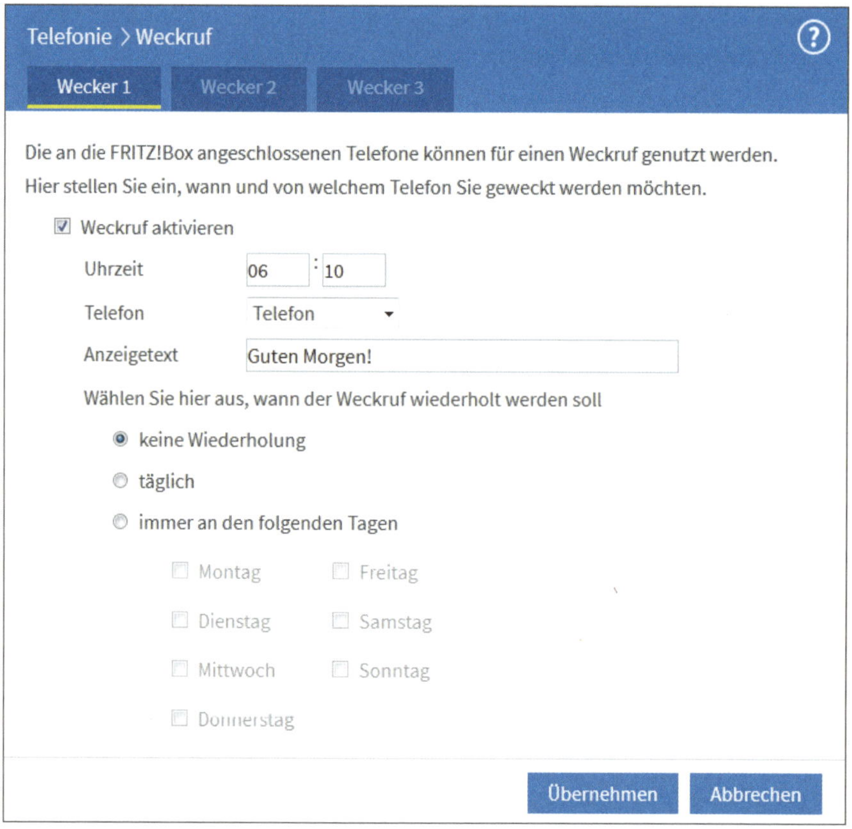

6. Sie können optional im Feld **Anzeigetext** einen Hinweistext angeben, der am Telefon beim Weckruf angezeigt wird (sofern das Telefongerät diese Option unterstützt).

7. Konfigurieren Sie die gewünschte Wiederholung. Sie haben die Auswahl zwischen einmaligem Weckruf (ohne Wiederholung), täglichem Weckruf oder dem individuellen Festlegen einzelner Tage.

8. Klicken Sie abschließend auf **Übernehmen**.

Damit ist der Weckruf aktiv. Vor einem wichtigen Termin sollten Sie zunächst einen Übungs-Weckruf durchführen und dabei auch die Lautstärke des Telefons kontrollieren.

SCHRITT FÜR SCHRITT

So deaktivieren Sie einen Weckruf wieder

Sofern Sie einen einmaligen Weckanruf eingerichtet haben, ist keine Aktion nötig. Der einmalige Weckanruf deaktiviert sich automatisch. Haben Sie einen sich wiederholenden Weckanruf eingerichtet, den Sie nicht mehr benötigten, dann können Sie ihn so abschalten:

1. Öffnen Sie im Webinterface der FRITZ!Box die Kategorie **Telefonie • Weckruf**.

2. Wählen Sie die Registerkarte, die zum gewünschten Weckruf gehört.

3. Entfernen Sie den Haken im Feld **Weckruf aktivieren**.

4. Klicken Sie abschließend auf **Übernehmen**.

Die Faxfunktion verwenden

Heutzutage erfolgt ein Großteil der schriftlichen Kommunikation per E-Mail. Manchmal, insbesondere bei »offizieller« Post, wird aber immer noch der Faxversand bevorzugt, da dieser gegenüber dem E-Mail-Verkehr bestimmte Sicherheitsmerkmale unterstützt, die von der E-Mail nicht geboten werden können. Mit Ihrer FRITZ!Box können Sie Faxnachrichten sowohl versenden als auch empfangen. Diese Funktion wird über die Telefonverbindung realisiert. Sie müssen in der FRITZ!Box also zumindest einen Telefonieanbieter eingerichtet haben. Selbstverständlich können dafür auch Internetanbieter verwendet werden – beachten Sie aber den nachfolgenden Textkasten »Achten Sie auf das T.38-Protokoll bei Internetrufnummern«. Normalerweise ist für die Faxfunktion kein besonderer Tarif nötig, es schadet jedoch nicht, einmal einen Blick in den Leistungsumfang des Telefonanbieters zu werfen. Was allerdings (insbesondere bei regelmäßiger Nutzung) dringend zu empfehlen ist, ist die Nutzung einer separaten Rufnummer für die Faxfunktion. Der Grund ist folgender: Sie aktivieren die Faxfunktion in der FRITZ!Box für eine bestimmte Telefon-/Rufnummer. Diese Rufnummer wird für die Faxfunktion reserviert, ankommende Gespräche nimmt die FRITZ!Box automatisch an und erwartet dort eingehende Faxnachrichten. Telefongespräche können über diese Nummer nicht geführt werden. Sollten Sie nur über eine Telefonnummer verfügen, so können Sie die Faxfunktion nur vorübergehend verwenden – etwa um rasch ein Fax zu versenden oder eines zu einer festgelegten Uhrzeit zu empfangen. Nach der Nutzung der Faxfunktion müssen Sie diese wieder deaktivieren – sonst können Sie keinerlei Telefongespräche mehr annehmen. Deswegen empfiehlt es sich dringend, im Fall einer regelmäßigen Nutzung bei Ihrem Telefonieanbieter (oftmals ist dies der Anbieter des Internetzugangs) eine weitere Rufnummer anzufragen, die bei vielen Anbietern sogar kostenlos verfügbar ist.

Die Faxfunktion wird über das Webinterface der FRITZ!Box gesteuert. Hierüber können Sie auch ein Fax versenden. Empfangene Faxe erhalten Sie auf Wunsch direkt an eine E-Mail-Adresse gesendet. Zusätzlich speichert die FRITZ!Box das Fax auf dem Datenspeicher ab (zum Beispiel auf einem angeschlossenen USB-Stick). Sie können über das Webinterface oder über die NAS-Funktion auf diese Daten zugreifen.

Bevor Sie die Faxfunktion zum Versand oder zum Empfang verwenden können, müssen Sie sie zunächst im Webinterface einrichten.

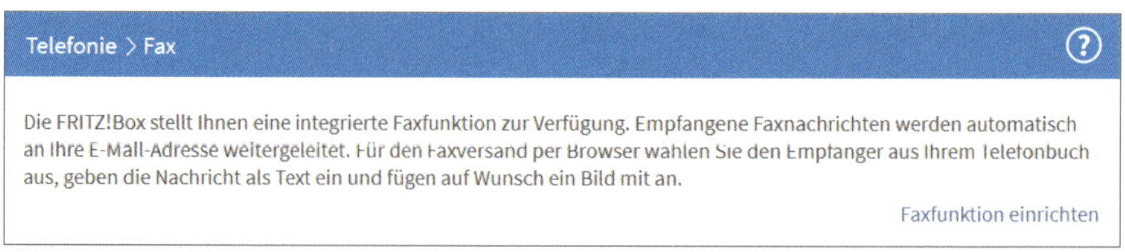

Abbildung 8.14 *Vor der ersten Nutzung der Faxfunktion ist eine Einrichtung nötig.*

Achten Sie auf das T.38-Protokoll bei Internetrufnummern

Heutzutage erfolgt die Telefonkommunikation im Regelfall nicht mehr über ein klassisches Telefonnetz, sondern über das Internet. Das führt auch zu Änderungen beim Faxversand: Dieser wird nicht mehr über das klassische Fax-Protokoll mit den unsäglichen Tonsignalen, sondern über das moderne T.38-Protokoll vorgenommen, das wesentlich störungsunempfindlicher ist. Sobald Sie eine Internetrufnummer für den Fax-Versand verwenden, müssen Sie den Faxversand über dieses Protokoll vornehmen. Klicken Sie dazu im Webinterface auf **Telefonie • Eigene Rufnummern • Anschlusseinstellungen**. Im Abschnitt **Telefonieverbindung** klicken Sie auf **Verbindungseinstellungen ändern**. Setzen Sie einen Haken in das Feld **Faxübertragung auch mit T.38**, und klicken Sie dann unten auf **Übernehmen**.

SCHRITT FÜR SCHRITT

So richten Sie die Faxfunktion grundlegend ein

1. Öffnen Sie im Webinterface Ihrer FRITZ!Box die Kategorie **Telefonie • Fax**.
2. Klicken Sie auf die Schaltfläche **Faxfunktion einrichten**. Jetzt öffnet sich ein Assistent, der die **Einstellungen für die Faxfunktion** abfragt.
3. Geben Sie in das Feld **Faxkennung** die Telefonnummer ein, die Sie für den Faxversand verwenden möchten. Diese wird quasi als »Absender« mit auf das Fax-Dokument gesetzt. Es empfiehlt sich, die Telefonnummer im internationalen Format in der Form +49xxxxxyyyyy einzugeben. xxxxx ersetzen Sie durch Ihre Vorwahl (ohne Null), yyyyy durch Ihre Rufnummer.
4. Möchten Sie, dass Ihnen Ihre FRITZ!Box ein eingegangenes Fax automatisch an Ihre E-Mail-Adresse sendet? Dann aktivieren Sie das Kästchen **per E-Mail weiterleiten**, und tragen Sie in das Eingabefeld **an die E-Mail-Adresse** Ihre E-Mail-Adresse ein. Sie können auch mehrere Adressen eintragen, trennen Sie diese durch ein Komma (ohne Leerzeichen).
5. Wenn Sie ein eingegangenes Fax automatisch auf dem NAS-Speicher der FRITZ!Box speichern möchten, dann wählen Sie entweder die Option **Intern ablegen** (für den eingebauten Speicher) oder **Auf dem USB-Speicher ablegen**. Für die erste Option muss Ihre FRITZ!Box über eingebauten Speicher

verfügen, für die zweite Option muss ein USB-Stick angeschlossen und eingebunden sein – mehr dazu in Kapitel 5 im Abschnitt »USB-Speicher zum NAS-Dienst hinzufügen«. Empfangene Faxe werden im Ordner *FRITZ/faxbox* abgespeichert.

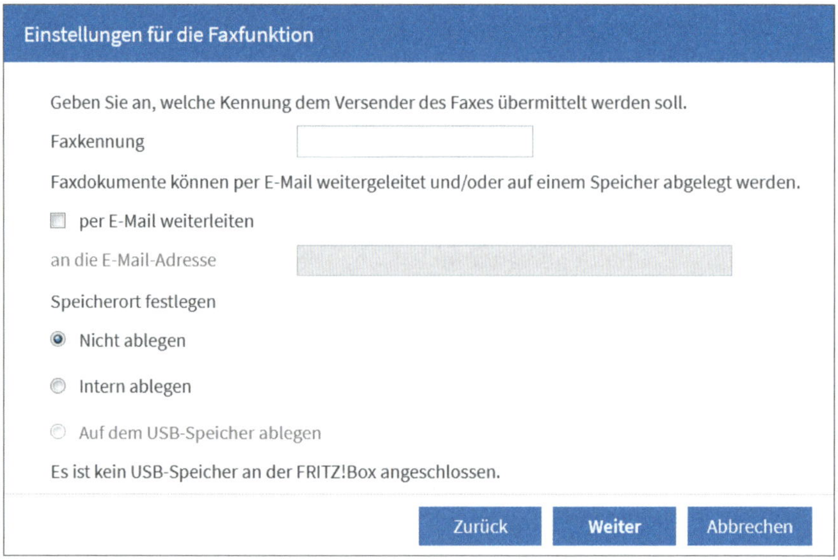

Die Mailfunktion kann auch zur Kontrolle für den Faxversand genutzt werden

Beim Versenden eines Faxes erfolgt die Texteingabe über das Webinterface der FRITZ!Box. Hier können Sie nicht erkennen, wie das endgültige Fax aussieht und ob die Übertragung nach Wunsch ablaufen wird. Wenn Sie aber in Schritt 4 die E-Mail-Weiterleitung aktivieren, dann sendet Ihnen die FRITZ!Box auch ausgehende Faxe zusätzlich an Ihre eigene E-Mail-Adresse. Hier können Sie dann überprüfen, ob das versendete Fax so aussieht, wie Sie sich das vorgestellt haben.

6. Klicken Sie unten auf **Weiter**.

Wenn Sie in Schritt 4 die Weiterleitung an eine E-Mail-Adresse aktiviert haben, dann fragt die FRITZ!Box jetzt nach den Kontodaten – hier müssen Sie nun also ein E-Mail-Konto hinterlegen, das für den Mailversand genutzt wird. Haben Sie den E-Mail-Versand nicht aktiviert (oder die Abfrage erscheint gar nicht, weil schon ein Konto andernorts eingerichtet ist), dann fahren Sie direkt bei Schritt 15 fort.

7. Füllen Sie das Feld **E-Mail-Adresse** mit der gewünschten Absenderadresse aus.

8. Geben Sie in das Feld **Kennwort** das Kennwort ein, das für den Mailversand über einen SMTP-Server für die angegebene E-Mail-Adresse verwendet wird. Beachten Sie, dass dieses Kennwort bei einigen Anbietern vom Zugangskennwort für das Webinterface abweichen kann.

9. Kontrollieren Sie das Feld **Anbieter**, das rechts neben der E-Mail-Adresse eingeblendet wird. Hier sollte der E-Mail-Anbieter aufgeführt sein. Wenn dem so ist, klicken Sie direkt auf **Weiter** und fahren mit Schritt 15 fort.

10. Wenn die FRITZ!Box Ihren E-Mail-Anbieter nicht automatisch zuordnen konnte, dann öffnen Sie das Ausklappfeld **Kontodaten – weitere Einstellungen**.

11. Tragen Sie im Feld **E-Mail-Benutzername** den Namen ein, unter dem Sie sich beim Postausgangs- beziehungsweise SMTP-Server für den Mailversand anmelden. Oftmals ist dies einfach noch einmal die Absenderadresse, aber es gibt Abweichungen. Schauen Sie gegebenenfalls auf den Hilfeseiten Ihres E-Mail-Anbieters im Internet nach, wie Sie den Mailversand in einem externen Programm wie etwa Outlook oder Thunderbird einrichten – dort finden Sie die nötigen Daten wie Benutzername und SMTP-Server.

12. Tragen Sie den korrekten **SMTP-Server** in das gleichnamige Feld ein, und füllen Sie auch das Feld **Port** mit der nötigen Portnummer.

13. Wenn Ihr Mail-Anbieter die Funktion unterstützt, dann aktivieren Sie das Kästchen **Dieser Server unterstützt eine sichere Verbindung (SSL)**. Ob dem so ist, erfahren Sie auch auf den Hilfeseiten im Internet.

14. Klicken Sie abschließend auf **Weiter**.

15. Jetzt müssen Sie auswählen, auf welcher Telefonnummer Ihre FRITZ!Box auf eingehende Faxnachrichten warten soll. Setzen Sie in das gewünschte Feld einen Haken. Denken Sie daran: Unter dieser Telefonnummer sind bei aktivierter Faxfunktion keine Telefongespräche mehr möglich!

16. Klicken Sie unten auf **Weiter**.

17. Nun werden Ihnen noch einmal alle Einstellungen zusammenfassend angezeigt. Kontrollieren Sie, ob alle Angaben korrekt sind. Klicken Sie dann unten auf **Übernehmen**.

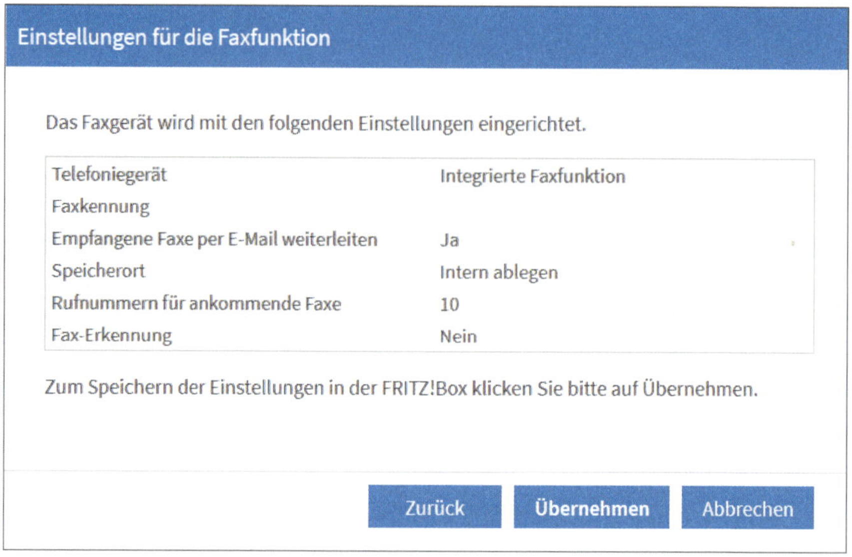

Damit ist die Faxfunktion grundlegend eingerichtet. Die FRITZ!Box kann ab sofort unter der eingerichteten Nummer Faxnachrichten empfangen und leitet diese per E-Mail weiter und/oder speichert sie auf dem NAS-Speicher ab.

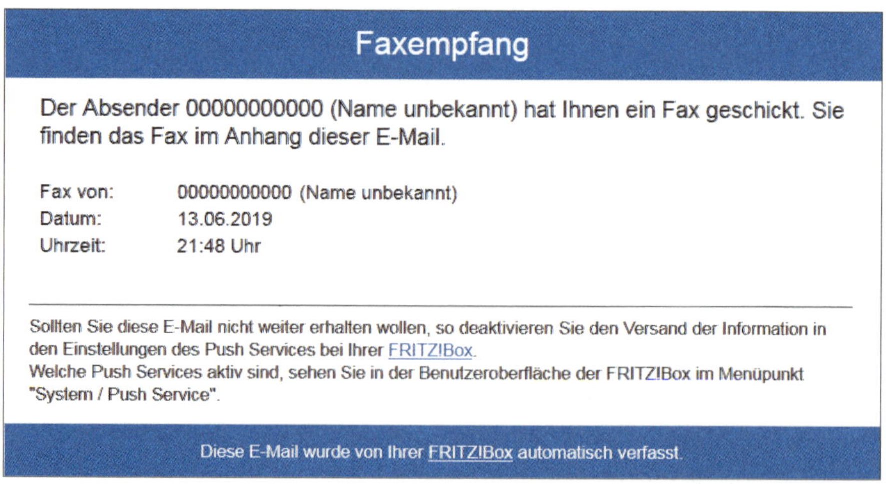

Abbildung 8.15 *Sie haben ein Fax erhalten! Sofern Sie die Funktion eingeschaltet haben, sendet Ihnen Ihre FRITZ!Box nun eine E-Mail mit dem Fax als PDF-Datei im Dateianhang.*

Sie gelangen nun automatisch zum Editor, den Sie für den Fax-Versand nutzen. Wenn Sie gegenwärtig kein Fax versenden möchten, können Sie sich einfach vom Webinterface abmelden.

Die Einstellungen können jederzeit überarbeitet werden

Möchten Sie zu einem späteren Zeitpunkt Ihre Fax-Einstellungen überarbeiten, so ist das problemlos möglich. Öffnen Sie einfach im Webinterface die Kategorie **Telefonie • Fax** und dort die Registerkarte **Einstellungen**. Hier können Sie sowohl die Kopfzeile als auch den Speicherort beziehungsweise die E-Mail-Weiterleitung bearbeiten. Klicken Sie zum Schluss auf **Übernehmen**.

Die Faxfunktion wieder deaktivieren

Die Faxfunktion kann jederzeit wieder komplett deaktiviert werden. Dies ist sinnvoll, wenn Sie die Funktion nur vorübergehend benutzen möchten, die Telefonnummer für andere Zwecke verwendet werden soll oder Sie unerwünschte Werbenachrichten erhalten. Zum Deaktivieren öffnen Sie im Webinterface die Kategorie **Telefonie • Telefoniegeräte**. Dort werden Ihnen alle Telefoniedienste angezeigt. Suchen Sie nach dem Eintrag **Faxfunktion**, und klicken Sie rechts auf ☒.

Damit ist die Faxfunktion deaktiviert, und Sie können weder Faxe empfangen noch versenden. Sie kann jederzeit wieder neu eingerichtet werden. Die für das Fax genutzte Telefonnummer kann jetzt wieder für Telefongespräche verwendet werden.

Möchten Sie ein Fax versenden, dann nutzen Sie dafür den Editor im Webinterface der FRITZ!Box. Im Editor legen Sie den Empfänger fest und tragen Absenderinformationen ein. Wie bei der E-Mail können Sie einen Betreff und einen (Haupt-)Text eingeben. Auf Wunsch können Sie auch (alternativ oder zusätzlich) eine Bilddatei versenden.

Eine Faxnachricht kann bis zu zwei Seiten lang sein. Versenden Sie (auch) eine Bilddatei, dann wird diese stets auf der zweiten Seite gesendet.

SCHRITT FÜR SCHRITT

So versenden Sie ein Fax mit der FRITZ!Box

1. Öffnen Sie im Webinterface die Kategorie **Telefonie • Fax** und dort die Registerkarte **Fax senden**.

2. Zuerst tragen Sie den gewünschten Empfänger ein. Wenn Sie in einem Ihrer Telefonbücher bei einem Kontakt eine Faxnummer eingetragen haben, dann können Sie im Feld **Telefonbuch** das gewünschte Telefonbuch auswählen. Anschließend ist das Feld **An** als Ausklappfeld aktiv, hier können Sie den Adressaten auswählen. Alternativ wählen Sie im Feld **Telefonbuch Manuelle Eingabe** und tragen in das Feld **An** den Namen des Empfängers und in das Feld **Faxnummer** dessen Rufnummer ein.

3. Tragen Sie im Feld **Absender** Ihre eigenen Kontaktdaten ein.

4. Sollten Sie mehrere Rufnummern für den Faxversand verwenden, so können Sie die gewünschte Rufnummer im Feld **senden mit** auswählen. Das Feld **Datum** darunter ist rein informativ.

5. Füllen Sie das Feld **Betreff** mit einer Kurzfassung beziehungsweise einem Schlagwort Ihrer Nachricht.

6. Geben Sie in das Feld **Text** die gewünschte Nachricht ein. Beachten Sie, dass ein Fax bis zu zwei Seiten lang sein darf.

7. Zusätzlich können Sie dem Fax ein Bild anhängen, das stets auf die zweite Seite des Faxes gesetzt wird. Dazu klicken Sie auf **Durchsuchen** und navigieren zur gewünschten Bilddatei. Verwenden Sie am besten eine JPG-, oder PNG-Datei.

8. Klicken Sie unten rechts auf **Senden**.

9. Eventuell wird Sie die FRITZ!Box zu einer Bestätigung vor dem Versand auffordern. Es ist erforderlich, entweder an einem Telefon einen Sicherheitscode einzugeben (dieser wird Ihnen jetzt angezeigt) oder eine Taste an der FRITZ!Box zu drücken. Hiermit wird eine missbräuchliche Nutzung der Faxfunktion verhindert.

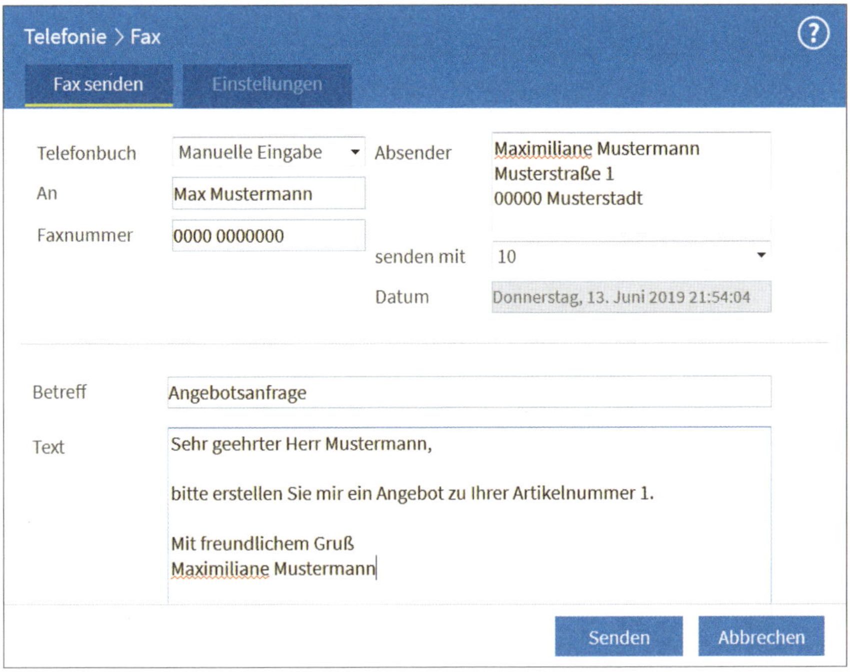

Nun wird die Faxnachricht versendet. Sie erhalten eine Nachricht auf dem Bildschirm mit einer Verlaufsanzeige. Beachten Sie, dass der Faxversand einen Augenblick dauert.

10. Klicken Sie abschließend auf **Weiter**.

Bei aktivierter E-Mail-Weiterleitung erhalten Sie außerdem eine Kopie des Faxes an Ihre E-Mail-Adresse.

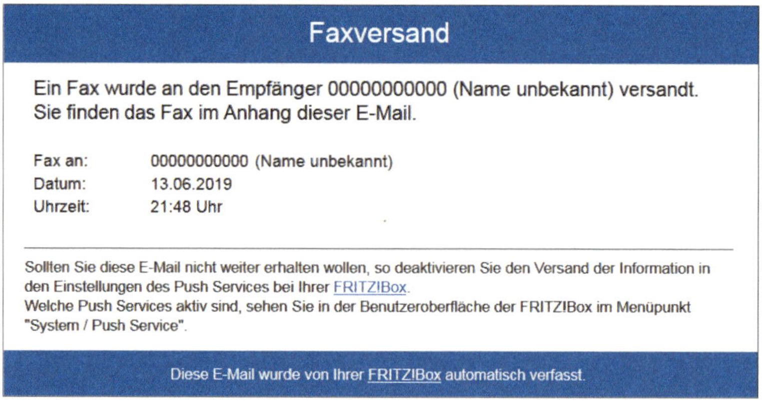

Abbildung 8.16 *Wenn Sie die Weiterleitung per E-Mail aktiviert haben, dann erhalten Sie auf diese Weise eine Kopie der gesendeten Faxnachricht.*

Faxnachricht versehentlich am Telefon angenommen?

Wenn Sie ein eingehendes Fax versehentlich an einem normalen Telefon angenommen haben (zum Beispiel weil Sie nur über eine Rufnummer verfügen), dann können Sie das Fax dennoch als solches annehmen. Leiten Sie das »Fax-Gespräch« einfach auf den Anrufbeantworter weiter. Wenn das Fax korrekt erkannt wird, dann kann es über den Anrufbeantworter entgegengenommen und abgespeichert werden.

Das moderne Fräulein vom Amt: die Wählhilfe benutzen

Die Wählhilfe ist eine Funktion, um Telefongespräche direkt aus der FRITZ!Box heraus an einem Ihrer Telefone aufzubauen. Sie eignet sich besonders für lange Rufnummern, die man sich schlecht merken kann. Sie ist beispielsweise dann praktisch, wenn ältere Personen Schwierigkeiten beim Wählen längerer Nummern haben und/oder es am Telefongerät kein Telefonbuch und keine Kurzwahltasten gibt. Mit der Wählhilfe können Sie einfach im Webinterface der FRITZ!Box einen Eintrag in der Anrufliste (siehe Abschnitt »Übersicht über alle Telefongespräche: die Anrufliste« in diesem Kapitel) oder im Telefonbuch (siehe Abschnitt »Das Telefonbuch verwenden«, ebenfalls in diesem Kapitel) anklicken. Am gewünschten Telefon wird dann das abgehende Gespräch aufgebaut. Sie nehmen den Hörer ab (oder drücken die Gesprächstaste). Die FRITZ!Box wählt automatisch die gewünschte Rufnummer an, und Sie hören das Rufzeichen, bis der gewünschte Teilnehmer antwortet. Je nach Endgerät (zum Beispiel bei einem schnurlosen Telefon) lässt die FRITZ!Box auch Ihr Telefon klingeln, wenn der externe Teilnehmer das Gespräch angenommen hat.

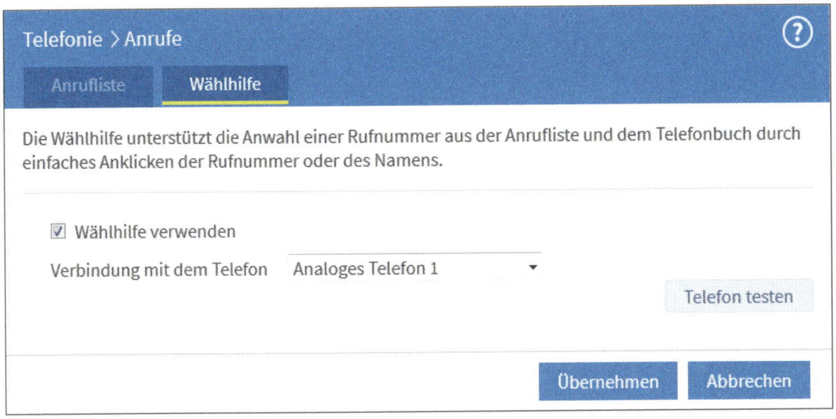

Abbildung 8.17 *Die Wählhilfe vereinfacht die Anwahl von längeren Telefonnummern besonders an solchen Endgeräten, die über kein eigenes Telefonbuch verfügen.*

SCHRITT FÜR SCHRITT

So nutzen Sie die Wählhilfe

1. Öffnen Sie das Webinterface der FRITZ!Box und darin die Registerkarte **Telefonie • Anrufe • Wählhilfe**.
2. Aktivieren Sie das Kontrollkästchen **Wählhilfe verwenden**.
3. Wählen Sie im Ausklappfeld **Verbindung mit dem Telefon** das Telefon aus, mit dem Sie das Gespräch führen möchten.
4. Optional können Sie das Telefon testen, indem Sie auf **Telefon testen** klicken. Das Telefon wird kurz klingeln. Damit wissen Sie, dass die Funktion mit dem gewählten Telefon funktioniert.
5. Klicken Sie unten auf **Übernehmen**.
6. Wechseln Sie jetzt entweder auf die Anrufliste (**Telefonie • Anrufe • Anrufliste**) oder zum Telefonbuch (**Telefonie • Telefonbuch**). Suchen Sie dort nach

der gewünschten Telefonnummer beziehungsweise dem gewünschten Teilnehmer. Beim Telefonbuch können Sie ganz zuoberst eine Suchfunktion verwenden. Sie werden feststellen, dass der gewünschte Eintrag blau markiert ist beziehungsweise sich mit der Maus anklicken lässt.

7. Klicken Sie auf die gewünschte Rufnummer beziehungsweise auf den gewünschten Namen.

8. Klicken Sie auf **OK**. Sie sehen nun die Daten zum gewünschten Gespräch.

9. Heben Sie entweder den Hörer des gewünschten Telefons ab, oder drücken Sie an diesem Gerät auf die Gesprächstaste. Alternativ können Sie im Webinterface auf **OK** klicken. Jetzt wird die Verbindung zum externen Gesprächspartner aufgebaut.

10. Ihr internes Telefon wird nun klingeln. Heben Sie den Hörer ab, oder drücken Sie die Gesprächstaste. Alternativ hören Sie (je nach Endgerät) den Rufton. Sie können normal telefonieren.

Entscheiden, wie Telefongespräche behandelt werden: die Rufbehandlung

Die Rufbehandlung ist in der FRITZ!Box ein sehr mächtiges Werkzeug, mit dem sich steuern lässt, was bei der Anwahl bestimmter Rufnummern oder beim Anruf durch bestimmte Anrufer geschehen soll. Mit der Rufbehandlung können Sie beispielsweise Auslandsgespräche oder Gespräche zu (teuren) Sonderrufnummern sperren. Sie können auch verhindern, dass Sie wiederholt durch Spaßanrufer belästigt werden. Schließlich lässt sich über eine Wahlregel auch noch die Verwendung von mehreren Telefonieanbietern automatisieren.

Mit Rufsperren bestimmte ausgehende und eingehende Gespräche sperren

Mit einer Rufsperre können Sie zweierlei erreichen: Einmal können Sie bestimmte Rufnummern festlegen, die von Ihren Telefonen nicht angerufen werden dürfen – Sie legen also einen Filter für ausgehende Gespräche fest und können sich so etwa davor schützen, dass der Nachwuchs versehentlich teure Auslands- oder Sonderrufnummern anruft. Zum anderen können Sie auch bestimmte Rufnummern eintragen, von denen sich nicht angerufen werden möchten (ankommende Gespräche). Hiermit filtern Sie also Anrufer, bei denen Ihre Telefone erst gar nicht klingeln sollen, etwa bei Spaß- oder Werbeanrufen.

Die Rufsperren können generell für einzelne Rufnummern, ganze Rufnummernbereiche (zum Beispiel Sonderrufnummern oder Auslandsnummern) oder ganze Telefonbücher gesetzt werden.

SCHRITT FÜR SCHRITT

So richten Sie eine Rufsperre für ankommende Gespräche ein

1. Öffnen Sie im Webinterface der FRITZ!Box die Registerkarte **Telefonie • Rufbehandlung • Rufsperren**.
2. Klicken Sie in der Sektion **Rufsperren für ankommende Rufe** auf die Schaltfläche **Gesperrte Rufnummern**.
3. Sie sehen nun die Liste **Gesperrte ankommende Rufnummern**. Klicken Sie auf die Schaltfläche **Neuer Eintrag**.
4. Nun können Sie ein Formular ausfüllen, in dem Sie einen Namen und die gewünschte zu sperrende Rufnummer eintragen. Das Formular hat Ähnlichkeiten mit einem Telefonbucheintrag, Sie können auch mehrere Rufnummern zu einer Person eintragen und für die Rufnummer eine Kategorie erstellen. Die Daten werden jedoch nicht zu Ihrem normalen Telefonbuch hinzugefügt. Füllen Sie die benötigten Felder aus, und klicken Sie dann auf **OK**.
5. Sie kehren zurück zur Übersichtsliste für **Gesperrte ankommende Rufnummern**. Hier ist keine weitere Aktion nötig, Sie können auf **Schließen** klicken.

Beachten Sie, dass Sie in Schritt 5 die Möglichkeit haben, über die Schaltflächen ganz unten die Liste der gesperrten ankommenden Rufnummern auszudrucken, als Backup zu sichern oder eine Sicherheitskopie wiederherzustellen. In der Übersichtstabelle können Sie, wie eben gezeigt, weitere Rufnummern hinzufügen sowie einzelne Einträge über bearbeiten und über wieder löschen. Möchten Sie hingegen keine konkrete Rufnummer, sondern vielmehr Rufnummernbereiche festlegen, dann befolgen Sie die folgende Anleitung und wählen in Schritt 3 die Einstellung **ankommende Rufe** – danach können Sie, wie gezeigt, eine Rufnummernsperre für Nummernbereiche bei ankommenden Gesprächen setzen.

SCHRITT FÜR SCHRITT

So richten Sie eine Rufsperre für ausgehende Gespräche ein

1. Öffnen Sie im Webinterface der FRITZ!Box die Registerkarte **Telefonie • Rufbehandlung • Rufsperren**.
2. Klicken Sie in der Sektion **Weitere Regeln für ausgehende und ankommende Rufsperren** auf die Schaltfläche **Neue Regel**.
3. Sie sehen nun das Eingabefeld für die Rufsperre. Wählen Sie zunächst in der Sektion **Art des Anrufs wählen** den Eintrag **ausgehende Rufe** (alternativ können Sie hier auch eine Regel für **ankommende Rufe** erstellen).
4. Nun nehmen Sie Einträge in der Sektion **Rufnummer/Bereich wählen** vor. Im Ausklappfeld **Bereich** dient der erste Eintrag **Rufnummer** zum manuellen Ausfüllen, alle anderen sind vorgefertigte Einträge. **Mobilfunk** etwa sperrt alle Handygespräche, **Interkontinental** alle Auslandsgespräche außerhalb von Europa. Wählen Sie den gewünschten Eintrag.
5. Wenn Sie im vorigen Schritt *Rufnummer* ausgewählt haben, dann können Sie nun die Felder **Rufnummern-Bereich** und **Name der Rufsperre** mit Inhalt füllen. In das erste Feld geben Sie die Rufnummer beziehungsweise den Rufnummernbereich ein. Wenn Sie eine bestimmte Rufnummer sperren möchten, dann tragen Sie diese komplett ein. Bei einem Bereich geben Sie nur diejenigen Ziffern ein, die den Bereich hinreichend spezifizieren. 030 etwa würde alle nationalen Gespräche nach Berlin sperren. Oder anders gesagt: Einen Bereich spezifizieren Sie in der Art »Rufnummer beginnt mit …«.

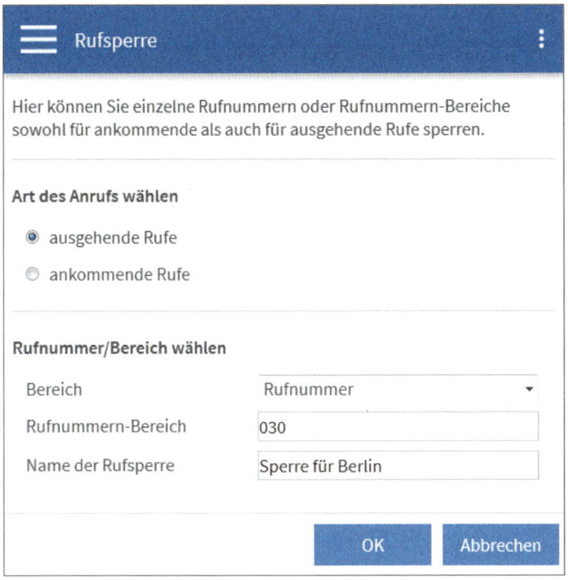

6. Klicken Sie auf **OK**.

7. Ihre FRITZ!Box wird zur Sicherheit nach einer Bestätigung fragen. Sie müssen entweder eine Taste am Gerät drücken oder an einem verbundenen Telefon den angezeigten Code eingeben.

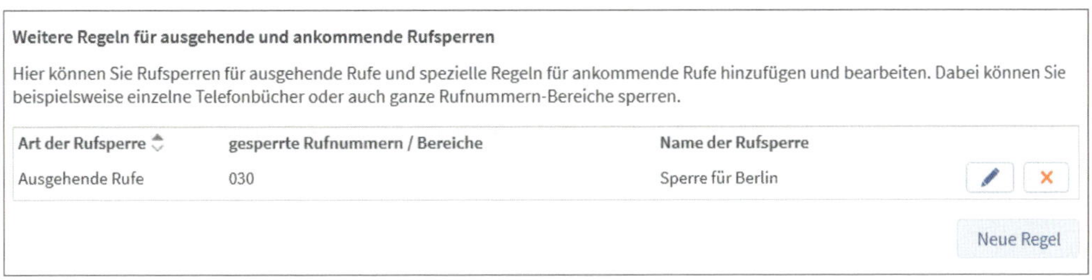

Nun ist die gewünschte Rufnummernsperre aktiv. Die Sperre wird Ihnen in der Übersichtstabelle angezeigt. Dort können Sie diese über bearbeiten und über löschen. Sie können direkt weitere Sperren anlegen.

Mit der Rufumleitung ankommende Telefongespräche an eine andere Rufnummer umleiten lassen

Mit der Rufumleitung können Sie ein ankommendes Telefongespräch automatisch zu einer anderen Telefonnummer umleiten lassen. Sie können eine Rufumleitung beispielsweise zu Ihrer Handynummer oder zu der Rufnummer der Ferienwohnung umleiten lassen und sind somit weiterhin unter der gewohnten Rufnummer erreichbar und verpassen keine Anrufe. Manchmal wird die Rufumleitung bei Urlaubsreisen auch als ein (kleines) Sicherheitsmerkmal verkauft: Potenzielle Einbrecher, die im Vorfeld Kontrollanrufe bei Ihnen durchführen, um Ihre Abwesenheit zu überprüfen, erreichen Sie bei der Rufumleitung (scheinbar) trotzdem und können sich nicht sicher sein, dass Sie tatsächlich nicht zu Hause sind.

Die Rufumleitung in der FRITZ!Box kann sehr feinfühlig konfiguriert werden und lässt sich sogar nach einem Zeitplan steuern. Sie können *bestimmte Anrufer* etwa auch auf Ihren Anrufbeantworter weiterleiten lassen oder allgemein die Rufumleitung nur dann nutzen, wenn Ihr Anschluss besetzt ist oder sich niemand meldet. Beachten Sie, dass für Rufumleitungen zu externen Rufnummern im Regelfall von Ihrer FRITZ!Box eine zweite Telefonleitung benötigt wird.

Abbildung 8.18 *Für eine Rufumleitung stehen zahlreiche Optionen zur Verfügung.*

Über die erste Telefonleitung kommt das Gespräch vom Anrufer herein, über die zweite Leitung wird das Gespräch zur Zielrufnummer geführt. Sofern Sie nicht über eine Flatrate verfügen, entstehen Ihnen für das zweite Gespräch Kosten. Damit das Ganze funktioniert, müssen Sie also über einen Telefonanschluss mit zwei Leitungen verfügen – prüfen Sie dazu Ihre Vertragsbedingungen. Bestimmte Anbieter erlauben auch die Rufumleitung in einer Vermittlungsstelle, dabei entfällt die Notwendigkeit einer zweiten Leitung, es können allerdings zusätzliche Kosten bei Nutzung der Funktion entstehen. Prüfen Sie auch hier Ihre Vertragsbedingungen. Mehr dazu in Schritt 5 der folgenden Schrittanleitung zur Aktivierung der Rufumleitung.

SCHRITT FÜR SCHRITT

So aktivieren Sie die Rufumleitung

1. Öffnen Sie im Webinterface der FRITZ!Box die Registerkarte **Telefonie • Rufbehandlung • Rufumleitung**.
2. Klicken Sie auf die Schaltfläche **Neue Rufumleitung**. Sie sehen nun eine Eingabemaske zur Konfiguration der Rufumleitung.
3. Legen Sie als Erstes fest, welche eingehenden Anrufe Sie umleiten möchten. Sie haben die Wahl zwischen pauschal allen Anrufen, Anrufen an eine Ihrer Rufnummern, Anrufe von einer oder allen Personen aus einem Ihrer Telefonbücher, Anrufe von einer bestimmten Telefonnummer oder allen Anrufern (mit Zielrufnummer), die ihre Telefonnummer nicht übermitteln.
4. Als Nächstes konfigurieren Sie, unter welcher Bedingung und zu welcher Zielrufnummer der Anruf umgeleitet werden soll. Legen Sie zunächst die **Zielrufnummer** fest. Sie können aus dem Telefonbuch auswählen oder die Nummer direkt eingeben. An diese Nummer wird das eingehende Gespräch umgeleitet.
5. Nun können Sie die abgehende Rufnummer wählen, über welche die Rufumleitung realisiert wird (**Abgangsrufnummer**). Wenn Sie die Einstellung **Automatisch** wählen, dann versucht die FRITZ!Box, die Rufumleitung in der Vermittlungsstelle Ihres Telefonanbieters einzurichten – was eventuell mit zusätzlichen Kosten verbunden sein kann (und nur funktioniert, wenn Sie in Schritt 3 eine Rufnummer ausgewählt haben sowie in Schritt 6 **Sofort**, **Verzögert** oder **bei Besetzt** auswählen). Wenn Sie hingegen eine Ihrer Rufnum-

mern auswählen, dann wird das ausgehende Gespräch über diese Rufnummer aufgebaut. Es belegt dann eine zweite Telefonleitung und verursacht die normalen Kosten. Im Zweifelsfall (oder bei Problemen) ziehen Sie eine manuelle Auswahl der Automatik vor.

6. Je nach Auswahl in Schritt 3 können Sie im Feld **Art der Rufumleitung** nun die Bedingung festlegen, wann die Rufumleitung erfolgen soll. Bei der Einstellung **Sofort** wird das Gespräch ohne Verzögerung umgeleitet, bei Ihnen zu Hause klingelt kein Telefon. Bei **Verzögert** beziehungsweise **Verzögert lang** klingelt das Telefon zu Hause zunächst eine Zeit lang. Erst wenn Sie das Gespräch nach einer Wartezeit nicht annehmen, erfolgt die Umleitung. Wenn Sie **bei Besetzt** wählen, wird das Gespräch nur dann umgeleitet, wenn Sie zu Hause bereits ein Telefongespräch führen (und kein anderes Telefon das Gespräch annehmen kann). Die Einstellung **Parallelanruf** bedeutet, dass sowohl die Telefone zu Hause klingeln als auch eine Umleitung vorgenommen wird. Derjenige, der zuerst abnimmt, führt das Gespräch.

7. Alternativ können Sie als Zielrufnummer auch einen Ihrer Anrufbeantworter auswählen (sofern aktiviert, siehe dazu Abschnitt »Den Anrufbeantworter in der FRITZ!Box benutzen« in diesem Kapitel).

8. Klicken Sie auf **OK**. Eventuell wird Ihre FRITZ!Box nach einer Bestätigung per Telefoncode oder Tastendruck fragen.

   Damit ist die Rufumleitung eingerichtet. Sie kehren zurück zur Übersicht der Rufumleitungen und sehen dort die soeben eingerichtete Umleitung. Sie können sie jederzeit über ✎ verändern und über ✕ wieder löschen. Mit dem Schalter in der Spalte **Aktiv** kann sie auch vorübergehend deaktiviert werden. Mit der Schaltfläche **Neue Rufumleitung** können Sie weitere Rufumleitungen einrichten.

   Auf Wunsch können Sie die Rufumleitungen auch zeitgesteuert aktivieren. Setzen Sie dazu in das Feld **Rufumleitung zeitgesteuert an- und ausschalten** einen Haken. Sie sehen nun ein Zeitstrahldiagramm, in dem Sie mit der Maus für die einzelnen Wochentage die Tageszeiten markieren können, zu denen die Rufumleitung aktiv sein soll. Klicken Sie zunächst auf die gewünschte Betriebsart, und markieren Sie dann den gewünschten Zeitraum. Bei einer blauen Markierung ist die Rufumleitung aktiv. Alternativ können Sie über die Schaltfläche **Zeitraum eintragen** auch die Tastatur verwenden.

Beachten Sie, dass es anschließend in der Tabelle mit den Rufumleitungen die neue Spalte **Zeitgesteuert** gibt. Hier müssen Sie für die Rufumleitung einen Haken setzen, bei der sie eine Zeitsteuerung wünschen. Klicken Sie dann auf **Übernehmen**.

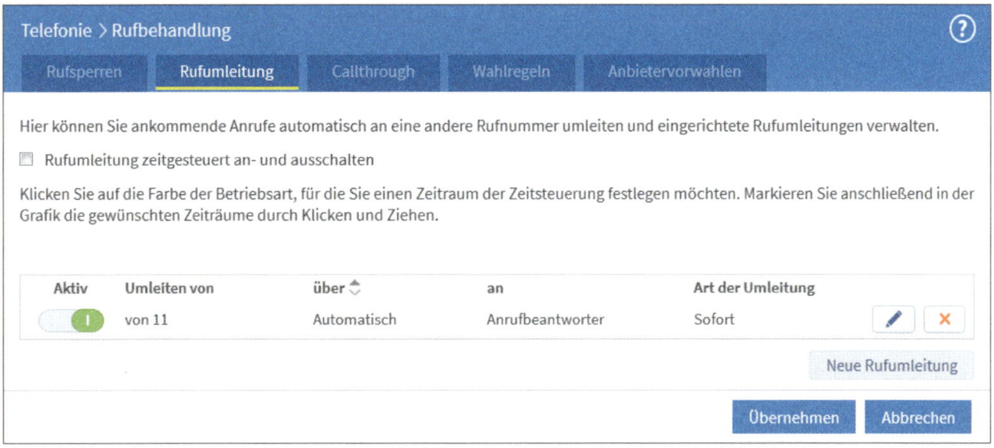

Mittels Callthrough ein Telefongespräch über die FRITZ!Box führen

Callthrough ist eine Funktion, um von unterwegs ein Telefongespräch über die FRITZ!Box zu führen. Dazu rufen Sie von unterwegs zunächst bei sich zu Hause an und geben beim Klingelton eine PIN ein. Sie hören nun einen Wählton und können die gewünschte Zielrufnummer wählen. Ihre FRITZ!Box baut eine Telefonverbindung ausgehend von der heimischen Telefonverbindung zur gewünschten Rufnummer auf und verbindet Sie mit dieser Rufnummer. Es werden also zwei Gespräche aufgebaut und miteinander verbunden: einmal von Ihrem Standort zu Ihrer FRITZ!Box zu Hause und einmal von dort über Ihre Festnetzverbindung zu einer Zielrufnummer. Wozu dieser Aufwand? Nun, Callthrough eignet sich einerseits, um Kosten zu sparen oder um überhaupt eine Verbindung zur gewünschten Rufnummer aufzubauen. Nehmen Sie an, Sie befinden sich in einem Hotel in Deutschland und möchten Ihre Tante in Frankreich anrufen. Telefongespräche vom Hoteltelefon sind nach Deutschland günstig, nach Frankreich aber sehr teuer. Zu Hause bei Ihrer FRITZ!Box haben Sie jedoch einen Telefontarif, der Sie sehr günstig nach Frankreich telefonieren lässt. Nun können Sie mit Callthrough Kosten sparen, indem Sie vom Hotel aus nur zu Ihrer FRITZ!Box ein günstiges Gespräch führen. Die Verbindung nach

Frankreich wird von Ihrer FRITZ!Box zu Hause aufgebaut, wofür Sie nur Ihren eigenen günstigen Festnetztarif bezahlen müssen. Freilich lohnt sich Callthrough nur dann, wenn die Summe beider Telefongespräche günstiger ist als eine direkte Verbindung. Hier kommt es sehr auf den Einzelfall an – mitunter kann es heutzutage durchaus sein, dass sich Callthrough nur in wenigen Fällen wirklich rentiert. Sie können Callthrough aber auch nutzen, wenn Sie in dringenden Fällen ein Gespräch zu einer Rufnummer führen müssen, die am entfernten Ort nicht verfügbar ist – etwa eine Auslands- oder Sonderrufnummer.

Damit sich die Callthrough-Funktion nicht missbräuchlich nutzen lässt, muss eine PIN definiert werden. Außerdem können Sie eine Beschränkung setzen, welche externe Rufnummer die Funktion überhaupt benutzen darf. So können Sie Callthrough etwa auf Ihr eigenes Smartphone beschränken. Wenn Callthrough aktiviert ist, können Sie Ihren heimischen Telefonanschluss ganz normal weiterverwenden und auch von extern angerufen werden. Lediglich das Rufzeichen verändert sich für den Teilnehmer, der Sie anruft, weil es nun von der FRITZ!Box generiert wird.

SCHRITT FÜR SCHRITT

So richten Sie die Callthrough-Funktion in der FRITZ!Box ein

1. Öffnen Sie im Webinterface der FRITZ!Box die Registerkarte **Telefonie • Rufbehandlung • Callthrough**.
2. Setzen Sie einen Haken in das Feld **Callthrough aktivieren**.
3. Wählen Sie im Feld **Rufnummer ankommend** diejenige Rufnummer aus, bei deren Anruf Callthrough zur Verfügung stehen soll (nur sinnvoll, wenn Sie über mehrere Rufnummern verfügen).
4. Wählen Sie im Feld **Rufnummer ausgehend** diejenige Rufnummer aus, über die das Gespräch von der FRITZ!Box zur Zielrufnummer geführt und abgerechnet werden soll (nur sinnvoll, wenn Sie über mehrere Rufnummern verfügen).
5. Geben Sie im Feld **PIN** die gewünschte vierstellige PIN ein. Diese sollte externen Personen unbekannt sein, denn sie dient als Passwort. Wichtig: Jeder, der die PIN kennt, kann über Ihren Anschluss telefonieren!

6. Wenn Sie die Callthrough-Funktion nur für bestimmte Anrufer zulassen möchten, dann aktivieren Sie das Kästchen **Nur Anrufe von folgenden Rufnummern annehmen**. Geben Sie in die Tabelle die Rufnummern ein, die Callthrough verwenden dürfen – zum Beispiel Ihre Handynummer, die Nummer Ihrer Ferienwohnung oder die Telefonnummer Ihres Hotelzimmers.
7. Klicken Sie auf **Übernehmen**.
8. Eventuell ist nun zur Sicherheit eine weitere Bestätigung nötig. Drücken Sie, wenn Sie dazu aufgefordert werden, eine der Tasten an der FRITZ!Box, oder geben Sie mit einem verbundenen Telefon den angezeigten Code ein.

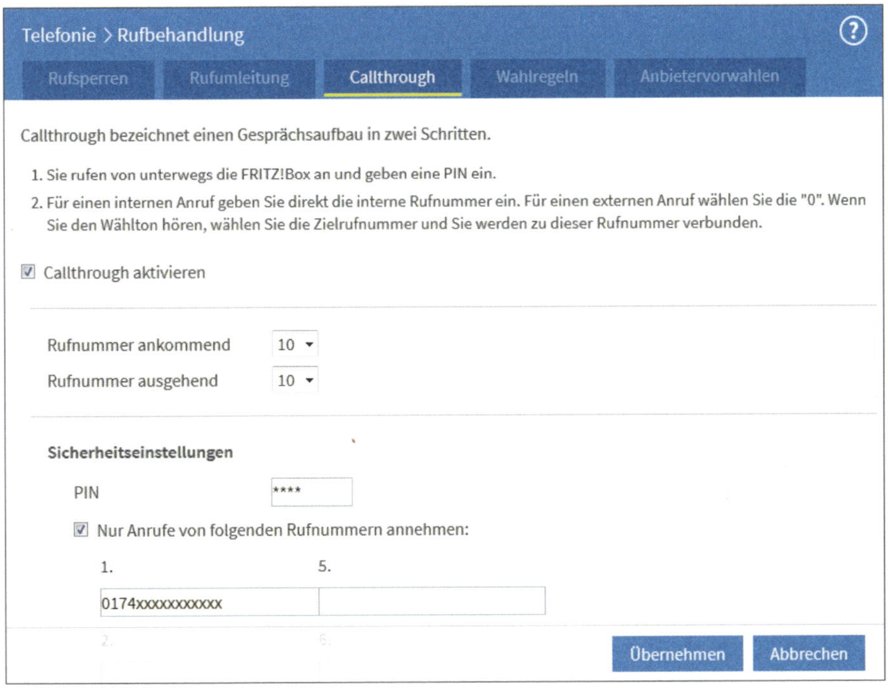

Abbildung 8.19 *Mittels Callthrough können Sie externe Telefongespräche von unterwegs über Ihre FRITZ!Box führen und eventuell Kosten sparen.*

Nun ist die Callthrough-Funktion aktiv und kann von den erlaubten externen Rufnummern verwendet werden.

SCHRITT FÜR SCHRITT

So verwenden Sie die Callthrough-Funktion

1. Rufen Sie von der erlaubten externen Rufnummer bei sich zu Hause an. Sie hören ein verändertes Rufzeichen.
2. Geben Sie die vereinbarte PIN ein. Sie hören dann einen Wählton.
3. Sie können nun direkt eine interne Rufnummer eingeben, zum Beispiel die [1] für das erste analoge Telefon bei sich zu Hause. Möchten Sie »nach draußen« telefonieren, dann wählen Sie zuerst die [0].
4. Geben Sie die gewünschte (externe) Rufnummer ein.
5. Ihre FRITZ!Box baut die Telefonverbindung zur gewünschten Rufnummer auf. Sie hören ein Rufzeichen. Wenn sich der Teilnehmer meldet, können Sie ganz normal telefonieren. Zum Schluss legen Sie ganz normal auf, damit ist das Gespräch vollständig beendet.

Mit den Wahlregeln steuern, wie ein Telefongespräch aufgebaut werden soll

Wahlregeln sind dann praktisch, wenn man mit mehreren Telefonieanbietern arbeitet. Über eine Wahlregel kann man auswählen, mit welchem Telefonieanbieter ein Telefongespräch aufgebaut werden soll. Das kann zum Beispiel sinnvoll sein, wenn bei einem der Telefonieanbieter Auslandsgespräche sehr günstig sind. Somit können Sie einrichten, dass Auslandsgespräche stets über diesen Anbieter geführt werden.

Wahlregeln können auch dazu genutzt werden, bestimmte Anbieter-Vorwahlen zu verwenden. Anbieter-Vorwahlen (man kennt sie auch als Sparvorwahlen) waren Anfang des neuen Jahrtausends beliebt, haben aber stark an Bedeutung verloren und werden auch nicht von jedem Telefonieanbieter unterstützt. Wenn Sie nur mit einem Telefonieanbieter arbeiten und auch kein Interesse an Sparvorwahlen haben, dann ist diese Sektion für Sie nicht interessant.

Zur Nutzung einer Wahlregel definieren Sie eine Rufnummer oder einen Rufnummernbereich und legen den gewünschten Telefonieanbieter fest.

SCHRITT FÜR SCHRITT

So richten Sie eine Wahlregel ein

1. Öffnen Sie im Webinterface der FRITZ!Box die Registerkarte **Telefonie • Rufbehandlung • Wahlregel**.
2. Klicken Sie auf die Schaltfläche **Neue Wahlregel**.
3. Definieren Sie entweder die gewünschte Ziel-Rufnummer oder den Rufnummernbereich. Im Ausklappfeld **Bereich** können Sie über den Eintrag **Rufnummer** einen eigenen Eintrag vornehmen. Alternativ können Sie die anderen vorgefertigten Einträge verwenden, die zum Beispiel für Mobilfunknummern gelten. Wenn Sie einen eigenen Bereich eintragen, dann interpretiert die FRITZ!Box Ihre Eingabe in der Form »Rufnummer beginnt mit ...«.
4. Wählen Sie im Ausklappfeld **verbinden über** den gewünschten Telefonie-Anbieter. Hier müssen Sie die Rufnummer auswählen, die zum gewünschten Anbieter gehört. Alternativ können Sie die Einträge **Standardanbieter** und **Internet** verwenden.
5. Klicken Sie auf **OK**. Falls Sie nach einer Bestätigung gefragt werden, dann führen Sie diese aus (Taste an der FRITZ!Box betätigen oder alternativ Code an einem Telefon eingeben).

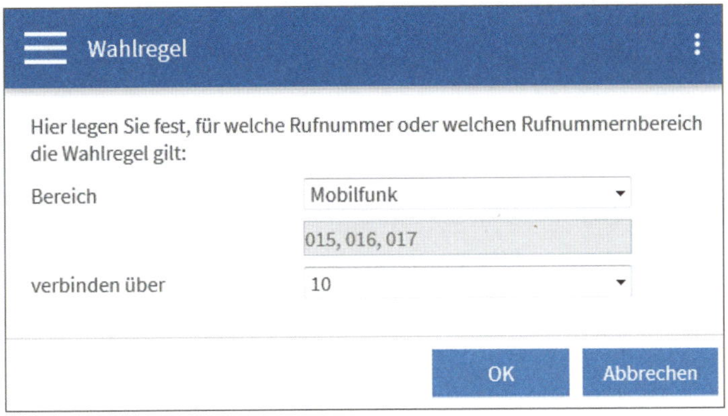

Abbildung 8.20 *Über eine Wahlregel steuern Sie, über welchen Telefonanbieter ein Gespräch aufgebaut werden soll. Im Beispiel würden Anrufe an eine Handynummer über die (fiktive) eigene Telefonnummer 10 und den damit verbundenen Anbieter geführt werden.*

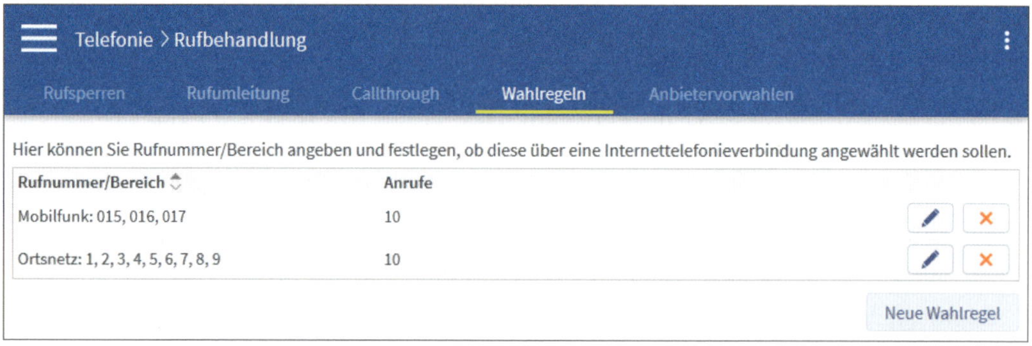

Abbildung 8.21 *Zwei Wahlregeln wurden definiert, die dafür sorgen, dass Gespräche ins Mobilfunk- und in das Ortsnetz über den Anbieter mit der zugehörigen Rufnummer 10 geführt werden.*

Wenn Sie möchten, dann können Sie die Wahlregeln auch direkt mit Anbietervorwahlen (also Sparvorwahlen) kombinieren.

SCHRITT FÜR SCHRITT

So verwenden Sie Wahlregeln mit Anbieter-Vorwahlen

1. Gehen Sie im Webinterface der FRITZ!Box auf die Registerkarte **Telefonie • Rufbehandlung • Anbietervorwahlen**.
2. Scrollen Sie zur Sektion **Weitere Anbietervorwahlen**.
3. Tragen Sie in die Tabelle die Anbietervorwahlen ein, die Sie verwenden möchten.
4. Klicken Sie auf **Übernehmen**, bestätigen Sie (bei Aufforderung) Ihre Änderungswünsche per Tastendruck oder Codeeingabe am Telefon.
5. Führen Sie nun die Anleitung *So richten Sie eine Wahlregel ein* aus. In Schritt 4 haben Sie nun die Auswahl aus Ihren Anbietervorwahlen, die Sie zuvor definiert hatten.

   Alternativ können Sie, immer vorausgesetzt, dass Ihr Telefonieanbieter Anbietervorwahlen unterstützt, im Webinterface unter **Telefonie • Rufbehandlung • Anbietervorwahlen** im Feld **Globale Anbietervorwahl** auch eine Sparvorwahl eintragen, die pauschal für alle Telefongespräche verwendet wird.

Ihre Telefongeräte verwalten

In diesem Abschnitt können Sie Ihre Telefone verwalten – also zunächst einmal einen Überblick über Ihren gesamten Bestand an Telefongeräten bekommen und natürlich auch weitere Telefongeräte zur FRITZ!Box hinzufügen.

Die Übersicht über alle Telefoniegeräte behalten

Im Webinterface Ihrer FRITZ!Box erhalten Sie unter **Telefonie • Telefoniegeräte** eine Übersicht aller Telefoniegeräte, die Sie an Ihrer FRITZ!Box betreiben. Dazu zählen nicht nur die »richtigen« (besser gesagt: klassischen) Telefone, die Sie an die Anschlüsse der FRITZ!Box angeschlossen haben, sondern auch »moderne« Telefone, etwa Netzwerktelefone oder gar Software-Telefone sowie Türsprechanlagen, Faxdienste und Anrufbeantworter. Kurzum: Alles, was einen Dienst rund um die Telefonie nutzt (oder anbietet), ist in dieser Tabelle aufgeführt.

In der Tabelle sehen Sie in der ersten Spalte **Name** zunächst die Bezeichnung des jeweiligen Gerätes. In der Spalte **Anschluss** können Sie ablesen, wie das Gerät mit der FRITZ!Box verbunden ist, also welchen Anschluss es nutzt:

- Die Anschlüsse *FON 1*, *FON 2* und *FON S0* sind Hardware-Anschlüsse an der FRITZ!Box für analoge und ISDN-Telefone.
- Der Ausdruck *integriert* weist darauf hin, dass es sich um einen Dienst handelt, der von der FRITZ!Box bereitgestellt wird – dazu zählen etwa der Anrufbeantworter und die Faxfunktion.
- Wenn bei einem Gerät *DECT* eingetragen ist, dann ist es per Funk über die DECT-Basisstation mit der FRITZ!Box verbunden – im Regelfall wird das ein drahtloses Telefon sein.
- *LAN/WLAN* weist schließlich darauf hin, dass es sich um ein Netzwerkgerät handelt. Diese Schnittstelle wird zum Beispiel von Netzwerktelefonen (sowohl Hardwaregeräten als auch Software-Varianten) oder aber auch von modernen Türsprechanlagen verwendet.

Die weiteren Spalten zeigen Ihnen die Rufnummern an, unter denen das Telefoniegerät erreichbar ist und die, die es für ausgehende Gespräche verwendet. Die Spalte **intern** gibt die interne Rufnummer an – unter dieser Rufnummer können Sie das Telefon bei einem (kostenlosen) Interngespräch erreichen. Bestimmte Dienste wie den Anrufbeantworter können Sie mit einem Schalter an-

und abschalten. Grundsätzlich können Telefoniegeräte über bearbeitet und über aus der Konfiguration entfernt werden.

Auch der Einsteiger sollte ab und an in diese Tabelle schauen und nachsehen, ob alle Einträge richtig sind. Es sollten insbesondere keine Geräte dort aufgeführt sein, die den Anschluss LAN/WLAN verwenden und NICHT von Ihnen eingerichtet, verwaltet und verwendet werden. Über diese Art Telefone können Angreifer und Hacker Ihre Telefonverbindung missbrauchen – vorausgesetzt natürlich, die Angreifer haben selbst die entsprechenden Einträge angelegt. Wenn also in dieser Tabelle etwas steht, das Sie nicht selbst angelegt haben, dann sollten Sie misstrauisch werden. Nicht nur für solche Kontrollzwecke, sondern etwa auch als Übersicht über die internen Rufnummern eignet sich ein Ausdruck der Tabelle über die Schaltfläche **Liste drucken**.

Telefonie > Telefoniegeräte

Hier können Sie alle mit der FRITZ!Box verbundenen und integrierten Telefoniegeräte wie Telefone, Anrufbeantworter, Faxgeräte und Türsprechanlagen einrichten und bearbeiten.

Name	Anschluss	Rufnummer ausgehend	ankommend	intern
Anrufbeantworter	integriert	-	alle	**600
Faxfunktion	integriert	-	10	
IP-Telefon 1	LAN/WLAN	10	alle	**620
ISDN-Telefon 1	FON S0	werden im ISDN-Telefon eingerichtet und angezeigt		**52
ISDN-Telefonanlage	FON S0	werden im ISDN-Telefon eingerichtet und angezeigt		**51
Mobilteil 1	DECT	10	10	**610
Telefon	FON 1	-	alle	**1
Telefon	FON 2	-	alle	**2
Türsprechanlage	LAN/WLAN	-	-	**621

Liste drucken Neues Gerät einrichten

Abbildung 8.22 *Die Ansicht »Telefoniegeräte« zeigt Ihnen alle Geräte rund um die Telefoniefunktion an. Neben den analogen Geräten an der FRITZ!Box können Sie auch alle IP-/Netzwerktelefone ablesen.*

Ein neues Telefongerät zur FRITZ!Box hinzufügen

Unterhalb der Tabelle mit den Telefoniegeräten finden Sie die Schaltfläche **Neues Gerät einrichten**. Über diese Schaltfläche können Sie ein weiteres Telefongerät zur FRITZ!Box hinzufügen. Hier sind Sie richtig, wenn Sie beispielsweise ein Netzwerktelefongerät oder eine Netzwerk-Türsprechanlage erworben haben und dieses Gerät jetzt mit der FRITZ!Box verbinden möchten. Sie sind hier auch richtig, wenn Sie eine ISDN-Telefonanlage an den S_0-Bus anschließen möchten oder wenn Sie ISDN-Telefone an einer solchen Telefonanlage über eine Internrufnummer erreichen wollen.

Nachdem Sie auf die Schaltfläche geklickt haben, sehen Sie den Assistenten **Telefoniegerät einrichten**. Hier müssen Sie angeben, welche Gerätekategorie Sie hinzufügen wollen:

- **Telefone**: Gilt für jede Art von Telefongerät, egal ob analog, ISDN oder LAN, egal ob es ein Hardwaregerät ist oder ein Computerprogramm. Auch eine Telefonanlage zählt als Telefon.

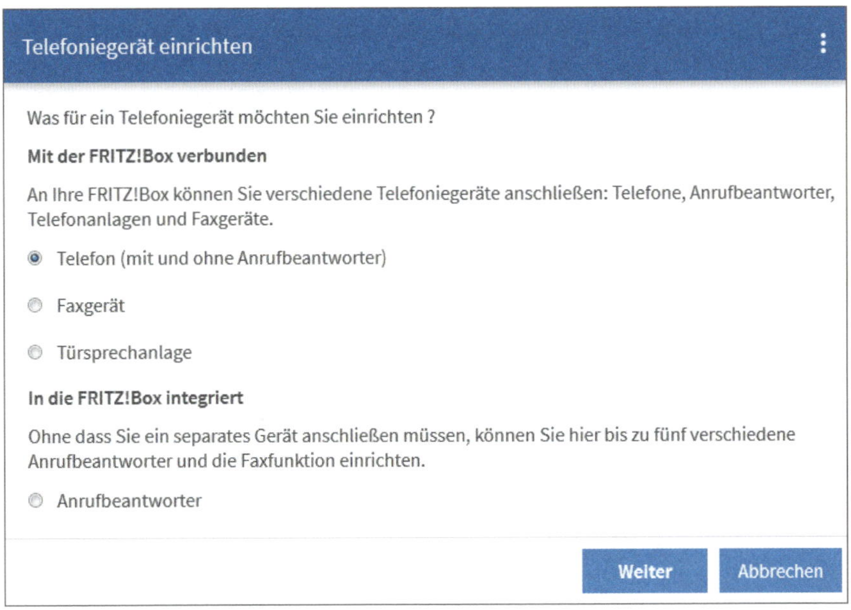

Abbildung 8.23 *Bevor Sie ein Telefongerät einrichten können, müssen Sie zuerst dessen Typ spezifizieren.*

- **Faxgerät**: Gilt für alle Hardware-Faxgeräte, egal ob es ein analoges Modell oder ein ISDN-Gerät ist. Die integrierte Faxfunktion der FRITZ!Box ist hiermit allerdings nicht gemeint, diese richten Sie so ein, wie es Abschnitt »Die Faxfunktion verwenden« in diesem Kapitel zeigt.

- **Türsprechanlage**: Dieser Eintrag gilt für eine Türsprechanlage. Diese kann an einen analogen Anschluss oder als Netzwerkgerät eingebunden werden.
- **Anrufbeantworter**: Hierüber können Sie einen in der FRITZ!Box integrierten Anrufbeantworter einrichten – dies ist lediglich eine Alternative zu den im Abschnitt »Den Anrufbeantworter in der FRITZ!Box benutzen« gezeigten Methoden.

Wählen Sie also zunächst den Gerätetyp aus, den Sie einrichten möchten, und klicken Sie auf **Weiter**. Sie werden nun von einem Assistenten durch die Einrichtung geführt, der von Ihnen die relevanten Daten abfragt. Dabei gibt es einiges zu beachten:

- Möchten Sie ein Gerät an einen analogen Telefonanschluss an der FRITZ!Box anschließen? Dann kann es passieren, dass die Anschlüsse bereits als Telefonanschluss in Verwendung sind. Damit Sie diese (gegebenenfalls) umwidmen können, ist es zuerst erforderlich, sie aus der Übersichtstabelle der Telefoniegeräte mit der Schaltfläche ☒ zu löschen. Anschließend können sie zum Beispiel für ein Fax oder eine Türsprechanlage verwendet werden.

Automatische Auslandssperre bei Netzwerktelefonen

Bei neu eingerichteten Netzwerktelefonen, auch als IP-Telefone bezeichnet, richtet die FRITZ!Box automatisch eine Sicherheitssperre ein. Diese bewirkt, dass über Netzwerktelefone (dazu zählt auch die *FRITZ!App Fon*) weder Auslandsgespräche noch Gespräche zu (teuren) Sonderrufnummern geführt werden können. Sie können lediglich Gespräche zu nationalen Festnetz- und Mobilfunknummern und natürlich zu Notrufnummern tätigen. Dadurch können keine (besonders) hohen Telefonkosten entstehen. Wenn Sie mit einem Netzwerktelefon doch eine solche Rufnummer anrufen möchten, dann müssen Sie die Sicherheitssperre zunächst für das gewünschte Telefon entfernen. Öffnen Sie dazu im Webinterface **Telefonie • Eigene Rufnummern • Anschlusseinstellungen**. Scrollen Sie zur Sektion **Sicherheit**. Klicken Sie auf **Auswahl ändern**, und entfernen Sie das gewünschte Telefon aus der Sperrliste. Klicken Sie auf **OK** und **Übernehmen**.

- Je nach Gerätetyp erhalten Sie ein Eingabefeld zur Namensvergabe. Hier sollten Sie eine eindeutige Bezeichnung eintragen, über die Sie das Gerät auch später noch zweifelsfrei erkennen und einordnen können. »LAN Tel Papa Schreibtisch« wäre zum Beispiel eine gute Bezeichnung.
- Richten Sie ein Telefon oder eine Türsprechanlage mit Netzwerkanschluss ein, dann gibt es drei wichtige Parameter: Der *Registrar* ist die IP-Adresse oder der Hostname der FRITZ!Box. Er wird von der FRITZ!Box vorgegeben. Sie müssen sich den Wert notieren und am Telefoniegerät bei der Ersteinrichtung eingeben. Die beiden Werte *Benutzername* und *Kennwort* können Sie selbst frei vergeben. Verwenden Sie unbedingt ein sicheres Kennwort, das keinen Regeln gehorcht und so »zufällig« wie möglich ist. Sowohl Benutzername als auch Kennwort müssen Sie bei der Einrichtung des Telefoniegerätes eingeben, über die Kombination Registrar/Benutzername/Kennwort registriert sich das Gerät anschließend bei der FRITZ!Box und kann die Telefoniedienste nutzen.

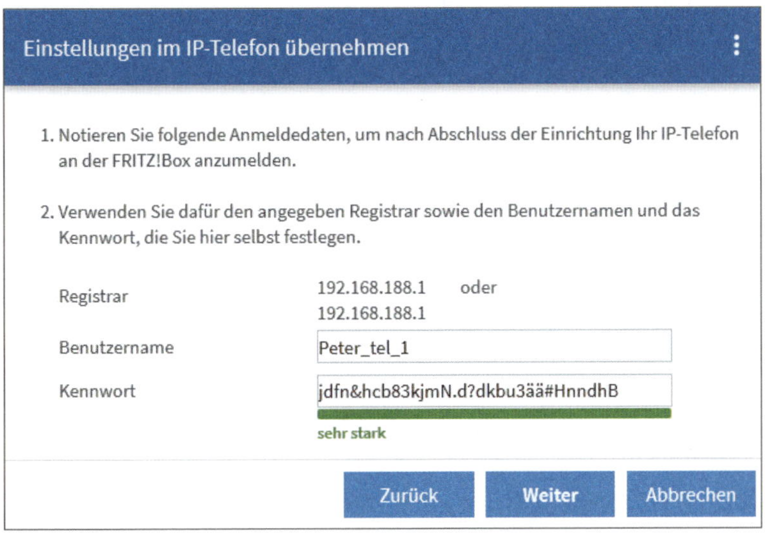

Abbildung 8.24 *Bei Netzwerktelefonen müssen Sie selbst einen Benutzernamen und ein Kennwort vergeben. Der Registrar wird von der FRITZ!Box vorgegeben.*

- Wenn Sie mehrere Telefonnummern verwenden, müssen Sie festlegen, über welche Nummer ein Telefongerät ein ausgehendes Gespräch aufbaut.

Die Anschlussart Netzwerk (LAN/WLAN) ist sehr flexibel

Keine Frage: Den Netzwerktelefonen gehört vermutlich die Zukunft. Auch für Sie als FRITZ!Box-Nutzer ist diese Gerätekategorie sehr interessant. Über einen Netzwerkanschluss können Sie ein Netzwerktelefon auch dort aufstellen, wo es zwar einen Netzwerkzugang, aber keinen klassischen Telefonanschluss gibt. Denken Sie auch daran, dass auch ein Computerprogramm, ein sogenanntes Soft-Phone, als Netzwerktelefon fungieren kann. Es wird genauso angemeldet wie ein Hardware-Telefon. Telefoniert wird meist über ein Headset, das an einen PC angeschlossen ist. Viele Programme sind sogar kostenlos erhältlich, zum Beispiel Phoner Lite, das unter Windows verfügbar ist. Interessant ist auch die Möglichkeit, ein Netzwerktelefon über eine VPN-Verbindung (siehe Kapitel 7, Abschnitt »Bequem und sicher über das Internet in das eigene Heimnetzwerk: der VPN-Zugang«) mit der heimischen FRITZ!Box zu verbinden. So telefonieren Sie unter Ihren bekannten Rufnummern etwa auch aus der Ferienwohnung.

- Bei analogen Telefonen können Sie auch festlegen, unter welcher Telefonnummer das Telefon auf eingehende Gespräche reagieren soll. Beachten Sie bei ISDN-Geräten, dass Sie die Rufnummer, unter der ein Telefon Gespräche annimmt (und somit auch klingelt), im Gerät selbst eingetragen werden müssen.

Möchten Sie mehr als zwei analoge Telefone anschließen?

Die FRITZ!Box hat (je nach Modell) nur zwei Anschlüsse für analoge Telefone. Wenn Sie mehr als zwei analoge Geräte anschließen möchten, dann helfen Ihnen sogenannte ATA-Geräte. Die Abkürzung steht für *Analog Telephone Adapter*. Ein solches Gerät setzt einen (oder mehrere) analoge Telefonanschlüsse auf einen Netzwerkanschluss um. Das ATA-Gerät wird als Netzwerktelefon an der FRITZ!Box angemeldet. Gebrauchte Geräte sind teilweise schon für weniger als 10 € erhältlich. Bekannte Geräte sind die SPA-Modelle von Cisco oder die HT-Modelle von Grandstream. Manche Geräte, wie etwa das HT-701 von Grandstream, verstehen sich dabei sogar auf das antiquierte Impulswahlverfahren – damit können Sie sogar (Ur-)Großmutters Wählscheibentelefon betreiben.

- Wenn Sie eine ISDN-Telefonanlage anschließen möchten, dann richten Sie diese zunächst über den Eintrag *Telefon* als Telefonanlage ein. Anschließend können Sie die daran angeschlossenen Telefone zusätzlich als ISDN-Telefone in der FRITZ!Box anlegen. Auf diese Weise erhalten die Rufnummern, die von der ISDN-Anlage verwendet werden, zusätzlich eine interne Rufnummer von der FRITZ!Box. Im Ergebnis können Sie auch die Telefone, die an der ISDN-Telefonanlage angeschlossen sind, über ein Interngespräch erreichen.

Netzwerktelefone sind nicht auf das Heimnetzwerk beschränkt

Ein Netzwerk- oder IP-Telefon ist nicht nur auf die Nutzung im Heimnetzwerk beschränkt. Sie können es auch ohne Weiteres auf Reisen oder in der Zweitwohnung über das Internet nutzen. Das gilt sowohl für Hardwaretelefone als auch für Telefonprogramme, die sogenannten Softphones. Diese Geräte sollten vorzugsweise über eine sichere VPN-Verbindung von unterwegs über das Internet mit der heimischen FRITZ!Box verbunden werden. Wenn dies nicht möglich ist, dann können diese Geräte auch direkt über das Internet mit der FRITZ!Box kommunizieren. Diese Lösung sollte aus sicherheitstechnischen Gründen nur nachrangig realisiert werden – und nur dann, wenn sie erforderlich ist. Öffnen Sie unter **Telefonie • Telefoniegeräte** beim gewünschten Telefon über die Einstellungen. Auf der Registerkarte **Anmeldedaten** setzen Sie einen Haken in das Feld **Anmeldung aus dem Internet erlauben**. Nachdem Sie bestätigt haben, können Sie das Telefon über das Internet anmelden. Dabei nutzen Sie jetzt die öffentliche Adresse beziehungsweise Ihre Domain als Registrar. Achten Sie nun ganz besonders auf ein besonders sicheres Passwort, denn Ihr Telefonanschluss ist damit über das Internet erreichbar! Denken Sie auch darüber nach, dieses Telefon durch Rufsperren und Sicherheitsfilter besonders zu schützen.

Die Einstellungen von Telefonen vornehmen

Bei der Übersicht aller Telefongeräte unter **Telefonie • Telefoniegeräte** haben Sie schon die Schaltfläche kennengelernt. Hierüber gelangen Sie zu den Einstellungen für das gewählte Telefongerät. Dieser Dialog ist recht wichtig, insbesondere nach der Neueinrichtung eines Telefons.

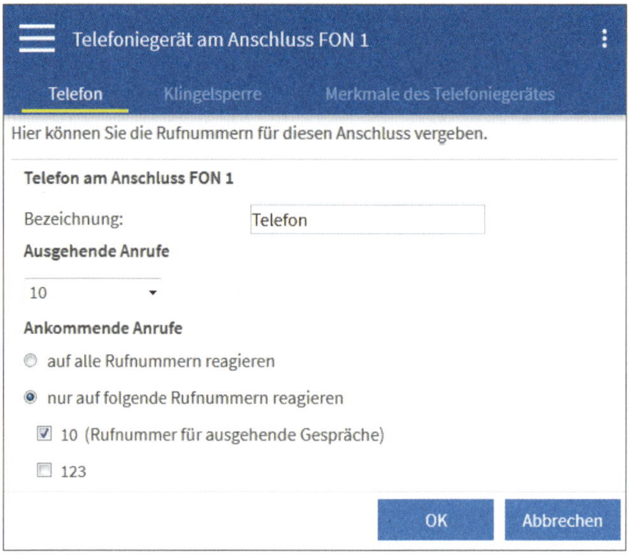

Abbildung 8.25 *Auf der Registerkarte »Telefon« legen Sie die Rufnummern fest, die das Telefon verwenden soll.*

Dort sollten Sie zunächst einen Blick auf die Registerkarte **Telefon** werfen. Hier konfigurieren Sie nämlich die Rufnummern, die das Gerät verwendet. Sie legen hier fest, welche Rufnummer das Telefon für ausgehende Gespräche nutzt. Sie stellen auch ein, auf welche Rufnummer das Telefon bei ankommenden Anrufen reagieren soll. Diese Einstellungen sind natürlich nur dann relevant, wenn Sie mehrere Rufnummern verwenden. Ansonsten wird einfach stets Ihre Standardrufnummer verwendet.

Nachdem Sie die Rufnummern festgelegt haben können Sie auch einen Blick auf die Registerkarte **Merkmale des Telefoniegerätes** werfen. Dort werden gerätespezifische Einstellungen vorgenommen. Daher kann diese Registerkarte je nach Telefongerät anders aussehen. Hier stellen Sie zum Beispiel ein, ob das Telefon die Funktion Anklopfen verwenden soll. Damit wird Ihnen während eines laufenden Telefongesprächs ein weiterer Anrufer signalisiert. Bei analogen Telefonen steuern Sie hier auch die Anzeige der Rufnummer eines Anrufers (relevant nur für Geräte mit Display) oder die Übermittlung Ihrer eigenen Telefonnummer. Auch eine Signalisierung neuer Nachrichten auf dem Anrufbeantworter kann hier aktiviert werden. Es empfiehlt sich, die Einstellungen alle nacheinander zu überprüfen und sie den persönlichen Wünschen entsprechend einzustellen.

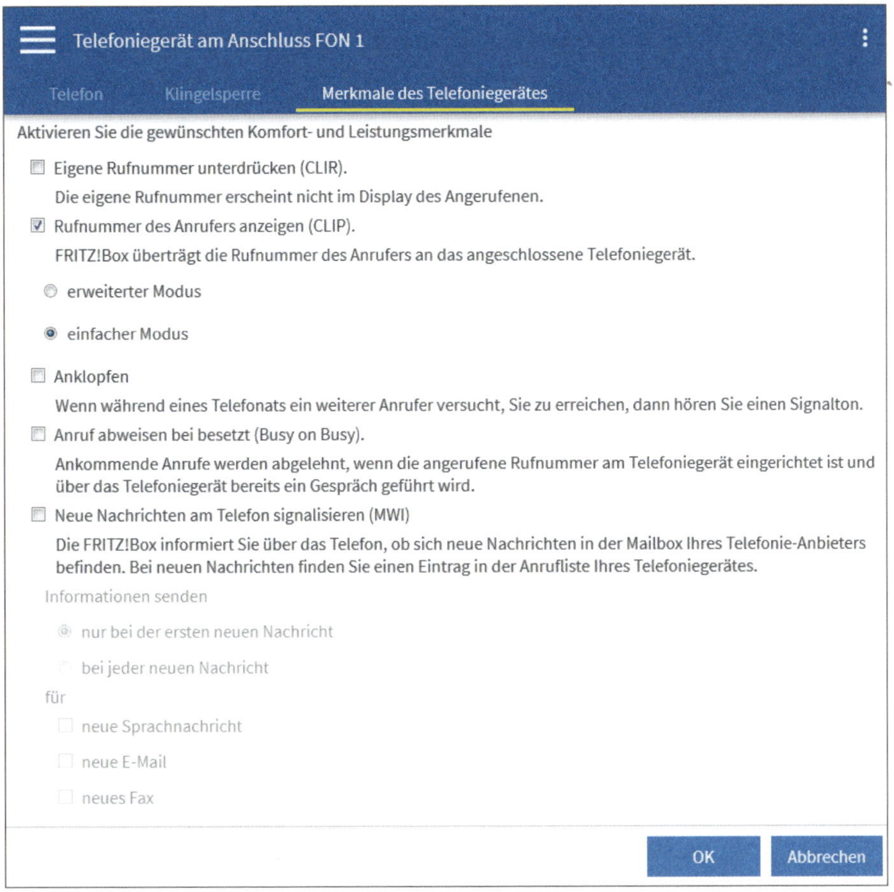

Abbildung 8.26 *Weitere Einstellungen bietet die Registerkarte »Merkmale des Telefoniegerätes«.*

Ruf doch einfach mal nicht an: Ruhe vor dem Telefon mit der Klingelsperre

Wenn Sie zu einer bestimmten Zeit einmal nicht von einem klingelnden Telefon gestört werden möchten, dann können Sie die sogenannte Klingelsperre aktivieren. Während diese Funktion aktiviert ist, sind Sie nicht telefonisch zu erreichen. Die Klingelsperre stellen Sie bei den Einstellungen eines Telefongerätes ein (für Netzwerktelefone gibt es diese Funktion nicht). Klicken Sie dazu auf die Registerkarte **Klingelsperre**. Sie können die Funktion dauerhaft oder zeitabhängig aktivieren – zum Beispiel nur nachts.

Beachten Sie aber, dass bei Personen, die Sie im Telefonbuch als »wichtig« deklariert haben, die Klingelsperre nicht greift. Wichtige Personen können Sie also nach wie vor erreichen.

Eigene Rufnummern und Grundeinstellungen verwalten

Auf der Registerkarte **Telefonie • Eigene Rufnummern • Rufnummern** können Sie sich im Webinterface ansehen, welche Rufnummern Sie bei welchen Telefonieanbietern eingerichtet haben. Sie sehen also, über welche Telefonnummern Sie telefonieren können. Auf dieser Registerkarte können Sie auch weitere Telefonnummern von anderen Anbietern hinzufügen.

Übersicht über die eigenen Rufnummern

Die Übersichtstabelle auf der Registerkarte **Telefonie • Eigene Rufnummern • Rufnummern** zeigt Ihnen alle Rufnummern an, die Ihnen zum Telefonieren mit der FRITZ!Box zur Verfügung stehen. Für den Einsteiger gilt, dass hier zumeist die Rufnummern angezeigt werden, die zum Internetanschluss des Providers gehören. Mitunter gibt es hier nur einen einzelnen Eintrag.

Wichtig ist immer, dass in der ersten Spalte **Status** ein grüner Kreis angezeigt wird. In diesem Fall ist die Rufnummer beim Provider beziehungsweise Telefonieanbieter korrekt registriert und kann zum Telefonieren verwendet werden. Sollte die Anzeige rot sein, dann liegt eine Störung vor – bei der es sich um eine Störung beim Provider oder aber etwa auch um ein falsch eingegebenes Passwort bei Ihrer FRITZ!Box handeln kann. Die weiteren Spalten informieren über die Rufnummer, zu welchem Anbieter sie gehört und welcher Art der Anschluss ist. Wie immer gilt: Über kann der Eintrag bearbeitet und über gelöscht werden. Beim Bearbeiten werden die Optionen sichtbar, die Sie schon bei der Einrichtung der Rufnummer kennengelernt haben (siehe dazu auch den folgenden Abschnitt). Die zur Verfügung stehenden Optionen können sich von Anbieter zu Anbieter unterscheiden. Die Einstelloptionen beinhalten beispielsweise, ob bestimmte Vorwahlen für bestimmte Rufnummernklassen vorzustellen sind – dies sind jedoch alles keine »Komfortmerkmale«, sondern wichtige Grundeinstellungen. Daher gilt: Im Regelfall sind keine Änderungen nötig, wenn der Anschluss so funktioniert, wie er soll.

Bitte keine unüberlegten Änderungen machen!
Achtung: Telefonieoptionen können recht komplex sein, und fehlerhafte Einstellungen können schnell dazu führen, dass nicht mehr telefoniert werden kann. Einsteiger sollten hier also keine vorschnellen Änderungen vornehmen. Ein Backup der Einstellungen und ein genaues Protokoll über alle Änderungen sind Pflicht!

Eine bestimmte Telefonnummer für ein ausgehendes Gespräch verwenden
Die Spalte **Vorauswahl** enthält eine zunächst merkwürdig erscheinende Zeichenkette. Sie ist jedoch sehr nützlich, denn sie enthält einen Code, der direkt zur Nutzung dieser Rufnummer bei ausgehenden Gesprächen verwendet werden kann. Hat zum Beispiel Ihre zweite Rufnummer die Vorauswahl *122#, dann können Sie diese jederzeit beim Wählen vor die eigentliche Telefonnummer stellen. Das ausgehende Gespräch wird dann mit der zugehörigen Rufnummer geführt.

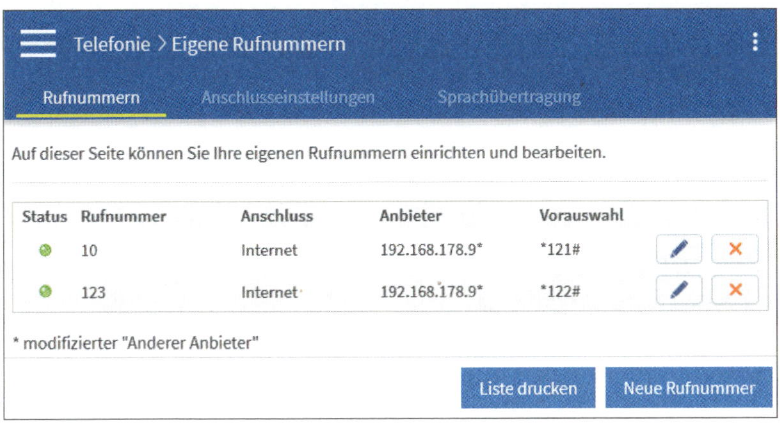

Abbildung 8.27 *In dieser Tabelle sind alle Rufnummern aufgeführt, die zum Telefonieren mit der FRITZ!Box genutzt werden können.*

Einen weiteren Telefonieanbieter einrichten

Bei vielen Komplettangeboten von Internetprovidern ist bereits ein Telefonanschluss enthalten, der für den Alltagsgebrauch oftmals ausreichend ist. Häufig beinhalten Tarife im mittleren Preissegment auch eine Flatrate, zumindest für das deutsche Festnetz, sodass übliche Gespräche ohne weitere Kosten geführt werden können. In besonderen Situationen kann es jedoch wünschenswert sein, einen alternativen Telefonieanbieter zu benutzen. Dies kann zusätzlich oder (oftmals) auch anstelle des Telefondienstes des Internetproviders geschehen. Sollte der eigene Internettarif gar keine Telefoniefunktion beinhalten und möchte man aber gerne eine benutzen, dann ist man auch auf einen Telefonieanbieter angewiesen.

Heutzutage werden Telefongespräche zu (ganz) großen Teilen über das Internet abgewickelt – das Zauberwort heißt VoIP, also *Voice Over IP*. Im Regelfalle werden Sie auch bei Telefonieanbietern auf einen solchen Dienst stoßen, der die Telefonie über das Internet abwickelt. Einen solchen Dienst können Sie problemlos zur FRITZ!Box hinzufügen. Öffnen Sie dazu zunächst im Webinterface die Registerkarte **Telefonie • Eigene Rufnummern • Rufnummern**, und klicken Sie auf die Schaltfläche **Neue Rufnummer**. Nun sehen Sie einen Assistenten mit dem Namen **Rufnummer eintragen**, der zahlreiche Werte erfragt.

Am wichtigsten ist zunächst das Ausklappfeld **Anmeldedaten** ganz oben auf der Seite. Hier finden Sie eine Liste mit zahlreichen bekannten Telefonieanbietern. Sollte Ihr Anbieter in dieser Liste enthalten sein, dann haben Sie Glück: Sobald Sie einen Anbieter auswählen, verändert die Eingabemaske ihre Gestalt und enthält genau die Felder, die zum Konfigurationsprogramm des gewählten Anbieters passen. Sie müssen jetzt einen Blick in das Formular mit den Zugangsdaten werfen, das Sie vom Telefonieanbieter erhalten haben. Übertragen Sie die benötigten Daten in das Webinterface der FRITZ!Box. Da sich die Daten von Provider zu Provider unterscheiden, kann hier leider nicht genauer auf die einzelnen Felder eingegangen werden. Wenn Sie alle Daten korrekt eingegeben haben, klicken Sie auf **Weiter**. Sie sehen noch einmal eine Zusammenfassung und erhalten das Angebot, die Rufnummer zu testen. Das sollten Sie ruhig annehmen. Wenn alles geklappt hat, steht Ihnen Ihre neue Rufnummer zur Verfügung. Im nächsten Schritt sollten Sie Ihre Telefoniegeräte so konfigurieren, dass die gewünschten Geräte die neue Rufnummer verwenden. Hier kommt es darauf an, ob Sie eine pauschale Änderung wünschen (dann hilft Ihnen der Abschnitt »Die Einstellungen von Telefonen vornehmen« in diesem Kapitel) oder ob Sie die neue Rufnummer im Rahmen einer Rufbehandlung nutzen möchten – mehr dazu im Abschnitt »Mit den Wahlregeln steuern, wie ein Telefongespräch aufgebaut werden soll«, ebenfalls in diesem Kapitel.

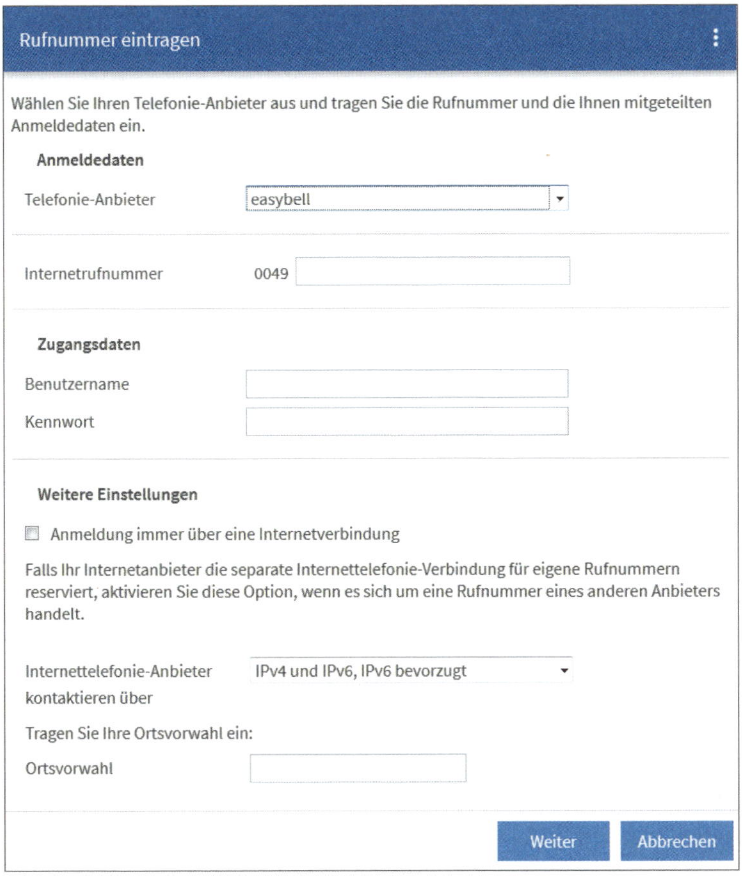

Abbildung 8.28 *Einrichtung der Rufnummer am Beispiel des Anbieters easybell. Je nach Anbieter enthält die Eingabemaske unterschiedliche Felder.*

Etwas komplizierter wird es, wenn Sie Ihren Telefonieanbieter nicht in der Auswahlliste der FRITZ!Box finden. In diesem Fall wählen Sie den Eintrag **Anderer Anbieter**. Hier müssen Sie zunächst zweimal Ihre Rufnummer eingeben: einmal im kompletten Format, so wie sie der Anbieter mitteilt (Feld **Rufnummer für die Anmeldung**), und einmal ohne Vorwahl und Sonderzeichen (Feld **Interne Rufnummer in der FRITZ!Box**). Weiter geht es mit den **Zugangsdaten**. Im Regelfall sind **Benutzername**, **Kennwort** und **Registrar** einzutragen – das alles hat Ihnen der Telefonieanbieter mitgeteilt. Bei Unsicherheiten hilft oftmals ein Blick ins Internet. Viele Telefonieanbieter haben auf ihren Hilfeseiten genau aufgelistet, was in welche Felder im Webinterface der FRITZ!Box einzutragen ist. Wenn Sie alle Daten eingegeben haben, klicken Sie auf **Weiter**. Kontrollieren Sie die Zusammenfassung, und führen Sie einen Test der Registrierung durch. Anschießend können Sie den neuen Anbieter direkt verwenden.

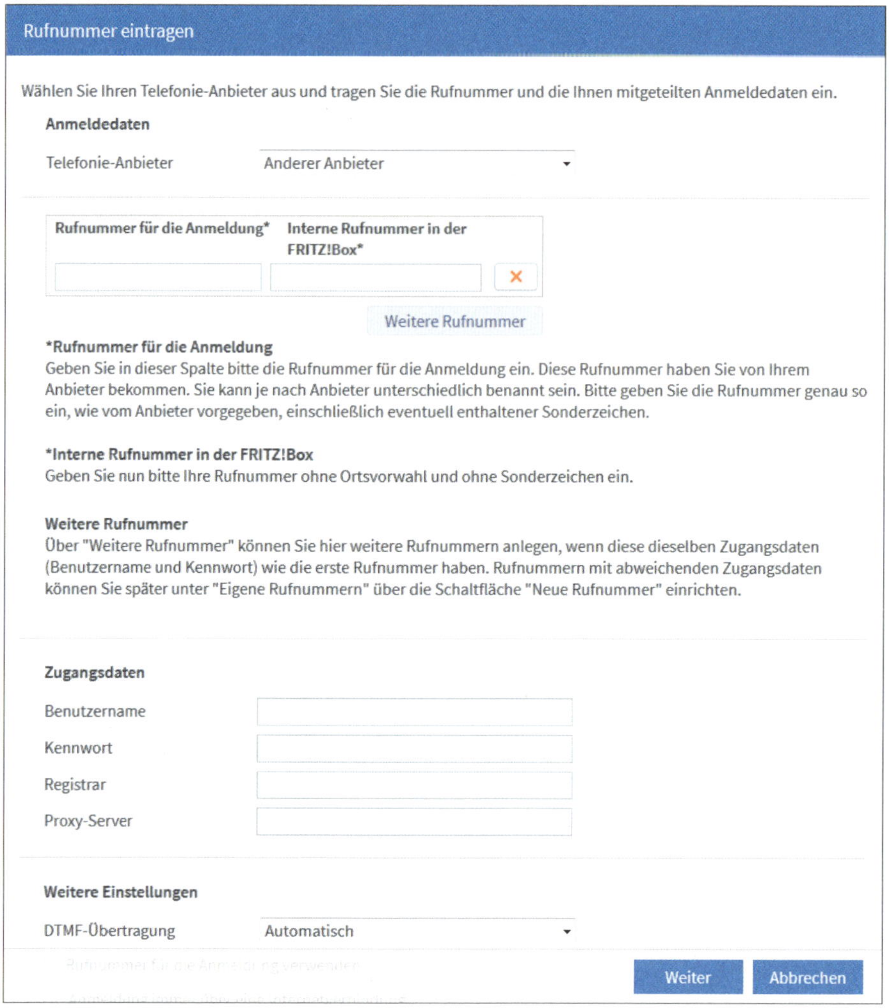

Abbildung 8.29 *Bei der Einrichtung eines anderen Anbieters können die Felder natürlich nicht exakt zugeschnitten angezeigt werden. Mit den Zugangsdaten und einem Blick ins Internet kommen Sie jedoch auch auf diesem Weg rasch zum Ziel.*

Die Anschlusseinstellungen im Griff

Spezielle Einstellungen rund um die Telefoniefunktion der FRITZ!Box finden sich im Webinterface unter **Telefonie • Eigene Rufnummern • Anschlussein-**

stellungen. Anfänger sollten hier besser keine Experimente vornehmen und sich stets an die Anforderungen des Telefonieanbieters halten.

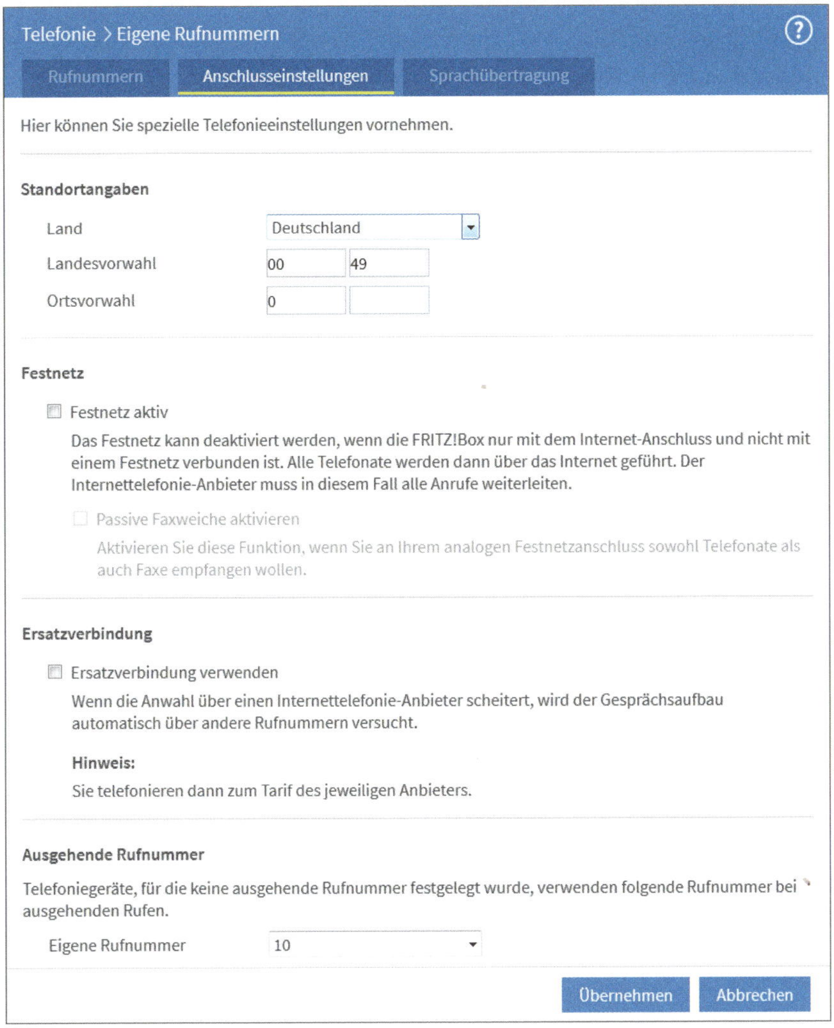

Abbildung 8.30 *Bei den Anschlusseinstellungen gibt es sowohl Komfort- als auch Sicherheitseinstellungen. Veränderungen wollen wohl überlegt sein – ein Backup und ein Protokoll der Änderungen schaden gewiss nicht.*

- Ganz oben in der Sektion **Standortangaben** geht es um die Konfiguration von **Land**, **Landesvorwahl** und **Ortsvorwahl**. Diese werden automatisch gefüllt und müssen im Regelfall nicht verändert werden. Sollten Sie sich mit der FRITZ!Box in einem anderen Land aufhalten und entweder die Automatik versagen oder aber Ihr Telefonieanbieter besondere Werte erfordern, dann tragen Sie diese hier ein. Für Anwender in Deutschland gilt beispielsweise, dass im Regelfall 00 49 für die Landesvorwahl und 0 für die Ortsvorwahl verwendet wird.

- Die Sektion **Festnetz** widmet sich dem mittlerweile als veraltet geltenden klassischen Telefonfestnetz. Damit ist aber nicht etwa ein normales Telefon im Unterschied zum Smartphone gemeint, nein, vielmehr geht es hier um das klassische Telefonnetz, das entweder mit analoger oder ISDN-Technik aufgebaut ist. Dieses klassische Festnetz wurde in den letzten Jahren Stück für Stück abgebaut und durch moderne Verbindungen über das Internet ersetzt. Im Jahr 2019 telefonieren fast alle Nutzer, wenn sie ein Festnetztelefon verwenden, über das Internet. Sollten Sie noch einen richtigen Festnetzanschluss verwenden (den erkennen Sie daran, dass Sie vor der FRITZ!Box einen Splitter verwenden und dass die FRITZ!Box hieran mit zwei Steckern angeschlossen ist), dann können Sie die Festnetzfunktion der FRITZ!Box über einen Haken im Feld **Festnetz aktiv** verwenden. Das dürfte aber – wenn überhaupt – nur für einen winzigen Bruchteil aller Leser zutreffen, der nach und nach auf null reduziert wird. Der Großteil der Leser telefoniert über das Internet. Diese brauchen sich um die Funktion nicht zu kümmern und lassen sie deaktiviert.
- Wenn Sie mit mehreren Telefonieanbietern arbeiten, dann ist die Option **Ersatzverbindung** vielleicht für Sie interessant. Sollte der üblicherweise genutzte Anbieter einmal aufgrund einer Störung nicht zur Verfügung stehen, kann bei aktivierter Ersatzverbindung der Gesprächsaufbau automatisch mit einem Ihrer alternativen Telefonieanbieter versucht werden. Hierdurch entstehen zwar möglicherweise höhere Kosten als beim Standardanbieter, aber wenigstens kommt das Gespräch zustande. Entscheiden Sie nach Ihren persönlichen Bedürfnissen, ob Sie diese Funktion nutzen möchten.
- Wenn Sie (gemäß Abschnitt »Ein neues Telefongerät zur FRITZ!Box hinzufügen« in diesem Kapitel) ein neues Telefoniegerät einrichten, dann teilen Sie ihm üblicherweise die Telefonnummer mit, unter der es ausgehende Gespräche aufbauen soll. Im Abschnitt **Ausgehende Rufnummer** können Sie zusätzlich eine Standardeinstellung definieren, die dann gilt, wenn Sie für ein Telefoniegerät (noch) keine weiteren Einstellungen vorgenommen haben.

- In der Sektion **Sicherheit** geht es vor allem um Sicherheitseinstellungen, die überhöhte Telefonrechnungen verhindern sollen. Mit den Sicherheitseinstellungen soll nicht nur der neugierige Nachwuchs, sondern vor allem auch ein potenzieller Hacker davon abgehalten werden, teure Telefongespräche führen zu können. Zunächst einmal gibt es einen Sicherheitsfilter für alle Netzwerktelefone (auch IP-Telefone genannt), die Sie an der FRITZ!Box neu einrichten. Dazu zählt auch die App FRITZ!App Fon. Der Filter bewirkt, dass alle Netzwerktelefone nur Inlandsgespräche und Anrufe zu Notrufnummern führen dürfen. Auslandsgespräche und Gespräche zu (teuren) Sonderrufnummern werden automatisch gesperrt. Auf diese Weise kann ein potenzieller Angreifer, falls er irgendwie Zugang zur FRITZ!Box erlangen sollte, kein eigenes Netzwerktelefon einrichten und damit teure Sonderrufnummern anrufen. Möchten Sie von einem Netzwerktelefon aber eine Sonderrufnummer oder eine Auslandsrufnummer anrufen, dann müssen Sie den Filter für dieses Telefon entfernen. Klicken Sie dazu auf die Schaltfläche **Auswahl ändern**. Sie sehen nun eine Einblendung mit allen IP-Telefonen. Entfernen Sie beim gewünschten Gerät den Haken, und klicken Sie auf **OK**. Klicken Sie danach auf **Übernehmen**. Wenn Sie nur ein einzelnes Gespräch führen möchten, dann sollten Sie den Filter anschließend wieder aktivieren. Sie können zusätzlich einen weiteren Filter aktivieren, der Netzwerktelefonen, die explizit nicht an der FRITZ!Box angemeldet sind, sondern eigenständig betrieben werden, die Betriebserlaubnis entzieht. Wenn Sie im Feld **Nutzung von Internettelefonie aus dem Heimnetz unterbinden** einen Haken setzen, dann wird der gesamte Netzwerkverkehr solcher eigenständiger Anwendungen und Geräte unterbunden. Bevor Sie diesen Filter aktivieren, sollten Sie sicherstellen, dass niemand im Heimnetz eigene Netzwerktelefoniegeräte betreibt, die nicht an die FRITZ!Box angeschlossen sind. Als dritte Option können Sie noch eine Option aktivieren, welche die Anzahl an möglichen Auslandstelefonaten beschränkt. Wenn von Ihrem Anschluss ungewöhnlich viele Auslandstelefonate geführt werden, dann richtet die FRITZ!-Box automatisch eine Rufsperre ein (siehe Abschnitt »Mit Rufsperren bestimmte ausgehende und eingehende Gespräche sperren«). Somit wird verhindert, dass besonders hohe Kosten entstehen. Wenn Sie über eine Auslandsflatrate verfügen und häufiger Auslandstelefonate führen, dann sollten Sie den Filter **Anzahl der ausgehenden Anrufe ins Ausland begrenzen** deaktivieren.

Abbildung 8.31 *Ein automatischer Filter verhindert bei Netzwerktelefonen Auslandsgespräche und die Verbindung zu Sonderrufnummern.*

- Sicher kennen Sie von Gesprächen mit Firmen und Behörden Wartemusik. Auch Ihre FRITZ!Box kann für Sie Wartemusik erzeugen, wenn ein Gespräch gehalten wird und der Telefonieanbieter keine Musik anbietet. Normalerweise gibt es hier eine Ansage, die darauf hinweist, dass das Gespräch gehalten wird. Wenn Sie in der Sektion **Wartemusik** auf **ändern** klicken, dann können Sie alternativ **Musik** auswählen. Sie haben auch die Möglichkeit, eine eigene Datei hochzuladen.
- In der Sektion **Telefonieverbindung** finden Sie einige Sondereinstellungen. Hierbei handelt es sich nicht um Komfort- oder Sicherheitsmerkmale, sondern um Grundeinstellungen, die für die Telefonfunktion erforderlich sind. Hier sollten alle Einstellungen so vorgenommen werden, wie sie der Telefonieanbieter erfordert. Sie finden hier beispielsweise Einstellungen zur Verarbeitung von Faxnachrichten über das Protokoll T.38 oder die Nutzung einer eigenen Internetverbindung für die Telefonie. Welche Einstellungen hier erforderlich sind, sollte Ihnen Ihr Telefonieanbieter im Schreiben zur Einrichtung mitgeteilt haben.

Technische Informationen zu den Telefongesprächen

Auf der Registerkarte **Telefonie • Eigene Rufnummern • Sprachübertragung** erhalten Sie einige technische Informationen zur Qualität Ihrer Telefongespräche. Die hier präsentierten Daten sind eher für den technisch interessierten Nutzer oder ein eventuelles Hotline-Telefonat relevant. Der Einsteiger muss sich um diese Anzeigen nicht kümmern, erst recht nicht, wenn mit der Telefonleitung alles in Ordnung ist. Sie erhalten in der tabellarischen Ansicht unter anderem Informationen zu den gewählten Rufnummern, der verwendeten Codierung, Verzögerungen beim Gesprächsaufbau sowie der Anzahl verloren gegangener Pakete.

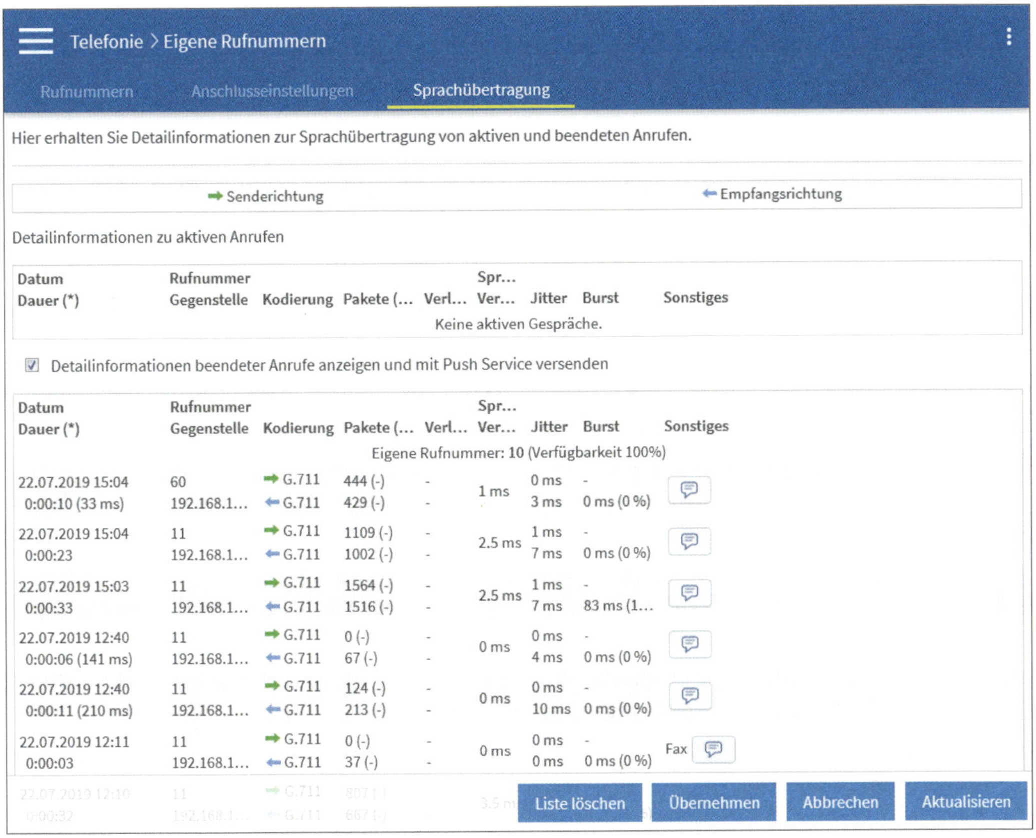

Abbildung 8.32 *Für technisch interessierte Nutzer liefert die FRITZ!Box auf Wunsch allerlei Informationen zur Qualität der Sprachübertragung.*

Die FRITZ!Box mit dem Babyfon als Babysitter verwenden

Wenn Sie an der FRITZ!Box ein analoges Telefon angeschlossen haben, dann können Sie dieses als Babyfon verwenden. Dabei überwacht das Telefon (besser gesagt die FRITZ!Box) den Geräuschpegel in dem Raum, in dem sich das analoge Telefon befindet – dessen Hörer natürlich abgenommen sein muss. Wenn der Geräuschpegel einen bestimmten Wert überschreitet (zum Beispiel, wenn ein Baby schreit oder weint), dann wird automatisch ein anderes Telefon angerufen, sodass Sie auf diese Weise vom ungewöhnlichen Geräuschpegel erfahren.

Um die Funktion zu nutzen (das geht nur mit analogen Telefonen an den Anschlüssen FON 1 und FON 2 der FRITZ!Box), müssen Sie zunächst zwei Dinge festlegen:

- Sie müssen den gewünschten *Schallpegel* festlegen, bei dessen Überschreitung das Babyfon aktiv wird. Die Funktion nutzt dafür einen Bereich zwischen 1 und 8. Stufe 1 bedeutet höchste Empfindlichkeit, Stufe 8 steht für die geringste Empfindlichkeit.
- Sie müssen die gewünschte *Zielrufnummer* festlegen. Das kann sowohl eine interne Rufnummer sein (siehe Tabelle im Abschnitt »Telefonieren mit der FRITZ!Box« zu Beginn dieses Kapitels) als auch eine externe Rufnummer.

SCHRITT FÜR SCHRITT

So aktivieren Sie den Babyfon-Betrieb an einem analogen Telefon

1. Heben Sie den Hörer des gewünschten Telefons ab.
2. Geben Sie folgende Tastenkombination ein: * 4 [Schallpegel] * [Zielrufnummer] #. Ersetzen Sie dabei [Schallpegel] durch eine Ziffer zwischen 1 und 8 und [Telefonnummer] durch die gewünschte Rufnummer.
3. Legen Sie den Telefonhörer in die Nähe des Babys.

   Damit ist die Funktion aktiv. Wenn Sie das Babyfon ausschalten möchten, dann legen Sie einfach den Telefonhörer auf.

Die DECT-Basisstation der FRITZ!Box konfigurieren und verwalten

In diesem Abschnitt zeige ich Ihnen, wie Sie die DECT-Basisstation Ihrer FRITZ!Box einrichten. Mit der DECT-Funktion können Sie an der FRITZ!Box bis zu sechs schnurlose Telefone (auch Mobilteile genannt) anmelden. Damit telefonieren Sie im Bereich der Funkreichweite kabellos und können dieselben Funktionen nutzen wie mit kabelgebundenen Telefonen. Auch kostenlose interne Gespräche sind zwischen allen Telefonarten möglich.

Ein Schnurlostelefon an der DECT-Basisstation anmelden

Bevor Sie die DECT-Funktion benutzen können, müssen Sie die DECT-Basisstation zunächst einmal anschalten. Das tun Sie wie immer im Webinterface der FRITZ!Box.

SCHRITT FÜR SCHRITT
So aktivieren Sie die DECT-Basisstation der FRITZ!Box

1. Öffnen Sie im Webinterface die Kategorie **DECT • Basisstation**.
2. Setzen Sie hier in der Sektion **DECT-Basisstation aktivieren** einen Haken in das Feld **DECT-Basisstation aktiv**.
3. Klicken Sie dann unten auf **Übernehmen**.

Sobald die Basisstation aktiv ist, können Sie Ihre Schnurlostelefone anmelden. Dafür gibt es zwei unterschiedliche Wege, entweder Sie nutzen eine Taste an der FRITZ!Box oder das Webinterface.

SCHRITT FÜR SCHRITT
So melden Sie ein Schnurlostelefon mit einem Tastendruck an der FRITZ!Box an

1. Nehmen Sie das Schnurlostelefon in Betrieb, und starten Sie dort die Funktion zur Anmeldung an der Basis. Schauen Sie hierzu in das Handbuch des Gerätes. Oftmals ist die Funktion bereits beim ersten Einschalten automatisch aktiv oder kann direkt im Hauptmenü aufgerufen werden.
2. Drücken Sie innerhalb von zwei Minuten an der FRITZ!Box für etwa eine Sekunde auf die Taste *Connect/WPS*. Alternativ können Sie für mindestens sechs Sekunden auf die Taste *DECT* drücken. Nun werden die LEDs am Gerät blinken.
3. Die Anmeldung wird automatisch vorgenommen. Sollten Sie am Telefon nach einer PIN gefragt werden, so lautet diese im Werkszustand der FRITZ!Box 0000. Bei FRITZ!Fon-Geräten ist die Eingabe einer PIN im Werkszustand nicht nötig. Nach einem kurzen Augenblick ist Ihr Gerät angemeldet und kann verwendet werden.

SCHRITT FÜR SCHRITT

So melden Sie Ihr Gerät über das Webinterface an

1. Öffnen Sie im Webinterface die Kategorie **DECT • Schnurlostelefone**.
2. Klicken Sie unten auf **Neues Gerät einrichten**.
3. Starten Sie am Schnurlostelefon den Anmeldevorgang an der Basis.
4. Klicken Sie im Webinterface der FRITZ!Box auf **Weiter**.
5. Nun wird die Anmeldung durchgeführt. Sollten Sie am Telefon nach einer PIN gefragt werden, so lautet diese im Werkszustand der FRITZ!Box 0000.

   Nach einem kurzen Augenblick ist Ihr Gerät angemeldet und kann verwendet werden.

   Bevor Sie mit Ihrem Schnurlostelefon richtig telefonieren, sollten Sie zunächst die Einstellungen des Gerätes im Webinterface der FRITZ!Box überprüfen. Unter Umständen müssen Sie noch die Telefonnummern konfigurieren, also zum Beispiel einstellen, welche Telefonnummer das Telefon für abgehende Gespräche nutzen soll. Wie das funktioniert, lernen Sie im folgenden Abschnitt.

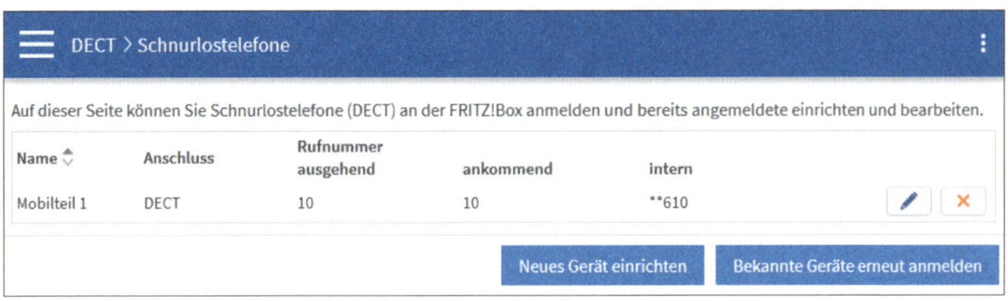

Abbildung 8.33 *Der Anmeldevorgang wurde erfolgreich abgeschlossen – das Mobilteil 1 kann jetzt zum Telefonieren verwendet werden.*

Hat ein Gerät die Verbindung verloren?

Sollte in einem seltenen Fall einmal ein Mobilteil die Verbindung zur Basis verlieren und nicht wiederfinden, so klicken Sie einfach im Webinterface unter **DECT • Schnurlostelefone** auf die Schaltfläche **Bekannte Geräte erneut anmelden**. Starten Sie dann am Mobilteil den Anmeldevorgang. Kurze Zeit später wird das Telefon wieder mit seiner Basis verbunden sein.

Die Einstellungen eines Schnurlostelefons bearbeiten

Wie bei kabelgebundenen Telefonen gibt es auch für Schnurlostelefone einen Einstellungsdialog. Diesen können Sie auf verschiedenen Wegen erreichen. Zum einen finden Sie den Einstellungsdialog wie im Abschnitt »Die Einstellungen von Telefonen vornehmen« in diesem Kapitel beschrieben ganz normal in der Kategorie **Telefonie • Telefongeräte** im Webinterface. Klicken Sie dort beim gewünschten Schnurlostelefon beziehungsweise Mobilteil auf .

Alternativ klicken Sie im Webinterface auf **DECT • Schnurlostelefone**. Dort sehen Sie eine Tabelle mit allen Schnurlostelefonen und deren Basisdaten. Klicken Sie beim gewünschten Gerät einfach auf .

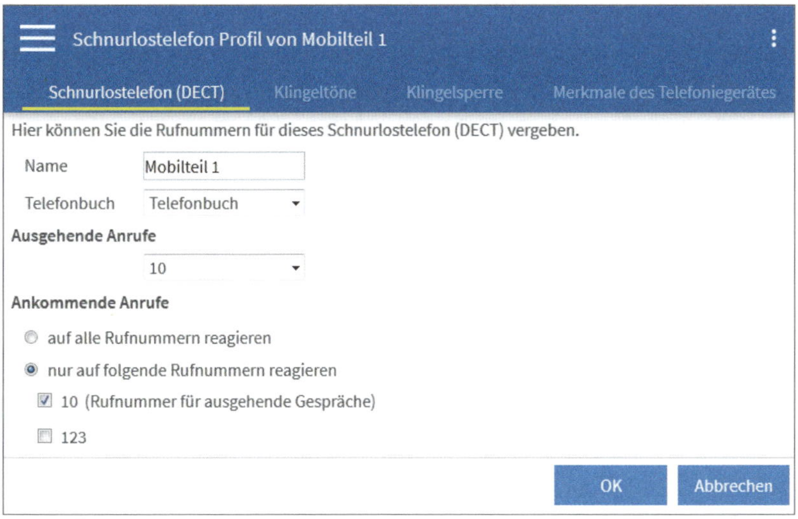

Abbildung 8.34 *Bei Schnurlostelefonen gibt es fast dieselben Einstellungsmöglichkeiten wie bei allen anderen Telefonen auch. Je nach Gerät sind zusätzliche Optionen verfügbar.*

Der Einstellungsdialog für Schnurlostelefone ist genauso aufgebaut wie für alle anderen Telefone auch. Auf der Registerkarte **Schnurlostelefon (DECT)** (siehe Abbildung 8.34) steuern Sie die Basisdaten: Sie können dem Telefon einen Namen geben, einstellen, welches Telefonbuch das Gerät nutzen soll, welche Telefonnummer für ausgehende Anrufe genutzt wird und auf welche Rufnummern das Gerät bei ankommenden Anrufen reagieren soll. Auch die Registerkarte **Klingelsperre** ist für Schnurlostelefone verfügbar. Daneben gibt es weitere Registerkarten, die modellabhängige Einstellungen bieten. Bei einigen Geräten lässt sich zum Beispiel direkt in der FRITZ!Box der Klingelton einstellen. Manch ein Gerät ermöglicht auch die Steuerung von Komfortfunktionen, zum Beispiel das Anklopfen während eines Gespräches oder das Mithören beim Anrufbeantworter.

Die Einstellungen der DECT-Basisstation

Für die DECT-Basisstation gibt es verschiedene Einstellungen, die Sie im Webinterface in der Kategorie **DECT • Basisstation** (siehe Abbildung 8.35) erreichen.

Dort können Sie die gesamte DECT-Funktionalität zunächst einmal in der Sektion **DECT-Basisstation aktivieren** an- und abschalten. Wenn Sie in Ihrem Haushalt keine Schnurlostelefone und auch keine DECT-fähigen Smart-Home-Geräte betreiben, dann können Sie die DECT-Basisstation problemlos abschalten.

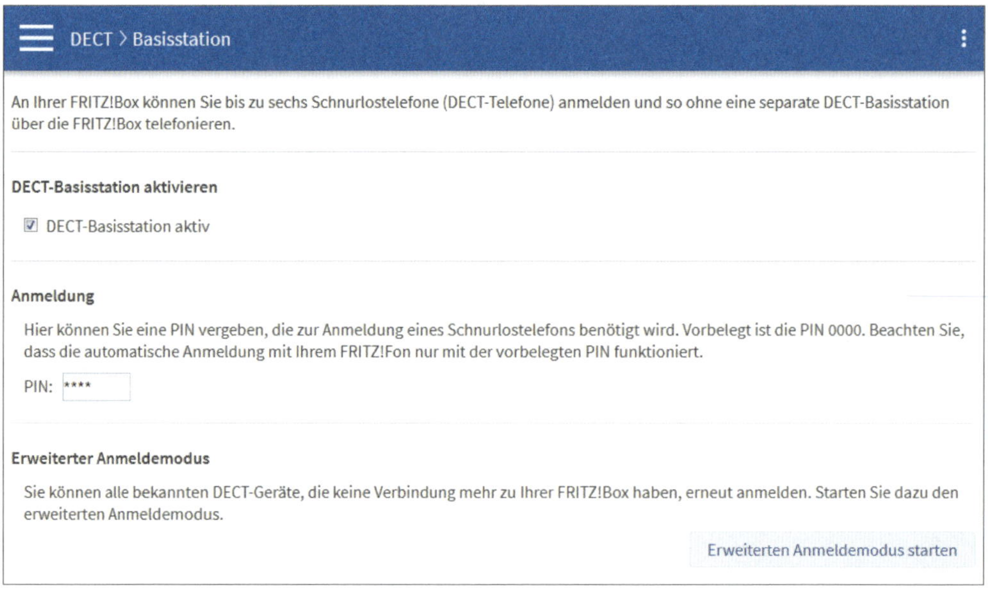

Abbildung 8.35 *Die Einstelloptionen für die DECT-Basisstation sind alle auf einer Seite untergebracht. Mit dem ersten Kästchen können Sie die DECT-Funktion ganz abschalten.*

Wie Sie aus dem Abschnitt »Ein Schnurlostelefon an der DECT-Basisstation anmelden« in diesem Kapitel wissen, lautet die PIN zum Anmelden neuer Schnurlosgeräte im Werkszustand 0000. Zum komfortablen Anmelden neuer FRITZ!Fon-Geräte sollte sie auf diesem Wert belassen werden. Großartig »unsicher« ist dies nicht, denn die Anmeldung neuer Geräte ist ohnehin nur durch vorige Aktivierung der Funktion möglich, und falsch angemeldete Geräte lassen sich schnell löschen. Sicherheitsbewusste Nutzer in dicht bewohnten Gebieten können die vorgegebene PIN aber auch jederzeit ändern. Und wer kein FRITZ!Fon-Gerät betreibt, der hat hiervon gewiss auch keine Nachteile. Die Änderung der PIN ist im Feld **PIN** möglich.

Sollte eines Ihrer Schnurlostelefone einmal die Verbindung zur FRITZ!Box verlieren, dann müssen Sie es erneut anmelden. Starten Sie dazu in der Sektion **Erweiterter Anmeldemodus** den gleichnamigen Modus.

Wer nur in einer überschaubaren Wohnung wohnt, der benötigt nicht die volle DECT-Funkleistung und kann diese reduzieren. Dies spart minimal Strom, dient aber hauptsächlich dem Ziel, dass das eigene DECT-Funknetz nicht unnötigerweise auch in den Nachbarwohnungen erreichbar ist. Damit werden einerseits fremde Dienste nicht unnötig gestört, und andererseits haben es potenzieller Hacker schwerer, Ihr Funknetz abzuhören oder zu missbrauchen. Zur Reduktion der **Funkleistung** dient die gleichnamige Sektion im Webinterface (siehe Abbildung 8.36). Dort können Sie auf Wunsch auch den DECT-ECO-Modus einschalten (falls ihn alle beteiligten Geräte unterstützen). In diesem Modus wird die DECT-Funkleistung bei Bedarf vollständig abgeschaltet.

In der Sektion **Sicherheit** können Sie einstellen, dass nur sichere (also verschlüsselte und authentifizierte) DECT-Verbindungen verwendet werden. Diese Option sollten Sie nach Möglichkeit unbedingt eingeschaltet lassen (dasselbe gilt für die erweiterten Sicherheitsfunktionen). Nur so ist sichergestellt, dass niemand Ihre Telefongespräche mithören kann.

Wer seine (FRITZ!Fon-)Telefone noch ein wenig sicherer betreiben möchte und verhindern will, dass Unbefugte Änderungen vornehmen können, der kann in der Sektion **Zugriffsschutz** (siehe Abbildung 8.37) eine Zugriffsschutz-PIN aktivieren. Setzen Sie dazu einen Haken in das Kästchen **Zugriffsschutz aktivieren**, und geben Sie die gewünschte PIN ein. Mit den Kontrollkästchen darunter steuern Sie, bei welchen Funktionen die PIN einzugeben ist.

Zum Abschluss gibt es bei Schwierigkeiten noch eine Hilfestellung in der Sektion **Problembehebung**. Dort können Sie einen Kompatibilitätsmodus für (ältere) Schnurlostelefone einrichten, die nicht dem GAP-Standard entsprechen. Bei Schwierigkeiten mit dem eigenen Gerät kann man diese Option versuchsweise einschalten. Dasselbe gilt für die Unterstützung für CAT-iq-2.0-kompatible Geräte. Wenn Sie ein FRITZ!Fon von AVM betreiben, dann sind diese Einstellungen nicht nötig.

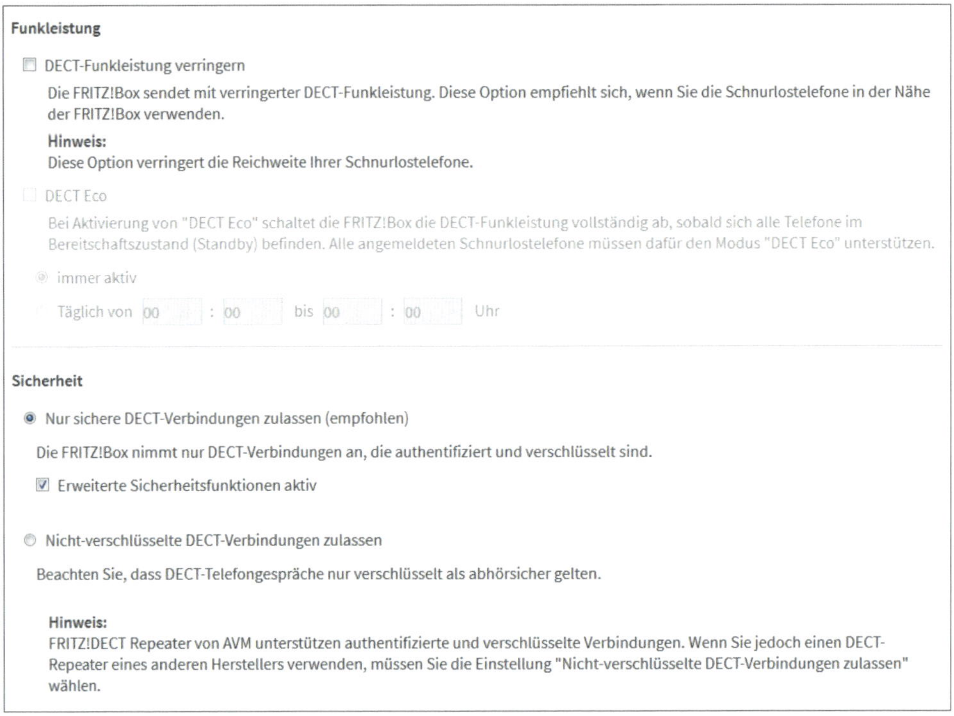

Abbildung 8.36 *Wenn man möchte, dann kann man die DECT-Funkleistung reduzieren. Achten Sie darauf, möglichst nur sichere Verbindungen zu verwenden.*

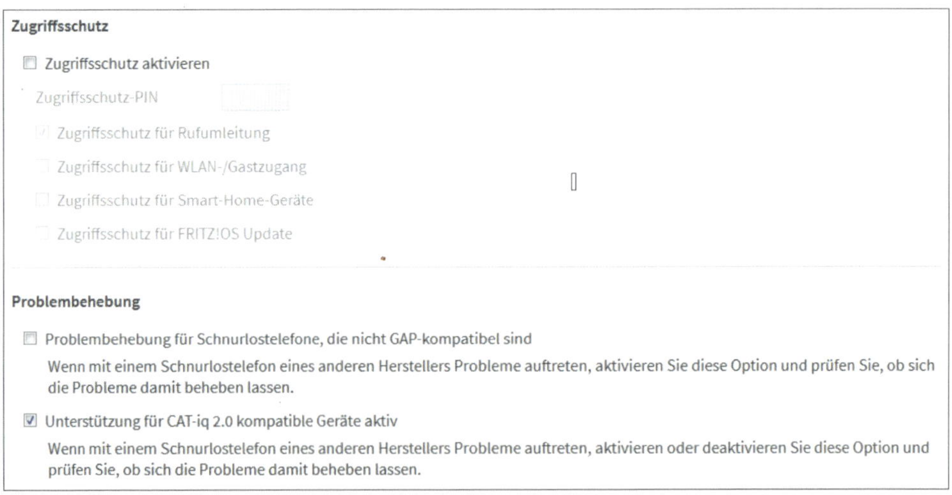

Abbildung 8.37 *Wer ältere Geräte von Fremdherstellern betreibt, der muss je nach Gerät eventuell die Optionen aus der Sektion »Problembehebung« aktivieren.*

Technische Informationen rund um die DECT-Basisstation

Im Webinterface bietet Ihnen die FRITZ!Box in der Kategorie **DECT • DECT-Monitor** allerlei technische Informationen rund um das Thema DECT. So können Sie sich etwa zahlreiche Daten zu einem laufenden Telefongespräch anzeigen lassen – zum Beispiel die derzeit genutzten Frequenzen und die Empfangsstärke. Sie können auch Informationen zu den zur Verfügung stehenden Sprach-Codecs erhalten. Auf der Registerkarte **Erweiterte Informationen** stehen noch detailliertere Daten zur Verfügung, hier gibt es sogar die Möglichkeit, einen Bitfehlertest zu starten. Diese Angaben helfen bei der Optimierung der Empfangssituation. Insgesamt sind die Angaben sehr technischer Natur und richten sich folglich an den technisch interessierten Nutzer. Sie können eventuell auch bei einem Telefonat mit einer Service-Hotline zur Identifizierung eventueller Probleme behilflich sein. Der Einsteiger muss sich um den Inhalt dieser Seiten allerdings nicht weiter kümmern.

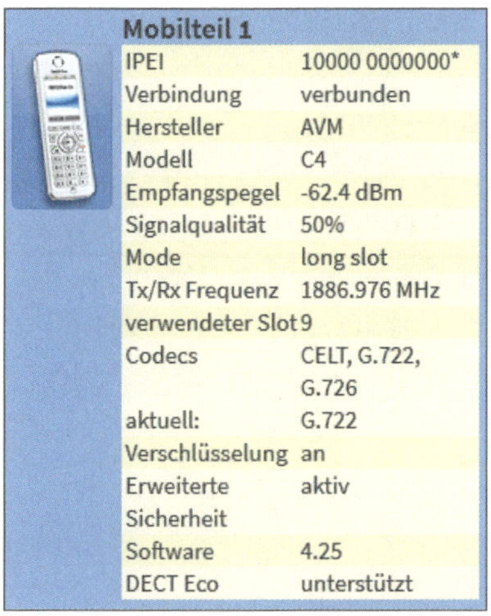

Abbildung 8.38 *Der DECT-Monitor hält zahlreiche technische Informationen rund um das Thema DECT parat. Hier ein Auszug aus den Daten für ein Mobilteil.*

Sonderfunktionen für FRITZ!Fon-Geräte

Wenn Sie ein FRITZ!Fon-Gerät an der DECT-Basisstation angemeldet haben, dann gibt es im Webinterface eine eigene Kategorie **DECT • Internetdienste**, auf der Sie Sonderfunktionen einrichten können, die von diesen Telefonen geboten werden. So können Sie auf der Registerkarte **E-Mail** ein

E-Mail-Konto konfigurieren. Damit können Sie mit dem FRITZ!Fon auch E-Mails lesen und verfassen. Auf der Registerkarte **RSS-Nachrichten** können Sie RSS-Feeds abonnieren (eine Form von Nachrichten-Ticker), die Sie auf dem FRITZ!Fon lesen können. Die Registerkarte **Internetradio/Podcast** weist Sie darauf hin, dass die Geräte auch diese Medien wiedergeben können. Als Letztes haben Sie auf der Registerkarte **Live-Bild** die Möglichkeit, das Telefon mit einer Webcam zu verbinden, deren Bild auf dem Telefondisplay angezeigt werden kann.

Mit dem DECT-Repeater die Reichweite erhöhen

Sollte es bei Ihnen beim DECT-Empfang Probleme mit der Funkreichweite geben, dann löst vielleicht ein DECT-Repeater Ihre Probleme. Dieser funktioniert so ähnlich wie ein WLAN-Repeater. Er vergrößert den Empfangsbereich für DECT-Geräte. Ein solides Gerät ist zum Beispiel schon für 70 € zu haben.

Alternativ können Sie, wenn Sie noch eine zweite FRITZ!Box im Besitz haben, auch über ein Telefonie-Mesh nachdenken. Die beliebte Funktion, die man vom WLAN kennt, lässt sich auch bei der DECT-Telefonie einsetzen. Dabei wird eine FRITZ!Box zum Mesh-Master, die andere zum Mesh-Slave. Konfigurieren Sie die Mesh-Einstellungen so, dass auch Telefoniedienste übernommen werden. Auch auf diese Weise kann man die Reichweite der DECT-Funktion vergrößern.

Kapitel 9
Volle Kontrolle: erweiterte Systemfunktionen

Im Webinterface der FRITZ!Box steuert die Kategorie **System** alle Funktionen, welche die FRITZ!Box selbst betreffen. Hier geht es also beispielsweise um Aktualisierungen der Firmware, um Sicherungen der Einstellungen und das Anlegen von Benutzerkonten. Für den Einsteiger ist insbesondere der Abschnitt »Sicherung und Wiederherstellung von Systemeinstellungen« wichtig. Auch der Push-Service, der im Abschnitt »Stets auf dem Laufenden bleiben mit dem Push-Service« erklärt wird, kann unter Umständen hilfreich sein.

Überblick über wichtige Systemereignisse

Ihre FRITZ!Box bietet Ihnen im Webinterface unter der Kategorie **System • Ereignisse** ein Ereignisprotokoll. Hier werden verschiedene wichtige Zustände und Vorkommnisse protokolliert. Das Ereignisprotokoll enthält neben Fehlern und kritischen Zuständen auch allgemeine Informationen, zum Beispiel zur Herstellung der Internetverbindung. Insgesamt kann man sich hier über verschiedene Sub-Systeme der FRITZ!Box informieren. Das Ereignisprotokoll eignet sich damit hervorragend zur Fehlerdiagnose und sollte im Fehlerfall stets kontrolliert werden. Es schadet jedoch nicht, auch bei normalem Betrieb ab und zu einen Blick hineinzuwerfen. So erkennt zum Beispiel auch der Einsteiger recht schnell eine instabile Internetverbindung, die mehr als einmal täglich ausfällt und neu aufgebaut wird.

Viele der Einträge im Ereignisprotokoll haben übrigens eine Link-Funktion. Sie können also mit der Maus angeklickt werden und führen zu einer Hilfeseite mit weiteren Informationen und Tipps rund um die entsprechende Meldung. Dies ist allerdings nicht bei jedem Eintrag möglich. Das Ereignisprotokoll des (WLAN-)Mesh-Masters enthält (wenn die FRITZ!Box entsprechend eingerichtet ist und Mesh-Funktionen nutzt) auch Nachrichten der weiteren Mesh-Geräte. Beachten Sie aber, dass das Protokoll nur Nachrichten der FRITZ!Box und weiterer Mesh-Geräte anzeigt. Probleme und Meldungen normaler Computer im Heimnetzwerk sind hier nicht aufgeführt.

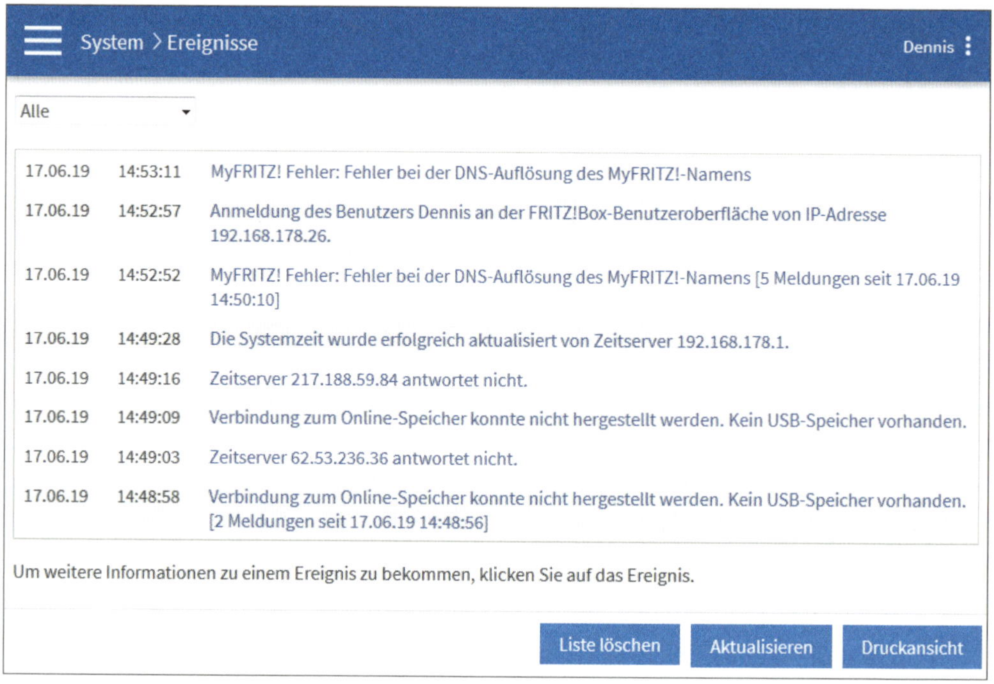

Abbildung 9.1 *Dieses Ereignisprotokoll zeigt ein Problem mit der Internetverbindung an – der MyFRITZ!-Dienst kann nicht korrekt arbeiten. Außerdem fehlt ein USB-Stick für die Nutzung des Online-Speichers.*

Das Ereignisprotokoll ist nach verschiedenen Kategorien gegliedert, die Sie über das Ausklappmenü oben links auswählen können:

- Die Ansicht **Alle** zeigt Ihnen das gesamte Ereignisprotokoll mit allen Ereignissen an.
- Ereignisse rund um den Alltagsbetrieb der FRITZ!Box sind in der Kategorie **System** zusammengefasst. Hier sehen Sie zum Beispiel, wenn ein Benutzer auf das Webinterface der FRITZ!Box zugegriffen hat.
- In der Kategorie **Internetverbindung** erhalten Sie Mitteilungen rund um diesen wichtigen Dienst. Ereignisse umfassen zum Beispiel den Neuaufbau der Internetverbindung.
- Ereignisse rund um die Telefoniefunktion finden Sie in der Kategorie **Telefon**. Einträge in dieser Kategorie zeigen unter anderem, dass der Faxempfang aktiviert wurde oder dass es eine Störung beim Telefondienst gibt.

- Die Kategorie **WLAN** bietet Informationen rund um das WLAN. Sie sehen beispielsweise die An- und Abschaltung dieses Netzwerks. Wenn Sie das Kästchen **Auch An- und Abmeldungen protokollieren** aktivieren, dann sehen Sie auch die An- und Abmeldungen jedes einzelnen WLAN-Gerätes inklusive IP-Adresse und MAC-Nummer. Diese Ansicht ist vor allem für die Fehlerdiagnose durch fortgeschrittene Nutzer sinnvoll. Sie kann auch von Einsteigern genutzt werden, da man so relativ schnell erkennt, ob sich eventuell eine unbefugte Person im WLAN aufhält. Bei einer Änderung des Kästchens müssen Sie auf **Übernehmen** klicken.
- Meldungen rund um USB-Geräte erhalten Sie in der Kategorie **USB-Geräte**. Hier erfahren Sie etwa, dass ein USB-Gerät an die FRITZ!Box angeschlossen wurde.

Wenn Sie alle Mitteilungen zur Kenntnis genommen haben und diese nicht weiter angezeigt bekommen möchten, dann können Sie die Einträge im Ereignisprotokoll auch löschen. Wählen Sie hierzu die Ansicht **Alle**, und klicken Sie auf die Schaltfläche **Liste löschen**. Sollten Sie an einer Archivierung der Einträge interessiert sein, dann können Sie über die Schaltfläche **Druckansicht** eine zum Ausdruck geeignete Ansicht erzeugen, die über die gleichnamige Schaltfläche ausgedruckt werden kann.

Stets auf dem Laufenden bleiben mit dem Push-Service

Mit dem Push-Service bietet Ihnen die FRITZ!Box die Möglichkeit, dass Sie bei wichtigen Ereignissen per E-Mail informiert werden. Um den Push-Service nutzen zu können, müssen Sie in der FRITZ!Box ein bereits existierendes E-Mail-Konto eintragen. Dieses nutzt die FRITZ!Box zum Versand der Nachrichten. Sie können aus einer umfangreichen Liste auswählen, über welche Ereignisse Sie informiert werden möchten. Dazu zählen nicht nur technische Informationen, sondern auch neue Nachrichten auf dem Anrufbeantworter oder eingegangene Fax-Nachrichten – bei beiden Diensten wird die jeweilige Nachricht gleich im Dateianhang versendet.

Der Push-Service hilft auch bei vergessenen Passwörtern

Sollten Sie das Systempasswort der FRITZ!Box auf ein persönliches Passwort geändert und dieses dann versehentlich vergessen haben, dann kann sich der Push-Service als nützlich erweisen: Wenn dieser Dienst aktiviert ist, dann können Sie sich per E-Mail einen Link zusenden lassen, über den Sie auch bei vergessenem Passwort auf das Webinterface der FRITZ!Box zugreifen können. So lässt sich direkt ein neues Passwort setzen. Mehr dazu in Kapitel 10 im Abschnitt »Kennwort vergessen?«.

Ein E-Mail-Konto für den Versand von Push-Nachrichten einrichten

Bevor Sie den Push-Service benutzen können, müssen Sie für den Versand der E-Mail-Nachrichten der FRITZ!Box ein E-Mail-Konto mitteilen. Sie können hierfür ein bereits bestehendes E-Mail-Konto verwenden oder auch extra ein E-Mail-Konto neu anlegen. Wichtig ist, dass das E-Mail-Konto den Versand von Nachrichten über einen SMTP-Server erlaubt. Ein reiner Webmail-Dienst, der nur in einem Webbrowser bedient werden kann, ist nicht geeignet. Viele Anbieter von Freemail-Angeboten (also kostenlosen, häufig werbefinanzierten E-Mail-Diensten) erlauben jedoch den Versand über SMTP-Mailserver. Grundsätzlich gilt: Wenn Sie das betreffende Mail-Konto mit einem E-Mail-Programm wie Thunderbird oder Outlook benutzen können, dann sollte es auch mit der FRITZ!Box funktionieren.

Bei einigen Anbietern sind weitere Vorkehrungen nötig

Manche E-Mail-Anbieter schränken den Versand von E-Mails über externe Programme und Dienste aus Sicherheitsgründen ein – das dient vor allem der Eindämmung von unerwünschtem Spam-Versand. Durch diese Sicherheitseinstellung sind zusätzliche Vorkehrungen nötig, damit der Mailversand über die FRITZ!Box einwandfrei funktioniert. Wenn Sie beispielsweise ein E-Mail-Konto von Google, Microsoft oder Apple einsetzen möchten und standardmäßig eine Zwei-Faktor-Anmeldung verwenden, dann müssen Sie in den Einstellungen des E-Mail-Anbieters zunächst ein Anwendungskennwort für die FRITZ!Box erstellen, das Sie zur Anmeldung benutzen. Ansonsten wird der FRITZ!Box der Mailversand unter Umständen verweigert. Beachten Sie außerdem, dass einige Anbieter, zum Beispiel T-Online, unterschiedliche Passwörter für den Web- und den Serverzugriff verwenden. Für die FRITZ!Box ist das Serverpasswort nötig.

SCHRITT FÜR SCHRITT

So tragen Sie ein existierendes Mailkonto für den Push-Service der FRITZ!Box ein

1. Halten Sie die Zugangsdaten für den Zugriff auf den SMTP-/Mail-Server Ihres E-Mail-Anbieters bereit. Diese Informationen erhalten Sie auf den Support-Seiten des Anbieters. Im Regelfall benötigen Sie Serveradresse, Benutzername und Kennwort.

2. Öffnen Sie im Webinterface der FRITZ!Box die Kategorie **System • Push Service • Absender**.

3. Setzen Sie einen Haken in das Kästchen **Push Service aktiv**.

4. Geben Sie in das Feld **E-Mail-Adresse** die E-Mail-Adresse des Kontos ein, das die FRITZ!Box zum Mailversand als Absender verwenden soll.

5. Tragen Sie in das Feld **Kennwort** das Zugangskennwort für den Postausgangsserver (auch Mailserver oder SMTP-Server genannt) ein.

6. Kontrollieren Sie, ob neben der E-Mail-Adresse ein Eintrag **Anbieter:** erscheint. Wenn ja, dann hat die FRITZ!Box die nötigen Servereinstellungen automatisch erhalten. Fahren Sie fort mit Schritt 11.

7. Konnte die FRITZ!Box die Servereinstellungen nicht automatisch herausfinden, öffnen Sie das Ausklappmenü **Kontodaten – weitere Einstellungen**.

8. Tragen Sie in das Feld **E-Mail-Benutzername** den Namen ein, der zur Anmeldung am SMTP-Server verwendet wird. Oftmals ist dies (noch einmal) die E-Mail-Adresse.

9. Geben Sie die Adresse des SMTP-Servers in das gleichnamige Feld ein. Füllen Sie auch das Feld **Port** mit der korrekten Portnummer. Oftmals wird diese bei der Nennung der Serveradresse (beim E-Mail-Provider) durch einen Doppelpunkt gekennzeichnet.

10. Sollte der SMTP-Server eine verschlüsselte (sichere) Verbindung erlauben, dann aktivieren Sie das zugehörige Kontrollkästchen.

11. Auf Wunsch können Sie im Feld **Absendername** (in der gleichnamigen Kategorie) eine Bezeichnung angeben, die bei E-Mails mit in die Betreffzeile

gesetzt wird – so können Sie Push-Nachrichten Ihrer FRITZ!Box eindeutig erkennen.

12. Aktivieren Sie das Kästchen **E-Mail-Versand nach Übernahme der Einstellungen testen**, und klicken Sie auf **Übernehmen**.

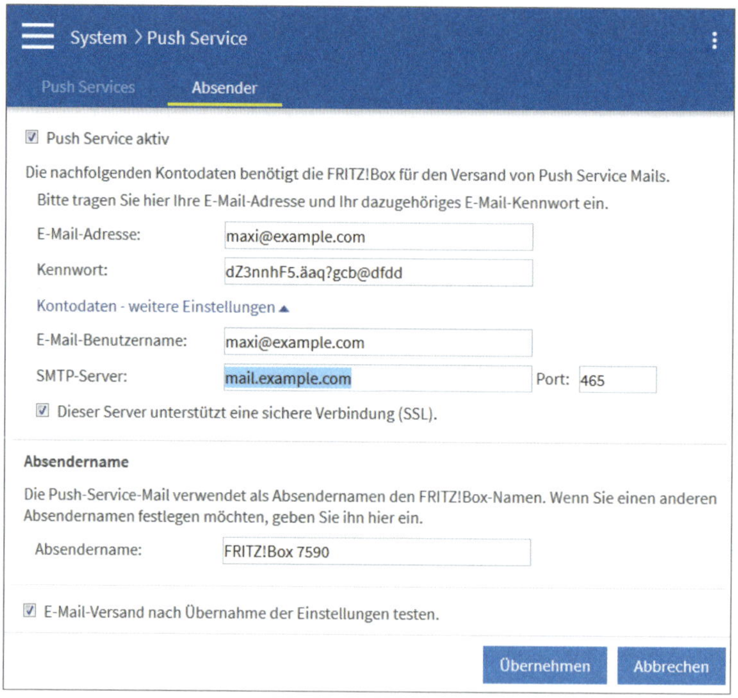

Abbildung 9.2 *Vor der Benutzung des Push-Service muss zunächst eine Absenderadresse konfiguriert werden.*

Ein paar Worte zum Absender und den Empfängern

Das E-Mail-Konto, das Sie hier eintragen, wird (wie gesagt) von der FRITZ!Box als Absender für die Push-Nachrichten verwendet. Die Absenderadresse dient gleichzeitig auch als Standard-Empfängeradresse. Gewissermaßen stellen Sie sich somit die Push-Nachrichten selber zu. Das kann durchaus gewünscht sein, muss aber nicht so bleiben. Bei der Konfiguration des Push-Service im nächsten Abschnitt können Sie abweichende Empfängeradressen eintragen – es ist auch die Angabe von mehreren Empfängern möglich.

Die FRITZ!Box wird nun mit Ihren Angaben einen Verbindungsaufbau zum angegebenen Mailserver probieren. Wenn dies einwandfrei funktioniert, ist der Push-Service bereit. Falls der Test fehlschlägt, kehren Sie zu den Einstellungen zurück und überprüfen Ihre Angaben auf Fehler.

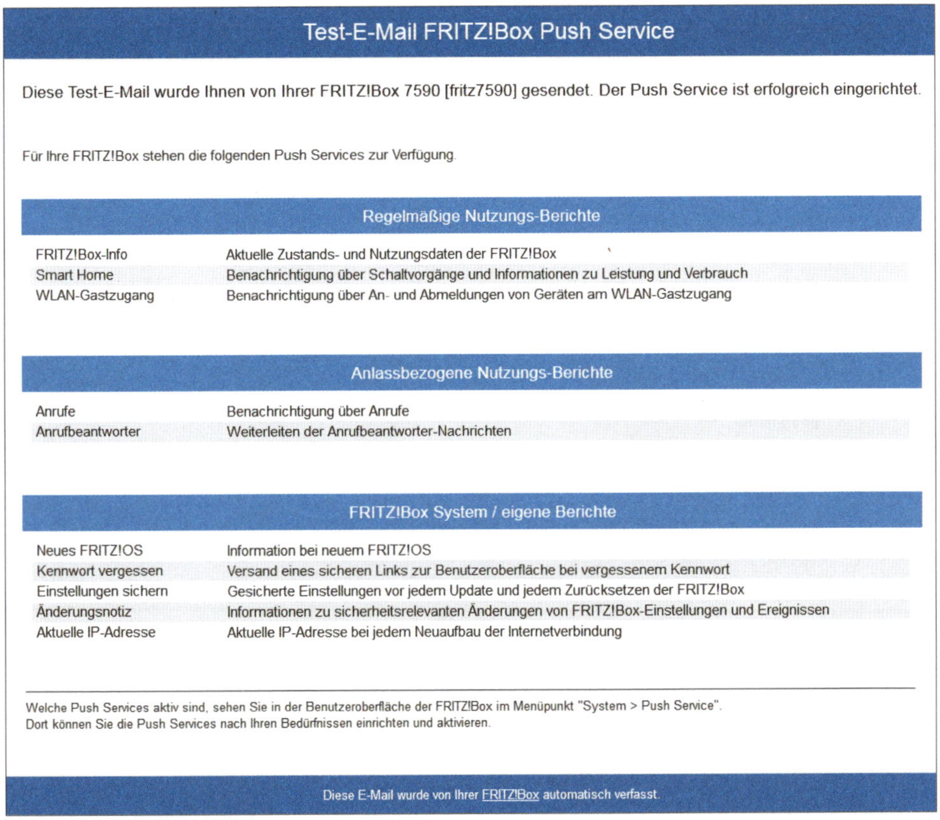

Test-E-Mail FRITZ!Box Push Service

Diese Test-E-Mail wurde Ihnen von Ihrer FRITZ!Box 7590 [fritz7590] gesendet. Der Push Service ist erfolgreich eingerichtet.

Für Ihre FRITZ!Box stehen die folgenden Push Services zur Verfügung.

Regelmäßige Nutzungs-Berichte	
FRITZ!Box-Info	Aktuelle Zustands- und Nutzungsdaten der FRITZ!Box
Smart Home	Benachrichtigung über Schaltvorgänge und Informationen zu Leistung und Verbrauch
WLAN-Gastzugang	Benachrichtigung über An- und Abmeldungen von Geräten am WLAN-Gastzugang

Anlassbezogene Nutzungs-Berichte	
Anrufe	Benachrichtigung über Anrufe
Anrufbeantworter	Weiterleiten der Anrufbeantworter-Nachrichten

FRITZ!Box System / eigene Berichte	
Neues FRITZ!OS	Information bei neuem FRITZ!OS
Kennwort vergessen	Versand eines sicheren Links zur Benutzeroberfläche bei vergessenem Kennwort
Einstellungen sichern	Gesicherte Einstellungen vor jedem Update und jedem Zurücksetzen der FRITZ!Box
Änderungsnotiz	Informationen zu sicherheitsrelevanten Änderungen von FRITZ!Box-Einstellungen und Ereignissen
Aktuelle IP-Adresse	Aktuelle IP-Adresse bei jedem Neuaufbau der Internetverbindung

Welche Push Services aktiv sind, sehen Sie in der Benutzeroberfläche der FRITZ!Box im Menüpunkt "System > Push Service".
Dort können Sie die Push Services nach Ihren Bedürfnissen einrichten und aktivieren.

Diese E-Mail wurde von Ihrer FRITZ!Box automatisch verfasst.

Abbildung 9.3 *Ihre FRITZ!Box sendet Ihnen bei erfolgreichem Test eine E-Mail mit nützlichen Informationen zum Push-Service.*

Sonderregelungen bei mehreren FRITZ!-Produkten im Mesh

Wenn Sie bei sich zu Hause mehrere FRITZ!-Produkte in einem (WLAN-) Mesh betreiben, dann müssen Sie den Push-Service nicht bei jedem Gerät individuell konfigurieren. Es genügt, wenn Sie ihn einmalig beim Mesh-Master einrichten. Die untergeordneten Geräte übernehmen dessen Einstellungen automatisch (sofern dies aktiviert ist) und verwenden das beim Master hinterlegte Mail-Konto.

Den Push-Service konfigurieren

Nachdem Sie für den Push-Service ein E-Mail-Konto hinterlegt haben, können Sie den Dienst mit den gewünschten Einstellungen konfigurieren. Öffnen Sie dazu im Webinterface die Kategorie **System • Push Service • Push Services**.

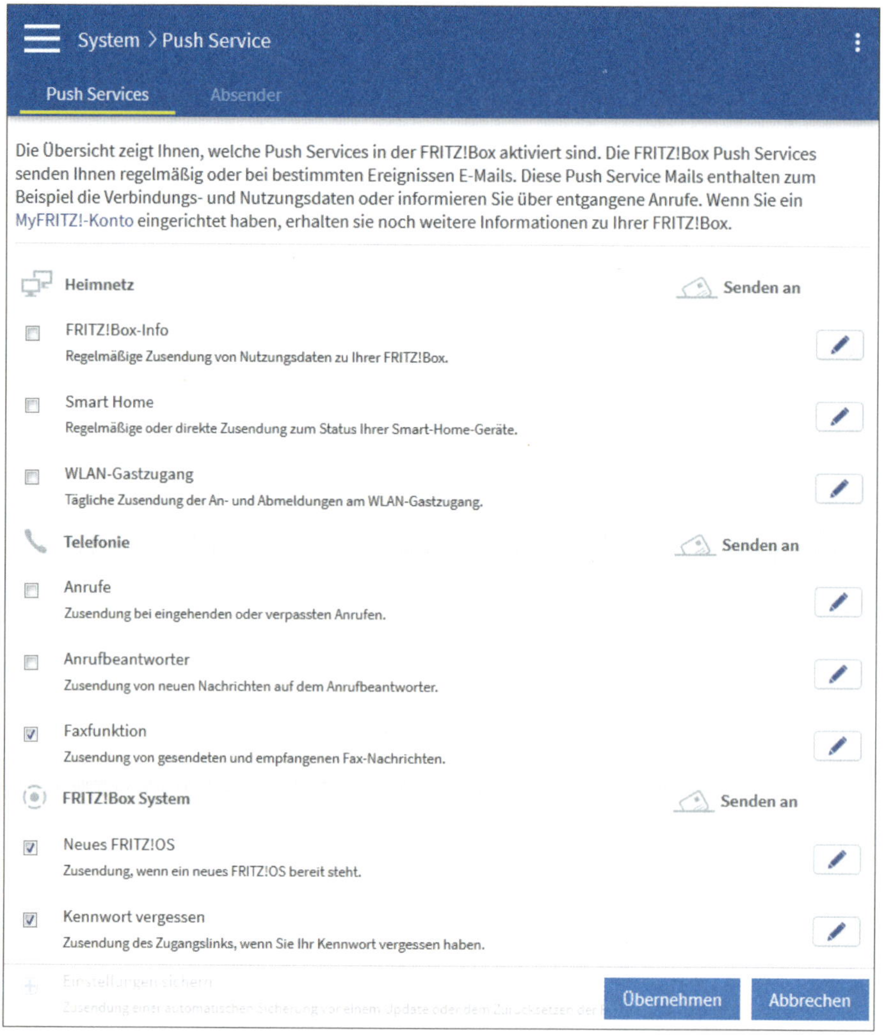

Abbildung 9.4 *Verschiedene Push-Services können einzeln aktiviert werden.*

Sie sehen auf dieser Seite nach Kategorien sortiert die einzelnen Angebote des Push-Service: In der Kategorie **Heimnetz** können Sie sich über wichtige Ereignisse im Heimnetzwerk informieren lassen. Dazu zählen regelmäßige Nutzungsdaten, ein Statusbericht über Smart-Home-Geräte und der Betriebszustand des WLAN-Gastzugangs. In der Kategorie **Telefonie** können Sie sich Listen mit geführten Telefongesprächen sowie eingegangene Nachrichten auf dem Anrufbeantworter und gesendete und empfangene Fax-Nachrichten zusenden lassen. Die Kategorie **FRITZ!Box System** richtet sich vor allem an den Administrator. Hier lassen sich Mitteilungen über Updates des Betriebssystems, Hinweise bei vergessenen Kennwörtern, Änderungsnotizen und Nachrichten über aktuelle IP-Adressen abonnieren. Sie können sich nun aussuchen, welche Push-Nachrichten Sie abonnieren möchten.

SCHRITT FÜR SCHRITT

So aktivieren Sie den Versand von ausgewählten Push-Nachrichten

1. Setzen Sie beim gewünschten Push-Service zunächst in der ersten Spalte einen Haken, um den Dienst zu aktivieren.
2. Klicken Sie beim gewünschten Dienst rechts auf ✎.
3. Sie sehen nun einen Einrichtungsdialog für den gewünschten Push-Service. Je nach Dienst sind unterschiedliche Möglichkeiten verfügbar. Es kann zum Beispiel Optionen zur Häufigkeit des Mailversands geben. Stellen Sie die Optionen so ein, wie Sie es wünschen.
4. Tragen Sie in das Empfänger-Feld den gewünschten Empfänger ein. Dieser muss nicht mit dem Absenderkonto übereinstimmen, aber das Absenderkonto ist für viele Dienste die Voreinstellung. Sie können mehrere Empfänger eintragen. Diese werden durch Kommata (ohne Leerzeichen) getrennt.
5. Bei einigen Diensten gibt es die Möglichkeit, den Versand direkt im Anschluss zu testen. Wenn Sie dies wünschen (schaden tut ein Test sicherlich nicht), dann aktivieren Sie das zugehörige Kontrollkästchen.
6. Klicken Sie abschließend auf **OK**.

Damit ist der betreffende Service eingerichtet. Sie können auf dieselbe Weise alle gewünschten Dienste abonnieren. Beachten Sie, dass der Push-Service von der FRITZ!Box auch zur Benachrichtigung bei kritischen Fehlern und wichtigen Ereignissen verwendet wird – mehr dazu in Kapitel 10 im Abschnitt »Automatische Benachrichtigungen über wichtige Ereignisse«.

Abbildung 9.5 *Für jeden Push-Service sind unterschiedliche Einstellungen (zum Beispiel zur Häufigkeit der Benachrichtigung) verfügbar. Stets können auch mehrere Empfänger angegeben werden.*

Die Benutzerverwaltung

Die FRITZ!Box ermöglicht über Benutzerkonten die Verwaltung von Zugriffsrechten. Sie können für jeden Benutzer ein eigenes Konto anlegen, das aus Benutzername und Kennwort besteht. Einem Benutzerkonto lassen sich anschließend Berechtigungen für die einzelnen Dienste der FRITZ!Box setzen. So wird es zum Beispiel möglich, dass ein Benutzer NAS-Dienste und Smart-Home-Geräte benutzen kann, während dies für einen anderen Benutzer nicht möglich ist. Benutzerkonten müssen keinesfalls nur auf die Familienmitglieder beschränkt sein. Sie können auch für externe Gäste wie zum Beispiel Arbeitskollegen ein Benutzerkonto anlegen, das zum Beispiel lediglich lesenden Zugriff auf einen bestimmten Ordner des NAS-Dienstes bietet. Benutzerkonten können auch zum Zugriff auf die Weboberfläche der FRITZ!Box verwendet werden – dazu gleich mehr im Anschluss.

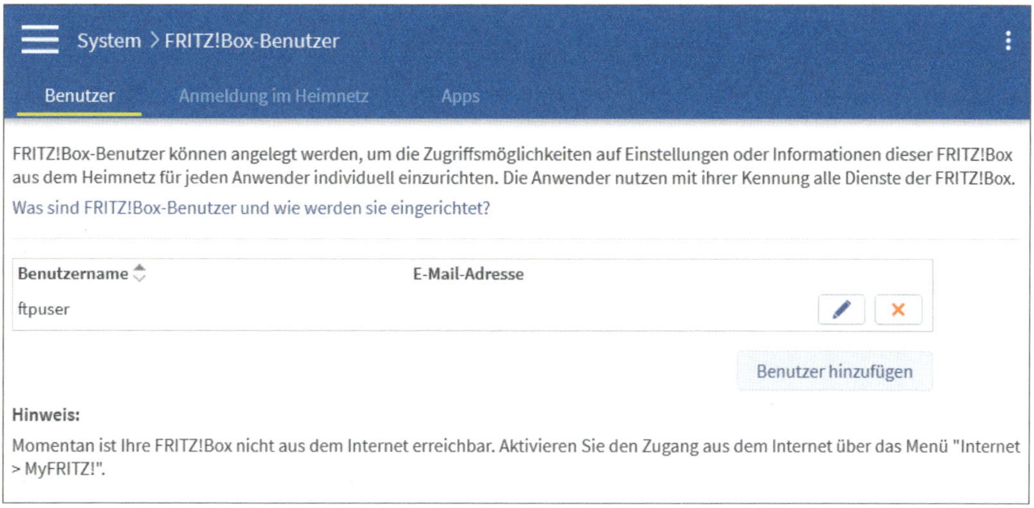

Abbildung 9.6 *Nach der Ersteinrichtung der FRITZ!Box existiert nur der Nutzer »ftpuser«, der hauptsächlich für den Zugriff auf NAS-Inhalte verwendet wird.*

Ein neues Benutzerkonto hinzufügen und mit Rechten ausstatten

Benutzerkonten verwalten Sie im Webinterface unter der Kategorie **System • FRITZ!Box-Benutzer • Benutzer**. Nach der Ersteinrichtung gibt es in der Tabelle mit den Benutzerkonten nur einen Eintrag für den Benutzer *ftpuser*. Dieser wird zum Zugriff auf die Inhalte der NAS-Funktion verwendet und hat im Auslieferungszustand dasselbe Passwort, das auch für den Zugriff auf das Webinterface der FRITZ!Box verwendet wird. Er darf aus Sicherheitsgründen keinen Zugriff über das Internet auf die FRITZ!Box erhalten. Sie können an dieser Stelle direkt neue Benutzerkonten anlegen und diese mit den gewünschten Rechten ausstatten.

SCHRITT FÜR SCHRITT

So fügen Sie ein neues Benutzerkonto hinzu

1. Öffnen Sie im Webinterface die Kategorie **System • FRITZ!Box-Benutzer • Benutzer**.
2. Klicken Sie auf die Schaltfläche **Benutzer hinzufügen**. Sie sehen nun einen Assistenten zur Einrichtung eines Benutzerkontos.
3. Aktivieren Sie zuerst das Kontrollkästchen **Benutzerkonto aktiv**.

4. Geben Sie in das Feld **Benutzername** den gewünschten Bezeichner für das Konto ein. Benutzernamen dürfen bis zu 32 Zeichen lang sein und Leerzeichen, Bindestriche und Ziffern beinhalten – jedoch keine Sonderzeichen und keine deutschen Umlaute.
5. Tragen Sie in das Feld **E-Mail-Adresse** eine Mail-Adresse ein, die zum Benutzerkonto gehören soll. An diese Adresse werden keine Mails versendet, sie dient nur zu Verwaltungszwecken.
6. Vergeben Sie ein sicheres Kennwort. Falls der Nutzer auch außerhalb des sicheren Heimnetzwerks agieren soll, dann achten Sie auf ein besonders sicheres Passwort. Dieses darf explizit auch Sonderzeichen beinhalten, lediglich die deutschen Umlaute sowie ß, ´ und § sind nicht zulässig.
7. Vergeben Sie nun die gewünschten Berechtigungen, dabei hilft Ihnen die folgende Übersicht.
8. Klicken Sie abschließend auf **Übernehmen**. Die FRITZ!Box wird gegebenenfalls nach einer Bestätigung (Tastendruck oder Codeeingabe am Telefon) fragen.

Folgende Berechtigungen können Sie gewähren:

- **Zugang auch aus dem Internet erlaubt**: Der Benutzer darf über das Internet auf die Dienste der FRITZ!Box zugreifen. Damit ist aber keine pauschale Erlaubnis gemeint. Vielmehr müssen Sie zunächst bei der Einrichtung der gewünschten Dienste aktivieren, dass diese generell auch über das Internet angeboten werden sollen. Die Zugangsberechtigung für Benutzer sitzt sozusagen eine Ebene darüber: Ohne generelle Freigabe bei den betreffenden Diensten ist kein Zugriff möglich – auch wenn das Kästchen **Zugang auch aus dem Internet erlaubt** gesetzt ist. Beachten Sie, dass dieses Kästchen für VPN-Verbindungen üblicherweise nicht aktiv sein muss. Die VPN-Funktion ist explizit ein Internetdienst und anderweitig nicht sinnvoll nutzbar.
- **FRITZ!Box Einstellungen**: Wenn dieses Recht gewährt wird, dann kann der Benutzer alle Einstellungen der FRITZ!Box betrachten und verändern. Es handelt sich quasi um Administratorrechte. Dieses Recht sollte nur auserwählten, vertrauenswürdigen Personen gegeben werden, die sich gut mit der Materie auskennen. Es schadet jedoch nicht, mehr als eine Person mit diesem Recht auszustatten.

- **Sprachnachrichten, Faxnachrichten, FRITZ!App Fon und Anrufliste**: Benutzer mit diesem Recht haben Zugriff auf die Sprachnachrichten des Anrufbeantworters, können Faxnachrichten lesen und die Anrufliste betrachten. Sie können außerdem die FRITZ!App Fon auf dem Smartphone oder Tablet benutzen.
- **Smart Home**: Ein Benutzer mit diesem Recht darf auf die Smart-Home-Geräte, die an der FRITZ!Box angeschlossen sind, zugreifen. Er darf also zum Beispiel Steckdosen an- und abschalten. Mit Smart-Home-Geräten befasst sich Kapitel 5 im Abschnitt »Die Smart-Home-Funktionen«.
- **Zugang zu NAS-Inhalten**: Dieses Kontrollkästchen regelt den Zugriff auf NAS-Inhalte. Für jeden Benutzer können Sie individuell festlegen, ob dieser auf NAS-Inhalte zugreifen darf. Sobald Sie das Kästchen aktivieren, sehen Sie ein Ausklappfeld. Hier können Sie über die Schaltfläche **Verzeichnis hinzufügen** einzelne Ordner der NAS-Funktion auswählen. Alternativ ist auch die Freigabe aller Verzeichnisse möglich. Für jede Freigabe können Sie auswählen, ob der Zugriff nur lesend oder auch schreibend gestattet ist. Auf diese Weise können Sie also einem externen Gast die Möglichkeit einräumen, beispielsweise auf Projektdaten lesenden Zugriff zu erhalten. Mit der Schaltfläche löschen Sie ein Verzeichnis wieder aus der Liste. Mehr hierzu finden Sie in Kapitel 5 im Abschnitt »Die NAS-Funktion«.

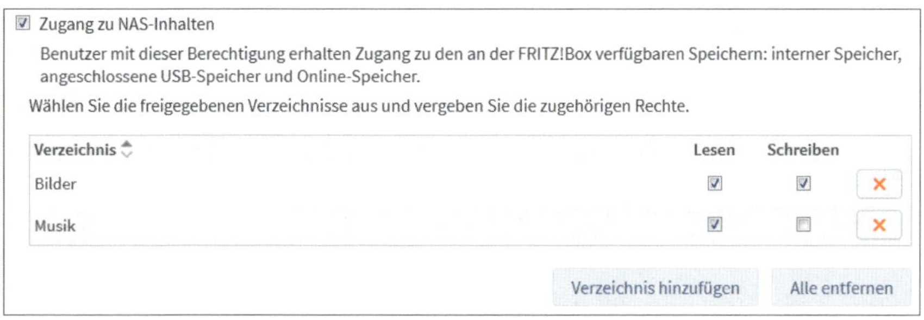

Abbildung 9.7 *Bei den NAS-Inhalten ist eine sehr feine Rechtesteuerung möglich. Der Zugriff kann auf bestimmte Verzeichnisse beschränkt werden – lesend wie schreibend.*

- **VPN**: Hiermit steuern Sie die Berechtigung zum Aufbau von VPN-Verbindungen. Damit ist ein Zugriff auf Ihr Heimnetz über das Internet möglich – mehr dazu in Kapitel 7 im Abschnitt »Bequem und sicher über das Internet in das eigene Heimnetzwerk: der VPN-Zugang«.

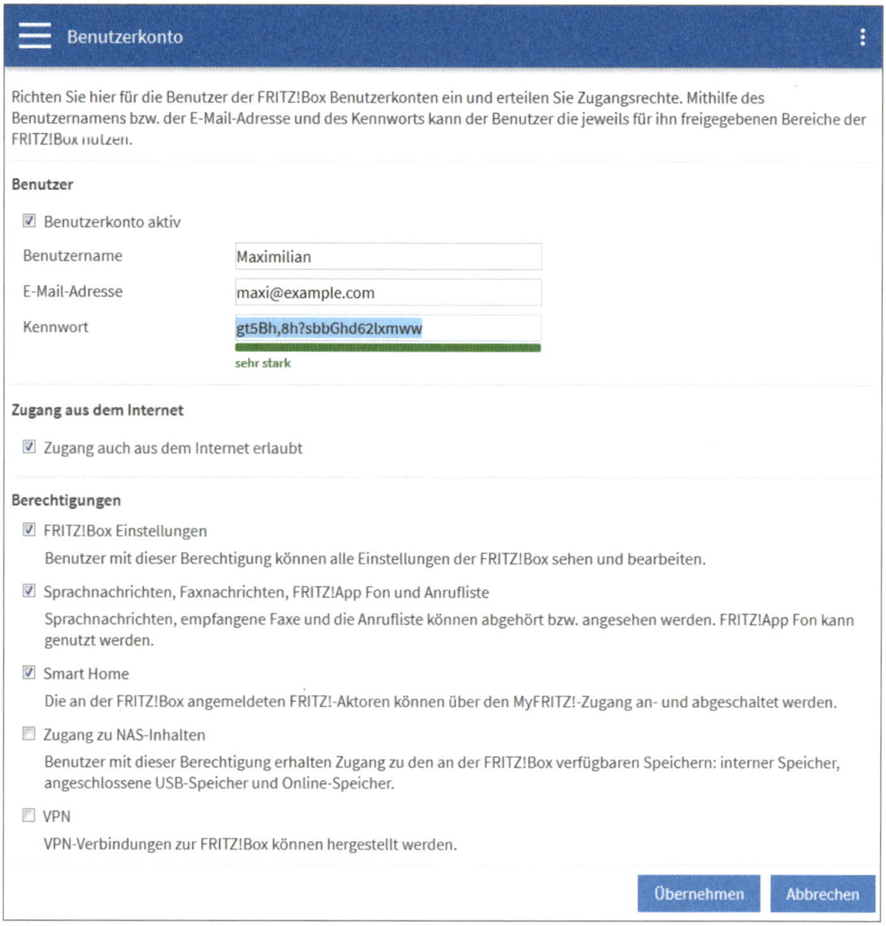

Abbildung 9.8 *Bei der Einrichtung eines Benutzerkontos kann genau angegeben werden, auf welche Dienste der Nutzer zugreifen darf.*

Benutzerkonten und die Anmeldung im Heimnetzwerk

Bislang haben Sie zur Anmeldung am Webinterface der FRITZ!Box das gemeinsame Kennwort verwendet, das auf der Unterseite der FRITZ!Box und auf der Infokarte FRITZ!Notiz aufgedruckt ist. Alternativ (und auch sicherer) ist die Anmeldung am Webinterface über Benutzerkonten. Dabei geben Sie nicht das gemeinsame Passwort ein, sondern einen Benutzernamen und das dazugehörige Passwort. Damit diese Funktion sinnvoll genutzt werden kann, müssen Sie im Vorfeld (wie im vorigen Abschnitt gezeigt) mindestens ein Benutzerkonto eingerichtet haben, das Zugriff auf die FRITZ!Box-Einstellungen hat.

SCHRITT FÜR SCHRITT

So wechseln Sie auf die Anmeldung am Webinterface über Benutzerkonten

1. Öffnen Sie im Webinterface die Kategorie **System • FRITZ!Box-Benutzer • Anmeldung im Heimnetz**.
2. Aktivieren Sie das Optionsfeld **Anmeldung mit FRITZ!Box-Benutzernamen und Kennwort**.
3. Klicken Sie auf **Übernehmen**.

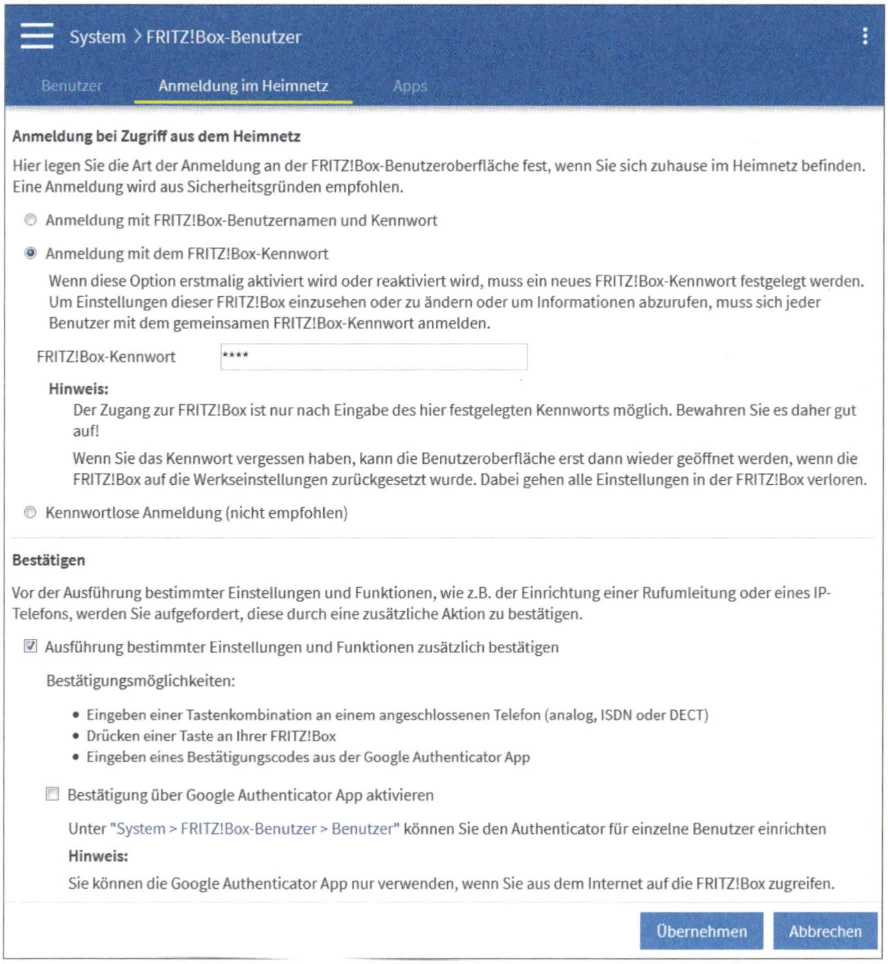

Abbildung 9.9 *Über die Anmeldung im Heimnetz steuern Sie den generellen Zugriff auf das Webinterface der FRITZ!Box.*

Wenn Sie wieder zum vorigen Stand zurückkehren wollen, dann wählen Sie die Option **Anmeldung mit dem FRITZ!Box-Kennwort**. Die dritte Option **Kennwortlose Anmeldung (nicht empfohlen)** sollten Sie hingegen nicht verwenden, denn damit sind alle Einstellungen der FRITZ!Box ungeschützt für jedermann im Heimnetzwerk zugänglich.

Die Bestätigung bei kritischen Änderungen verwalten

Bestimmt ist Ihnen schon aufgefallen, dass die FRITZ!Box bei systemkritischen Änderungen eine Bestätigung verlangt: Sie müssen entweder einen Code an einem verbundenen Telefon eingeben oder eine Taste am Gerät drücken. Hiermit verhindert die FRITZ!Box eine unbefugte Änderung zum Beispiel von einem Hacker, der nur Zugang über das Webinterface hat, aber kein Telefon und keine Tasten kontrollieren kann. Diese Funktion sollten Sie aus Sicherheitsgründen aktiv lassen. Falls sie doch deaktiviert werden muss, können Sie dies in der Sektion **Bestätigen** im Webinterface unter **System • FRITZ!Box-Benutzer • Anmeldung im Heimnetz** vornehmen. Erfahrene Nutzer haben hier auch die Möglichkeit, zusätzlich die Möglichkeit der Bestätigung über die Google-Authenticator-App einzurichten. Diese ist an den Zugriff auf die FRITZ!Box über das Internet gebunden.

Apps mit Zugriff auf die FRITZ!Box verwalten

Einige Apps können Zugriff auf Einstellungen oder Funktionen der FRITZ!Box haben. Dazu zählt etwa die MyFRITZ!App. Im Webinterface können Sie auf der Registerkarte **System • FRITZ!Box-Benutzer • Apps** genau nachverfolgen, welche Apps auf welchen Geräten Zugang zur FRITZ!Box haben. Über die Schaltfläche ☒ können Sie die Zugangsberechtigung jederzeit widerrufen.

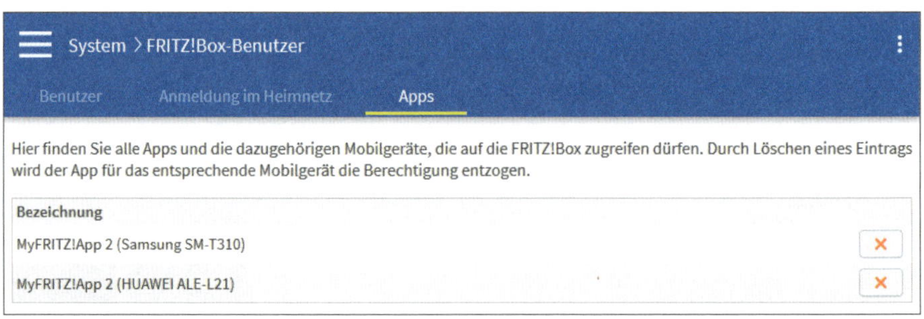

Abbildung 9.10 *Hier sehen Sie, welche Apps auf welchen Geräten auf der FRITZ!Box registriert sind.*

Sicherung und Wiederherstellung von Systemeinstellungen

Eine regelmäßig erneuerte Sicherungsdatei (das sogenannte Backup) der Systemeinstellungen der FRITZ!Box ist sehr wichtig. Wenn man ein aktuelles (!) Backup zur Hand hat, dann kann man zwei Situationen relativ gelassen entgegensehen:

- Im Falle eines Defektes der FRITZ!Box steht man zwar zunächst ohne Gerät da, doch sobald ein Ersatz eingetroffen ist, kann man das Backup einspielen, und alle Einstellungen sind so, wie man es gewöhnt ist – eine stundenlange Neukonfiguration entfällt.
- Wenn man sich bei einer Konfiguration einmal erheblich vertan hat und nichts mehr so funktioniert, wie man es sich wünscht und man keinen Weg mehr zurück findet, dann spielt man einfach ein Backup ein, und alles ist wieder gut. Bei der FRITZ!Box kann man sogar auswählen, welche Einstellungen man aus einer Gesamtsicherung wiederherstellen möchte.

Deswegen lohnt es sich, regelmäßig, dringend jedoch vor und nach einer Änderung der Konfiguration, eine Sicherungsdatei anzulegen. Sicherungsdateien lassen sich in der FRITZ!Box mit einem Passwort verschlüsseln – somit sind auch Kennwörter (die ja auch mitgesichert werden) vor fremdem Zugriff geschützt. Ein Backup der Systemeinstellungen hilft übrigens auch, wenn man von einem FRITZ!Box-Modell auf ein anderes wechselt. Zwar sind die Einstellungen nicht immer hundertprozentig kompatibel, aber oftmals kann auch zwischen völlig verschiedenen Modellen zumindest ein Teil der Konfiguration übernommen werden – auch das spart eine Menge Zeit!

SCHRITT FÜR SCHRITT

So legen Sie eine Sicherungsdatei mit den Einstellungen der FRITZ!Box an

1. Öffnen Sie im Webinterface der FRITZ!Box die Kategorie **System • Sicherung • Sichern**.
2. Geben Sie in das Feld **Kennwort** ein sicheres Kennwort ein. Merken Sie sich dieses Kennwort gut! Es dient der Ver- und Entschlüsselung der Konfigurationsdaten. Ohne Kennwort ist keine Wiederherstellung möglich!

3. Klicken Sie auf **Sichern**.

4. Die FRITZ!Box fragt nach einer Bestätigung (per Taste oder Telefoncode). Führen Sie diese aus.

5. Im Browser startet nun ein Dateidownload der Sicherungsdatei. Speichern Sie diese Datei an einem sicheren Ort, zum Beispiel auf einem gut geschützten USB-Stick.

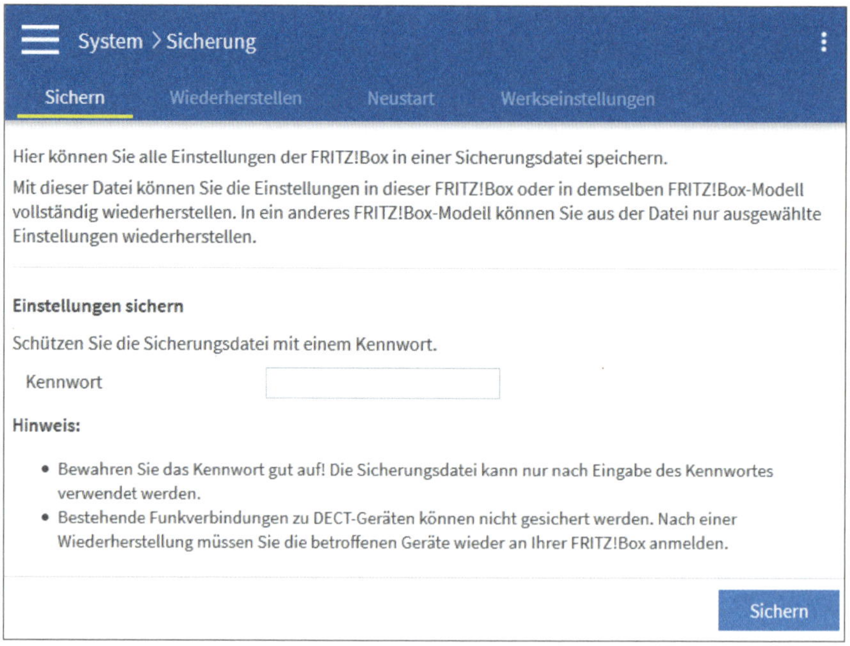

Abbildung 9.11 *Vor und nach jeder Änderung im Webinterface sollte eine Sicherungsdatei der Einstellungen erzeugt und sicher verwahrt werden.*

Damit ist die Sicherungsdatei erstellt. Im Fehlerfall können Sie diese schnell und einfach in die FRITZ!Box laden.

SCHRITT FÜR SCHRITT

So stellen Sie die Systemeinstellungen mit einer Sicherheitsdatei wieder her

1. Öffnen Sie im Webinterface der FRITZ!Box die Kategorie **System • Sicherung • Wiederherstellen**.

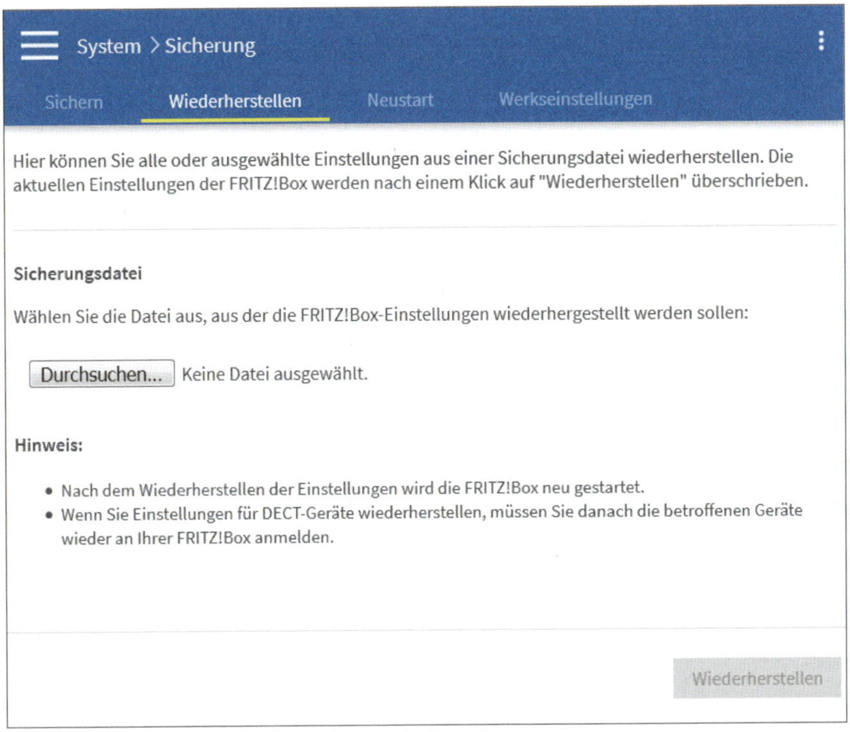

2. Klicken Sie auf **Durchsuchen** und navigieren Sie zur gewünschten Sicherungsdatei. Klicken Sie auf **Öffnen**.

3. Geben Sie in das Feld **Kennwort** das bei der Erstellung der Datei vereinbarte Kennwort ein.

4. Wählen Sie entweder **Alle Einstellungen wiederherstellen**, wenn Sie den kompletten Inhalt der Datei wiederherstellen möchten, oder **Selbst auswählen, welche Einstellungen wiederhergestellt werden sollen**, wenn Sie nur bestimmte Einstellungen aus der Datei übernehmen möchten.

   Klicken Sie dann auf **Wiederherstellen**. Bei der folgenden Wiederherstellung ist vorher gegebenenfalls eine Bestätigung vorzunehmen.

5. Wenn Sie zuvor ausgewählt haben, dass Sie nur bestimmte Einstellungen wiederherstellen möchten, dann sehen Sie nun eine Seite, auf der Sie die gewünschten Einstellungen auswählen können.

   Aktivieren Sie die gewünschten Einstellungen, und klicken Sie dann auf **Übernehmen**.

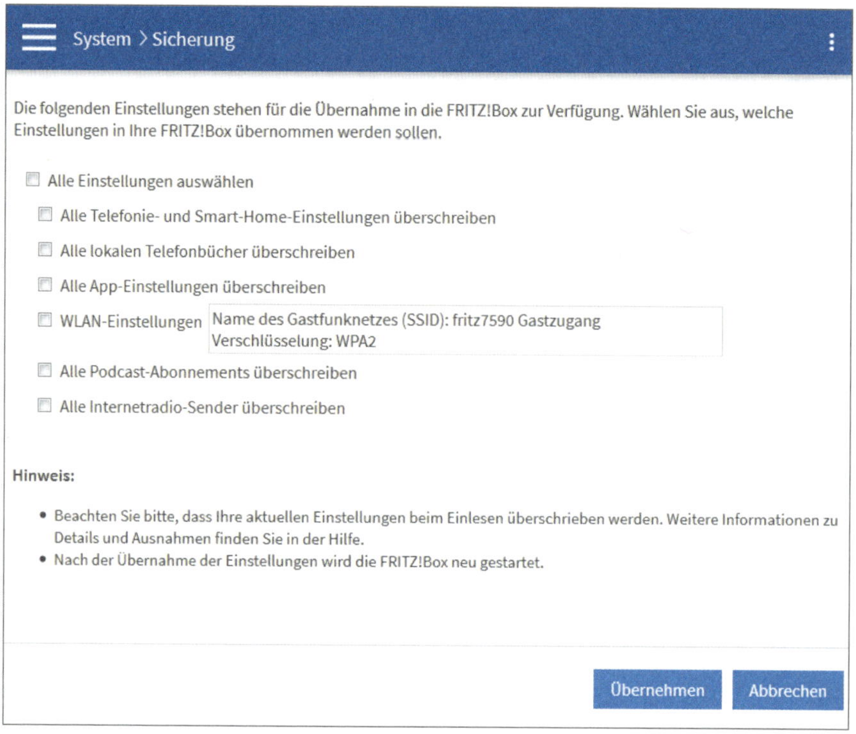

6. Die FRITZ!Box übernimmt nun die Einstellungen aus der Sicherungsdatei und startet anschließend neu.

Nach dem Neustart steht die FRITZ!Box mit den gewählten Einstellungen zur Verfügung. Wenn Sie einen Push-Service eingerichtet haben, werden Sie über den Vorgang auch per E-Mail informiert.

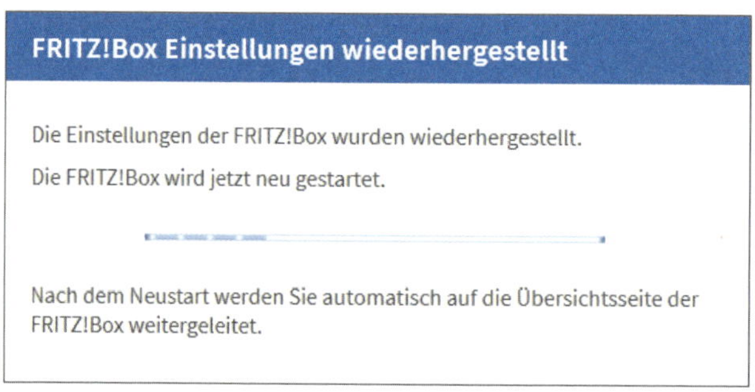

Abbildung 9.12 *Die Wiederherstellung ist erfolgt. Im Anschluss wird die FRITZ!Box neu gestartet.*

Neustart und Werkseinstellungen
Über die beiden Registerkarten **Neustart** und **Werkseinstellungen** im Webinterface unter **System • Sicherung** können Sie die FRITZ!Box neu starten beziehungsweise die Werkseinstellungen laden. Ein Neustart ist nur selten nötig, er kann zum Beispiel bei einer gestörten Internetverbindung hilfreich sein. Mit dem Laden der Werkseinstellungen löschen Sie alle (!) persönlichen Einstellungen und setzen die FRITZ!Box auf den Zustand zurück, den sie beim Kauf gehabt hat. Dies ist nützlich, wenn Sie das Gerät verkaufen möchten oder wenn eine Einstellung so schiefgelaufen ist, dass Sie wieder von vorne beginnen müssen – mehr dazu auch in Kapitel 10 im Abschnitt »Die FRITZ!Box auf die Werkseinstellungen zurücksetzen«.

Immer auf dem aktuellen Stand sein: die Update-Funktion

Vom Hersteller AVM werden regelmäßig Aktualisierungen, die sogenannten Updates, für das Betriebssystem (auch Firmware genannt) der FRITZ!Box angeboten. Mit diesen Updates wird der Funktionsumfang der Geräte erhöht. Ein Update dient auch der Korrektur eventueller Fehler und Sicherheitslücken. Das Betriebssystem der FRITZ!Box heißt FRITZ!OS.

Ihre FRITZ!Box such automatisch auf dem Internetserver von AVM nach Aktualisierungen des FRITZ!OS. In Abhängigkeit von den Einstellungen (siehe Abschnitt »Die Einstellungen rund um das automatische Update« in diesem Kapitel) werden Sie zumindest über ein neues Update informiert, gegebenenfalls wird es gleich installiert.

Normalerweise ist es stets empfehlenswert, mit der FRITZ!Box die neueste Version vom FRITZ!OS zu verwenden, da mit einer neuen Version auch alle bekannten eventuellen Sicherheitslücken geschlossen sind. Die Anzeige, dass eine neue Version des FRITZ!OS verfügbar ist, erfolgt auf der Startseite des Webinterface der FRITZ!Box rechts oben neben dem Eintrag **FRITZ!OS**. Wenn Sie durch eine Information auf der Startseite, eine Push-Nachricht oder durch eine manuelle Suche auf ein Update aufmerksam gemacht werden, das nicht automatisch installiert wird, dann können Sie es jederzeit manuell installieren.

SCHRITT FÜR SCHRITT

So installieren Sie ein verfügbares Update

1. Öffnen Sie im Webinterface die Kategorie **System • Update • FRITZ!OS-Version**.
2. Ihnen wird das verfügbare Update angezeigt. Sie können die Neuerungen betrachten, die es mitbringt.

3. Klicken Sie auf **Update starten**.
4. Die FRITZ!Box wird jetzt das Update automatisch durchführen. Eventuell ist vorher noch eine Bestätigung nötig. Das Update wird vom Server zur FRITZ!Box übertragen und dort installiert. Die Installation dauert wenige Minuten. Achten Sie darauf, während des Update-Vorgangs nicht die Stromversorgung der FRITZ!Box zu trennen.
5. Wenn das Update komplett übertragen wurde, wird die FRITZ!Box automatisch neu gestartet. Während dieses kurzen Zeitraums stehen die Funktionen des Gerätes nicht zur Verfügung. Anschließend zeigt der Browser wieder die Startseite. Das Update ist komplett.

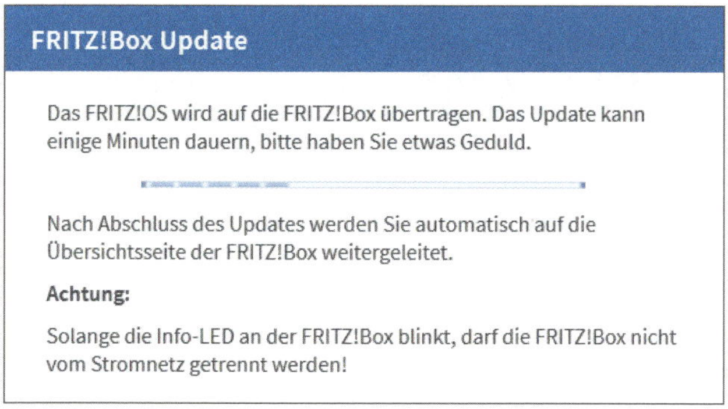

Abbildung 9.13 *Das Update wird auf die FRITZ!Box übertragen. Anschließend wird das Gerät neu gestartet.*

Zentrale Updates für weitere FRITZ!-Geräte

Wenn Sie in Ihrem Heimnetzwerk neben der FRITZ!Box noch weitere FRITZ!-Geräte des Herstellers AVM betreiben, dann können Sie deren Updates bequem und zentral über das Webinterface Ihrer FRITZ!Box vornehmen. Verfügbare Updates für weitere FRITZ!-Produkte werden im Webinterface der FRITZ!Box in der Kategorie **Heimnetz • Netzwerk • Netzwerkverbindungen** direkt beim betreffenden Gerät angezeigt. Der Update-Prozess kann von dort aus (ein simples Anklicken genügt) direkt gestartet werden.

Manuell nach einem Update suchen

Sie können zusätzlich zur automatischen Suche auch jederzeit manuell nach einem Update suchen.

SCHRITT FÜR SCHRITT

So starten Sie die manuelle Suche nach einem Update

1. Öffnen Sie im Webinterface die Kategorie **System • Update • FRITZ!OS-Version**.
2. Klicken Sie auf die Schaltfläche **Neues FRITZ!OS suchen**.
3. Ihnen wird direkt das Ergebnis angezeigt.

Abbildung 9.14 *Die manuelle Suche ergab, dass das FRITZ!OS auf dem aktuellen Stand ist. Es ist keine Aktion erforderlich.*

Die Einstellungen rund um das automatische Update

Ihre FRITZ!Box sucht standardmäßig automatisch nach verfügbaren Updates und zeigt Ihnen diese direkt auf der Startseite des Webinterface an. Optional ist auch zusätzlich die Mitteilung per Push-Service möglich (siehe Abschnitt »Stets auf dem Laufenden bleiben mit dem Push-Service« in diesem Kapitel).

In der Standardeinstellung werden kritische Updates, welche bekannte Sicherheitslücken schließen und insgesamt unbedingt installiert werden sollten, automatisch von der FRITZ!Box ohne Ihr Zutun installiert. Die Installation erfolgt zu einem Zeitpunkt mit geringer Systemauslastung, zum Beispiel nachts. Nach dem Update wird die FRITZ!Box kurz neu gestartet, dabei werden für einen kurzen Moment alle Verbindungen unterbrochen. Weniger kritische Updates, die zum Beispiel nur neue Funktionen bieten, werden nicht automatisch installiert, sondern nur angezeigt. Sie müssen diese manuell installieren und können dafür den geeigneten Moment selbst wählen.

Sie können dieses Standardverhalten aber auch ändern. Alternativ können Sie grundsätzlich alle Updates automatisch installieren lassen. Somit hält sich die FRITZ!Box selbst auf dem aktuellen Stand, und Sie müssen sich um nichts kümmern. Diese Funktion richtet sich vor allem an den Einsteiger, der sich möglichst wenig mit der Technik befassen möchte und den es nicht weiter stört, wenn bei einem Update nachts einmal kurz die Internetverbindung nicht verfügbar ist. Daneben gibt es auch die Möglichkeit, dass grundsätzlich keine Updates automatisch installiert werden. Auch sicherheitskritische Updates müssen vom Nutzer selbst installiert werden. Diese Option richtet sich an den erfahrenen Nutzer, der Update-Benachrichtigungen gewissenhaft prüft und notwendige Updates ohne größere Verzögerung selbst installiert.

Die drei Möglichkeiten werden mit Stufe I (nur über Updates informieren), Stufe II (Information und automatische Installation kritischer Updates, Standardeinstellung) und Stufe III (Information und automatische Installation aller Updates) bezeichnet. Sie können die gewünschte Stufe selbst im Webinterface unter **System • Update • Auto Update** festlegen. Dort können Sie auch festlegen, ob andere Geräte im Heimnetz ein Update der FRITZ!Box anstoßen dürfen.

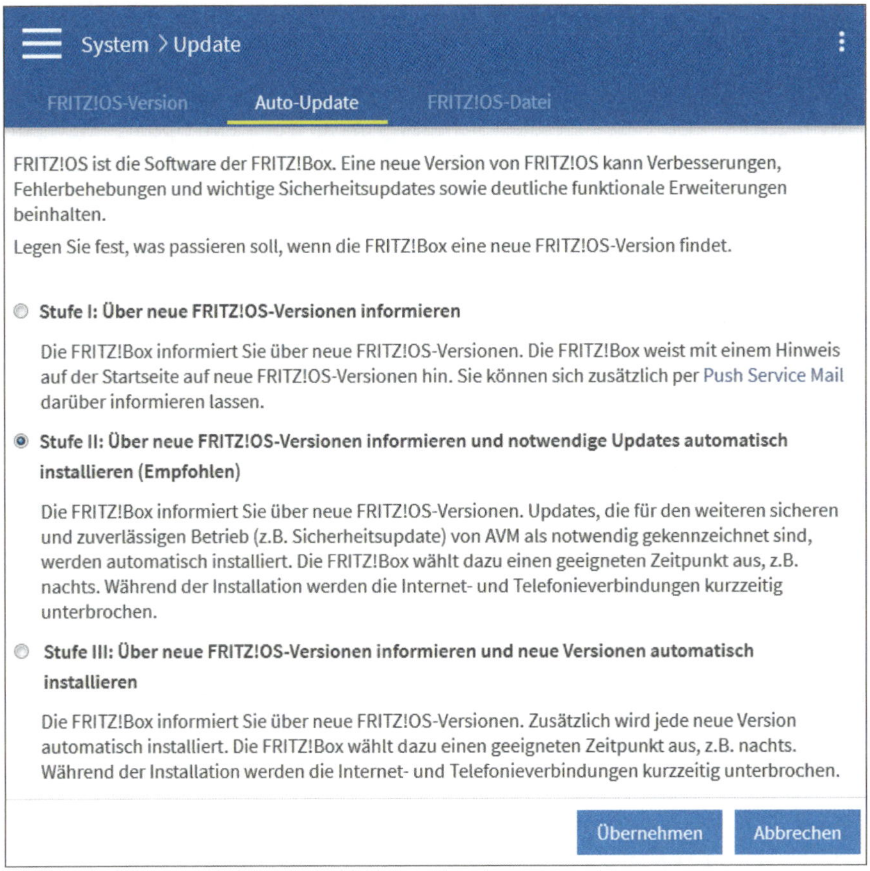

Abbildung 9.15 *Sie können wählen, ob Updates generell automatisch, nur bei kritischen Fehlern oder nur auf explizite Anforderung durch den Nutzer installiert werden sollen.*

Ein Update ohne Internetverbindung durchführen

Sollte Ihre FRITZ!Box keine Internetverbindung haben und müssen Sie eine Aktualisierung des Betriebssystems vornehmen, dann können Sie das Update auch aus einer Datei einspielen. AVM bietet die Firmware FRITZ!OS auch als Datei zum Download an. Bitten Sie einen Bekannten darum, die passende Datei von der Webseite von AVM zu laden (*www.avm.de*). Die Firmware muss genau zur verwendeten FRITZ!Box passen. Bei Unsicherheiten sollten Sie vorher die Hotline des Herstellers um Rat fragen.

SCHRITT FÜR SCHRITT

So laden Sie ein Update aus einer Datei

1. Öffnen Sie im Webinterface die Kategorie **System • Update • FRITZ!OS-Datei**.
2. Vor dem Update sollten Sie auf jeden Fall eine Sicherungsdatei anlegen. Aktivieren Sie also das Kästchen **Sicherungsdatei vor dem Update erstellen (Empfohlen)**.
3. Geben Sie in das Feld **Kennwort** ein Passwort ein, mit dem die Sicherungsdatei verschlüsselt wird. Merken Sie sich das Kennwort gut.
4. Klicken Sie auf **Einstellungen sichern**. Eventuell wird Sie die FRITZ!Box zu einer Bestätigung auffordern.
5. Speichern Sie die Sicherungsdatei (sie wird per Download im Browser geladen) an einem sicheren Ort ab.
6. Klicken Sie jetzt auf **Durchsuchen**, und navigieren Sie zu der Firmware-Datei, die Sie anschließend öffnen.
7. Klicken Sie auf **Update starten**.
8. Nun wird der Update-Vorgang durchgeführt. Sie erhalten entsprechende Meldungen über den Fortschritt. Wenn das Update komplett ist, wird die FRITZ!Box neu gestartet.

Strom sparen mit dem Energiemonitor

Die FRITZ!Box bietet im Webinterface unter der Kategorie **System • Energiemonitor • Energieverbrauch** eine Übersicht über den Energieverbrauch einzelner

Komponenten. Die Daten werden sowohl als Momentanwert als auch im 24-Stunden-Mittel angezeigt. Sie als Nutzer können diesen Daten entnehmen, welche Komponente der FRITZ!Box einen besonderen Anteil an der gesamten Leistungsaufnahme hat. Basierend auf diesen Daten können Sie dann Aktionen unternehmen. Interessant ist insbesondere die Leistungsaufnahme der USB-Geräte. Wenn Sie hier einen ungewöhnlich hohen Wert feststellen, dann können Sie beispielsweise überlegen, ob Sie eine mechanische Festplatte (mit entsprechendem Stromverbrauch) nicht durch einen USB-Stick ersetzen sollten, der eine deutlich kleinere Leistungsaufnahme hat.

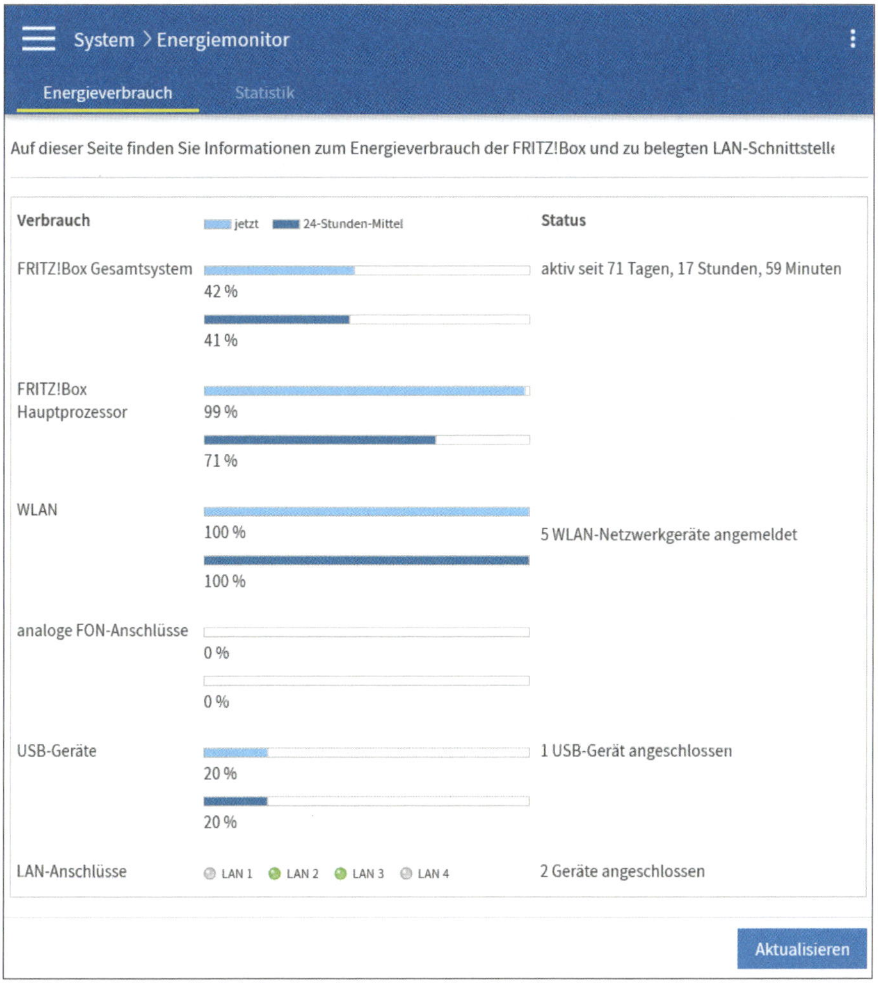

Abbildung 9.16 *Die FRITZ!Box zeigt Ihnen den Energieverbrauch einzelner Komponenten als Momentanwert und im 24-Stunden-Mittel.*

Durch das Abschalten von nicht benötigten Diensten (zum Beispiel in Form einer Zeitschaltung für das WLAN) lässt sich auch einiges einsparen. Da die FRITZ!Box ja rund um die Uhr aktiv ist, können Einsparungen durchaus bemerkbar sein – allerdings nur in relativ kleinem Rahmen. Das Gesamtsystem verursacht (je nach Auslastung) Stromkosten im Rahmen von 20 bis 30 € pro Jahr, und Einsparmaßnahmen führen zu Einsparungen von wenigen € pro Jahr, sodass sich selbst ein relativ günstiger neuer USB-Stick erst nach einigen Jahren rentiert. Andere Geräte im Haushalt (zum Beispiel ein alter Kühlschrank oder die Beleuchtung) bieten oftmals wesentlich größere Sparpotenziale.

Technisch interessierte Nutzer finden weitere Daten zur Auslastung des Prozessors, zu dessen Temperatur und der Belegung des Arbeitsspeichers auf der Registerkarte **System • Energiemonitor • Statistik**.

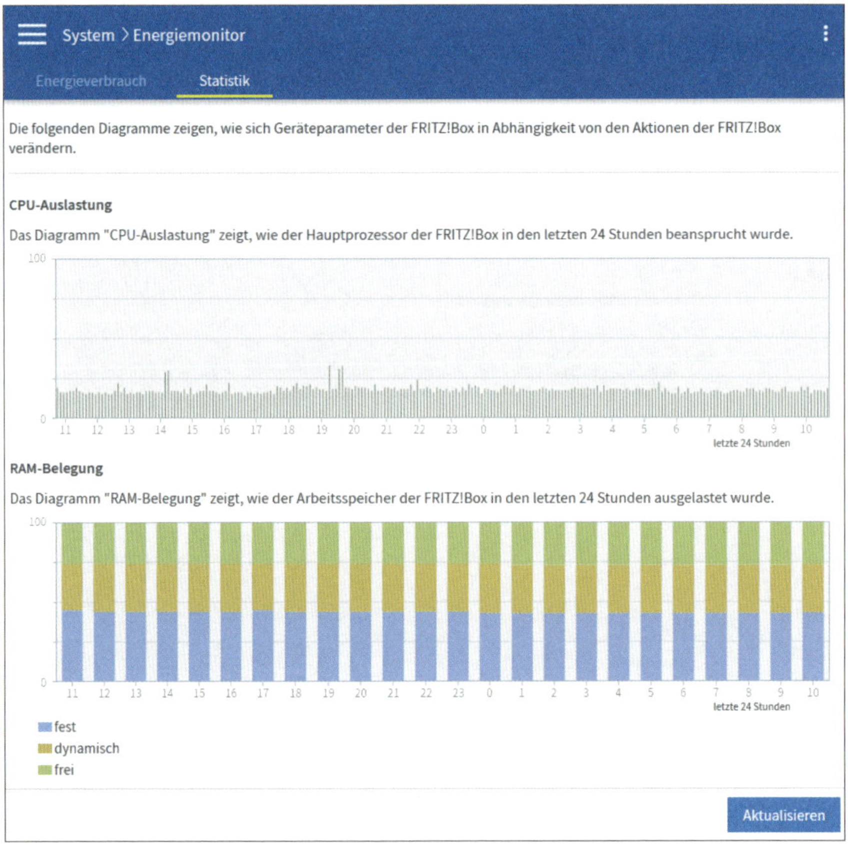

Abbildung 9.17 *Auf der Registerkarte »Statistik« können Sie die CPU-Auslastung, die RAM-Belegung und den Temperaturverlauf der CPU (hier nicht dargestellt) beobachten.*

Sollten Sie eine ständige hohe Auslastung der CPU feststellen, dann ist dies ein Zeichen dafür, dass Sie der FRITZ!Box zu viele Aufgaben abverlangen. Allerdings ist dies bei normaler Nutzung relativ unwahrscheinlich. Betrachten Sie die Anzeigen rund um den Energiemonitor daher am besten als nette Beigabe.

Die Funktion von Tasten und LEDs steuern

Sie können das Verhalten der LED-Anzeigen und Tasten am Gehäuse der FRITZ!Box einstellen. Eine Sonderrolle bei den Anzeigen gibt es bei der INFO-LED. Diese können Sie nach Ihrem persönlichen Wunsch konfigurieren, denn die INFO-LED kann verschiedene Zustände anzeigen. Grundsätzlich blinkt die INFO-LED grün, wenn ein Update durchgeführt wird oder ein neues Gerät an der FRITZ!Box angemeldet wird. Im Fehlerfall leuchtet oder blinkt die INFO-LED mit roter Farbe. Darüber hinaus können Sie im Webinterface der FRITZ!Box unter **System • Tasten und LEDs • Info-Anzeige** in der Kategorie **Frei wählbar** aus einem Funktionskatalog Ihren persönlichen Favoriten auswählen.

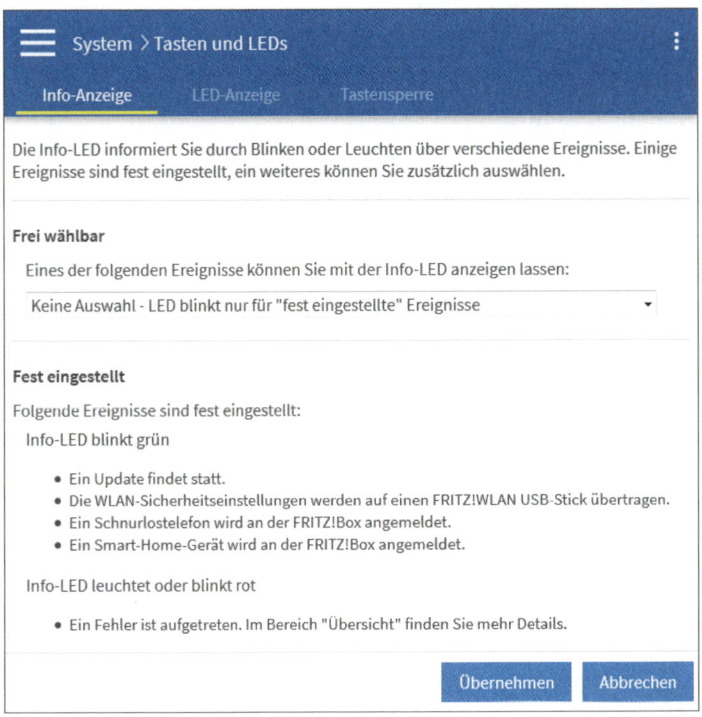

Abbildung 9.18 *Die Info-LED an der FRITZ!Box kann verschiedene Aufgaben übernehmen.*

So kann die INFO-LED etwa dann leuchten, wenn es einen Anruf in Abwesenheit gab oder das Gastnetzwerk eingeschaltet ist. Klicken Sie, nachdem Sie Ihre Wahl getroffen haben, auf **Übernehmen**.

Falls Ihnen die LEDs am Gehäuse zu hell leuchten und Sie die Helligkeit reduzieren oder die LEDs gar ganz abschalten möchten, dann können Sie dies im Webinterface unter **System • Tasten und LEDs** auf der Registerkarte **LED-Anzeige** tun. In der Kategorie **LED-Helligkeit** können Sie aus den drei Helligkeitsstufen **schwach** (60 % Helligkeit), **mittel** (80 % Helligkeit) und **sehr hell** (100 % Helligkeit) wählen. Zusätzlich kann die Helligkeit über das gleichnamige Kontrollkästchen auch an das Umgebungslicht angepasst werden. Mit dem Kontrollkästchen **LED-Anzeige ausschalten** deaktivieren Sie die LED-Anzeigen. (Diese Optionen sind nicht bei jedem FRITZ!Box-Modell verfügbar.) Klicken Sie nach Ihren Einstellungen auf **Übernehmen**.

Bei ausgeschalteten LEDs kurz den Status überprüfen
Haben Sie die LED-Anzeigen ausgeschaltet, und möchten Sie kurz überprüfen, welche Anzeige normalerweise leuchten würde? Drücken Sie dazu einfach kurz auf eine beliebige Taste. Dann werden alle betreffenden LEDs für einen Augenblick eingeschaltet. Wenn Sie jetzt erneut auf eine Taste drücken, wird die normale Aktion der Taste ausgelöst.

Wenn Sie die Tasten an der FRITZ!Box vor unerwünschter Betätigung schützen wollen, dann aktivieren Sie das Kästchen **Tastensperre aktiv** im Webinterface unter **System • Tasten und LEDs • Tastensperre**. Klicken Sie anschließend auf **Übernehmen**.

Diese Funktion kann auch aus Sicherheitsgründen aktiviert werden: Denken Sie daran, dass die WPS-Funktion (sofern aktiviert) über einen Tastendruck ausgelöst werden kann. Somit kann jeder, der Zugang zur FRITZ!Box hat, sein WLAN-Gerät anmelden und auf Ihr Heimnetz und Ihren Internetzugang zugreifen. Dies gilt insbesondere auch für unbefugte Gäste: Denken Sie etwa auch an Geräte der Freunde des Nachwuchses – dem eigentlich per Kindersicherung übermäßiges Surfen untersagt ist.

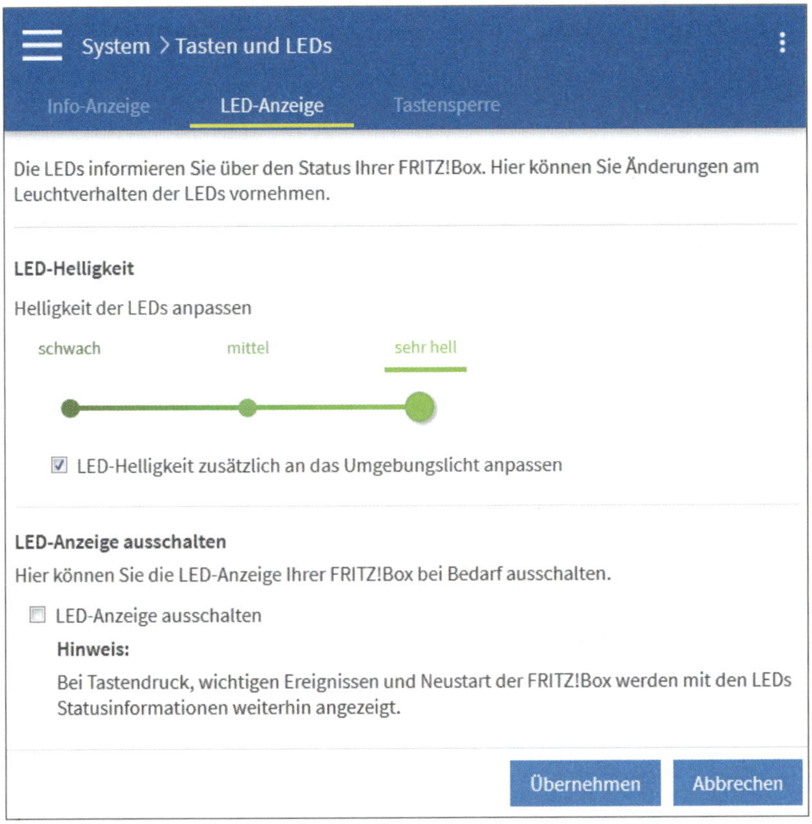

Abbildung 9.19 *Die LED-Anzeigen an der FRITZ!Box können in ihrer Helligkeit verändert oder auch ganz ausgeschaltet werden.*

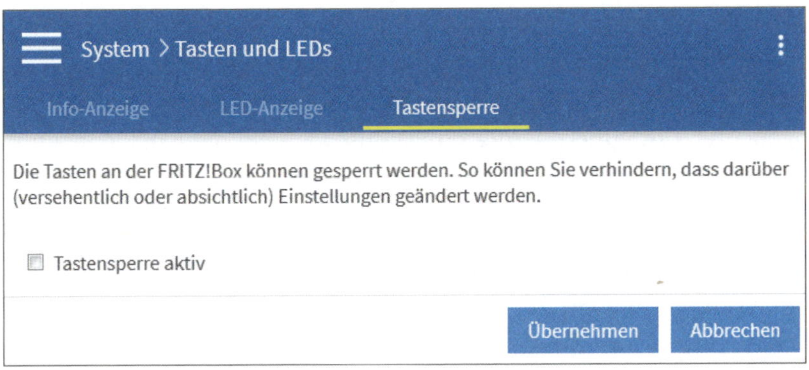

Abbildung 9.20 *Die Tasten am Gehäuse der FRITZ!Box können zum Schutz vor unerwünschter Betätigung deaktiviert werden.*

Kapitel 10
Der Störungsdienst der FRITZ!Box: das Diagnose-Menü und weitere Hilfestellungen

In diesem Kapitel zeige ich Ihnen, welche Hilfestellungen Ihre FRITZ!Box bei eventuellen Problemen bietet und wie Sie Störungen beseitigen können. Sollten Sie mit der FRITZ!Box ein Problem feststellen, dann sollten Sie zuerst die Funktionsdiagnose durchführen (Abschnitt »Mit der Funktionsdiagnose Funktionen und Einstellungen überprüfen«). Hier sehen Sie sofort, in welchem Bereich es ein Problem gibt. Die Ergebnisse helfen bei der Behebung des Fehlers. Sollten Sie mit der Lösung des Problems überfordert sein, können Sie den Ergebnisbericht abspeichern oder per E-Mail versenden. Die Informationen können einem technikaffinen Freund oder der AVM-Hotline bei der Identifizierung des Problems behilflich sein. Sollte die Funktionsdiagnose kein Problem feststellen, liegt möglicherweise ein Konfigurationsproblem vor. Hier können Ihnen eventuell die Sicherheitsdiagnose (siehe Abschnitt »Mit der Sicherheitsdiagnose nach dem Rechten schauen«) oder der wöchentliche Statusbericht (im Abschnitt »Regelmäßig per E-Mail einen Übersichtsbericht erhalten«) behilflich sein. Sie sehen dort unter anderem auch, ob wichtige Funktionen aktiviert sind. Sollte die von Ihnen gewünschte Funktion dort als deaktiviert gekennzeichnet sein, dann wissen Sie, dass mit Ihrer Konfiguration etwas nicht stimmt. Schauen Sie in jedem Fall noch einmal nach, wie die gewünschte Funktion eingerichtet wird, und überprüfen Sie anschließend die Einstellungen in der FRITZ!Box.

Sollte das Problem schwerwiegender sein, dann werfen Sie einen Blick in den Abschnitt »Einen Notfall gekonnt meistern«. Dort lesen Sie, was Sie tun können, wenn Sie das Kennwort der FRITZ!Box vergessen haben, und wie Sie notfalls einen Werksreset erzwingen.

Mit der Funktionsdiagnose Funktionen und Einstellungen überprüfen

Mit der Funktionsdiagnose können Sie die Funktionen und Einstellungen der FRITZ!Box automatisch überprüfen lassen. Bei diesem Selbsttest, der nur wenige Sekunden in Anspruch nimmt und lediglich überprüfend arbeitet (ohne etwas zu verändern), werden alle wichtigen Teilsysteme der FRITZ!Box auf ihre jeweilige Funktion und die aktuelle Konfiguration überprüft. Im Einzelnen getestet werden die Bereiche:

- FRITZ!OS
- Anmeldung
- LAN
- WLAN
- DECT
- USB-Geräte
- Internetverbindung
- MyFRITZ!
- Rufnummern
- Heimnetz
- Smart Home

Nach Abschluss der Selbstdiagnose erhalten Sie einen zusammenfassenden Bericht, in dem eventuelle Probleme in allgemein verständlichem Text angezeigt werden. Sie sollten eine Funktionsdiagnose nicht nur bei Problemen, sondern regelmäßig durchführen. Auch der Einsteiger kann mit den Meldungen häufig etwas anfangen und sie für eine Problembehebung verwenden. Zusätzlich lassen sich die Ergebnisse abspeichern oder direkt per Push-Mail an eine befreundete technikaffine Person oder die Hotline von AVM versenden.

SCHRITT FÜR SCHRITT

So erstellen Sie eine Funktionsdiagnose

1. Öffnen Sie im Webinterface die Kategorie **Diagnose • Funktion**.
2. Klicken Sie oben auf die Schaltfläche **Starten** (siehe Abbildung 10.1).
3. Warten Sie einen Augenblick, bis die Daten zusammengetragen sind. Sie sehen automatisch das Ergebnis.

Im Ergebnisbericht können Sie den Funktionszustand der einzelnen Kategorien am vorangestellten Symbol erkennen:

- Ein grüner Haken kennzeichnet den ordnungsgemäßen Betrieb der jeweiligen Funktion. Es wurden keine Probleme festgestellt.

Abbildung 10.1 *Zu Beginn zeigt die Funktionsdiagnose die verfügbaren Testkategorien an. Der Test wird durch die Schaltfläche »Starten« ausgeführt.*

- Das Ausrufezeichen kennzeichnet einen wichtigen Hinweis. Bei diesem Symbol ist der betreffende Bereich in seiner Funktion eingeschränkt und steht nicht komplett zur Verfügung. Es handelt sich meist um ein Problem, das vom Endnutzer relativ leicht zu beheben ist. Beispielsweise könnte der für die Nutzung des Online-Speichers nötige USB-Speicher an der FRITZ!Box nicht angeschlossen (oder ausgefallen) sein. Ein anderes Beispiel: Ein Smart-Home-Gerät ist nicht eingeschaltet beziehungsweise angeschlossen. Beide Probleme können sehr leicht behoben werden.
- Eine kritische Fehlermeldung wird durch ein rot hinterlegtes Kreuzsymbol gekennzeichnet. Hierbei handelt es sich um ein größeres Problem, das einen größeren beziehungsweise wichtigen Funktionsbereich der FRITZ!Box betrifft. Ein Beispiel: Die Internetverbindung ist gestört, sodass der My-

FRITZ!-Dienst nicht korrekt arbeitet. Die FRITZ!Box ist in diesem Fall nicht über das Internet erreichbar.

- [?] Das Fragezeichen kennzeichnet einen Hinweis, der Ihnen bei der Analyse oder Beseitigung eines Problems weiterhelfen kann.

Der Bericht enthält jedoch nicht nur Fehler, sondern informiert auch über den allgemeinen Betriebszustand:

- Sie sehen im ersten Eintrag, welche Version Sie vom FRITZ!OS verwenden und ob diese aktuell ist. Sollte es ein Update geben, können Sie dieses gemäß Kapitel 9, Abschnitt »Immer auf dem aktuellen Stand sein: die Update-Funktion« installieren.
- In der Kategorie **FRITZ!Box-Anmeldung** sehen Sie, wie die Anmeldung am Webinterface der FRITZ!Box vorgenommen wird. Eine kennwortlose Anmeldung ist unbedingt zu vermeiden. Mehr zu diesen Einstellungen finden Sie in Kapitel 9 im Abschnitt »Benutzerkonten und die Anmeldung im Heimnetzwerk«.
- Die Sektion **LAN** zeigt Ihnen den Zustand der LAN-Anschlüsse. Sie sehen, an welchen Anschlüssen Geräte angeschlossen sind und in welcher Betriebsart der jeweilige Anschluss arbeitet. Mehr dazu in Kapitel 5 im Abschnitt »Die Geschwindigkeit der LAN-Anschlüsse«.
- Über die angeschlossenen **USB-Geräte** informiert der gleichnamige Abschnitt. Sie können hier sehen, ob alle Geräte korrekt erkannt wurden.
- Wichtige Daten zur **Internetverbindung** umfassen unter anderem die (externe) IP-Adresse und die Laufzeit der Verbindung.
- In der Kategorie **Rufnummern** sehen Sie, ob alle Rufnummern einwandfrei funktionieren und Sie somit ohne Störungen telefonieren können.
- Der Eintrag **Heimnetz** zeigt Ihnen an, wie viele Netzwerkgeräte der FRITZ!Box insgesamt bekannt sind und wie viele davon gegenwärtig eingeschaltet sind. Mehr Informationen finden Sie in der Netzwerkübersicht (siehe Kapitel 5, Abschnitt »Die Netzwerkübersicht«).
- Der Abschnitt **WLAN-Umgebung** liefert einen Kurzcheck des WLANs. Sie sehen, wie viele Netze auf demselben Kanal aktiv sind und ob es Namenskollisionen gibt. Sie können dann gegebenenfalls einschreiten und beispielsweise die Kanalbelegung ändern (siehe dazu Kapitel 6, Abschnitt »Weitere Einstellungen für Ihr WLAN«).

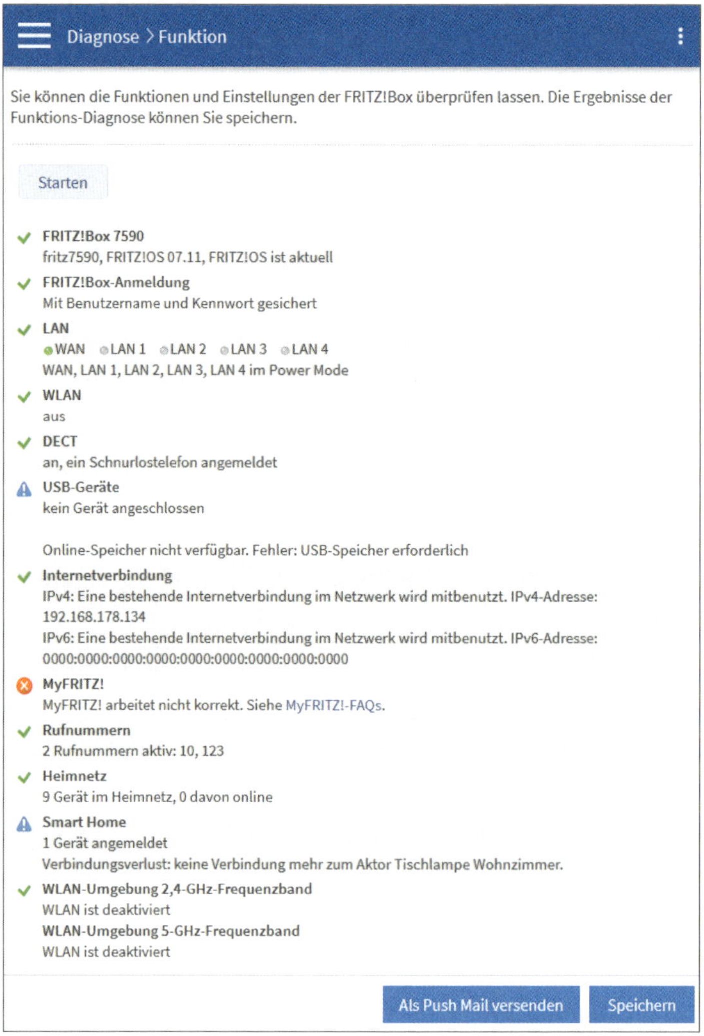

Abbildung 10.2 *In den Ergebnissen werden einige Probleme angezeigt. Der Online-Speicher funktioniert nicht (es ist kein USB-Stick angeschlossen), ein Smart-Home-Gerät ist nicht eingeschaltet, und es gibt Schwierigkeiten mit dem MyFRITZ!-Dienst.*

Sie können den Bericht über die Schaltfläche **Speichern** auf Ihrer Festplatte abspeichern oder über die Schaltfläche **Als Push Mail versenden** per E-Mail versenden – dafür muss die Push-Mail-Funktion eingerichtet sein (siehe Kapitel 9, Abschnitt »Stets auf dem Laufenden bleiben mit dem Push-Service«). In beiden Fällen wird der Bericht in Form einer CSV-Datei erzeugt, die zum Beispiel mit einem Office-Programm zur Tabellenkalkulation angezeigt werden kann.

Weitere Zustandsdaten und Informationen liefert das Ereignisprotokoll
Denken Sie daran, dass die FRITZ!Box alle wichtigen (System-)Ereignisse (dazu zählen auch Fehler und Probleme) in Form des Ereignisprotokolls festhält. Ein Blick in dieses Protokoll hilft ebenfalls beim Identifizieren eventueller Probleme und gibt auch Hinweise zu deren Lösung. Mehr zum Ereignisprotokoll finden Sie im Abschnitt »Überblick über wichtige Systemereignisse« in Kapitel 9.

Mit der Sicherheitsdiagnose nach dem Rechten schauen

Neben der Funktionsdiagnose (siehe Abschnitt »Mit der Funktionsdiagnose Funktionen und Einstellungen überprüfen« in diesem Kapitel) bietet die FRITZ!Box auch eine automatisierte Sicherheitsdiagnose. Diese prüft verschiedene Einstellungen, die Einfluss auf die Sicherheit haben. Das umfasst insbesondere solche Dienste und Funktionen, die über das Internet (gegebenenfalls auch über das Heimnetzwerk) Zugriff auf die FRITZ!Box und die daran angeschlossenen Geräte ermöglichen. Die Sicherheitsdiagnose hat vor allen einen informierenden Charakter. Der Nutzer sieht sofort, welche sicherheitsrelevanten Einstellungen getätigt und welche Dienste aktiviert wurden. Ein regelmäßiger Check schadet nicht. Bei der alltäglichen Nutzung kommt es durchaus vor, dass man mal für eine kurzfristige Angelegenheit oder sogar nur »zum Ausprobieren« einen Dienst aktiviert und dessen Aktivierung später vergisst. Der Bericht der Sicherheitsdiagnose erinnert einen nun an den aktivierten nicht mehr benötigten Dienst. Man vergisst also nicht so leicht, unnötige Dienste und Funktionen wieder abzuschalten.

Die Sicherheitsdiagnose prüft folgende Bereiche:

- Beim FRITZ!OS wird die derzeit genutzte Version geprüft. Sollte es ein Update geben, werden Sie entsprechend informiert. Somit kann verhindert werden, dass die FRITZ!Box mit einer veralteten Firmware betrieben wird, die eventuell Sicherheitslücken beinhalten könnte. Mehr zum Updateprozess finden Sie in Kapitel 9 im Abschnitt »Immer auf dem aktuellen Stand sein: die Update-Funktion«.
- Es wird geprüft, wie sich die Nutzer am Webinterface der FRITZ!Box anmelden. Grundsätzlich sollte der Zugang zum Webinterface stets passwortge-

schützt sein, damit niemand Unbefugtes Änderungen vornehmen kann. Die Anmeldung kann entweder über ein gemeinsames Passwort (die Standardeinstellung) oder über individuelle Nutzerkonten erfolgen. Mehr dazu im Abschnitt »Benutzerkonten und die Anmeldung im Heimnetzwerk«, ebenfalls in Kapitel 9.

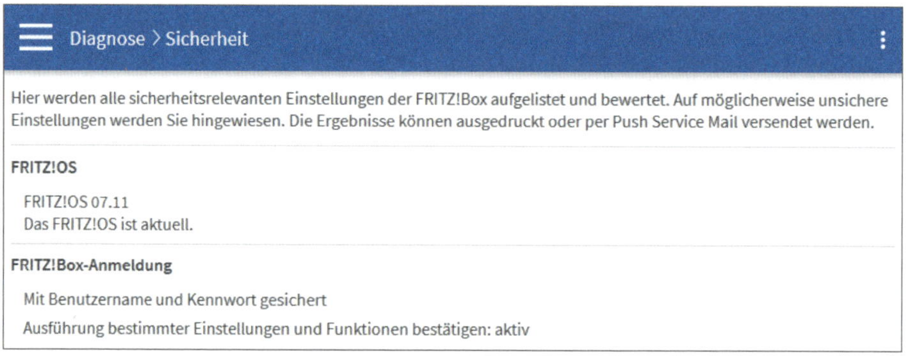

Abbildung 10.3 *In den ersten beiden Punkten erfahren Sie, ob das FRITZ!OS Ihrer FRITZ!Box aktuell ist und wie die Benutzeranmeldung abläuft.*

- Die Prüfung der Internetverbindung ist besonders wichtig. Hier sehen Sie alle Freigaben, die Sie eingerichtet haben. Dazu zählen vor allem Portfreigaben, die einen Zugang zur FRITZ!Box sowie den daran angeschlossenen Geräten über das Internet erlauben (siehe Kapitel 7, Abschnitt »Mit Portfreigaben Dienste und Anwendungen von Geräten im Heimnetzwerk freigeben«). Sie sollten grundsätzlich nur benötigte Portfreigaben aktivieren. Sie sehen außerdem, welche Filter Sie für die Internetnutzung aktiviert haben (siehe Abbildung 10.4). Ihre Einrichtung und Verwendung ist in Kapitel 7 im Abschnitt »Die Internetnutzung einschränken« beschrieben.
- Auch beim Thema WLAN gibt es einige sicherheitsrelevante Einstellungen. Hier ist besonders wichtig, dass der Zugang zum WLAN passwortgeschützt ist, damit nur erwünschte Personen das Netzwerk und Ihren Internetzugang verwenden können. Die Prüfung informiert Sie auch darüber, ob die WPS-Funktion aktiviert ist und ob die FRITZ!Box die automatische Einrichtung von AVM Stick & Surf Geräten unterstützt. Dem Bericht können Sie auch Informationen über den Gerätebestand und die Einstellungen des WLAN-Gastzugangs entnehmen. Beim Gerätebestand sollten Sie kontrollieren, ob Ihnen alle angemeldeten Geräte bekannt sind und sich niemand Fremdes an Ihrem WLAN angemeldet hat.

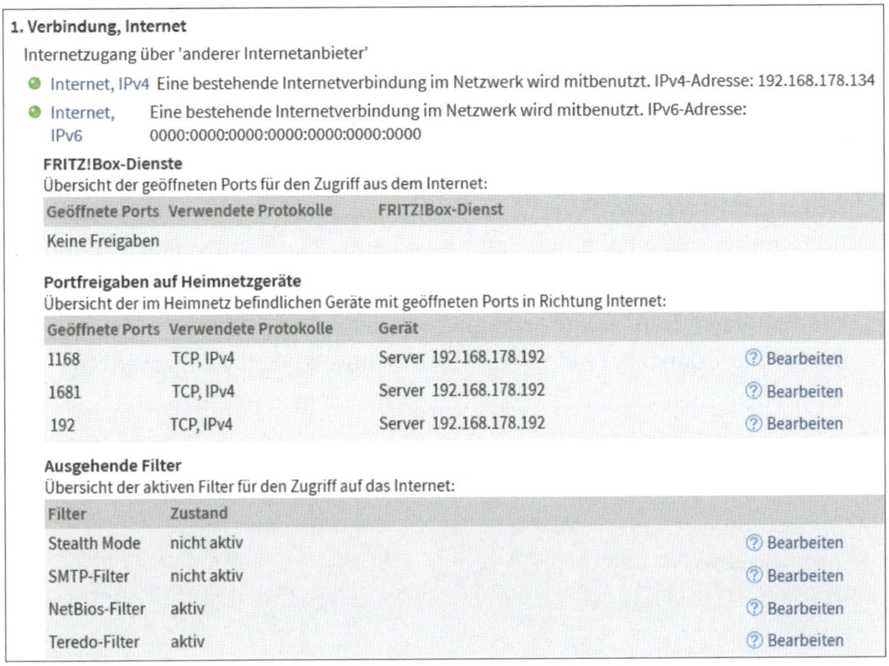

Abbildung 10.4 *Bei der Prüfung zum Thema Internet sehen Sie, welche Dienste Sie aktiviert haben und welche Portfreigaben eingerichtet sind.*

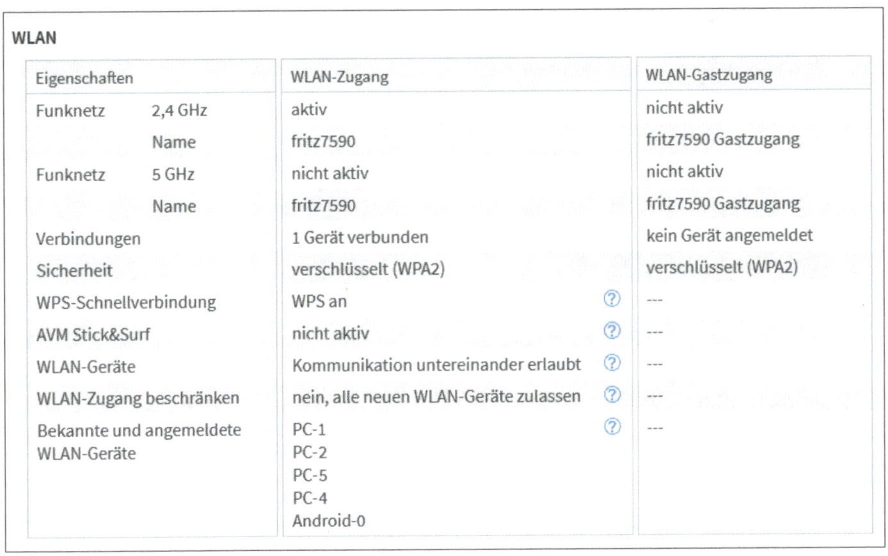

Abbildung 10.5 *Beim Thema WLAN erfahren Sie alles zu den eingerichteten Netzwerken und zu den verbundenen Geräten.*

- Der Bereich Telefonie enthält ebenfalls sicherheitsrelevante Einstellungen. Hier können Sie zum Beispiel sehen, welche Netzwerktelefone eingerichtet sind und genutzt werden. Hier sollten Sie stets kritisch prüfen, denn sollte ein Angreifer hier ein fremdes Gerät angemeldet haben, kann es für Sie unter Umständen teuer werden. Das ist zwar sehr unwahrscheinlich, aber eine Prüfung schadet gewiss nicht. Sie sehen auch die Einstellungen der DECT-Basisstation sowie die Konfiguration von Rufbehandlungen (siehe Kapitel 8, Abschnitt »Entscheiden, wie Telefongespräche behandelt werden: die Rufbehandlung«). Eine falsche Konfiguration der Rufbehandlungen kann schnell dazu führen, dass die Telefoniefunktion nicht wie gewünscht arbeitet.

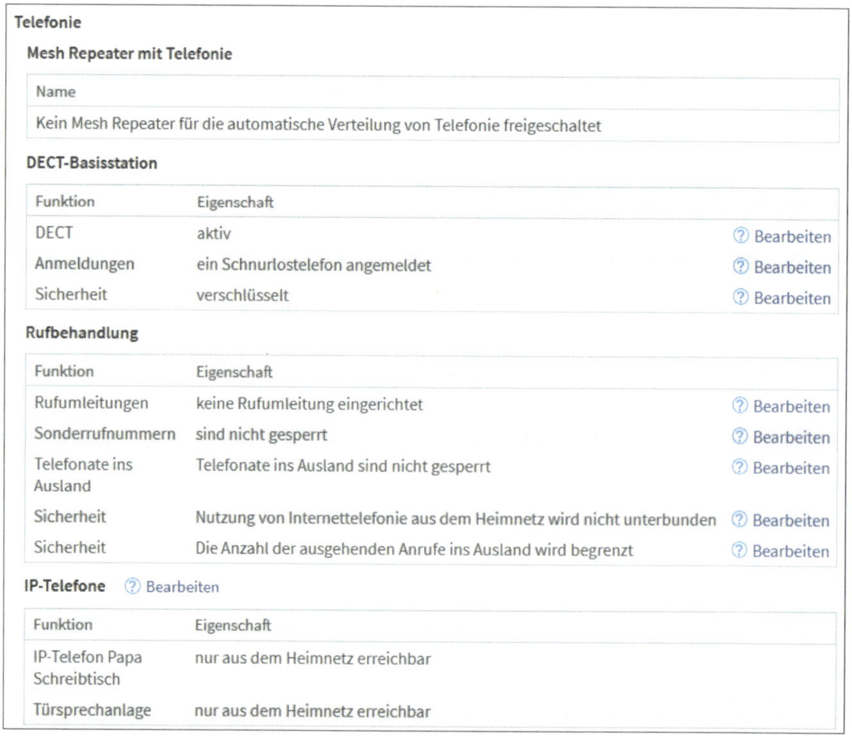

Abbildung 10.6 *In der Kategorie »Telefonie« können Sie genau ablesen, welche Telefongeräte Sie betreiben und welche Rufbehandlungen eingerichtet sind.*

- Für die Nutzung der FRITZ!Box können Sie verschiedene Benutzerkonten einrichten, die Sie jeweils mit den gewünschten Berechtigungen ausstatten (siehe Kapitel 9 im Abschnitt »Die Benutzerverwaltung«). Eine regelmäßige Prüfung ist empfehlenswert. Es kann leicht passieren, dass man beispielsweise für ein Arbeitsprojekt den beteiligten Personen einen Zugriff auf die Projektdaten über die NAS-Funktion einrichtet und dann nach Projektende vergisst, diese Berechtigung wieder zu entfernen.

- Die FRITZ!NAS-Funktion wird ebenfalls überprüft. Hier geht es vor allem um die Frage, welche Zugriffsrechte auf die Speichergeräte der FRITZ!Box gewährt werden. Ebenfalls sicherheitsrelevant ist die Frage, ob der Zugriff auf die Speichergeräte nur über das Heimnetzwerk oder auch über das Internet gestattet ist. Falls Letztes zutrifft, kann geprüft werden, welche Protokolle hierfür genutzt werden und ob ein verschlüsselter Zugriff eingerichtet ist. Mehr dazu finden Sie in Kapitel 5 im Abschnitt »Per FTP auf den NAS-Dienst zugreifen«.

Abbildung 10.7 *Die Sicherheitsdiagnose informiert Sie auch über die eingerichteten Benutzerkonten sowie den Zugriff auf die NAS-Inhalte.*

Die Sicherheitsdiagnose können Sie direkt im Webinterface der FRITZ!Box ausführen. Es dauert nur einen kleinen Moment, bis Ihnen das Ergebnis angezeigt wird. Wie bei der Funktionsdiagnose können Sie das Ergebnis per Push-Nachricht versenden (vorausgesetzt, der Dienst ist wie in Kapitel 9 im Abschnitt »Stets auf dem Laufenden bleiben mit dem Push-Service« beschrieben eingerichtet). Sie können den Bericht aber auch direkt ausdrucken. Wenn Sie die Berichte aufheben, können Sie die Ergebnisse und Einstellungen aus früheren Berichten vergleichen und somit Änderungen schnell erkennen.

SCHRITT FÜR SCHRITT

So führen Sie eine Sicherheitsdiagnose aus

1. Öffnen Sie im Webinterface der FRITZ!Box die Kategorie **Diagnose • Sicherheit**.
2. Die Sicherheitsdiagnose wird automatisch gestartet. Warten Sie einen Moment, bis das Ergebnis angezeigt wird.
3. Auf Wunsch können Sie das Ergebnis über die entsprechenden Schaltflächen ausdrucken oder per Push-Nachricht versenden.

Regelmäßig per E-Mail einen Übersichtsbericht erhalten

Ein weiteres wichtiges Werkzeug zur Überprüfung des allgemeinen Systemzustands der FRITZ!Box ist der Push-Service FRITZ!Box-Info. Hierbei erhalten Sie einen Kurzbericht mit den wichtigsten Systemdaten der FRITZ!Box per E-Mail zugestellt. Diese Art der Information eignet sich auch gut für die Fernadministration einer FRITZ!Box.

Um die Funktion nutzen zu können, müssen Sie zunächst gemäß Kapitel 9 im Abschnitt »Stets auf dem Laufenden bleiben mit dem Push-Service« den Push-Service allgemein einrichten.

SCHRITT FÜR SCHRITT

So aktivieren Sie den Push-Service FRITZ!Box-Info

1. Aktivieren Sie im Webinterface unter der Kategorie **System • Push Service • Push Services** den Dienst **FRITZ!Box-Info**. Setzen Sie dazu einen Haken in das zugehörige Kontrollkästchen.
2. Klicken Sie auf .
3. Kontrollieren Sie, dass im Kästchen **Push Service aktiv** ein Haken gesetzt ist.
4. Wählen Sie jetzt aus, worüber Sie der Bericht informieren soll. Sie können sich die Anrufliste (mit allen geführten Telefongesprächen), Statistiken zur

Kindersicherung (also zur Nutzungsbeschränkung des Internets) und zur allgemeinen Internet-Nutzung (Online-Zeit) sowie das Ereignisprotokoll zusenden lassen.

5. Wählen Sie anschließend, wie oft Sie diese Informationen erhalten möchten. Im Regelfall genügt eine wöchentliche Versendung.
6. Tragen Sie im Feld **Push Service Mail senden an** die gewünschte Empfängeradresse ein. (Mehrere Empfänger können durch Kommata ohne Leerzeichen getrennt werden.)
7. Optional können Sie den Bericht auch sofort einmalig nach der Aktivierung erhalten (Kontrollkästchen **FRITZ!Box-Info Mail nach dem Speichern der Einstellungen senden**).
8. Klicken Sie auf **OK**.

Abbildung 10.8 *Über den Push-Service FRITZ!Box-Info können Sie in regelmäßigen Abständen per E-Mail eine Zusammenfassung wichtiger Details rund um Ihre FRITZ!Box erhalten.*

Sie erhalten nun regelmäßig den Bericht per E-Mail. Beachten Sie, dass dieser keine Informationen enthält, die Ihnen nicht auch im Webinterface angezeigt werden. Der Bericht trägt jedoch Informationen aus verschiedenen Bereichen in einer gemeinsamen E-Mail-Nachricht zusammen und vereinfacht so den routinemäßigen »Blick nach dem Rechten.«

Automatische Benachrichtigungen über wichtige Ereignisse

Neben den automatisierten Diagnose- und Berichtsfunktionen informiert Sie Ihre FRITZ!Box auch automatisch über wichtige Ereignisse rund um die Sicherheit und die Funktion Ihres Heimnetzes und Internetzugangs. Sie erfahren zum Beispiel, wenn der Internetzugang oder die Telefoniefunktion vorübergehend ausgefallen sind oder wenn es Probleme mit dem zur Verfügung stehenden Speicherplatz für den Anrufbeantworter gibt.

Ihre FRITZ!Box nutzt verschiedene (gleichzeitig genutzte) Wege, um Sie auf ein wichtiges Ereignis aufmerksam zu machen:

- Direkt am Gerät wird ein wichtiges Ereignis durch eine rot leuchtende INFO-LED angezeigt. Wenn Sie dies beobachten, sollten Sie sich am Webinterface der FRITZ!Box anmelden und einen Blick auf die Übersichtsseite werfen.
- Auf der Übersichtsseite des Webinterface sehen Sie sofort, welches Ereignis eingetreten ist. Im Regelfall hat die Anzeige eine Link-Funktion. Wenn Sie diese anklicken, gelangen Sie entweder zur Diagnosefunktion oder zum Ereignisprotokoll. Dort erhalten Sie eine detaillierte Fehlerbeschreibung und oftmals auch Hinweise zur Behebung des Problems.
- Sie erhalten automatisch eine E-Mail über den Push-Service an alle hinterlegten Adressen. So werden alle Empfänger, die den Push-Service nutzen, über das Ereignis informiert.
- Wenn Sie ein FRITZ!Fon oder die MyFRITZ!App verwenden, erhalten Sie wichtige Ereignisse auch dort angezeigt. Zur Problemlösung sollten Sie das Webinterface der FRITZ!Box öffnen und sich dort auf der Übersichtsseite über das Problem informieren.

Einen Notfall gekonnt meistern

Manchmal gibt es Probleme, die sich nicht durch eine der Diagnosefunktionen lösen lassen. So kann es vielleicht einmal passieren, dass Sie das Kennwort für die Anmeldung vergessen. In diesem Abschnitt zeige ich Ihnen einige Lösungswege für etwas schwerwiegendere Probleme.

Kennwort vergessen?

Haben Sie Ihr Kennwort zum Anmelden am Webinterface vergessen? Solange Sie das Werkspasswort verwenden, ist das nicht weiter schlimm, denn es ist ja auf dem Typenschild der FRITZ!Box und auf der Servicekarte FRITZ!Notiz aufgedruckt. Wenn Sie allerdings ein eigenes Kennwort verwenden, dann kommt Ihnen die Funktion zum Neusetzen des Kennwortes zur Hilfe. Mit dieser Funktion können Sie sich per E-Mail einen Zugangslink zur FRITZ!Box senden lassen. Über diesen Link erhalten Sie Zugang zum Webinterface und können ein neues Passwort setzen.

Wichtig: Damit dies funktioniert, muss der Push-Service auf der FRITZ!Box eingerichtet sein. Sollte der Push-Service nicht eingerichtet sein, können Sie diese Funktion nicht nutzen. In diesem Fall hilft nur noch ein Werksreset, wie im Abschnitt »Die FRITZ!Box auf die Werkseinstellungen zurücksetzen« in diesem Kapitel beschrieben. Beachten Sie bitte auch, dass die hier beschriebene Funktion nur im Heimnetzwerk und aus Sicherheitsgründen nicht über den direkten Internetzugriff funktioniert.

SCHRITT FÜR SCHRITT

So erhalten Sie per E-Mail einen Link zum Zurücksetzen des Kennwortes

1. Rufen Sie das Webinterface der FRITZ!Box auf.
2. Klicken Sie im Fester zur Kennworteingabe auf den Link **Kennwort vergessen?**.
3. Im neuen Fester klicken Sie auf die Schaltfläche **Push Service Mail senden**.
4. Sie erhalten nun an Ihre E-Mail-Adresse eine Nachricht mit dem Zugangslink. Lesen Sie den Inhalt der Mail sorgfältig, und klicken Sie den Link an.
5. Sie werden nun automatisch beim Webinterface der FRITZ!Box angemeldet und gelangen direkt zu der Seite, auf der Sie das Kennwort ändern können.
6. Geben Sie ein neues, sicheres Kennwort ein, das Sie sich gut merken können.
7. Melden Sie sich vom Webinterface ab.

8. Kontrollieren Sie, dass Sie sich mit dem neuen Kennwort korrekt anmelden können.

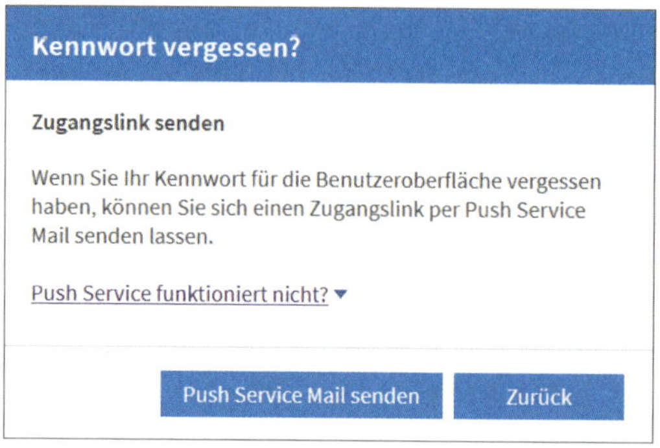

Abbildung 10.9 *Sie können sich über den Push-Service eine E-Mail mit einem Zugangslink senden lassen. Darüber kann ein neues Passwort gesetzt werden.*

Die FRITZ!Box per Notfall-IP-Adresse ansprechen

Wenn Sie sich zum Beispiel bei den Einstellungen der IP-Adresskonfiguration der FRITZ!Box vertan haben, kann es passieren, dass Sie die FRITZ!Box über den normalen Weg nicht mehr erreichen und ansprechen können. Für diesen Fall gibt es in der FRITZ!Box eine feste Notfall-IP-Adresse, die vom Nutzer nicht geändert werden kann. Über diese Notfall-IP-Adresse lässt sich die FRITZ!Box jederzeit ansprechen.

Die Notfall-IP-Adresse lautet: 169.254.1.1.

Wenn Sie das Webinterface der FRITZ!Box nicht mehr aufrufen können, es also gar nicht in Ihrem Browser erscheint (und Sie ansonsten Zugriff auf das Heimnetzwerk oder das Internet haben), dann geben Sie zunächst die Notfall-IP-Adresse, gegebenenfalls in der Form *http://169.254.1.1*, in die Adresszeile Ihres Browsers ein. Die FRITZ!Box ist sowohl über LAN als auch über WLAN über diese Adresse zu erreichen. Nun sollten Sie auf das Webinterface zugreifen können. Dort gilt es zunächst, das Problem zu beseitigen, das dazu führt, dass Sie das Webinterface nicht auf dem normalen Weg aufrufen können. Gegebenenfalls sollten Sie ein Backup Ihrer Einstellungen einspielen.

Falls die FRITZ!Box nach der Eingabe der Notfall-IP-Adresse nicht antwortet, so trennen Sie an Ihrem Computer zunächst alle Netzwerkverbindungen. Schließen Sie die FRITZ!Box über ein Netzwerkkabel an. Kontrollieren Sie, dass die

Netzwerkverbindung des Computers so konfiguriert ist, dass sie ihre Einstellungen automatisch bezieht – siehe dazu Kapitel 3, Abschnitt »Den Konfigurationscomputer vorbereiten«, aus der Ersteinrichtung. Wiederholen Sie den Verbindungsversuch mit der Notfall-IP-Adresse. Nun sollte Ihnen die FRITZ!Box antworten. Wenn auch das nicht funktioniert, dann richten Sie die Netzwerkverbindung des Computers so ein, dass sie eine feste, manuell zugewiesene Adresse verwendet. Weisen Sie dem Computer manuell die IP-Adresse 169.254.1.2 und die Subnetzmaske 255.255.0.0 zu. Nun sollte dieser die IP-Adresse der FRITZ!Box 169.254.1.1 erreichen können.

Die FRITZ!Box auf die Werkseinstellungen zurücksetzen

Haben Sie an der FRITZ!Box versehentlich eine Einstellung so verstellt, dass das Gerät nicht mehr korrekt arbeitet? In diesem Fall sollten Sie zunächst ein Backup mit funktionierenden Einstellungen einspielen. Wie das geht, zeigt Ihnen der Abschnitt »Sicherung und Wiederherstellung von Systemeinstellungen« in Kapitel 9.

Sollten Sie kein Backup mit funktionierenden Einstellungen haben und selbst (oder mithilfe von Freunden und Bekannten oder der AVM-Hotline) das Problem nicht beseitigen können, dann hilft nur noch ein Werksreset. Dadurch wird die FRITZ!Box in den Zustand direkt bei der ersten Inbetriebnahme versetzt. Sie müssen aber alle Einstellungen ganz von vorne vornehmen. Wie Sie einen Werksreset auf normalem Wege vornehmen, zeigt Ihnen ebenfalls der Abschnitt »Sicherung und Wiederherstellung von Systemeinstellungen«.

Manchmal (zum Beispiel bei einem gebraucht gekauften Gerät) kann es sein, dass Sie zwar das Webinterface der FRITZ!Box aufrufen, sich aber nicht daran anmelden können, weil Sie das Kennwort nicht kennen. Unter Umständen nützt Ihnen die Funktion zum Zurücksetzen des Kennwortes nichts – etwa, weil Sie die hinterlegte E-Mail-Adresse nicht abrufen können. Für diesen Fall gibt es eine Lösung:

SCHRITT FÜR SCHRITT

So setzen Sie die FRITZ!Box alternativ auf die Werkseinstellungen zurück

1. Trennen Sie die Stromversorgung der FRITZ!Box, und warten Sie mindestens eine Minute.

2. Stellen Sie die Stromversorgung des Gerätes wieder her.
3. Rufen Sie innerhalb von zehn Minuten (!) das Webinterface der FRITZ!Box auf.
4. Klicken Sie im Dialog zur Kennworteingabe auf **Kennwort vergessen?**.
5. Im neuen Fester gibt es direkt nach dem Systemstart die Sektion **Werkseinstellungen wiederherstellen**. Klicken Sie hier auf die gleichnamige Schaltfläche. Achtung: Der Werksreset wird ohne vorige Rückfrage durchgeführt.

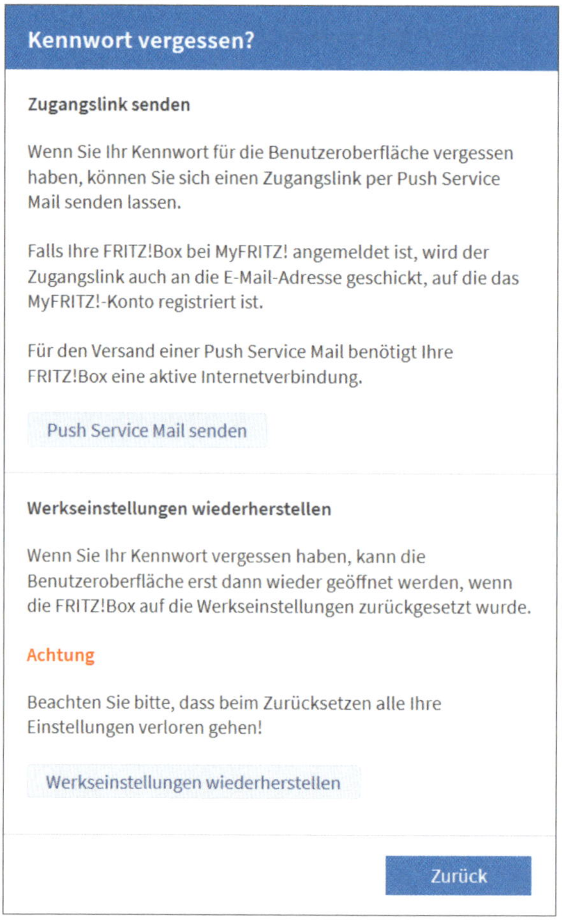

Abbildung 10.10 *Direkt nach dem Systemstart können Sie über den Link »Kennwort vergessen?« auch einen Werksreset durchführen.*

Wenn Sie auf das Webinterface keinen Zugang mehr bekommen (und die Notfall-IP-Adresse gemäß Abschnitt »Die FRITZ!Box per Notfall-IP-Adresse ansprechen« in diesem Kapitel nicht verwenden wollen), dann können Sie auch über ein angeschlossenes Telefon einen Werksreset durchführen. Dazu müssen Sie (bei abgenommenem Hörer) die Tastenkombination #991*15901590* drücken.

Warten Sie, bis ein Signalton ertönt, und legen Sie dann auf beziehungsweise beenden Sie das Gespräch. Nun wird der Werksreset durchgeführt. Nach wenigen Minuten steht Ihnen die FRITZ!Box wieder jungfräulich zur Verfügung.

Stichwortverzeichnis

G

H

I

P

S

T

Z